● 中国民歌之乡　● 中国观赏石之乡
● 中国民间绘画画乡　● 中国美食文化之乡

六合年鉴

LIUHE ALMANAC

2017

南京市六合区人民政府　主办
南京市六合区地方志编纂委员会办公室　承编

六合——江苏名曲《茉莉花》的源头
（《茉莉花》搜集加工整理者何仿手写曲谱）

图书在版编目（CIP）数据

六合年鉴. 2017 / 南京市六合区地方志编纂委员会办公室编. —北京：方志出版社，2017. 9
ISBN 978-7-5144-2573-4

Ⅰ. ①六… Ⅱ. ①南… Ⅲ. ①区（城市）—南京—2017—年鉴 Ⅳ. ①Z525.34

中国版本图书馆CIP数据核字（2017）第247286号

六合年鉴（2017）

编　　者：南京市六合区地方志编纂委员会办公室
责任编辑：张　颢
出 版 人：冀祥德
出 版 者：方 志 出 版 社
地址　北京市朝阳区潘家园东里9号（国家方志馆4层）
邮编　100021
网址　http://www.fzph.org
发　　行：方志出版社发行中心
电话（010）67110500
经　　销：各地新华书店
印　　刷：南京四彩印刷有限公司
开　　本：889 × 1194　1/16
印　　张：19.5
字　　数：660千字
版　　次：2017年10月第1版　2017年10月第1次印刷
印　　数：0001 ~ 1000册
ISBN 978-7-5144-2573-4　定价：160.00元

编 辑 说 明

一、《六合年鉴》是由南京市六合区人民政府主办，六合区地方志编纂委员会办公室承编的年度资料性文献。本刊坚持以马克思列宁主义、毛泽东思想、邓小平理论、“三个代表”重要思想和科学发展观为指导，贯彻落实习近平总书记系列重要讲话精神和治国理政新理念、新思想、新战略，坚持辩证唯物主义和历史唯物主义的立场、观点和方法，系统记述南京市六合区及南京化学工业园区的自然、政治、经济、文化和社会等方面的情况，为各级部门决策提供参考依据，为社会各界人士及海内外客商研究六合、投资置业，建设翔实、准确、权威的信息资料，为续修《六合区志》积累史料。

二、《六合年鉴(2017)》主要载录2016年六合地区各项事业发展状况和最新成就。收录范围以地域为界，凡在六合区境域内的单位、各行各业、不论其性质、隶属关系和级别，均在收录之列。

三、《六合年鉴》采用条目式记事体，分类编纂，基本结构为类目，分目(二级分目)，条目三个结构层次。类目标明于书眉以便检索，各类目与分目标题使用不同字体字号，二级分目居中加点，条目标题为黑体字，并加“[ ]”；综述性条目“概况”的内容较多，文内用楷体字标出相应层次。专文、大事记、人物另体编排。卷首设置机构(单位)简称、全称对照表。

四、设专文、大事记、六合概况、党政·群团、法治·武装、农业·新农村建设·水利、工业·建筑业、开发园区建设、交通·邮政·通信、商贸·旅游、金融业、经济管理与监督、环境保护、城镇建设与管理、教育·科技、文化、卫生·体育、社会生活、街镇概况、人物·先进集体、统计资料、附录22个类目。

五、本刊文稿均由南京市六合区、南京化学工业园区各街道、各部门及各直属单位专人撰写，并经领导审核签发。撰稿人随文署名，以示尊重其劳动成果并文责自负。“统计资料”由六合区统计局提供。内文所列部分数据，由于统计资料的来源、口径不同等诸多因素而有差异，望读者引用时注意。

六、因区县合并、园区调整的特殊情况，部分类目仍以六合区(原六合县)，化工园区分块记述。

七、本刊卷首有“总目录”“目录”，卷中有“大事记”，卷末有“索引”。全书的信息资料，可通过上述检索渠道查找。为便于涉外交流，年鉴“总目录”和“目录”采取中英文对照。

八、本刊的编辑出版工作得到区属各部门、各单位及驻区单位的大力支持与配合，也得到江苏省地方志编纂委员会办公室、南京市地方志编纂委员会办公室领导和专家的指导帮助，在此谨表诚挚谢意。

南京市六合区地方志编纂委员会

《六合年鉴》编辑部

主审人员名单

（按篇目顺序排列）

侯梅香	陆　兵	管学军	卞　盛	王宽华	韦俊生	王方海
吕道峰	肖云有	陆德祥	王长宏	王　洪	徐念东	黄平金
李家富	刘克亮	高　杰	谢业玲	沈　茜	吕金才	叶家洪
戴　竑	唐卫国	周歆瑜	陶正萍	吕传宏	张德琴	王文贵
王思佑	梁学来	张先昂	王　静	金国强	高顺平	朱　勇
蒋学忠	张　浩	吴晓鹏	童春雷	陈小平	李文安	黄卫东
王　珲	王长安	王克金	鲁其凤	茅俊海	黄再田	张文祥
陈涤先	陈　晨	郑元生	李　杰	陈学军	董王林	田志文
葛起宏	丁全楠	彭青松	刘丰丰	陶成明	颜志宏	诸发琴
黄爱军	刘　军	吕明亮	张玉林	石　良	翟国庆	王桂祥
项　明	王　苏	毛景春	陈秀法	陶　沙	袁　杰	翟　龙
韩三平	马晓飞	刘其军	郭玉松	陆海群	陈秀丽	王宗武
许迎新	葛飞翔	郑　骏	许锡生	陈必权	金世凯	苏平权
王顺香	薛大林	李　炜	沈　军	达　权	李光辉	张　磊
杨宏才	杨学军	丁爱华	孙德胜	李恩如	余立堂	杜茂春
葛德成	周正东	余建军	汪东辉	徐祝根	顾　坤	王　强
范明辉	谷建章	李晓东	刘　敏			

六合政区图

六合区地图（2016年）
盱眙县
大横山
107.0
车冲水库
时湾水库
永丰镇
万寿镇
石梁镇
天长街道
釜山水库
半塔镇
汊涧镇
天长市
安
徽
省
釜山
新街镇
大河桥水库
川桥水库
大洞口水库
冶山镇
郑集镇
金集镇
光华
马鞍山水库
乌石
泥桥
大圣
芝麻岭
174.4
送驾
驼子山
81
长深高速公路
大侯
S421
河王湖
东王
瓜埠
大泉水库
竹镇
侯桥
马集
马鞍街道
大泉
石婆
大山
玉王
岗陈
四合墩
冶山
冶山
231.4
尖山
尖山
河王坝水库
巴山
冶山街道
唐公山
149
唐公水库
竹镇镇
竹墩
八里
金磁
烟墩
盘山
六合
山湖水库
黄山水库
毛营水库
白云山
双墩
黄岗
金牛湖
樊集
横山
153
金牛山
184.7
塘桥
古墩
小盘盘山
练山
放牛山
平山
石柱林
施官镇
安
S353
竹程
唐楼
S002
平山水库
平山
茉莉花
峨眉山
陶茂水库
仪

江苏科图测绘技术有限公司编

审图号：苏 S（2017）011 号

6月24日，时任江苏省委常委、南京市委书记黄莉新（中）到横梁街道慰问老党员和生活困难党员　　区委组织部 供稿

10 月 16 日，时任江苏省委副书记、南京市委书记吴政隆（左二）到六合调研扶贫开发和现代高效农业发展情况

苗建鹏 摄

9月3日，南京市市长缪瑞林（左二）到横梁街道秦邦吉品公司调研　　区委办 供稿

6 月 29 日，六合区委书记朱志宏（左二）到南京国轩电池有限公司调研　　区委组织部 供稿

11 月 6 日，南京电视台新闻综合频道播出《民生》节目，六合区区长戴华杰（右三）在节目中畅谈六合区如何做好“美丽乡村 +”这篇文章　　区政府办 供稿

7月31日，中国共产党南京市六合区第四次代表大会开幕　　苗建鹏 摄

6月30日，六合区暨化工园区召开庆祝中国共产党成立95周年大会　　区委组织部 供稿

9月9日，六合区举行2016中国·南京金秋经贸洽谈会通航产业发展推介会暨重点项目集中签约仪式

苗建鹏　摄

9月9日，市委常委、江北新区党工委专职副书记罗群（前左三）出席六合区通航产业发展推介会，听取相关项目介绍

区委办　供稿

4月23日，南京金牛湖野生动物王国开工建设　　苗建鹏 摄

9月8日，六合经济开发区举办重点项目暨国轩电池二期项目开工奠基仪式

六合经济开发区 供稿

2017 年 2 月 12 日，六合区举办 2016 年度“最美六合人”颁奖典礼　　区委宣传部 供稿

10 月 31 日，六合区暨雄州街道“全民终身学习周”活动启动　　区教育局 供稿

9 月 30 日，六合区举办首届诵读比赛，倡导全民阅读　　郭明进 摄

5月8日，2016年“巴布洛”杯江苏南京多彩竹镇自行车邀请赛在竹镇镇巴布洛生态谷举行　　沈如文 摄

10月30日，2016年南京六合竹镇国际半程马拉松在竹镇镇巴布洛生态谷鸣枪开跑　　强晓勇 摄

4月23日，第二届六合青年公益迷你马拉松挑战赛在金牛湖景区举办　　陈德明 摄

10月9日，2016年全国青少年桌式足球赛开幕式在六合体育馆举行　　孙成功 摄

1月15日，六合农民画被列入江苏省政府公布的第四批省级非物质文化遗产代表性项目名录，六合民歌、竹镇高跷、方巷走北习俗被列入扩展项目名录

7月15日，50幅六合农民画在加拿大蒙特利尔市魁北克工艺艺术博物馆展出

冶山街道 供稿

11月7日，“红舞联盟”组织全国14城市50000多人同跳一支舞，创造一项新吉尼斯世界纪录。六合区700人参加挑战活动　　徐定北 摄

6月10日，50个色彩斑斓的热气球载着100位新人缓缓升空举行世纪婚典。该活动以“规模最大的热气球空中婚礼”被载入上海大世界吉尼斯之最纪录　　乔 斌 摄

6月10—11日，由国家体育总局航管中心、中国航空运动协会、南京广电集团、六合区人民政府共同主办的2016年中国南京热气球嘉年华活动在竹镇镇巴布洛生态谷举行　　成 功 摄

3 月，“龙袍” 油菜花田景观引爆乡村旅游热，被媒体广泛报道　　苗建鹏 摄

3月30日，六合区被环境保护部授予“国家生态区”称号

雄州街道紫霞社区获省级绿色社区称号　　区环保局 供稿

龙袍街道长江渔村的江鸥　　张真伟 摄

3 月 30 日，南京市校园足球外教示范教学培训班六合站在金陵龙湖分校开班　　区教育局 供稿

11 月 12 日，日本筑上町青少年交流团到竹镇镇中日友好希望小学交流访问　　区教育局 供稿

6 月 1 日，六合文化名人王家干和广益小学二年级学生同台参加庆祝“六一”国际儿童节演出　　张国平 摄

9 月 18 日，扬子中学学生张天尧(右)代表江苏省参赛，获得国家网络安全知识竞赛总决赛全国亚军

化工园区社会事业局 供稿

6月18日，2016年"邮储银行杯"六合区文物建筑摄影展在茉莉江苏文化旅游城（画家村）珍藏馆展出
林崇春 摄

文庙街区古建筑　王秀龙 摄

和平医院旧址　林崇春 摄

县府街34号清代民居
林崇春 摄

大官巷老街　高立荣 摄

远眺龙湖

陈 星摄

新城五馆　　陈　星 摄

花团锦簇拥新城　　陈　星 摄

六合古城墙

陈增福 摄

浮桥晚霞

陈增福 摄

大厂新貌

成 功摄

六合新城雄州大桥

陈　星摄

马鞍巴山春早

张学政 摄

成 功摄

马鞍农耕文化园

成 功 摄

陈 俊 摄

张学政 摄

钱仓向日葵

金牛湖红叶石楠

巴布洛马鞭草

巴布洛硫华菊

刀 锋 摄

平山森林

张学政 摄

横梁方山

高立荣 摄

马鞍练山草原　　张学政 摄

竹镇盘山天池　　陈　星 摄

竹镇大泉湖　　张真伟 摄

程桥黄大圩水杉林　　陈　星 摄

平山农家小院　　陈 星 摄

冶山美丽画村　　姚 洁 摄

六合数字 · 2016年

◆地区生产总值（可比价格）804.5亿元
　第一产业增加值61.8亿元
　第二产业增加值421.4亿元
　第三产业增加值321.4亿元
◆三次产业结构7.7：52.4：39.9
◆规模以上工业企业484家
　规模以上工业总产值1485.6亿元
◆外贸进出口总额122.5亿元
　外贸出口72.2亿元
◆新批外商投资项目35个
◆社会消费品零售总额381.5亿元
　集市市场成交额146.8亿元
◆私营企业3.1万家
　个体工商户4.8万户
◆财政总收入254.4亿元
◆民营经济增加值373.2亿元
　民营经济占全区经济比重46.4%
◆人均地区生产总值（评价口径）8.56万元

◆国土总面积1471平方千米
◆户籍总人口90.9万，常住人口94.5万
　居民总户数29.9万，城镇化率60%
◆全体居民人均可支配收入33999元
　城市居民人均可支配收入46417元
　农村居民人均纯收入20623元
◆居民储蓄存款余额460.1亿元
◆旅游总收入99.9亿元
　国内外游客859万人次
◆中小学58所，在校学生62451人
　中小学教职员工4349人
◆医疗卫生机构292个
　卫生技术人员5619人，病床3327张
◆新增城镇就业16753人
　转移农村劳动力2391人
◆行政区辖11个街道办事处、1个镇
　90个社区居民委员会（含村居并设8个）
　55个村民委员会

陈星摄

总目录

目　　录

专　　文

大　事　记

六合概况

党政·群团

法治·武装

农业·新农村建设·水利

工业·建筑业

开发园区建设

交通·邮政·通信

商贸·旅游

金　融　业

经济管理与监督

环境保护

城镇建设与管理

教育·科技

文　化

街镇概况

人物·先进集体

统计资料

附　录

索　引

专题宣传

contents

区委常委会工作报告

——在区委四届二次全会上

（2016 年 12 月 28 日）

朱志宏

同志们：

现在，我受区委常委会委托，向全会报告工作。

今年是"十三五"发展的开局之年。在中央和省市委的坚强领导下，区委常委会团结带领全区各级党组织和广大党员干部群众，全面落实党的十八大和十八届三中、四中、五中、六中全会精神，深入贯彻习近平总书记系列重要讲话特别是视察江苏重要讲话精神，积极应对各种风险挑战，统筹推进年度各项工作，全区经济社会保持总体平稳、稳中有进、稳中向好的发展态势，各项事业发展取得了新的成效。预计全年，全区可实现地区生产总值 800 亿元，可比增长 8%左右；一般公共预算收入 98.3 亿元，同比增长 18.5%；完成全社会固定资产投资 485 亿元，其中工业投资 205 亿元；规上工业总产值 1464 亿元；社会消费品零售总额 381.1 亿元。一年来，区委常委会主要做了以下工作。

一、更加注重科学谋划，区域发展拉开新布局。坚持以中央和省市委的要求为遵循，深入研究全区发展总体形势、现实情况、潜在机遇，科学谋划六合新一轮发展思路。突出问题导向，强调要聚焦产业、生态、民生等方面的短板，以落实"五大发展理念"为重点，以深化供给侧结构性改革为抓手，坚定不移走"生态立区、产业强区、富民兴区、依法治区"的发展道路。突出目标导向，强调要以高水平全面建成小康社会、加快建设"强富美高"新六合为总体目标，统筹落实"五位一体"总体布局和"四个全面"战略布局，紧扣江北新区"三区一平台"战略定位，大力实施先进制造业和现代服务业"双轮驱动"战略，全力打造先进制造业集聚区、现代农业与旅游休闲特色区、现代化和谐宜居新市区。突出效果导向，强调要准确把握全面建成小康社会的内涵特征和"强富美高"新六合的内在要求，积极抢抓机遇，勇于攻坚克难，矢志争先跨越，不断开拓发展新境界、开创发展新局面，努力实现经济发展、人民生活、环境质量、社会治理和党建工作水平"五个显著提升"。全区发展的目标更加明确、思路更加清晰、保障更加有力。

二、更加注重转型升级,产业质效实现新提升。坚持以调结构、增后劲、强动能为重点,大力推动产业转型升级、做大做强,全区产业发展的质量和效益稳步提升。产业结构不断优化。新材料、生物医药、节能环保、高端装备制造等四大战略性新兴产业产值占规上工业总产值比重达37.2%,较上年末提高0.5个百分点,石油化工产业产值占规上工业总产值比重较上年末下降3.1个百分点;服务业占GDP比重达39.4%,较上年末提高1.5个百分点,文化产业增加值占GDP比重提高至5.7%,旅游业实现总收入99.9亿元,增长15%;全区生物农业实现产值45亿元,鑫森农耕园等"现代农业+"新业态快速发展。项目建设稳健有力。136个重大项目实施率达88.2%,其中金陵亨斯迈、新奥环保、华能风力发电等25个亿元以上项目竣工投产,为全区产业转型注入新生力量。"创治会""金洽会"成功签约项目72个、总投资1034亿元,其中行政区签约的主要为新兴产业与现代服务业项目,化工园的80%为新材料产业项目,符合我区的产业定位和发展方向,有望成为全区新一轮发展的重要增长点。改革创新全面深化。年度重点改革任务基本完成,供给侧结构性改革取得阶段性成效,机构改革顺利到位,宅基地和农房统一调查登记发证、竹镇便民服务中心建设等改革经验被省市推广。聚力推动人才与科技创新创业,出台"创业六合"实施办法,新培养国家"万人计划"人才1人,遴选区级高层次创业人才40人,新增入孵科技企业100家、毕业10家,全社会研发经费投入占GDP比重达3.1%,化工园获批国家火炬计划南京化工新材料特色产业基地,"一启创吧"晋升国家级众创空间,南科院中山科技创业园获批国家级孵化器。

三、更加注重城乡统筹,环境面貌呈现新变化。坚持以提升城市品质和人居质量为主线,统筹推进城乡建设各项工作,全区环境面貌加快改善。城市建设水平稳步提升。主动对接江北新区规划建设要求,高标准完成江北新区六合片区六个单元和金牛湖单元控详规划、新城河东片区城市设计,形成雄州老城片城市设计中间成果,启动编制龙袍新城和西坝港区总规。按照全市统一部署扎实推进城市建设管理4个"三年行动计划",新改造棚户区56万平方米、整治老旧小区9个,招兵河左岸、八百河左岸堤防景观工程完工,六合新城二期、江北大道快速化改造二期、大厂蜂巢城市等项目征收工作有序实施。美丽乡村建设加快推进。启动编制新一轮美丽乡村示范片区规划,完成土地综合整治3.4万亩、农村公路建设和农路提档升级124公里,美丽乡村示范区建设年度任务顺利通过验收,新建美丽乡村示范村、特色村和宜居村34个,金牛湖街道大后王村创成"省级美丽乡村示范村"。精心策划规划7个特色小镇,其中冶山矿山风情小镇被列入市级首批特色小镇培育名单。生态环境质量持续好转。节能减排年度重点任务基本完成,新实施节能改造项目20个,完成2家电厂超低排放改造,对100家企业实施VOCs泄漏监测修复。生态保护和建设成效明显,护城河东段、杨西河等黑臭河道整治基本结束,列入省市年度考核的地表水断面水质达标;秸秆禁烧、扬尘防治、淘汰黄标车等工作扎实有力,空气质量重污染天数较去年同期减少4天;新增成片造林3901亩、城镇绿地60万平方米,全区林木覆盖率和城镇绿化覆盖率分别达25.4%、44.8%。

四、更加注重以人为本,民生改善取得新成效。坚持以群众需求为导向,排出并认真落实10大类74项重点实事,千方百计改善民生,群众生活水平不断提高。富民增收工程深入实施。新增城镇就业15000多人、转移农村劳动力2800多人,新发展家庭农场166家,城乡居民人均可支配收入预计分别达46460元和20930元。扎实推进脱贫攻坚工作,通过扶持购岗、鼓励创业、帮助入股等方式帮扶低收入农户2550人,实施欠发达片区帮扶项目31个,落实村级稳定增收项目资金2.6亿元。社会保障体系不断完善。针对因病致贫的困难群体,制定实施城乡居民重特大疾病医疗保障办法。新农合人均基金筹资标准提高到850元,城乡基础养老金最低标准和城乡低保标准分别提高到每月345元、750元,新建和续建保障房245万平方米、竣工128万平方米,新增养老床位数711张,全区3A级居家养老服务中心达25家。公共服务水平加快提升。实验初级中学、葛塘中心小学等改扩建工程进展顺利,六合新城幼儿园、芳庭幼儿园等17所幼儿园建成投用,顺利通过省社区教育示范区创建评估。基本药物制度实现全覆盖,药品销售价格较实施前大幅降低,区中医院易地新建工程建成启用,全区所有社区卫生服务中心均与省市三级医疗机构建立医联体。建成社区

(村)标准化综合文化服务中心30个，全区万人公共文化设施面积达1680平方米。广泛开展群众体育活动，成功举办竹镇国际半程马拉松等体育赛事。调整和新增公交线路8条，提前完成公共自行车发展“三年计划”。平安法治建设富有成效。社会安全稳定形势持续好转，全年未发生较大以上等级安全事故，连续4年被评为市信访工作绩效考核先进区，连续9年荣获“省平安区”称号。依法治区水平不断提升，全面落实法治六合建设“1+5行动计划”，顺利通过市“六五”普法考核验收。

五、更加注重从严从实，党的建设得到新加强。坚持党要管党、从严治党，制定年度区委管党责任项目清单，完善从严治党的责任体系、督查体系和考评体系，推动党建各项工作落到实处。思想政治建设不断深化。认真学习贯彻十八届六中全会和省市党代会精神，扎实开展“两学一做”学习教育，先后举办区委中心组学习会14场，组织各级书记上专题党课2700多场次，通过多种形式的学习培训，推动党员干部强化“四个意识”、提升能力水平。严格落实意识形态工作主体责任，建立意识形态领域情况分析研判联席会议制度，把握正确舆论导向，积极弘扬主旋律、传播正能量。班子队伍建设切实加强。贯彻落实党的地方委员会工作条例和党组工作条例，制定出台区委工作规则和党组工作条例实施细则，修订完善区委常委会、街镇党(工)委和区级机关部门等领导班子议事决策规则，各级党组织运行更加规范、决策更加科学。认真抓好换届工作，严把换届风气监督关，圆满完成区、镇两级党委和145家村(社区)“两委”换届任务。强化干部选拔、任用、管理，选派44名年轻干部深入“四个一线”挂职锻炼，持续开展“为官不为”专项整治，干部队伍的综合素质不断提升。基层组织建设扎实有力。整顿提升软弱后进党组织11个，组织实施基层党建创新“书记项目”，充分发挥“六合智慧党建”平台教育服务管理功能，全面落实党员“政治生日”等制度，全区基层党组织的整体功能逐步增强。党风廉政建设全面从严。严格落实“两个责任”，健全党委主体责任和纪委监督责任“双报告”制度。加大纪律审查力度，推行“四风”问题分级督办机制，持续开展党风廉政建设驻点巡查，启动首轮区委巡察工作，全年立案查处各类违纪违规案件224件，区域政治生态进一步优化。民主政治建设深入推进。积极支持人大、政协工作创新，深化“双联双述双接待”活动和“协商民主在基层”实践，切实强化人大、政协工作职能。加强统一战线和党管武装工作，支持工青妇等人民团体更加有效地发挥作用，认真做好民宗、侨台和老干部等工作，广泛凝聚发展合力。

区委常委会始终高度重视和大力加强自身建设。带头严守党的纪律和规矩，坚决维护以习近平同志为核心的党中央权威，切实做到党中央提倡的坚决响应、党中央决定的坚决执行、党中央禁止的坚决不做，确保中央大政方针和省市委决策部署在六合贯彻执行。带头参加“两学一做”学习教育，自觉用习近平总书记系列重要讲话精神武装头脑、指导实践、推动工作。带头加强履职能力建设，注重研究解决全局性、战略性和重大政策性问题，更好地发挥总揽全局、协调各方的领导核心作用。带头贯彻民主集中制，严格落实集体领导和常委分工负责制度，不断提高区委常委会科学决策、民主决策、依法决策水平。带头改进作风，严格遵守中央八项规定和省市委作风建设要求，担当作为，干事创业，努力为全区各级领导班子做好表率。

以上是区委常委会一年来的主要工作。这些成绩的取得，是中央和省市委正确领导的结果，是全区各级党组织、广大党员干部群众团结奋斗的结果。各位区委委员、候补委员和各级各部门的负责同志，做了大量卓有成效的工作，对区委常委会给予了大力支持和真诚帮助。在此，我代表区委常委会表示衷心感谢！

同时，区委常委会也清醒地认识到，当前六合发展仍然存在一些突出问题和短板，主要是：产业层次仍然偏低，石化、钢铁等传统产业比重偏高，先进制造业和现代服务业支撑作用不强，投资体量大、带动作用强的优质大项目不多，产业结构调整的任务艰巨；生态环境负荷仍然较重，节能减排和生态修复任重道远；城乡二元结构仍然突出，城镇化进程相对滞后，常住人口城镇化率在全市仍处于较低水平，新市镇、特色小镇和新农村建设还需加力；民生事业欠账仍然较多，城乡居民收入、优质教育医疗资源供给等短板依然明显，社会保障水平和公共服务能力有待进一步提升；少数党员干部干事创业劲头不足，服务发展的意识不强、能力欠缺。对此，区委常委会将采取有效措施切实加以解决，推动全区各项事业发展迈上新台阶。

政府工作报告

区　长　戴华杰

2017 年 1 月 4 日

各位代表：

现在，我代表六合区人民政府，向大会作工作报告，请予审议，并请政协委员和其他列席人员提出意见。

本届政府工作回顾

区三届人大一次会议以来，在区委正确领导下，在区人大、政协监督支持下，我们紧紧团结依靠全区人民，认真贯彻落实中央和省、市、区委决策部署，主动适应经济发展新常态，坚持稳中求进工作总基调，自觉践行新发展理念，以推进供给侧结构性改革为主线，坚定不移落实各项改革措施，扎实开展“强富美高”新六合建设，顺利实现本届政府任期目标，经济社会保持平稳健康发展。

五年来，经济发展质效不断提升。经济实力显著增强。2016 年预计实现地区生产总值 800 亿元，年均增长 10.6%；一般公共预算收入 98.57 亿元，年均增长 11.6%；社会消费品零售总额 381.1 亿元，年均增长 14.1%。五年累计完成全社会固定资产投资 3120 亿元、实际利用外资 23 亿美元、实现外贸出口 55 亿美元，分别是上个五年的 1.9 倍、1.3 倍和 2 倍。产业结构持续优化。三次产业结构比从 7.1:62.5:30.4 优化为 7.3:53.3:39.4，新材料、生物医药、节能环保、高端装备制造四大战略性新兴产业产值占规上工业总产值比重从 30%提高到 37.2%，石油化工、电力热力等高耗能产业产值占规上工业总产值比重从 59%下降为 55%。文化产业增加值占地区生产总值比重从 2.4%提高到 5.7%，旅游接待人次和总收入年均增长 23%以上，高效设施农业占耕地比重从 11.7%提高到 20.6%。建筑工程施工总承包一级资质企业达 4 家，获詹天佑奖 1 项。重点园区加快发展。化工园区综合实力位居全国同类园区前列，经济开发区在省级园区排名前移 29 位，农业园区建设工作 2016 年获市一等奖。产业项目聚力推进。五年累计实施重点产业项目 260 个，完成投资 319 亿元。扬子巴斯夫二期扩建、扬子石化油品升级、金陵亨斯迈新材料、国轩动力电池一期、华能风电等 208 个项目竣工投产。

五年来，生态环境质量不断改善。大气和水环境治理取得实效。2016 年 PM2.5 年均浓度较 2014 年下降 20.5%。13 座城镇污水处理厂建成投入使用，污水日处理能力达 12.8 万吨，水功能区水质达标率提高到 90%。节能减排深入推进。整治“三高两低”“两高一资”企业 154 家，关停改造燃煤锅炉 293 台，关闭燃煤黏土砖瓦窑 35 家，淘汰落后电机 192 台、黄标车 8042 辆，实施节能和循环经济项目 134 个。化工园创成国家级循环经济标准化示范园区。环境整治力度加大。“三清两整一提升”“大干一百天、环境大

生态金牛湖　　　　刀　锋　摄

扫除”等行动成效显著，滁河、招兵河、八百河、护城河面貌焕然一新。治理矿山宕口166.7万平方米，完成村庄环境整治2532个，成片造林5.76万亩，林木覆盖率、城镇绿化覆盖率分别达25.4%、44.8%，创成国家级生态区。

五年来，城乡宜居功能不断完备。规划引领切实增强。主动融入江北新区开发建设，推进“多规合一”，编制完成10个单元控制性详细规划，实现建设地区规划全覆盖。城市品质稳步提升。大厂地区、雄州片区加快老城改造更新。六合新城一期5.08平方公里开发基本完成，二期启动征迁。全区动迁拆违580万平方米，改造危旧房4629户。时代广场、金陵新城酒店、阿尔卡迪亚酒店建成开业，紫晶、十村商圈功能更趋完善。城镇化率提高了8.2个百分点，城市文明程度指数排名全市郊区组前列。美丽乡村统筹推进。建设美丽乡村示范区290平方公里，创成省市级美丽乡村示范村26个，打造“茉莉花园”6个。金牛湖创成国家AAAA级旅游风景区，竹镇镇被评为“全国特色景观旅游名镇”，大泉村被授予“全国文明村”和“中国最美休闲乡村”称号。基础配套不断完善。“三纵四横”路网格局初步形成，建设改造干线公路128公里、市政道路261公里、农村公路817公里、农村桥梁47座。马鞍机场启用，宁启铁路复线、绕越高速东北环、北部干线、扬滁公路、机场路通车，浮桥、雄州大桥、荣盛大桥贯通。完成长江干堤防洪能力提升工程、滁河近期防洪治理工程，建成三汊湾和新禹河水利枢纽，疏浚河道、河塘2414万立方米。新建13万吨高标准粮库，建成高标准基本农田38.2万亩，实施土地综合整治36.5万亩。

时代广场开业　　张学政　摄

五年来，创业创新环境不断优化。综合改革任务有效落实。“营改增”试点、金牛湖街道全国发展改革试点城镇、省社会信用体系建设试点、市国土空间优化再开发、农村土地承包经营权确权登记颁证等取得实质成果。建成全区公共资源交易平台和农村产权流转交易市场。农村宅基地和农房统一登记发证试点入选省优秀改革案例，发出全市第一批不动产权证。供给侧结构性改革加快推动。推进大厂地区工业布局调整，用市场化手段盘活经济开发区中大金陵、中大青山等闲置资产。深化商事制度改革，推进简政放权，推行企业多证联办并联审批、基本建设项目模拟审批。完成国资国企改革14家，新发展各类企业1.58万家、个体工商户2.96万家，新增注册资本593.6亿元。创新驱动不断加强。引进领军型科技创业人才275名，集聚中央“千人计划”创业人才26名，培育科技创业家21名。新增高新科技企业72家、上市企业2家、新三板挂牌企业7家，专利授权4039件。科创特区新增孵化面积23.3万平方米，创成国家级孵化器2家。

五年来，人民生活水平不断提高。社会保障更加完善。城乡基本养老、医疗、失业保险覆盖率稳定在98%以上，城乡低保标准统一提高到每人每月750元，最低工资标准提高到每月1770元。保障性住房开工378.5万平方米、竣工415.6万平方米，新增廉租房租赁补贴162户，改造农村危房846户。居民增收成效显著。各类财政惠民支出达197.5亿元，实现1.88万户低收入农户与全市同步脱贫。组建农民专业合作经济组织1149家，培育自主创业者2800人。新增城镇就业8.99万人、农村劳动力转移就业1.65万人，实现再就业3.31万人，城镇登记失业率控制在4%以内。2016年预计城乡居民人均可支配收入分别达46460元和20930元，年均增长9.6%和10.4%。公共服务不断优化。宁天城际建成通车，开通公交线路100条，镇村公交开通率达100%。投放出租车300辆、公共自

宁天城际 S8 开通　　　　周文军　摄

行车 8000 辆。新建停车场 23 个，新增机动车停车泊位 7406 个。新改建中小学校 9 所、幼儿园 24 所，创成“全国义务教育基本均衡区”“省社区教育示范区”“省学前教育改革发展示范区”。雄州主城区“422”教育布局完成，化工园区在全市率先通过“省平安校园建设示范区”验收。大厂医院与中大医院合作组建江北新区首家三级医院，区中医院异地新建工程建成启用。改造提升社区卫生服务中心 15 家，创建省级示范卫生院 6 家，建成区残疾人综合服务中心和社会福利院。农改水“户户通”工程全面完成。文化生活更加丰富。沿滁河两岸、环龙池湖“市民客厅”建成，万人拥有公共文化设施面积达 1680 平方米。公共体育设施“四个一”工程完成，成功举办青奥帆船赛事和竹镇国际半程马拉松赛，创成“省公共体育服务体系示范区”。社会治理不断加强。应急处置能力有效提升，安全生产监管持续强化，信访积案逐步化解。“平安六合”创建深入推进，连续 9 年荣获省“平安区”称号。第三次经济普查、第六次人口普查顺利完成。国防双拥、稳价保供、电力保障、气象服务、档案管理等工作统筹推进，妇女儿童权益得到保障，青少年、老龄工作成效明显，工会、人防、外事、民宗、侨台、科协、文联、工商联、地方志、红十字等工作取得新成绩。

五年来，政府自身建设不断加强。坚持依法行政。完成区级行政审批事项目录和权力清单合法性审查，通过市“六五”普法终期考核验收，区公共法律服务中心挂牌成立。自觉接受区人大法律监督和区政协民主监督。办结人大代表议案 2 件、建议 826 件，办结政协提案 1208 件，满意和基本满意率分别达 98.6%、99.2%。深化职能转变和机构改革。规范部门职责和机构设置，政府工作部门整合为 24 个，出台行政审批、行政权力、行政事业性收费、中介服务等多项清单，引入社会组织第三方评估。大力推进政务公开。完善门户网站、微博微信等互动平台，办理“领导信箱”等各类来信 4700 余件、“12345”政务服务热线群众诉求 15 万余件。严格落实中央“八项规定”和党风廉政建设“一岗双责”。全面完成党政机关公务用车改革和办公用房清理整改，“三公”经费支出年均下降 10.3%。

各位代表，过去五年的发展成绩来之不易，奋斗充满艰辛，经验弥足珍贵。这是市委、市政府和区委正确领导的结果，是全区干群齐心协力、奋力拼搏的结果，凝

环龙池湖“市民客厅”建成　　　　刁　锋　摄

聚着全区人民的智慧和心血，离不开社会各界的参与和支持。在此，我谨代表区人民政府，向全区广大人民，向人大代表、政协委员，向离退休老同志，向驻六部队，向各级各类驻区单位，向在六合投资创业的境内外客商，以及所有关心支持六合发展的友好人士、各界朋友，致以衷心的感谢和崇高的敬意！

在肯定成绩的同时，我们也清醒地认识到，当前六合发展仍然存在一些突出问题和短板，一是产业转型升级压力较大。钢铁石化等传统产业产能过剩，战略性新兴产业支撑不足，龙头项目、优质项目相对缺乏，经济增长的内生动力有待进一步提升。二是精准“补短板”任务较重。区域环境质量、城乡建设水平、基础功能配套、全体居民收入与高水平全面建成小康社会的要求仍有差距，社会保障、公共服务水平有待进一步提升。三是财政收支平衡难度较大。公共财政预算增长后劲不足，人均财力较低，民生投入等刚性支出快速增长，财政收支矛盾十分突出。对此，我们将高度重视，在今后工作中采取有效措施，认真加以解决。

今后五年的发展目标

各位代表，今后五年，是六合高水平全面建成小康社会的决胜期，是建设“强富美高”新六合的关键期，也是六合主动融入江北新区发展的重要机遇期。六合的发展已站上新的起点，正面临新的机遇。站上新的起点，我们必须清醒认识和准确把握发展环境的新变化：世界经济进入长周期调整阶段，总体上将延续温和低速增长态势，不确定、不稳定因素仍然比较多；中国经济正面临速度换挡节点、结构调整节点、动力转换节点，在螺旋式上升的发展历程中进入了一个新状态、新格局、新阶段。同时我们也要看到，随着“一带一路”、长江经济带等国家重大战略的深入实施，江苏扬子江城市群跨江融合发展、宁镇扬一体化发展战略的加快推进，以及南京加快建设首位度高的省会城市、影响力强的特大城市、国际化程度高的历史文化名城、幸福感强的宜居宜业城市，六合作为南京江北门户，战略节点地位不断凸显，开放空间必将大幅拓展，发展前景必将更加广阔；随着江北新区“三区一平台”建设的深入推进，六合作为新区重要功能板块，政策效应必将更加显现，联动开发必将加速推进。面临新的机遇，我们必须坚决贯彻落实上级决策部署。把中央、省、市精神作为根本遵循和行动指南，深入学习贯彻习近平总书记系列重要讲话特别是视察江苏重要讲话精神，紧紧围绕区第四次党代会提出的“五个显著提升”奋斗目标，聚力创新，聚焦富民，确保上级各项要求执行到位。必须牢牢把握高水平全面建成小康社会奋斗目标。全力保持经济平稳较快增长，不断改善环境质量，进一步统筹城乡建设，提高社会治理能力，在交通出行、居住环境、社会保障、救助帮扶、便民服务等方面集中力量办好一批民生实事，从而全面建成体现“强富美高”要求，惠及全区人民的高水平小康社会。必须深化供给侧结构性改革加快推动发展。坚持以提高质量和效益为中心，牢牢把握供给侧结构性改革这条主线，大力实施创新驱动发展这个核心战略，着力振兴实体经济，加快产业结构优化、创新成果转化，扩大高质量产品和服务供给，推动产业迈向中高端水平。

根据省、市、区党代会总体部署，今后五年全区国民经济和社会发展指导思想是：全面落实党的十八大和十八届三中、四中、五中、六中全会精神，深入贯彻习近平总书记系列重要讲话特别是视察江苏重要讲话精神，按照中央和省市区委部署要求，牢记“两个率先”光荣使命，全面践行新发展理念，统筹推进“五位一体”总体布局和“四个全面”战略布局，适应把握引领经济发展新常态，坚持以提高发展质量和效益为中心，坚持生态立区、产业强区、富民兴区、依法治区，不断深化供给侧结构性改革，大力实施先进制造业和现代服务业“双轮驱动”，加快打造先进制造业集聚区、现代农业与旅游休闲特色区、现代化和谐宜居新市区，努力建设经济强、百姓富、环境美、社会文明程度高的新六合。

今后五年的主要奋斗目标是：确保高水平全面建成小康社会，努力实现“五个再上新台阶”。

一是经济发展质效再上新台阶。在产业转型升级、园区载体建设、强化创新驱动等方面取得新突破。坚持产业强区战略不动摇。大力发展新材料、生物医药、节能环保、高端装备制造四大战略性新兴产业，培育壮大通用航空、文化旅游、物流服务、健康养生、电子商务等现代服务业，形成一批具有较强竞争力的企业集群和产业集群。紧扣江北新区“长三角现代产业集聚区”发展定位，加快推动重点园区做大产业规模、提升发展层级。化工园、新材料产业园、中山科技园加强统筹谋划和整体联动，实现优势互补和协同发展。经济开发区注重挖掘存量资源，积极争取空间拓展。竹镇省级现代农业产业园等街镇园区呼应新区规划，加快转型提升。突出企业创新主体地位，加强自主创新能力建设。深入推进科技同经济对接、创新成果同产业对接、创新项目同现实生产力对接、研发人员创新劳动同其利益收入对接，构建更加完善的区域协同创新体系。地区生产总值年均增长10%以上，文化产业增加值年均增长14%以上，到2021年，战略性新兴产业产值占规上工业总产值比重达40%以上，高新技术产业产值占规上工业总产值比重达52.5%，服务业增加值占地区生产总值比重达42%，现代农业发展水平达90%以上，科技进步贡献率达到65%。

二是城乡统筹发展再上新台阶。在优化布局、产城融合、完善功能等方面取得新突破。紧密衔接江北新区总规对六合的功能定位及空间布局，加大城市改造提升力度。雄州主城统筹实施老城改造和新城建设，跨滁河向东发展，拓展城市发展空间，打造地区级城市中心。大厂地区积极推动南化等大企业转型升级，规划建设科技创新中心，打造高新技术孵化平台和科研创新基地。坚持产业功能和城镇功能有机统一，促进产业和城镇协调发展。龙袍新城积极谋划通航小镇产业布局，统筹安排生产生活空间，打造沿江综合性产业新城。城西片区充分放大空港、铁路交通枢纽优势，打造区域综合物流中心。横梁、金牛湖、马鞍、竹镇等新市镇结合特色小镇打造，加快产业导入，加强配套设施建设，推动就近就地城镇化。加快构建综合性交通大框架。服务地铁11号线建设，积极争取地铁14号线等重大基础配套设施开工建设，推动马鞍机场军民合用，规划建设六合火车站综合客运枢纽、过江通道连接路网等工程。到2021年，枢纽型、功能性、网络化的基础交通配套体系基本形成，新型城镇化和城乡一体化取得明显进展，城镇化率达70%以上。

三是人民生活水平再上新台阶。在收入增长、公共服务、社会保障等方面取得新突破。聚焦收入增长。突出抓好就业增收，切实强化创业富民，全面完成扶贫攻坚任务，城乡居民收入稳步增长，收入差距逐渐缩小。聚焦公共服务。进一步引进优质教育资源，加快教育现代化步伐；完善公共体育服务体系，提升医疗卫生服务能力，基本形成多层次养老服务体系，城乡居民普遍享受到标准化、均等化的基本公共服务。聚焦社会保障。实施全民社会保险参保计划，基本社会保险实现全覆盖；健全以低保为基础的社会救助体系，提高住房保障水平，群众获得感和幸福感明显提升。到2021年，城乡居民人均可支配收入分别达5.5万元和3.3万元，年均增长9%和10%以上，城乡居民收入达标人口比例达到65%，年均新增城镇就业1.28万人以上，义务教育优质资源覆盖率达100%，新增1家三级医院，区域内就诊率达95%，住房保障覆盖率达23%以上。

龙津夜色　　陈增福　摄

四是生态环境质量再上新台阶。在生态建设、污染治理、环境保护等方面取得新突破。严格落实中央长江经济带“共抓大保护、不搞大开发”要求，加快推动生产、生活方式绿色化，大力构建科技含量高、资源消耗低、环境污染少的产业结构，提高绿色经济发展水平，有效降低发展的资源环境代价。坚持以人为本、防治结合、标本兼治、综合施策，强化环境污染综合治理，着力解决人民群众反映强烈的大气、水、土壤污染等突出环境问题，生态环境质量明显改善。坚持绿水青山就是金山银山，树立底线思维，严守生态保护红线和耕地保护制度。全区耕地保有量不低于92万亩，基本农田保护面积不低于83.2万亩，确保392平方公里生态红线面积不减少、生态功能有提高。到

2021年,林木覆盖率、城镇绿化覆盖率分别达26%、46%,空气质量优良天数比例达80%,PM2.5年均浓度下降4%,Ⅲ类以上地表水比例达65%,主要集中式饮用水水源地水质达标率达100%,公众对环境保护满意率持续提升。

五是社会治理能力再上新台阶。在加快政府职能转变、"法治六合"建设、"平安六合"建设等方面取得新突破。进一步完善以新发展理念为指导,以供给侧结构性改革为主线的政策体系,加快形成"十张清单、五大机制、五大体系"的行政审批制度改革成果,建立健全鼓励创业创新的体制机制。加强法治政府建设,推进政府机构职能、权限、程序、责任法制化,全面开展"七五"普法宣传,建立健全公共法律服务体系,努力营造学法、用法、尊法、守法的良好氛围。深化"平安六合"创建,推进安全生产、防灾减灾救灾、社会治安防控等公共安全体系建设,完善网上网下综合防控体系,不断提高推动发展、化解矛盾、维护稳定的能力。到2021年,基层系列平安创建率达95%以上,法治建设满意率、公众安全感分别达90%、95%。

2017年经济社会发展主要任务

今年全区经济社会发展的主要预期目标是:地区生产总值可比价增长9%左右,一般公共预算收入增长与经济增长同步,全社会固定资产投资增长10%,社会消费品零售总额增长10%,全体居民人均可支配收入增长与经济增长同步,其中农村居民人均可支配收入增速高于城镇居民。实现上述目标,我们要进一步转变观念、转变方式、转变作风,突出发展质量和效益,着力在转型升级上下功夫,着力在创新富民上见成效,具体做到六个聚力、六个加快:

一、聚力转型升级,加快构建现代产业体系

抢抓"一带一路"、长江经济带、江北新区开发等多重国家战略叠加机遇,推动产业特色化、集群化和高端化发展,进一步提升产业综合竞争力。

突出产业发展。对标江北新区"4+2"产业体系,以先进制造业和现代服务业为重点,着力振兴实体经济,加快发展新兴产业,改造提升传统产业,推进经济转型升级。全面提升制造业发展能级,规上工业总产值增长8%,战略性新兴产业投资140亿元,软件和信息服务业收入19亿元。全面增强服务业辐射带动效应,优化城乡商业网点布局,推进省级电子商务示范区建设,服务业增加值占地区生产总值比重提高1个百分点,旅游接待人次和总收入增长15%。全面推进农业供给侧结构性改革,大力培育新型农业经营主体和服务主体,加强农产品标准化生产、质量安全监管、信息服务、品牌培育等体系建设,新增高标准农田2万亩、设施农业4000亩、设施渔业4000亩,新增农业电商主体35家,生物农业实现产值50亿元,农业龙头企业销售收入200亿元。

突出园区建设。紧扣江北新区"三区一平台"发展定位,理清思路,集聚资源,优化布局,推动重点园区做大做强。化工园区推动石化产业转型升级,大力发展新材料、生命科学、高端专用化学品等新兴产业,积极打造国家火炬计划南京化工新材料特色产业基地,同时抓住江北海港枢纽经济区建设契机,以西坝港区为核心,做大临港经济规模,力争全年港口货物吞吐量突破5100万吨。经济开发区全面深化二次开发和"腾笼换鸟",集聚一批龙头企业,培育以国轩动力电池、建康新能源汽车为核心的新能源汽车产业集群,不断壮大高端装备制造、节能环保等主导产业。新材料产业园、中山科技园、规划保留的街镇工业集中区围绕主导产业定位,强化规划衔接、产业对接,大力发展生物医药、新材料、电子商务、现代物流等产业,形成一批特点鲜明、特色集聚的产业功能区。各类农业园区大力发展现代都市农业,扩大特色农业规模,发展休闲农业新业态,提高智慧农业水平。

突出项目支撑。打破行政区域框架束缚,建立项目落地区级统筹制度,探索招商成果利益共享机制,发挥好区产业推进"一办五组"及各专业招商队伍作用,加快集聚一批载体型、功能型、强链型的大项目、好项目,增强区域发展动能。落实重点项目"周推进、月点评、季通报、年考核"督查推进机制,突出做好139个、总投资1386亿元的区重点项目跟踪服务。加快中欧科技产业园、中法智能制造产业园、爱飞客航空综合体、扬子石化精品化工等项目前期工作,启动实施恒大养生谷、中以农业科技城、新城万达广场、龙袍正阳通航基地、平山森林公园健康养生等一批签约项目,加快推进金牛湖野生动物王国、通威省级精品渔业园、基蛋生物、惠生MTO、扬子EVA、联河讯光电等项目建设,力争国轩动力电池二期、建康新能源汽车、利德东方橡塑、迪威尔精工等项目建成投产,不断增强产业转型驱动力。

二、聚力改革开放，加快释放市场主体活力

坚持改革先行、科技驱动、人才引领，加大制度创新、技术创新和协同创新力度，健全“大众创业、万众创新”的体制机制，切实增强经济发展的持续推动力。

深化改革增强动能。深化供给侧结构性改革。落实“三去一降一补”任务，推进南化公司转型升级、南钢钢铁产能削减等工作，实施大厂地区中小工业企业搬迁关停。推进政府存量债务置换，不断优化财政资金支出结构，积极创新产业引导基金设立、投资平台市场化运作、公共领域推广 PPP 模式等方式，切实创造良好的发展环境。深入开展行政审批制度改革。有序推进相对集中行政许可权改革，着力提高投资项目审批效率，降低市场准入门槛，提高事中事后监管水平。进一步统筹实施好金牛湖街道全国发展改革试点城镇、省社会信用体系建设试点、农村宅基地和农房统一登记发证试点等改革任务，推进农村土地承包经营权确权登记颁证和农林场圃改革工作。

创新创业提升效能。加快科技创新步伐。培育高新技术（后备）企业 8 家、“两化融合”示范试点企业 10 家，规模以上工业企业研发机构达 185 家，新增省级示范智能车间 2 个、市级以上工程技术研究中心 3 家。推动产学研深度融合。发展校企联盟 10 个，促成产学研合作项目 60 项，开工建设化工园研发中心三期工程，加快打造节能环保、生物医药和医疗器械产学研联合创新基地，建设南京理工大学中山工程技术研究院等载体。加大人才引进培育力度。探索人才工作社会化、市场化新路径，组织实施“创业南京”人才计划，加快推动人才公寓投入使用，引进市级高层次创业人才 15 名，培育创新型企业家 3 人。落实创业扶持政策。加快众创空间建设，推进慧康大学生创业园、江北电商产业园等创业孵化基地建设，建设创业型社区 5 家，培育自主创业者 700 人、大学生创业 260 人，新发展各类企业 3800 家、个体工商户 5000 家，新增注册资本 135 亿元以上。

加快开放激发潜能。主动融入国家、省市新一轮对外开放大局，深化区域联动与产业融合。抢抓长江12.5 米深水航道直通南京机遇，规划建设江海转运江北枢纽港，积极争取南京综合保税区延伸覆盖，把交通优势转化为功能优势、开放优势和经济贸易优势。在宁镇扬一体化进程中充分发挥南京江北门户作用，加强重大规划衔接，全力争取省市区域产业、基础设施和公共服务布局，争取更多发展“红利”。提升利用外资质量，抢抓江北新区服务贸易创新试点机遇，围绕主导产业精心策划好外资引进，引导外资企业设立区域性研发、物流、销售、财务中心，抓好重点外贸企业服务，不断拓展对外贸易新领域，服务贸易进出口总额增长 10%，实际利用外资、离岸服务外包执行额实现正增长。

三、聚力城乡统筹，加快推进全域一体发展

深度融入江北新区开发建设，全面实施城市品质提升、市民文明素质提升、环境综合整治、交通秩序治理 4 个“三年行动计划”，构建布局更加精致、功能更加精细的新型城镇化体系。

加快城乡建设。紧紧围绕人的城镇化这一核心，强化规划对城市建设的引领作用，坚持“多规合一”，优化城市用地结构，合理布局生产、生活、生态空间。加快新城建设，完善六合新城一期城市功能，全面完成二期征收工作，启动龙池路、滁河左岸环境综合整治等配套项目建设。推动老城更新，实施八百路周边、锁厂周边、龙华路周边、朝天街西侧、山潘街、小汤片区、王山头等地块 102 万平方米棚户区改造，开展大厂生态防护林一期、站前路北侧、龙华路一期、滁河两岸绿化提升工程，推进河滨六期、八百河、招兵河、岳子河环境整治工程，开展八百河公园项目前期工作，完成育才小区等 5 个老旧小区综合整治，实施龙海小区、银城家园积淹水片区改造。打造美丽乡村，修编完成新一轮美丽乡村示范区规划，创建示范村、特色村、宜居村 35 个，实施土地综合整治 6 万亩，培育启动冶山矿山风情小镇等一批特色小镇建设。

完善基础配套。推动干线路网和“四好农村路”建设，加快江北大道快速化改造，启动龙津桥改建，机场安置区、河滨六期道路，501 省道雄州至西坝港段、绕越新篁互通连接线等工程，完成浦六路励志中学段、棠城东路东段，以及古尔兹地块路网建设，提档升级农路 80 公里。优化公共交通发展，推动宁启铁路六合站恢复营运和潘家花园收费站拆移工作，建成塘桥、复兴路公交站，开工建设四柳、四周停保场站，万人公共交通车辆保有量达 12 标台，增设公共自行车站点 30 个、新增投放车辆 1040 辆，主城区轨道交通站点配备公共自行车比例达 100%，进一步方便群众出行。

提升管理水平。加强城市精细化、数字化管理,大力开展街巷环境综合整治,规范户外广告、渣土车、停车秩序管理,推进道路停车泊位智能化收费,新增机动车停车泊位600个。提高物业管理水平,全区物业管理覆盖率达65%以上,其中新建商品房达100%。新增垃圾分类示范小区10个,主城区生活垃圾分类收集覆盖率达85%以上。提高道路管养水平,实施东部干线、江北大道辅道、雄州东路辅道等道路维修工程,改造出新紫霞街、秦苑路。

四、聚力绿色发展,加快打造生态宜居家园

落实"两减六治三提升"专项行动要求,围绕治水、治气、治土,补好生态环境突出短板,提升生态保护水平,守住独特自然禀赋,努力建设美丽宜居新六合。

强化大气治理。推进能源结构调整。加强用能企业监管,鼓励节能量市场化交易,推动节能技术改造,坚决淘汰落后产能,单位工业增加值能耗下降4%,煤炭消耗总量完成市下达的控制目标。强化提标改造。化工园深入开展挥发性有机物综合整治,推进园内46个化工企业限期整改转型关闭。全面开展工业烟粉尘和废气治理,加快实施扬子排放提标等项目。加强流动源污染防治。严格机动车尾气管理,完成黄标车淘汰工作。严禁秸秆焚烧,提高秸秆综合利用效率和水平。加强扬尘管控,规模以上工地扬尘污染控制达标率达90%以上。空气优良天数比例、PM2.5年均浓度和降尘量达到市定标准。

强化治污减排。实施水环境综合整治。系统整治工业片源、农业面源、生活污染源,加强工业废水治理,开展化工、原料药等重点行业达标排放改造,稳步实施畜禽限养区养殖企业清理整治。全面落实"河长制""断面长制",推进劣五类水质断面削减行动。统筹开展排口整治、存量管网清疏等工程,基本消除建成区河道黑臭现象。完善水环境基础配套设施。加快城镇污水处理设施及配套管网建设,改扩建大厂污水处理厂,推进雄州污水处理厂二期建设,玉带片区污水处理厂建成运营,提高生活污水收集率和出水达标率。加强饮用水源保护。实施远古水业制水产能和管网扩建,以及冶山矿区自来水改造,推进城市应急备用水源地建设,确保县级以上集中式饮用水水源地水质达标率达100%,镇村集中式饮用水水源地水质达标率达98%。

强化生态管控。守好管好城市开发边界、耕地保护和生态保护"三条红线",确保生态区域"划得出、保得住"。强化土壤环境综合监管,做好土壤污染防治基础性工作,扎实推进工矿企业污染场地修复治理。深入实施"绿色六合"工程,统筹抓好生态防护林、公益林建设和园林绿化等工作,保护好山林湿地、水源涵养区和生态绿色廊道,林木覆盖率、城镇绿化覆盖率分别达25.6%、45.2%,建成区绿地率达37%。

五、聚力民生工程,加快提升群众生活水平

以民生实事为抓手,着力整

秋染止马岭　　成　功　摄

合市场、政府和社会资源，全力统筹社会保障、公共服务、安全稳定各项工作，努力提高广大群众的富裕程度和生活质量。

健全完善民生保障。促进充分就业。完善城乡就业援助制度，开展就业培训1.5万人次，新增城镇就业1.26万人、农村劳动力转移就业1800人，实现再就业4300人，城镇登记失业率控制在3.5%以内。完善社会保障网络。健全被征地人员社会保障体系，推进社会保险全民参保登记，稳步实施机关事业单位养老保险制度改革，城乡基本养老、医疗和失业保险覆盖率保持在98%以上。新农合人均筹资标准提高到950元，其中政府补贴690元。加强居民住房保障。棚户区改造新开工3000套、建成600套，保障性住房新开工120万平方米、竣工86万平方米。加快金水湾二期、晓山路南侧三期、中山科技园三期等保障性住房建设。全面完成农村贫困户危房改造，实现城市中低收入住房困难家庭应保尽保。提升社会救助水平。实施慈善助困品牌项目，深化街镇社会救助“一门受理、协同办理”服务模式。大力实施精准扶贫。整合资源，分类施策，救助式和开发式帮扶结合，实现30%的帮扶村和低收入农户摘帽脱贫。

协调发展社会事业。优化教育资源配置。六合实验初级中学完成改建并恢复招生，异地新建长城中学。推动南化四小、北京东路小学棠城分校等7所小学建设，建成龙池实验幼儿园等10所幼儿园。实施校安工程25个，建成区教师发展中心。创建“南京市园林式校园”5所、省优质幼儿园2所，启动“江苏省基础教育装备示范区”“全国中小学校责任督学挂牌督导创新区”创建工作。深化公立医院综合改革。加快“医联体”建设，健全分级诊疗体系，推进省级医院联网结报。启动区人民医院东扩工程和三级医院创建工作，建设区妇幼保健院，改造雄州等5家社区卫生服务中心，完成10家社区卫生服务站达标建设。人均基本公共卫生服务经费提高到85元。加强养老服务体系建设，吸引社会资本参与养老事业发展，新建市3A级居家养老服务中心5个，推进扬子护理院医养融合发展。

积极创新社会治理。深化安全生产监管。推进化工园产业区封闭管理，加大建筑工地、危化企业、道路交通、非煤矿山、食品药品、特种设备等重点领域安全隐患整治。落实属地管理责任、部门监管责任和企业主体责任，坚决杜绝发生较大以上安全生产事故。加强“法治六合”“平安六合”建设。打造城市半小时、农村一小时法律服务圈，法治建设满意率达90%，公众安全感达92%以上。推进城乡和谐社区建设。探索村民小组自治，推广社区“一站式”公共服务外包，城乡省级和谐社区建设合格率分别达95%、91%。全力推进信访积案化解攻坚，深化社会稳定风险评估，提高突发事件应急处置能力，健全完善应急救援体系，保障社会安全稳定。

六、聚力文化建设，加快塑造城市特色形象

坚定文化自信，增强文化自觉，统筹推进文化事业和文化产业，延续历史文脉，彰显城市魅力，全面提升区域文化软实力。

加强传统文化保护。坚持文化传承与文化保护相协调，推动传统文化传承、创新与发扬。深入实施“古迹、古镇、古街”历史文化保护工程，保护修缮万寿宫等历史文化遗存，启动六合文庙传统风貌街区保护与更新工程。加大非遗项目保护开发力度，推动非遗保护基地、民俗生态示范园建设，大力开展非遗传统技艺交流、作品成果展示、特色文化体验活动，加强非遗传承人队伍建设，推进“雨花石鉴赏习俗”“留左吹打乐”申报国家级非遗项目。

丰富群众文化生活。打造六合文化城公共文化服务阵地，加快街镇、社区(村)文化站、文化活

“六合同春”广场文艺演出　　林崇春　摄

动设施、农村书屋、图书室建设，力争50%以上的社区(村)建成市级标准化综合文化服务中心，健全公共文化惠民服务体系。新建、更新全民健身器材70套以上，举办竹镇国际半程马拉松等品牌赛事，深化“六合同春”“百姓戏剧广场”文化服务品牌效应，开展农民画、民歌文化进校园活动。继续实施文化惠民“送图书、送演出、送电影”工程，加强基层文艺骨干队伍和文化团队建设，全年举办各类群众文化活动不少于1000场。

加快文化产业发展。突出品牌培育，扩大“四乡”文化品牌影响力，保护利用雨花石等特色文化商标，推动农民画、茉莉花等文化元素产业化，办好《茉莉花》史料馆、冶山农民画艺术中心及横梁雨花石交易市场。突出产业融合，大力推进“文化+”战略，重点发展文化旅游、生态休闲、文化体育等产业，积极培育文化创意服务等新兴产业，加快推动传统文化产业转型升级。突出项目驱动，加强文化资源推介、文化项目招商，抓紧策划竹镇大泉湖—止马岭旅游度假区、龙袍长江湿地公园等重点项目，加快推进程桥池杉湖湿地生态园、横梁e田园等项目建设，创成巴布洛省五星级乡村旅游示范景区。

全面提高政府现代化治理水平

各位代表，今年是新一届政府的起步之年，扎实做好当年工作对于如期实现五年目标意义重大，必须更好地履职尽责，维护社会公平正义，不断强化宏观调控、市场监管、社会管理和公共服务等各项职能，创造良好发展环境，努力建设人民满意的法治政府、创新政府和服务政府。

强化依法行政能力建设。加强法治政府建设，严格按照法定权限和程序行使权力，坚持依法决策、民主决策、科学决策，做到法定职责必须为、法无授权不可为。制定完善行政权力清单和责任清单，依法规范行政行为，明确部门职责边界，做到有权必有责、用权受监督。健全行政执法体制，推进部门内部综合行政执法改革，探索跨部门综合执法试点。深化“两法衔接”工作，全面实行政府法律顾问制度，严格落实行政负责人出庭应诉规定。

强化高效执行能力建设。强化执行意识，对决策所定的事，对发展所需的事，对民生所盼的事，马上就办，真抓实干。强化问题导向，有的放矢发现问题，紧盯问题倒逼落实，一抓到底解决问题。强化目标导向，说了算，定了干，确保事事有落实、件件有回音。

强化优质服务能力建设。大力推进“双随机、一公开”，深化简政放权，让政策落实更加惠民、权力运行更加透明、办事流程更加便民，切实提升政府公信力。加快实施政务中心整体搬迁，区社保中心、农保中心、就业中心、市民卡中心和人才中心集中办公，方便群众办事。认真办理人大代表议案、建议和政协提案，提高“领导信箱”来信来访办理质量，确保“12345”政务服务热线按时办结率在95%以上。

强化拒腐防变能力建设。巩固群众路线教育实践活动、“三严三实”“两学一做”等学习教育成果，持之以恒落实中央“八项规定”和省市相关规定精神，完善作风建设长效机制，严防“四风”问题反弹回潮。严控“三公”经费和一般性支出，推进部门预决算公开。自觉接受区人大及其常委会法律监督和工作监督，接受区政协民主监督，主动接受群众、媒体社会监督，加强审计监督，保持清正、清廉、清明良好形象。

各位代表，功崇惟志，业广惟勤。站在新的起点，我们倍感责任重大、使命光荣，让我们在区委正确领导下，紧紧依靠和带领全区人民，融入大局、开拓创新，凝心聚力、攻坚克难，为高水平全面建成小康社会，加快建设经济强、百姓富、环境美、社会文明程度高的新六合而努力奋斗！

附：

政府工作报告名词解释

1.PM2.5：指环境空气中空气动力学当量直径小于等于2.5微米的颗粒物。

2.“三高两低”企业：“高污染、高消耗、高危险、低效益、低产出”企业。“两高一资”企业：“高能耗、高污染、消耗资源”企业。

3.“三清两整一提升”：2012年我区开展的“清理垃圾、清理违章建筑、清理散坟，整治环境、整治农田，提升城乡绿化水平”专项行动。“大干一百天，环境大扫除”：2014年青奥会前全市开展的100天环境专项整治行动。“两减六治三提升”：2016年省委、省政府提出的环保专项行动，六合区主要工作目标为“减少煤炭消费总量、减少落后化工产能，治理滁河流域六合段水环境、治理生活垃圾、治理黑臭水体、治理畜禽养殖污染、治理挥发性有机化合物污染、治理环境隐患，提升生态保护水平、提升环境经济政策调控水平和提升环境执法监管水平”。

4.“三纵四横”路网格局：“三纵”指西部干线、马玉线、东部干线。“四横”指北部干线、扬滁公路、新程线、422省道。“四好农村路”:习近平总书记提出的,建好、管好、护好、运营好农村公路。

5.“千人计划”:海外高层次人才引进计划简称,指中央从2008年开始,用5到10年时间,围绕国家发展战略目标,引进并支持一批能够突破关键技术、发展高新产业、带动新兴学科的战略科学家和科技领军人才回国(来华)创新创业。“创业南京”人才计划:是市委、市政府提出的南京“十三五”人才发展蓝图,计划从2016年起,用5年时间,重点集聚100名科技顶尖专家、培育200名创新型企业家、引进3000名高层次创业人才、引领2万名青年大学生创业。

6.“422”教育布局:即2011年10月我区在《教育事业发展第十二个五年规划纲要》中提出的,“十二五”期间,在雄州主城建成4所幼儿园、2所小学、2所初中。公共体育设施“四个一”工程:2008年省委、省政府提出的,在各县(市、区)建成一个塑胶跑道标准田径场、一个3000个座席的体育馆、一个游泳馆或标准室内游泳池、一个3000平方米以上的全民健身中心。

7.“六五”普法:2011—2015年之间的普法工作。“七五”普法:2016—2020年之间的普法工作。“两法衔接”:指行政执法与刑事司法衔接。是检察机关、监察机关、公安机关、政府主管部门和有关行政执法机关探索实行的旨在防止以罚代刑、有罪不究、渎职违纪等社会管理问题而形成行政执法与司法合力的工作机制。

8.中央“八项规定”:即改进工作作风密切联系群众的八项规定,包括改进调查研究、精简会议活动、精简文件简报、规范出访活动、改进警卫工作、改进新闻报道、严格文稿发表、厉行勤俭节约等八个方面内容。“一岗双责”:即各级干部在履行本职岗位管理职责的同时,还要对所在单位和分管工作领域的党风廉政建设负责。“三严三实”:即习近平总书记提出的“既严以修身、严以用权、严以律己;又谋事要实、创业要实、做人要实”重要论述。“两学一做”:即学党章党规、学系列讲话,做合格党员。

9.“三公”经费:即财政拨款支出安排的出国(境)费、车辆购置及运行费、公务接待费三项经费。

10.“三区一平台”:指根据国务院批复和《南京江北新区总体方案》,逐步将江北新区打造成“自主创新先导区、新型城镇化示范区、长三角地区现代产业集聚区和长江经济带对外开放合作重要平台”的战略定位。

11.“两个率先”:即率先全面建成小康社会,率先基本实现现代化。“五位一体”:指经济建设、政治建设、文化建设、社会建设、生态文明建设五位一体。“四个全面”:即全面建成小康社会、全面深化改革、全面依法治国、全面从严治党。

12.Ⅲ类以上地表水:指主要分布于源头水、国家自然保护区的Ⅰ类地表水;主要分布于集中式生活饮用水地表水源地一级保护区、珍稀水生生物栖息地、鱼虾类产场、仔稚幼鱼的索饵场等的Ⅱ类地表水;主要分布于集中式生活饮用水地表水源地二级保护区、鱼虾类越冬场、洄游通道、水产养殖区等渔业水域及游泳区的Ⅲ类地表水。“河长制”:即由各级党政主要负责人担任“河长”,负责辖区内河流的污染治理,是从河流水质改善领导督办制、环保问责制所衍生出来的水污染治理制度。“断面长制”:即水源断面达标整治地方首长负责制。

13.“十张清单”:南京市行政审批制度改革提出的行政审批事项目录清单、政府行政权力清单、投资审批“负面清单”、政府部门专项资金管理清单、行政事业性收费目录清单、部门职责清单、工商登记前置审批清单、政府购买公共服务清单、公共资源交易清单、评比达标项目清单。“五大机制”:南京市行政审批制度改革提出的阳光运行机制、动态管理机制、标准规范机制、监督监管机制、责任追究机制。“五大体系”:南京市行政审批制度改革提出的法治保障体系、社会诚信体系、绩效评价体系、政务服务体系、公众参与体系。“双随机、一公开”:国务院办公厅提出的,在监管过程中随机抽取检查对象,随机选派执法检查人员,抽查情况及查处结果及时向社会公开。

14.“一带一路”:即“丝绸之路经济带”和“21世纪海上丝绸之路”,旨在借用古代丝绸之路的历史符号,高举和平发展的旗帜,积极发展与沿线国家的经济合作伙伴关系,共同打造政治互信、经济融合、文化包容的利益共同体、命运共同体和责任共同体。

15.“一办五组”:即区级产业推进平台下设办公室和先进制造业、现代农业、商贸流通业、新兴服务业、文化旅游业五个专项小组。

16.“三去一降一补”:基于供给侧结构性改革提出的去产能、去库存、去杠杆、降成本、补短板五大任务。

17.“两化融合”:指工业化和信息化融合。

18.“四乡”:即民歌之乡、美食之乡、观赏石之乡、现代民间绘画之乡。

六合农民画：来自田间地头的“艺术独白”

★色彩艳丽、构图饱满、线条稚朴、造型夸张……走进冶山镇的农民画展览馆，大量充满浓郁乡土气息的农民画映入眼帘。与专业绘画相比，绘制农民画的材料是简陋的，“白纸和彩色笔”，这群质朴的画家们用最简单的材料创作出了丰富多彩的画画。

★六合农民画的主要创作地在南京市六合区冶山街道，如今，六合冶山镇被文化部命名为“中国现代民间绘画之乡”“中国民间文化艺术之乡”。

★六合农民画历史悠久，可追溯至汉唐。它主要来源于当地的传统民间绘画，如木刻、剪纸、灶头画、中堂画、刺绣等。20世纪80年代早期，六合地区的农民画形成了独特的艺术风格，作品曾远赴日本、美国、俄罗斯展出，惊艳了全世界。

“不画画就难受，很多老百姓唱唱歌啊、打打牌啊，就‘逍遥’了，可我非得通过画画……有些灵感，不‘画’出来的话，感觉就么的了。”

说出这句话的，是一位地地道道的农民，他叫张国良，黑黑瘦瘦的，讲话时带有浓重的六合口音，语气急促而无连续性……他也许不善言谈，在面对陌生人时自然产生的紧张感，语调让人不自觉地想起了《狂人日记》中的疯癫呓语，也许张国良身上“天生”带有艺术性。

重阳节刚过，凤凰江苏来到南京市六合区冶山镇六合农民画艺术中心，约访了3位六合农民画的非遗传承人。农民之所以会跟画家这个头衔产生关系，可得追溯下六合农民画的传统了。

六合农民画历史悠久，可追溯至汉唐。它主要来源于当地的传统民间绘画，如木刻、剪纸、灶头画、中堂画、刺绣等。20世纪80年代早期，六合地区的农民画形成了独特的艺术风格，作品曾远赴日本、美国、俄罗斯展出，惊艳了全世界。

六合农民画的主要创作地在南京市六合区冶山街道，如今，六合冶山镇被文化部命名为“中国现代民间绘画之乡”“中国民间文化艺术之乡”。

六合农民画在加拿大博物馆展出　　冶山街道　供稿

浓墨重彩　描绘农民的日常生活

色彩艳丽、构图饱满、线条稚朴、造型夸张……走进冶山镇的农民画展览馆，大量充满浓郁乡土气息的农民画映入眼帘。与专业绘画相比，绘制农民画的材料是简陋的，“白纸和彩色笔”，这群质朴的画家们用最简单的材料创作出了丰富多彩的画面。

农民画以反映地方文化为主要特色，地域性的文化差异通过农民画即一目了然。“我们六合这一带属于吴楚文化，所以和其他地方的农民画相比，六合农民画蕴含着明显的‘吴风楚韵’。”六合冶山街道文体中心主任胡斌介绍。

表达当地传统的民风民俗、记录劳动的过程是农民画创作的重要主题，“我本人就非常喜欢记录一些六合本地的民风民俗，希望通过绘画的形式把它们保留下来。”如今，胡斌也走上了农民画的创作之路。

在展览馆内，胡斌指着自己最近创作的一幅名叫《弹棉花》的作品解释了起来，“弹棉花是过去的传统技艺，如今的生活中几乎见不到这种技艺了，所以我靠记忆创作了这幅作品，想记录下弹棉花的整个过程。”

与受过教育的胡斌不同，50出头的张国良是地道的农民，没怎么读过书的他一辈子以种田为生。小时候，张国良因受做木刻的外公影响而喜欢上画画，当被问到自己的创作风格时，有些激动的他还没组织好语言就脱口而出，“想怎么画就怎么画，画画是一种快乐！”。

所以从作品看，张国良完全不受绘画规则的约束，画面天马行空，造型时而夸张、时而抽象，他最常表达的主题是农村的婚丧嫁娶和农田里的劳作场景。“我最近在画‘喂猪’……喂猪时不给它吃……用力拽住它的尾巴。”害怕我们听不懂他在讲什么，老张同时扬起胳膊、跷起腿地演示了起来，笑声中，一幅趣味横生、幽默诙谐的作品仿佛在眼前展开。

艺术源于生活，对于张国良这样的农民画家来说，没见过大世面、也读不懂艺术史，他们的绘画感觉直接来源于生活，是对生活最直观的表达。对于很多专业画家来说，这常常是梦寐以求的东西。

走向世界　演绎平凡人的传奇梦

今年(2016年)8月份，六合农民画在加拿大的蒙特利尔市和魁北克市，分别举办了两场精品展，“老外非常喜欢，喜欢我们作品中淳朴的乡土气息，拿去50幅作品，现在已经卖掉了20多幅。”胡斌的语气中略带自豪。

在送去加拿大参展的50幅作品中，丁广华的作品尤其受老外们的喜欢，她的作品曾经被中国农民画研究协会选送到联合国展出。与六合地区其他的农民画家相比，丁广华与众不同的地方在于，她总能将中国传统元素非常巧妙地融合进自己的画面语言中，此外她还对色彩的把握非常恰当，每幅画都是‘流光溢彩’，配色和谐而完美。

“我对色彩非常敏感，觉得自

农民画家丁广华在创作

己有点这方面的天分。”丁广华有些害羞地指着自己的作品说，“我生来就喜欢画画，小时候，下过雨，就用树枝在地上画画。”

用专业的眼光看，丁广华的许多作品中对于画面的处理，总有一些类似于后现代“拼贴画”的艺术效果。于是，我指着丁广华的一副名叫《幸福木马》的作品，问她知不知道什么叫“拼贴画”，她好像没有听懂这个问题，也好像觉得这些都无关紧要，继续向我们介绍她的《幸福木马》，“过节的时候，万家团圆，从屋顶上看所有的人家，都喜气洋洋，我就想把这种感觉放进作品里。”

与喜欢留白、注重用墨的传统中国画不同，农民画总是把画面画得满满的，“这给人一种圆满、幸福的感觉”，质朴的农民画家们把最美好的愿望寄托在自己的画面里。

王金凤就是一位喜欢在作品中寄托美好愿望的农民画家，在展览馆内，我们看到了她的一幅《百猪图》，里面画了数不清的猪，“十分讨喜”，于是问她为何要把这么多头猪画在一起，“小时候家里穷，能有一头猪就不错了，我想要是有很多头猪就好了，于是就把这个愿望画下来了。”

王金凤简直“单纯得十分可爱”，她说话时也总是面带笑容，看起来非常积极乐观。但是听她讲完自己的故事，不自觉地对她所表现出来的乐观精神竖起了大拇指，“我小时候腿上生了很严重的病，一条腿长一条腿短，走路三步一个跟头。后来我做了手术，把长的那条腿锯下来接到了短的腿上。”王金凤命途多舛，“做完手术后，我又出了一次车祸，所以我现在走路不仅一瘸一拐的，而且走几步就必须歇息一下。”

王金凤所经历的这些磨难，让人想到了同样腿部患病，并且多次遭遇车祸的著名女画家弗里达，女性独有的坚韧，让她们都没有被命运打倒，逆境中，是画画救赎了她们，让他们重新拥有了精彩的人生。

“画画让我对生活充满热情与渴望”，王金凤给自己的微信取名叫“凤凰传奇”，她说如今的自己更像是涅槃的凤凰，“我要通过画画活出一种传奇的人生。”

传承非遗　让农民接受艺术的熏陶

被评为省级“非遗”之后，六合农民画被越来越多的人知道、喜欢。如今，六合区冶山街道为了发挥农民画的资源优势，他们于2011年成立了六合农民画艺术中心，搭建了一个集传承、交流与展示相结合的艺术平台。

"现在，我们中心聘请了3名六合农民画非遗传承人专职从事农民画创作，也成功举办了4次全国性的农民画展赛活动。"胡斌介绍。

正如胡斌所说，在"艺术中心"，我们看到了来自全国各地的农民画，有刻画黄土地风物的陕北农民画；有描绘"黑山黑水"的东北农民画；有渲染少数民族节日气氛的贵州农民画；还有表现现代化新农村的上海农民画……

在与外界的交流、碰撞中，六合的农民画家们变得愈加开放与包容，现在他们结合"多彩画乡，幸福冶山"的主题来建设和发展本地旅游业，在冶山随处都能看到"浓厚的农民画艺术氛围"。

如何让农民认识到农民画的艺术价值，这是萦绕在胡斌心头的艰巨任务，近来，"艺术中心"主动承担起了传承非遗的重任。"我们现在会去中小学上课，对中小学生进行艺术辅导，在艺术中心，一些传承人还会进行现场作画，每次都吸引了大量的附近居民过来看，这就是一种艺术的感化与熏陶。"

现在我们时常讨论，"中国乡村是否还能承载现代人的乡愁？"对此，大多数人抱着悲观的心态预言"乡村"，甚至是蔑视自己精神上的故乡，认为乡村已经沦陷在了现代化的车轮里。但在冶山，我们看到了不一样的乡村图景，这里色彩缤纷，这里充满活力。朴实、自由、无拘无束的农民画家们用画笔创造出了新的生活。

与几位"画家"交谈结束，天色渐晚，窗外，"近处的湖水与远处的稻田"，让人禁不住地想起了崔颢的诗句，"日暮乡关何处是，烟波江上使人愁"，只是此时希望代替了"愁"……通过六合农民画，我们看到了乡村的"精神生活"，看到了未来中国农村的希望。

（凤凰江苏　唐　婧）

六合农民画欣赏

2016年南京六合竹镇国际半程马拉松赛开跑

10月30日上午9:30,2016年南京六合竹镇国际半程马拉松赛在竹镇镇永鸿巴布洛生态谷鸣枪开跑。此次赛事由南京市六合区人民政府主办,江苏省国际体育交流中心、南京市六合区体育局、南京市六合区竹镇镇人民政府承办,江苏省户外和登山协会、江苏永鸿巴布洛生态农业有限公司、南京金万方实业有限公司协办。

六合古称棠邑,有着2500多年的建城史,是南京的江北门户,历史悠久,生态优良,文化灿烂,是"中国民歌之乡"(江苏民歌《茉莉花》的发源地)"中国观赏石之乡"(天赐国宝雨花石的故乡)"中国民间绘画之乡"和"中国美食文化之乡"。六合区区域总面积1471平方公里,常住人口92万人,现辖11个街道、1个镇、1个省级经济开发区、1个省级现代农业园区、1个市级重点科技园区。

竹镇镇地处南京市六合区西北部,苏皖交界,联通两省三地,自然生态环境十分优越,先后被确定为国家生态镇、国家特色景观旅游名镇、全国重点镇,也是江苏省仅有的两个少数民族乡镇之一,境内有18个族别的群众和谐共生。近年来,竹镇瞄准国家生态文明镇、国家历史文化名镇、国家特色景观旅游名镇、国家级现代农业产业园区和多民族和谐共生幸福家园目标定位,大力推动现代农业向乡村休闲旅游业和健康养生产业转型,连续数年举办全国公路自行车邀请赛、乡村休闲旅游节等活动,形成了"多彩竹镇""巴布洛""桃花岛"等一批特色品牌,进一步彰显了竹镇绿色生态、千年古镇、红色故地、民族风情的"四大特质",提升竹镇对外影响力和知名度,地区经济和社会的发展加速推进。

近年来,六合成功举办了青奥帆船比赛等国内外知名赛事,竹镇镇连续多年成功举办全国公路自行车邀请赛等活动,保障大型体育赛事的能力不断提高。本次以"乐赏生态家园,悦跑健康福地"为主题的2016南京六合竹镇国际半程马拉松赛,在省市区相关部门的关心下,来自国内外近5000名运动健儿将在这里进行半程(21.1千米)和迷你马拉松(6千米)两个组的角逐。随着裁判员一声枪响,跑友们快乐出发,穿过巴布洛内部的荷兰风车牧场、爱情广场、生态酒店,经过徽派特色鲜明的金磁农民安置小区,沿着绿色生态长廊,领略风景如画的大泉湖景区,奔向终点——闻名遐迩的竹镇"桃花岛"。通过成功举办赛事,充分展示了六合和竹镇的文化底蕴深厚、生态环境优美、产业特色鲜明、英雄模范辈出的良好形象。

六合区人民政府区长戴华杰在致辞中表示,六合区将全力打造竹镇特色,将生态文明建设融入到体育活动中,以马拉松赛事为媒,在打造六合乡村生态旅游又一品牌的同时,充分展示六合体育休闲和文化资源休闲,让世界了解六合,爱上六合。

本次比赛奖金分配名额扩大至半程马拉松男、女各前50名选手,可获得1万元到100元不等的奖金。在规定时间内跑完的选手也将获得纪念牌。

比赛期间,新华网通过网络直播对比赛进行报道,南京电视台、运尚体育也进行了视频直播,省市区各大新闻媒体都对此赛事进行全程跟踪报道。

(新华网　李清卿　魏　薇)

竹镇国际半程马拉松比赛　　区体育局　供稿

“最美六合人”让向善之光照亮棠城

这两年，我区先后评选出一批“最美六合人”，他们美在平凡、美在善良、美在奉献、美在瞬间，这其中有用创业创新的激情建设家乡、回报社会的龚宗洋，有不顾疾病缠身、奋战在教学一线的孙玉秀，有年过半百却舍命勇救落水儿童的龚福琴，有用心扮靓城市的美容师胡宇……这些如同蒲公英般播撒的美的种子已经在棠城大地生根发芽，绵延出一道“最美”的风景。

各行各业都有榜样

为加强先进典型的学习宣传，培育和践行社会主义核心价值观，2015年，区委宣传部、区文明办、区总工会、团区委、区妇联联合在全区范围内组织开展“最美六合人”评选表彰活动，每年选树一批体现社会主义核心价值观、体现中华传统美德的“最美六合人”，传递真善美正能量，培育崇德向善新风尚，努力为迈上新台阶、建设新六合提供强大的价值引导力和精神推动力。评选表彰包括“最美基层干部”“最美诚信人”“最美志愿者”“最美女性”“最美青年”“最美职工”“最美医务工作者”“最美少年”“最美基层共产党员”“最美拥军模范”“最美教师”“最美环卫工人”“最美创业创新人”“最美法治人”等14个类别的“最美六合人”。各行各业都有榜样，各个群体都有模范，各个阶层都有典型，一个个平凡却又动人心弦的事迹，打动了广大市民，也在社会上掀起了一股争做“最美”、学习“最美”的风潮。

向善之光照亮大地

2016年4月21日下午，正在玉米地里除草的龚福琴看到不远处的水塘里有一双小手在水面上挥舞，见此危情，已经60岁的她来不及脱去衣服鞋袜，毫不犹豫地纵身跃入水塘。厚重的淤泥，3米的水深，年迈的身体，龚福琴就这样在水塘里与死神搏斗，紧攥着孩子衣领的手一直未松，并艰难地将孩子拖到了岸上。孩子得救了，她却因为在水下时间太长、呛入泥水过多，回到家后倒地不醒，经过一个星期的抢救最终不幸离世，用生命阐述了“舍己救人”的真谛。邮递员方兆椿承担着10个居民密集小区的投递工作，任务量大，可他每个周三下午都会准时出现在县府街一栋老房子里，这里住着一名行动不便的老人，他要做的则是帮老人做些家务活，买油买米、打扫卫生。从2006年开始，十多年来从未间断……一个人、一个故事，有的看似平凡简单，但他们用一言一行将“最美”的涵义解释得淋漓尽致。一个个小故事，如同一个个“盆景”，虽不起眼却能在汇集之后成为一道“风景”，更汇聚成向善之光照亮了六合大地。

“最美”精神根植于心

风景动人，而风尚则能传播久远。“最美六合人”中有的并没有轰轰烈烈的事迹，却在平凡之中感动我们。今年初参加2016年度“最美六合人”颁奖典礼的范女士是一名机关工作人员，她说，听了受表彰的“最美六合人”的事迹，感触颇多，他们当中无论是献出生命的人，还是在本职岗位上默默奉献的人，无不在细微之处诉说着“最美”的涵义，向我们展示出真善美，成为大家心中“最美”的画面。“最美六合人”的事迹，也打动了当选者身边的人，一位社区工作者说，基层工作与居民直接打交道，就更需要加倍的耐心、细心，今后要学习“最美六合人”的事迹，对照自己的一言一行做好本职工作，让“最美”的花朵绚丽绽放。

如今的六合，一个个“最美”群体已经成为时代风尚标，很多“最美”瞬间的举动成为我们下意识的行动，“最美”精神根植于心、表现于行，在棠城大地上开出了“最美”之花。

（《今日六合》 许　燕）

棠城上空的金色霞光　刀　锋　摄

大事记

1　月

4日　六合区人大常委会主任、区委副书记彭家龙（下同）到区红十字会调研指导工作。

12—13日　政协南京市六合区第三届委员会第五次会议召开。

13—15日　六合区第三届人民代表大会第五次会议召开。

15日　六合农民画被列入省政府公布的第四批省级非物质文化遗产代表性项目名录，六合民歌、竹镇高跷、方巷走北习俗被列入省级非物质文化遗产代表性项目名录扩展项目名录。

29日　省委常委、南京市委书记黄莉新一行到六合走访慰问农村基层老党员、优抚对象和生活困难群众。

2　月

18日　南京重大项目集中开工仪式（江北新区专场）在江北新区中心区综合管廊二期示范现场举行，当天集中开工37个重大项目，其中六合区（化工园区）项目8个，当年投资25.4亿元。

23日　六合区委书记、化工园区工委书记谢志成（下同）检查全区公共自行车布点。

3　月

1日　首届“最美六合人”评选结果公布，龚宗洋、周瑞祥、王丽、孙玉秀、应长琴5人当选。罗立群、苏恩本、孙尚强、王明亮、黄青5人获“最美六合人”提名。

2日　谢志成到化工园区检查企业VOC治理工作。

8日　省安监局局长陈正邦到六合区调研指导安全生产工作。

9日　南京鼓楼医院和六合区医疗机构组建医联体揭牌仪式举行，彭家龙与鼓楼医院院长韩光曙共同为医疗联合体揭牌。

同日，谢志成到横梁调研指导工作。

15日　六合区长戴华杰（下同）到冶山街道调研指导工作。

22日　区领导谢志成、徐健等到龙袍街道调研。

23日　省委办公厅副主任顾俊等4人组成的省考核组，由市委政法委副书记孙小忠陪同，对六合法治创建工作进行考核。

25日　省公安厅内保总队副总队长刘建华一行考察化工园区创建省平安校园建设示范区工作。

28日　化工园区举行总部经济区暨永利大厦企业入驻仪式，首批50多家企业入驻或注册。

30日　环境保护部发布公告，授予六合区等20个县（市、区、旗）“国家生态县（市、区）”称号。

4　月

8日　国内首台热电联产高参数背压机组——华能化工园玉带片区热电联产项目1号机组建成投运。

19日　河北省委政法委考察组在省市政法委相关负责人陪同下考察六合法治文化建设。

23日　金牛湖—冶山旅游度假区“地球之窗+X”综合旅游度假

世界项目启动仪式举行。市委常委、常务副市长刘以安，区领导谢志成、彭家龙、向军、施勇君、谢庆森等为项目奠基。

同日 “六合青年，为爱前进”公益迷你马拉松挑战赛在金牛湖景区举行，67支参赛队750多人参加。

同日 第二季“Shake Run”“乐跑里约”南京站活动在竹镇镇巴布洛举行，3000名“乐跑侠”参与其中，感受“跑步中韵”和“智能赛事”魅力。

29日 六合环卫工张玉仙获“全国五一劳动奖章”。

同日 南京化工园区社区学院举行揭牌仪式。

5 月

8日 2016年“巴布洛杯”江苏南京多彩竹镇公路自行车邀请赛暨环太湖国际公路自行车业余俱乐部巡回赛在竹镇镇巴布洛举行。

9日 南京八卦洲与扬子石化8号码头长江段两货船闪爆，2名工作人员遇难。

12日 谢志成带队检查全区防汛工作。

13日 新疆伊犁哈萨克自治州政协考察团到六合考察特色种植业和乡村旅游发展工作，交流学习建设经验。

15日 六合区人大常委会领导蒋锡林、侯在琥、孟建国调研区保障房建设和管理情况。

18日 南京市人大常委会主任陈绍泽一行到六合区调研，区领导谢志成、彭家龙陪同调研。

21日 黑龙江省鸡西市鸡冠区党委代表团到六合考察，区领导谢志成、彭家龙陪同考察。

25日 南京市人大常委会副主任李奇率市人大检查组到六合检查少数民族权益保障情况，副市长胡万进，区领导彭家龙、蒋锡林、施勇君陪同检查。

31日 区领导谢志成、彭家龙、楚琢玉、焦晓英等到六合双语小学雄州分校、区级机关幼儿园、南化实验小学走访慰问。

6 月

1日 江苏省委政法委副书记、省综治办主任朱光远到金牛湖街道金山村考察，区领导谢志成、彭家龙等陪同考察。

同日 江苏省法学会会长林祥国到六合区调研法学会工作。南京市委政法委副书记、市法学会副会长孙小忠，六合区法学会名誉会长彭家龙陪同调研。

3日 六合区人大常委会领导彭家龙、蒋锡林、侯在琥、孟建国考察《中华人民共和国劳动法》《中华人民共和国社会保险法》在区实施情况。

6—7日 “跨界！2016年中国·旅游大会”在竹镇镇巴布洛举行，探讨传统农业和旅游、教育、金融等领域的跨界融合问题。

10日 “2016年中国南京热气球嘉年华活动”在竹镇镇巴布洛生态谷开幕，50对新人在空中举行热气球集体婚礼。

22日 朱志宏任六合区委书记、化工园区工委书记(下同)。

24日 黄莉新到六合区慰问老党员和生活困难党员。

同日 朱志宏到冶山街道调研。

25日 “留左大鼓”赴欧洲比利时、荷兰、德国演出受热捧。

27日 朱志宏走访慰问老党员和生活困难党员，区领导周军强、谢庆森等陪同走访慰问。

28日 戴华杰走访慰问生活困难老党员。

29日 朱志宏到六合经济开发区和龙池街道调研。

30日 六合中医院迁至六合新城新棠路181号开诊。

7 月

2日 朱志宏检查六合区防汛工作。戴华杰到程桥街道、竹镇镇检查防汛工作。

6日 六合区血吸虫病监测工作通过国家督导组督查。

7日 朱志宏到化工园区考察调研。

15日 50幅六合农民画到加拿大蒙特利尔市魁北克工艺艺术博物馆展出。

16日 江西省吉安市政府考察团到六合考察有机农业。

21日 江苏省安监局党组书记、局长陈正邦一行代表省政府到化工园区督察危化品专项整治工作。

同日 南京市农委、市社科院联合调研组到六合调研农业供给侧改革。

同日 六合区区域卫生信息化软件项目通过省级验收。

23日 2016年全国中学生跆拳道联赛华东站分赛在六合体育馆举行。

7月23日，全国中学生跆拳道比赛在六合体育馆举行　孙成功　摄

28—31日　2016年江苏省青少年赛艇锦标赛在金牛湖畔举行。

29日　六合区领导朱志宏、戴华杰、彭家龙、向军、周军强、吴建强、张则扬等走访慰问驻六官兵。

31日　中共南京市六合区召开第四次代表大会。会期两天。

8　月

3日　江苏省副省长马秋林到扬子石化检查安全工作。

9日　金牛湖至仪征境内两条公交线开通营运。

10日　南京市政协副主席陆平贵到冶山街道调研挂钩帮扶工作，区政协主席向军陪同调研。

15日　江苏省卫生计生委副主任王华到六合调研，副区长焦晓英陪同。

17—18日　朱志宏先后到六合区检察院、法院和六合公安分局调研。

21日　云南省江苏商会到六合开展工作交流。

26日　高淳区人大考察团到六合考察现代农业发展情况。区领导彭家龙、周军强陪同考察。

9　月

1日　南京市委副书记龙翔到六合调研。区领导朱志宏、周军强等陪同调研。

3日　南京市市长缪瑞林到六合调研现代高效农业发展。朱志宏、戴华杰陪同调研。

7日　朱志宏调研全区教育工作。化工园区党工委副书记楚琢玉、副区长焦晓英参加调研。

9日　六合区通航产业发展推介会暨重点项目集中签约仪式举行，总投资453亿元的19个项目现场签约。南京市委常委、江北新区党工委专职副书记罗群，中航工业集团副总经理李本正，区领导朱志宏、戴华杰、徐有俊、施勇君等参加签约仪式。

同日　六合区旅游业商会成立。

12—13日　以“发展与创新”为主题的2016年中国南京新材料资本技术峰会在南京举行。

13日　朱志宏到横梁街道调研三友湖村扶贫开发工作。

18日　南京市政协主席沈健到冶山街道双墩村调研。

19日　农业部农业生态总站信息与培训处处长高文永一行到六合调研秸秆综合利用情况。

20日　化工园区举行2016年金洽会专场活动，50个项目集中签约、开工与竣工，项目总投资373.1亿元。

同日　南京市委常委、常务副市长刘以安(下同)到六合驻点调研及挂钩帮扶工作。区领导朱志宏、戴华杰陪同调研。刘以安到马鞍街道勤丰村开展“四解四促”(解矛盾促和谐、解难题促民生、解瓶颈促发展、解疑惑促落实。下同)调研活动，现场考察勤丰村“党群之家”建设情况，并就勤丰村经济薄弱村帮扶项目给予关心和支持。

同日　朱志宏到雄州街道村调研、社区党组织换届工作。

22日　河南省孟津县考察团到六合考察美丽乡村建设。

24日　以“多彩竹镇天天乐”为主题的第七届乡村文化旅游节系列活动启动。文化节为期两个月，活动设民族竹镇、运动竹镇等6个系列。期间举办少数民族传统体育运动会、桃花岛冬桃采摘、竹镇半程马拉松和秋季热气球嘉年华等活动。

27日　六合区人大常委会领导彭家龙、蒋锡林、侯在琥考察化工园区南化片环境综合整治工作。

28日　第十六届龙袍汤包美食文化节开幕，汤包销售首次启动网络销售模式。

10　月

11日　彭家龙、蒋锡林、侯在琥到六合区法院调研行政审判工作。

9月28日,2016年龙袍汤包节开幕,汤包销售首次启动网络销售模式
苗建鹏　摄

16日　省委副书记、市委书记吴政隆到六合调研,市领导龙翔、杨学鹏、华静参加调研,区领导朱志宏、戴华杰、李长征、谢庆森陪同调研。

17日　副市长华静到六合调研"三农"及国土工作。副区长李长征陪同调研。

26日　市人大常委会副主任、市总工会主席臧正金到龙袍街道大河口村调研精准扶贫工作,市总工会副主席刘辉,区人大常委会副主任、区总工会主席孟建国等参加调研。

30日　2016年南京六合竹镇国际马拉松赛举行。

11　月

8日　2016年全国青少年桌式足球公开赛在六合区体育馆开赛。

9日　马鞍10万吨标准化粮仓建成。

同日　六合区委常委、区纪委书记姚瑞平到六合区人民医院调研。

10日　六合区举办食品安全应急演练。

11日　金牛湖水利风景区代表南京市亮相2016年首届全国水利风景区博览会。

12日　日本福冈县筑上町青少年交流团一行30多人到六合区竹镇镇中日友好希望小学交流访问。

13日　金牛湖通过国家水利风景区复核。

14日　朱志宏到六合新城调研。

17日　六合区首届扶贫基金会成立。

23日　人社部联合考察组到六合调研城乡居民养老保险和征地保障工作开展情况。区领导朱志宏、徐有俊陪同考察。

24日　南京市委副书记龙翔到六合调研粮食工作。

同日　引领全球有机农业发展的德来特国际协会主席托马斯·鲁提一行到六合交流有机农业生产经验。

12　月

3日　朱志宏考察雄州街道居(村)委会换届选举工作。

7—8日　刘以安到六合开展"四解四促"活动。区领导朱志宏、戴华杰、徐有俊陪同参加相关活动。

25日　南京金牛湖野生动物王国开工建设。中国野生动物保护协会第四届理事会会长赵学敏、副秘书长郭立新,江苏野生动物保护协会会长严宏生及省市相关部门负责人,区领导朱志宏、戴华杰共同为项目开工奠基。

28日　南京市政协副主席陆平贵率队到冶山街道落实扶贫项目。

30日　六合区与南京农业大学签署战略合作协议,副区长李长征、陈涛和南京农业大学副校长丁艳峰等出席签约仪式。

31日　六合区第三次全国农业普查工作全面启动。

同月　全国农业界150名代表到六合观摩农业废弃物综合利用现场。

六合概况

基本情况

【地理位置】 六合区域地处北纬32°11′—32°37′，东经118°34′—119°03′。西北接安徽省来安县和天长市，东临江苏省仪征市，南至长江，西南与浦口区接壤。曾有“京畿之屏障、冀鲁之通道、军事之要地、江北之巨镇”之称。区域地处苏皖两省、宁（南京）扬（扬州）滁（滁州）三市交会地，历来是沟通苏南、苏北、皖北的窗口。江北扬子石化、扬巴公司、华能南京电厂、南钢集团和南化集团等大型和特大型企业密集，具有化工、钢材等原材料供应和市场销售优势；南京化学工业园区（简称化工园区，下同）作为国家级重化工基地，是省实施沿江开发战略的重要组成部分。中部城区商贸繁荣，人居环境优越。北部地区是无公害蔬菜和经济林果等特色优质农产品的主产区，拥有国家级地质公园，AAAA级金牛湖风景区，平山省级森林公园、冶山矿山公园。省空气质量监测对照区设于竹镇芝麻岭森林公园内。

六合是辐射苏北、皖北的重要枢纽，交通便捷。宁通、宁连、宁淮、宁蚌、宁扬等高速公路途经六合，长江四桥连接城区，长江大桥、二桥连接线在区内交会；区内金江公路、西部干线、东部干线、北部干线、扬滁公路和沿江高速公路纵横交错；宁启铁路穿境而过，通往金牛湖的S8轻轨通过地铁3号线与南京主城区实现无缝对接。滁河为规划5级航道，常年通航；沿长江北岸有西坝港、长芦2个万吨级深水码头。距上海3小时车程，1小时直达滁州、扬州和禄口机场。西气东输工程东西向横穿区内35千米，并设有2个分输站；输油管道由北向南途经区内，设1个分输站。区内建有1400余千米镇村水泥路面。

【自然情况】 六合区是江苏省会南京北大门，面积1471平方千米，户籍人口90.89万人。流经苏皖两省的滁河横穿境入长江，拥有46千米长江“黄金水道”，属长江下游“金三角”经济区，是“天赐国宝，中华一绝”雨花石主产地，江苏民歌《茉莉花》的采风源头。区内地势北高南低，北部为丘陵岗地，平均海拔20米。境内有山丘60多座，中小型水库、湖泊56座，大小河流60多条，形成山中有水、水中有山的秀丽景色。南部和中部为平原，沿东北部冶山至中部骡子山向西北至大圣、竹镇芝麻岭一线为江淮分水岭，南侧为长江水系，北侧是淮河水系。全区有耕地6.26万公顷，水域面积2.02万公顷。属北亚热带季风温湿气候区，气候温和，雨量充沛，光照充足，四季分明，常年平均气温15.6℃，平均降雨约1100毫米。

【自然资源】 *土地资源* 其中耕地6.28万公顷，占全区总面积42.7%；园地1200公顷，占全区总面积0.8%；林地1.01万公顷，占全区总面积6.9%；草地2700公顷，占全区总面积1.8%；城镇村及工矿用地2.78万公顷，占全区总面积18.9%；交通运输用地6800公顷，占全区总面积4.6%；水域及水利设施用地3.03万公顷，占全区总面积20.6%；其他用地5400公顷，占全区总面积3.7%。

矿产资源 全区有矿种有

铁、铜、硼、蓝宝石、雨花玛瑙石、大理石、白云石、花岗岩石、石灰石、辉绿石、铸型用红砂、建筑用黄沙、石英砂、膨润土、矿泉水等30多种，其中蕴藏丰富、有工业价值的20余种。储量铁矿石300万吨，建筑用玄武岩D级8500万吨，黄沙D级7200万吨（其中雨花石为1.5万吨），大理石、白云石、石灰石D级1.5亿吨，花岗岩1亿立方米，铸石用玄武岩800万吨，石英砂1亿吨，矿泉水年自然流量500万立方米，凹凸棒黏土1亿吨。

水资源　2016年，六合区降水总量21.68亿立方米，地表水资源总量9.41亿立方米，折合径流深为641.8毫米，地下水资源总量2.93亿立方米，地表水地下水重复计算量2300万立方米，水资源总量12.11亿立方米，产水系数0.56，产水模数82.3万立方米/平方千米。长江过境水量1.05万亿立方米，比常年平均径流量多17.5%；滁河过境水量25亿立方米。全年区实际用水总量11.26亿立方米，其中工业用水6.96亿立方米(不包括工业重复利用水量)。

动植物资源　经江苏省林业局确认，2016年六合区森林覆盖面积3.5万公顷，其中有林地2.38万公顷、特灌林地4572公顷、四旁树6904公顷，林木覆盖率为24.88%。林地生长树种有39科92种，主要树种有马尾松、黑松、国外松、水杉、杨槐、刺槐、香樟、银杏以及毛竹等。全区活立木蓄积量80万立方米；森林抚育933.3公顷；林木采伐1.16万立方米，毛竹采伐1.8万株；省级公益林3266.7公顷，市级公益林2066.7公顷。果树面积3866.7公顷，鲜桃、葡萄、梨等水果产量逐年增加，总产量3.4万吨，产值3.4亿元。观赏苗木4920公顷，盆栽植物56.7公顷，食用与药用花卉200公顷。平山、灵岩山雨花茶生长环境优良，屡获殊荣。境内生产药用动植物487种，其中属全国重点药材品种115种。水产放养面积1.12万公顷，淡水特种水产养殖6666.7公顷，水产品总产量4.58万吨，以鱼类、甲壳类为主，河蟹、青虾、黄颡鱼等优质产品逐年增加，特种水产品产量1.16万吨。农副产品资源丰富，生猪、奶牛、肉羊、草鸡、肉鹅、乳鸽等养殖规模较大，龙池鲫鱼、金牛湖鳙鱼、竹镇肉羊、东沟肉鸽、草鸡蛋、活珠子、蟹黄汤包、富硒大米、大圣水芹等农特产品声名远扬。

（陈子伟　陈名生　朱厚云）

【气　候】 六合属北亚热带湿润气候，无霜期长，雨量充沛，日照充足，四季分明。2016年，全区年平均气温为16.4℃，较常年正常偏高0.8℃。极端最高气温38.8℃，出现在7月28日；最低气温-10.8℃，出现在1月24日。年降水总量1516.2毫米，较常年偏多16%，年内有4次暴雨。年日照总时数为1762.6小时，比常年偏少14%。年度初霜出现在2015年11月3日，终霜日在2016年3月28日，霜期147天。梅雨期内的持续性强降水天气造成防汛形势严峻。降水时段分布不均导致旱涝现象交替出现。年内雾、霾天气频发，全年有140余天出现霾，大雾对出行造成不便。主要灾害性天气有暴雨、短时强降水、大风、高温干旱、雷电、雾、霾、连阴雨等。

暴雪、寒潮　2016年主要有3次降雪天气，分别出现在1月21—23日、1月31日—2月1日、11月22—24日。

1月21—23日降雪，过程累计降雪量6.4毫米，最大积雪深度3厘米。23日降雪结束后，全区气温明显降低，24日平均气温-7.5℃，最高气温-4.2℃，最低气温-10.8℃，为20年以来第二低，仅次于1991年的-14.0℃。1月31日—2月1日大雪天气，白天12小时降雪量5.4毫米，达大雪级别，最大积雪深度5厘米。11月22—24日出现2016年入冬以来的第一次降雪，23日单日降雪量8.8毫米，达暴雪级别，最大积雪深度5厘米。

梅雨　6月18日入梅，7月20日出梅，出梅偏晚（常年7月10日）；梅雨期32天，偏长（常年25天）。梅雨期内，累计降水量为351.8毫米，较历史同期平均降水量偏多5成，梅雨期内雨日16天。入梅后，梅雨带南北摆动，先后出现5次强降水过程(6月20—22日、24—25日、27—28日、7月1—7日、13—15日)。梅雨期暴雨日2天。

暴雨　2016年暴雨日4天，分别为7月2天，9月和10月各1天。6月30日—7月7日出现连续性强降水，两天达暴雨级别。受其影响，滁河水位始终维持在警戒水位以上，防汛形势严峻。程桥唐楼社区1户种植户西瓜受淹5.3公顷，直接经济损失2.4万元。龙袍3户水产养殖户损失40万元左右。冶山水稻秧苗受灾面积66.7公顷，主要集中在水库周边水淹面积，渔业养殖户受淹面积13.3公顷。据人保公司统计，该次持续强降水过程，致使蔬菜大棚、桃子、鱼塘等损失赔偿150万元。

连阴雨天气　10月，降水较常年明显偏多。降雨日数21天，为常年(9.6天)的2.2倍。下旬，连

2016 年六合区气象要素一览表

表 1

月　份	气温(℃)			日照时数(小时)	降雨量(毫米)	日最大降雨量	
	平均	极高	极低			雨量(毫米)	日　期
全　年	16.4	38.8	−10.8	1762.6	1516.2	85.4	7 月 4 日
1　月	2.4	17.7	−10.8	93.7	56.8	21.4	1 月 5 日
2　月	5.8	23.6	−5.9	162.0	21.4	9.2	2 月 13 日
3　月	10.7	23.3	−1.0	134.7	36.9	26.0	3 月 8 日
4　月	17.2	28.9	9.3	161.3	99.6	32.3	4 月 6 日
5　月	20.0	30.9	11.6	144.0	156.8	43.1	5 月 2 日
6　月	24.3	34.9	15.8	119.3	148.0	34.7	6 月 22 日
7　月	28.7	38.8	20.9	182.0	262.0	85.4	7 月 4 日
8　月	28.6	35.5	18.0	265.7	61.6	48.6	8 月 6 日
9　月	23.7	34.7	15.9	183.0	167.4	71.1	9 月 16 日
10　月	17.9	27.1	8.0	46.0	329.3	65.8	10 月 27 日
11　月	10.6	23.7	−3.2	125.9	97.2	27.6	11 月 18 日
12　月	6.3	19.4	−3.1	145.0	79.2	35.2	12 月 21 日

续雨日12天。10月降水量328.5毫米，较常年(58.0毫米)偏多4.7倍，其中27日单日降水量65.8毫米，达暴雨级别。日照时数46小时，较常年同期(173.3小时)偏少74%。因正值秋收秋种关键期，持续的阴雨寡照天气使农田受淹、作物烂死，对秋收秋种造成较大影响。

台风　7月7日的1号台风“尼伯特”和9月15—16日的14号台风“莫兰蒂”对六合区产生影响。受台风“莫兰蒂”减弱后的低压与北方冷空气共同影响，9月15—16日出现强降水，全区过程累计雨量均超过100毫米，最大过程降水量195.8毫米，出现在龙袍街道。

汛期中的滁河　　陈　平　摄

雾霾天气　2016年大雾天气41天，霾171天。12月5日出现8级大风和扬沙天气。

强对流天气　雷暴日数18天，相比常年平均的29天至30天明显偏少。

高温、干旱　5—9月，高温日数17天，主要集中在7月下旬到8月中旬，7月下旬平均气温33.2℃，高温日数11日，极端最高气温38.8℃，均为历史第一。区域站的极端最高温度为41.1℃(葛塘站)。7月下旬至9月上旬出现持续晴热少雨天气，该时段累计降水量69.1毫米，较常年同期偏少7成，表层土壤相对湿度维持在50%以下。全区出现不同程度旱灾。其间发布高温预警信号11次。

暖冬　1—2月、12月，区平均气温相对常年普遍偏高，平均偏

浮桥新姿　　张学政　摄

高大约1.1℃左右。暖冬影响持续到2017年春季。　（张语眉）

【建置沿革】　六合历史悠久，根据考古和地质工作者发掘、考证，距今约1万年前境内就有原始氏族村落。六合古称棠邑，东周灵王元年（前571年）见诸史籍，是中国早期建城的城邑之一，系南京市域内最早的行政建置。隋开皇四年（584年）定名六合。六合在军事上有着重要地位，可襟江控淮、直通冀鲁、屏障南京，历来为兵家必争之地，无论南北纷争，还是东进西击，均是战争的交会点。地域隶属变迁、政区建置并分随战争变化而变化，随区划调整而调整。春秋战国时期，棠邑的隶属关系先属楚、后属吴，再属越，至周显王三十五年（前334年）复归于楚。秦嬴政二十六年（前221年）始置棠（堂）邑县，属九江郡。楚汉相争，棠（堂）邑属楚。东汉建武六年（30年）属徐州广陵郡。历史上六合县曾隶属过九江、临淮、广陵、淮平、齐、秦等郡，以及扬州府、应天府、江宁府、金陵道等。

民国元年（1912年），中华民国定都南京，六合县属江苏省；民国二十三年（1934年），属省第十行政督察区。抗日战争期间，六合县境内三方（共产党、国民党、汪伪）政权辖区交错，变迁频繁。民国三十七年（1948年），人民解放军进抵六合。同年，六合县隶属皖北行政区滁县专区，1950年4月划归泰州专区。1952年，六合县南部分地区和大厂镇划出县域范围直属南京市。1952年11月，泰州专区改为扬州专区，六合仍属之。1956年2月，改属镇江专区，12月复属扬州专区。1958年6月，属南京市，1962年5月，复属扬州专区。1966年3月15日，成立六合专区辖六合、江浦、仪征、金湖、盱眙5县，治六合县六城镇。1971年撤销六合专区，六合县划归扬州专区。1975年11月，属南京市。2002年4月，经国务院批准，六合县与大厂区合并成立南京市六合区，全区辖7个街道、12个镇。

【区划设置】　至2016年，六合区辖11个街道1个镇，有90个居民委员会（含村居并设8个）、55个村民委员会。（见表2）

2016年六合区行政区划一览表

表2

名称（驻地）	面积（平方千米）	人口（万人）	居民委员会或村居并设		村民委员会	
			个数	名　称	个数	名　称
雄州街道（雄州东路299号）	112.90	14.85	17	瓜埠中心、龙津、观滁、天一、荷花、紫霞、凤凰、冶浦、方州、古棠、桥西、泰山、白果、台园、砂子沟、灵岩、高余	4	红光、钱仓、龙虎营、山北
冶山街道（白云山1号）	107.04	4.37	5	冶山、四合墩、白云山、东王、石柱林	3	瓜娄、岗陈、双墩
龙袍街道（龙腾路1号）	98.80	5.85	6	东沟中心、新城、长江、楼子、新桥、渔樵	5	赵坝、团结、孙赵、平原、大河口

续表2

名称(驻地)	面积(平方千米)	人口(万人)	居民委员会或村居并设		村民委员会	
			个数	名称	个数	名称
竹镇镇(仕林南路168号)	209.00	6.51	1;5	竹墩;5个村居并设:烟墩、送驾、金磁、大侯、八里	5	大泉、侯桥、石婆、乌石、光华
马鞍街道(人民路54号)	251.40	9.34	3	马鞍中心、城西、马集	12	平山、勤丰、郭营、大营、黄赵、大圣、泥桥、玉王、巴山、黄岗、尖山、河王湖
横梁街道(滕营路1号)	148.00	6.89	5	新篁中心、横梁、王子庙、山东、石庙	7	方山、雨花石、四新、黄中、上马、三友湖、钟林
龙池街道(新集东路18号)	90.00	6.69	5	龙池、四柳、毛许、李姚、新集	3	头桥、刘林、朱云
金牛湖街道(茉莉花路99号)	162.36	6.98	5	长山、金牛湖、峨嵋山、塘桥、八百桥	5	和仁、马头山、樊集、金山、茉莉花
程桥街道(编钟路88号)	122.36	4.60	2;3	长青、竹程;3个村居并设:黄木桥、金庄、唐楼	3	河南、桂花、古墩
大厂街道(新华路288号)	36.13	16.62	24	十村、太子山、新庄、晓山、吴家洼、湖滨、化建、九龙洼、南化九村、山潘新村、新华七村、扬子第一、扬子第二、扬子第三、扬子第四、新华五村、新华六村、新华一村、周洼新村、和平、欣乐、四周、草芳、旭东新城		
长芦街道(白玉路58号)	90.49	5.02	5	长芦中心、六甲、普东、白玉、陆营	5	玉带、小摆渡、新犁、滨江、通江集
葛塘街道(葛关路815号)	59.33	3.17	4	中山、工农、接待寺、芳庭	3	长城、前程、官塘河

(卢海燕)

【人口】 2016年六合区户籍总人口90.89万人，其中男45.48万人、女45.41万人,城镇人口31.93万人,乡村人口58.91万人。

当年出生9762人，其中男5035人、女4727人,出生性别比为107:100(女为100),人口出生率10.8‰。当年死亡5854人,其中男3238人、女2616人,人口死亡率6.5‰,人口自然增长率4.3‰。

当年迁入6063人,迁出1486人,净迁入4577人。 (吴家实)

经济社会发展

·政治建设·

【概　况】 2016年，六合区委按照中央和省、市委统一部署,在全区开展"两学一做"学习教育，举办区委中心组学习会14场，组织各级书记上专题党课2700多场次，通过多种形式的学习培训，推动党员干部强化"四个意识"、提升能力水平。严格落实意识形态工作主体责任，建立意识形态领域情况分析研判联席会议制度，把握正确舆论导向,弘扬主旋律、传播正能量。贯彻落实党的地方委员会工作条例和党组工作条例，制定出台区委工作规则和党组工作条例实施细则，修订完善区委常委会、街镇党(工)委和区级机关部门等领导班子议事决策规则，各级党组织运行更加规范、决策更加科学。认真抓好换届工作，严把换届风气监督关,圆满完成区、镇两级党委和145家村（社区)"两委"换届任务。强化干部选拔、任用、管理,选派44名年轻干部深入"四个一线"挂职锻炼,持续开展"为官不为"专项整治,干部队伍综合素质不断提升。

【党的建设】 2016年，六合区整顿提升软弱后进党组织11个,组织实施基层党建创新"书记项目",充分发挥"六合智慧党建"平台教育服务管理功能，全面落实党员"政治生日"等制度,基层党组织的整体功能逐步增强。严格落实"两个责任",健全党委主体责任和纪委监督责任"双报告"制度。加大纪律审查力度,推行"四风"问题分级督办机制,持续开展党风廉政建设驻点巡查，启动首轮区委巡察工作，全年立案查处各类违纪违规案件224件,区域政治生态进一步优化。

【民主政治建设】 2016年，六合区人大、政协深化“双联双述双接待”活动和“协商民主在基层”实践，切实强化区人大、政协工作职能。加强统一战线和党管武装工作，工青妇等人民团体有效发挥作用，民族宗教、侨台和老干部等工作，广泛凝聚发展合力。

（张霄辉）

·经济建设·

【概　况】 2016年，六合区经济建设保持总体平稳、稳中有进、稳中向好的发展态势，各项事业发展取得成效。实现地区生产总值804.5亿元，同比增长8%；一般公共预算收入98.6亿元，增长18.9%；完成全社会固定资产投资485.9亿元，其中工业投资207.6亿元；规模以上工业总产值1485.6亿元；社会消费品零售总额381.5亿元。

【产业结构优化】 2016年，六合区以调结构、增后劲、强动能为重点，大力推动产业转型升级、做大做强。新材料、生物医药、节能环保、高端装备制造四大战略性新兴产业产值占规模以上工业总产值比重较上年提高0.5个百分点，石化产业产值占规模以上工业总产值比重下降3.1个百分点，服务业增加值占GDP比重提高1.5个百分点，生物农业实现产值45亿元。金陵亨斯迈、新奥环保、华能风力发电等25个亿元以上项目竣工投产，“创洽会”“金洽会”成功签约项目72个，总投资1034亿元。其中，行政区签约的主要为新兴产业与现代服务业项目，化工园区80%为新材料产业项目。

【创业创新】 2016年，六合区聚力推动人才与科技创新创业，出台“创业六合”实施办法，培养国家“万人计划”人才1人，遴选区级高层次创业人才40人，新增入孵科技企业100家、毕业10家，全社会研发经费投入占GDP比重3.1%，化工园区获批国家火炬计划南京化工新材料特色产业基地，“一启创吧”晋升国家级众创空间，南京科技职业学院中山科技创业园获批国家级孵化器。

【城乡建设推进】 2016年，六合区对接江北新区规划建设要求，高标准完成江北新区六合片区6个单元和金牛湖单元控详规划、新城河东片区城市设计。推进城市建设管理4个“三年行动计划”，新改造棚户区56万平方米、整治老旧小区9个，招兵河左岸、八百河左岸堤防景观工程完工，六合新城二期、江北大道快速化改造二期、大厂蜂巢城市等项目征收工作有序实施。启动编制新一轮美丽乡村示范片区规划，完成土地综合整治2266.7公顷、农村公路建设和农路提档升级124千米。美丽乡村示范区建设年度任务通过验收，新建美丽乡村示范村、特色村和宜居村34个，金牛湖街道大后王村创成省级美丽乡村示范村。规划7个特色小镇，冶山矿山风情小镇被列入市级首批特色小镇培育名单。（张霄辉）

·文化建设·

【概　况】 2016年，六合区以“文化+”为引领，推动文化、旅游、农业、体育等产业跨界融合发展，以优质服务培育壮大文化企业，推进26个市、区“七个一批”重点文化项目，组织企业参加第八届南京文交会、全市文化人才专场招聘会等活动，帮助21家企业获文化银行贷款1亿元，江苏大众书局图书有限公司获市文化产业专项资金扶持，全区文化产业增加值占GDP比重提高至5.7%，旅游业实现总收入99.9亿元，增长15%。

【文化惠民深化】 2016年，六合区推进图书馆、文化馆新馆建设，第二文化馆新综合楼建成开放，建成社区（村）标准化综合文化服

书店里的阅读者　　李九生　摄

务中心30个，全区万人公共文化设施面积达1680平方米。加强对基层文艺创作的引导扶持，歌曲《美丽的雨花石》获第八届南京精神文明建设“五个一工程奖”,小说《夜色这么好》、诗歌《意林居》入选第九届金陵文学奖。推进全民阅读，组织首届“书香六合，经典诵读”比赛、书香城市读书促进会诵读比赛等读书活动130余场，居民综合阅读率93%以上。开展群众文化活动916场，送演出89场，送展览31场，送图书2.87万册，送电影990场。

【文化魅力彰显】 2016年，六合区完成第三批市级非物质文化遗产代表性传承人申报工作，“六合民歌”“雨花石鉴赏习俗”等5项非物质文化遗产成为省四批名录代表性项目。“留左吹打乐”参加第七届中原古韵——中国(淮阳)非物质文化遗产展演、江苏省莲香舞邀请大赛，并应邀赴欧洲巡回交流演出。“六合农民画”先后在南京市群众艺术馆、民俗博物馆及加拿大蒙特利尔市参加展览。

·社会建设·

【概　况】 2016年，六合区新增城镇就业1.68万人、转移农村劳动力2391人，新发展家庭农场166家，城乡居民人均可支配收入分别为4.64万元和2.06万元。推进脱贫攻坚工作，通过扶持购岗、鼓励创业、帮助入股等方式帮扶低收入农户2550人，实施欠发达片区帮扶项目31个，落实村级稳定增收项目资金2.6亿元。

【社保体系完善】 2016年，六合区针对因病致贫的困难群体，制定实施城乡居民重特大疾病医疗保障办法。新农合人均基金筹资标准提高到850元，城乡基础养老金最低标准和城乡低保标准分别提高到每月345元、750元。新建和续建保障房245万平方米，竣工128万平方米。新增养老床位数711张，全区有AAA级居家养老服务中心25家。

【公共服务优化】 2016年，六合新城幼儿园、芳庭幼儿园等17所幼儿园建成投用，并通过省社区教育示范区创建评估。基本药物制度实现全覆盖，药品销售价格较实施前大幅降低，区中医院易地新建工程建成启用，全区所有社区卫生服务中心均与省市三级医疗机构建立医联体。调整和新增公交线路8条，提前完成公共自行车发展“三年计划”。开展群众体育活动，举办竹镇国际半程马拉松等体育赛事。

【社会安全稳定】 2016年，六合区社会安全稳定形势持续好转，未发生较大以上等级安全事故，连续4年被评为市信访工作绩效考核先进区，连续9年获“省平安区”称号。依法治区水平不断提升，全面落实法治六合建设“1+5行动计划”，通过市“六五”普法考核验收。 (张霄辉)

·生态环境建设·

【概　况】 2016年，六合区节能减排年度重点任务基本完成，新实施节能改造项目20个，完成2家电厂超低排放改造，对100家企业实施挥发性有机化合物泄漏监测修复。秸秆禁烧、扬尘防治、淘汰黄标车等工作有力，空气质量重污染天数较上年同期减少4天。

【环境面貌改善】 2016年，六合区生态保护和建设成效明显，护城河东段、杨西河等黑臭河道整治基本结束，列入省、市年度考核的地表水断面水质达标。新增成片造林260.1公顷、城镇绿地60万平方米，全区林木覆盖率和城镇绿化覆盖率分别达25.4%、44.8%。

(张霄辉)

·体制改革·

【重点改革实施】 2016年，六合行政区217项重点改革事项有211项完成年度任务，6项基本完成年度任务；化工园区54项重点改革事项有49项完成年度任务，5项基本完成年度任务。供给侧结构性改革取得阶段性成效，机构改革顺利到位，区委组织部的“智慧党建”平台、区国土分局的农村宅基地和农房统一调查登记、竹镇镇的便民服务“全程代理”入选市优秀改革创新案例。

【行政审批制度改革】 2016年，六合区政府推进权力运行标准化建设，配合相关部门做好权力清单动态管理，明确权力边界。结合省市事中事后监管意见精神，制定全区《关于深化行政审批制度改革加强事中事后监管实施意见》，明确各职能部门的职责和监管措施，建立依法、有效、规范的监管工作机制，防止监管缺位和监管薄弱，实现从书面审查为主向现场执法检查、日常监管相结合转变，从以被动审批准入为主的事前监管向以主动执法查处为主的全过程监管转变，推动政府履行好公共服务、市场监管、社会管理等职责。

【水务改革】 12月，六合区水务部门按照《六合区深化小型水利工程管理体制改革实施方案》（六政办〔2015〕53号），在完成相关工程的调查摸底、经费测算、明确所有权，完善工程管理制度的基础上，在全省率先通过省市验收，初步实现基础数据登记完善、工程主体权责明晰、规章制度建立健全、资金投入保障到位的目标，探索尝试龙袍街道多位一体管护模式、程桥街道网格化管理模式和雄州街道骨干河道外包市场化管理等新管护模式，取得较好成效。

【农村集体产权股份合作制改革】 2016年，葛塘街道中山社区，雄州街道高余、冶浦社区，龙袍街道长江社区，金牛湖街道茉莉花社区，竹镇镇金磁社区被市定为国家第二批农村改革实验区社区股份合作制改革试点村。区同时增加6个村居扩大试点范围。农村集体社区股份合作社经工商注册，健全治理结构、成员界定、资产量化、股权固化、收益分配、民主管理制度，完成股改目标任务。全区量化经营性净资产3.74亿元，发展社员48.08万人，量化股数42.33万股，股份现金分红和代缴合作医疗、养老保险等福利，带动农民增收2715.1万元。

（张霄辉　徐维维　徐　明）

组织机构及负责人名录

·中国共产党南京市六合区委员会·

书　记：谢志成（5月17日免）
　　　　朱志宏（6月20日任）
副书记：戴华杰（1月12日任）
　　　　彭家龙（7月8日免）
　　　　周军强（7月8日任）
常　委：诸渊深　徐有俊
　　　　赵小华（4月5日免）
　　　　孟凡有（12月18日任）
　　　　孙宇瑾　吴建强
　　　　侯　峻（7月8日免）
　　　　徐敦虎（7月8日免）
　　　　徐　健（7月8日任）
　　　　吕　璟（7月25日任）
　　　　姚瑞平（7月8日任）

·南京市六合区人民代表大会常务委员会·

主　任：彭家龙
副主任：蒋锡林　侯在琥
　　　　孟建国

·南京市六合区人民政府·

区　长：戴华杰（1月15日当选）
常务副区长：徐有俊
副区长：孟凡有（12月26日当选）
　　　　潘明华（12月18日免）
　　　　徐　健（7月8日免）
　　　　焦晓英　施勇君
　　　　王春江
　　　　李长征（4月26日当选）
　　　　王月兵（12月26日当选）
　　　　陈　涛

·政协南京市六合区委员会·

主　席：向　军
副主席：竺之效　瞿见宇（兼职）
　　　　刘永涛（兼职）
　　　　濮　伟（兼职）

·南京市六合区人民武装部·

部　长：陈亦军
政　委：吴建强
副部长：高顺平

·南京市六合区纪律检查委员会·

书　记：侯　峻（7月8日免）
　　　　姚瑞平（7月8日任）
副书记：王长宏（8月1日不再担任）
　　　　叶家洪
　　　　常　敏（8月1日当选）

区监察局

局　长：王长宏（兼，8月29日免）
　　　　叶家洪（兼，8月29日任）
副局长：沈　茜（4月8日免）
　　　　潘志方（兼，4月8日任）
　　　　毛声录（4月8日任）

·六合区人民法院·

院　长：李传松（12月25日免）
副院长：盛　皓（12月25日任）
　　　　周江勤　王　静
　　　　沙文忠　达式年
　　　　张　斌
党组副书记：周江勤（兼）
纪检组组长：赵小卫

·六合区人民检察院·

检察长：王珍祥（12月25日免）
副检察长：姜红舸（12月25日任）
　　张先昂　陈学锋
　　陈天敏　徐晓明
　　丁永生
党组副书记：张先昂（兼）
纪检组组长：王　寅（9月12日免）
政治处主任：陈　静

·区委工作部门·

区委办公室
主　任：吕道峰
副主任：金国强　余　洋（兼）
　　董　骏
区委保密办公室、机要局
主任、局长：吕道峰（兼）
副主任、副局长：陈　冰

区委组织部
部　长：周军强
副部长：李光辉　潘永奇
区委组织员办公室
副主任：靳洪松（4月8日任）
区党代表联络办公室
主　任：肖云有
区委非公有制和社会组织工作委员会
副书记：潘永奇（兼，12月21日任）
区人才工作办公室
副主任：吴曼云　邵方林

区委宣传部
部　长：孙宇瑾
副部长：陆德祥　金世凯
　　田志文
区精神文明建设指导委员会办公室
主　任：陆德祥（兼）
副主任：陈　芳

区委统一战线工作部
部　长：竺之效（兼，7月29日免）
　　吕　璟（7月29日任）
副部长：王长宏（8月29日任）
　　李恩如　漆海峰
　　谢翠萍　管学军（兼）
区政府侨务办公室
主　任：谢翠萍（兼）
副主任：范秋琴
区委台湾工作办公室（区政府台湾事务办公室）
主　任：吕传宏
副主任：张　华

区委政法委员会
书　记：彭家龙（1月13日免）
　　徐敦虎（1月13日任，7月29日免）
　　徐　健（7月29日任）
副书记：王文贵　袁祝祥
区社会治安综合治理委员会办公室
主　任：金定浩（兼）
副主任：常可祥（4月8日免）
区国家安全工作领导小组办公室
副主任：周晓俊
法学会
副会长：金相保（4月8日任）

区委研究室
主　任：余　洋（4月8日任）
副主任：徐松根（4月8日任）
　　娄卫国（4月28日任）
　　李贤东（4月8日任）

区委农村工作委员会
主　任：吕明亮
副主任：李廷峰
　　陈万明（4月28日免）
　　陈德星（4月28日任）

区机构编制委员会办公室
主　任：谢业玲
副主任：胡志忠　王树高

区委老干部局
局　长：黄平金
副局长：黄志勇　李绵泽

区信访局
局　长：王　洪（4月8日任）
副局长：王　洪（4月8日免）
　　俞晓飞
　　韩　香（4月8日任）

区委防范和处理邪教问题领导小组办公室
主　任：贾培年（兼）
副主任：章　彬

区委区级机关工委
书　记：李家富
副书记：陈德林

区委党史工作办公室
主　任：李　炜
副主任：霍德明

区委党校
校　长：彭家龙（兼，7月29日免）
　　周军强（兼，7月29日任）
常务副校长：易道金（8月29日免）
　　徐念东（8月29日任）
副校长：刘　琳　田小玲
　　贺有武（4月28日任）
区行政学校
校　长：徐有俊（兼）
常务副校长：易道金（8月29日免）
　　徐念东（8月29日任）

·区人大常委会办公室及各工作委员会·

法制委员会
主　任：杨荻蓉（12月21日任）
副主任：董文斗（12月21日任）

财政经济委员会（财政经济工作委员会原主任、副主任职务自行免除）
主　任：贾如龙（12月21日任）

办公室
主　任：刘克亮
副主任：时光荣

研究室
主　任：时光荣（12月21日任）

教科文卫委员会（社会事业工作委员会原主任、副主任职务自行免除）
主　任：王其洲（12月21日任）

环境资源城乡建设委员会
主　任：吴　军
副主任：李　斌

人事代表联络工作委员会
主　任：马　俊（12月21日免）
　　　　黄平金（12月21日任）
副主任：顾　忠

民族宗教侨务台湾事务委员会（民族宗教委员会原主任、副主任职务自行免除）
主　任：李亚太（12月21日任）

农业和农村工作委员会
主　任：丁正祥
副主任：王黎明（兼，4月8日免）

内务司法工作委员会
主　任：杨荻蓉（12月21日免）
　　　　董文斗（12月21日任）
副主任：张先春（4月28日免）

预算工作委员会
主　任：马　俊（12月21日任）

·区政府工作部门·

政府办公室（原区政府法制办撤销，领导班子成员职务自行免除）
主　任：杨念峰
副主任：金春泰　张　浩（兼）
　　　　高　杰　杨　毅
　　　　常　青（4月8日任）
　　　　刘宝荣　李惠用
　　　　方　伟　陈信文
　　　　金　飞　成万兵

外事办公室
主　任：杨念峰（兼）
副主任：章存玉

发展和改革局
局　长：曹智源
党组书记：曹智源（兼，4月8日任）
副局长：黄再田（兼）　沈维孝
　　　　王进龙　段毅智
　　　　张兆杰　周文胜
　　　　庞　灏

经济和信息化局（原区工信局撤销，领导班子成员职务自行免除）
局　长：吴晓鹏（4月8日任）
工委书记：胡金龙（4月8日任）
纪工委书记：屈昌华（兼，4月8日任）
副局长：潘　山（4月8日任）
　　　　屈昌华（4月8日任）
　　　　应建忠（4月8日任）
　　　　张中秋（4月8日任，6月14日免）

住房和城乡建设局
局　长：徐家银（4月8日任）
工委书记：徐家银（4月8日任）
工委副书记：谢　俊（兼）
　　　　　　潘志方（4月8日免）
　　　　　　顾　骏（4月8日任）
纪工委书记：潘志方（兼，4月8日免）
　　　　　　顾　骏（4月8日任）
副局长：王益发（4月8日任）
　　　　王宽华
　　　　朱黎阳（4月8日任）
　　　　黄铭龙
　　　　厉朝云（4月8日任）
　　　　李　进（2月2日免）
　　　　许国保（4月8日免）
　　　　侯　俊　秦志涯

人民防空办公室
主　任：王益发（兼）
党组书记：王益发（兼，4月8日免）
副主任：厉朝云（4月8日免）

征收办公室
主　任：谢　俊（兼）
副主任：潘志方（兼，4月8日免）

科学技术局
局　长：许锡生
党组书记：许锡生（兼，4月8日任）
副局长：李　媛　韩传金
　　　　胡彩平（3月14日免）

知识产权局
局　长：许锡生（兼）

教育局
局　长：王谷权
区委教育工委书记：许迎新（4月8日任）
纪工委书记：龚宗仁（4月8日任）
副局长：方绪贵　陈旭东
　　　　龚宗仁

南京市公安局六合分局
局　长：徐敦虎（7月20日免）
　　　　王月兵（7月20日任）
党委书记：徐敦虎（7月20日免）
　　　　　王月兵（7月20日任）
党委副书记：王思佑　贾培年
政　委：王思佑
纪委书记：李能才
副局长：金定浩　毛家诚

区维护稳定工作领导小组办公室
主　任：金国强（兼）
副主任：陈为贤（4月8日免）
　　　　林　钢（4月8日任）

民政局
局　长：陆　兵
党组书记：陆　兵（兼，4月8日任）
副局长：王乃山　周　毅
　　　　陈庆国　杨树国
　　　　张　弛
老龄工作委员会办公室
主　任：王乃山（兼）
副主任：闻万有

司法局
局　长：徐念东（8月29日免）
党组书记：徐念东（4月8日任，8月29日免）
副局长：陈忠友　卞有林
　　　　戴文斗（4月8日任）

财政局
局　长：薛其松
党组书记：薛其松
副局长：穆章敏　李　群
　　　　方　勇（4月8日任）
政府国有资产监督管理办公室
副主任：李　群（兼）
　　　　陈宁康　张　伟
政府金融工作办公室
副主任：陈伏林

人力资源和社会保障局
局　长：陈定宝
党组书记：陈定宝（兼，4月8日任）
副局长：罗　明　王福林
　　　　江必顺　薛贵明
　　　　孙　波　尤　进

环境保护局
局　长：郑　强
党组书记：郑　强
副局长：周志安　陶　沙
　　　　龚　明　杨晓翠

审计局
局　长：陈秀法
党组书记：陈秀法
副局长：宣凤蓉　皇甫其宝
　　　　蔡远宏
　　　　王　峰（4月8日任）

统计局
局　长：王　苏
党组书记：王　苏（兼，4月8日任）
副局长：鞠登海　叶江红
　　　　张银龙

物价局
局　长：汤中原
党组书记：汤中原（兼，4月8日任）
副局长：简承惠　仇　明
　　　　林本荣　刘　昊

市场监督管理局
局　长：毛景春
工委书记：董文斗
工委副书记、纪工委书记：
　　　　张　怿
副局长：盛学军　王国松
　　　　张剑锋　冯长柱
　　　　朱山林　张玉虹
　　　　田永金　陈和营
　　　　龚家旺

安全生产监督管理局
局　长：蒋学忠
党组书记：蒋学忠（兼，4月8日任）
副局长：张道亮　钱宗华
　　　　丁　阳（2月2日免）
　　　　贾　峻（4月8日任）

城市管理局
局　长：吕道春（12月21日免）
工委书记：陶春林
纪工委书记：张国如（兼，4月8日任）
副局长：刘　华　张国如
　　　　陈玉文

交通运输局
局　长：张文祥
工委书记：王宗文
工委副书记：章　节
纪工委书记：章　节（4月8日免）
　　　　　　王宗文（兼，4月8日任）
副局长：章　节（兼，4月8日任）
　　　　郑小清　叶方勇
　　　　柏建平（4月8日任）
　　　　袁印龙（4月8日任）

农业局
局　长：韦俊生
工委书记：胡　祝
纪工委书记：詹顺龙（兼，4月8日任）
副局长：李文昌　詹顺龙
　　　　颜景桩（4月8日任）
　　　　陈德星（4月28日免）
　　　　余　洋　陈志远（兼）
　　　　唐根胜（4月28日任）
林业局
局　长：韦俊生（兼）
农业资源开发局
局　长：李文昌（兼）

水务局（原区水务局撤销，领导班子成员职务自行免除）
局　长：杨绍宝（4月8日任）
工委书记：张德琴（4月8日任）
工委副书记、纪工委书记：
　　　　沈金明（4月8日任）
副局长：汤大祥（4月8日任）
　　　　许国保（4月8日任）
　　　　李文良（4月8日任）
　　　　张义斌（4月8日任）
防汛防旱指挥部办公室
副主任：毛声录（12月21日免）

商务局
局　长：陈庆慧
工委书记：陈学军（4月8日任）
工委副书记：方开贵
　　施加林（4月8日任）
纪工委书记：施加林（4月8日任）
副局长：陈　卫
　　陈从庆（4月8日任）
　　刘家琪（4月8日任）
　　上官金麟（4月8日任）
　　陈　群
　　姚明勇（4月8日任）
　　肖　云（4月8日任）
　　居　晋

供销合作总社
主　任：陈庆慧（兼）
党委副书记：方开贵（兼）
　　施加林（兼，4月8日任）
纪委书记：施加林（兼，4月8日任）
副主任：方开贵（兼）
　　陈　群（兼）
　　肖　云（兼，4月8日任）

旅游局
局　长：梁　超
党组书记：岳正权
副局长：江　宁（4月8日免）
　　蒋兆斌

文化广电局
局　长：马晓飞
党组书记：马晓飞（兼，4月8日任）
副局长：郑小飞　王海峰
　　李恩来　刘　波
　　蒋正权

卫计局（原区卫生局、人计局撤销，领导班子成员职务自行免除）
局　长：沈　军（4月8日任）
工委书记：孙　军（4月8日任）
纪工委书记：沈永梅（兼，4月8日任）
副局长：崔元江（4月8日任）
　　达　权（4月8日任）
　　沈永梅（4月8日任）
　　刘金良（4月8日任）

民族宗教事务局
局　长：李恩如（兼）
副局长：达宽宏

区政务服务管理办公室
主　任：沈　茜（4月8日任）
副主任：殷春景（4月8日任）
　　杨晓斌（4月8日任）
　　孙　杰（4月8日任）

经济开发区管委会
工委书记：赵小华（4月5日免）
工委副书记：鲁其凤（兼）
　　高　红
纪工委书记：高　红（兼，4月8日免）
　　梁先鸿（兼，4月8日任）
主　任：鲁其凤
副主任：汪东辉（兼）
　　邵正平　王　侃
　　戴文斗（4月8日免）
　　韩永国　蒋光飞

体育局
局　长：陈必权
党组书记：陈必权（兼）
副局长：戴永春

档案局
局　长：薛大林
副局长：侯梅香　张　蓉
　　周　兵

地方志办公室
主　任：侯梅香（兼）
副主任：崇立宪

·区政协办公室及各委员会·

秘书长：季文群

政协办公室
主　任：吕金才
副主任：林立才

提案委员会
主　任：叶家敏
副主任：杨　萍（12月21日免）

委员联络和教卫文体委员会（委员工作委员会原主任、副主任职务自行免除）
主　任：王福春（12月21日任）

经济科技（农村）委员会
主　任：王　强（12月21日任）

人口资源环境（城建）委员会（人口资源环境委员会原主任职务自行免除）
主　任：苏太明（12月21日任）

社会法制（民宗）委员会
主　任：杨　萍（12月21日任）

·区群团部门·

总工会
主　席：孟建国（兼）
党组书记：唐卫国
副主席：唐卫国　刘志文
　　闻爱玲

共青团六合区委
书　记：周歆瑜

妇女联合会
主　席：陶正萍
副主席：林　芸　李爱玲

文学艺术界联合会
主　席：金世凯（兼）
副主席：张　强

科学技术协会
主　席：赵万海
副主席：杨　杰　王菊青

残疾人联合会
理事长：丁爱华

红十字会
会　长：焦晓英（兼）
常务副会长：孙德胜

工商业联合会
主　席：周瑞祥（不驻会）
党组书记：管学军
党组副书记：
副主席：管学军　卢兴明
副主席（不驻会）：张迪民
胡守瑶　孙重远
冯志强　徐广银
陈建新　叶　伟
郁宗云　吴仁荣

·区委、区政府直属单位·

金牛湖旅游度假区管委会
主　任：张玉林（兼）
副主任：徐祝根（兼）
王大新（兼）
张义斌（兼）
马德松(兼)

南京新材料产业园管委会
主　任：黄再田
工委书记：黄再田（兼）
工委副书记、纪工委书记：
副主任：陈志远

广播电视台
台　长：王军
副台长：李恩来（兼）
刘　波（兼）

金牛湖文化旅游发展有限公司
总经理：仲　涛
副总经理：顾　坤（挂职，4月8日免）
应本云（挂职）

六合新城建设（集团）有限公司
总经理：翟　龙（4月8日任）
副总经理：袁印龙（挂职，4月8日任）
于　鹏（挂职，4月8日任）

六合现代农业产业园区管委会
工委书记：李长征（4月28日免）
李　舜（4月28日任）
工委副书记：李　舜
汪升龙（4月28日免）
孙鲁阳
纪工委书记：陈建勇（4月28日免）
凌宇声（4月28日任）
主　任：李　舜（4月28日免）
刘　敏（4月28日任）
副主任：张有恒　朱成友
张正宏　童如祥
贺有武（4月28日免）
王俊华
陈建勇（4月28日任）

·街道、镇·

大厂街道
工委书记：徐梅琴
工委副书记：杜茂春　许德宝
徐　昌
纪工委书记：成　勇
人大工委主任：沈阳春
人大工委副主任：宋双林
周明华
王　云
办事处主任：杜茂春
办事处副主任：孔令俊　汤仁琴
杨连城　王克龙
窦永远　沈传国
陶汉雨　王文俟
梁根章
政协工委主任：李庭荣
政协工委副主任：叶重华
郑　卿

长芦街道
工委书记：李建军
工委副书记：葛德成　王小康
纪工委书记：刘春斌
人大工委主任：周福伦
人大工委副主任：陶良娟
办事处副主任：葛德成　李恩玉
张宝年　周德义
郭成存　殷其友
杨学宏　俞加仁
政协工委主任：侯传恩

雄州街道
工委书记：谢庆森
工委副书记：周正东　陶　信
苏平权　戴　军
纪工委书记：仲昊飞（4月8日任）
人大工委副主任：倪俭禧
办事处主任：周正东
办事处副主任：余德泉　彭家凤
吴小平　王新发
许庆龙
王久庆（4月8日任）
政协工委主任：陶　信（兼）

葛塘街道
工委书记：徐　珺
工委副书记：余建军
王家庆
王　军（4月8日任）
纪工委书记：同　云
人大工委主任：茅俊海
办事处主任：余建军
办事处副主任：郁慧斌
湛忠祥　徐玉琴
李长宝
王　军（4月8日免）
张德勇　张学贵

龙池街道

工委书记：鲁其凤
工委副书记：汪东辉　傅邦才
纪工委书记：梁先鸿（4月8日任）
人大工委主任：宋爱梅
人大工委副主任：苏燕霞
办事处主任：汪东辉
办事处副主任：屈华金　胡福松
董永正　卞晓亮
潘春春
政协工委主任：高　红（兼）

金牛湖街道

工委书记：张玉林
工委副书记：徐祝根　熊新彪
卞　化
纪工委书记：叶少云
人大工委主任：朱志文
办事处主任：徐祝根
办事处副主任：顾　坤（4月8日免）
叶春祥　徐　祥
王大新　马德松
詹从国（4月8日任）
郑　海（4月8日任）
政协工委主任：熊新彪（兼）

程桥街道

工委书记：邵　辉
工委副书记：翟　龙（4月8日免）
马成宝
顾　坤（4月8日任）
刘　敏（4月28日免）
陈万明（4月28日任）
纪工委书记：姜久宏（4月8日任）
人大工委主任：张明强
办事处主任：翟　龙（4月8日免）
办事处副主任：黄传庚
秦云峰（4月8日免）
成守虎　王家勇
王根林
姜祖庆（4月8日任）
顾　欣（4月8日任）
政协工委主任：马成宝（兼）

横梁街道

工委书记：赵久峰
工委副书记：王　强　杨步来
纪工委书记：蔡　煜（4月8日免）
王晓丽（4月8日任）
人大工委主任：李　勇
办事处主任：王　强
办事处副主任：郑敏芝
包明亮（4月8日免）
郑兴华　刘大军
田雪飞
宋健荣（4月8日任）
政协工委主任：张生发

龙袍街道

工委书记：宋　建
工委副书记：范明辉　王　洪
李升高
纪工委书记：金家福（4月8日任）
人大工委主任：宋　建（兼）
人大工委副主任：熊大松
办事处主任：范明辉
办事处副主任：孙鸿林　刘　霞
郭德余　熊　前
童坤东　杨永志
政协工委主任：王　洪（兼）

马鞍街道

工委书记：郑　武
工委副书记：谷建章　贾如臣
曹大全（4月8日任）
纪工委书记：曹大全（4月8日免）
叶宏燕（4月8日任）
人大工委主任：王爱明
办事处主任：谷建章
办事处副主任：陈永锁　汪问宝
朱　庆　陈必法
郭学惠　周立山
政协工委主任：陈永志

冶山街道

工委书记：郁宗友
工委副书记：李晓东　陶志玉
人大工委主任：郁宗友（兼）
人大工委副主任：杨春峰
办事处主任：李晓东
办事处副主任：郭大明　王全明
王宝宏　应本云
许宏伟（4月8日任）
顾　翔（4月8日任）
政协工委主任：周立霆

竹镇镇

党委书记：李长征（4月28日免）
李　舜（4月28日任）
党委副书记：李　舜（4月28日免）
刘　敏（4月28日任）
孙鲁阳
纪委书记：陈建勇（4月28日免）
凌宇声（4月28日任）
人大主席：汪升龙
人大副主席：黄兆阳
镇　长：李　舜（4月28日免）
刘　敏（4月28日任）
副镇长：张有恒
朱成友（4月28日任）
张正宏（4月28日任）
童如祥
贺有武（4月28日免）
王俊华
陈建勇（4月28日任）
政协工委主任：孙鲁阳（兼，4月28日任）

中国共产党南京市六合区委员会

【区委三届十二次全会】 5月5日召开。区委书记谢志成对召开中国共产党南京市六合区第四次代表大会有关安排进行说明，会议审议通过《关于召开中国共产党南京市六合区第四次代表大会的决议》。

【六合区纪念中国共产党成立95周年庆祝大会】 6月30日召开。区领导为“两优一先”代表颁奖。六合区委书记、化工园区工委书记朱志宏(下同)讲话并上“两学一做”专题党课。

【区委三届十三次全会】 7月27日召开。会议研究确定全区出席市第十四次党代会代表候选人预备人选名单，审议通过提交区第四次党代会的区委工作报告和区纪委工作报告。

【区委三届十四次全会】 7月29日召开。会议研究确定第四届六合区委委员、候补委员和区纪委委员候选人预备人选建议名单。

【区第四次党代会】 7月31日—8月1日召开。朱志宏代表中共南京市六合区第三届委员会向大会作题为《全面建成更高水平小康社会，为建设“强富美高”新六合而努力奋斗》的工作报告。通过《中国共产党南京市六合区第四次代表大会关于中国共产党南京市六合区第三届委员会工作报告的决议》和《南京市六合区第四次代表大会关于中国共产党南京市六合区第三届纪律检查委员会工作报告的决议》。会议选举产生新一届区委委员32名、候补委员7名，区纪委委员15名和六合区出席南京市第十四次党代会代表29名。

【区委四届一次全会】 8月1日召开。六合区委委员、候补委员出席，区纪委委员列席，会议选举朱志宏、戴华杰、周军强、诸渊深、徐有俊、孙宇瑾、吴建强、徐健、吕璟、姚瑞平10人为中共南京市六合区第四届委员会常务委员会委员；朱志宏为中共南京市六合区第四届委员会书记；戴华杰、周军强为中共南京市六合区第四届委员会副书记。

【区委务虚会】 12月11日召开。会议学习贯彻党的十八届六中全会和省市党代会精神，围绕江北新区建设发展大局，紧扣六合实际和“十三五”全区发展的总体思路、目标任务，科学分析全区面临的新形势新任务，深入研讨2017年的发展思路、工作目标和具体举措。区委书记朱志宏主持会议并发表讲话。

【十八届六中全会和省市党代会精神宣讲报告会】 12月9日召开。南京市委宣讲团成员、区委书记、化工园区党工委书记朱志宏作专题讲座，指导全区各级领导干部深入学习宣传贯彻党的十八届六中全会、江苏省第十三次党代会和南京市第十四次党代会精神。

【区委四届二次全会】 12月28日召开。会议深入学习贯彻落实党的十八届六中全会、江苏省第十三次党代会、南京市第十四次党代会和省市委全会精神，对区深入推进全面从严治党作出部署。

朱志宏代表区委常委会作工作报告，区委副书记、区长戴华杰(下同)部署工作。

【全区经济工作会议】 12月31日召开。会议总结2016年经济工作情况，分析当前发展形势，部署2017年有关工作。会上，朱志宏提出2017年全区经济工作的总体要求、主要目标和重点任务，戴华杰进行具体安排部署。 (张霄辉)

【"两学一做" 学习教育活动】 2016年，六合区"两学一做"学习教育中突出全员覆盖，工作覆盖1670个基层党组织、3.27万名党员，举办支部书记专题培训班17场、轮训2165人次，制订一把手、党支部、普通党员、督导工作4个任务清单，建立35个市、区两级监测点。突出学习实效，利用"六合智慧党建"平台"移动学"，组建讲师团"送学"，各级书记专题党课"讲学"，党员政治生日"促学"以及"群众工作团"进社区报到服务"践学"。突出问题查改，制定干事创业状态"四个不相适应问题"查摆整改清单，全区478名区管以上党员干部初步查摆问题3120条。突出实践导向，紧扣中心开展聚力攻坚突破"十百千万"行动，先后组织"两新组织之我是党员我承诺""立家规正家风之六合家事传万家"等系列活动。 (成 川)

·组 织·

【概 况】 2016年，六合区有基层党委24个，党总支163个，党支部1423个，派出工作委员会23个，党组32个。有党员3.28万人，含预备党员250人。其中，女党员6999名，占21.37%；少数民族党员514名，占1.57%。大专以上学历1.2万人，占36.75%；高中或中专学历的8724人，占26.63%；初中及以下学历的1.2万人，占36.62%。35岁及以下的党员人数为6547人，占19.99%；60岁以上党员人数为1.3万人，占40.03%。

【党员"政治生日"制度建立】 1月4日，六合区委组织部门在全区推行党员"政治生日"制度，通过谈心谈话、重温入党誓词、发送祝福短信、赠送理论书籍等形式，在党员加入党组织周年纪念日的当月内，为入党年限为5整数倍的党员过一次"政治生日"。年为5000多名党员过"政治生日"。

"两学一做"学习教育专题党课 区委组织部 供稿

【干部专题培训】 5月18日，六合区委组织部门举办全区"两学一做"学习教育党支部书记示范培训班，对124名基层党支部书记进行专题辅导。5月22—28日，举办全区产业发展专题培训班50名干部参训。7月18—23日，联合相关部门举办全区大学生村干部创业培训班。9月12—14日，举办区管干部社会治理和民生建设专题培训班。10月20—25日，联合区级机关工委举办井冈山党性教育专题培训班50余名党务工作者参加培训。11月29日—12月1日，区委组织部(区人才办)联合相关职能部门举办全区人才工作专题培训班90余人参加培训。12月5日，非公企业党组织书记培训班，116名非公企业党组织书记和联络员参加培训。12月15日、17日，举办全区领导干部财务审计专题培训班80余人参加培训。12月28—30日，举办全区村社区党组织书记"全面从严治党"专题培训班，111名村社区党组织书记参加培训。

【党代表和党员违纪违法排查清理】 6月8日，六合区委组织部门会同相关部门，启动对党代会代表和党员违纪违法未给予相应处理情况的排查清理工作，并认真甄别核实相关人员的党员身份和受组织处理情况，从严做好终止代表资格、停止执行代表职务的办理工作，对清理前未按规定处理的及时给予相应处理，切实严肃党的纪律、严格党员管理。

【基层党组织换届情况专项检查】 7月14日，六合区委组织部门启动基层党组织换届情况专项检查工作，对全区机关、国有企业、学校、非公企业和社会组织党组织的换届情况开展排查摸底和督促整改工作，推动基层党组织任期制度、换届选举制度执行到位。

【党支部工作"8+X"制度体系推行】 9月23日，六合区委组织部门就落实党支部工作"8+X"(8即三会一课制度、民主评议党员制度、组织生活会制度、"党员活动日"制度、发展党员工作制度、党员教育培训制度、党员纪实管理制度、党费收缴使用和管理制度；X即村、社区，机关、事业单位，企业、社会组织分类完善特色制度）制度体系进行统一部署，引导全区各级党组织切实强化各项制度有效执行和规范落实，不断提高党支部工作规范化制度化水平。

【"四集中一提升"行动开展】 9月30日，六合区委组织部门部署开展非公企业和社会组织"四集中一提升"(集中排查行动、集中覆盖行动、集中规范行动，示范提升行动。下同)行动，全面排查摸底，实行"挂图作战"，跟踪督查验收，精准推动非公有制企业和社会组织党的组织和工作覆盖工作各项任务落地见效。

【"十佳大学生村官"评选】 11月21日，六合区委组织部门联合团区委组织开展全区"十佳大学生村官"评选工作，着力树立优秀大学生村干部典型，激励大学生村干部为"迈上新台阶，建设新六合"贡献力量。

【组织开好年度民主生活会】 12月30日，六合区委组织部门联合区纪委机关印发《关于认真开好2016年度党员领导干部民主生活会的通知》，引导区管以上党员领导干部认真学习贯彻党的十八届六中全会精神，严格落实双重组织生活制度，不断增强领导班子、领导干部发现和解决自身问题的能力。

【区镇村党组织换届】 2016年，六合区委组织部门贯彻干部选拔任用"1+10"操作办法，有针对性地选优配强经济发展、产业推进急需的专业人才，实施干部调整173人次，其中提拔重用干部35名。严把新任村社区党组织书记人选关，调整23名经济薄弱村和欠发达村书记。街镇下派机关干部和大学生村官29人，队伍结构明显优化。全程跟踪指导竹镇镇党委换届、村社区党组织换届，完成区镇村党组织换届选举各项任务，多渠道抓好换届纪律学习和宣传，建立巡回督查、快速查核和信息员3支队伍，拓宽发现问题渠道，完善"舆情监控、电话举报、信访举报、督查巡查"四位一体工作网络，开通"12380"综合举报受理平台，健全三级监督体系，确保区镇村三级党组织换届风清气正。

【干部教育管理】 2016年，六合区委组织部门突出党性教育和专业化能力培训，实施干部教育培训新模式，先后组织浙江大学产业推进专题培训班、井冈山党性教育培训班、财务审计专题培训班等主体班次8期，开展领导干部进高校466人次，完成干部调训30人次。强化干部培养锻炼，选派44名优秀年轻干部到发展、民生、稳定、党建一线培养锻炼，其中，择优选派8名区管正职干部担任村(社区)党组织第一书记。开展区管后备干部专题调研，综合分析研判，择优比选建库，加大使用力度，提拔9名年轻干部进入区管领导班子。从严加强干部监督管理，充分用好日常提醒、函询诫勉等手段，实行分片联系谈话制度，坚持干部档案定期审查，制订防治"为官不为"年度整治重点清单，开展干部个人有关事项报告核查304人次，函询47人次，开展为官不为整治11人次。

【基层党建】 2016年，六合区实施基层党建创新"书记项目"29个，冶山街道"农民画"党性教育体验馆、龙袍街道村级活动阵地"四个中心"建设等一批"书记项目"取得初步成效。六合区委组织部门建立党员"政治生日"制度，通过谈心谈话、重温入党誓词、发送祝福短信、赠送理论书籍等，先后为5000多名党员过"政治生日"。开展党员组织关系排查、党代表和党员违纪违法排查清理等工作，发展预备党员250名，发放老党员和生活困难党员慰问金17.87万元。不断完善"六合智慧党建"平台功能，打造特色栏目14个。

【"六合智慧党建"平台建设】 2016年，六合区委组织部门完善"六合智慧党建"平台功能，打造"家乡美""第一书记在六合""看看别人家的党员活动日"等14个特色栏目，并利用微信公众号开展"两学一做"知识竞赛在线答题、党员积分"琅琊榜"等活动，定期推送学习资料和党建时讯，切实推进"两学一做""学"在日常。截至

“六合智慧党建”网站、APP、微信公众号　　区委组织部 供稿

年底，上线党员9300余名，阅读评论总量超过20万次。挖掘提炼“党员微故事”100余篇。　（赵　忠）

·宣　传·

【新闻宣传舆论引导】 2016年，围绕六合区委、区政府工作大局，精心策划重大选题，开展“现代农业”“地球之窗”“竹镇半马”区党代会、“两学一做”、区镇人大换届等重点宣传，组织对外宣传重点报道200余篇。开辟《南京日报》“新六合”专版，推出民生实事、重大项目建设、城市管理、生态旅游、基层党建、教育品质提升、健康惠民等20期32个专版，展示经济社会发展的新举措、新亮点和全区上下改革创新、跨越争先的精神风貌。完善区委网信办职能，落实《区舆情事件应急处置工作办法》《关于进一步加强新闻发布工作扎口管理的通知》等文件要求，规范对外信息发布、重大宣传扎口管理工作，改进重大舆情和重点报道上报审核机制。提升舆情应对处置工作，编发《舆情直报》206期，搜集、整理、研判各类舆情600余条，妥善处置“龙袍毁苗造景”“龙津桥改造”“光大垃圾焚烧项目”“雄州眼镜蛇出逃”等重大舆情十余次，获“2016年度全市社会舆情工作先进单位”称号。推进以“六合发布”官方微博、“今日六合”官方微信为龙头的政务新媒体建设，制订《六合区政务新媒体宣传通讯员考核管理办法》，每月通过《信息与督查》通报全区政务微博运营情况。巩固全区互联网阵地建设，引导壮大“红客”队伍，组织网友互动活动十余次，“六合发布”官方微博发布的“大美六合”话题互动活动阅读量超180万，“今日六合”官方微信开展的“最美六合家风故事”网络评选活动参与网友突破20万人次。“六合发布”获南京市优秀政务微博称号、经典政务微博传播范例奖，“今日六合”获南京市“优秀政务微信”称号。

【理论武装】 2016年，六合区以学习宣传贯彻党的十八届五中、六中全会和总书记习近平系列重要讲话精神为主线，组织各级党委(工委、党组)中心组开展学习、宣讲、交流、研讨等活动，服务区委中心组专题学习14次，开展区属中心组学习指导、旁听巡查工作4次，为区委中心组成员和党员干部发放《全面小康热点面对面》《新常态·新江苏》等理论读物4000余册。利用基层党员冬、春训契机，围绕五中全会、“四个全面”、理想信念、党章党纪等专题开展各类宣讲活动200多场次。1—4月，全区1965个党组织4万多名党员干部参加培训，党员参训率97%以上，《“冬训学习汇”：把政策理论送到党员干部心坎上》入选省冬训创新案例。大厂街道、程桥街道被评选为省冬训工作示范街镇。出台《党委(工委、党组、总支)意识形态工作责任制实施方案》，建立意识形态领域分析研判联席会议制度，启动区广播电视台意识形态管理体制改革。以“棠城大讲堂”“社科之窗”为载体宣传普及社科知识，编纂《社科知识与百姓生活》系列科普丛书——《六合历史文化篇》《中国南京雨

纪念中国共产党成立95周年雨花石"红色"主题展　　区委宣传部　供稿

花石名石集萃》获市第十三次哲学社会科学优秀成果，2个项目入选2016年度市社科普及工作项目资助。组织社科课题调研，"文化旅游融合发展路径研究"被列为省社科专项课题，4篇文章入选市红色文化遗址挖掘利用研讨会文集，区社科联获"全国社科组织先进单位"和"全省社科工作先进奖"。强化理想信念和弘扬爱国主义教育，开展清明、抗战胜利纪念日、国家公祭缅怀革命先烈等活动，组织观看"雨花台""光辉的历程——纪念中国共产党成立95周年雨花石主题展"等文艺展览。

【文明创建】 2016年，六合区委宣传部门、区文明办推进公民思想道德建设，制定实施《六合区市民文明素质提升三年行动计划(2016—2018)》，组织开展"文明交通劝导""文明旅游""优良家风大家讲，文明新风大家演""文明餐桌"等群众性精神文明主题实践活动。继续组织开展14个类别的"最美六合人物"评选活动。经推荐评选，39人当选最美六合人物。龚福琴等10位市民获"最美六合人"称号，李美娣等10位市民获"最美六合人"提名奖，陶孟等19位市民分获11个类别的最美称号，饶兰被评为"六合好人特别奖"。龚福琴入选"江苏好人"，周玉琴获"感动南京"年度人物称号，14人当选第十五届南京好市民，2人被市政府授予"见义勇为先进分子"称号。完善文明城市创建督查点评常态管理机制，全年4次城市文明程度指数测评均分居全市郊区组第一名，通过国查、省查。推进文明社区、文明村镇、文明单位、文明家庭等创建活动，周玉琴家庭当选省级文明家庭，60个家庭获区级"文明家庭"称号，162家单位获2013—2015年度省、市、区级"文明先进单位"称号，35个街镇村居与50家省、市"文明单位"开展结对共建，5个街镇村居被评为省级"文明村镇"。推进志愿服务制度化建设，开展"文明六合"志愿服务行动，推进"志愿江苏"平台志愿者注册工作，全区注册志愿者占城镇人口比重的15.15%，2人当选市最美志愿者、2个社区被评为市最美志愿服务社区，马鞍中心小学培根人志愿服务队被评为市最佳志愿服务组织，雄州街道、大厂街道、龙池街道、竹镇镇志愿服务总站被授予市级街道(镇)志愿服务总站示范点。强化未成年人思想道德建设，中小学生社会实践基地获省宣传文化发展专项资金20万元。发挥"泉水叮咚爱心社""七色阳光"等爱心社团作用，依托"希望来吧""青少年之家""乡村流动课堂"等阵地，开展"爱暖行动"关爱留守儿童等志愿服务活动。

(王泽威)

2016年度六合区获区级以上美德先进表彰人员情况一览表

表3

称　号	姓　名	单位职务
江苏省文明家庭	周玉琴	六合区文化艺术培训中心校长
"江苏好人"、第十五届南京好市民、南京市见义勇为先进分子、2016年度"最美六合人"	龚福琴	六合区马鞍街道黄赵村村民
第十五届南京好市民、2016年度"最美六合人"	方兆椿	中国邮政集团公司六合分公司投递部投递员
第十五届南京好市民、2016年度"最美六合人"	陈彦艳	六合区竹程初级中学教师

续表3

称号	姓名	单位职务
第十五届南京好市民、2016年度"最美六合人"	胡 宇	南京洁城环境工程有限公司保洁员
第十五届南京好市民、2016年度"最美六合人"提名奖	王 萍	六合区大厂社区卫生服务中心主任
第十五届南京好市民、2016年度"最美女性"	李宝华	六合区横梁街道横梁社区村民
第十五届南京好市民、2016年度"最美青年"	金家梅	六合区棠城卫生服务中心办事员
第十五届南京好市民、2016年度"最美青年"	韩文龙	南京市公安局六合分局玉带派出所民警
第十五届南京好市民	任清和	六合区雄州街道红光社区村民
第十五届南京好市民	龚宗洋	南京三创自动化科技有限公司总经理
第十五届南京好市民	苏恩本	南京基蛋生物科技股份有限公司董事长
第十五届南京好市民	杨忠伟	六合区马鞍街道马鞍中心社区办事员
第十五届南京好市民	周淑华	六合区国家税务局征收管理科副科长
第十五届南京好市民	钟学祥	六合区竹镇镇竹墩社区村民
2016年度"最美六合人"	梁彦萍	南京苏源康安电气有限公司总经理
2016年度"最美六合人"	吴 娟	六合区雄州街道凤凰社区社区书记
2016年度"最美六合人"	孙 滨	六合区雄州街道瓜埠社区卫生服务中心医生
2016年度"最美六合人"	孙道敏	南京市公安局六合分局雄州派出所民警
2016年度"最美六合人"	时 健	六合区冶山街道岗陈村村书记
2016年度"最美六合人"	黄金昌	六合区无偿献血工作站党支部副书记

·统　　战·

【服务侨胞侨眷】 2016年，六合区侨办注重发挥牵线搭桥和跟踪服务作用，对到区投资创业和开展文化交流归侨、侨眷做好相关服务工作。利用传统节日，开展好座谈、走访及慰问等活动，维护海外侨胞、侨港企业、在区投资权益，做好相关协调维权及服务工作。对区内老归侨实行上门家访，掌握归侨侨眷实际生存状况和生活困难情况；通过走访、联谊、座谈会等方式加强与归侨侨眷的联系，落实惠侨政策，凝聚侨心、发挥侨力。完善归侨侨眷联系服务网络，协调处理归侨侨眷身份认定、房产矛盾等来信来访工作，维护侨界稳定、保护其合法权益。

【推动两岸民间交流】 7月，六合区台办协助南京市台办成功承办"第四届台湾单车天使神州公益骑行——南京段活动"。10月，接待台湾新北市国民党青工会到区，并组织区部分青年创业者与台湾青年进行交流座谈，促进两岸青年人之间的沟通联系。11月，接待新北市议员率领的基层乡里长参访团，到区参观乡村建设，进行友好交流，促进沟通联系。

【"同心·律师服务团"挂牌成立】 9月8日，六合区委统战部门和区司法部门举行六合区"同心·律师服务团"工作启动仪式。服务团有14名成员，团长为沃禾律师事务所孙世民。"同心·律师服务团"是由区优秀党外律师自愿组成的1个特殊群体，从事非盈利性和公益服务类活动，是区委统战部和区司法局共同在新社会阶层打造的"同心"品牌。

【党外中青年骨干培训】 9月8—9日，六合区委统战部门举办专题培训班，围绕习近平系列重要讲话精神、区第四次党代会、区十三五规划以及参政议政能力培养等方面，对区内76名党外中青年骨干专题培训，帮助他们加深对区情区貌了解，提升参政议政能力。对其中优秀成员推荐参加省市级党外中青年骨干培训班。

【"双联"共建平台构建】 2016年，六合区委统战部门运用区委"双联"(党政机关联系困难企业、机关干部联系困难群众）共建平台，开展民主党派与街镇、社区、学校、医院结对共建活动，支持民主党派深入基层调查研究、建言献策,协助各民主党派做好“进一步提升参政党意识”专题教育。民盟六合总支“农业土壤重金属污染”和“关于农村生活污水治理”的两个调研报告分别被作为区政协和民盟市委集体提案报送市政协大会发言材料,并被列为市政府领导领办的重点提案。

(肖 晶)

·信 访·

【概 况】 2016年,六合区信访工作深入推进信访制度改革,坚持畅通信访渠道,引导逐级走访,狠抓源头预防,加大诉求解决力度,全区信访工作被市评为2016年度信访工作绩效考核先进区。全年受理群众上访632批5983人次,化解一大批群众反映强烈的矛盾问题,为全区经济社会发展创造有利的环境。区党政主要领导亲自抓信访稳定工作,部署重大敏感时期维稳安保,约访下访群众;区委常委会议定期听取信访工作汇报,研究部署相关工作,区四套班子领导每日轮流接待群众,全部参与包案化解。区委、区政府将信访工作作为区级考核重要内容;区信访部门制订考核细则,定期汇总各街镇、部门工作开展情况,适时进行通报,年底量化打分,传递工作压力;各街镇和重点部门层层签订责任书,严格考核与责任追究。形成区、街镇、社区(村)三级信访工作责任体系,构建大信访工作格局。区信访部门增强法治思维,深入推进“阳光信访、责任信访、法治信访、和谐信访”建设。开展依法逐级走访宣传,严格落实逐级走访实施细则,全面推行“权益保障卡”制度。做好通过法定途径分类处理信访投诉请求推进工作,加强组织领导,注重学习培训,做好方案完善;会同区编办、法制办做好区相关职能部门完成法定途径分类处理信访投诉请求清单的审核认定、公示、汇编等工作,为全面实施打下坚实基础。六合官网设立“网上投诉”链接,群众可通过网络直接反映问题。依托村(社区)的“智慧社区”平台,推进实施网上信访代理制度,方便群众就近委托基层社区反映问题。按市局要求,在各级信访接待场所张贴“南京手机信访”二维码,群众可通过手机提交信访诉求,跟踪、查询办理情况。严格落实首问首办责任制,信访事项受理办理工作质量和效率显著提高。

【领导干部“三访一化”活动】 2016年,六合区信访部门开展主要领导接访下访、包案化解重大信访问题的“百县千案”活动,精心选择案件,严密组织实施,确保化解实效,完成区委、区政府主要领导包案化解案件8件。加强区领导接访组织保障工作,强化交办督办、督查通报,确保区领导接访事项得到及时妥善处理。坚持部门联合接访,出台文件规范区社会管理服务中心运行,区22个重点部门每周轮流在社会管理服务中心联合接访,群众来访统一登记、对口分流、分类接待。

【群众权益保障卡发放】 2016年,六合区信访部门成立推进工作领导小组,制订实施方案,明确分工,细化措施,加强硬件建设,全区33个在线办理信访事项的街镇、部门统一配备与信访信息系统匹配的专用打印机,按照应发尽发原则,对初次走访信访人,做好接待受理,依照有关办法发放权益卡,引导群众从基层开始反映诉求,持卡走访,年发放权益卡105张。

【信件办理与复查】 2016年,六合区信访部门落实国家信访局工作部署,加强信访基础业务规范化建设,严格受理、转送交办、办理、送达、录入、督查督办、复查等程序规定,提高信访事项办理质量。落实群众来信办理各项制度,加强与区委办、政府办、区纪委来信办理平台协调衔接,按时办理人民来信件111件、网上信访85件。规范电话接访办理流程,方便群众通过电话反映诉求,受理电话信访22件、短信信访4件。及时受理群众复查申请,开展信访事项复查工作,接收申请区政府复查事项127件,按政策受理办理52件。 (徐定兵)

·党 校·

【党校教学】 2016年,六合区委党校先后举办各类主体培训班15期,培训学员1544人。其中,区级机关第十四期入党积极分子培训班1期,120人参训;区产业发展专题培训班(浙江)1期,40人参训;“两学一做”学习教育党支部书记示范培训班1期,140人参训;区级人大代表专题培训班1期,140人参训;区中青年女干部培训班1期,68人参训;习近平系列重要讲话辅导培训班1期,180人参训;经济开发区培训班1期,40人参训;区党外中青年骨干培训班1期,88人参训;区社会治理与民生建设专题培训班1期,50人参训;区纪检监察干部培训班1期，120人参训；区大学生村干部电商培训班1期，41人参训；区人才工作专题培训班1期，90人参训；区级机关大党课1期，150人参训；区非公企业党组织书记培训班1期，120人参训；区村、社区党组织书记培训班1期，157人参训。加强师资队伍建设和年轻教师培养，努力提升教学水平。开展集体备课和教学观摩课活动，按照十八届六中全会精神宣讲要求，组织4名青年教师集体备课后轮流上讲台试讲，校领导和教职工旁听并点评。组织教师参加校外培训，年组织6名教师参加中央、省市委党校的理论进修学习和师资培训。公开招录招聘1名马克思主义基本原理专业教师。年为全区机关部门提供宣讲服务15场，宣讲听课1000人次。

【党校调研】 2016年，六合区委党校年完成结项市级课题3个、区重点调研课题1个、2016—2017年度省级立项课题1个、市级立项课题2个。结项的课题中，多篇调研文章先后获市级各类奖项。其中，市级课题《红色资源共享机制研究——以六合区为例》一文获南京市第十三次哲学社会科学优秀成果三等奖，《六合区引导“大众创业、万众创新”对策研究——基于六合区农民创业创新的分析》被评为全市党校系统重点调研课题，《继承红色基因 发掘本地红色资源 提升党性教育实效》与《开发红色资源 传承红色文化——以南京六合区为例》两篇文章分别入选南京市纪念中国共产党成立95周年理论研讨会与“南京红色文化遗址遗迹内涵挖掘和利用的初步探索与实践”研讨会。 （孙 娅）

·老干部·

【概 况】 2016年年底，六合区管老干部182人。其中，区离休干部133人、原四套班子退休领导32人、异地安置1人、垂直代管16人，分别编入19个老干部党支部（学习组）。上门走访老干部200余人次，召开老干部情况通报会，举办时政辅导报告2次、健康知识讲座1次，组织“老干部看南京”活动1次，举办书画摄影展，协助做好17名离休干部后事处理。区委老干部局被评为南京市老干部工作部门信息工作先进集体，调研文章《“毕生发展观”引领老干部文化养老的探索与实践》被评为南京市老干部工作优秀调研成果。

【支部联建】 5月，六合区委老干部工作部门支部与江苏省人民医院老干部二支部开展结对共建活动。双方签订结对共建协议，落实江苏省人民医院专家定期到六合开展开展健康咨询、义诊等活动。

【建党95周年书画联展】 7月，六合区委老干部工作部门联合高淳、溧水区委老干部局在区老干部活动中心举办离退休干部纪念建党95周年书画联展活动。3个区40余幅优秀作品参展。

【“两项待遇”落实】 2016年，六合区委老干部工作部门全面落实老干部“两项待遇”。政治待遇方面，经常听取老干部的意见和建议，定期召开座谈会和情况通报会，为老干部订阅“两报一刊”，组织健康体检和外出参观考察活动，开展经常性的走访慰问活动，凡老干部生病住院和家庭有重大变故都能及时到场慰问。生活待遇方面，按照国家政策优先保障老干部各项待遇的落实，按时足额发放离休费和年度生活补贴，及时调整和补发离休干部住房（提租）补贴和护理费，对家庭困难的老干部及时给予关心照顾。

【“两项建设”加强】 2016年，六合区委老干部工作部门全面加强

重阳节，六合区委老干部局走访区内90岁离休干部，表达生日祝福

区委老干部局 供稿

老干部“两项建设”。组织建设全面覆盖。全区所有老干部按照系统和就地就近的原则，全部编成党支部或学习小组，在医院的成立临时党小组，明确学习时间，明确专人负责，选优配强支部书记，定期组织学习活动。思想政治建设常抓不懈。开展为党的事业增添正能量活动，组织“两学一做”学习教育，经常组织理论学习和专题讨论，确保老干部始终保持政治坚定、思想常新。

【“两项活动”开展】 2016年，六合区委老干部工作部门深入开展“两项活动”。开展“向百岁进军”主题活动。通过“精选读物、精编专栏、精开讲座、精心体检、精准咨询、精细服务”等措施，全方位多层次为老干部健康保驾护航。开展“增添正能量，助力中国梦”主题活动。结合纪念建党95周年和红军长征胜利80 周年，开展“忆征程、话发展”活动，分享部分入党70周年和60周年老党员入党经历和革命历程，为革命传统教育和爱国主义教育提供宝贵素材；结合“两学一做”学习教育开展“写家训、传家风”活动，用一只“会说话的杯子”传家训、正家风，活动被江苏省委老干部局网站、南京市老干部工作情况交流、六合智慧党建微信公众号和区“两学一做”学习教育情况通报专题登载。　（戴礼月）

·机关党建·

【概　况】 2016年，六合区级机关工委直属党组织69个，其中党委6个，总支20个，支部43个，党员3044名。改选党组织58家，调整配备党务干部267人。全年新发展党员20名，转正18名，列为入党积极分子培养24名。“七一”期间机关工委表彰先进基层党组织23个，优秀共产党员97名，优秀党务工作者28名。推荐3名党员、4名党务工作者、4家基层党组织上报区委表彰。

【机关组织队伍建设】 2016年，六合区级机关工委围绕机关党建工作目标，完善党组织和工作网络。制订印发《2016年区级机关党的工作要点》和《区级机关2016年党建工作百分考核细则》，与69个基层党组织签订责任书。结合新一轮机构改革，新设6个、合并10个、撤销6个机关基层党组织。开展基层党组织集中换届工作，55个直属基层党组织完成换届，调整配备党组织书记55人、副书记35人、其他党务干部156人。做好党代表推荐选举工作，在区级机关选出19名党代表出席区第四次党代会、12名党代表出席市第十四次党代会，选出3名人大代表出席区人代会。建立党员“政治生日”制度，2016年，工委直接组织280名党员集中过“政治生日”，通过专题组织生活会、参观党性教育基地、新老党员座谈交流、参观红色艺术家作品与文献回顾展等多样形式，唤醒党员身份意识，增强组织归属感。使用“企信通”平台，坚持重要节日向机关全体党员发送一批廉政短信，日常不定期推送建党史知识、党员微故事，年推送各类短信3万余条。开展党费收补缴工作，收缴党费161.7万元，其中补缴党费60.7万元。

【机关思想政治建设】 2016年，六合区级机关工委开展“两学一做”学习教育，召开区级机关“两学一做”学习教育座谈会，制定下发区级机关“两学一做”实施方案，督导区级机关基层党组织和普通党员的学习教育工作。发放“两学一做”学习资料5200册，制作3000份“两学一做”学习教育图解宣传册、制作区级机关“两学一做”专用学习笔记本2900本，督促指导各基层党组织开展好3次专题研讨、立足岗位“三比三争”、强化家风建设等系列活动，开展“千组万支”集中督查工作，对所属基层党组织学习完成情况、“三会一课”制度落实情况、问题查摆情况、推动实际工作

组织机关干部旁听职务犯罪审判　　区级机关工委　供稿

情况和党支部书记履职情况等6个方面进行全面督查。学习党章专题讲座330人次，入党积极分子培训班130人次，习近平系列重要讲话辅导培训班225人次。举行区级机关“两学一做”知识竞赛，60多个基层党组织90余名党员参加竞赛。组织区级机关35位党组织负责人开展主题为“传承‘井冈山精神’、开展‘两学一做’”的党性教育培训班。将六合大厦图书室作为机关党员读书学习基地，赠送党性教育、党章党史知识图书150余册。强化廉政教育，书记讲廉政党课2次、发放廉政短信1.2万条，组织机关党员干部及工委全体人员190人参观警示教育基地，300余人观看廉政警示教育片、85人旁听案件审理。

【机关作风建设】 2016年，六合区级机关工委制订印发《2016年机关作风建设工作意见》，对区级机关作风建设作出系统部署。组织开展作风建设“监督月”活动，5月20日—6月20日，在区街两级开展为期1个月的作风专项督查活动，通过模拟办事、电话查询、现场查看等形式，重点对庸政懒政怠政、不作为、乱作为等行为进行监督检查。做好作风监督员换聘工作，10月聘请新一届作风建设监督员30人，对口监督全区12个街镇，72个部门。开展作风日常督查活动，年开展明察暗访45次，查访12个街镇、72个部门、21个窗口单位，发出协查通知94份，“清风热线”处理群众举报4起，1人被所在单位问责。做好机关作风问题整改工作，将2015年作风评议活动中征集到的群众意见，认真梳理归类并反馈至各机关部门，72个收到群众意见的区级部门（单位）全部报送整改方案，并制定相应的整改措施。496条意见建议中，非自身职责并转交相关部门办理的58条，其余全部整改到位。统筹推进“党员进社区”“四解四促”“党员干部结对帮扶低收入农户”等活动，全区649名副处以上领导干部分别在89个社区、55个村、251户困难群众、176家企业和67个基层站所设立联系点，走访、帮扶群众5869户，召开座谈会767场，落实帮扶资金434.4万元。

【和谐机关建设】 2016年，六合区级机关新成立、改选基层工会7家，新建基层团组织2个。推荐表彰7名工会干部、5个基层工会、6名女干部职工、4家基层妇委会、4名团员、3名团干部、3个团组织、1名“最美志愿者”、两户“最美家庭”。组织机关职工参加“忆征程、看发展”全市机关书画摄影比赛，区街两级机关报送书法、绘画、摄影作品166幅，30余幅作品获奖，机关工委获优秀组织奖，获奖作品制作成展板在机关展出。组织区级机关150名党员干部观看原创大型史诗话剧《雨花台》，组织20余名党员参观红色艺术家赖少奇作品与文献回顾展。与区总工会、区体育局联办象棋、桥牌、拔河、乒乓球等文体比赛，与区妇联联办素质拓展训练，在区级机关推广工间操、推进公共器材进机关等活动。9—11月，组织区级机关432名干部职工参与六合交通文明百日整治行动志愿服务活动，在全区12个主要交通道口开展交通文明劝导活动。2016年，向南京市级机关工委争取帮扶资金30万元，帮扶经济薄弱村十余个。开展“大手牵小手、共享阅读乐”活动，40多个机关部门捐赠图书2000余本，转赠给横梁、龙袍、程桥3个街道的学校。6月，在区级机关党员干部中开展向盐城受灾地区赈灾捐款活动，67个机关（部门）4098名党员干部捐款60万元。

【机关作风两评议】 2016年，六合区级机关总体满意率94.28%，比上年93.27%上升1.01个百分点。73个被评议单位中最高分98.18分，最低分88.83分，收集到评议人各类意见和建议904条。根据评议结果，区委、区政府对21个单位进行表彰。戚厚春、陈刚、吴杏冉、罗永萍、林龙5人被南京市委、市政府表彰为“2015—2016年度南京市作风建设先进个人”。

（张婷婷 曾文君）

南京市六合区人民代表大会

【概 况】 2016年，六合区人大牢固树立政治意识、大局意识、核心意识和看齐意识，围绕中心，依法履职，推动创新、协调、绿色、开放、共享新发展理念在区贯彻落实。召开人大常委会会议7次，听取和审议“一府两院”工作报告16项，作出决议决定12项；依法任免国家机关工作人员46人次；召开主任会议12次，听取专题汇报9项；督办完成代表议案建议144件，完成区三届五次人代会确定的各项工作任务。

【省人大代表到六合调研】 6月20日，江苏省人大常委会民族宗教侨务委员会主任邵军等省人大代表，到区调研民族乡（镇）和民族村（社区）社会经济发展状况和各有关方面帮扶工作情况，六合区人大常委会副主任蒋锡林陪同考察。调研组实地考察竹镇镇金磁民族社区、巴布洛生态园、大泉村等地，与当地群众进行交流，并听取竹镇镇人民政府所作的相关工作报告。

区三届五次人民代表大会　　区人大办公室　供稿

【区第三届人民代表大会第五次会议】 1月13日至15日召开，会期2天半。会议听取和审议代理区长戴华杰所作的《政府工作报告》、区人大常委会副主任李志强所作的《南京市六合区人民代表大会常务委员会工作报告》、区人民法院院长李传松所作的《南京市六合区人民法院工作报告》、区人民检察院检察长王珍祥所作的《南京市六合区人民检察院工作报告》，审议《南京市六合区国民经济和社会发展第十三个五年规划纲要》《关于2015年国民经济和社会发展计划执行情况与2016年国民经济和社会发展计划(草案)情况的报告》《关于南京市六合区2015年预算执行情况及2016年预算草案的报告》，对上述7个报告分别表决通过，作出决议；审议通过《关于六合区2015年国民经济和社会发展计划执行情况及2016年国民经济和社会发展计划草案的审查报告》《关于六合区2015年财政预算执行情况及2016年财政预算草案的审查报告》《关于六合区国民经济和社会发展第十三个个五年规划纲要(草案)的审查报告》《代表提出议案处理意见的报告》。大会期间，收到代表建议、批评和意见137件，议案6件(全部转为建议处理)。会议选举戴华杰为六合区人民政府区长，彭家龙为六合区第三届人民代表大会常务委员会主任，蒋锡林为南京市六合区第三届人民代表大会常务委员会副主任，补选丁正祥、王其洲、李亚太、吴军、汪升龙、贾如龙6人(以姓氏笔画为序)为六合区第三届人民代表大会常务委员会委员；决定接受李志强辞去六合区第三届人民代表大会常务委员会副主任职务的请求。

【区三届人大常委会会议】 第二十七次会议　1月6日召开。会议听取和审议区发改局局长代表区政府所作的《关于区“十二五”规划纲要执行情况及“十三五”规划纲要(草案)编制情况的报告》和区人大常委会财经委副主任所作的调查报告。听取和审议区发改局局长代表区政府所作《关于2015年国民经济和社会发展计划执行情况与2016年国民经济和社会发展计划编制情况的报告》和区人大常委会财经委主任所作的调查报告。听取和审议区财政局局长代表区政府所作的《关于2015年财政预算调整方案及2016年财政预算草案编制情况的报告》和区人大常委会财经委主任所作的审查报告。讨论决定区三届五次人代会有关事项。听取和审议区人大常委会代表资格审查委员会副主任所作的《南京市六合区第三届人大常委会代表资格审查委员会关于个别代表的代表资格的报告》。会议审议通过有关人事任免事项。接受王顺德、达明伦、薛少林辞去六合区第三届人民代表大会常务委员会委员、区人大代表职务的请求，并报六合区第三届人民代表大会第五次会议备案。

第二十八次会议　1月13日召开。会议审议通过相关人事任免事项，决定接受蒋锡林辞去六合区人民政府副区长职务；接受李涛、徐念东辞去南京市第十五届人民代表大会代表职务；任命戴华杰为六合区人民政府副区长、代理区长；补选彭家龙、戴华杰、夏小方为南京市第十五届人民代表大会代表，并提交南京市第十五届人民代表大会代表资格审查委员会予以确认。

第二十九次会议　3月22日召开。会议审议通过区人大常委会2016年议题安排；听取和审议区经信局局长代表区政府所作的《我区战略性新兴产业发展情况汇报》和区人大常委会财经委主任所作的调查报告；审议通过相关人事任免议案。

第三十次会议 4月26日召开。会议审议通过有关人事任免事项。

第三十一次会议 5月26日召开。上午，会议听取区教育局、区财政局、区人社局、区城管局、区水务局局长履职情况的报告，进行现场询问。下午，区人大常委会组成人员和列席人员分3个小组进行审议。分组审议结束后召开主任会议，听取各组召集人关于审议情况的汇报。主任会议之后继续召开常委会会议，听取王其洲委员汇报关于教育局局长履职情况报告的审议意见、贾如龙委员汇报关于区财政局局长履职情况报告的审议意见、李亚太委员汇报关于区人社局局长履职情况报告的审议、吴军委员汇报关于区城管局局长履职情况的审议意见、丁正祥委员汇报关于区水务局局长履职情况的审议意见。区人大常委会组成人员分别以电子表决方式逐一对被评议对象履职情况进行满意度测评，并现场公布测评结果。通过《关于许可对六合区第三届人大代表双宝银依法采取强制措施的备案报告》。

第三十二次会议 7月22日召开。会议听取和审议区发改局局长代表区政府所作的《关于2016年上半年国民经济和社会发展计划执行情况的报告》和区人大常委会财经委主任所作的调查报告。听取和审议区财政局局长代表区政府所作的《关于2015年财政决算和2016上半年预算执行情况的报告》、区审计局局长所作的《关于2015年度六合区本级财政预算执行和其他财政收支情况的审计工作报告》和区人大常委会财经委主任所作的调查报告。听取和审议区教育局局长代表区政府所作的《关于幼儿教育发展情况的报告》和区人大常委会社事委主任所作的调查报告。听取和审议区财政局局长代表区政府所作的《关于六合区2016年新增地方政府债券安排及区本级预算调整方案(草案)和地方政府债务限额的报告》和区人大常委会财经委主任所作的调查报告。审议通过相关人事任免议案议案。

第三十三次会议 8月31日召开。会议听取和审议区政府关于《中华人民共和国大气污染防治法》执行情况的报告和区人大常委会环资委所作的调查报告。听取和审议区政府关于“六五”普法工作完成情况和“七五”普法决议(草案)说明的报告及区人大常委会内司委所作的调查报告。审议通过《关于“七五”法治宣传教育的决议》。审议通过《南京市六合区人大常委会关于区镇两级人民代表大会换届选举问题的决定》和《南京市六合区人大常委会关于竹镇镇选举委员会组成人员的决定》。审议通过《关于接受徐健同志辞职请求的决定》和区人民检察院《关于提请张舜等同志任职的议案》。

第三十四次会议 10月26日召开。会议听取和审议区政府办公室主任代表区政府所作的《关于区三届人大五次会议代表建议办理工作的汇报》和区人大常委会人代联委主任所作的督办报告，并现场对代表建议办理工作进行满意度测评。听取和审议区人民法院院长李传松所作的《关于行政审判工作情况的报告》和区人大常委会内司委主任所作的调查报告。听取和审议区住建局局长代表区政府所作的《关于黑臭河道治理情况的报告》和区人大常委会环资委主任所作的调查报告。审议通过有关人事任免事项；补选朱志宏为南京市第十五届人民代表大会代表。对竹镇镇选举委员会《关于竹镇镇(镇、系统)选举镇人大代表的选区划分和代表名额分配方案的报告》进行备案。

第三十五次会议 12月5日召开。会议听取和审议六合区第三届人民代表大会常务委员会代表资格审查委员会关于六合区第四届人民代表大会代表资格的审查报告，并表决通过。会议确认本次选举产生的301名区第四届人大代表资格全部有效。

第三十六次会议 12月26日召开。会议听取和审议区发改局局长代表区政府所作的《关于2016年国民经济和社会发展计划调整方案与2017年国民经济和社会发展计划(草案)编制情况的报告》以及区人大常委会财经委主任所作的审查报告，表决通过《关于批准六合区2016年国民经济和社会发展计划调整方案的决议》。听取和审议区财政局局长代表区政府所作的《关于2016年财政预算调整方案及2017年财政预算草案编制情况的报告》以及区人大常委会财经委主任所作的审查报告，表决通过《关于批准六合区2016年财政预算调整方案的决议》。讨论决定区四届一次人代会有关事项，听取区人大常委会办公室关于区四届一次人代会有关筹备事项的报告、区人大常委会工作报告起草情况汇报等，表决通过六合区第四届人民代表大会第一次会议主席团成员、秘书长、列席人员构成原则等事项。表决通过《关于接受李长征同志辞去南京市第十五届人民代表大会代表职务的请求的决定(草案)》《关于补选于保华同志南京市第十五届人民代表大会代表职务的议案》《南京市六合区人大常委会关于相关机构设立、变更和撤销的决定 (草案)》。通过相关任免议案,任命孟凡有、王月兵为区人民政府副区长,叶家洪为区监察局局长,盛皓为区人民法院副院长、审判委员会委员、代理院长,姜红舸为区人民检察院副检察长、检察委员会委员、代理检察长,马俊为区人大常委会预算工作委员会主任、王其洲为区人大常委会教科文卫委员会主任、李亚太为区人大常委会民族宗教侨务台湾事务委员会主任、黄平金为区人大常委会人事代表联络委员会主任、董文斗为区人大常委会内务司法工作委员会主任、陈岩为区人民法院未成年人及家事审判庭副庭长。

【履职评议】 2016年初,六合区人大确定区教育局、财政局、人社局、城管局、水务局5个部门的主要负责人为履职评议对象。区人大常委会领导带领相关办委,组织各专门委员会委员、专业代表组成员和部分区人大代表,通过多种形式深入了解被评议部门主要负责人的履职情况,广泛征询意见和建议。区人大常委会相关工委将汇集整理的意见情况会同初步评价、所发现问题和改进建议形成书面报告,提交主任会议研究。5月26日,区人大常委会第三十一次会议听取5个部门主要负责人履职情况报告和进行现场评议,有26名常委会组成人员参加投票测评,并现场公布测评结果。区人大常委会办公室会同相关工委综合整理常委会组成人员审议发言以及会前走访、座谈等意见,形成对履职情况的审议意见,经提请常委会主任会议研究后,连同履职报告及满意度测评结果印发"一府两院"及履职报告对象,并抄送区委和区委组织部门等相关部门。相关履职报告和测评结果向区人大代表通报,并通过媒体向社会公布。

【代表议案、建议、批评和意见督办】 六合区三届人大五次会议以来收到区人大代表建议144件(会议期间143件,闭会期间1件),涉及承办单位51家。其中:产业经济类17件,占11.8%;城镇建设类43件,占29.9%;环境整治类20件,占13.9%;民生保障类39件,占27.1%;社会管理类24件,占16.6%;改革创新类1件,占0.7%。在区人大支持下,区政府及各承办单位强化责任,完善机制,创新方法,狠抓落实,除127号、128号人大代表建议因涉及行政区和化工园区体制问题,暂时无法办理之外,其他建议都按期办复。已经解决或已被采纳的建议90件(A类件),占承办总数63.4%。正在解决或列入计划逐步解决的建议45件(B类件),占承办总数31.7%。暂难解决、作出解释的建议7件 (C类件),占承办总数4.9%。区人大代表对办理工作满意和基本满意率100%。

【代表履职水平提高】 2016年,六合区人大办举办区人大代表专题学习讲座1期、人大干部培训班1期、人大代表履职培训班1期,年培训人大代表500人次以上。坚持邀请代表参加常委会会议和调研视察,为代表提供报纸杂志等学习资料,增强代表闭会期间履职水平。加强新当选的区第四届人大代表党性、纪律意识教育,组织观看《镜鉴》和《警钟》警示教育片。

【区人大换届选举】 2016年,按照省市区党委统一部署,六合区人大常委会将区镇两级人大换届选举列为全年重点工作,坚持"加强党的领导,充分发扬民主,严格依法办事"相统一,认真落实区委《关于做好我区区镇两级人民代表大会换届选举工作的意见》,科学划分14个选举单位和146个选区,将化工园区首次作为选举单位依法开展选举。严把程序关,根据《中华人民共和国选举法》和省实施细则,依法作出《关于区镇两级人民代表大会换届选举问题的决定》,适时制发《选民登记若干规定》《换届选举工作实施方案》等文件,确保各阶段工作依法开展。严把督查关,开展换届纪律集中谈话和培训学习,在选民登记等各重点环节,严格实行分片包干督查机制,强化责任落实。严把入口关,深刻吸取辽宁拉票贿选案等教训,以"零容忍"的政治态度,严肃认真的纪律要求,严格落实"三上三下"提名推荐和协商确定代表正式候选人程序,严格依法核实代表候选人身份情况,确保选举工作规范有序。全区选举产生301名新一届区人大代表,均符合法定要求。

【区镇人大换届选举会议】 9月26日,六合区委主持召开全区区镇人大换届选举工作会议。区领导朱志宏、彭家龙、向军、周军强、孙宇瑾、楚琢玉、蒋锡林、侯在琥、孟建国、谢庆森，区人民法院院长李传松，区人民检察院检察长王珍祥出席会议。区委书记朱志宏讲话，区人大常委会、区选举委员会主任彭家龙在讲话中明确换届选举的有关具体问题。区委副书记周军强、区委宣传部部长孙宇瑾也分别就换届选举的组织、宣传工作提出要求。（方云花）

六合区人民政府

【区政府常务会议】 2月19日，会议听取六合区机构编制部门关于六合区政府职能转变和机构改革实施阶段有关工作的情况汇报，原则同意区编办提请研究的召开动员会、下发实施意见及实施阶段有关工作的通知等建议事项，要求提交区委常委会审议。会议强调，区政府有关分管领导要分工负责，牵头做好分管部门机构重组、职责和人员划转等工作，要加强与市级部门的沟通对接、强化区级部门间的工作衔接，确保各项职能顺利接转，机构改革有序推进。

2月25日，会议原则同意根据市低效用地再开发文件精神，允许金盛一、二期用地中未办理相关手续的3.74万平方米建筑完善规划许可等手续，涉及相关规费由企业按规定缴纳，有关部门要给予支持；金盛低效用地再开发项目实际实施后，开发区可给予企业扶持奖励；六合经济开发区要加强与企业的沟通对接，加快解决相关历史遗留问题。

同日，会议听取区物价局关于六合区出租车运价调整有关情况汇报，原则同意“起步价调整为9元3千米，之后每千米收费2.3元；维持夜间收费标准执行不变，增加早晚高峰双计费及单笔业务超过15千米以上部分加收50%返空费；同步建立燃料价格与运价联动机制”方案，方案3月1日执行，要求提交区委常委会审议。

3月17日，会议听取区公车改革办公室关于全区公务用车改革情况的汇报。会议明确，区外市内公务出行报销标准待市文件下达后再行确定，公务交通补贴按新标准从1月开始执行。

4月19日，会议原则同意区委农工委牵头起草的《六合区“十三五”时期脱贫致富奔小康行动计划(送审稿)》，要求提交区委常委会审议。会议强调，要紧紧围绕脱贫致富奔小康的工作目标，把基础工作做细做实、做深做透，尽快测算出支出需求。会议原则同意区国土分局牵头起草的《六合区农村宅基地和农房统一调查登记发证扩大试点工作实施方案（送审稿)》，同意以区政府名义批转此实施方案。会议原则同意金牛湖街道提请研究的金牛湖中科希望小学异地新建项目按照8轨48班的建设规模进行立项变更。立项变更后，该项目占地面积3.39公顷，建筑面积1.76万平方米，总投资5100万元。会议听取区卫计局关于2015年度全区新型合作医疗运行情况的汇报，原则同意2016年大病补充保险人均保费标准确定为75元。

5月12日，会议原则同意参与江北新区基金设立相关工作。会议明确，区国资公司为基金出资主体，代表六合区参与基金设立的相关工作；推荐区金融办副主任陈伏林为核心推进小组、投资决策委员会成员及股东代表，负责具体的沟通协调工作，并代表六合区参与基金各项投资事务的决策、行使股东权力。会议要求，区财政局要抓紧梳理上报全区符合江北新区基金投向的重大项目，积极争取基金项目资金支持。会议听取区编办关于区政府机构改革“三定”工作开展情况的汇报。会议要求，要严格落实《关于南京市六合区政府职能转变和机构改革实施意见》(六委发〔2016〕8号)文件精神，稳妥有序推进机构改革、职责和人员划转等工作；区住建局要于6月底前完成下属市政所事改企扫尾工作及涉及道路(隧桥)等维修管养职责相关人员划转工作，涉水相关职责及人员待防汛工作结束后划转至区水务局。

6月13日，会议原则同意区住建局提请研究的按照区现行的集体土地征地补偿和房屋征收政策，提前实施龙池路西侧地块土地征收、补偿安置等工作。会议明确，雄州街道和龙池街道为项目实施主体，区住建局负责落实资金并做好协调服务；集体土地补偿安置农业人员的划分时点与商城路以南项目一致；项目安置选址在扬平公司西侧；同时，为推进保障项目，对老宁连公路以东、滁河以南、龙池路以西、雄州西路以北范围内，涉及红线以外的集体土地和房屋一并实施补偿安置。会议原则同意经济开发区提请研究的新建蒋湾小学和迁建龙池小学有关事项。蒋湾小学项目单位工程由南京万盛置业有限公司捐建；龙池小学迁建完成后，原龙池小学土地由开发区统一规划建设。会议要求，区发改、住建部门要做好业务指导和把关，对项目立项、发包等具体事项作进一步明确，确保依法依规操作。

7月12日，会议要求区委农工委要结合市委、市政府有关文件要求和全区实际情况，对《关于开展“万名党员干部帮万户”“百企挂钩帮百村”结对帮扶活动推进精准扶贫工作的通知(送审稿)》修改完善后提交区委常委会审议。会议强调，要精准分析，精准施策，梳理帮扶对象名单，挂钩单位分组，集中力量办好事，提高精准扶贫实效。会议原则同意区卫计局提请研究的《南京市六合区新型合作医疗重特大疾病医疗保障办法(试行)(送审稿)》及专项资金自主管理试运行一年运营模式。

9月13日，会议原则同意启动棠城学校分校和葫芦套小学建设。会议要求，区教育、规划、国土、新城办、开发区、马鞍街道等有关单位要明确工作职责，细化工作方案，严格对照时间节点推进项目建设，确保项目按时交付使用；区督察办、政府办要强化督查推进，加强跟踪督办，推动各项工作有效落实。

9月28日，会议原则同意区住建局提请研究的区人才公寓装修标准和方案。会议明确，人才公寓装修责任单位为区住建局下属区经适房发展中心；人才公寓建设资金由区财政局负担。会议要求，区人才办、人社、财政等部门要抓紧对接，明确后期运行管理主体，制定完善人才公寓管理办法；涉及项目立项、方案比选、资金落实等工作，区发改、人才办、人社、财政、审计、消防等部门要全力给予支持配合。会议原则同意区人社局提请研究《南京市六合区事业单位绩效工资总量调控管理办法(送审稿)》《关于全面执行机关事业单位工作人员带薪休假制度的通知(送审稿)》，要求严格执行程序，严格审核把关，确保公开、公平、公正。

10月21日，会议原则同意区发改局牵头起草的《关于加快我区特色小镇建设的实施意见（送审稿)》，要求提交区委常委会审议。会议强调，特色小镇是美丽乡村建设升级版，是产城融合发展浓缩版，各级各有关部门要统一思想、提高认识，将特色小镇建设与脱贫攻坚、美丽乡村建设、产业发展及就地就近新型城镇化等工作有机结合，立足区情实际，找准产业定位，科学策划规划，通过要素集聚、资源整合、产城融合，加快培育一批特色功能载体。区发改局要结合实施意见文件内容，加快制定操作细则，明确时间表、路线图，确保各项工作落到实处。会议原则同意区财政局提请研究的区财政结算中心不再对行政事业单位原始单据进行审核，恢复预算单位的财务管理权，逐步将29户代理记账单位账务退还相关单位、恢复预算单位的会计核算权等事项，要求完善程序，理顺关系，确保职能调整过程中各项管理事项、领导责任“无缝对接”。

11月25日，会议听取区国土分局关于农村宅基地和农房统一登记扩大试点有关工作的情况汇报，原则同意关于横梁上马村、冶山瓜娄村、马鞍玉王村、程桥古墩村宅基地和房屋统一登记试点工作相关问题处理意见。会议要求，在六政发〔2015〕103号文件基础上研究确定具体实施文件。会议听取区卫计局关于2016年新型合作医疗运行情况汇报。会议强调，医疗保障关系群众切身利益，是一项重要的民生工作，各级有关部门要进一步加强协调配合，强化基金管理，加大政策宣传，深化便民举措，切实将民生实事办好办实。会议原则同意2017年补偿政策调整内容，要求按照930元/人、950元/人筹集标准形成两套方案报区委研究。

12月16日，会议研究《南京市六合区乡村教师支持计划实施细则(2016—2020)(送审稿)》。会议认为，贯彻落实中央、省市有关文件精神，制定出台乡村教师发展支持政策是加强乡村教师队伍建设，提升乡村教育发展水平，促进城乡教育优质均衡的重要举措，是乡村教师“下得去，留得住，教得好”重要保障。会议要求，区教育、财政等部门要结合会上的相关建议，对实施细则内容作修改完善，明确乡村教师界定条件，细化重点任务、重点指标和资金安排等有关事项，并报区政府研究。

12月24日，会议原则同意区环保局提请研究《六合区“两减六治三提升”专项行动实施方案(送审稿)》，要求修改完善后，提交区委常委会研究。会议指出，“两减六治三提升”专项行动是贯彻落实中央环保督查组反馈意见和省市区党代会精神的重要举措，是加快补齐生态短板、高水平全面建成小康社会的重要保障，是指导、督查具体工作的重要依据。会议要求，区环保局牵头，对照省市专项行动计划安排，提升工作标杆，量化指标、细化措施，确保各类目标不低于省市同类标准，各专项工作牵头部门要抓紧细化方案，落实时间表、路线图、责任人。

【政务信息公开】 2016年，六合区政府完善《六合区政府信息公开工作考核办法》《六合区政府信息公开规定》《六合区政府信息公开工作社会评议制度》《六合区政府信息公开工作过错责任追究办法》《六合区政府信息公开保密审查制度》《六合区政府门户网站信息发布审核制度》,印发《六合区2016年政务公开工作要点》,并逐项分解落实。推进权力清单和责任清单、市场监管、政务服务、扶贫工作信息等公开透明。全年在政府信息公开平台上发布信息3854条、政务微博发布信息1148条、政务微信发布信息1320条,发布六合动态、视频新闻、图片新闻信息1526条。通过南京政府信息公开平台申请公开信息40条、网络问政平台2396条、区委书记和区长信箱530条。

【建议提案办理】 2016年,六合区政府收到人大代表建议144件(会议期间143件,闭会期间1件),政协提案188件,涉及承办单位70家,全部办结。人大代表建议办成率63.4%,人大代表对办理工作满意和基本满意率100%;政协提案办成率60%,政协委员对办理工作满意和基本满意率99.5%。收到南京市政府办公厅交办的建议提案13件,7月底全部办理完毕。

【外　事】 2016年,六合区外事管理部门履行外事工作职责,做好APEC商务旅行卡办理、因公出国管理、境外非政府组织管理等工作。全年区公务人员出国总人数26人(随上级主管部门出国18批20人次,自组团1批6人次),办理APEC商务旅行卡4张,为到区工作、商务洽谈外国人办理签证手续审核把关4人次。

【部门职责规范】 2016年,六合区政府办公室完成区级行政审批事项目录和权力清单合法性审查,通过南京市“六五”普法终期考核验收,区公共法律服务中心挂牌成立。规范部门职责和机构设置,政府工作部门整合为24个,出台行政审批、行政权力、行政事业性收费、中介服务等多项清单,引入社会组织第三方评估。大力推进政务公开,完善门户网站、微博微信等互动平台。严格落实中央“八项规定”和党风廉政建设“一岗双责”。全面完成党政机关公务用车改革和办公用房清理整改。

(孙经纬)

【政府制度建设质量提高】 2016年,六合区政府办公室坚持规范性文件“三统一”制度,把规范性文件“三统一”与合法性审查、备案审查、文件清理等工作结合起来,统筹兼顾规范性文件制定和清理、审查关系,提高规范性文件质量。全年制定规范性文件3件,均经过合法性审查,依法报备。根据省政府办公厅《关于开展创新政策与提供政府采购优惠挂钩相关文件清理工作通知》,及时查阅、梳理2011年12月以来区政府发文登记以及历次区政府规范性文件清理结果,有效维护人民群众的合法权益。

【行政执法监督】 2016年,六合区政府办公室统筹协调全区行政执法监督检查活动,及时转发《南京市关于进一步落实结合优化行政执法重要制度的意见》,强化执法部门依法履职能力,提高执法效能。根据省市政府证件换发工作部署,做好行政执法主体资格清理、确认、公示;对全区800多人证件申领资格进行清理,依法做好行政执法人员证件换发工作。健全执法案卷评查机制,对14个部门71份卷宗开展年度评查,对发现的问题逐一进行反馈,督促整改。做好区烟草、环保、安监等部门报送的27件重大行政处罚备案审查工作,落实重大行政处罚备案制度。落实“两法衔接”联席会议制度,推动“两法衔接”工作全面开展,形成良好的执法、司法生态环境。

【依法化解矛盾纠纷】 2016年,六合区政府办公室依法履行行政复议、应诉职责,全年立案行政复议案件17件,受理11件,不符合法定条件不予受理6件;代理以区政府为被告的行政诉讼案件11件。为做好行政应诉工作,转发《南京铁路运输法院关于集中管辖南京市一审行政诉讼案件的公告》,依法维护当事人的诉讼权利。配合相关部门对职能部门分类清单进行权力事项确认和合法性审核,指导做好法定途径分类处理信访诉求清单公开公示工作,厘清信访与行政复议、行政诉讼等其他法定途径之间的受理范围,保障群众诉求依照法律规定和程序得到有效解决。

(徐维维)

·机构编制·

【概　况】 至2016年12月31日,六合区(不含化工园区)党政群机关核定行政编制1545名(区级机关1010名、镇街535名),实有在编1373人(区级机关919人、镇街454人)。实有在编机关工人52人(区级机关47人、镇街5人)。

全区政法机关核定政法专项编制867名,实有在编966人(区公安分局在编670人,区农业局森林警察大队在编6人,区人民检察院在编97人，区人民法院在编131人，区司法局机关在编20人，镇街司法所在编42人)。实有在编机关工人11人。

六合区(含化工园区)事业单位353家（含暂划入公益一类41家、公益一类250家、公益二类46家、其他16家)，核定事业编制1.33万名，实有在编1.21万人。其中，全额拨款163家，核定事业编制8402名，实有在编7960人；差额拨款127家，核定事业编制3553名，实有在编2977人；自收自支63家，核定事业编制1347名，实有在编1120人。

【政府职能转变和机构改革】2016年，六合区机构编制部门根据区委、区政府《关于南京市六合区政府职能转变和机构改革实施意见》和《关于做好区政府机构改革实施阶段有关工作的通知》文件精神，全面完成本轮机构改革，重新制定10家部门“三定”规定、优化调整18家部门“三定”内容。在政府机构改革中，对交通一体化、人口宏观管理、不动产登记、农村集体资产管理等职责进行划转，对区投促、粮食、建工和人防等相关职责进行整合。理顺区食品药品监督、社会信用体系建设等部门间职责交叉和分散事项，确保职责调整事项规范合理。

【行政审批制度改革】2016年，六合区机构编制部门制定《2016年六合区行政审批制度改革工作要点》。推进行政审批“三集中、三到位”，结合轮政府机构改革，成立区政府服务管理办公室，挂区政务服务中心牌子，为区政府派出机构。出台《加强中介机构管理的意见》，并配合区政务办做好“多评合一”等试点改革任务。发挥全区审改工作牵头作用，配合推进商事制度和不动产统一登记制度改革，建立基本建设项目模拟审批模式、事中事后监管体系、告知承诺等配套改革措施。制订出台《区政府关于深化行政审批制度改革加强事中事后监管实施意见》，在全市率先实行行政审批制度改革成效第三方评估，形成评估报告，并对报告成果进行运用。

【综合行政执法体制改革试点】2016年，六合区机构编制部门提出“三步走”的改革思路，即重点对部门内部多个执法机构进行整合、逐步探索跨部门、跨领域综合执法试点以及试点街镇综合执法改革任务，力争实现一支队伍管执法的目标。制订《六合区关于开展综合行政执法体制改革试点工作的实施意见》，完成区市场监管、农业内部综合行政执法改革试点。

【区级机关绩效管理】2016年，六合区机构编制部门做好区级机关绩效管理牵头工作，完成上年69个区级机关部门的绩效考核工作，按时公布绩效考核结果，同时建立问题清单反馈制度。制定出台《2016年度区级机关绩效评估实施办法》，结合机构改革，重新调整考核责任部门、实施范围和分值分配事项，优化考核指标体系、等次确定方法以及考核评分细则等内容。完善改进落实责任清单、问题清单、整改清单和督查清单。

【严控机构编制总量】2016年，六合区机构编制部门执行“财政供养人口只减不增”和“事业单位机构编制总量控制在2012年年底总量内”的规定，落实控编减编措施。出台区卫计局和区教育局系统内人员调动实施意见，以确保职能、机构、编制和人员管理有章可循。妥善处理好严控机构编制增长和事业发展需要的关系，重点保证基层一线、执法领域和专业岗位用编需求。

【统一社会信用代码赋码】2016年，六合区机构编制部门加强区级机关、群团和事业单位诚信体系建设，自1月1日起，区事业单位实施统一社会信用代码制度；自5月起，全面区启动党政群机关统一社会信用代码赋码工作。按规定程序，完善审理督查事业单位法人年度报告公开工作，事业单位年度报告公示率100%。加强对区党政群机关和事业单位网上名称管理，及时更新区党政群机关和事业单位中文域名信息，提高区党政群机关和事业单位网站权威性、可信度和认知度。（胡永平）

·政务服务·

【概　况】2016年，六合区政务服务管理紧跟行政审批制度改革步伐，通过改进服务、强化管理，实现政务服务效率稳步提升，得到企业和群众的认可和肯定。年度办理行政审批事项13.14万件，综合满意率99.97%，综合考评位居全市郊区组第一。获省、市、区“文明单位”、市“巾帼文明示范岗”等多项荣誉。

【职能转变和机构改革】2月，六合区设立区政务服务管理办公室，挂政务服务中心牌子，为区政府派出机构，承担组织协调、监督检查各部门行政许可、公共服务等事项的集中办理及“12345”政务热线办理等职责。

【行政审批服务工作】 2016年，六合区行政审批制度改革进度加快。基本建设项目模拟审批实施，“100套动力总成测试设备产业化项目”“新能源汽车动力电池梯级利用项目”等13个建设项目进入模拟审批程序；针对企业反映行政审批时间长、环节多、手续繁杂、中介多、材料多等问题，区政务办开展“多评合一”“多证联办”“多图联审”“多轨合一”工作，为建设单位解决投资审批前置中介服务时间长等问题提供公平、便捷、高效的服务渠道，不断提高审批效率，优化发展软环境。

【“12345”政务热线】 2016年，“12345”政府服务热线年办件3.68万件，主要考核指标办结提速率85.74%，作风满意率92.71%，结果满意率88.11%，考核绩效位居全市第二。政务服务管理部门全年召开业务培训会3次，赴街镇、部门调研25次。持续做好诉求分析工作，编发《群众诉求分析》7期，向区领导呈批疑难工单31件。被南京市政务服务管理部门《政务快讯》简报刊登经验和做法4次，《南京晨报》报道5次，《金陵晚报》报道4次，收到群众表扬电话逾30次。

【公共资源交易中心工作】 2016年，六合区公共资源交易中心机构整合到位，南京市公共资源交易中心六合分中心挂牌成立。年度完成区公共自行车二期车辆、区国土分局农房统一登记调查测绘服务项目、区中医院搬迁等重点民生采购项目。完成采购任务996项，其中，公开招标88项，竞争性谈判36项，竞争性磋商9项，单一来源采购7项，协议供货856项；预算资金2.12亿元，中标/成交金额1.70亿元，节约资金4182.91万元，节约率19.74%。建筑工程类交易量654项，交易金额5.68亿元。

【街镇便民服务中心规范化建设】 2016年，按照服务场所标准化、机构设立标准化、事项管理标准化、基础设施标准化、服务规范标准化五大要求，全区12家街镇便民服务中心全部建设到位，政务服务触角下延至基层。在该基础上，开展全程代理、免费代办、预约服务、上门服务、集中服务、延时服务和绿色通道等个性化服务，探索特殊定制服务，全力满足基层群众多样化生产生活需求。

2016年度“12345”政务热线表彰暨工作推进会 区政务中心 供稿

【实行行政审批告知承诺制】 2016年，六合区政务服务管理部门根据国务院、省、市相关工作要求，对全区29家部门的行政审批事项实行告知承诺制。行政审批告知承诺制是指申请人提出行政审批（含依法申请的其他事项和公共服务事项）申请时，如遇主要申报材料齐全且符合法定条件，但次要条件的申报材料欠缺，行政审批部门可先予受理和审查，开展实质性预审，并一次性告知需补正的材料名称、时限和超期处理方法，申请人以书面形式承诺其符合审批条件，并能够按照承诺在规定期限内提交材料，由行政审批部门作出行政审批决定的行政审批办理方式。

【《直通12345》栏目开播】 2016年，六合区政务服务管理部门与六合电视台建立良性互动，搭建《直通12345》宣传平台，栏目由“12345在追踪”“12345包打听”“12345全关注”三大板块组成，重点关注与群众利益密切相关的民生问题，以电视的手段和视角全面展示“12345”政务服务热线直办、转办、督办各类问题的工作过程。 （杨 玲）

中国人民政治协商会议南京市六合区委员会

【概 况】 2016年，六合区政协牢牢把握团结和民主两大主题，认真履行政治协商、民主监督、参政议政职能，动员组织各党派团体和各族各界人士，团结带领广大政协委员，齐心协力谋发展，尽心竭力惠民生，凝心聚力促和谐，为加快建设“强富美高”新六合做出积极贡献。

【政协三届常委会议】 1月9日召开第23次常委会议。会议听取六合区财政局、化工园区财政局关于财政工作情况的通报，并进行协商讨论。会议讨论通过提交区政协三届五次会议审议的常委会工作（讨论稿）和提案工作报告(讨论稿)及其他相关事项。区政协主席向军，副主席竺之效、戴家平、瞿见宇、濮伟、刘永涛，秘书长及区政协全体常委出席会议。区政协非常委的各委组主要负责人、街镇政协工委主任、政协机关各委办主任等列席会议。区委常委、副区长蒋锡林，区人大常委会副主任孟建国邀参加会议并就相关工作作讲话。

2月2日召开第24次常委会议。会议讨论通过区政协2016年度工作要点、常委会议议题安排；研究通过区政协2016年度调研考察课题；听取提案委员会关于三届五次会议提案审查立案情况汇报。区政协主席向军，副主席竺之效、戴家平、瞿见宇、濮伟、刘永涛，秘书长及区政协全体常委出席会议。会议由副主席竺之效主持。

4月28日召开第25次常委会议。会议听取六合区、化工园区人社部门关于促进创业就业工作情况的通报以及区统计部门关于全面建成小康社会指标体系进展情况的通报，并进行协商讨论。在认真听取通报和协商讨论后，会议就做好全区就业创业工作提出积极的意见和建议。会议还就区全面建成小康社会指标工作提出建议。区政协主席向军，副主席竺之效、瞿见宇、濮伟、刘永涛，秘书长及区政协全体常委出席会议。区政协非常委的各委组主要负责人、街镇政协工委主任、政协机关各委办主任及相关提案人等列席会议。会议由副主席瞿见宇主持。区委常委、常务副区长徐有俊，区人大常委会副主任蒋锡林，化工园区副巡视员李云应邀参加会议并就相关工作作讲话。

6月7日召开第26次常委会议。会议听取六合区发改部门、化工园区经济发展部门关于重大项目推进情况，六合区工信部门关于工业经济发展和区先进制造业推进组工作情况的通报。与会人员围绕通报内容进行协商讨论，会议还协商决定有关人事安排事项。区政协主席向军发表总结讲话。会议由副主席刘永涛主持。六合区、化工园区领导孟建国、李求伟、施勇君应邀出席会议。

8月30日召开第27次常委会议。会议听取区政府办公室关于政协委员提案办理工作情况的通报以及六合区环保部门、化工园区环保部门关于生态文明建设工作情况的通报，并进行协商讨论。会议由副主席濮伟主持。区委常委、副区长、区委政法委书记徐健，区人大常委会副主任蒋锡林应邀参加会议并就相关工作作讲话。

10月28日召开第28次常委会议。会议听取六合区国税部门、地税部门关于税收征管情况的通报以及区房屋征收管理部门、化工园区征收拆迁管理部门关于城市房屋征收拆迁安置工作情况的通报，并进行协商讨论。区委常委、区委政法委书记、区政府党组成员徐健，区人大常委会副主任孟建国应邀参加会议。

12月27日召开第29次常委会议。会议听取南京市规划局六合规划部门、化工园区规划土地开发规划部门关于控制性详细规划编制情况通报，并就通报内容进行协商讨论。会议审议通过关于表彰区政协三届委员会2016年度先进集体、先进个人和优秀调研文章的决定；审议通过区政协四届一次会议有关事项；协商决定有关人事安排事项。六合区、化工园区领导孟凡有、蒋锡林、顾元刚应邀出席会议。

【区政协主席会议】 1月9日召开第45次主席会议。会议讨论通过提交六合区政协三届五次会议审议的常委会工作(讨论稿)和提案工作报告(讨论稿)及三届五次会议其他相关事项。区政协主席向军，副主席竺之效、戴家平、瞿见宇、濮伟、刘永涛，秘书长出席会议，区政协机关各办委正副主任及有关人员列席会议。

2月2日召开第46次主席会议。会议研究确定区政协2016年工作要点、主席会议议题安排、常委会议议题安排；听取提案委员会关于三届五次会议提案审查立案情况汇报；讨论通过提案委员会、委员工作委员会、人口资源环境委员会2016年度工作要点、社情民意信息工作计划；讨论通过区政协重点跟踪督办提案方案；讨论区政协2016年度调研视察课题，各委组、街镇政协工委活动计划要点；研究有关人事任免；拟定三届二十四次常委会议议题，审议提交会议研究的有关事项。区政协主席向军，副主席竺之效、瞿见宇、濮伟，秘书长出席会议，区政协机关各办委正副主任及有关人员列席会议。

3月30日召开第47次主席会议。会议听取六合区农业部门关于现代农业发展及现代农业推进组有关工作情况的通报、六合区旅游部门关于全区旅游业发展及文化旅游业推进组有关工作情况的通报,并进行协商讨论。

4月19日召开第48次主席会议。会议听取区编制部门关于推进政府职能转变、落实行政审批制度改革工作情况的通报以及六合区司法部门关于司法行政工作情况的通报,并进行协商讨论。

5月25日召开第49次主席会议。会议听取六合经济开发区、中山科技园关于推进重点工业项目、培育发展新兴产业情况的通报以及六合区住建部门、化工园区建设部门关于保障性住房建设、城中村危旧房改造情况的通报,并进行协商讨论。

6月29日召开第50次主席会议。听取六合区审计部门、化工园区审计部门关于审计工作情况和六合区科技部门、化工园区科技部门关于深化科技体制改革、推进科技创业创新工作情况的通报,并进行协商讨论。

7月22日召开第51次主席会议。会议听取六合区水务部门关于水利基础设施建设情况和六合区物价部门关于深化价格改革、推进稳价治乱减负等方面情况的通报,并进行协商讨论。

8月30日召开第52次主席会议。会议听取六合区商务部门关于全区商贸流通业发展情况以及机构改革以来工作运行情况和六合区委农工委关于促进农民增收工作情况的通报,并进行协商讨论。

9月29日召开第53次主席会议。会议听取六合区体育部门关于推动全民健身工作情况和六合区卫生和计划生育部门关于推进医药卫生综合改革以及机构改革以来工作运行情况的通报,并进行协商讨论。

10月28日召开第54次主席会议。会议听取六合区教育部门、化工园区社会事业部门关于引进名校合作办学推进情况和六合区文广部门关于文化遗产保护与传承情况的通报,并进行协商讨论。

11月30日召开第55次主席会议。会议听取六合区人民法院关于立案登记制改革实施情况和六合区人民检察院关于查办和预防职务犯罪工作及检察改革推进情况的通报,并进行协商讨论。

12月26日召开第56次主席会议。会议审议关于表彰六合区政协三届委员会2016年度先进集体、先进个人和优秀调研文章的决定;审议六合区政协四届一次会议有关事项;协商通过有关人事安排事项。

【提案工作】 2016年,六合区政协三届五次会议以来,区政协委员、政协各参加单位、各委组提交提案205件、立案188件,其中与民生问题相关103件。所有立案提案均办理答复完毕,委员满意和基本满意率99.4%,推动烟花爆竹禁放等一批民生问题的解决。推动重要提案的办理和落实,遴选10件重点提案,由区政协主席会议成员及各专门委员会分别牵头督办,起到带头示范作用。

【委员工作】 1月11日,六合区政协举办新委员培训班,由提案委、委工委负责人及办公室相关人员为新增补的24名区政协委员进行培训。培训班从社情民意选题、报送程序到如何撰写一份提案、委组活动纪律开始培训。9月14日,区政协召开15个委组长及机关工作人员会议,布置三届政协委员履职考核工作。

【社情民意信息】 2016年,六合区政协编发社情民意信息11期,其中报区委、区政府领导8篇,加强建设工程领域双清工作的建议等4篇得到领导批示;上报市政协社情民意信息7篇,其中《关于进一步完善报废机动车回收管理工作的建议》等6篇被市政协采用;《关于农村低保政策执行中的问题与对策》《建筑业营改增的问题与建议》2篇信息被全国政协采用,有效地促进相关问题的落实。

【专题调研考察】 2016年,六合区政协各委组、民主党派基层组织专题调研考察,形成调研报告18篇,为区委、区政府、化工园区科学民主决策提供参考。

【街镇政协工作委员会活动】 2016年,六合区各街镇政协工委围绕中心工作,组织开展专题调研、考察、评议、座谈等活动48次,上报社情民意信息31篇,为全区各项事业发展献计献策。全年举行24场协商民主恳谈会,邀请民主协商员建言献策,收到良好效果,有力推动街镇各项工作开展,促进一些社会矛盾的解决,街镇政协工委通过协商民主在基层活动的开展,较好地发挥作用。

【政协组织友好往来】 2016年,六合区政协组织委员赴江宁、浦口、高淳等区政协及上海金山区等外地政协开展专题调研活动,同时,配合友好区县政协到区开展调研考察活动:广州市天河区政协调研社会管理创新工作,新疆伊犁哈萨克自治州政协考察特色种植业和乡村旅游发展情况,上海市金山区政协调研区域环境综合治理工作,海门市政协参观考察城市交通枢纽建设及公共交通发展,浙江南浔区政协考察调研中心城区城市管理工作等。（王雨雷）

中国共产党南京市六合区纪律检查委员会

【概　况】 2016年,六合区纪委全面履行党章赋予的职责,推进党风廉政建设和反腐败工作,为全区综合改革、经济和社会事业发展提供纪律保障,获南京市纪检监察机关纪律审查工作特等奖,被评为区级机关作风建设"先进单位"。

【党的纪律建设】 2016年,六合区纪委将严明政治纪律和规矩,放在学习贯彻省、市、区党代会和经济工作会议精神的大局中把握,加强监督检查,保证令行禁止。会同区委组织部门组建换届风气巡回督查组,先后3轮开展换届督查工作,约谈提醒16人次,确保换届风清气正。围绕两会维稳、防汛抗灾、中央环保督察交办件等重大任务,先后开展各类监督检查102次,查处通报3名履职不力的领导干部,切实保障重大决策、重点工作落地生根。坚持高标准和守底线相结合,通过廉政巡讲、专题培训、编发短信等多种方式,加大党内法规学习宣传力度,推动纪律意识印刻在心。

【党风廉政建设】 2016年,六合区纪委协助区委健全完善落实"两个责任"制度体系,先后制定出台领导班子成员落实"一岗双责"实施办法、落实党风廉政建设责任制检查考核办法,为基层党政组织落实"两个责任"和"一岗双责"建制度、立规矩。开展党风廉政建设责任制检查,梳理龙袍街道、龙池街道、区环保局、卫计局4家单位的32个问题,提出整改意见21条。持续深化驻点巡查,发现龙袍街道、马鞍街道、区住建局、市场监督管理局4家单位92个问题,梳理违规违纪线索17条,显现"驻"的优势和"巡"的震慑。联合区委组织部门开展街镇"一把手"向区委常委会述责述廉活动,区委书记逐一点评,纪委委员现场测评,督促其对标找差、反思整改。严格执行干部提拔使用、评先评优、代表推荐征求纪委意见制度,协助审核评先评优和代表资格934人次,严把党员干部"廉政意见回复"关。主动对接省委巡视、市委巡察机构,协助区委搭建巡察组织架构,健全巡察工作制度,有序推进区委巡察各项工作。

化工园区纪工委向园区150余名处级以上领导干部发放《落实党风廉政建设责任制工作笔记》,做到"两个责任"履责留印、尽责有痕、推进有序。协助工委与20个部门主要负责人签订党风廉政建设责任书,园区纪工委与140余名处级领导干部签订廉洁自律承诺书,层层落实压力传导,督促"两个责任"落到实处。

【纪检监察体制改革】 2016年,六合区纪委制定全区纪律审查工作要点和全区纪检监察机关绩效评估办法,指导和督促纪律审查体制机制改革的落实,完成四大项16条纪检体制改革任务。调整优化委局领导班子成员工作分工,全员参与执纪审查工作,实现"查、审、管、监"四分离。采取"1+1+2+5+X"联动协作模式,组建两支执纪审查"主力军团",通过调配资源、优势互补、挂钩考评,推动形成"比学赶帮超"的良好氛围。定期点评考核街镇纪(工)委和各派驻纪检监察机构工作情况,约谈排名靠后的纪检监察组织负责人,强化各级纪检监察组织主责主业意识。配齐配强街镇和派驻纪检监察机构纪检干部,先后遴选11名素质高、能力强、作风硬的干部充实进纪检监察一线,增强基层执纪监督力量。

【"四风"问题整治】 2016年,六合区纪委围绕公款吃喝、公款旅游、公车私用等方面内容开展常态化和节点式监督检查,派出明察暗访组8个,抽查10家超市酒店,8家机关办公用房,16家街镇、部门财务账目。实施"四风"问题线索分级督办,督促相关责任单位处理到位,先后办理市区两级挂牌督办件10件,给予党政纪处分12人,组织处理2人,对3起违反中央"八项规定"精神的典型案例予以通报曝光,形成持续震慑。区管领导干部主动申报党风廉政建设方面重大事项32人次,主动上交礼金礼券6万余元。

化工园区纪工委推进"违规吃请和公款吃喝问题专项整治"。成立公务接待检查、会所歪风整治和明察暗访3个督查组,在各单位自查自纠的基础上,对30家单位和部门2014年以来公务接待情况进行重点检查,严肃查处违规吃请和公款吃喝突出问题，促进立规明矩。

【查办案件与信访举报】 2016年，六合区纪委开展问题线索“大起底”，摸排问题线索65条。建立信访线索评估、疑难问题会商、调查终结审核等工作机制，提升信访初核成案率。组织开展信访监督“双公开”活动，探索实名举报提级督办和双向承诺机制，均取得较好社会反响。区纪委机关受理信访举报407件，同比下降18.8%。全区各级纪检监察机关立案208件，同比上升66.4%。综合运用谈话提醒、函询诫勉、立案审查、纪律处分等方式，实施预警式监督执纪，及时纠错防偏。全年处分208人，其中轻处分163人，占78.4%，重处分45人，移送司法机关2人，发挥监督执纪“四种形态”综合效应。

化工园区纪工委立案调查违纪案件16件，办结15件，其中大要案4件，挽回经济损失41万元。开展违法违纪党员未给予党政纪处分核查处理工作。对2014—2015年期间40名受到党政纪处分人员处分决定执行情况进行检查，及时发现和纠正处分执行过程中存在的问题。强化案件审理的审核把关和监督制约职能，3名违纪党员的案卷参加市纪委案件质量评查，全部合格。另有1件案卷被江苏省纪委评为优秀案卷。加强信访举报件的办理，规范工作流程，提高信访件办理质量，做到件件有落实、事事有回音。全年收到84件信访件，按时办结率96%。

【廉政教育活动】 2016年，六合区纪委先后举办《廉洁自律准则》《纪律处分条例》《问责条例》宣讲报告会，邀请省市专家教授为全区领导干部、纪检监察干部、部分村社区书记代表做专题辅导。紧扣干部成长、工作落实、重大节日、专题教育等重要节点，推行“提醒+警醒”教育模式，提升廉政教育的及时性和实效性。先后开展党政“一把手”上廉政课40多场次，3000名党员干部受到教育。组织“庭审警示，反思启示”活动1场次，寄送廉政公开信3000余封，编发案例剖析材料千余册，为基层党组织开展警示教育提供鲜活素材。

庆“三八”暨“六合家事”系列典型表彰大会 区妇联 供稿

化工园区纪工委通过“清风化工园”微信群发送党纪党规知识146篇；“五一”、端午节期间在化工园区官网、微信群同步推送“假日虽好，可不要迷路哦”党纪党规主题测试互动活动；在园区网站纪检监察工作窗口发布信息552篇、廉政视频22个；被“钟山清风”网站采用信息52篇，专刊采用信息3篇，《南京日报》采用信息1篇。向园区在职党员发放《中国共产党问责条例》780余册；“七一”期间组织开展《准则》《条例》网络知识测试竞赛，27个部门、街道、直属单位2167名党员参加测试。编制发放《清风随行·以案说纪》口袋书1500册；召开廉政警示教育大会，组织《尺·度》动漫读本学习，开展“寻找身边的老严”征文评选，定期发送廉政提醒短信5760人次，向230余名处级以上干部赠送“廉政大礼包”(廉政教育类书籍、廉政日志本、廉政倡议书)等。

化工园区纪工委制订下发《2016年度化工园区基层纪(工)委绩效考核办法》，对基层纪(工)委工作实施量化考核，强化考核结果运用。定期组织召开园区纪检监察工作会议，参加南京市纪委培训班、外出参训、专题辅导等，提升园区纪检监察队伍综合素质。组织基层纪检监察干部以脱产或半脱产形式到园区纪工委跟班培训，“以案代训”。强化对机关部门兼职纪委书记的提名把关，让政治强、作风硬、德才兼备、敢于担当的干部充实进纪检监察队伍。不断强化纪检监察干部自身监督,防止"灯下黑",做到"执纪者必先守纪,律人者必先律己"。

【化工园区行政监察】 2016年,化工园区纪工委(监察室)坚持全面从严治党,聚焦主责主业,推动主体责任落实,强化党的纪律约束,持之以恒改进作风,继续保持惩治腐败的高压态势,较好完成党风廉政建设和反腐败斗争工作任务,被南京市纪委评为执纪审查工作一等奖。做好中央环境保护督察组交办问题事项和江苏省政风行风热线直播中反映问题的调查和问责处理。深入推进村、社区党组织换届风气督查工作,督查党员干部遵守换届相关纪律要求情况,对66名村、社区党组织班子考察人选进行党风廉政情况审核。组织开展园区人大代表换届选举、村(居)委会换届选举风气巡回督查工作,对122名区人大代表候选人初步建议人选进行党风廉政情况审核。立足"监督再监督""检查再检查"职能,对园区重点工作开展监督检查。组织开展防汛情况专项督查。对国有企业党风廉政建设情况开展督查调研,对督查调研中发现的问题和薄弱环节提出意见建议,向有关部门下达《监察建议书》。推进园区安全生产工作,参与6起安全事故调查处理。

【区纪委三届五次全会】 2月4日召开。六合区委常委、区纪委书记、化工园区纪工委书记侯峻代表区纪委常委会作工作报告,区委书记、化工园区工委书记谢志成讲话。 (宫 凯 胡 敏)

民主党派

【概 况】 2016年,六合区有中国国民党革命委员会(简称民革)、中国民主同盟(简称民盟)、中国民主建国会(简称民建)、中国民主促进会(简称民进)、中国农工民主党(简称农工党)、九三学社及中国致公党(简称致公党)7个民主党派,并分别成立基层组织,为民主党派开展工作、履行职能、发挥作用提供组织保证。至年底,七大民主党派有24个支部,1个小组,成员521人。2016年,民革六合总支党员毛声录被六合区政协表彰为区政协第三届委员会先进政协委员;濮伟撰写的《服务应满足移动阅读的变化需求》案例获全国高职院校图书馆馆长论坛"三等奖",其所带团队再次获省高校图书馆"先进集体"。民进六合总支被民进南京市委授予"民进南京市参与同心彩虹行动、微公益活动贡献突出单位",王谷权获"2016年度民进全省参政议政工作先进个人"称号,刘冰被评为江苏省第十四批特级教师。

【民主党派基层组织建设】 10月18日,民革六合总支部召开选举会议,完成5个支部换届选举工作;11月,组织党员分别去中山陵和雨花台烈士陵园开展"缅怀先烈,牢记历史"教育活动。民盟六合区总支强化党盟共建,提升合作共事能力,4个支部分别与中共南京市六合区4个支部完成结对共建,设立结对共建活动室,制定结对共建相关制度;6月开展的"庆祝中国共产党成立95周年、盟史盟章学习"教育实践活动受到区委统战部、市盟省盟领导好评。民进六合总支加强组织建设,丰富活动形式,组织会员赴江宁"民进之家"开展学习调研,并就"组织建设""活动开展""参政议政""特色活动"等方面工作与民进江宁总支开展交流。农工民主党六合总支完成3个基层支部换届工作。九三学社六合基层委员会结合党派特色开展活动,组织社员到生态园调研,参观江苏电信智慧信息馆,到国防园参观国防教育馆和南京建党95周年成果展,增强组织活力和凝聚力。

【民主党派参政议政】 2016年,民革六合总支提交《完善补偿机制,促进中大医院江北院区院府合作的健康发展的建议》(刘荣喜)、《让我区全部乡镇都能尽早用上清洁能源——天然气》(刘荣喜)、《2016年民营企业敢问路在何方》(孙爱祥)3篇提案。民盟六合总支调研报告《多措并举,着力促进农民增收》作为民盟集体提案被列入区政协大会发言材料,同时被民盟市委作为集体提案报送市政协大会,市委领导领办并评为优秀提案;《关于引导建设居民社区共同体的建议》和《关于进一步强化我区农村生活污水治理的建议》调研报告作为民盟集体提案报送区政协大会;《关于进一步强化我市农业土壤重金属污染防治的建议》调研报告作为六合区政协集体提案报送市政协大会发言材料,《关于进一步强化我市农村生活污水治理的建议》调研报告作为民盟市委集体提案报送市政协大会发言材料,均被列为市政府领导领办的重点提案。民建六合总支调研报告《关于加强六合区留守儿童保护的建议》在区政协大会上获三等奖。农工党六合总支组织党员参政议政，反映社情民意，在六合区制定“十三五”规划座谈会上，围绕规划建言献策。九三学社六合基层委员会利用党派优势组织社员开展调研，反映社情民意，形成调研文章2篇、社情民意12篇，其中，《关于我区防震减灾工作的调查与思考》(周志安) 调研文章在区政协全会上交流，《浅析“中国制造2025”背景下中小制造企业的困境与对策》(王珅) 被第九届江苏九三论坛收录。 (杨志宏)

人民团体

·六合区总工会·

【概 况】 2016年，六合区各级工会组织全面履行职责、落实工作举措、推进服务创新，为促进全区经济社会的发展做出贡献。年新建基层工会组织80家，新增会员5517多人。截至年末，区有工会组织1093个，涵盖法人单位3218家，工会会员18.84万名。获2015年南京市工会工作创新奖三等奖、市第21届运动会综合奖三等奖和体育道德风尚奖、市群众体育先进单位。

【工会舆论宣传】 2月起，六合区总工会组织在《今日六合》专刊上开设“工会之窗”宣传专栏，每月2期，每期1—2版，紧密联系工会工作，关注职工民生福祉，精心策划宣传主题，将宣传重点突出放在政策方针、劳动模范、一线职工、基层工会和特色工作上，大力宣传党和政府相关政策，展示工会组织的作为和工人阶级的风采，及时报道工会工作推进情况，营造良好舆论氛围。

【基层工会建设】 3—4月，六合区总工会组织对全区89家基层工会开展组织状况调研，通过走访座谈、面对面的沟通交流，了解基层工会组织状况，形成调研报告。在基层工会深入开展模范职工之家建家活动，表彰15家区级模范职工之家、14家区级模范职工小家和58名优秀工会工作者，选树市级模范职工之家和模范职工小家各3家、市优秀工会工作者1名，激发基层工会工作活力。对全区基层工会干部进行专题培训，邀请浙江大学、东南大学教授，省总、市委办公厅、市总等专家领导为全区300多人次工会干部进行心理健康、信息宣传、民主管理、法律监督、劳动保护等业务培训，全面提升工会干部工作能力。组织60名基层企业工会干部赴上市公司润和软件公司参观学习，交流工作经验。开展以送清凉、送安全、送法律为主要内容的高温慰问活动，走访慰问环卫、建筑以及高温一线企业职工1000余人，慰问款物价值10万余元。

【职工维权服务】 2016年，六合区总工会组织以“三八”“五一”、6月安全生产月、“12·4”全国法治宣传日等为契机，开展法治宣传、咨询活动，发放普法宣传资料2000余份。开通“57612351”职工维权服务热线，开展法律维权、就业帮扶、生活关怀等“零距离”服务，全区工会法律援助服务站接待来电、来访职工158人次，办理援助案件20件。认真开展职工权益纠纷排查化解工作，基层工会上报职工权益纠纷33起，妥善调处16起，为职工清欠社保费和工资98万元。

【劳模精神弘扬】 4月29日，六合区总工会组织举办全区庆“五一”表彰暨劳模事迹宣讲大会，表彰创思特服饰公司工会等15家单位为区模范职工之家，阿惠食品公司黑鸭班工会小组等14家基层单位工会小组、分工会为区模范职工小家，永业建筑安装公司技能大师工作室等19家集体为区工人先锋号，陈宗明等58人为区优秀工会工作者。推荐江苏省劳动模

区工会干部心理健康培训讲座 区总工会 供稿

范和省先进工作者6人，评选出“全国五一劳动奖章”获得者1人、南京市“五一劳动奖章”获得者2人及市“五一劳动奖状”1家，联合开展“最美六合人”“最美职工”“最美医务工作者”等项目评选，选树“南京市文明职工”2人，在《今日六合》专刊、六合电视台开展劳模先进宣传报道，弘扬时代主旋律。

【直属工会建设】 6月，六合区委办公室转发六合区总工会组织拟制《关于加强全区街道(镇)工会建设的贯彻落实意见》文件，全区10个街镇于9月底前全部成立总工会，按“四个一”要求(1名主席、1名专职副主席、1名工会干事、1名社会化职业化工会工作者)配备人员，为各街镇和经济开发区配备11名工会社职干部，制订《六合区社会化职业化工会工作者考核管理办法》，明确社职工会干部的工资待遇、考核要求，增强基层工会干部的责任心和荣誉感。区总工会为各街镇配备电脑、打印机等办公设施，为做好街镇工会工作创造条件。完善工作考评机制，制定街镇、系统、园区工会工作目标考核管理办法，对优秀单位给予表彰和工会经费支持。出台《关于深化中间层次工会模范职工之家创建的意见》，鼓励街镇、园区和系统等区总工会直属工会创建模范职工之家，增强区总工会直属工会服务基层、服务职工的能力。

【职工创业创新技能大赛】 2016年，六合区总工会组织紧扣全区先进制造业和现代服务业双轮驱动战略，8月开展“大众创业、万众创新”竞赛活动，六合经济开发区科技人才部、钛希特新材料公司被评为市级先进单位，评选出基蛋生物公司等5家区级先进单位和6名先进个人。区总工会深化“安康杯”竞赛活动，新增参赛企业24家，全区参赛职工5万余人。联合区商务局举办中式面点师、客服服务员等职工技能竞赛，69名职工参赛；组织职工参加“南京工匠”选树活动，推荐钳工、焊工、叉车工、花卉园艺等7个工种13名技术能手参加市级比武，组织5名职工参加全市女职工信息应用技能大赛，提升职工技能水平和创新能力。

【职工文化建设】 2016年，六合区总工会组织开展“职工书屋”示范点创建，引领职工读书成才，新创建职工书屋示范点国家级1家、省级1家、市级4家和区级6家，市书香企业1家。连续9年开展送电影下基层慰问职工活动，举办中国象棋、乒乓球比赛等文体活动，举办两期工间操辅导员培训班。组团参加市第21届运动会暨第15届工人运动会五大项目比赛，获乒乓球等4个项目体育道德风尚奖。

【工会帮扶】 2016年，六合区总工会组织慰问困难职工和工会干部344人次34.3万元，慰问劳模23.1万元，为30名劳模赠阅《新华日报》；全年为市、区两级特困职工发放生活补贴21.6万元；开展全区低收入困难劳模调查审核，为31人发放生活困难补助金22.1万元；金秋助学为区95名困难职工及农民工子女发放助学款13.8万元；建立市、区困难职工档案321份。

【职工普惠服务】 2016年，六合区总工会组织启动市级工会信息服务数据采集工作，全年采集会员数据5万多条；为4500名女职工开展免费体检；举办“春风行动”专场招聘会，78家招工单位提供就业岗位1600多个，接待应聘、咨询及求职者800余人，达成意向性用工协议294个；互助互济参保额30余万元，其中参保职工5067人，新保1561人，出险13人次，赔付金额2.4万元；做好创业职工小额贷款担保工作，争取南京市总工会支持创业贷款290万元；面向全区会员免费开放区总活动中心，全年服务职工1万多人次；组织40名职工会员参加全市职工疗休养活动。组织40名新上岗工会干部参加全市工会劳动保护培训并获证书。

【工资集体协商】 2016年，六合区总工会组织推动把工资集体协商纳入区政府10项民生实事工程，开展工资集体协商春季要约和秋季要约行动，全年发放要约书600份。加强工资集体协商指导员队伍建设，继续聘用8名区总机关和街镇园区工会干部为市级工资集体协商兼职指导员；联合区人社局、工商联等部门开展全区企业工资集体协商工作专项检查，加强分类指导服务。 (刘荣平)

·共青团六合区委员会·

【概 况】 2016年，六合区共青团组织不断增强团组织和团员青年的政治性、先进性、群众性，先后被评为省团属报刊宣传工作先进单位、市共青团工作先进单位、市共青团宣传工作先进集体称号、获市区街镇最佳新媒体传播奖，入选江苏“青年之声”创新创优案例三等奖、“流动队课——农村校外少先队活动课模式研究”被评为2016年度市少先队工作优秀创新项目。落实从严治团。查摆存在问题,建立常态化联系青年机制,组织全区团干部和少先队辅导员开展集中走访活动,走访青少年家庭550余户,征集群众意见243条。改进工作考核评价机制,以过程性考察为主,将考核结果与评先评优挂钩。加强思想引领。打造六合共青团新媒体矩阵,覆盖青年20余万人。组织开展"红领巾寻访""入团第一课""纪念红军长征胜利80周年"等道德教育实践活动。在全区中小学开展"文明出行守交规,彬彬有礼好少年"主题团队日活动,绘制停车卡4万多张,覆盖青少年5万多人次。

【青年创新创业】 2016年,六合区共青团组织成功举办"六合青年创客大赛",培育微创型项目19个,开发"青创"专属金融产品,发放创业资金24.3万元。开展创业训练营、创业论坛、创业沙龙系列活动,培训青年500余人次。

【主题志愿活动】 2016年,六合区共青团组织连续4年开展"温暖之路"春运志愿服务活动,服务旅客7万余人次;组织300余名青年志愿者服务2016年南京六合竹镇国际半程马拉松赛事;创立"青年荟读书"活动品牌,开展读书活动15次,覆盖不同行业的青年500余人。

(肖 枫)

·六合区妇女联合会·

【概 况】 2016年,六合区各级妇联组织围绕全区党的"两学一做"教育实践活动,按照区委相关要求,履行组织妇女、引导妇女、服务妇女和维护妇女儿童合法权益职责,增强妇联工作的政治性、先进性、群众性,努力打造"六合家政""六合家事"等特色亮点工作。

根据群团改革要求,开展下基层、访妇情走访活动和精准扶贫工作。与区委组织部门联合举办女大学生村官"我与妇女儿童共发展"征文演讲比赛。建立4个省级、3个市级巾帼示范基地,办理贴息小贷420余万元,定期开展女企协沙龙活动。2016年度获区级机关先进基层党组织、获南京市委组织部"女大学生村官征文演讲比赛"组织奖、获江苏省"三八"红旗集体。开展妇联干部学习党章知识竞赛;开展"万名党员帮万家"活动,对帮扶村龙袍街道赵坝社区妇女进行免费技能培训、开办1个春蕾助学班、对特困帮扶户开展送衣活动和春节慰问活动等。

【省"十二五"发展规划评估督导】 1月5日,江苏省政府督导组一行8人在省司法厅副厅长周红养率领下到区开展"十二五"妇女儿童发展规划终期评估督导,区委常委、常务副区长蒋锡林,区政府妇儿工委部分成员单位分管领导陪同考察。督导组先后到区妇幼保健所、区中等专业学校、区劳动就业管理中心等11个工作点,了解其在推动"十二五"妇女儿童发展规划实施、推进妇女儿童实事项目落实方面所做努力和取得成效,前往南京奥威服装有限公司实地考察企业在维护女职工权益方面所采取的措施及保障。督导组实地考察竹镇镇泉水小学、妇女儿童活动中心、金磁社区村委会和卫生室,并开展入户访谈,详细了解规划实施效果。

【女大学生村官征文演讲比赛】 1月22日,由六合区委组织部门、区妇联联合举办"我与妇女儿童共发展"主题演讲比赛。14名女大学生村官紧扣主题进行角逐,比赛由区委组织部、宣传部、文明办,团区委、区妇联等相关部门人员组成评委,最终决出一等奖2名、二等奖5名、三等奖7名。优胜者被选送参加南京市女大学生村官演讲比赛。

【庆"三八"系列典型表彰】 3月2日,六合区召开庆"三八"暨"六合家事"系列典型表彰大会,以"讲述最美故事、传承最美家风、争做

庆"三八"暨"六合家事"系列典型表彰大会 区妇联 供稿

最美典型”为活动主题，采取表彰和先进事迹演讲、PPT等形式穿插进行，分别表彰“十大最美家庭”“十大最美女性”“十大巾帼岗位明星”“十大巾帼文明岗”。南京市妇联副主席贾慧，江苏莫愁杂志社社长张武，区领导向军、蒋锡林、孙宇瑾、焦晓英出席活动。

【女性健康知识讲座】　5月4日，六合区妇联、卫计局联合举办“女性激素与健康”知识讲座。副区长焦晓英、全区机关40岁以上的女干部、街镇及系统妇联主席100人参加听讲座。知识讲座特邀请南京市妇幼保健院主任医师、副教授顾林主讲。

【妇女干部教育培训】　6月21日，六合区委组织部门、区妇联、区委党校联合举办为期3天的中青年女干部培训班。培训班邀请著名的专家学者授课，以“女性发展与新媒体时代”为主题，设计相关培训课程和学习内容，对供给侧结构性改革政策进行深入解读，安排“党员干部正家风、立家规”专题讲座，重点讲解新媒体时代、PPT、视频等制作与运用。

【女性电商培训汇报路演】　9月27日，六合区妇联组织举行以“指尖上的梦想”为主题的全区女性电商培训汇报路演活动。南京市妇儿工委办公室主任、市妇联办公室主任王玉梅，市妇联少儿部部长张萍，副区长李长征出席活动。由区妇联、农业局、商务局、民政局、人社局、总工会、团区委、雄州街道及成教中心9家单位联办，社会组织琅环益家服务中心承办的电商培训班项目，历时3个多月时间。大班化普及400名女性电商基础知识；小班化提优20名种子创客，组织参加中科院计算技术电商运营培训考证；做好项目孵化，促进居家创业。

编印《六合家事》传递六合最美家风　　　区妇联　供稿

【妇女创业创新推进】　2016年，六合区妇联组织继续开展跨界合作，举办4期初级育婴班，培训妇女450人；举办2期中级育婴班，培训妇女100人，并组织学员考证、推荐就业、带动创业，400人获初级证书，100人获中级证书，50人在家政公司实现就业，29人在学员自己注册的家政公司就业，形成家人、亲戚、朋友圈连锁就业效应。建立琅环益家社会组织，与区9部门联动，实施“指尖上梦想”女性电商创业培训项目。女企业家协会队伍不断壮大，由2014年10人沙龙注册为社会组织，现有会员40人，建立10个区巾帼文明岗和4个市巾帼文明岗，选树20个区巾帼岗位明星和4个市巾帼岗位明星，推荐2个省巾帼文明岗获表彰。开展农村妇女“双学双比”活动，建立3个市级巾帼农业示范基地，3个省级巾帼农业示范基地和1个省级巾帼电商服务示范基地。

【家庭家风建设】　2016年，六合区妇联组织联合10部门通过《今日六合》专刊、六合电视台和巡讲活动发出“立家规、正家风、传家训”倡议书；在三级妇联干部培训班和全区女干部培训班上，邀请省市党校专家专题讲解家庭家风建设，向全区中青年女干部征集家风家训，并节选出优秀的家风家训在《今日六合》专刊进行刊登；在社会组织共好培训学校建立家庭读书会，倡议全区妇联干部捐书，打造“家风、悦读、成长”阵地。持续寻找“最美家庭”，层层推荐再次产生1户江苏最美家庭、12户南京最美家庭、十大六合最美家庭、1户省文明家庭、1位“感动南京”人物。深化“书香家庭”建设，3个家庭获市“书香家庭”称号。开展家风家训进机关、进街镇、进社区、进校园活动。家风家训雄州行、葛塘行，省市最美家庭和最美女性等各类典型代表登台分享各自的家风家训和感人故事。省文明家庭、省最美家庭、感动南京人物周玉琴和市最美家庭耿娟娟参与省市最美家庭巡讲。六合家事传递出六合优良家风的向善力量。

【妇儿合法权益维护】　2016年，六合区妇联组织“抓住《中华人民共和国反家庭暴力法》颁布实施契机，借助社区平台，开展“反家暴法”广场宣传活动，发放宣传手册5000余册，加强妇女学法、守法宣传；发挥妇女儿童之家阵地作用，举办“宁姐工作坊”、母亲学堂和家长学校讲座，将法律送进家庭、课堂，送到妇女身边，引导妇女理性维权、依法维权。做好“三访一化”工作，立足家庭和社区，切实做好婚姻家庭矛盾和邻里纠纷调解工作，全年接访调解婚姻家庭诉求和邻里纠纷56例；为有需求的妇女儿童及时提供法律援助5例，常年聘请公益律师，成立婚姻家庭服务社会组织，维护妇女儿童在家庭和工作生活方面的合法权益。以平安家庭创建活动为载体，抓住“三八”妇女维权周、“母亲节”“国际家庭日”“反家暴日”等重大节日契机，加强宣传，营造氛围，表彰一批区级平安家庭，同时选树1个省级平安家庭创建示范社区、2户平安家庭、1名平安家庭创建活动先进个人、1个维护妇女儿童权益示范岗。

【组织基层基础联络】 2016年，六合区妇联组织配合全区村（社区）“两委”（支委、村（居）委）换届，同步做好妇联组织换届选举，有序推进村（社区）妇联主席专兼挂职工作。全区111个村（社区）妇联组织全面换届，实现女性百分百进“两委”、妇联主席百分百进“两委”目标。用互联网思维开展工作，建立“妇联就在我身边”系列微信群，吸纳粉丝，创新服务。工作开展到哪里，网上妇联就建到哪里，服务就延伸到哪里，先后建立近20个微信社群，把有相同需求的妇女吸引进社群，开展针对妇女和家庭的各项服务，组织线上学习交流互动，引导舆论发声，参与社会治理。与区民政局等部门开展军地单身青年联谊活动，服务驻区部队。

【办好民生实事】 2016年，六合区妇联组织高标准制定颁布实施“十三五”妇女儿童发展规划，增加儿童与家庭教育新指标。省儿基会争取外援开办帮扶3年的特困儿童春蕾班9个，每生每年600元惠及350名困难儿童；省儿基会帮助联系欧洲华侨妇女联合总会资助区102名特困学生，资助资金36万元；横梁留守儿童爱心小屋项目坚持实施3年，市政府办公厅接过苏宁吴兆兰的爱心接力棒，使21名孩子持续得到资助；帮助全区100多名困境儿童实现“微心愿”；争取市妇联联合女企协，用网络众筹方式帮助3名大病困难儿童，筹集治疗费用9万余元。

（汤永丽）

·六合区工商业联合会·

【概　况】 2016年，六合区工商联组织结合“统战性、经济性、民间性”的特点，以促进“两个健康”为主题，以充分发挥区工商联作用为目标，开展八项重点工作。指导雄州、葛塘等13家街镇（开发区）商会和服装、机械等5家行业商会完成到期换届工作。成立旅游业商会、仁和商城商会。年新增会员企业117家，全区会员企业增加到1902家。完成11家基层商会法人登记工作。年新发展执委80名，执委总数185名，位列全市各区首位。组织10家行业商会对接帮扶10家经济薄弱村。组织48家优秀企业对口帮扶区经济薄弱村。先后与重庆市潼南区、盐城市亭湖区、吉林省永吉县等5家区工商联缔结为友好工商联。年在《中华工商时报》发表文章4篇，在省、市、区工商联网站发布信息分别为63条、132条、144条。在《今日六合》专刊分人物篇、企业篇、商会篇3个主题开辟工商联系列专栏。信息宣传、社情民意及调研工作受到市工商联表彰。

【三届五次执委会】 1月28日，六合区工商联组织召开三届五次执委会，区领导彭家龙、施勇君、竺之效出席会议。会议听取和审议区工商联执委会报告及区工商联（总商会）2015年度会费收支报告，并表决和通过相关人事事项。会议还对工商联系统2015年度11家先进集体和36位先进工作者进行表彰。

【旅游业商会成立】 9月9日，六合区旅游业商会举行成立大会暨揭牌仪式，听取旅游业商会筹备工作情况，通过《六合区旅游业商会章程（草案）》，选举竺卫彬为商会会长，戴红卫、殷宁生、李俊峰等3人为常务副会长，邱景、朱超、宋沛田等14人为副会长，戴红卫为秘书长（兼职）。

【昆明南京六合商会成立】 9月29日，云南省昆明市经济开发区南京六合商会成立。该会是六合区第一家异地商会。区委统战部副部长、区工商联党组书记管学军，区工商联党组成员、副主席卢兴明，区旅游业商会会长竺卫彬等应邀参加成立大会。

【民营企业家教育培训】 2016年，六合区工商联组织开展理想信念教育。组织5批260余人次民营企业家专题学习会议，引导非公有制经济人士坚定正确的政治方向。开展革命传统教育。组织23名非公有制经济人士赴广西百色、陕西延安等地接受红色教育,坚定理想信念,传承红色基因。开展特色培训活动。组织参加“金陵工商讲坛”及“一带一路”高级研讨班、新生代培训班学习。

【经济法律服务】 2016年,六合区工商联组织加强与紫金农商银行的全面战略合作关系;推动《六合区中小微企业应急救助基金管理办法》文件的落实;赴宁波骆驼镇学习商会转贷互助资金管理及使用办法;组建“六合区紫金企业家互助联盟”,筹资2亿元,实现互助和担保。邀请全市有专业特长的17家律师事务所加入区工商联法律顾问团,全年为会员企业提供法律咨询352件。

【参政议政】 2016年,六合区工商联组织会员提交人大提案6件、政协议案35件,提案内容涉及环保、交通、信用体系建设及民企代际传承诸多方面,为区委、区政府决策提供现实材料依据。

【全国“五好”县(市、区)工商联创建】 2016年,六合区工商联组织赴溧水区工商联、鼓楼区工商联学习创建经验,对照目标抓好创建工作落实,年内通过市工商联初步验收。 (李荣弟)

·六合区科学技术协会·

【概 况】 2016年,六合区科协组织围绕科学普及、学术交流和科技创新开展科普周、科普日专场活动20项,承办南京市科协大讲堂3场,参与人数9000人次,推广科普网络屏12块,建成区级社区科普大学、科普惠农服务站9家,推广国外专利应用20家,促成金桥工程、“双百”工程项目5项,完成区第七届自然科学优秀学术论文评选并形成科技工作者建议上报区委、区政府,推荐区内科技人才参与省市评选。

【科学普及】 2016年,六合区科协组织以“创新引领、共享发展”为主题,组织全区科普周、科普日系列活动66项,组织科普周、科协大讲堂、科普讲师团进校园(社区)等专场活动20项,参与人数8000人次,区领导彭家龙、陈涛出席科普周启动仪式。承办市科协大讲堂3场,邀请省政协副主席、中科院南京分院院长周健民,南京地理与湖泊研究所研究员胡维平,市中西医结合医院眼科主任夏承志等专家到六合,为区级机关干部、水利系统技术人员、棠城学校未成年人讲授土壤学知识、湖泊生态保护、近视防治方法等知识,听课受众1000余人。举办科协系统专兼职干部政治业务培训班、科普宣传员培训班,参与培训人员80余人次,提高队伍整体素质。

【科普阵地建设】 2016年,六合区科协组织加强科普阵地建设。每周在《今日六合》专刊、电子科普画廊、科普宣传栏开展科普宣传。引导街镇、社区购置推广12块网络科普屏,全区网络科普屏36块。全年创建9家区级社区科普大学、科普惠农服务站。

【学术交流】 2016年,六合区科协组织开展区第七届自然科学优秀学术论文评选活动,编印科技工作者建议成册,呈报区委、区政府和有关部门领导决策参考。

【科技咨询】 2016年,六合区科协组织推广国外专利应用20家,促成秸秆碳化利用、九头山油桃种植、全雄青虾养殖等市级金桥工程、“双百”工程等“五杯”竞赛项目5项,推广新技术新产品8项,形成经济效益近千万元。

【科技人才举荐】 2016年,六合区科协组织发挥举荐科技工作者、发现优秀科技工作者作用,推荐区优秀科普志愿者区环保学会秘书长范远东当选江苏省《全民科学素质行动计划纲要》“十二五”实施工作先进个人;与区委组织部门、区人社局共同推荐区内年轻科技人才龚宗洋参加省优秀青年科技奖评选;与区教育、科技部门联合开展全区中小学师生科技创新大赛,一学生作品《虹吸底排易清污鱼缸》入选全国第31届青少年科技创新大赛一等奖。

(牟 凯)

【农村金融学会获先进称号】 12月26日,六合区科协组织下文表彰2016年度六合区科协系统先进集体、先进个人,六合农村金融学会再获区“科技系统先进集体”称号。截至12月25日,学会会员在《农银学刊》等省部级以上刊物发表11篇,完成学会课题攻关6篇、成果转化5篇、高质量调查报告7篇。学会会员参与各种征文活动,获市学会年度优秀课题二等奖1篇,三等奖1篇,学会获市“金融学会先进单位”称号。 (马齐晔)

法　　治

·综　述·

【概　况】 2016年，六合区政法系统以维护社会大局稳定、促进社会公平正义、保障人民安居乐业为核心任务，主动服务中心、履行职责、创先争优，推进平安六合、法治六合和过硬队伍建设，实现全国两会、G20峰会、十八届六中全会等敏感时期全区社会政治和谐稳定，年度群众安全感94.8%，法治建设满意率94.5%，连续10年获省“平安区”称号。全年区政法系统获市以上表彰136项。

维护大局平安稳定　抓好中办、国办《健全落实社会治安综合治理领导责任制规定》精神贯彻落实，按照属地管理和“谁主管谁负责”原则，严格落实“一把手”综治维稳工作责任制。加强信息收集研判预警、社会稳定风险评估、矛盾纠纷排查化解、应急处置机制等建设，在全力做好常态稳控和矛盾化解基础上，依法打击各类违法犯罪行为。全区完成稳评项目62个，调解案件8583件，调解成功8463件，成功率98.6%。

深化平安六合建设　推进社会面技防监控高清数字化升级改造工作，建成社会面视频监控4800余个，实现辖区主要道路全覆盖，全区配备公安特勤480余名，治安巡防保安1200余名。投入86万余元为12个街镇和142个村居配备综治信息化专用电脑，综治信息平台实战化应用绩效居全市第二位。全区没有发生有影响的重大群体性事件，没有发生恶性刑事案件和治安灾害事故，刑事案件同比下降10.9%，侵财性案件同比下降11%。

推进法治六合进程　制定“七五”普法规划，开展“18”法律广场、“中国梦·法治路·社区行”等法治建设走基层宣传活动。区法学会邀请相关专家开法治讲座和报告会，营造良好的法治宣传氛围。突出抓好“法治六合建设十件实事”，在社会保障、安置房建设、环境污染、道路交通、城乡居民增收、教育资源均衡和医药卫生体制改革等方面取得群众满意的效果。加强基层法治化建设，召开村居基层治理法治化建设试点工作会，规范村居民自治管理机制。9月，在金牛湖街道金山村召开全区加强村居基层治理法治化建设试点工作会，全面规范村（居）民自治管理机制，实现村务公开制度化、民主管理常态化。

【治安“百日专项行动”开展】 6月，六合区按照全市集中整治突出治安问题“百日专项行动”部署要求，组织区公安、司法、维稳、信访、防范和处理邪教问题领导小组办公室、化工园区综治办等和各街道综治委主要成员单位召开全区动员部署会议，区综治办制定下发《六合区集中整治突出治安问题“百日专项行动”实施方案》，开展以“压降侵财性案件、提升群众安全感”为主题的“百日专项行动”。投入专业警力748人次，发动平安志愿者4.8万人，组织流动宣传130余次，悬挂横幅700余条，发放各类宣传资料8.45万余份；发生侵财性刑事案件695起，破案171起；发生侵财性治安案件512起，破案226起；抓获各类犯罪嫌疑人135人，摧毁团伙3个。

【综治信息化建设】 2016年，六合区12个街镇、145个村居和11家综治成员单位信息化平台规范运行率100%,243台手持终端全部上线联网，各类工作数据和信息应录尽录。区委政法部门强化综治信息分析研判和精确指导，健全信息考核奖惩机制，坚持每月通报、季度考核,调动基层创建工作积极性。区综治信息化建设走在全市前列，在全市综治信息化技能比武中获三等奖。12月29日,区委政法部门举办第一届全区综治信息化实战运用技能比武活动，评选出6个先进集体、10名十佳平台操作员和10名十佳平台管理员。

【平安法治物管星级小区创建】2016年，六合区委政法部门把居民住宅小区安全防范管理作为重点民生工程,纳入年度区“平安护民十项举措”,成立区创建专项工作领导小组。先后召开星级平安法治小区创建工作动员会和现场推进会,统一思想,提高认识,明确目标,落实责任,并将“星级平安法治物管小区”创建成效纳入街镇平安建设、物管企业信用等级考核,做到组织、责任、措施的“三个到位”。经检查、评比,全区第一批确定16个星级平安法治物管试点小区,通过示范引领,着力推动物管企业落实治安防范责任,强化区人防、物防、技防、消防等安全设施建设和维护管理,全力打造“发案少、秩序好、社会稳定、群众满意”的小区治安环境。

【司法体制改革】 2016年，六合区全面落实司法体制改革要求，有序推进法官、检察官员额制工作,首批法官入额49名,检察官入额29名,推进刑事案件速裁工作,速裁案件319件328人，提升办案质效。强力推进基本解决执行难工作，在主城区电子显示屏滚动播放“老赖”相关信息,鼓励群众举报,办结执行案件3134件,执行到位率80.7%,切实保障公民合法权益。　　(湛晓龙)

【法治政府建设】 2016年，六合区委、区政府把深入推进依法行政、加快建设法治政府放在经济社会发展的全局和全面深化改革总体部署中去谋划和推动。按照省市统一部署制定《六合区法治政府建设工作要点》，明确区部门、街镇依法行政工作任务和时间要求。完善组织领导体系,调整依法行政工作领导小组成员,交流、研究全区依法行政工作,确定一批依法行政“示范单位”组织。开展“法治政府(机关)建设”年度考核；完善法治政府建设工作报告制度，谋划落实法治政府建设各项工作。　　(徐维维)

·公　安·

【概　况】 2016年，六合公安部门围绕“强富美高”新六合和江北新区建设发展大局,不断深化“平安六合”建设，全力服务经济发展。其间,历次重大安保和专项维稳任务均圆满完成，全区社会治安平稳有序，刑事发案同比下降12.2%,未发生重特大安全事故和恶性案件。推进社会稳定风险评估,加强矛盾纠纷排查化解、法治教育宣传引导、突发事件应急处置等工作，全区社会大局持续平安稳定，未发生影响公共安全和社会秩序的不稳定事件。加强网络舆情监控巡查，营造和谐、文明、有序的网络环境。

【平安建设】 2016年，六合公安部门以“平安六合”建设为引领，着力打造现代化立体化信息化社会治安防控体系。实行城区警务站控点、郊区农村交警派出所联勤控面、苏皖边界5个公安检查站控线的三级巡防管理模式，每日投入180名警力屯守街面,时时处处见警察、亮警灯,增强群众安全感。加强公交地铁站台、老旧居民小区守护和夜间街面巡逻盘查，巡防抓获413名违法犯罪人员。全区刑事发案同比下降12.2%,民生侵财案件下降10.8%,

深化平安宣传　　六合公安分局　供稿

入室盗窃、扒窃、盗窃机动车分别下降27.4%、20%、48%，命案“零发案”。未发生一起群死群伤或造成重大影响安全事故，六合连续10年被评为省“平安区”。

【便民措施服务群众】 2016年，六合公安部门推行“互联网+微警务”，依托“南京公安”“南京警方”微信公众号，推出自助移车、户口办理、新车选号等便民服务，真正实现“让数据多跑路，让群众少跑腿”。通过手机自助操作移车节省群众时间，自助移车占总警情35%；通过微信为新车选号，一号申请、一站受理、一网通办。依托民意110平台畅通警民沟通渠道，发送24.5万条访评短信，征集意见建议1829件，件件有落实、事事有回应。落实户籍制度改革，为730名群众提供异地户口办理服务，为3.06万名外来人员办理居住证，保障其就业、医疗、生活等权益。

【交通秩序治理三年行动】 2016年，六合公安部门按照全市统一部署，围绕“压事故、保畅通、保平安”的目标，深入开展全区交通秩序治理三年行动，部门领导和派出所民警上路参加早晚高峰交通整治，在主城区打造12个示范路口、11条示范路段，查处交通违法行为19.1万起，其中危险驾驶94起，排查整治重大隐患58处，交通警情数、事故致死数、致伤数同比分别下降10.9%、9.8%、8%。

【矛盾纠纷调解“三室合一”】 2016年，六合公安部门推进“公调对接”常态规范化运行，延伸防控触角，提升工作效率。全年移送矛盾纠纷1506起，调解成功率100%，获全市“公调对接工作先进集体”称号。在12家派出所探索推进将矛盾纠纷调解室与社区警务室、综治办公室“三室合一”建设，在农村群众集中安置社区等矛盾多发易发部位，通过就近调解、快速调解，力争使矛盾不出社区村组，促进和谐稳定。

【养犬管理】 2016年，六合公安部门按照市加强养犬管理工作统一部署，落实40万元专项经费，为一线配置15套专用设备，在主城雄州所设点集中办证，协调街道兽医站免费为犬只提供免疫服务，同时创新“临时犬证”便民举措，被南京市公安局治安支队借鉴完善后在全市推广。在全区张贴海报1500张，发放传单3.2万余份，发送宣传短信42万余条。办理犬证1024张，查处违规养犬案件123起，捕捉流浪犬257条。（柯阅文）

【信息采集会战】 4—8月，六合公安部门按照南京市公安机关信息采集会战部署，整合区26家122个联动单位资源，对接周边苏皖9市（县）公安机关，采集各类标准、非标准及社会信息，建立常态化信息共享机制，助力夯实基础工作、服务打防主业。其间采集各类有效信息37万条，其中社会类信息30余万条，助力破获案件68起、抓获违法犯罪嫌疑人55人，其中“三逃”人员2人。

【G20峰会安保】 7—9月，六合公安部门围绕20国集团峰会安保，按照“看住人、守住点、控住面”总体思路，制订责任清单96条，配套负面清单59条，全面强化维护稳定、治安防控、打击犯罪、安全监管等各项工作力度，其间，依法查封关停各类行业场所单位34家，全区刑事发案同比下降10.4%，圆满完成安保任务。

【六合区重大案件侦破】 3—6月，六合公安部门开展扫毒“安宁”行动，抓获涉毒违法犯罪人员236人，缴获冰毒2.24千克，破获百克以上贩毒案件4起，其中千克以上大案1起。

5月10日，六合公安部门根据线索侦破1起特大制售假酒团伙案件，捣毁窝点1处，抓获8名团伙成员，缴获假酒330余箱，涉案金额50余万元，摧毁一张覆盖江苏、北京、浙江、上海、福建、安徽、湖南等十余省市的制售假酒网络。

7—9月，六合公安部门捣毁一制毒窝点，7名涉案人员全部落网，缴获新精神活性物质及原料67桶1463包，重1.44吨，检出毒品折合海洛因147.5千克，打破全省个案缴毒记录。公安部、江苏省公安厅发贺电，在全国作为样板案例推广，南京市公安局对专案侦破工作进行“即破即奖”。

8月中旬，六合公安部门在广西打掉一制假窝点，抓获犯罪嫌疑人5名，缴获各类假药41箱。犯罪网络涉及全国20多个省市自治区，涉案价值100余万元。

10月下旬，六合公安部门在雄州、龙池、横梁等街道多地捣毁窝点，破获1起特大网络赌博案件，涉案金额超过1亿元，刑事拘留10名涉案人员，严厉打击新型犯罪，遏制歪风邪气蔓延。

【竹镇马拉松赛安保】 10月30日上午，“2016年南京六合竹镇国际半程马拉松赛”在竹镇镇举行，3000余人参赛，2万余人观赛，赛事规模大、风险多、社会关注高。六合公安部门提前40天启动安保

竹镇马拉松赛安保执勤　　六合公安分局　供稿

准备工作，20余次实地勘察，审查8名前科劣迹人员禁止参赛，通过制定安保方案和责任清单，对128个安保点位、1464名力量定人、定岗、定责，并组织两轮全要素演练。赛事期间劝阻贴近赛道群众150余人，疏导5000余辆车辆有序通行停放，外围分流2800余辆次，未发生任何影响赛事安全的案(事)件。

【化工园区治安环境净化】 2016年，化工园区公安部门深化巡防重组提升巡防效能。立足于园区生产区和生活区不同的治安特点，在十村和方水路设立2个警务服务站。全年盘查可疑人员1.14万人、可疑车辆437辆，抓获各类违法犯罪嫌疑人125人。十村警务服务站全年接处警7010起，自处6331起，自处率90.3%。组织巡特警、派出所民警、机关民警、特勤保安、金融保安“五支巡逻力量”，开展武装巡逻、社区巡逻、行业场所巡逻、重点部位巡逻、卡点值守“五大巡逻任务”。接报盗窃电动车警情同比下降23.4%，扒窃案件同比下降31.2%。开展专项清查整治行动及联合执法73次，出动警力1660余人次，检查车辆5240余辆，查获醉驾13人，酒驾、无证驾车、驾无牌车等重点交通违法人员32人，查获“毒驾”2人，及时发现和查处一批违法犯罪行为。加强合成侦查提升打击实效。启动部门二级合成作战中心实体化运作，组织开展打击“盗抢骗”、扫毒“安宁”等专项行动，成功侦破“3·19”盗窃工业原材料、“5·9”特大生产销售假冒品牌食用油、远强汽车租赁公司被骗案等重大案件。园区110接报各类警情7.27万起，同比上升10.3%。立刑事案件2809起，同比下降22.3%。破案651起，破案率23.2%。其中，侵财案件立案2532起，同比下降25.2%，破案460起，破案率18.2%。抓获刑事作案成员731人，刑拘373人，公诉422人。抓获网上“三逃”人员77人，其中历年“三逃”人员11人。强化治安综合治理落实管控举措。强化治安问题常态整治，精心组织枪爆物品大清查、缉枪治爆、禁娼禁赌等专项行动。查处治安案件2146起。查处涉娼人员62人，涉毒人员363人，涉赌人员168人。查处各类违规经营旅馆11家，取缔无证游戏机室5家，收缴赌博游戏机169台。先后侦破“1·11”组织卖淫案、“4·25”开设赌场案、“6·21”非法狩猎案等一批有质量案件，公诉娼赌食药环犯罪嫌疑人35名。

【化工园区治安重点攻坚】 2016年，化工园区公安部门全面组织开展“防风险、补短板、抓规范、提能力、转作风”集中攻坚行动，排查整改风险隐患77条，解决问题短板75个。新登记采集流动人员信息9538人、房屋出租户信息1851户，清理地址数16.7万个，完成率100%。整合资源创新推出“三个一”危化品安全监管信息化系统，全要素采集全区25家剧毒品单位、27家放射源、58家易制爆、234家易制毒企业13大类、90个子项的基础信息数据。采集危险化学品运输企业338家，过境危化品车辆3824辆。入所人员DNA等10项数据采集率100%，通过信息比对抓获违法犯罪嫌疑人13名，破案20余起。采集包括全国性信息大圆银泰会员信息在内的40项400余万条社会信息数据资源。全年安排机关警力4600余人次参与派出所巡逻盘查、安全大检查、清查行动、安保维稳等专项重点工作。推进自然村信息员布建工作，建设300余人的信息员队伍，提供有效涉稳信息37条，违法犯罪线索26条，协助破案20余起。深化民安宣传，开展南京公安“微警务”专项宣传推广。综合开展园区消防、交通、禁毒和电信诈骗防范宣传工作，全年通过银行柜面成功阻截电信诈骗案件43起，为群众挽回经济损失141.5万元，挽损率11.4%，位列A类部门挽损率首位。

优化民生服务。全面推行上门、错时、跟踪、延时等服务方式，开展出入境窗口进园区进企业活动，全年办理各类出入境证件2.2万余件。继续完善流动人口双管模式和在驻区大企建立流动人口管理站，新登记暂住人口2.6万人，为企业和职工维权服务30余次，涉及金额200余万元。依托微信等公众平台，加强警企共建，先后建立"三大企业""16家金融""40所校园""8家输油气管道"等微信群，综合运用移动警务平台全年发送安全防范、维护稳定、防范诈骗信息260余万条。严格安全监管。查处重大责任事故案件9起，赔偿金额993.8万元，办理内保行政案件92起，其中简易处罚86起，责令整改6起。创新推出"北斗星安防协会"机制，构建企业安防协作自治工作平台，先后组织交流活动37次，有效推动单位安全生产各项工作措施落实。

【"微警务"宣传推广】 2016年，化工园区公安部门结合辖区工作实际，把推广南京公安"微警务"作为深化公安改革、拓展服务群众渠道的重要手段。部门关注总数13.7万人，线上办理自助移车、户籍及出入境证件等便民事项3200余项，服务群众2000余人次。整合企业职工和保卫部门资源，在园区16家金融单位、152家旅馆以及包括12家集贸市场在内的254家公共场所发放宣传资料2.5万份，组织社区民警深入3个街道、31个社区、2个行政村开展走访宣传。设计简便易携的卡片二维码、易拉宝，内容包含南京公安"微警务"具备的30余项功能以及关注方法，摆放在全区46个银行网点、42所学校、7家大型商场，有效提升宣传效能。统一印制5万份宣传册页，依托驻区媒体、电视台等广为宣传。

【化工园区公安"五大会战"】 1月5—30日，化工园区公安部门贯彻落实上级公安机关的部署要求，紧密结合园区治安实际，组织开展以扫毒害保平安、治安清查整治、交通环境综合整治、企业安全隐患排查整改、矛盾纠纷隐患排查化解为重点的"五大会战"，为"两会"和春节营造良好治安环境。行动中，部门出动警力1326名，设置卡点40个，盘查嫌疑车辆1826辆，盘查可疑人员2669人，清查行业场所363家，清理房屋出租户467户，清理暂住人口420人，破获刑事案件5起，查处行政(治安)案件37起，抓获各类违法犯罪嫌疑人132名，其中"三逃"人员3名，缴获毒品52克。2月15日，区委书记谢志成在局上报的《化工园区部门圆满完成2016年春节安保工作》作批示，对化工园区公安部门给予表扬。

【化工园区扫毒"安宁"行动】 3月18日至4月初，化工园区公安部门先后召开4次扫毒"安宁"行动工作推进会，通报行动战果，细化行动任务，要求各单位紧盯目标，挖掘线索，取得实效。5月5日，部门专案组通过前期大量缜密侦查，掌握一从武汉购买毒品至大厂分销的重大贩毒嫌疑人线索。当晚，抓捕组民警在杨庄车站抓获贩毒嫌疑人。当场缴获海洛因、冰毒876克、毒资2.1万元，成功侦破该起跨省贩毒案件。

【化工园区重大案件侦破】 3月19日、4月19日，化工园区公安部门连续摧毁南钢地区2个盗窃工业原材料犯罪团伙，侦破相关案件20余起，抓获犯罪嫌疑人19名，涉案金额50余万元。

5月19日，侦破跨省租车诈骗案。在江苏、安徽、浙江、山东、河北5省，抓获犯罪成员8名，串并涉及4省30余起案件，追回高档汽车5辆，挽回经济损失300余万元。

5月9日，组织30余名警力分别在山东、江苏两地实施抓捕，侦破一起特大销售假冒伪劣商品案。抓获犯罪嫌疑人10名，现场缴获假冒伪劣鲁花花生油295箱，涉案价值100余万元，摧毁涉及山东、江苏、安徽、北京、浙江5个省的假冒伪劣花生油销售网络，彻底捣毁一个生产加工假油窝点。

10月14日，侦破跨区域电信网络合同诈骗案。抓获犯罪嫌疑人4名，带破全国省市此类新型电信网络诈骗案件200余起，现场缴获作案用电脑、手机、手机卡及银行卡等物品。

11月中旬，在市局技侦、网安部门以及浙江和四川警方的帮助配合下，化工园区公安部门在浙江龙泉、四川成都抓获"黑客"犯罪嫌疑人员非法获利人民币40余万元。12月1日，犯罪嫌疑人被安全押解回宁。

12月15日凌晨，化工园区公安部门组织350余名警力，摧缴1个盘踞在江北浦口、高新、化工园区的特大传销团伙。行动中清查住宅小区16个、摧毁传销窝点55个，查获传销人员271名，其中"总管"级别以上人员38名，涉案金额2000余万元，收缴银行卡30余张、移动硬盘13个以及传销活动宣传资料、提成账册、团伙成员花名册等500余份(本)。对44名组织、领导传销活动的犯罪嫌疑人予以刑事拘留，其中27名犯罪嫌疑人被批准逮捕，其余参与成员予以教育训诫后，均劝返原籍。

【“3·20”火灾事故处置】 3月20日11时31分，化工园区公安部门接到南钢燃料供应厂油罐失火报警。接警后，部门领导立即启动应急处置预案，迅速调集警力赶至现场。省厅消防总队、市局、化工园区管委会有关领导赶赴现场，组织指挥园区公安、消防、安监、环保、卫生等部门迅速开展灭火救援等处置工作。经全力扑救，至12时许，现场明火扑灭，事故造成1人死亡、1人受伤。经调查分析，事故系焦油转运过程中遇作业火花引发的火灾。

【“警营文化周”文艺会演】 6月17日，化工园区公安部门联合市局警官艺术团，在南师大附属扬子中学共同举办以“向人民汇报，让人民满意”为主题的南京市公安局首届“警营文化周”文艺会演暨部门2016年上半年向社会报告工作活动。活动汇集“警秀金陵”文艺会演、“化工园区部门向社会报告工作”“6·26”禁毒宣传、部门“廉政书画摄影作品展”、特勤专业队伍建设展示等内容，全方位展现警营文化、公安主业和队伍建设成效。

【“警营开放日”活动开展】 6月24日，化工园区公安部门组织开展以“走进警营、增进理解”为主题的“警营开放日”活动，活动现场同时举办涉案车辆发还仪式。区政协副主席刘永涛等40余人参加活动。代表们实地参观部门十村警务服务站、部门办证中心，并参加部门打击“盗抢骗”犯罪涉案车辆发还仪式。

【化工园区G20峰会安保】 7月12—13日，化工园区公安部门成立G20峰会安保工作领导小组，明确职责分工，制定部门方案。强化破案攻坚。深入开展打击“盗抢骗”和食药环案件专项行动，侦破大厂十村长冲新天地系列入室盗窃串案，抓获犯罪嫌疑人4人，摧毁盗窃团伙1个，直诉食药环犯罪嫌疑人2名，侦办涉食药犯罪案件3起，抓获涉案嫌疑人5名，缴获疑似有毒有害食品1200余粒。强化巡防盘查。部门巡特警、交通和各派出所等单位多次联合交警十大队，开展涉牌、酒驾醉驾等为重点的清查行动。出动民警280余人次，交通协勤98人次，盘查人员1494人次，检查车辆860余台，查获三无车辆12台、醉驾4人，酒驾2人，查处交通违法行为当场处罚91人，救助、服务群众110余起。强化安全检查。8月22—30日，先后2次组织开展G20峰会安保集中清查统一行动。出动警力1060人次，清查私房出租户362户、暂住人口852人、涉危单位50家、场所行业322家，设卡盘查嫌疑车辆114辆、嫌疑人员256名，抓获违法犯罪嫌疑人49名，其中网上“三逃”人员1名，破获刑事、治安案件35起。8月29日，按照市局统一部署，挑选8名年轻骨干警力赴杭州支援G20峰会安保工作。

举办“警营文化周”文艺汇演暨上半年向社会报告工作活动

化工园区公安分局 供稿

【九龙洼山体滑坡应急处理】 10月27日，九龙洼234幢对面8米高山体因连日大雨造成山体滑坡，楼房要被冲倒。山坡上有1户2层楼民房，墙体出现裂缝，一根高压电线杆已经倾斜。九龙洼234幢为4层楼房，住18户31人，滑坡泥土覆盖楼下道路。化工园区管委会工委副书记楚琢玉带领大厂街道、园区建设、国土等相关部门负责人相继赶至现场，部门警力全力开展现场工作。经过3轮彻底清理排查，安全转移群众17人。28日下午，副市长华静在园区领导陪同下到南钢九龙洼居民楼附近的山体滑坡现场指导救援工作。

【南京国际马拉松赛安保】 9月27日下午，化工园区公安部门召开专题会议部署南京2016年国际马拉松赛安保工作。部门领导带队实地踏勘南京2016年国际马拉松化工园区公安部门安保赛段，

开展南京国际马拉松赛安保工作　　化工园区公安分局　供稿

逐一查看每条路段，逐一定人定岗，细化落实安保措施。10月7日上午，市局组织开展安保演练，部门出动140名警力完成演练任务。16日上午，南京国际马拉松比赛在奥体中心开跑，部门组织警力330余人，完成半程终点包含2.3千米赛道以及1千米赛后缓冲、更衣区域的安保任务。

【警风警纪监督员聘请仪式】　11月24日，化工园区公安部门举行2016年度向社会报告工作暨警风警纪监督员聘请仪式。化工园区管委会工委副书记楚琢玉、六合区政协副主席刘永涛等260余人参会。会上，部门举行警风警纪监督员聘请仪式，部门局长向18名新一届警风警纪监督员发放聘书。　　　（乔宝洋　宋建忠）

·检　察·

【概　况】　2016年，六合区人民检察院按照各级政法会议和检察长会议提出的防控风险、服务发展、破解难题、补齐短板的要求，围绕加快建设“强富美高”新六合的目标，全面履行检察职能。全年立案查处各类职务犯罪案件9件11人，挽回经济损失540余万元。组织开展各项预防宣讲活动33场次，受教育人员3000余人次，为工程招投标等提供犯罪档案查询2365次。着力提升刑事检察工作质效。全年受理提请批准逮捕案件328件478人，经审查决定批准逮捕264件363人；受理移送审查起诉案件812件1035人，经审查决定提起公诉774件978人，同比人数分别上升10.3%和10.9%。强化法律监督树立检察权威。依法加强对刑事立案、侦查活动的监督，追加逮捕2人，监督立案4件4人，提出侦查违法纠正意见5次，依法纠正公安机关1起刑讯逼供非法取证行为。审查起诉破坏环境资源、危害食品安全类犯罪23件24人、危害公共安全案件10件13人、黄赌毒类案件141件180人。发出全市首份《信访风险告知函》，有效稳控1起告急访。规范提前介入程序，重大疑难案件公安机关听取检察机关意见55件，均取得较好的司法办案效果。维护在押人员合法权益，对13名在押人员启动羁押必要性审查，及时建议办

员额检察官颁证暨宣誓仪式　　区人民检察院　供稿

案单位变更强制措施。深入开展民事行政执行监督专项行动,探索公益诉讼,派员出庭全市首例支持起诉案，助力街道讨回国有资产47万元。先后被评为江苏省“五四红旗团支部”“全国检察宣传先进单位”“江苏省文明单位”“全国检察委员会规范化建设示范单位”,该院民行科何云被江苏省人民检察院评为“全省检察机关民事行政虚假诉讼监督专项活动先进个人”,控申科李玉霞被南京市人民检察院评为南京市检察机关先进个人。全年获集体奖项15个,40余人次受到各级表彰。检委会工作先后被表彰为“全省检察机关2013—2015年度检察委员会工作先进单位”“全省检察委员会工作示范单位”“全国检委会示范单位”。

【领导到区人民检察院调研】 2月3日，六合区人大常委会主任、区委副书记彭家龙,区委常委、政法委书记徐敦虎到区检察院调研并看望慰问检察院全体人员。6月7日,区委常委、区委宣传部部长孙宇瑾一行到院调研指导省级文明单位创建工作。党组书记、检察长王珍祥等负责人参加。8月17日，区委书记朱志宏到区检察院考察指导工作，先后考察检察为民服务中心接待窗口、案管中心和廉洁警示教育基地等地，并听取院党组书记、检察长王珍祥的汇报。8月22日,区委常委、纪委书记姚瑞平到院调研工作。区检察院党组书记、检察长王珍祥等负责人参加调研座谈。9月7日,南京市人民检察院党组书记、代检察长范群、副检察长谢健等到区检察院调研指导工作。调研汇报会前，区委书记朱志宏专程到院与市院领导进行会面交流。区委常委、政法委书记徐健,区人大党组副书记、副主任侯在琥等参加调研活动。

【赴机关开展预防渎职犯罪警示教育】 3月18日,六合区检察院检察长王珍祥等在六合区农业局党风廉政会议上作预防渎职犯罪的专题授课。该局领导班子等100余人参加会议。在农业系统开展获警示教育加强农业系统党风廉政建设,促进农业执法人员依法行政。5月26日,六合区检察院检察长王珍祥率预防宣讲团走进六合供电营业部,开展预防专题宣讲。营业部全体班子成员等90多人参加讲座。

【外省检察机关到院学习交流】 浙江省温州市瓯海区检察院检察长陈贤木、副检察长陈光华等一行5人到六合区检察院学习交流检察文化建设。区检察院党组副书记、副检察长张先昂等参加座谈。

【“检察开放日”活动】 4月8日，中国化工集团控股企业——南京利德东方橡塑科技有限公司到六合区检察院开展专题警示教育活动，该活动也是区检察院当年首场检察开放日活动。该院副检察长丁永生，利德东方公司总经理鞠建宏率全体高管及工程部、采购部等80余名管理人员以及承建该企业重大工程项目的施工单位、监理单位负责人参加活动。4月26日，区级机关工委组织区第十四期入党积极分子培训班148名学员到院开展“检察开放日”活动,接受廉政“洗礼”。

【司法救助金发放】 6月3日,六合区检察院结合刑事被害人救助工作,邀请人民监督员、特约检察员、人大代表、政协委员举行司法救助金发放仪式暨检察工作通报会,拉开2016年“检察开放月”帷幕。被救助对象所在的大厂街道工委书记、被救助对象家属所在的南化公司纪委书记及大厂街道、南化公司部分人大代表、政协委员及职工代表参加会议。

【介入“微整形”领域销售假药案件处置】 6月20日，六合区检察院依托重大疑难案件公安机关听取检察机关意见机制,依法介入犯罪嫌疑人陈某、江某某涉嫌销售假药案,该案是六合区首例“微整形”领域销售假药的刑事案件。

【介入眼镜蛇幼蛇外逃事故处置】 10月12日,六合区眼镜蛇幼蛇外逃事件引起新闻媒体广泛关注。六合区检察院依托重大疑难案件公安机关听取检察机关意见机制,及时介入,与六合区农林部门、公安机关及雄州街道联系。10月12日,党组成员、副检察长徐晓明与南京市检察院侦监处、市公安局刑侦局、食药环支队等部门负责人参加研讨会,分析事故原因、对涉案人员行为定性及法律适用,研究处理对策。

【贪污案件警示教育剖析】 12月20日，六合区检察院与六合区卫计局联合举办李静贪污案件剖析会,区卫计系统130余人参加。剖析会有效预防职务犯罪，推进反腐倡廉建设，真正做到“以案释法,警钟长鸣”。(秦　薇)

·审　判·

【概　况】 2016年，六合区人民法院坚持执法办案第一要务,推进工作机制改革,加强自身建设,新收各类案件1.34万件，办结1.28万件，审结刑事案件831件，普通民事案件6847件，商事案件1124件，知识产权民事及刑事案件266件，行政诉讼案件65件。办结非诉行政执行案件9件，民商事及刑事罚没款执行案件3624件。各项工作实现较大提升，获“江苏省文明单位”“省优秀法院”“省法院信息工作先进集体”等称号。

5月19日，区法院在大厂街道园西路强制执结两起门面房租赁迁让案
区法院 供稿

【刑事案件审理】 2016年，六合区法院加强刑事审判，判处犯罪分子1168人，其中判处5年以上有期徒刑54人，判处10年以上有期徒刑21人，对符合法定条件的311名被告人依法适用缓刑、管制等非监禁刑。依法严惩危害公共安全和人民群众生命财产安全的严重刑事犯罪，审结故意伤害、抢劫等暴力犯罪案件48件。保障食品安全，审结生产销售有毒有害食品罪13件，并召开新闻发布会向社会通报。严厉打击黄、赌、毒犯罪，审结涉毒品犯罪116件、开设赌场罪24件，组织、容留卖淫罪14件。深入推进反腐败斗争，审结贪污贿赂、渎职侵权犯罪案件13件15人。促进辖区企业加强安全生产管理，审结重大责任事故犯罪案件2件2人。加强少年刑事审判，妥善处理涉及未成年人刑事犯罪案件17件31人。参与未成年罪犯帮教工作，对有不良行为的青少年进行结对关爱，院关工委被表彰为全市法院关心下一代工作先进集体。

【民事案件审理】 2016年，六合区法院重视涉民生案件审理，审结机动车交通事故责任纠纷1117件，劳动争议案件494件，物业服务合同案件679件。保护妇女、儿童、老人合法权益，贯彻《反家庭暴力法》，发出人身安全保护令4起。妥善处理婚姻家庭、继承纠纷，审结家事案件1332件，调解率39.19%。依法保护合法的民间借贷和企业融资行为，审结此类案件1336件。加强行政审判，判决行政机关败诉3件，行政机关负责人出庭率81.63%。审查非诉行政执行案件15件，对其中7件裁定准予执行。加大强制执行力度，全年开展集中执行29次，拘传被执行人479人，拘留238人。运用失信“黑名单”制度，累计报送8058名自然人和1906家单位。推进网上诉讼服务中心建设，网上审查申请立案1259件、接转材料256件。开通“12368”法律服务专线，接听群众电话1426人次。加强司法救助，对符合条件的当事人缓交诉讼费20.1万元，向符合条件的52名申请执行人发放救助金40.1万元。

【商事案件审理】 2016年，六合区法院加强商事审判，通过公司解散、公司强制清算、破产等法定程序，推动市场主体依法有序退出，实现优胜劣汰，受理破产案件11件，同比增幅175%，全力清理超长期未结的改制企业破产案件。发挥知识产权审判“三审合一”职能，受理知识产权案件271件，审理的茅盾作品手稿著作权纠纷案引起社会关注，中央电视台等多家媒体予以报道。坚持保护优先、注重预防、强化修复的理念，依法加大对污染环境和破坏资源行为的司法惩处力度，审理环境资源案件14件，其中刑事13件、民事1件。

【法院工作机制改革】 2016年，六合区法院完成首批员额制法官入额遴选，49名法官入额，遴选过程平稳有序。坚持繁简分流，改进诉调衔接，对于符合条件的简单刑事和民事案件，一律适用速裁程序，审结刑事速裁案件269件，占刑事案件结案总数的32.18%，审结小额民事诉讼案件977件。由六合区司法部门在院诉讼服务中心设立人民调解工作室，分流各类民商事纠纷300件，调解成功109件。改革完善执行工作机制，设立“快执组”，所有执行案件立案后先由快执组对可执行财产进行查询、处置，无法及时查控财产的再分案到执行实施组。

【坚持司法公开】 2016年，六合区法院完善审判流程、裁判文书、执行信息三大公开平台，全年上网文书8720件。开展“邀请群众进法院”、网络直播庭审活动，邀请群众1万多人次旁听案件5000余件。落实“谁执法谁普法”要求，大力加强司法宣传，在纸质媒体发表稿件100余篇、在电视台、电台播出节目230余档，其中国家级6篇(档)。加强调查研究，完成全市重点调研课题《基层多元纠纷解决机制的现状、问题与对策》。主动延伸审判职能，积极发送司法建议，弥补管理漏洞，“致区农业局关于加强林业资源保护的建议”入选全省法院优秀司法建议，另有2篇建议获南京市法院通报表彰。

【司法理论宣传工作获最高院通报表扬】 2016年，最高人民法院政治部、人民法院新闻传媒总社联合下文对2016年度在司法新闻、司法理论、司法网络宣传工作中表现突出的单位予以通报表扬，六合区法院被表彰为“2016年度在司法理论宣传工作中做出突出成绩的人民法院”。

【执行局获评全省法院执行创新单位】 7月14日，江苏省高院对全省法院执行系统先进集体和先进个人予以通报表扬，六合区法院执行局被评为执行创新单位，执行员黄浩被评为执行标兵。

【8名法官获区人大常委会任命】 7月22日，区第三届人大常委会第三十二次会议审议六合区法院提出的人事任免议案，全票通过该院1名庭长、7名副庭长相应法律职务的任职议案。六合区人大常委会主任彭家龙向该院被任命法官颁发任命书。接受任命法官集体向宪法进行宣誓。

【胡道才向驻区部分市人大代表通报工作】 11月15日，南京市人民法院在六合区召开驻区部分市人大代表座谈会。市法院院长胡道才到会通报工作，六合区人大常委会主任彭家龙主持座谈会，15名驻区市人大代表、南京市中级人民法院副巡视员陈言平等以及六合法院领导班子成员参加座谈。

(周　旭)

·司法行政·

【概　况】 2016年，六合区司法行政工作抢抓江北新区建设机遇，大力推进司法行政“四个全覆盖”，强化法治宣传教育、公共法律服务、特殊人群服务管理、社会矛盾纠纷排查调处体系建设，全力服务经济社会发展、社会大局稳定、人民群众诉求和法治政府建设，加快推进司法行政工作改革创新发展，为“法治六合”建设作出贡献。区司法局获“市公调对接工作先进集体”、省“‘六五’普法先进单位”称号。

【窗口单位法律服务体系建设】 2016年，六合区司法部门全力打造“两中心，一站点”公共法律服务体系，全区139个村居司法行政服务站全面建立，推进法律服务工作，以建立区政府法律顾问制度为示范，区级机关行政执法部门、各街镇、村(社区)全部建立法律顾问制度。2016年，区政府法律顾问团协助处理行政诉讼案件一审3件、二审2件；审查合同16份，涉及合同标的2900余万元。全年参与安置房分配5075套，面积40余万平米，项目地块23个，办结工业用地、科教用地挂牌等业务，涉及金额6000万元。

【法律援助】 2016年，六合区司法部门组织开展辖区内低保人员、“五保户”、社会福利机构供养人员、重度残疾人(盲聋哑人)、困难职工、低收入人员、空巢老人、留守儿童等特殊群体调查摸排工作，利用区民政、人社、妇联等有关部门建立的数据库，探索与各相关部门法律援助信息的对接、数据共享和交换，精确掌握法律援助潜在受援对象的信息库建设。信息库收录受援人信息1.2万条。中心聘请3名社会律师值班，专职负责“12348”接听工作，区“12348”热线接听4433次，接通率、满意率均在全市排名前列。通过网络平台申请的法律援助案件数170件，案件受理率95%以上。年办结案件回访率100%，满意率98%。为适用刑事速裁程序案件的犯罪嫌疑人、被告人提供法律帮助249人次，其中危险驾驶171人次、容留他人吸毒40人次、盗窃19人次、交通肇事16人次、贩毒1人次、销售有毒有害食品1人次、掩饰隐瞒犯罪所得1人次。

【多元化调解机制构建】 2016年，六合区司法部门构建多元化调解机制，会同相关单位，建立区广播电视台《法治随行》栏目，成立环境污染纠纷、劳动人事争议纠纷人民调解委员会等专业调委会。2016年，区人民调解委员会被评为全省规范化调委会。全区年调解总数9636件，调解成功9478件，调解成功率98.36%。11月，召开苏皖冶山地区联合调委会30周年工作会议，总结30年来联调工作成功经验，并谋划今后开展苏皖冶山地区联合调解的工作思路。

【省法治建设工作组考察六合法援中心】 3月23日,以江苏省委办公厅副主任顾俊为组长的全省法治建设工作组成员到六合法援中心实地走访考察,并详细了解法治建设中法律援助制度的实施情况。区委常委、政法委书记徐敦虎陪同。

【"同心·律师服务团"助力法治建设】 6月27日，六合区司法部门联合区委统战部成立六合区"同心·律师服务团"。区"同心·律师服务团"成立后,参加"四进一访"律师接待日活动、党校易地新建项目协调会、"法润南京·春风行动"等各项活动,为推进法治六合建设做贡献。

六合区"同心·律师服务团" 区司法局 供稿

【法治宣传】 8月8—29日,经六合区政府常务会议和区委常委会研究通过《关于在全区公民中开展法治宣传教育的第七个五年规划》。年内完成安全(法治)教育体验馆、反邪教展览馆、交通安全展示馆、火灾(地震等灾害)体验馆、人防教育演练馆、法治文化长廊等十余个场馆的建设工作。先后出台《国家机关"谁执法谁普法"责任制》和《法官、检察官、行政执法人员、律师、公证员等以案释法制度》。建立"六合智慧普法"微信公众号和"六合司法"普法微博。发布普法微信512条,阅读量9.9万人次;"六合司法"微博发布8574条,阅读量206.44万人次。挂牌"南京市青少年法治宣传教育实践基地"。深入开展"18"法律广场活动,全年组织开展30余场广场服务活动,印发宪法宣传单、海报3万余份,宪法宣传及法律服务卡片4万余张;重点打造程桥、马鞍街道法治文化广场;着力提升六合法治农民画影响力,在向全市村居发放的基础上,另向全省所有区县法宣办发放。

【特殊人群管控】 5月,六合区司法部门组织32名重点社区服刑人员前往龙潭监狱参观,开展现场警示教育活动。有针对性地加强心理咨询和心理矫治,促进社区服刑人员心理健康。年重新犯罪控制在标准范围内。社区矫正工作成为全市品牌,11月，南京市司法局在区召开社区矫正工作现场会。12月,江苏省司法厅对区社区矫正中心建设管理暨"三检查、三规范"专项整改活动进行督察,督察组肯定区社区矫正工作,中心被评为"省示范中心"。

(戴艳蕊)

武　　装

·人民武装·

【概　况】 2016年,六合区人武部门以使命任务为牵引,按照"突出强军兴武、深化军民融合、坚持整体推进、确保和谐发展"的工作思路,扎实打基础、从严抓落实,年度各项工作稳步推进、有序落实。上半年完成抗洪抢险、森林灭火等各类民兵骨干集训100余人次;二季度,组织民兵整组;11月,组织民兵防化应急分队综合演练;完成年度征兵任务。

【思想政治建设】 一季度,六合区人武部门与江苏省军区、南京警备区机关同步开展"坚决服从改革大局、忠实履行职能使命"专题教育活动,深入学习习主席改革强军重大战略思想，参加集中授课辅导、阅读文件、开展讨论交流。2月17日,邀请国防大学教授孟祥青围绕"国家安全环境与战略"作辅导授课,强化区委领导班子抓好党管武装工作的自觉性和紧迫感。

【国防教育】 3月,六合区人武部门组织600余名民兵到敬老院、学校等地开展"学雷锋"活动。7月,区组织"军民一家亲，实现中国梦"走进军营庆"八一"慰问演出,2000余名官兵观看演出。9月,组织部分党政机关领导及新兵家长到渡江战役纪念馆参加南京市2016年新兵入伍欢送仪式。

【防化救援演练】 11月，六合区人武部门组织区民兵防化应急分队参加南京市重要经济目标防护演习,同步组织防化救援演练,协调区消防、医院、化工厂等多家单位参演,演练参加55人。

【军事训练】 2016年,六合区人武部门一人不漏完成“三实”训练任务,副部长和后勤科科长获手枪精度射击比武前十名的好成绩。4月,组织“四会”教练员防化教学比武竞赛获得综合第四名的好成绩。5月,在高淳区组织民兵抗洪抢险骨干集训。6月,在浦口区组织抗洪抢险分队水上演练,提升抗洪抢险救灾能力。

【民兵整组】 2016年,六合区人武部门结合2016年整组工作的新特点、新要求,注重从“实战、实际、实用”出发,先后召开党委会、办公会、全区武装工作会议进行部署,组织专武干部、民兵骨干进行业务培训;利用近两个月时间,采取机上调、网上查、档案对、机上刷和当面问等方法,摸清潜力情况,找准存在问题,定好对策措施。5月,接受南京警备区民兵整组点验,受到上级肯定。

【征兵工作】 2016年,六合区人武部门通过深入宣传发动、严格把住关口、集体择优定兵、及时张榜公布等得力举措,抓好兵员征集工作。公布省、市、区3级举报电话,区征兵办24小时值班接听,发放廉洁征兵监督卡1300余份、《致全区应征青年家长的一封信》900余封,在全区12个街镇设置“廉洁征兵举报信箱”,组织直接参与征兵工作的88人签订《廉洁征兵责任书》确保廉洁征兵工作抓出成效,征兵期间未接到任何反映区征兵违规违纪问题的电话和信件。完成年度征兵任务。

【专武干部队伍建设】 2016年,六合区人武部门坚持把专武干部队伍建设作为武装工作在基层落实的重点,通过组织各类集训、比武考核等形式,提升专武干部综合素质。3月,在溧水大金山国防园组织163名专武干部和民兵营(连)长集训,提升“两个队伍”的综合素质和实际工作能力。5月,区委明确专武干部提拔流程、使用权限等问题,规范专武干部队伍提拔使用流程。结合街镇班子换届,调整4名年龄偏大专武干部。 (刘 岩 陈 超)

·消 防·

【六合区公安消防】 2016年,六合区公安消防部门修订灭火救援预案147份,开展灭火救援演练160余次。全面落实各项火灾防控专项整顿,完成辖区各项消防安全保卫工作。全年大队出警456起,出动车辆772辆,出动警力5152人,抢救被困人员41人,疏散被困人员1668人,扑救火灾353起(死亡1人),同比下降50%;抢险救援93起,社会救助10起,同比下降18%;火灾损失财产82万元,挽回火灾损失4600余万元;同比上升43.7%,全区火灾形势总体稳定,未发生重特大火灾事故。

【消防工作责任落实】 2016年,六合区公安消防部门对辖区重点单位落实消防监督排除,年均检查单位9376家,发现火灾隐患和违法行为8.36万处,整改检查单位7.26万家,责令三停24家,罚款270万元。以主城区为核心区域的“三合一”“九小”场所集中整治。 (张 迟)

【化工园区消防】 2016年,化工园区消防部门下辖3个中队成功处置火灾及各类灾害事故和社会救助477起,出动5881人次,出动车辆973车次,抢救财产价值2060万元抢救被困人员52人,疏散群众360人,无亡人火灾事故,火灾形势总体稳定。全年组织消防监督检查3700余人次,检查社会单位1852家,下发“责令改正通知书”1636份,督改火灾隐患3247处,办理行政案件134起,责令“三停”单位12家,临时查封单位和火灾危险部位10处。

【化工企业消防安全推进】 2016年,化工园区消防部门开展化工企业“6+4”工作。在西坝中队设置泡沫储备库,储备百吨6%抗溶性泡沫;在全程物流和西坝消防队设置集中存储点,存储点计划存储量分别为8000只至1万只;在天然水源处设立应急水池拦截闸。成立化工园区域联防组织,根据园区各企业地理位置及其生产特点划分成5个联防小组,每组成员单位12家。召开小组联席会议12次,组织互查48次,检查单位96家,发现并督促整改隐患176处。每家重点单位成立微型消防站,配备相应灭火救援器材,对微型站队员进行培训,达到“3分钟响应、5分钟处置”的要求。

【派出所消防考评】 2016年,化工园区派出所消防指导办公室对派出所开展消防监督业务培训15次,培训175人次。每季度对园区派出所消防工作进行督查、考核,纳入部门全年工作量化考评体系。

【社会面消防宣传】 2016年,化工园区消防部门成立化工园区消防宣传教育培训分中心,组建消防宣传讲师团。在金浦锦湖有限公司组织开展氯气泄露联合消防演练,在育英第二外国语学校开展冬季消防演练活动。南京电视台、《金陵晚报》等媒体进行报道。

（沈晓艳）

·人民防空·

【概　况】 2016年，六合区人防部门围绕军事斗争人防准备工作主线，抓作风，促发展，全力做好防空防灾应急准备，完成年度重点人防工作任务。提升指挥通信能力和防空警报报知能力。推进机动指挥所建设；优化防空警报器布局，对现有警报器进行检测维护升级，主城区防空警报音响覆盖率保持100%。完成“9·18”全省警报试鸣和“12·13”国家公祭日鸣放任务，提升应对随机突发事件保障能力。被江苏省民防局、省人社厅表彰为“全省民防系统先进集体”。

【化工园区人防管理】 2016年，完成人防专业队整组任务和人防工程年检备案工作；根据江苏省政府统一部署，完成“9·18”警报试鸣工作；开放太子山人防工程供市民纳凉，得到市民赞誉。

【指挥演练】 2016年，六合区人防部门以新大纲内容为训练目标，突出提升指挥通信保障能力。修订完善防空袭方案。在全区范围内开展各种资源数据采集，完成区本级防空袭方案及区供电公司等重要经济目标预案修订，为战时支前和平时开展防空防灾工作提供保障。加强人防队伍建设。根据新形势下人防专业队建设新要求，围绕战时可能担负抢险救灾工作，对各专业队进行适当调整，新组建心理防护专业队，确保编制合理，组织基础夯实。贯彻《人民防空训练与考核大纲》精神，按照分步细训、共同提高的原则，分别组织心理防护专业队和治安专业队进行集中训练，促进队伍专业能力提升；组织区人防办机关及各街镇人防干部，赴江苏省民防训练基地进行2天拓展训练，有效提高干部队伍综合素质。与鼓楼区共同组织城市防空袭人口临战疏散及接收安置演练。通过演练使各级干部熟悉组织指挥程序和方法，检验和完善城市人口疏散、接收预案，提高各有关部门、街镇和社区的防空、防灾组织能力，增强社区居民的人防意识，初步掌握应急疏散、接收基本知识和技能。

区人口疏散演练　　区人防办　供稿

【人防宣传】 2016年，六合区人防部门以人防“五进”工作为结合点，强调宣传教育经常性。加大学校宣传力度。为全区中小学生征订万册《民防知识读本》，全年组织2000多名学生参观区人防教育馆，全区21名中小学教师参加南京市人防办组织的专题培训；作为区人防教育馆的功能延伸，筹划利用区中小学生实训基地，分步建设区人防体验馆；推进社区民防教育。稳步推进人防进社区（村）工作，下拨社区（村）人防活动专项经费，以“完善提高、发挥作用”为导向，开展防空防灾宣传教育、技能培训，推进人防进社区（村）工作的常态化和制度化，提高居民对人防工作的知晓度和认同感。发挥宣传平台作用。全年依托《今日六合》专刊、龙虎网、南京市人防网等媒体发表文字、图片信息等40多篇；编发、转发人防官方微博330多条；在《今日六合》专刊开辟宣传专栏52期；制作专题宣传片，在六合电视台《法治随行》栏目中播放；租用雍六高速跨路天桥广告位宣传人防，向全社会展示人防建设成果，丰富人防宣传教育形式。做好专题宣传活动。结合“5·12”全国防灾减灾日、“9·18”防空警报试鸣日和“12·13”国家公祭日等节点，以“减少灾害风险 建设安全城市”和“居安思危 毋忘国耻”为主题，开展广场宣传活动；每个街镇至少安排1个社区（村）和1所学校开展以知识宣传、技能培训、疏散演练为重点的综合性人防宣传活动；完成发放3200个应急救援包任务。

【人防工程建设】 2016年，六合区人防部门注重多部门联动，共同把好结建关，全年未发生一起人防工程漏建、漏收情况。坚持亮证执法、文明执法，人防执法工作实现全年“零差错”。主动自加压力，规范审批程序，大幅度提高审批效率。

（杜庆国）

农业·新农村建设·水利

农　业

【概　况】 2016年，六合区实现农业增加值63.74亿元，比上年增长(可比价)2.2%。实现农业总产值106.01亿元，比上年增长9.52%，其中：农业产值71.16亿元，比上年增长10.15%；林业产值5.54亿元，比上年增长20.43%；畜牧业产值10.17亿元，比上年下降1.27%；渔业产值15.49亿元，比上年增长11.44%；农业服务业产值3.66亿元，比上年增长7.65%。

农作物播种面积9.53万公顷，比上年减少4133.3公顷，其中：粮食作物6.48万公顷，比上年增加1.58万公顷；粮食总产44.84万吨，比上年增长28.85%，其中：稻谷28.04万吨，比上年增长25.74%，小麦14.5万吨，比上年增长74.7%。

油料总产1.18万吨，比上年下降64.24%；蔬菜产量90.14万吨，比上年下降15.9%。生猪出栏8.17万头，家禽出栏676.83万只，水产品产量4.65万吨，肉类总产量1.42万吨，禽蛋总产量1.37万吨。

新增成片造林266.7公顷，林木覆盖率25.42%，城镇绿化覆盖率44.8%，新增高标准农田2533.3公顷，设施农业533.3公顷，

设施渔业313.3公顷。新增家庭农场166家，新建农民专业合作社联社2家，实现生物农业销售收入45亿元。创建省市级示范村53家。

(区统计局)

【三农工作】 2016年，六合区“三农”工作取得新成效。农民人均可支配收入2.06万元，同比增长8.5%，增幅在全市排名第三。区扶贫办获江苏省“扶贫系统先进集体”称号，区委农工委被评为省“农村产权交易市场建设先进集体”、南京市“农村土地确权登记颁证工作先进集体”“区级机关作风建设先进单位”；“一事一议”工作被市财政局和市委农工委评为三等奖，《六合区欠发达片区扶贫攻坚难点及对策》被市委农工委评为委托课题调研论文一等奖。竹镇镇获现代农业主导型发展类一等奖，系自市分类考核工作开展以来区所获最高奖项；长芦街道获先进制造业主导型街镇综合类三等奖。

【农业园区建设】 2016年，六合区以东部、西部、北部3条干线等现代农业产业带为主线，全力推进现代农业园区建设，在建市级以上园区9个，规划总面积1.72万公顷，其中核心区6600公顷；园区总面积1.06万公顷，土地流转1.06万公顷，完成投资总额12.19亿元，园区年产值16亿元。在南京市委农工委组织的农业园区建设考核中，区获一等奖，竹镇镇获评A类园区。

【设施农业】 2016年，六合区新增设施农业435公顷，累计1.28万公顷，占耕地比重20.5%。新增高效设施畜牧面积47.7公顷，累计2011.7公顷，新增设施渔业面积400.3公顷，累计2773公顷，比重24.9%。全年建设完成上年省市设施农业项目12个，建设面积133.3公顷，争取省市财政投入974万元；争取财政支持设施农业项目2个，总投资600余万元，分别在竹镇园区、马鞍园区各建设1万平方米高标准连栋钢架大棚温室。推进当年市级设施农业项目12个，上年候补项目2个，建设面积340公顷，争取市级财政资金2200余

万元。申报特色园艺基地4个，建设面积33.3公顷，争取市级财政资金300万元。组织实施完成市级蔬菜园艺绿色防控试验示范与推广项目6个、部级标准园项目2个，争取财政投入260万元。

【农业信息技术应用】 2016年，六合区农业信息化实现覆盖率61.6%，一批物联网技术应用到农业生产上，申报市级智慧农业项目8个。其中，农业物联网技术示范应用点项目5个，成长型和领军型农业电商主体3个。建设益农信息社50个。区级农业电商创业服务中心完成硬件建设，预算总投资404万元，其中申请市级补助275万元。全区有智能农业建设应用点32个，应用面积812.6公顷。

【农业电子商务】 2016年，六合区新增农业电商网站（店）36家，农业电商销售额6.5亿元。完成省“农产品电子商务万人培训”计划156人培训任务。组织南京绿航生态农业有限公司、南京岁月静好花卉公司、南京田原牧歌农业发展有限公司3家农业电商企业申报市级智慧农业电商奖补项目，年内分别完成55万元、100万元、1000万元农产品销售额。

【基层农技推广体系建设】 2016年，六合区制定《2016年街镇农业服务中心工作效能考核办法》，强化对街镇农业中心的考核。区农业部门分批组织182人参加农业高校组织的为期一周的专业技术培训。续建竹镇、马鞍、横梁3个街镇级农技推广服务综合示范中心，41个村级规范化农业综合服务站，组织区、街镇专家和指导员对口服务全区稻麦、园艺、畜牧三大产业1800名科技示范户，选聘169名技术人员担任指导员，补助建设2个农业科技示范基地。

【农林行政许可】 2016年，六合区农业行政部门办理各类农业行政许可4000余件。其中，林木采伐52宗，采伐蓄积量7883.1立方米；林地征收占用6宗，使用林地41.65公顷，办理木材运输证1696份。各事项均在承诺时限内办结，实现无差错、无超时、无违纪的工作目标。办理各类农林行政执法案件124件，行政诉讼和行政复议维持率100%。农业类立案查处7件，结案5件，申请强制执行2件，罚（没）款4.18余万元。调解因农资使用不当产生的纠纷3件，为农户挽回经济损失5.6万元。

【农产品质量安全监管】 2016年，六合区农业部门强化《农产品质量安全法》《江苏省农产品质量安全条例》等法律、法规宣传培训，下发《2016年六合区农产品质量安全专项整治与执法监管工作方案》，继续开展禁限用农药、“瘦肉精”、生猪屠宰、生鲜乳违禁物质、兽用抗菌药物、水产品质量安全、农资打假、“三品一标”八项工作，进一步规范种植、养殖行为。全年开展各项专项整治和执法监管活动，检查生产经营企业930多家次，出动执法人员2399人次，执法大队立案查处5件，涉及金额6300元；移送司法机关案件2件，涉及金额7.82万元。

【蔬菜园艺产品质量监管】 2016年，六合区农业部门层层落实蔬菜园艺监管人员责任，将责任人分片挂钩到村，强化重点基地安全生产巡查和生产档案管理的督查指导，全区完成地产蔬菜田头速测14万个样品，部、省、市抽检地产蔬菜园艺合格率99.5%，没有发生一起禁用农药超标。区农业局举办专题培训班1期，培训街镇业务骨干100人次，推广农业、物理、生物等蔬菜园艺病虫害综合防治技术，推行标准化生产。加强分散生产豆芽农户的管理，规范豆芽生产行为，妥善处理1起豆芽生产违规行为。建立主要农产品基地档案，以33个蔬菜基地为主轮流取样，品种有大白菜、青菜、芹菜、青蒜、豌豆叶、香菜、黄瓜、茼蒿、甘蓝、生菜、萝卜、菠菜、西葫芦、蕹菜、苋菜、韭菜、莴苣等。完成检测样品352个，其中蔬菜325个、果品27个，监督抽检样品58个。根据GB2763-2014、茄果类蔬菜等55类无公害农产品检测目录进行判定，检测参数33项，样品合格率100%。全区11个街镇仪器联网速测上传样品总数1.3万多个样，合格率100%。

【农业惠农政策】 2016年，中央推行农业“三项补贴”改革，将原农业“三项补贴”合并为农业支持保护补贴，支持耕地地力保护及粮食适度规模经营。其中耕地地力保护涉及11个街镇和2个农林场圃，108个村居13.35万户，补贴面积4.02万公顷，发放补贴资金6940.81万元，补贴资金通过财政“一折通”方式直接发放到户。登记核实棉花种植面积8.12公顷，涉及3个街道6个村居的农户9户。

【职业农民培训】 2016年，六合区新增江苏省认定的培训农民数量5434人，累计3.51万人，占比

54.7%。区政府发布《六合区新型职业农民培育认定细则》,明确六合区新型职业农民认定工作程序、认定标准及相关扶持政策,区农业部门具体组织实施新型职业农民认定工作。全年举办各类培训班54期,培训5434人,对符合条件的805人进行认定,通过培训考核颁发"六合区新型职业农民认定证书"。年内,完成部级任务154人,分别在南京农业大学和扬州农业职业学院培训;完成省级任务22期1772人,其中蔬菜园艺工3期189人,农艺工7期649人,职业渔民1期102人,休闲农业1期68人,农产品电子商务2期150人,农作物植保工3期236人,林业技术工1期72人,农产品质量管理2期159人,畜牧技术工2期147人;完成市级任务30期3508人,由街镇农业服务中心主办,主要开展农艺工、园艺工、农机操作工、职业渔民、农民创业等培训。

(刘献江　庞万兵)

·农林牧副渔·

【粮食绿色高产增效项目创建】 2016年,六合区组织实施粮食绿色高产增效创建项目9个,其中水稻5个,小麦4个,争取财政补助资金310万元。5个水稻示范片全面落实水稻集中育供秧、水稻机插高产栽培等技术,品种以武运粳31号、南粳5055、南粳9108等优质高产品种为主,良种覆盖率100%,单产均达到目标产量。4个小麦示范片全面落实机条(匀)播高产栽培技术,配套实施机开沟等关键技术措施,品种以宁麦13、扬麦20等品种为主,良种覆盖率100%。通过示范片的创建带动粮食作物高产、高效栽培技术应用,促进全区粮食作物种植水平提升,实现"藏粮于技"。

【水稻生态补偿】 2016年,六合区下发2015年水稻生态补偿资金3594.73万元,其中农业基础设施1996.82万元,秸秆综合利用740万元,水稻生产环境保护和修复488.41万元,农业面源污染治理53万元,水稻保险和土地流转补贴297.77万元,公益事业18.73万元。通过项目实施,进一步改善水稻生产区灌排、交通条件,促进稻区生态可持续发展。

【商品育秧服务】 2016年,六合区建成春正、康农等连栋温室工厂化育秧中心建成5个0.33公顷以上机插育秧中心以及集中育秧点131个,秧田97.3公顷,商品化集中育秧50%以上。河王和骡子山两个农机合作社实行水泥场地育秧,供栽大田55.3公顷,该项育秧技术被列为全市重点农业推广技术。全区育秧"四改"(营养土改基质、软盘改硬盘、手播改机播、地膜改无纺布)技术推广使用率55%。

【林　业】 2016年,六合区完成新增造林266.7公顷,主要分布在竹镇镇80.5公顷、横梁街道32.6公顷、马鞍街道52公顷、雄州街道24公顷,其他零散分布74.7公顷;建设村庄绿化5个,竹镇镇、龙池街道和灵岩山林场各1个、雄州街道2个,其中灵岩山林场为省级森林生态村,其余4个为省级示范村。完成上年度下达森林抚育面积238.4公顷,其中平山林场136.5公顷、竹镇林场101.9公顷,上级补助资金142.97万元。全区林木覆盖面积3.61万公顷,覆盖率25.64%。

【义务植树】 3月11日,六合区农业部门机关干部、职工在平山森林公园樱花园参加义务植树劳动,栽植樱花600株。3月12日,区绿委办组织12个街镇和区住建局、农业局等部门,在雄州街道紫晶广场举行"开展义务植树,建设美丽南京"全民义务植树运动35周年广场纪念活动,制作展板40多块,向市民展示"绿色南京"15年来全区城乡、学校、小区、道路、山林等绿化成果,宣传法律法规,普及养花知识,发放资料1000多份,赠送鲜花1000多盆。全区机关干部、市民、中小学生、企业员工3000多人次到平山森林公园、瓜埠地质公园等地参加义务植树劳动,植树万余株。

【畜牧水产业】 2016年,六合区生猪出栏8.17万头,同比减少7.2%;家禽年出栏676.83万羽,同比减少4.5%;奶牛存栏3900头,奶产量2.16万吨,同比增1.9%;禽蛋产量1.37万吨,同比增6.6%;全年水产品总产量4.65万吨,同比减1.69%,其中淡水捕捞产量1230吨,淡水养殖产量4.53万吨。肉类总产量1.41万吨,生猪大中型规模养殖比重76.6%。完成580平方千米禁止养殖区域20家养殖业关闭(搬迁)工作,经济补偿245.08万元。

【长江禁渔】 3月1日—6月30日是长江禁渔期。期间,六合区渔政执法人员做到宣传到位、巡查到位、查处到位。禁渔期内出江巡查22次,参加执法人员100余人次,船艇30余趟次,查获违法捕捞渔船2艘,罚款6000元,做到长江六合段禁渔期"江中无捕捞渔船,江边无捕捞网簖"。　(庞万兵)

·生态农业·

【农产品三品认证和标准化生产】 2016年，六合区累计三品总数196个，其中有机食品33个、绿色食品26个、无公害农产品137个。种植业“三品”面积5.84万公顷，“三品”产量60万吨，占食用农产品产量的比重45.7%。无公害水产品养殖面积7099.1公顷，占比63.2%。有省市名牌农产品9个，其中省级2个。农业标准化示范区8个，其中国家级2个、省级1个、市级5个。

【华平牌雨花茶四获“陆羽杯”特等奖】 2016年，南京平山茶叶有限公司华平牌雨花茶继2010年、2012年、2014年连续三次获省“陆羽杯”名特茶评比特等奖后，再获第十七届“陆羽杯”名特茶评比特等奖，是南京市唯一获该项殊荣的雨花茶生产单位。在年度市雨花茶评比中，该品牌得分第一，获金奖。华平牌雨花茶稳定占据在南京地区的市场份额，取得较好的产销业绩。9月，该公司全程清洁化(原料、产品不落地)的全自动生产流水线安装、调试成功，投资460余万元。

【农村清洁能源建设】 2016年，六合区完成2012—2014年农村能源项目验收工作，其中南京六邦农牧有限公司大型沼气工程项目总投资307万元，中央预算内农村600户户用沼气池项目总投资198万元，1个沼气物业服务网点，项目总投资10万元，2个省级Ⅱb型沼气工程项目总投资35万元，4个市级生态循环农业项目总投资62万元。年内，建成2015—2016年省级项目——南京润麒农业科技有限公司大型沼气项目，总投资237万元，9月投入试运行。

【秸秆综合利用】 2016年，六合区农业部门委托南京农业大学编制《六合区秸秆综合利用总体规划》，8月通过专家评审。全区建立收储体系，设村级收储点200多个，镇街有收储中心11个。全区年秸秆总产量47.93万吨，还田29.83万吨，加上肥料化、饲料化、能源化利用总量43.71万吨，其中18个企业收储利用量13.88万吨，秸秆综合利用率91.2%。勤丰公司与上市公司北京三聚环保新材料科技有限公司、南京农业大学三方合作，改进生产线，年收储利用秸秆3万吨，建成集生物质炭技术研发、培训、生产、销售一体化基地。金泰高能公司与伊利、卫岗等大型养殖场合作，年利用秸秆3万吨。瑞森燃料公司年利用秸秆2万吨。年内，浙江省农业厅、杭州市农业局、扬中市农委、中国农学会等单位到区观摩。区加快体系建设步伐，推进秸秆综合利用做法在全国(南方)秸秆综合利用现场会上作典型发言。

【测土配方施肥】 2016年，六合区农业部门采集各类土壤样品、填写采样地块基本情况表221份，走访调查农户施肥情况200户。分析土壤样品1105项次，分析土壤有机质、全氮、速效磷、速效钾、pH值等，化验数据应用于全区测土配方施肥查询系统。完成测土配方施肥技术推广应用面积8.47万公顷次，配方肥应用面积3.45万公顷次。

【基本农田耕地质量监测】 至2016年底，六合区累计建立70个(其中国家级1个、省级3个和市级66个)基本农田耕地质量长期定位监测点和10个补充耕地监测点。其中粮油监测点61个，蔬菜监测点9个，经济林果监测点10个。新设80个区级动态监测点，通过对监测点的土壤测度、部分植株分析、田间作业记载等方法，对农区主要耕地土壤的理化性状和生产潜力进行动态监测，了解和掌握耕地土壤基础地力动态变化规律和施肥，以及农业生产中肥料投放结构和农田养分平衡，提出耕地土壤改良与质量建设的科学施肥建议，为生产决策提供依据。

【农产品产地重金属污染监测】 2016年，六合区农业部门采集并检测产地土壤样品11个、农产品样品78个，无重金属超标。其中，对马鞍街道和程桥街道高标准粮田“米袋子”基地开展重要农产品产地土壤重金属污染预警监测，采集、检测农产品样54个；在金牛湖街道和仁村开展农产品产地土壤重金属污染加密监测，采集并检测土样11个、农产品样24个。

【生物农业】 2016年，六合区重点发展生物种业、生物食品产业，新增规模以上生物农业企业2家，分别是绿宙薄壳山核桃有限公司、南京三美农业科技有限公司，登记在册的生物农业企业40家，全年实现销售收入46.9亿元。竹镇生物农业园9个生物农业企业，全年主营业务收入6亿元；园区投入2800万元建成3000平方米生物农业公共服务平台(省级园区现代农业智能控制服务中心)。

(庞万兵)

·农业免疫·

【重大动物疫病防控】 2016年，六合区农业部门建立区、街镇、村、规模养殖场四级管理网络，层层签订责任状，落实规模场防疫主体责任及行政、业务双监管责任。抓好常年免疫工作，实行月月巡访、月月补针制度，狠抓春、秋季集中免疫及夏季集中免疫补计行动，7—8月开展全区范围的夏季集中补免和消毒灭源工作，对各类动物养殖场所消毒175万平方米。年使用猪口蹄疫疫苗18.8万毫升、猪瘟疫苗18.16万头份、猪蓝耳病疫苗14.98万毫升、牛羊口蹄疫疫苗5.67万毫升、牛三价型口蹄疫疫苗1.84万毫升、禽流感H5N1三价疫苗155.98万毫升、禽流感H5N1二价疫苗93.06万毫升。实施猪口蹄疫免疫18.8万头，牛口蹄疫免疫3400头，羊口蹄疫免疫5万头，奶牛三价型口蹄疫免疫9200头，实施猪瘟免疫18.16万头，高致病性猪蓝耳病免疫14.98万头；实施禽流感H5N1亚型重组苗免疫鸡454.42万羽、鸭116.7万羽、鹅69.37万羽；实施鸡新城疫免疫445.24万羽，应免密度100%。

【禽流感防控】 2016年，六合区农业部门制定《家禽禽流感防控技术要领》《禽流感消毒技术方案》和《家禽封闭饲养管理明白纸》，及时送达每个规模养禽场，制定《活禽交易市场消毒指南》及《家禽从业人员防护及消毒指南》并张贴到39家活禽交易市场，指导家禽禽流感防控工作开展；实行全天候应急值守，执行领导带班制度，及时处置群众反映的情况；制订养殖环节H7N9流感剔除计划，组织开展禽流感H7N9普查监测工作，对全区规模养禽场(户)进行全面监测，全年监测样品3358份。

【动物疫病抗体检测】 2016年，六合区建立生物安全一级实验室，加强街镇兽医实验室建设，通过强化培训，在全市具备动物疫病街镇检测能力，街镇兽医实验室全面开展禽流感H5N1免疫抗体检测和H7N9普查监测。全年开展日常监测，春防、夏防、秋防期间集中监测，年开展牲畜口蹄疫O型免疫抗体监测1794份，牛、羊口蹄疫亚I型免疫抗体675份，奶牛口蹄疫A型抗体235份。猪瘟免疫抗体监测1119份，猪高致病性蓝耳病抗体监测1119份，禽流感H5N1-Re-6株免疫抗体2675份，禽流感H5N1-Re-7株免疫抗体1760份，禽流感H5N1-Re-8株免疫抗体2675份，新城疫免疫抗体监测1760份，小反刍兽疫免疫抗体440份。

【植物检疫】 2016年，六合区农业部门严格种子产地检疫，实行产地检疫申报制度，对区种子公司和绿领蔬菜种苗公司在雄州、龙袍等街道的良种繁育基地进行产地检验，生长期踏查面积216.7公顷。全年签发产地检疫合格证38份，签发中江种业等主要农作物种子调运检疫证书140份。针对上年首次发现水稻细菌性条斑病的地块，通过籼改粳、销毁秸秆、药剂浸种等措施防治细菌性条斑病，原发病区域未发生水稻细条病。

【农作物植保和统防统治】 2016年，六合区高效低毒低残留农药使用2.12公顷次，占比85.1%。全区围绕“防虫减灾保丰收，绿色植保保安全”，开展病虫草害和外来有害物种预测、预报、防治。落实中央小麦“一喷三防”项目，完成小麦穗期以赤霉病为主的病虫防治3.87万公顷次，挽回损失8800吨。水稻病虫害防治19.53万公顷次，挽回损失3.06万吨。全年粮油、蔬菜病虫危害损失率控制在规定范围内，挽回损失5.23万吨。全区有各种农作物病虫害防治服务组织65个，其中登记注册17个。全区保有机动弥雾机2527台，担架式弥雾机570台，自走式喷雾器13台，小型植保飞机5台。年病虫害统防统治18.07万公顷次，统防统治覆盖率64.21%。其中南京六合艾津植保合作社在全区7个街镇推行水稻全程承包统防统治面积1391.67公顷，小麦753.3公顷。专业化统防统治技术到位率由农户自防的60%左右提高到90%以上，总体防治效果90%以上，有效促进农药减量使用，改善农业生态环境。

【松材线虫病防治】 2016年，全区松林面积3073.1公顷，受害面积359.2公顷，清理病死树5227株，病材蓄积395立方米。4月5日，区森林病虫防治专业队完成病死木和衰弱木的采伐、调运工作。4月25日，六合瓜埠加和包装箱厂(疫木定点加工企业)处理结束。区森林植物检疫站加强执法力度，落实巡查制度，对采伐单位及周边木材收购加工企业开展日常监管和执法检查。

【美国白蛾防控】 2016年，六合区农业部门通过多种形式宣传美国白蛾防治技术及法规，下发防控宣传册1000份。4月，六合区农业部门举办美国白蛾防控技术培训班，68人参训。上年9月，区首次发现美国白蛾危害。强化检疫监管，完善复检制度，办理调运检疫1000多件，复检苗木100多件。加大监测密度，布置性诱捕器60只、病虫测报灯3只，发布信息8期。持续加强平山、灵岩山林场森林资源保护和区森林病虫防治专业队建设，重点防控绿色通道树木虫害。累计防治4200公顷次，做到“重防一代，查防二代，监控三代”，突出群防群治，发放灭幼脲等药品4430千克，投入喷、烟雾机100台，实现有虫不成灾的控制目标。

【加拿大一枝黄花防治】 2016年，六合区农业部门加强对加拿大一枝黄花防控、督查力度，通过春季化学除草、秋季人工连根铲除，遏制加拿大一枝黄花蔓延。全区发生面积682公顷，折实面积477公顷，防除面积459公顷，防控面积占总面积96.2%。 （庞万兵）

·农业产业化·

【农业龙头企业】 至2016年底，六合区有76家农业龙头企业，其中省级5家，市级22家，区级49家。全年实现销售收入185亿元，同比增长8.7%。六合区农业部门先后组织40家企业参加省第十八届农洽会、第十四届名特优农产品交易会、第十四届中国国际农产品交易会、南京农业嘉年华等活动。做好农业企业融资服务，宣传“金陵惠农贷”政策。召开银企对接会，组织紫金农商行、农业银行等多家银行与20多家有融资需求的农业龙头企业和30多家家庭农场参会。远望富硒公司申报省现代农业（渔业）产业发展基金1000万元。

【家庭农场】 2016年，六合区新登记家庭农场280家，总量821家，家庭农场经营土地面积增6600公顷，累计1.58万公顷，连同大户经营，占农村家庭承包经营总面积71.5%。区优先培育由当地农户成立、流转规模区20公顷的家庭农场，现有示范家庭农场31家，其中省级9家、市级22家。围绕重点产业和区域，开展农场集聚区建设，按照统一规划布局，统一配套基础设施、统一生产标准、统一开展服务，引导同产业家庭农场集群发展。雄州街道钱仓村集中发展20多家粮食生产家庭农场，实现抱团发展、集聚创业。马鞍街道河王湖村，竹镇镇河桥村、八里村建立家庭农场联盟，为家庭农场统一购置种子、农药、肥料等生产资料，提供农田植保、农机耕作、粮食烘干、大米加工等服务。

【农民专业合作社】 2016年底，六合区累计组建农民专业合作社797家，较上年新增79家，入社成员10.04万户；组建合作联社9家，较上年增加2家，联社内合作社成员65家，社员5456户。大圣水芹专业合作社营销体系建设项目获农业部立项扶持，扶持资金20万元；获省级新型农业经营主体培育项目4个，扶持资金80万元；推选农民专业合作社168家进入江苏省优先扶持名录。 （庞万兵）

·休闲农业·

【概　况】 2016年，六合区拥有省市级森林公园7个，AAA级旅游景区3个，AA级旅游景区3个。以“茉莉花园”为主的农家乐专业村9个，各具特色的生态农园15个，休闲农庄50个，农家乐经营户190家。休闲农业从业人员2万人。星级景点35个，其中四星级景点3个，三星级景点4个。竹镇镇大泉村分别被农业部和江苏省农委评为“中国最美休闲乡村”“美丽乡村”创建试点村和“江苏省最具魅力休闲乡村”；龙袍街道长江村被评为“江苏省农家乐专业村”“江苏省最具魅力休闲乡村”、南京市十大最具潜力休闲农业景点；由社会组织主导、政府支持的竹镇乡村旅游节，巴布洛相亲节，桃花岛鲜桃、绿航猕猴桃和金牛湖葡萄采摘节，长江村麦田文化节，马鞍（鑫森）农耕文化节，雄州葵花节等节庆活动精彩纷呈。

区年经营额超过500万元农业观光企业42个，年收入在20万元以上的农家乐经营户126户，休闲农业成为农民增收的重要渠道。全年接待游客416万人次，实现旅游收入15.6亿元。

【平山森林公园旅游】 2016年，平山森林公园完成入口服务区大门出新、双叠湖环境提升、广场亮化、设立观光车泊车候车点等项目，举办“3·12”植树节、九九重阳登高节。平山森林公园被评为“南京最美乡村——最佳休闲地”。参展“江苏省农业国际合作洽谈会”“吉林长白山2016中国森林旅游节”“‘樱桃鸭杯’首届中国南京优质农产品博览会”“第十四届中国国际农产品交易会”，提高景区的知名度和市场影响力。全年公园游客30万人次，接待会务50余场次。

（庞万兵）

·农业机械化·

【概　况】 2016年，六合区新增农机具4579台，农机总动力58.3万千瓦，比上年增长1.2万千瓦，增长率2.1%。新注册成立农机合作社10家，累计总量93家，其中河王农机合作社被农业部评为全国农机合作社示范社，全区农业机械现代化实现率84%。

【省市农机“安全生产月”启动仪式在六举行】 5月27日，江苏省农机局、南京市农委和六合区政府在金牛湖街道共同举办“2016年省暨南京市农机‘安全生产月’启动仪式”。江苏省农机管理局局长沈建辉、南京市农业委员会主任方中友、副区长李长征作动员讲话。金牛湖街道青龙桥农机合作社社长王云代表农机手宣读农机安全生产承诺书，省市区领导向农机手、在场群众赠送《农机安全驾驶操作读本》《农机安全生产知识挂图》等图书资料3000多份，参加活动人员在“遵章守法保平安，共创和谐奔小康”的承诺条幅上签名。活动中，40余名农机监理人员和技术专家向群众宣传安全生产法律法规、讲解农机安全操作技术和维护保养知识、指导识别农机安全隐患。活动组织观看农机事故警示教育片，办理惠农业务50余人，接待群众咨询100多人次。

【中央及省财政农机购置补贴】 2016年，六合区农机总站利用中央财政农机购置补贴875.38万元，引导全区145个农民和服务组织投资2100万元，购置530台财政补贴农业机械，其中大中型拖拉机144台、联合收割机48台、粮食烘干机47台。

【水稻机械化插秧】 2016年，六合区农机总站新推广88台水稻插秧机、7台育秧播种机，全区插秧机总量984台，实现水稻机械化插秧1.61万公顷。马鞍街道河王农机合作社投资23万元，新引进钵苗乘坐式高速插秧机、秧苗清洗机和播种流水线各1台，开展先进的水稻钵苗育插秧技术应用，推广应用面积17.3公顷。

【秸秆机械化还田】 2016年，六合区农机总站组织89个农机合作社和农村经济合作组织、874名农机户，在11个涉农街镇落实1820台套大中型拖拉机及配套还田机、1020台带切碎装置的联合收割机，实现水稻、小麦及玉米秸秆机械化还田3.89万公顷，还田秸秆量29.83万吨，秸秆还田率65%。

【粮食烘干中心运营】 2016年，六合区对粮食烘干中心进行合理布局，新建粮食烘干中心9家，总计26家；粮食烘干机总量107台套，粮食日烘干量2000吨。夏季连续阴雨期间，全区26家粮食烘干中心完成小麦烘干3.7万吨。

【农机操作手技术培训】 2016年，六合区农机总站举办职业农民、机插秧、秸秆还田等技术培训班41期，培训农机手2320人次。完成插秧操作工、农机修理工等农机职业技能工种鉴定305人，其中技师2人，高级工13人，中级工190人，初级工110人。

【农机安全专项整治】 2016年，六合区农机监理所联合六合公安分局驻农机交通警务室，深入街镇、村组、农机合作社、田间场院，重点做好跨区作业联合收割机安全检查，检查各类农机460余台，查处各类违法行为215起。与区公安、安监等部门联合开展20次专项执法检查，打击“黑机非驾”和违法载人行为，查扣处理“黑机非驾”65起，查处违法载人拖拉机16台，拆除违法载人车棚3个。区镇农机管理人员对全区采石场、砂矿、窑场等内部作业的农机进行登记造册，跟踪管理，严格落实企业业主农机安全负责制，确保农机安全生产工作落到实处。年检验拖拉机1700台，检验联合收割机128台，实地检验纯农作业拖拉机5960台，农机政策性保险投保率100%。

(庞万兵)

·农业资源开发·

【概　况】 2016年，六合区完成上年度批复的四大类20个农开项目，分别是国家农业综合开发土地治理项目3个，省级丘陵山区农业综合开发“先建后补”项目4个，市级特色基地项目3个，市级高标准农田项目10个。当年高标准农田新增2517公顷，累计面积3.92万公顷，占比62.66%。

【国家农业综合开发土地治理项目】 2016年，六合区完成上年国家级项目3个，面积1333.3公顷，总投资2723.77万元，其中财政投资2600万元、街道自筹资金123.77万元。项目分别位于程桥街道金庄社区、古墩村及冶山街道东王社区。3个项目年内通过省市验收。

【省丘陵山区农业综合开发项目】2016年，六合区实施项目4个：六合区润麒生态农业园项目、六合区冶山果品基地项目、六合区秦邦吉品有机养殖配套种植基地项目、六合区绿航经济林果建设项目。总面积241.3公顷，总投资1114万元，其中财政投资596万元，企业自筹518万元。年内通过省市验收。

【市级特色基地项目】2016年，六合区实施项目3个：即六合区马鞍街道平山林场苗圃片区茶叶基地项目、六合区雄州街道晟拓市级特色苗木基地建设项目、六合区马鞍街道汇金茶叶基地项目。总面积62.9公顷，总投资219.08万元，其中财政投资199万元，自筹20.08万元，年内完成区级核查。

【市级高标准农田项目】2016年，六合区实施2015年度项目10个，分别是马鞍街道泥桥片二期高标准农田建设项目、冶山街道南杨高标准农田建设项目、程桥街道唐楼社区付湾片高标准农田建设项目、龙袍街道新桥片高标准农田建设项目、程桥街道唐楼社区明韩片高标准农田建设项目、金牛湖街道马头山片高标准农田项目、雄州街道钱仓村高标准农田建设项目、龙袍街道平原社区熊柳片高标准农田建设项目、程桥街道唐楼社区徐岗片高标准农田建设项目、龙袍街道长江片高标准农田建设项目。建设规模2366.7公顷，总投资5124.64万元，其中市级财政4917.39万元，区财政和项目单位配套207.25万元，年内完成区级核查。

（陆从萍）

新农村建设

【美丽乡村建设】2016年，六合区委农村工作部门召开全区美丽乡村建设现场推进会，出台《“十三五”时期美丽乡村建设行动计划》《整合资源加快推进美丽乡村建设工作方案》《美丽乡村建设专项奖补资金管理办法》文件，为未来五年美丽乡村建设制订时间表和路线图：到2020年，创建示范村60个、特色村35个、宜居村100个，建成美丽乡村示范片区1000平方千米，打造横梁街道三友湖村、龙袍街道长江社区、程桥街道金庄社区等15个样板村（社区）和金牛湖、竹镇2个美丽新市镇。成功创建1个省级示范村、7个市级示范村、9个市级特色村、18个市级宜居村，美化提升风貌展示带90千米，建成示范片区80平方千米。在“魅力南京最美乡村”全媒体推介活动中，金磁家园、大泉人家获评“十大最美乡村”，茶香平山获评“十大特色乡村”。南京电视台《民声》栏目专题对六合美丽乡村进行宣传推介。

【美丽乡村规划设计】2016年，六合规划部门启动新一轮六合区美丽乡村示范片区规划编制工作，加快推进美丽乡村建设在全区范围内的全覆盖；出具横梁街道钟林社区等48个村（社区）的村庄建设规划编制要点，推进马鞍街道黄岗社区等一批村庄建设规划的编制工作。

【水库移民项目建设】2016年，六合区水务部门通过对水库移民村污水处理设施、社区休闲广场、村庄道路、绿化建设等基础设施改造，提升移民村生活和生产环境。9月，区代表江苏省接受水利部移民局水库移民后期扶持政策实施情况稽查，受到领导和专家好评。

【乡村综合整治】2016年，六合区围绕打造金牛湖街道、竹镇镇两个市级重点特色镇，先后督促并指导金牛湖街道支二十七路、

9月29日，水利部移民局相关人员到六合稽查水库移民后期扶持政策实施情况
区水务局　供稿

支十八路、竹镇镇耿跳河和皂河两侧道路综合整治工程、西洋广场绿化景观和仕林北路改造5个特色镇项目建设;实施完成程桥、横梁、冶山等5个街镇的集镇环境整治项目;2015年“省级美丽乡村示范村”金牛湖街道茉莉花村大后王通过验收;2016年“省级美丽乡村示范村”龙袍街道长江社区一组创建完成,等待市级验收。

【农村土地确权登记颁证】 2016年,六合区农村土地承包经营权确权登记颁证工作涉及11个涉农街镇、90个村居、3362个自然组、12.01万农户、3.83万公顷二轮承包耕地(实测面积5.23万公顷)。确权村居承包合同签订率100%,农户签字率97.9%。村居建立登记簿率100%,农户建簿率98.71%。村居颁发土地承包经营权证率100%,到户颁证率96.86%。90个村居开展档案归档工作,农户归档率97.32%。全区62个村居土地确权登记颁证村级成果通过区级验收。在全市排名位居第一,区获南京市“农村土地确权登记颁证工作先进集体”称号。

【农村产权流转交易市场建设】 2016年,六合区委农村工作部门争取省市财政补助资金60万元,扶持冶山、程桥街道完成农村产权流转交易中心规范化建设,为11个街镇农村产权流转交易中心购置硬件配套设备48台,实行农村基层产权流转交易平台及科学流程、规范机制、网络监管“1+3”运作监管模式,实现省、市、区、街镇四级联网。成功交易261笔,交易额9567.35万元,交易品种6种,位居全市第二,获江苏省农村产权流转交易市场建设先进单位称号。9月28日,区编委会批复同意:在区农业区划研究中心挂区农村产权流转交易所牌子,街镇农村产权流转交易中心定为事业单位。

(徐文梅 冯国荣)

水利

【概 况】 2016年,六合区实现水利建设投资3.8亿元,完成水利土方304万立方米。全年投入农田水利建设2亿元,通过中央财政小型农田水利重点县、农田水利重点片区、山湖灌区改造、小流域综合治理、重点泵站、重点塘坝、村级泵站、小型翻水线等农田水利工程建设,累计实施泵站改造116座、沟渠整治63.2千米,建设配套建筑物422座,恢复和改善有效灌溉面积1.34万公顷,改善排涝面积360公顷,治理水土流失面积5.4平方千米。通过加强农田水利工程建管工作,重点县2016年度项目在江苏省财政厅、水利厅绩效考评中获优秀等级和奖励资金;2016年度项目代表南京市作为江苏省水利厅服务“双百工程”行动联系点。

【新禹河河闸改造】 5月,新禹河河闸改造项目在主汛期前完成水下工程,新禹河闸列入南京市重点中型水闸改造工程,设计行洪流量由175立方米/秒提高到403立方米/秒,并新建提水泵站10立方米/秒。工程于上年10月开工,在仅次于1991年的滁河高水位流域性洪水中,有效挡住下游江潮,消除长江洪水倒灌,利用潮位变化分泄上游洪水,开闭闸门50多次,分泄上游洪水0.65亿立方米。新禹河闸除险加固工程多次接受江苏省水利厅专项稽查,得到较好评价,与八百河铁路圩段堤防加固工程共同代表南京市接受江苏省水利厅水利质量工作考核,考核等次为A级。在全市水利质量工作考核中得分排名第一。

【八百河铁路圩段堤防加固】 2016年,六合区水务部门加固堤防6.17千米(其中金牛湖段3千米,雄州段3.17千米),迎水坡坡面高程6.5—8.5米间新建砼护

新禹河枢纽　　区水务局 供稿

坡，堤后10米管理范围内填塘固基；拆建、新建高西涵等涵洞7座；新建堤顶沥青防汛道路6.17千米。工程于1月开工，汛前完成涵洞改建、堤身加固等主体工程，顺利通过高水位考验。12月，该项目通过完工验收，交付管理单位运行管理。

【区水务局成立】 11月，《南京市六合区水务局（中共南京市六合区委水务局工作委员会）主要职责、内设机构和人员编制规定》经区委、区政府批准（六政办〔2016〕103号），区完成水务一体化改革，成立区水务局，整合原区水利局职能，划入原区住房和城乡建设局承担的城乡供水、生活污水处理行业监管，城市水环境项目的建设管理职能；指导村镇供水、排水、污水处理；市政排水设施管理维护，占用、挖掘城市河道审批，城市排水许可，河道引水系统的调度和管理，城区防汛指挥调度和应急处理等职责。新增水环境建设科、供水排水管理科两个科室。

【镇街水利站建设】 11月，《关于加强镇街水利站建设的实施意见》经六合区政府批复（六政办〔2016〕100号），明确全区11个涉农街镇各成立1个水利管理服务中心，总编制数79名。镇街水务站为公益一类事业单位，实行区水务局与镇街双重管理。水务站负责人由区水务局、街镇联合进行考核、任用和管理。新进人员招录由区水务局会同镇街、区编办、区人社局制订进人计划，公开招录。

【防汛防旱】 2016年，六合区水务部门实施涵洞拆建、水库防渗处理、堤防加固等18处省市区级防汛消险工程，在主汛期前及时消除工程隐患，全部按期完成，通过汛期大水考验。汛期，区发生流域性大洪水，在上游洪水压境、下游长江高潮顶托和区间降雨汇流等不利因素叠加影响下，江河湖库水位全面超警戒。7月5日，滁河六合段峰值水位9.97米，为有水文记录以来的历史第二高点，相比较1991年历史极值仅差0.5米。红山窑水利枢纽闸上闸下水位分别达9.49米和9.46米，为有水文记录以来历史新高。区3支专业抢险队及4支社会化抢险队伍430人随时备战。防汛最关键时，各街镇91支3767名抢险队员在抢险一线，江河湖库上有4657名巡堤查险人员，224顶防汛帐篷日夜驻扎在险情易发处，使险情在第一时间得到有效控制。通过采取提前预降滁河水位、腾空中型水库库容、错峰行洪等措施，发挥红山窑、新禹河水利枢纽的泄洪功能，有效缓解滁河沿线的防汛压力，滁河水位未突破1991年10.47米的极值，防洪形势处于可控状态，实现市委、市政府“三不一保”目标。区水务局等3个单位被市委、市政府评记集体三等功，各条战线11名个人记三等功。

主汛期过后，连续两个月区降雨严重偏少，受连续晴热高温天气影响，滁河及中小型水库水位持续下降，部分小型水库干枯或接近干枯，部分地区旱情日趋严峻。全区加强中小型水库及塘坝用水管理，严格按照“保上不保下，先高涵后低涵”等原则实施水源调控。及时启动引江补滁工作，区防指在滁河水位下降至6.6米左右时，于8月31日15时指令开启红山窑泵站设备，提引江水补滁，保证全区抗旱水源的供给。各街镇投入572台套固定泵站设备、临时架机865台套，总装机容量2.31万千瓦时，用电1159.4万千瓦时，总投入抗旱经费2239万元。

【河湖长效管理】 2016年，六合区政府印发《南京市六合区河湖和水利工程管理范围划定实施方案》（六政发〔2016〕27号文），红山窑闸站确权划界工作列入市级试点，完成地形图测绘、埋桩图设计、埋设管理范围桩等。完成河王坝水库省一级，山湖、大河桥省三级水管单位复核验收，完成南王、山曹、毛营、四五、解放水库江苏省小型水库规范化管理单位复核及北龙潭、朝阳水库江苏省小型水库规范化管理单位创建。

【水务依法行政】 2016年，六合区水务部门按期办理仪长原油复线涉河工程等许可事项6件，处理油、气、杆线等涉河水事违法行为20多起，现场制止纠正水事违法行为4起，发出“责令停止水行政违法行为通知书”16份、“限期整改通知书”3份、拆除违章搭建200多平方米，执法清障及巡查人员700多人次，投入机械车辆20多台班，清除违章种植9600公顷，清运垃圾260余吨，清除施工围堰土方1500余立方米。 （陈名生）

工业·建筑业

工业综述

【概　况】 2016年，六合区实现工业总产值1516.5亿元，484家规模以上工业企业实现总产值1485.59亿元。其中：352家民营企业总产值675.09亿元，占全部规模以上工业产值的比重为45.4%。年底，全区有10亿元以上工业企业18家，实现产值528.01亿元，占全部规模以上工业产值的比重为35.5%。规模以上工业实现高新技术产值668.66亿元，高新技术产业产值占比45%；规模以上工业企业新产业实现产值165.82亿元。

规模以上工业产值销售率为97.3%。规模以上工业企业实现增加值328.9亿元，比上年增长9.5%（可比价）；实现主营业务收入1447.55亿元，实现利税169.32亿元，其中利润113.04亿元。实现利润亿元以上企业有16家，实现利润67.76亿元；66家亏损企业发生亏损22.22亿元。

规模以上工业主营业务收入50亿元以上的6大支柱行业实现主营业务收入1110.82亿元，占总量的76.7%，其中：化学原料与化学制品制造业实现主营业务收入672.96亿元，机械设备制造业实现主营业务收入110.67亿元，纺织服装鞋帽制造业实现主营业务收入106.46亿元，电力热力生产和供应业实现主营业务收入87.71亿元，电气电子仪器业实现主营业务收入74.92亿元，文教体育和娱乐用品制造业实现主营业务收入58.1亿元。

规模以上工业（含市直属企业）能源消耗2361.72万吨标准煤，比上年增长8.4%；全年主要消耗原煤1428.34万吨、原油1204.47万吨、石脑油259.95万吨、热力51.81兆千焦、天然气12.66亿立方米、电力149.45亿度。

工业企业主要产品产量：小麦粉10.1万吨、大米3.89万吨、服装8647.54万件、农用肥料11.57万吨、合成氨29.88万吨、化学纤维17.69万吨、水泥33.34万吨、钢材2.03万吨、电动工具42.88万台、金属切削机床3719台、泵6.74万台、电动机27.48万千瓦、钢绞线3695吨。　　（区统计局）

【企业创新和新兴产业发展】 2016年，六合区新材料、节能环保、生物医药、智能装备制造四大战略性新兴产业投资累计完成140亿元，占总投资的67.4%；四大战略性新兴产业主营业务收入占全区比重37.2%，比上年同期提高0.5个百分点；全区规模以上工企业研发经费支出22亿元。蓝深集团股份有限公司等企业114个项目列入市企业研究开发项目计划，南京双京电器集团有限公司等6家企业列入省重点技术创新导向计划，南京科盛环保科技有限公司等2家企业4个产品通过省级新产品新技术鉴定，南京贝特空调设备有限公司等7家企业被评为省科技型中小企业，扬巴公司等3家企业被评为江苏省优秀企业，江苏中铁奥莱特新材料有限公司等4家企业被评为市级企业技术中心，南京大量数控科技有限公司等24家企业被评为南京市“专精特新”中小企业。

【节能降耗】 2016年，六合区规模以上工企业煤炭消费总量1647.8万吨，工业企业能耗控制年度目标完成率100%。严把项目准入，全年对30个工业技改项目进行节能审查，确保六合行政区严禁新上燃煤及高耗能、高污染项目。加快淘汰落后产能，淘汰南京迪威尔高端制造股份有限公司4台煤气发生炉、南京六合煤矿机械有限责任公司燃煤反射炉(窑炉)。加强重点用能企业监管，组织企业参加全市能源管理岗位培训及配电变压器能效提升计划，推动重点用能企业开展节能技术改造，全年实施节能与循环经济项目20个。降低企业用电成本，从1月1日起一般工商业及其他用电类别销售电价每千瓦时下调3.1分，组织兰精(南京)纤维有限公司等19家企业成功申报电力直接交易试点，年节约用电成本5540万元。

【两化融合】 2016年，六合区工业化和信息化融合持续推进，年完成软件和信息服务业收入17亿元，同比增长13.3%，涉软从业人员2800人，同比增长12%，新增软件企业10家。企业生产自动化和智能化进程加速，海纳制药注射剂智能生产车间入选2016年第一批江苏省示范智能车间名单，六合煤机厂智能泵站远程服务平台进入测试阶段，双京电器煤矿用智能3G无线通信排水开关系统投入使用。南京东南装备股份有限公司等4家企业项目被列入市级两化融合重点项目计划，南京六合煤矿机械有限责任公司被评为省级两化融合贯标试点企业，江苏艾津农化有限责任公司被评为2016年江苏省互联网与工业融合创新示范工程试点企业。

【工业投资】 2016年，六合区计划实施工业重点项目84个，总投资286.1亿元，其中36个列入南京市“双百工程”重点项目计划。年实施工业重点项目61个，项目总投资183.7亿元，重点项目主要有中智电气南京有限公司年产5万套伺服驱动系统生产线项目、江苏健康新能源投资有限公司新能源整车研发制造项目、南京联河讯光电科技有限责任公司年产2000万台手机、平板等智能电子产品项目；竣工投产项目36个，总投资82.5亿元，重点项目主要有南京国轩电池有限公司年产6亿安时动力电池生产一期项目、南京金陵亨斯迈新材料有限责任公司环氧丙烷项目、南京普莱克斯南炼工业气体有限公司金陵亨斯迈配套空分项目。

【中小企业服务】 2016年，六合区工信部门对企服务继续深化。年为31家企业办理技改项目备案手续，兑现7家上市企业奖励政策，发放小微企业信息化服务券110张。组织企业申报省市区扶持资金项目，帮助企业争取省市扶持资金2327.5万元。组织30家企业参加六合区中小企业融洽会，宣传“苏微贷”等银行贷款产品，指导20家企业加入小微企业应急互助基金库，其中虎霸成功申请400万元应急互助基金。组织开展“六合企业家大讲堂”、创客训练营等专题培训及“中国（昆山）品牌产品进口交易会”“江苏产品万里行展销会”“环保产业协作配套对接会”等推介展销活动21场，500人次参训。

【“十三五”工业规划】 2016年，六合区工信部门完成《六合区“十三五”工业和信息化发展规划》及《六合经济开发区(含雄州工业集中区）产业发展规划》《六合区龙袍通航产业园产业发展规划》《六合区数控机床与工业机器人产业发展规划》《六合区新能源汽车与汽车零部件产业发展规划》《六合区水处理产业发展规划》《六合区生物医药与医疗器械产业发展规划》6个专项规划的编制，完成《六合区“十三五”节能规划》编制。

（姚佩雯）

石化工业

·扬子石化·

【概　况】 中国石化扬子石油化工有限公司（简称扬子石化有限公司）和中国石化集团资产经营管理有限公司扬子石化分公司(简称扬子资产分公司)统称扬子石化，占地面积12.4平方千米。2016年，全额收购江苏金浦集团持有的扬子金浦橡胶有限公司股份。截至年底，扬子石化职工总数为1.01万人，其中在岗经营管理/专业技术人员2793人，具有高级及以上职称的620人，中级职称的1243人；下设22个职能部门、7个业务中心、10个生产单位；运营4个全资子公司、6个合资公司；总资产327.4亿元。扬子石化有限公司本部拥有1250万吨/年炼油、80万吨/年乙烯、140万吨/年芳烃等58套大型石油化工装置，可生产合成树脂、合成纤维原料、基本有机化工原料、成品油、合成橡胶五大类50多种产品，是国内主要的纯苯、对二甲苯、邻二甲苯、精对苯二甲酸(PTA)、乙二醇、丁二烯和环氧乙烷生产商；扬子资产分公司拥有与石油化工生产相配套的36万千瓦发电能力、66万吨/日供水及3400立方米/小时二级污水

2月23日,王玉普、李春光、戴厚良到扬子石化检查指导工作　扬子石化　供稿

生化处理能力;清江石化拥有100万吨/年特油预处理、62万吨/年催化裂化等14套石油化工装置;泰州石化拥有60万吨/年常减压、14万吨/年酮苯等6套石油化工装置;扬金橡胶拥有10万吨/年丁苯橡胶和10万吨/年顺丁橡胶生产能力。

【重奖果断处置安全隐患班组和个人】 1月27日,扬子公司安保部开出2016年首期安全大奖,炼油厂柴油加氢装置副班长邹国东、芳烃厂重整联合装置班长杨慧因准确处置硫化氢和氢气泄漏事故险情,获5000元奖励;2月3日,公司董事长王净依、总经理张建平等主要领导为热电厂锅炉装置运行甲班和芳烃厂加氢裂化联合装置化工丁班颁发1万元重奖,以表彰他们处险不乱、处置得当、认真主动的敬业精神。烯烃厂乙烯车间唐卫东等3名个人获奖5000元。

【新建180万吨/年汽油调和出厂设施投产】 8月18日,扬子石化新建180万吨/年汽油调和出厂设施改造项目产出合格国Ⅴ92号汽油(调和能力为300万吨/年)。该项目总投资2994万元,由南京扬子石油化工设计工程有限责任公司设计,中国石化南京工程有限公司承担施工,2月18日开工,7月30日中交,工期历时5个多月,该系统投用后,预计每年可增产汽油20万吨,成为公司新效益增长点。

【收购10万吨/年扬金橡胶公司投产】 8月31日,经中国石化集团公司批复同意,扬子石化全额收购江苏金浦集团持有的扬子金浦橡胶有限公司股份,拓展企业产业链,金浦公司是扬子石化继清江石化、泰州石化之后,拥有的第三家具有自主管理权限的全资子公司。9月22日,扬子石化10万吨/年丁苯橡胶生产装置投产,产出合格产品,停产多日的扬子橡胶公司全面恢复生产运营,并成为中国石化在长三角地区唯一的合成橡胶装置。

【120亿元项目落户化工园】 9月20日,化工园区举行50个重大项目"集中签约、集中开工、集中竣工"仪式,扬子石化轻烃综合利用改造及油品升级改造两个项目签约,新型共聚物项目开工,3个项目总投资超过120亿元。其中,170万吨/年轻烃综合利用项目和油品升级项目,总投资105亿元,占地48公顷。轻烃综合利用项目将采用中石化先进成熟可靠的自主技术,建成后将推动周边区域乙烯、丙烯产业链的发展;油品升级项目建成后,扬子石化生产的汽柴油均可达到国六标准。

【利润效益倍增】 2016年,扬子石化实现利润55.38亿元,利税总额188.47亿元。其中,利润较上年增加47.75亿元,增长7倍多;利税较上年增加65.42亿元。有限公司经济效益居中国石化炼化企业第4名;分公司在资产公司所属企业中效益排名上升至第二位,跻身中国石化集团公司炼化企业和江苏省工业企业第一方阵,完成国有资产保值增值的政治、经济和社会责任目标。

【HSE管理】 2016年,扬子石化在4个部门(单位)增设安全管理机构和岗位,在公司HSE委员会基础上成立专业安全委员会,落实"管业务必须管安全"的要求;修订《作业许可管理规定》等安全管理制度;开展在役装置安全风险识别评估工作,完成20套生产装置、15个公用工程系统和446台储罐的HAZOP分析,以及5套生产装置的SIL评估,开展储罐区、平台扶梯、用氮系统等专项排查,全年整改各类安全隐患和问题5706项,督查8365人次,对查出的1332项违章问题及时督促整改和原因分析;新增移动视频终端120多台;

修订承包商管理制度，推行承包商安全管理积分考核和“黑名单”制度，全年约谈承包商72家，扣分1902分、处罚31.5万元。开展环境信用体系建设，建成并投用7个环保治理项目；组织开展VOC排放核查，推进能效倍增计划实施，建成并投用蒸汽发电等10个节能项目，全年实现节能量3.3万吨标煤、节水33万吨。依靠职工群众加强HSE工作，持续开展“全员安全诊断”，采纳各类HSE管理改进建议5.56万余项，发放奖金（奖品）200多万元。加强HSE法律法规和管理制度宣贯，组织各类安全培训班85期，促进内外部员工安全意识和技能的提高。

【生产运行管理改进】 2016年，扬子石化组织开展技术攻关100次，研究制订技术难题解决方案30余个；开展码头尾气治理等12个项目的工艺技术比选，提出技术改进方案15个。推进设备可靠性提升工作，加强机电仪设备（设施）运行状态监测，开展专项排查和隐患整治，抓实检修方案制订和检修质量管控，全面启动2017年装置大修准备工作。完善质量管理体制，修订采样管理等6项制度，制订并落实原料、互供料、馏出口的质量监控措施，开展质量攻关，全年出厂产品质量合格率保持100%，互供料质量合格率提高20个百分点，质量损失率首次降低到0.1‰以下。推进物资供应招标采购，规范独家采购、紧急采购审批流程，加强采购质量管控，满足安全生产需要。

【经营业绩提升】 2016年，扬子石化全年进口原油采购均价比总部平均水平低1.43美元/桶，实现采购降本5.7亿元。全年原油加工量首次突破1200万吨，成品油产销量669万吨，同比增长22%（其中：汽油、航煤分别达到247万吨和181万吨，同比增长31%和8.4%），柴汽比达历史最好水平。扩大沥青产销量，成功试产试销工业白油，实现炼油业务效益根本好转。年生产乙烯81.6万吨，吨乙烯原料成本下降51元，生产塑料101万吨、其中专用料和新产品比例提高0.5个百分点，生产PX（对二甲苯）91万吨，增长22.8%。加强预算管理，落实费用归口管理部门管控责任，与全年预算相比实现降本减费4.18亿元；严控两金占用，用好承兑票据等手段，获总部奖励1.08亿元。加强对全资子公司和合资企业的管理，全年清江石化、泰州石化分别实现利润1.1亿元和7166万元，橡胶公司实现限亏目标，对外投资企业实现并表利润4.56亿元。规范与改制企业之间的业务关系和经济关系，促进自主经营水平的提升。

【科技创新推进】 2016年，扬子石化加强和改进科研开发项目管理，“十二碳二元酸粗品制二元胺类化合物的中试研究”打通工艺流程，PTA氧化尾气处理催化剂制备、醋酸水分离等技术实现对外转让和工业化应用，长玻纤增强聚丙烯专用料等4个新产品实现工业化试生产；完成原油全流程跟踪管理、汽轮机抽智能控制等16个信息化项目的开发应用和完善提升，以扬子石化PX（对二甲苯）示范装置科研成果为核心的中国石化“高效环保芳

2011—2016年扬子石化主要产品产量一览表

表4 单位：万吨

年份（年） 产品名称	2016	2015	2014	2013	2012	2011
乙烯	81.62	82.31	75.66	70.55	64.95	81.81
丙烯	48.18	38.17	46.91	41.80	39.47	47.93
丁二烯	10.83	10.47	10.53	10.45	12.57	18.66
聚乙烯	55.78	54.59	45.19	46.03	44.81	57.84
聚丙烯	48.10	45.88	42.82	43.77	40.21	49.33
精对苯二甲酸	71.38	59.12	69.74	92.21	109.53	141.49
乙二醇	18.67	22.16	16.73	18.44	11.64	13.31
纯 苯	41.59	39.21	38.35	36.95	33.01	37.73
对二甲苯	90.87	73.98	88.17	85.52	93.78	96.30
邻二甲苯	15.85	16.42	13.93	19.72	23.67	24.22
环氧乙烷	14.69	15.07	21.36	17.62	9.74	12.57
柴油	258.23	193.27	182.29	224.32	251.06	303.53
汽油	276.88	188.82	155.18	84.94	98.15	94.47
丁苯橡胶	2.66	5.58	9.75	9.85	9.15	11.27
顺丁橡胶②	0	0	0.2	1.10		

备注：①产品产量包含清江石化和泰州石化数据。②2013年6月开始，顺丁橡胶产品投放市场，2014年停产

烃成套技术开发及应用”获2015年度国家科技进步特等奖，也是中国石化第二次获国家科技进步最高奖项；在2016年集团公司科技创新大会上，扬子石化分别获得首批“中国石油化工集团公司创新型企业”“优秀创新团队”“知识产权先进单位”称号，公司副总工程师周立进被授予“科技创新领军人才”，“单喷嘴冷壁式粉煤加压气化(SE)成套技术开发与工业应用”项目获得科学技术进步一等奖，并获上海市技术发明特等奖。

【获环境“蓝色企业”称号】 2016年，扬子石化通过发布《扬子石化环境信用建设工作方案》，打造全员环保责任体系，加快推进隐患排查和环境治理，江边污泥堆场重大隐患、“碧水蓝天”专项和油品质量升级及原油劣质化改造项目环保竣工验收等重点任务完成。9月28日，通过江苏省对国控重点污染源企业环保信用评价，获环境良好“蓝色企业”称号。10月28日，“碧水蓝天”环保专项工程获2016年度南京市环保1378万元专项资金支持，总额3575万元。扬子石化环境保护工作在中央环保督察迎检和G20峰会大气环境质量保障工作中得到政府部门和社会肯定。

【清江石化科研创新能力提升】 2016年，清江石化科研技术开发完成1000吨/年长链二元酸精制工业试验项目精品过滤与精品干燥中试试验，项目基础设计获总部批复。催化烟气脱硫脱硝除尘项目采用中国石化工程建设有限公司自主开发的“半干法双循环脱硫及SCR脱硝+COA(亚氯酸钠)低温氧化脱硝工艺”专有技术，项目可研报告获总部批复，基础设计正在审批之中。国Ⅵ汽、柴油质量升级方案获总部通过。完全满足国Ⅴ排放的测试和基准燃料的研究与生产可研报告，项目可研报告上报总部审核。完成国Ⅴ汽油质量升级溶剂抽提装置、硫回收装置建设任务并实现投产，汽油辛烷值损失降低到1.5个单位以内，甲苯调和比例降低5%，二氧化碳排放减少2200吨/年。同时轻汽油溶剂抽提与LO-CAT脱硫技术应用得到总部肯定。

【泰州石化经营业绩创新高】 2016年，泰州石化完成加工原油45.78万吨，实现营业收入17.89亿元，利润7166万元，同比增加5760万元；吨油费用474.1元，超额完成总部下达的各项年度经济指标。

【技能竞赛成绩优异】 2016年，扬子石化开展岗位练兵，60个车间(装置)开展装置技能比武。年开展工艺、设备、电气、仪表4个专业的业务竞赛；参加中国石化集团公司二甲苯、重整2个工种的技能竞赛和HAZOP技术应用5个专业的业务竞赛，取得个人3金6银5铜以及团体1金1银2铜的成绩；参加江苏省化学检验工竞赛，取得个人第一、二、四名和团体第一名的优异成绩；代表江苏省参加全国石油石化行业化学检验工竞赛，取得个人第四名和团体第二名的优异成绩。(朱军涛)

·扬巴公司·

【概　况】 扬子石化—巴斯夫有限责任公司(以下简称扬巴公司)扬巴公司由中国石化和德国巴斯夫公司以50:50的股比共同投资设立，于2000年12月成立，累计总投资52亿美元，位于市六合区长江边，毗邻化工园区，占地242公顷。2016年销售288万吨化学品和聚合物，实现销售收入173亿元。截至年底，扬巴公司有员工1881名。

【“安全周”活动举办】 3月7—11日，扬巴公司举办主题为“安全领导力”的安全周活动，聚焦于工作许可证、脚手架安全和上下楼梯使用扶手、产品泄漏事件、信息保护等内容，通过讲座、问答、交互检查、现场展示、亲身体验等各种形式传递安全理念，吸引千余名公司和承包商员工踊跃参加。

【扬巴公司总裁在中德环境论坛上发表演讲】 在4月19—20日于南京举办的第五届中德环境论坛上，扬巴公司总裁康智杰介绍公司安全、健康和环保工作的高标准以及创新对于化工行业的重要性。该论坛的主题是“应对实施挑战——迈向包容性可持续增长”，德国联邦环境、自然保护、建设和核安全部部长Barbara Hendricks、环保部副部长黄润秋、江苏省副省长许津荣出席该次论坛，来自中德两国政府部门、商业机构、学术团体和非政府组织的代表300余人参会。

【中央环保督察组到扬巴公司指导】 7月27日，中央第三环保督察组组长吴新雄带队到扬巴公司检查指导工作，南京市市长缪瑞林等陪同。督察组检查公司的应急响应中心，详细了解公司应急救援、环境保护等方面的工作，听取公司董事长王净依、总裁康智杰等汇报。

【扬巴公司年度环境影响对话会召开】 8月29日，扬巴公司召开

2016年度环境影响对话会。长芦街道的居民代表、化工园区领导和环保专家应邀到会。会上，扬巴公司向与会代表详细阐述公司的各项环保措施，并就社企沟通等话题进行深入探讨。

【扬巴公司获省优秀企业称号】 2016年，扬巴公司被省委、省政府授予"江苏省优秀企业"称号。该奖项旨在表彰在推进产业优化升级和供给侧结构性改革过程中业绩优良、创新发展、社会贡献大的企业，南京市有13家企业获此荣誉，两家化工企业上榜。

【非离子表面活性剂产量和销量创新高】 2016年，扬巴公司的非离子表面活性剂产量和销量8万吨，是现有产品组合下最大量。将产品牌号由30个增加到43个。该装置设计产能为6万吨/年，于2011年8月投产。

【客户认可聚苯乙烯产品质量和服务】 2016年，扬巴公司获合肥美菱冰箱"中流砥柱供应商"奖、海信容声冰箱的"核心供应商奖"、美的冰箱的"战略合作奖"、康佳冰箱的"金牌供应商奖"等奖项，体现出客户对扬巴公司聚苯乙烯产品质量和服务的高度认可。

【扬巴公司"追求卓越绩效项目"完成】 2016年年底，扬巴公司"追求卓越绩效项目"完成。项目历时4年。在此期间，所有员工和团队在项目组的辅导下，利用各种专业工具和方法，认真审视各自的工作流程，提出改进建议。项目期间，公司收到5000余个改进建议，其中2000个形成项目措施，年内大多付诸实施。截至年底，改进措施将公司生产成本降低2.5%，且每年能为公司节省7亿余元。 （李时艳）

·南化公司·

【概 况】 2016年，南化公司是国内无机化工、有机化工、精细化工的生产基地。主要产品有三大系列：以煤、盐、硫黄为原料的无机化工产品，合成氨30万吨，氢气9万吨，硫酸50万吨，稀硝酸37.5万吨，浓硝酸22万吨，烧碱10万吨；以苯为原料的有机化工产品，苯胺25万吨，硝基苯35万吨，环己酮16万吨，氯化苯12万吨，硝基氯苯15万吨，环己胺6500吨，己内酰胺40万吨（合资）；以橡胶助剂为主体的精细化工产品，RT培司3万吨，防老剂TMQ3万吨，防老剂6PPD/4010NA3万吨，表面活性剂2000吨。

南化公司是国内石油化工、精细化工科研与设备制造基地。有以气体净化、铜系催化剂研发为主的化工研究院；有以石油化工压力容器制造为主，被集团公司定位为"中石化大型非标设备制造基地"的化工机械厂。公司化工主业实行公司—运行部二级管理，下设4个生产运行部（煤化工、苯化工、橡胶化学品、油田化学品）、3个辅助生产运行部（检验、检维修、动力）、2个业务中心（销售、物装）及1个业务运行部（储运）。非化工主业实行分、子公司管理，下设化工机械厂1个分公司和研究院1个子公司。合资企业有南京福邦特东方化工有限公司，生产己内酰胺，外方控股，公司持有股权36.09%。托管集体企业江苏永大实业公司。截至年末，公司在职员工7955人，其中在岗员工5297人、不在岗员工2658人、离退休人员17675人。

【5号码头对外开放】 11月4日，南化公司5号码头正式获对外轮开放资质，该码头原为南化公司进出口装卸码头，经过近两年的设施建设，制度完善和管理提升，通过省级对外开放验收。

【公司核心装置稳定运行水平提升】 2016年，南化公司合成氨、制氢和离子膜烧碱等装置长周期稳定运行。全年外供金陵、扬子氢气3.6万吨，同比增长54.1%。产销研运营优化工作持续开展，取得较好效益。

【"碧水蓝天"环保治理项目投入运行】 2016年，南化公司"碧水蓝天"环保治理项目按期建成投用，运行情况良好。各环保装置运行稳定，在地方政府季度监测中均保持达标排放。其中，锅炉装置1号脱硫塔连续稳定运行375天，已处理2.287*1010立方米烟气，连续运行总时长创中石化脱硫系统运行纪录。

【完善《"十三五"发展规划纲要》】 2016年，南化公司根据长江经济带发展要求和江北新区发展规划，融入集团公司炼化基地建设，重点开展《南化公司转型发展调整方案》编制、优化、调整工作，基本形成扭亏脱困和转型发展方案。

【获集团管理创新成果一等奖】 2016年，南化公司完成一体化管理体系构建，《南化公司一体化管理手册》和48个程序文件正式发布，实现试运行。《基于市场化取向的国有企业营销体系构建》获集团公司管理现代化创新成果一等奖。

【科研创新取得新成果】　2016年，南化公司申请专利168项，其中发明专利申请134项、实用新型专利34项，通过总部审核申请国外专利2项。获专利授权78项，其中发明专利39项、实用新型专利39项。专利申请量排炼化板块第一名。在集团公司科技创新大会获“知识产权先进单位”称号。

【公司获“江苏省文明单位”称号】2016年，江苏省文明委发布《关于命名表彰2013—2015年度江苏省文明行业和江苏省文明村镇、文明单位(社区、校园)的决定》，公司通过复审，继续保持“江苏省文明单位”称号。

【ERP大集中项目上线】　2016年，南化公司ERP大集中项目3月启动，7月8日成功上线。项目涉及资金集中、人力资源管理、主数据管理等12个应用系统集成、796名用户、230万条基础数据，覆盖面广，难度大，3个月正式考核均得满分。

【劳模创新工作室及先进表彰】2016年，化机厂沈宗文劳模创新工作室、徐宁家劳模创新工作室、研究院毛松柏劳模科技创新工作室被认定为第一批市劳模创新工作室。其中，沈宗文劳模创新工作室被命名为第一批市示范性劳模创新工作室。橡胶化学品部TMQ装置运行四班获2016年度全国“安康杯”竞赛优胜班组称号。煤化工部吴长浩被授予江苏省劳动模范称号；检维修部赵越、橡化部代秀洋、研究院田先国、李永贵被授予“南京市五一劳动奖章”，环己酮生产部职工黄咏锦获“南京市文明职工”称号。

【省首届叉车工技能大赛中获好成绩】　2016年，在南化公司举办的第八届职工职业技能竞赛中，531名职工参加应知应会竞赛考核，产生14名技术状元、57名技术能手。公司组织35名职工分别参加省市叉车工、分析工、钳工、电工、应急预案处置等工种技能竞赛，储运部张国忠获江苏省首届叉车工技能大赛南京地区选拔赛第一名，在检维修部陈会祥获南京地区选拔赛第二名。　(陈继宁)

钢铁工业

·南钢公司·

【概　况】　2016年，南钢公司产铁880万吨，超产35万吨；钢901万吨，超产41万吨；材833万吨，超产60万吨，铁、钢、材月度产量18次打破纪录。全年南钢实现营业收入502亿元，利润11.52亿元。

【转型发展】　2016年，南钢公司制定“一体三元五驱动”的发展战略，即做强金属新材料本体，以“节能环保、智能制造、互联网+”为多元发展方向，以客户导向、模式和技术创新、智能化、国际化、卓越绩效为战略驱动。汇聚南钢公司和股东方的多方力量，组建成立新产业投资集团，嫁接复星资源，各项对外投资和资产管理工作取得可业绩，7个项目通过投决会，总投资额14.03亿元。多元存量产业全年实现效益1.58亿元。证券投资工作实现资本获利1390万元。

【产品开发科技创新】　2016年，南钢公司新开发钢种320余个，在国内成功开发宽规格的双相不锈钢、铬钼钢复合板等多个品种，核电钢、水电用钢等一批新品实现放量；领衔制定抗大变形管线钢、抗酸性管线钢两个行业标准和《高速铁路扣件用弹簧钢热轧盘条》国家标准，首次承担国家863课题子项目研发，并在9月份通过现场考察验收。特用钢质量体系认证取得突破。年新开发用户280个。弹簧钢、高标轴承钢、汽车钢等重点产品实现稳定批量向国外高端企业供货，水电钢首次中标国内巨型水电站

9月3日，江苏省委书记李强(右一)参观第十二届中国软博会南钢展位

南钢公司　供稿

白鹤滩项目1.3万吨订单，桥梁钢独家中标全国第一座免涂装耐候桥，60毫米厚NM450成功替代进口；产品质量不断提升，综合原钢种合格率97.42%；采购原材料严格把关，质量检验基本实现全覆盖。

【营销模式创新】 2016年，南钢公司营销模式持续创新，螺纹钢定制加工销量和效益均实现突破；销售政策灵活多变，建材营销政策由旬定价改为日定价，价格引领周边市场；紧贴市场组织流通板生产、定制配送、网上销售，并成功开发CRM询单系统；船板分段定制准时配送模式得到高度认可，并作为个性化、柔性化产品定制新模式的典范列入中国钢铁工业调整升级规划。

【组织经营模式优化】 2016年，按照机关做精、事业部做实、生产厂产线化目标，南钢公司调整机构设置。4个事业部导入阿米巴经营理念，进行生产厂的细分，划小经营单元。建立风险管控模式新机制，降低经营风险敞口，建立以"风险"为导向的管理审计，强化监督与服务并重的审计理念，严格对照第三方诊断报告、内控报告、审计报告进行梳理整改。嫁接互联网技术，打造"互联网+"协同智能云服务平台，逐步实现供应商管理系统、客户管理系统、绩效看板系统、物流系统、炼铁大数据系统等，逐步建立起信息化管理模式，促进企业经营的智能化、互联网化、高效化。

【环保管控】 2016年，南钢公司环保工作总体较好，环保设备运转正常，实现达标排放。全年监督监测无超标、无处罚，公司被中国钢铁工业协会评为"清洁生产环境友好型企业"。在中央督察和G20峰会期间，完成南京市政府下达的环境管控目标。 （吕宏禹）

华能南京化工园热电联产项目外景 华能南京电厂 供稿

电力工业

·华能南京电厂·

【概 况】 2016年，南京电厂围绕四大绩效目标，坚持问题导向，破解企业各项难题，高质量完成化工园热电项目建设投产任务。四大绩效完成情况好于预期。安全状况总体平稳，实现锅炉四管连续950天无泄漏，700℃平台实现两次连续安全运行100天，实现生产、经营、政治和形象安全；化工园热电项目1号机组、2号机组投入商业运行，投产当年实现盈利；江北新区玉带片区增量配电网项目列入国家首批105个增量配电网示范项目；与兴化市政府签订兴化戴南多能互补微电网系统项目合作协议；与中燃集团签订高新区分布式能源项目合作框架协议书；供热二线工程开工建设。全年南京电厂取得两次连续安全运行100天、连续稳定运行7933小时的成绩，仅发生过热试件出口集箱裂纹泄漏、过热试件出口管裂纹泄漏两次故障机组停役，可靠性大大高于国际同类平台水平。获"华能江苏分公司先进单位"、省、市"文明单位"称号，被评为南京市"经信系统效能监察工作先进单位"、市"劳动关系和谐企业"。

【化工园热电项目建成投产】 4月和12月，华能南京电厂承建的化工园玉带两台机组热电联产项目建成投产。该项目是华能集团倾力打造的面向城市工业园区的背压燃煤机组示范项目，装机规模为3×480吨/小时超高温高压燃煤锅炉+2×50兆瓦背压热电机组。项目于2014年9月开工建设，总投资17.19亿元。

【供热第二根管线项目开工】 12月，南京电厂全面开工电厂至高新区的供热第二根管线。高新区供热市场开发工作紧紧跟进，与高新区生物医药谷中的15家企业签订供用汽意向协议，与高新区管委会续签框架协议，供热效益进一步提升。

【国家能源局科技项目任务承接】 2016年，国家能源局设立国家能源应用技术研究及工程示范项目——“700℃超超临界燃煤发电关键设备研发及应用示范”。南京电厂制定并落实运行和检修规程、安全措施和应急预案、运维管理办法和试验研究奖励办法。克服新型材料不确定性大等困难，中国华能集团公司承担该项目最核心的子课题——“700℃关键部件验证试验平台建立与运行”。南京电厂2号机组是700℃关键部件验证试验平台的‘宿主机组’,承担国内外近10种不同牌号的高温合金材料及关键部件的实炉验证试验4万小时任务。

【南京电厂获“南京市五一劳动奖状”】 2016年，华能南京电厂围绕企业中心工作,加强职代会、集体协商等民主管理和模范职工之家建设,营造风清气正、劳动和谐的良好氛围。企业安全生产、经营发展、保护环境、履行社会责任、创建文明单位、建设和谐企业等方面的工作得到上级工会组织肯定,获“南京市五一劳动奖状”。

(王 丰)

建 筑 业

【概 况】 2016年，六合区住建部门全力抓好建筑业发展指导、质量安全监管、市场规范管理、行业人才培育，建筑行业呈现稳步发展态势。六合区建筑业产值完成307.2亿元，入库税收实现9.02亿元;施工企业218家(其中一级资质企业9家，二级资质企业60家),涉及房屋建筑、市政公用、钢结构、道路桥梁、矿山等35个门类;完成项目发包650个标段,总建筑面积232.2万平方米,发包价56.6亿元,通过招标节约资金3.6亿元;受监工程211个标段，面积912.21万平方米。江苏省文明工地20个,南京市文明工地27个;“金陵杯”18个,市优质结构69个,委托受检构件批次6.6万多次。年累计举办各类培训班8期,培训1470人次。全区有一级注册建造师1255人,高级工程师129人,工程师1890人。

资质以上建筑业企业173家,年完成建筑业产值127.1亿元,和上年持平；竣工产值98.9亿元,和上年持平略增,竣工率77.81%;年新开工房屋建筑施工面积307.5万平方米,竣工面积275.5万平方米,其中住宅竣工面积201.9万平方米;营业收入138亿元,利润总额7.3亿元。年实现建筑业增加值59.33亿元,比上年增长10%。

【建筑业转型发展】 2016年,六合区有资质以上建筑企业218家,一级总承包资质企业4家、专业承包企业5家,二级总承包资质企业18家,劳务企业65家,企业的数量和质量明显提升。超亿元产值企业23家，其中超10亿元企业4家。基本形成以一级总承包企业为龙头,二级、三级企业为配套,总承包、专业承包、劳务企业比例合理的企业结构体系。

【建筑产业现代化工作推进】 7月，六合区建筑产业现代化推进工作领导小组成立，办公室设在区住建局。领导小组召开第一次成员会议,建立联络员制度,同时对全区的建筑企业和产业情况进行摸底调查。拟出六合区政府《关于加快推进建筑产业现代化促进建筑产业转型升级的实施意见(征求意见稿)》,做好建筑产业现代化申报工作，推进省级建筑产业示范基地和市级建筑产业示范基地建设。

(冯国荣)

·建筑市场管理·

【概 况】 2016年，六合区住建部门开展全区政府投资项目建筑市场专项执法检查活动，重点检查政府投资项目各责任主体招投标行为、市场行为及质量安全管理情况。检查涉及41个项目,建筑面积154.96万平方米，造价68.29亿元。针对检查中发现的问题,下发建筑市场行为整改通知单23份，安全隐患整改通知书8份;全区新开工项目实现劳务经理业绩备案、施工项目备案100%;完善政府投资工程中介机构库管理制度,加大对库内企业考核力度。全年对3起违法违规行为进行立案查处,罚没款10万元;调查处理涉嫌围标、串标案件5起。对涉嫌围标串标的5家企业和发生安全生产事故的2家施工企业、2家监理企业暂停市场准入;对不配合“清欠”工作的2家企业限制全区市场准入、3家施工企业全区通报批评、4名劳务承包人列入黑名单。加强过程监管，对存在拖欠工程款和工资问题的工程，一律不予主体验收或竣工验收；书面责令拖欠农民工工资且整改不力的施工企业进行整改,开展问责约谈。

【建筑质量安全水平提高】 2016年，六合区住建部门完成工程质量监督抽查记录1260份，发出工程局部(暂停)通知书4份。全区在建项目部排查和上报隐患923条，整改率100%。下发监督抽查记录

155份，安全隐患整改通知单260份，累计排查一般安全生产隐患785条、整改率100%。4月下旬，推广使用“e路安全”监管系统，全面实行安全监督备案手续网上申报，网上审批，安全监管网络管理信息化等手段，精减办事流程、提高监管效率，开拓安全监管新局面；以《工程质量治理两年行动方案》各项目标任务作为日常工作导向，结合省市工程质量监督有关规定，强化全过程监督抽查、巡查方式，切实提高监督效率，年开展建筑工程质量抽查及专项检查9次，在保障结构工程质量、预防工程质量通病及提高绿色建筑施工水平等方面取得明显成效；开展“质量月”活动，组织工程观摩现场会、工程创优专题培训等系列活动。

【“质量月”系列活动】 2016年，六合区住建部门在机场安置房七里片区B地块项目现场举办工程质量观摩活动，全区在建项目质量、管理技术人员参与观摩。观摩活动现场展示钢筋绑扎、模板支撑系统、后浇带模板支撑系统、屋面做法、外墙做法、外墙和外窗淋水以及成品、半成品样板等。同年，配合开展建筑工程“质量月”活动，在全区在建项目中起到示范引领作用。 （冯国荣）

·十四化建·

【十四化建市场经营】 2016年，中国化学工程第十四建设有限公司（简称十四化建公司）新签合同额28亿元，营业收入25.10亿元，利润总额7100万元。年交付工程52项，一次验收合格率100%。公司创新业务模式，承揽PPP项目，签订南京同仁堂新版GMP达标改造项目、南京洪蓝镇农村环境综合整治项目、浦口区延陵路拓宽改造工程PPP项目和洪泽县水利局“十三五”农村饮水安全工程PPP项目。关注新兴产业，坚持多元化发展，推进环保产品和专利技术的运营工作。推进核工业项目准入工作，承建中核陕西铀浓缩有限公司给水管线工程。维护传统主业，抢占检维修市场。注重基础工作，强化诚信体系管理。完善海外布局，稳步进军海外市场。新增斯里兰卡和印尼办事处，设立老挝子公司，不断完善境外项目经营管理体系，以东南亚为重点经营领域的海外市场布局初步形成。

【十四化建技术创新】 2016年，十四化建公司先后确立两批33项重点技术研究开发项目，按照重点研发项目计划，年投入研究开发费用8400万元，获专利授权14项，其中发明专利3项；新申报11项专利，其中发明专利3项。完成公司级工法9项，择优申报集团级工法8项，省级工法5项。提升新产品开发能力，助力公司转型升级与多元发展。公司与东南大学共同开发偏二甲肼废水处理装置，通过客户（军方）技术委员会的验收，试用稳定后即可批量生产；与山东建筑大学共同设计、开发、制造的汇鑫燃气融化炉，使用天然气作为高热效率能源，一氧化碳，二氧化硫和粉尘的排放远低于国家排放标准，产品安装投入试用；江苏润聚新材料科技有限公司开发生产的环保型主动预先结垢装置、水处理膜等产品，市场份额逐步增大，在多家单位应用。

【十四化建项目管理】 2016年，十四化建公司获化工建设优质工程4项，QC成果4项。提升全员安全意识，强化安全管控。加强劳务队动态监控，完善分包管理体系。严格实施分包招标、竞价制度，修订并发布分包合同文本，明确施工质量、工期、安全、文明施工、控制要求及双方职责和权利，降低分包风险，完善分包管理体系。加强劳务队动态监控，完善分包管理体系。加强对分包商、劳务队动态管理和考核，每季度发布季度合格分包方名录，对不合格分包商及劳务队坚决清理出场。严格实施分包招标、竞价制度，修订并发布分包合同文本。

【十四化建人才队伍建设】 2016年，十四化建公司完成培训316期，参培8050人次，组织各类继续教育和取证培训410人次，特种作业人员持证上岗率100%。选派3名中层正职参加集团公司组织的中青年骨干培训班，举办第二届工程硕士班，第二期工程英语培训班，加强国际化人才培养。

【十四化建获得荣誉】 2016年，十四化建公司党委被评为江苏省住房和城乡建设行业2015—2016年度先进基层党组织。公司化建大厦项目获“南京市2016年上半年建筑施工市级标准化文明示范工地”和“江苏省2016年第一批建筑施工标准化文明示范工地”称号。公司承建的4个项目获化学工业优质工程奖，1个项目获国家优质工程奖。公司获“全国建筑业先进企业”奖。公司工程质量管理获QC成果奖4项。公司被南京市城建工委评为“坚强战斗堡垒”，获“南京市文明单位”称号。公司总经理、党委副书记李大国获国务院国资委党委“授予中央企业优秀党务工作者”称号。 （郑 爽）

开发园区建设

南京化学工业园区

【概　况】 南京化学工业园区(简称“化工园区”)成立于2001年10月,是江苏唯一经国家批准、以发展现代化工为主的特色专业园区。管辖面积135平方千米,分产业区、生活区两大板块,常住人口30万人。集聚有中石化、中国化工、BASF、BP、Celanese、AirProducts等一批国内外知名化工企业，形成以石化、碳一两大产业链为主要支撑,以新材料、生命科学、高端精细化工为特色的现代产业体系。2016年,实现工业总产值1630亿元；全社会固定资产投资216.3亿元,其中工业投入118.4亿元;财政总收入203.3亿元，公共财政预算收入67.4亿元；实际利用外资2.43亿美元;外贸进出口总额10.8亿美元,其中出口7亿美元,实现港口货物吞吐量5400万吨；服务外包执行额1.87亿美元,其中离岸执行额1.05亿美元;煤炭消耗总量达到年度控制目标。引进德国贺利氏、美国艾士德等8个5000万美元以上新兴产业大项目，项目总投资11.6亿美元。年新批14家高新技术企业、10家江苏省民营科技企业,引进16个总部经济项目,2家世界500强功能性机构,新增11家市级以上企业“三站三中心”,3家科技型企业在新三板挂牌,中旗公司在创业板上市。新增1个国家级众创空间、2个省级众创空间,1人入选国家“万人计划”。（甘　琦）

·项目建设·

【威尔药用辅料基地项目】 2月29日，南京威尔药业有限公司投资的1.5万吨/年药用辅料基地项目及药用辅料工程技术研究中心在化工园区开工建设。该项目总投资6.9亿元,新增建筑面积6.5万平方米。

【斯泰潘聚酯多元醇基地项目】 3月4日,斯泰潘(南京)化学有限公司5万吨/年聚酯多元醇基地项目竣工投产。该项目总投资5.85亿元,一期项目投资2.9亿元,占地面积5.4万平方米。聚酯多元醇是聚氨酯生产的重要原料，广泛应用在外墙保温，冰箱冷库、设备保温、汽车坐垫和工程塑料等领域。斯泰潘(南京)是由美国斯泰潘公司独资成立，从事化学品生产和销售的外资公司。

【巴斯夫联合装置项目】 4月28日，巴斯夫特性化学品南京有限公司年产7800吨聚醚胺和1.56万吨二甲氨基丙胺联合装置项目正式投产。该项目总投资6000万美元，是巴斯夫在亚洲投资建设的第一座二甲氨基丙胺(DMAPA)及聚醚胺(PEA)装置,其产品可用于个人护理、建材、风能发电及涂料行业。

【贺利氏项目】 9月20日,德国贺利氏科技集团在园区的贵金属工厂项目开工，旨在兴建世界领先的贵金属工厂。该工厂总投资1亿美元,占地面积8.4万平方米,桩基施工年内动工，新工厂计划于2018年年初竣工投产，为中国市场提供先进的贵金属回收与加工技术。

【亚仕兰药用辅料项目】 10月25日，总投资5000万元的亚什兰化工(南京)有限公司药用辅料项目投产。该项目是亚什兰集团在美国总部以外建设的首条药物辅料生产线，具有1400吨/年的高端药用辅料的生产能力,主要包括六大类产品,分别为聚维酮(PVP)类、交联聚维酮(PVPP)类、羟丙纤维素(HPC)类、羟丙甲基纤(HPMC)类、乙基纤维素(EC)类和羧甲基纤维素钠(CMC-Na)类产品。基地建成投产后将依托亚什兰全球在制药辅料领域杰出的科研和制造能力，为中国客户提供高质量的药用辅料及相关服务。（甘 琦）

·功能开发·

【过程安全管理试点经验推广】 4月12日，国家安监总局在化工园区组织召开中欧高危行业职业安全与健康项目化工过程安全管理试点成果推广现场会,化工园区过程安全管理试点经验在全国推广。12月28日,全市“一表清、一网控、一体防”安全生产综合监管体系现场会在化工园区召开,园区安全生产综合监管经验在全市推广。

【参加全国危化品救援竞赛】 8月23—26日，第二届全国危险化学品救援技术竞赛在大庆市中石油大庆油田公司举行。化工园区组织扬子石化消防支队代表江苏省参赛,取得团体第七名、个人理论考试第四名、个人四项全能第十三名的成绩。

【组织企业参加世界智能制造大会】 12月6—8日,化工园区组织企业参加世界智能制造大会。大会以“让制造更聪明”为主题在南京举行。大会举办期间,在南京国际博览中心同步举办世界智能制造展览会。南钢集团智能制造软件、机器人集成应用方案、智能控制系统、智能传感与检测装备和大型控制系统总分设计等智能装备在中心进行展示，江苏金恒信息科技有限公司和南钢集团在首届“江苏智造”大赛中获三等奖。

【公共服务功能完善】 2016年,化工园区各类教育协调发展,新增6所公办普惠幼儿园，实施7项义务教育重点建设工程，成功创建省级社区教育示范区、中小学责任督学挂牌督导创新区与平安校园建设示范区，教育现代化监测评估连续三年位列全市前四位。组建以两家三级医院为核心的医疗联合体,完成1家社区卫生服务中心和4家卫生服务站标准化改造。建成3家AAA级居家养老服务中心，落实大厂福利院公办民营管理。

【江苏中旗股份上市】 12月20日,根据深圳证券交易所公告,江苏中旗作物保护股份有限公司人民币普通股股票在深交所创业板上市,证券简称中旗股份,股票代码300575。该企业是化工园区自己培育的首家创业板上市的科技型企业。主营农药及中间体的开发、生产、销售,拥有多年农药出口经验。发行价是22.29元人民币,发行1835万股,募集资金4.09亿元人民币。（甘 琦）

·基础建设·

【棚改安居工程】 2016年，化工园区组织实施14个棚户区改造项目,完成南化四小周边、陆营社区等5个改造项目。新开工安置房30万平方米,续建、在建155万平方米,竣工交付63万平方米。

【道路框架建设】 2016年，化工园区完成中旗桥、炼兴新材料桥和洛克曼地块桥梁建设，完成松杨路、团结大道、东三路、普洛斯地块、杨新路、平顶山路、杨庄南村路等道路建设，开工建设仁景苑配套市政道路、横一路、纵二路等道路。

【防汛工程建设】 2016年，化工园区完成通江集泵站下游护砌、长丰河西路排水系统修复等工程。排查易积淹水点15个,落实除险措施和消险责任人。

【配套设施建设】 2016年，化工园区完成3E-4地块、金陵亨斯迈地块、普洛斯地块、玉带片区尾水排江等给排水管网建设，完成玉带生活水加压泵站、疏港大道管廊加层、大纬东路管廊东延华创段、管廊防撞护栏、丰华路至岳子河管廊巡检通道等工程建设,基本完成3B地块管廊及过滁河蒸汽管桥工程建设，开工建设园区内河水污染应急设施工程。

【交通网络优化】 2016年,化工园区调整公交线路9条,延长2条线路服务时间。配合南京长江大桥封闭整修，完成化工园区跨江502路、503路、D2路、D3路、Y25路、Y26路及Y28路调整。公共自行车二期39个新建站点完工,2400辆公共自行车投入运营。（甘 琦）

六合经济开发区

【概 况】 2016年,六合经济开发区(简称“六合开发区”)统筹推进项目建设、产业结构调整、环境提升、党建文明建设等重点工作,全面加快园区各项事业发展。全年实现规模工业产值238.1亿元，完成全年目标100.4%;实现固定资产投资107亿元,其中工业投资43亿元;实现财政收入19.36亿元，比上年增长26%,其中,公共财政预算收入11.5亿元,比上年增长12.4%;实现外贸出口7200万美元,实现实际利用外资1.08亿美元。

【国有重点大型企业监事会主席到区调研】 9月6日,国有重点大型企业监事会主席刘顺达、监事会27办主任曲建坤一行到南京利德东方橡塑科技有限公司开展“晒态势、促提升”专项工作检查指导,中国化工集团公司党委副书记、总经理杨兴强率班子成员陪同考察。刘顺达一行人员首站到位于六合开发区时代大道南延段的利德东方新厂区施工现场,深入了解项目建设的最新进度。利德东方橡塑科技有限公司由中国化工集团公司控股,是国内最大的汽车制动软管研发生产基地和中国铁路总公司铁路橡胶件定点研发中心。新厂区项目总投资11亿元，用地18.6万平方米，规划建筑面积8.27万平方米。项目分两期实施,年内启动一期项目,投资6亿元,用地9.5万平方米,主要生产汽车制动软管、铁路等行业软管、总成及模压制品。

【石墨烯联盟秘书长应邀到开发区考察】 10月20日,中国石墨烯产业技术创新战略联盟秘书长李义春受邀到六合开发区考察交流。李义春简要介绍石墨烯产业近期相关动态和主要领军企业的发展情况，以及联盟在全球石墨烯行业承担的联络、对接和供求交易等职能。六合开发区相关人员就开发区相关主导产业和石墨烯创新技术的融合等和李义春交换意见。李义春表示,六合开发区在新能源汽车电池、节能环保、复合材料等新材料方面与石墨烯技术都有相应应用的结合点，可共同探讨后期合作方式。

中国石墨烯产业技术创新战略联盟秘书长李义春(左)应邀到开发区考察交流
六合开发区　供稿

【区领导到开发区调研】 2月17日,六合区区长戴华杰带领区相关部门负责人到六合开发区调研指导工作,实地察看六合开发区2016年重点项目建设情况,先后到国轩动力电池、7425厂、普洛斯等项目现场,听取相关负责人关于项目建设情况的汇报,了解企业在建设过程中遇到的困难和问题。6月29日,六合区区委书记朱志宏专题调研六合开发区、龙池街道经济建设和社会发展工作。实地察看时代广场城市综合体项目、龙池街道便民服务中心社会建设、中能建南京线路器材有限公司、南京国轩电池有限公司、南京利德东方橡塑有限公司、龙池现代农业示范区、龙池街道小城镇建设管理和“智慧龙池”社会治理指挥中心,听取六合开发区和龙池街道的工作汇报。

【园区管理】 2016年，六合开发区做好企业日常服务管理工作，对重点企业、重点项目严格实行首问负责制,持续做好企业调研走访工作;编制和完善园区突发情况应急预案,全面强化企业安全生产和环境保护监督检查落实工作。2016年，六合开发区累计进行各项安全检查1400多次，发现各类安全隐患1100多处,整改率98%。年内未发生一起重大安全事故。 (许　诺)

·项目引进·

【概　况】 2016年，六合开发区以国家重点发展的新兴战略产业为导向,对标江北新区“4+2”产业体系(“4”指智能制造、生命健康、新材料、高端交通装备,“2”指现代物流、科技服务)，以节能环保和高端装备制造为重点，加快产业发展集聚，深入实施“大企业”战略和“产业链”战略。引进建康新能源整车、中燃集团华东大区结算中心、南钢中欧国际产业园、中能建装备制造基地、国家电网特高压装备研发生产等13个产业类项目，总投资60亿元。

【金星电动机配件生产精加工项目】 2月24日签约落户。南京金星检修安装有限公司成立于1997年，是设有4家分公司的规模型企业，2012年取得中石化检维修、电气防爆等资质证书，技术力量雄厚。项目位于六合开发区时代大道以东，乙烯路以南，项目总投资资金1.5亿元，拟用地2万平方米。项目建成后，可实现年营业收入1.2亿元，年实现利税收入1300万元，解决就业260人。

【建康汽车新能源整车项目】 8月18日签约落户。江苏建康汽车有限公司是安徽国轩集团等股东投资设立，在六合开发区建设新能源整车生产基地。项目总投资15亿元，规划占地21万平方米，一期6.7万平方米，位于六合开发区时代大道79号，改造现有5万平方米厂房及建设附属设施。

【南京贝特泵及系统设备生产加工项目】 10月19日签约落户。该项目为泵及系统设备、零配件生产、加工项目，项目总投资1亿元，公司注册资本2000万元，拟用地1万平方米，位于六合开发区时代大道以西、纬四路以南。

【国网特高压重大装备产业基地项目】 10月25日签约落户。项目总投资8.5亿元，其中一期投资2.8亿元，注册资金6000万元，项目位于园区六合开发区龙须湖路以东、新港湾路以西、龙群路以南、六新路以北范围内(其中一期建设用地5.3万平方米)。该项目内容为江苏省送变电国网公司特高压重大装备研发、生产、销售、租赁、技术升级、技术服务、特种装备检测及装备操作实训服务。

【南京润沃精密金属配件生产项目】 12月9日签约落户。该项目主要生产销售精密金属配件，包括航空航天、汽车、动车、通信电子等行业，项目总投资6000万元，位于六合开发区时代大道96号1号厂房。

【中智电气伺服驱动系统生产线项目】 2016年被列入六合开发区重点工业项目。项目总投资1.75亿元，用地3.1万平方米，规划建筑面积3.5万平方米。年末，车间、厂房主体封顶。项目投产达效后，预计年产值2亿元，税收1000万元。

(许　诺)

·项目建设·

【概　况】 2016年，六合开发区园区列入区重大项目库项目19个，总投资126.3亿元，当年计划投资39亿元，其中产业类项目11个，园区针对项目推进的各个时间节点，按照周例会、月推进、季督查等方式强化催办。围绕国轩新能源电池产业的龙头带动效应，洽谈新能源上下游产业链项目，推动新能源产业集聚，为园区经济发展培育新增长点。

【大润发仓储物流中心投入运营】 5月，六合大润发仓储物流中心投入运营。该中心于2014年签约落户六合经济开发区，历时两年建成，是仅次于苏州物流中心的华东第二大配送基地，辐射江苏省南京市、扬州市，宿迁市等苏北城市，安徽省天长市等地，配送店面60家。

【国轩电池二期项目开工奠基】 9月8日，六合开发区举行重点项

9月8日，国轩电池二期项目开工　　六合开发区　供稿

目暨国轩电池二期项目开工奠基仪式。南京市副市长储永宏,市发改委、市经信委、市环保局及江北新区规划、国土、环保局相关负责人,六合区领导朱志宏、戴华杰、施勇君,国轩高科董事长李缜,国轩集团总裁胡晓明等出席活动。南京国轩是国轩高科战略布局的重要组成部分,规划建设6亿安时动力电池生产项目。一期于上年11月正式投产,二期投资6亿元,新建4.8万平方米厂房及附属设施,主要建设年产3亿安时动力电池及辅助产品。 (许 诺)

·基础建设·

【概 况】 2016年,六合开发区以打造宜居、宜商美丽园区为目标,全面改造提升园区市政配套水平。全年新建和改造道路3.5千米,新建道路污水管网3.5千米,新建(提升)道路绿化面积11万平方米,完成杨西河整治工程。挂牌出让龙腾路以南1号地块9.7万平方米,土地出让金20.5亿元。续建七里花园、新建蒋湾二期两个安置房片区,建筑面积80万平方米。

【潘杨路二期道路工程开工】 5月24日,六合开发区召开潘杨路二期建设工程推进会,宣布工程正式进入施工阶段。潘杨路二期道路宽24米、长630米,范围北起蒋湾路,横穿龙华东路,南至陈营路。潘杨路是片区间的重要贯通通道,主要通过龙城路、万盛路和龙华东路3条东西向道路与江北大道和白果南路沟通,潘杨路二期建成后将成为片区内的主要生活性通道、片区路网规划中重要支路,对区域发展建设及完善区域路网具有重要作用。

【110千伏龙池变电站扩容工程竣工】 5月,110千伏龙池变电站扩容工程竣工送电其位于虎跃路与浦六路交叉口,是六合开发区园区内唯一运行的变电站。由于园区驻区企业的不断增加,用电数逐步攀升,电站满负荷运行。扩容工程利用变电站架设电源通道为园区内企业服务,有利于缩短路径,节约建设成本,电网规划及资源整合。

【环龙池湖路道路面层沥青热再生工程完工】 12月30日,六合开发区环龙池湖路(龙城路—浦六路)完工。其被列入2016年度省级示范路考核范围,对照《江苏省城市管理示范路标准》《南京市城市管理示范路考核标准》要求,该路段范围内道路路面及相关附属设施存在较多破损、坑槽、缺失、面貌陈旧等问题。本着经济、高效、节能环保原则,开发区采用道路路面就地热再生技术,实施六合开发区环龙池湖路(龙城路—浦六路)道路面层沥青热再生工程,工程投资700万元。项目于10月22日开工。

(许 诺)

·科技创新·

【概 况】 2016年,六合开发区坚持以人才引进为手段,以科技创新为驱动,以项目转化为支撑,助推产业提档升级。年开展校企洽谈60余次,新增市级工程技术研究中心4家、校企联盟2个,企业专利申报108件,新增高新技术企业8家、省级民营科技型企业3家;培养江苏省333人才第三层次3人,江苏省双创人才申报1人,入选“创业六合”高层次创业人才4人。

【科技孵化器晋级省级科技企业孵化器】 2月,南京六合龙池科技企业孵化器被江苏省科技厅认定为省级科技企业孵化器(苏科高发〔2016〕301号)。六合龙池科技企业孵化器组建于2011年,以南京六合开发区科技创业有限公司为管理运作平台,主要从事建设高端装备制造、环保装备、新一代信息技术等产业领域的高科技孵化器。

【走进优倍智能工厂座谈】 7月,六合开发区“茉莉茶座·走进优倍智能工厂”活动在帝景国际酒店举行。南京优倍电气有限公司总经理董健带领与会人员参观优倍智能工厂,进行全程介绍与讲解。智能制造是世界制造业发展趋势,也是“十三五”期间国家制造业发展主攻方向。优倍电气有限公司成立于2002年,注册资金1000万元,是集智能装备、智能工厂系统软件,仪器仪表产品开发、生产、经营为一体的高新技术企业。公司拥有专利20余项,软件产品12个,软件合作权40余项。

【企业获市工程技术研究中心认定】 9月20日,南京市科委对外公示2016年南京市工程技术研究中心认定情况。六合开发区4家企业的研发中心获市科委认定,分别是科盛环保科技股份有限公司组建的南京市河道、土壤及地下水污染修复工程技术研究中心,南京利德东方橡塑科技有限公司组建的南京市橡塑工程技术研究中心,南京彤天岩棉有限公司组建的南京市节能环保型岩棉制品工程技术研究中心,江苏长诺运动场地新材料有限公司组建的南京市运动面层材料工程技术研究

中心。4个获批企业都可获得一定科技政策支持。（许 诺）

南京中山科技园

【概 况】南京中山科技园管委会成立于2007年3月，原规划面积10.5平方千米，新一轮江北新区规划调整后8.7平方千米，其中生活配套区1.5平方千米，园区二三期节能环保产业区3.93平方千米，园区四期（含紫金六合中山科技创业特别社区）3.07平方千米。2016年，完成全社会固定资产投资18.08亿元，规模以上工业总产值87.5亿元，公共财政预算收入5.9亿元，财政收入10.25亿元（以上数字含葛塘街道）。

【项目开工】2016年，中山科技园区围绕生物医药和节能环保两个主导产业，引进新增注册项目926家，签约工业项目24家，其中亿元以上项目2个（科如新材料、基蛋生物）；3000万元以上项目15个，其中列入区重点项目23个。完成总投资13.21亿元，年内项目“五到位”全部完成，开工率83%。

2016年中山科技园重大项目建设一览表

表5

序号	建设单位及项目名称	主要建设内容	投资总额（万元）	年底项目进度
1	南京基蛋生物科技有限公司床边快速诊断（POCT）试剂及测试仪器项目	新上床边快速诊断（POCT）试剂及测试仪器项目，新上16条诊断试剂生产线、16条仪器生产线，新征用地6.67公顷，新增建设面积80000平方米，新增生产设备15台（套）	100000	进场试桩
2	南京煌朝节能科技有限公司节能型系统门窗制造项目二期	新上节能型系统门窗制造项目	22000	办理规划许可证
3	南京四方制桶有限公司年产20万只复合式重型散装容器项目	新上年产20万只复合式中型散装容器（IBC）以及20万只全塑桶项目，新增生产设备106台（套），扩建厂房一栋，新增建筑面积19647平方米	11650	框架钢结构厂房搭建
4	南京科尔达模具有限公司玻璃钢拉挤模具生产项目二期	新上玻璃钢拉挤模具生产项目	10000	进度停止，待区大项目办协调。
5	江苏康宏金属软管有限公司一次性活检钳专用金属软管等医用配件生产项目	一次性活检钳专用金属软管等医用配件生产项目。建设面积约9200平方米，新增生产设备132台（套）	10000	设备全部进场，试生产
6	南京双闽电子技术有限公司电子元器件生产项目	新上年产15亿支电子元器件项目，新增生产设备189台（套），扩建厂房，新增建筑面积12134平方米	8100	框架钢结构厂房施工
7	南京伟坤科技实业有限公司蓝宝石晶体生产项目	新上年产30万片蓝宝石晶体项目，新增生产设备82台（套），扩建厂房及办公楼，新增建筑面积12875平方米	8000	项目竣工
8	南京亚方药业有限公司医用制剂生产项目	租赁厂房，购置设备	5000	设备进行安装调试
9	江苏先声再康商贸有限公司成品药分装项目	租赁厂房，购置设备	5000	项目竣工
10	南京中山科技园经济适用房三期（复建房四期）	拆迁安置房及附属配套设施建设	42743	进场试桩

【人才引进】2016年，中山科技园申报高层次创业人才28人，入选“创业南京”高层次人才5人；成功入选区高层次创业人才7人；入选“创业南京”创新型企业家2人。

【科技创新】2016年，中山科技园新增高新技术企业4家（南京聚拓化工科技有限公司、南京信大气象科技有限公司、南京贝克特环保科技有限公司、江苏庞源机械工程有限公司）；专精特企业中小企业7家；江苏省民营科技企业、省科技型中小企业8家；上报服务外包合同在岸2815万美元，离岸1500万美元；协助进行发改、工信等部门专项资金申请十余家次。

【安全环保】 2016年，中山科技园开展日常安全生产及环保检查工作,组织开展有限空间、监控化学品、汛期高温等专项检查,未发生重大安全事故;制定、下发各类安全生产和环保文件；完成企业安全标准化生产工作5家;组织进行职业卫生场所检测43家；开展职业卫生网上申报43家；日常智慧云安监系统申报46家；组织企业学习贯彻“五落实、五到位”文件精神，组织企业参加环境保护生态文明讲座、安全员培训、应急救护知识培训、职业健康体检。

【基础设施建设】 2016年，中山科技园复建房四期招投标完成，施工单位进场搭设临设等，桩基施工;小区新民路北延、官塘河埂路道路照明工程完工；大史雨水泵站工程完工,投入使用,在汛期内发挥重大作用。

【医疗器械产业发展推介会举办】 7月28日，由南京中山科技园管委会、南京医疗器械管理协会、基蛋生物科技股份有限公司联合主办的南京医疗器械管理协会体外诊断试剂分会成立大会暨中山科技园医疗器械产业发展推介会在南京金陵新城饭店举行。江苏省食品药品监督管理局、南京市食品药品监督管理局相关领导,六合副区长陈涛等领导及省市120多家医疗器械企业负责人等出席大会。园区现有医疗器械产业项目50余家,医疗器械销售企业60多家,基蛋生物股份、康龙威医疗器械、卡普医疗设备等龙头骨干企业频现,诊断试剂、医用耗材、健康保健用品等医疗器械产业在园区经济总量占比40%，园区医疗器械产业业已发展成为市重要的集聚地。

陕西省山阳县政府代表团到中山科技园区考察　　中山科技园区　供稿

【山阳县代表团到中山科技园考察】 11月10日,陕西省山阳县政府代表团一行19人由县长袁良善带队到中山科技园进行考察,六合区区长戴华杰和园区管委会副主任茅俊海陪同考察。考察组先后到园区的基蛋生物和长澳制药公司进行实地考察，了解公司的研发成果、核心产品以及运行管理模式等情况。管委会副主任茅俊海就园区的招商引资、基建工程等方面取得的成果进行介绍,双方就园区建设和规划问题进行探讨。

(何玲玲)

南京新材料产业园

【概　况】 至2016年末，南京新材料产业园区财政总收入1.35亿元,同比上升31.25%;公共财政预算收入完成7730.18万元，完成年计划136.33%,同比上升52.3%;规模以上工业总产值56.85亿元,完成年计划92.14%。固定资产投资额6.77亿元,完成年计划75.2%;其中工业投入6.77亿元,完成年计划84.7%。地方外贸出口1.06亿美元,完成年计划的91%;实际利用外资410万美元,完成年计划20.5%。规模工业能源消费17.71万吨，同比上升0.2%；规模以上工业煤炭消耗量18.33万吨,同比下降4.6%。兰精公司工业产值20.36亿元，同比上升8.8%；化纤股份工业产值16.97亿元,同比上升3.0%。

(王　莉)

交通

【概　况】 至2016年末，六合区公路养护里程2689.6千米，公路密度172.4千米/百平方千米，其中高速公路166.63千米、一级公路127.41千米、二级公路429.86千米、三级公路293.38千米、四级公路1457.73千米、等外路220.75千米。辖区有航道11条，航道里程167.3千米，其中五级航道8千米、六级航道54千米、七级航道13.5千米、等外级航道91.8千米。内河港口6个，码头泊位9个，码头总延长540米。

完成公路客运量4802.8万人次。春运期间，全区投放公交车580辆，疏运旅客300万人次；投放出租车155辆，载客量13.23万人。辖区内公交线路75条，配车669辆，其中纯电车145辆，日均运行15.76万千米，日运送旅客14.03万人。开通仪征至金牛湖街道公交线路2条；优化调整六合新城范围内671、673、674、619 4条线路；结合南京长江大桥封闭维修施工，调整501、502、503、Y28 4条过江公交线路以及620六合城镇公交线路。

【交通运输建议、提案办理】 2016年，六合区交通运输部门承接区人大代表建议、政协提案34件。其中，人大建议15件、政协提案19件，主办23件、协办11件。承办省、市人大和政协转办件8件。所有建议提案办理工作面办率、满意率、办结率均达100%。

【交通运输系统获得荣誉】 2016年，六合区交通运输部门团工委获“2015年度江苏省五四红旗团委”称号；六合区交通运输局获“2015年度南京市交通运输系统安全生产先进单位”“2016年度南京交通‘12345’政务热线办理工作贡献奖”“2015年度全区依法行政工作先进集体”“六合区2015年度人大代表建议、政协提案工作先进单位”“2015年度南京市公路水运工程‘平安工地’建设活动市级示范工地”称号；六合区交通运输局工会获“2016年度六合区工会工作目标考核先进单位”称号；六合区交通运输局干线公路现场指挥部、农路工程指挥部获“2015年度南京交通工程质量工作先进集体”称号，六合区交通运输局运政稽查大队吴宝朋获市第五届“最美交通人”称号。（田尚丰）

·公共交通·

【公共自行车投放】 2016年，六合区交通运输部门开展公共自行车布局，启动2016—2017年建设计划，新建站点61座、车桩1785根，投放自行车2400辆。至年末，区布设公共自行车站点103座、车桩3235组，投放自行车4100辆，提前完成两年公共自行车建设，基本覆盖整个六合主城区；租赁卡发行1.6万张，日均租还量1.3万余次。公共自行车投放初步缓解出行“最后一千米”的交通难题。

【公交场站建设】 4月10日，首辆G65路(荣盛鹭岛—画家村)公交车从荣盛鹭岛总站发出。2016年，区交通运输局配合公交线网优化，建成荣盛鹭岛公交站，开工建设复兴路公交站和塘桥首末站，启动四柳停保场建设前期工作。

【多部门联合检查公交客运安全】 12月9日，六合区安监、交通、公

2016年六合区公共交通情况一览表

表6

线路分类	线路(条)	线路长度(千米)	配车(辆)	标台	日发班次(班)	日运营里程(万千米)	日运送乘客(万人次)
城市公交	7	315.7	188	244.4	1322	6.01	4.47
城区公交	13	165.3	128	137.6	1319	1.89	2.09
城镇公交	20	489.3	261	302.1	2192	6.19	6.47
镇村公交	35	399.3	92	71.6	717	1.67	1.00
合　计	75	1369.6	669	755.7	5550	15.76	14.03

停靠站2102个,其中国标站点1752个,门式站点18个,站亭332个(交通270个、住建52个、锦囊10个)

安、消防等7部门联合到扬子公交六合公司检查公交客运安全工作。扬子六合公司负责人分别就安全管理总况、安全宣传教育、现场管理、业务人员培训、预案演练和重大线路调整等工作进行汇报。检查组在六合公司南站、修理厂、加气站分别检查安全生产现场工作和安全管理台账,并就如何进一步做好公交安全工作提出具体要求。

【新辟公交线路】 4月2日,扬子公交原公交520路区间(方州广场至迈皋桥广场)转为正式公交线路,线路番号526路。该线路由六合北站至迈皋桥广场往返运行,途经路段:方州路、延安北路、园林东路、机场东路、雄州东路、六合大道、雍六高速、宁洛高速、栖霞大道、和燕路。线路沿途站点采取满员越站的方式停靠,无人售票,票价5元。

4月10日,新辟公交G65路。线路由画家村至荣盛鹭岛总站往返运行。无人售票,票价1元(空调车2元),IC卡通用方式运营。年底,该线路调整为龙港乐园至六合中医院往返运行。线路中段自蒋湾站起,双向经冠城大道、古棠大道、新棠路至终点站六合中医院往返运行。

7月1日,新辟D20路。线路由龙袍客运站至小汤路总站往返运行,线路实施无人售票,票价3元。该路线后覆盖原655路运营功能,原655路公交线路同步撤销。

12月31日,新辟G64路,由龙港乐园至平山森林公园往返运行。途经路段:华欧大道、六合大道、雄州西路、朝天街、北大街、北外街、马玉线、滁扬公路。无人售票,票价2元(空调车),IC卡通用的方式运营。 (田尚丰)

·公路建设·

【概　况】 2016年,六合区交通运输部门完成马玉线安保及绿化附属工程,马玉线全面通车;开工建设宁淮路项目,实现半幅道路通车;江北大道雍庄至龙池段快速化改造项目动工,征地拆迁工作正在推进;新程线拆迁工作基本结束,加快项目推进;501省道、422省道线路方案确定,前期工作启动;编制印发区"十三五"交通运输发展规划,县道及乡村道公路网规划编制完成待批复。

【农村公路建设】 2016年,六合区交通运输部门投入8.37亿元。完成上年农路结转项目,建成道路6条40余千米;省、市农路计划项目14条29.77千米。改造桥梁10座,新开工农路提档升级工程122.5千米、县道路面改善工程9千米;等外公路改造186千米。

【市政道路建设】 2016年,六合区交通运输部门完成白果路、北大街和龙华路3条道路人行道改造工程,完成浦六路、棠城东路施工招标,开展龙津桥、古尔兹地块4条道路、机场噪音影响安置区道路等项目前期工作。

【辖区干线公路建设】 8月,马玉线(汤营至马集段)公路工程建成通车,该项目通车有效改善六合区北部与城区之间的交通条件,有利于平山森林公园旅游资源开发,创建六合经济新的增长点。

(田尚丰)

·行业管理·

【概　况】 2016年,六合区有道路运输业户3376户,道路运输车辆5411辆,从业人员9000余名。年开展从业人员诚信考核7146人、新办从业资格证726人、道路货运企业质量信誉考核83家,审验道路运输业户2505户、道路运输车辆4510辆。

【维修管理】 2016年，六合辖区内机动车维修企业121家(一类6家、二类31家、三类84家)；年新增一类维修企业2家、二类维修企业4家、三类维修企业9家。区交通运输局加强对维修企业安全和环保方面管理，6家企业完成烤漆房改造，达到排放标准。年对企业进行安全检查138次，发现安全隐患12处，全部整改完毕。加强二级维护和综合性能检测站监管，年处罚营运车辆二级维护过期6起。

【驾培管理】 2016年，六合区交通运输部门把好准入教学资源及初审关口。年办理新增教练员2人次、迁出1人次，新增17辆教练车初审工作；审核各驾校上报计划2.22万人次，审核后上报1.49万人次。上报增班计划1499人次，科目一审核1.36万人次；科目二、三联审6425人次。

【路政管理】 2016年，六合区交通运输部门加强行政许可事项事后监管工作，延伸许可后的服务工作，行政许可项目“12345”零投诉。完成办理许可17件、路损案件13件，收取赔补偿款718万元。根据辖区内路面货运车辆运输状况，及时调整工作时间，联合区公安交管部门采取固定加流动的治超模式，对重点区域、重点路段加强巡查，对超限运输车辆依法卸驳载，年查处超限车辆367台，卸驳载5122吨。

【航道管理】 2016年，六合区交通运输部门巡航检查266人次，巡查里程2572千米。按五级航道标准完成划子河6.22千米航道提档升级工程，经江苏省航道局验收合格，被评为优质工程。按照五级航道标准完成入江口门航道(0.78千米)应急抢通工程。完成航道扫床194.04千米，清除航道内沉石等碍航物1.6吨。加强许可后监管，监督检查在建桥梁工程清除施工围堰及水下遗留物2处，经检验符合航道技术标准。完成马汊河航道提档升级工程前期平面图、断面图测量。加强航标维护保养，及时更换故障灯头、电瓶、太阳能板，保证辖区航标正位率、发光率99%以上，完成滁河大河口等5块指路牌设置。

【内河码头管理】 2016年，六合区交通运输部门开展黄沙码头环境专项整治，区内5家码头列入整治范围，其中1家码头环境提升整治工作年内结束，4家无证码头拆除取缔。

【海事管理】 2016年，六合区交通运输部门巡航检查2880人次，海巡艇动态巡航1365小时，巡航1.17万千米；办理船舶进出港签证360艘次；安全检查船舶33艘次；危险品船舶进出港申报91艘，核准危化品货物运量3.58万吨；检查风景游览区51人次；发布航行通告5份；查处纠正水上交通违法案件287件。辖区内未发生24小时以上责任阻航和船舶污染水域责任事件。未发生内部安全责任事故及人员伤亡事故。

【交运安全监管】 2016年，六合区交通运输部门组织系统安全生产专题会议16次、紧急会议2次，制订印(转)发省、市、区安全生产文件通知18次。开展道路隐患排查治理，区公路站组织道路隐患排查10条，查出安全隐患3处。开展全系统节假日和夏季高温期等安全生产大检查，抽查辖区8家危化品运输企业、公交出租企业34次，发现安全隐患27处，均督促整改到位。开展道路客运、危化品运输、水上旅游企业暗访5次，督促相关单位及时整改。组织全系统单位负责人、分管负责人与管理干部培训，80人参培经过业务考试均通过审验，安全资格证书持证率100%。开展全区城乡道路客运一体化发展水平评价工作，将评价结果与日常管理运用结合，提高全区城乡客运运营、安全、服务管理水平。加强全区道路运输危货企业动态监控，确保各企业监控设备完好、常态化运作和自查自纠落实到位。

【公路养护】 2016年，六合区交通运输部门结合城市标准化建设要求，加强对管养的出省通道冶六线、新篁连接线、北部干线、冶东线、竹葛线等主要道路路面病害以及路容路貌整治，加大机械化养护力度，加强对路肩、边坡、边沟、桥涵、绿化的治理以及路面季度性和常规性病害规范化维修工作；制订应急预案，面对恶劣天气及突发情况，及时启动预案，对桥梁、坡道、弯道等路段清除积雪、积冰，确保道路通行无阻。

【交运行政执法】 2016年，六合区交通运输部门年办理行政处罚案件2073件、行政许可案件295件。全年无行政复议案件，无因行政执法行为引发的行政诉讼案件。根据省、市、区政府的要求，对643个大项的行政权力事项和办事指南开展梳理和制订工作，并及时录入省政务服务管理平台。

(田尚丰)

邮　政

【概　况】 2016年，六合区邮政部门按照集团公司“一体两翼”经营战略部署，实现业务收入1.57亿元，同比增幅17%。获市、区2016年文明单位称号。全区建成“邮掌柜”加盟店332个，布放“助农商易通”24个。推进以“警邮超市”为突破的城市公共平台，打造新客户生态圈，全区25个“警邮超市”全面上线，实现邮政网点全覆盖。开展政务类创新业务项目4个，年发放集邮联名卡600余张。投递员方兆椿获“江苏省劳动模范”称号，徐翔云获2016年“南京好人”称号。

【重点项目建设】 2016年，六合区邮政部门推进网点布局优化调整，灵岩网点通过银监会验收，将开门营业。综合服务平台建设，建成邮政自提点101个、智能包裹柜36组。完成城市区域投递网格化改造，有效提升城区邮件揽投能力，借鉴苏宁易购同城实物投递模式，对农村段道进行线性化整合，以交通干道为基础，初步开辟东、南、北3条机动车邮路，提高农村投递效率。 (汪　明)

通　信

【中国电信股份有限公司南京六合区分公司】 2016年，完成业务收入1.8亿元，天翼净增3333户，宽带净增8464户，电信电视净增1.5万户。公司被评为2013—2015年度市、区两级文明单位；公司党总支被评为区先进基层党组织；渠道中心QC小组获“江苏省优秀质量管理小组”称号。

【提升网络能力】 2016年，中国电信六合分公司推进“宽带中国·光网城市”建设，巩固扩大城乡光纤覆盖范围，实现953个自然村FTTH全覆盖。新开通4G基站289个，4G室分21套，室内AP101台、室外AP37台。通过对全区目标电缆占用情况的分析，完成退铜5.94万线对千米，宽带DSLAM等102台设备退网。结合用户诉求，通过资源调配新开3G基站15处，满足3G信号覆盖增量需求。

【电信社会责任履行】 2016年，中国电信六合分公司与南京电信共同开展“企业挂钩帮扶经济薄弱村”活动，结对共建区马鞍街道勤丰村“互联网+社区”。牵头成立全省首个区县级互联网协会“南京市六合区互联网协会”。联合区交通运输局、政务中心，完成公共自行车二期工程建设、扬滁公路道路监控，龙池街道智慧社区建设被南京市政法委推荐为全市智慧社区建设典型。 (陈雪静)

【中国联合网络通信有限公司六合区分公司】 2016年，六合联通以精细营销、管理深化为思想；做大集团业务收入规模、做大渠道规模及效能；以上年为基础，精细化管理全，以数据分析为基础，精细化销售行为；做强执行力及片区团队，做强客户经理团队以及支撑团队。公司获2013—2016年度省、市、区“文明单位”称号。

【联通网络建设】 2016年，六合联通网络规划、基站建设、网络优化以投诉热点和覆盖盲点为主。至年底，2G基站260个，3G基站390个，4G基站550个，光缆皮长4500千米，杆路350千米，管道300千米。扩大联通营业网点覆盖面，至年底联通营业厅总数90家，零售网点160家，小区宽带覆盖数2.7万户。 (张明星)

【中国移动通信集团江苏有限公司六合分公司】 中国移动通信集团江苏有限公司六合分公司坐落于六合区雄州东路35号，业务辖大厂、六合城区及各乡镇街道。2016年，公司进一步优化4G网络建设、扩大加载容量，新建驻地网到村，为六合地区用户高速上网提供保障。在医疗、农业、工地监控、环保、旅游、现代化办公等各领域提供先进的信息化服务，其中“智慧农业”“智慧医疗”“千里眼”“蓝天卫士”等多个项目获政府及社会各界好评。至2016年末，六合地区使用4G网络通信用户近40万户。

(赵　敏)

商　　贸

【概　况】 2016年，六合区实现社会消费品零售总额381.5亿元，比上年增长10.1%，其中：批发零售业实现消费品零售额313.38亿元，比上年增长8.4%；住宿餐饮业实现零售额68.1亿元，增长18.7%。实现批发和零售业增加值61亿元，比上年增长14.1%；实现住宿和餐饮业增加值14.3亿元，比上年增长12.1%。限额以上单位实现零售额166.4亿元，同比增长7.2%。年末限额以上企业332家，比上年增加8家。集市贸易成交活跃，市场成交额146.8亿元。

六合区商贸经济持续发展，《南京日报》对沿滁紫晶商圈升级作专题报道，新城招商与万达达成意向协议，环龙池湖商圈日益成熟。外贸出口、实际利用外资等重点指标迈上新台阶。借力江北新区为服务贸易创新发展试点的机遇，服务外包执行额比上年增长30%。电商业态有序推进。省级电子商务示范县(区)，省级电商示范村、市级示范产业园、市级示范企业各获批1家。农贸市场规划、肉菜流通追溯体系建设、餐饮业示范创建工作、酒类流通备案登记、对外贸易经营者备案登记等工作扎实推进。全区社会消费品零售总额增速10.1%，全市排名第七；行政区外贸出口实现4.72亿美元，实现正增长；实际利用外资实现1.3亿美元。

【招商项目】 2016年，六合区商务部门夯实实际使用外资基础，加大项目招商和营商环境推介。配合区委、区政府举行“地球之窗+X综合旅游度假世界暨重大项目签约开工仪式”。当天，六合区签约项目21个，总投资262.4亿元；开工项目12个，总投资177.7亿元。参加“中国·南京现代服务业发展商机(香港)推介会”“2016中国·南京江北新区服务贸易创新发展商机(香港)推介会”；配合完成“六合区通航产业发展推介会暨重点项目集中签约仪式”的筹备、组织工作。六合区签约项目34个，总投资586.2亿元；开工项目10个，总投资54.8亿元。

（侯如何）

·消费品市场·

【概　况】 2016年，六合区实现社会消费品零售总额381.5亿元，增长10.1%，增速与1—11月相比上升0.2个百分点，比上年回落1.9个百分点。其中，限额以上社会消费品零售总额166.4亿元，增长7.2%，增速比1—11月回落0.4个百分点，比上年回落3.4个百分点。

【分市场消费品零售】 2016年，六合区城镇市场实现消费品零售总额157.3亿元，增长7.0%，其中，城区市场完成消费品零售总额143.9亿元，增长8.3%；农村市场实现消费品零售总额9.1亿元，增长9.4%。

【分行业消费品零售额】 2016年，六合区批发和零售业实现消费品零售总额147.6亿元，增长7.0%，住宿和餐饮业消费品零售总额18.8亿元，同比增长8.5%。

【分规模消费品零售额】 2016年，六合区企业(单位)实现消费

2016年六合区消费品零售增速一览表

表7

月份(月)	1-2	3	4	5	6	7	8	9	10	11	12
社会消费品零售增速(%)	7.2	7.4	8.7	9.6	9.8	9.7	9.5	9.7	9.8	9.9	10.1
限上社会消费品零售增速(%)	-0.9	0.8	4.2	6.7	7.9	7.4	6.9	6.9	6.9	7.6	7.2

品零售总额115.1亿元，增长4.8%；大个体消费品零售总额51.3亿元,增长12.8%。消费品市场价格平稳、供给充足,呈现供销两旺局面，多元化的消费模式和购物渠道，使农村消费潜力进一步释放。（区统计局）

·商务管理·

【概　况】2016年，六合区商务部门围绕内贸流通体制改革,编制出台商业网点布局规划，成立电商协会，推动城市共同配送模式创新,完成清江冷链项目。推进托盘标准化，帮助具备条件的企业申报示范企业和达标验收。加强各类市场的标准化建设，部署推进清江冷链、五星电器2家行业单位和六合商厦、阳光商场等5家系统单位参与公共空间验收；按安全生产属地管理和“管行业必须管安全”要求,做好粮食仓储设施、基层食品站等系统资产和粮食安全收储工作，加强对区域范围内餐饮、再生资源、石油、重大商贸经营企业的安全督导。

【商务诚信建设】2016年，六合区商务部门牵头打击侵犯知识产权和制售假冒伪劣产品集中整治工作，与17个成员单位对接,按时按要求汇总“双打”报表及相关信息；持续跟踪肉菜流通追溯体系运行质量，及时解决运行中出现的具体问题，加大对肉菜追溯体系的知识宣传和平台数据监测；做好商业单用途预付卡管理监督工作，及时在政府网站发布《商业单用途预付卡备案公告》,在节假日等重点时间节点，对重点售卡企业开展定期检查，督促企业落实“三项制度”。

【民生项目建设】2016年，六合区商务部门完成年初制定的新建、改造、提升农贸市场任务,创建新华绿色市场1个，在仁和商场建成80平方米绿色专卖区。加油站(点)规划建设,严格按相关规定报批；做好再生资源备案工作,创建再生资源示范站点5家、绿色商场示范1家。（侯如何）

·粮食流通·

【概　况】2016年，六合区商务部门围绕全面贯彻落实粮食安全责任制主线，强化粮食安全意识和责任,强化地方粮食储备管理,强化粮食质量安全监管，保障粮食市场稳定，提升粮食流通现代化水平，切实保护种粮农户积极性。实现粮食购销总量48.5万吨,其中收购总量28.6万吨、国有企业收购24.9万吨。

【粮食仓储设施建设】2016年，六合区商务部门推进马鞍10万吨和程桥3万吨粮食仓库及配套设施建设,总投资1.48亿元,当年投资1.1亿元。与中储粮合作建设的马鞍粮库于2015年第四季度进场施工,2016年年底竣工。程桥粮库取得项目建议书批复、规划选址意见书、土地预审意见,农用地待调土地规划，计划于下年年初开工。

【粮食执法监督检查】2016年，六合区商务部门完善原粮购销检测制度，督促检查各库点粮食检测建档。加强执法人员业务培训，组织实施夏、秋粮食收购专项检查,规范经营者行为,维护粮食市场收购秩序,保护种粮农民利益。联合相关部门，开展粮食市场专项检查,做好放心粮油监管,维护消费者合法权益。（侯如何）

·烟草专卖·

【概　况】2016年，六合区烟草专卖部门销售卷烟3.97万箱,其中重点品牌3.48万箱，占比87.62%;细支烟1367箱,同比增长44.72%；卷烟结构151.13元/条，同比上升2.7%；省内烟销售1.5万箱,占总销量48.99%,下降8.22%,卷烟销售收入(含税)15.0亿元。先后获2013—2015年度省、市、区“文明单位”称号,江苏省烟草专卖局2015年度安全生产先进集体称号，获评江苏省烟草专卖局“三型”企业文化建设优秀奖、南京市公安局2015年度内保先进集体、南京市烟草专卖局“十二五”创新发展突出贡献奖。

【卷烟市场监管】 2016年，六合区烟草专卖部门持续提升市场净化率。加强专卖内管工作，严格规范卷烟许可证办理、案件审理和行政处罚等相关工作流程，大力推进依法行政，建设法治六合烟草。按照上级统一部署和安排，持续开展“冬季会战”“宁剑3号”、“闪电”系列、“取缔无证照卷烟经营行为”“打击物流快递企业涉烟违法行为”等专项整治行动。年出动检查人员5523人次，检查卷烟零售户1.47万户，查处各类卷烟违法案件386起，查扣各类违规卷烟2.73万条，案值730.05万元。其中5万—10万元案件12起、10万—20万元案件8起、20万—50万元案件1起、50万元以上案件4起，破获网络案件2起，拘留5人，逮捕4人，判刑4人，获省局嘉奖4次，市局通报表扬12次。其中，区烟草分公司联合区公安部门，查获胡某涉嫌非法经营卷烟案件，累计涉案金额3087.84万元。 （许丹丹）

·供销合作商业·

【概　况】 2016年，六合区供销部门贯彻落实《中共中央国务院关于深化供销合作社综合改革的决定》，贴近区委、区政府“三农”工作中心，围绕南京市供销社确立的目标工作任务，突出开放办社，制定《六合区供销总社“三社一会”(基层供销社、农业专业合作社、农村综合服务社，各类行业协会)建设考核验收管理办法》《六合区供销总社对“三社一会”建设及中心工作任务完成情况“以奖代补”资金补助办法》两个规范性文件，强化“三社”建设管理；突出平台创新，拓宽为农服务内容；突出电商建设，构建电商经营网络，全面完成目标任务。完成为农服务社(中心)新建和提档升级建设4家，至年底，区有为农服务社(中心)136家，实现涉农社区全覆盖目标。推进专业合作社(联合社)建设，完成9家(其中联合社1家)，全区有62家(其中联合社12家)。

【供销社综合改革】 2016年，六合区成立供销社改革发展工作领导小组，创新为农服务方式，把为农服务与供销社机关职能转变、企业谋求发展结合。探索新型基层社发展模式，创立马鞍新型基层社暨南京供津商贸有限公司，由区供销社控股，吸纳民间资本艾津专业植保合作社参股，承担基层社工作职能，扩展为农服务领域，开展经营业务，壮大供销社自身实力。组织育秧、植保、农机、烘干、加工等专业合作社开展大田托管等生产服务，实现全托管面积4667公顷，半托管1万公顷。

【农村电商发展】 2016年，六合区供销部门突出农村电商建设，构建电商经营网络。帮助马鞍街道马鞍中心社区成功申报第五批省级电子示范村、雄州惠康电商产业园创建电商示范产业园，引进“地平线”“乐村淘”等电商平台，帮助邮政系统电商线上、线下工作。协助区妇联、人社局、农业局等部门开展电商培训，培训人数200名；创建六合区农村电商服务中心。组建“六合采”电子商务公司，上架20多款六合农产品、美食；帮助大圣水芹合作社、南菊专业社、河王农机专业社、飞凤草鸡合作社等20多家农民专业合作社开展网络销售、品牌打造、体验消费；在冶山街道东王社区为农服务中心首创“互联网+为农服务社”模式，探索为农服务新方式；促成乐村淘与竹镇镇政府合作，建立“乐村淘”竹镇农产品展示展销中心及竹镇电商实践基地。 （侯如何）

·对外经济贸易·

【概　况】 2016年，六合区(不含化工园区)新批准外商投资项目17个，增资项目5个，其中1000万美元以上项目7个。协议注册外资1.75亿美元，增长388.6%；注册外资实际到账1.3亿美元，增长15倍；进出口总额18.59亿美元，其中外贸出口4.72亿美元，增长10.6%；服务外包执行额177万美元，增长23.3%，其中离岸外包执行额7907万美元，增长10.4%。

【对外经贸服务】 2016年，六合区商务部门制定、报批全区开放型经济绩效考核办法，承接组织安排跨境电商系列培训及业务对接活动，组织区内自营生产企业、内资加工贸易企业、外贸企业抢抓跨境电商发展机遇。做好外贸出口资格备案，区新增进出口经营权企业74家。 （侯如何）

旅　游

【概　况】 2016年，六合区旅游工作立足规划引领，服务载体建设，强化宣传推介，创新旅游品牌，规范市场秩序，取得明显成效。年接待游客859万人次，增长15%，旅游总收入99.9亿元，增长15%。

【金牛湖景区获 AAAA 级旅游景区称号】 1月8日,江苏省旅游资源规划开发质量评定委员会批准金牛湖景区为国家 AAAA 级旅游景区。该结果是在金牛湖景区自检自查、区旅游局初审、南京市旅游委推荐的基础上,江苏省旅游局委派专家组,根据《旅游区质量划分与评定》与《旅游景区质量等级管理办法》,对景区进行景观综合评估、公示后产生的。金牛湖景区成为六合区内首个 AAAA 级景区。

【中国全域旅游大会在巴布洛召开】 6月6—7日,旅游卫视和华泰证券在竹镇镇巴布洛生态谷共同举办中国全域旅游大会。大会围绕“不只是旅游,不止于移动互联网”主题,聚焦“全域旅游”带来的线上线下融合、供给侧改革等旅游热点,从“旅游+互联网”“旅游+农业”“旅游+体育”“旅游+影视”等方面,全方位探讨旅游行业未来发展之路。数百名业界企业家与专家学者参加会议。国家旅游局综合管理司副司长陈红应邀出席大会并致辞,南京市旅游委副主任黄琴到会祝贺。

【旅游管理】 2016年,六合区旅游部门加强行业监管,以游客满意为宗旨,强化行业自律,引导企业诚实守信,合法经营,打造平安旅游区。突出假日旅游安全,落实领导责任和各项管理制度,开展重大节日和旅游旺季人财物防范和消防安全应急演练,提升企业安全防范意识和应急处置能力。加大行政执法频率,会同区安监、物价、市场监督管理局部门进行联合督查,规范旅游市场行为。聘请第三方,对全区重点旅游企业进行安全隐患大排查,督促整改。组织开展整治“零付团费”等不合理低价游专项行动。充实志愿者队伍,开展“百城万众厕所文明宣传大行动”等文明旅游宣导活动,发放各类文明旅游器材和宣传资料。旅游市场全年安全无事故。六合区旅游局被评为南京市“平安景区”创建先进组织单位,朱福忠被评为先进个人。金牛湖景区被评为南京市“平安景区”创建示范单位,平山森林公园、冶山国家矿山公园被评为南京市达标单位。六合区旅游局被评为南京市旅游市场监管先进单位。 (吕 齐)

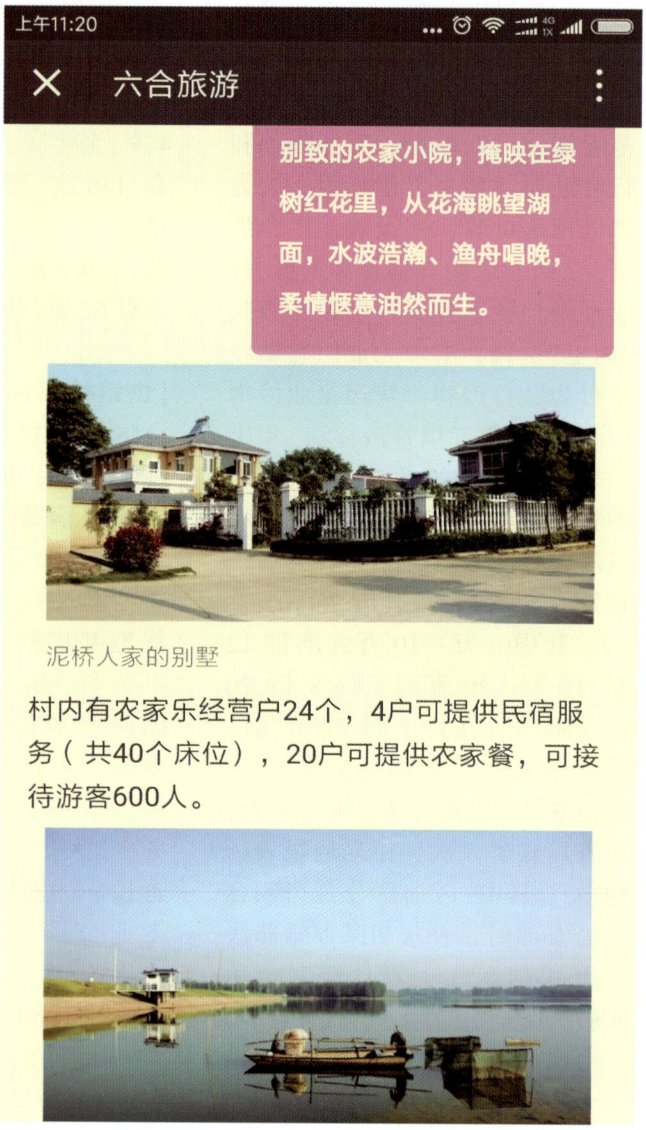

旅游微信图文征集作品　　张业工　供稿

·旅游项目推广·

【概　况】 2016年,六合区旅游部门以节为媒,发挥《今日六合》旅游专版等传统媒体和网络新媒体作用,配合开展桃花节、全域旅游大会、公路自行车赛、雨花石珍品展等活动,强化对外宣传。组织参加省、市“美丽乡村游”广场推介等旅游营销会、展览会,开展“18”法律广场、“5·19”中国旅游日、消费者权益日、旅游惠民进社区行动,宣传《中华人民共和国旅游法》《江苏省旅游条例》等法律法规,推介精品旅游线路和旅游产品。借助“醉美六合”旅游微信图文大赛、迷你马拉松挑战赛、全区文物建筑摄影展等活动,展示旅游资源,推介旅游企业,提升旅游人气,扩大六合旅游市场影响力。

【旅游微信图文征集评选大赛】 3—12月,六合区旅游部门与南京六合广电网络有限公司,共同举办六合区广电宽带杯“醉美六合”旅游微信图文征集评选大赛活动，推介六合特色旅游资源。活动围绕“用镜头、用文字发现六合之美”主题，以微介绍、微散文、微游记、微电影等“美图+美文”形式，展现全区范围内景区(点)建设、乡村旅游、农家乐、生态环境、自然风光、民俗文化、节庆活动等新成就、新风尚、新面貌。活动收到78件合格参赛作品。

【市乡村旅游讲解员比赛】 2016年南京市乡村景(区)点讲解员培训班于5月9日落下帷幕。六合区代表队获市乡村旅游讲解员团体赛二等奖，巴布洛生态谷讲解员王月月和平山森林公园讲解员肖庆慧，分别获个人赛二等奖和三等奖。为期一周的培训班由南京市旅游委主办，南京旅游职业学院承办。

【旅游产品打造】 2016年，六合区旅游部门树立品牌意识，打造旅游产品。开展跨部门联动，推进旅游与区文化、农业等融合发展，打造特色旅游产品，龙袍长江渔村、巴布洛生态谷相继推出“龙袍”大地景观、巴布洛热气球项目，成为六合新的旅游产品。平山花海、龙袍知青花田、马鞍鑫森玫瑰园等新的赏花基地，“四季花海”项目载体和内涵丰富，促进旅游经济发展。申创新乡村旅游点，并参加2016年江苏省“四季赏花地”“最美百果园”评选。以猪头肉、蟹黄汤包为代表的六合美食影响力不断提升，巴布洛生态谷“云厨e站”系列净菜获江苏省首届“乐购江苏”最受游客喜爱的特色小吃和农副产品，老母鸡汤炖野菜圆获江苏省乡村美食大赛银牌菜。巴布洛生态谷入选全省首批4家五星级乡村旅游区创建单位。金牛湖旅游度假区创成国家AAAA级旅游景区。（吕 齐）

·旅游资源开发·

【概 况】 2016年，六合区旅游部门推进以金牛湖——冶山综合旅游度假区“地球之窗”为代表的重大项目建设，开展龙袍长江湿地公园、程桥池杉湖湿地生态园、横梁“e田园”等项目，以及多彩竹镇、矿山风情小镇等特色旅游小镇的策划、规划工作。联合区文广局、住建局等部门完成文庙历史风貌街区规划初稿设计。竹镇镇旅游集聚区枫彩大泉湖四季风情园、巴布洛生态谷房车营地、竹镇镇泉水特色小镇建设进展顺利。12月25日，金牛湖—冶山综合旅游度假区野生动物王国开工建设。

【巴布洛创建省五星级乡村旅游区】 5月16日，2016年江苏乡村旅游节暨“贾汪缤纷·一往情深”旅游年活动，在徐州市贾汪区凤鸣海景区开幕。江苏省乡村旅游升级工程暨乡村旅游千人培训计划同时启动。活动现场，江苏省旅游局公布全省首批4个五星级乡村旅游区创建名单和首批20家省乡村旅游创新发展示范区创建单位名单。通过逐级推荐和专家组评估，竹镇镇巴布洛生态谷成为江苏省首批五星级乡村旅游创新发展示范区创建单位。

【乡村美食获省特色商品展销奖】 1月中旬举办的江苏省首届“乐购江苏”特色旅游商品展销大汇期间，竹镇镇巴布洛生态谷推出“云厨1站”系列净菜，被评为“最受游客喜爱的特色小吃和农副产品”。

（吕 齐）

·旅游设施配套·

【概 况】 2016年，六合区旅游部门强化基础配套，改善服务环境。联系移动、电信等企业和部门，谋划智慧旅游系统平台建设。在南京市旅游委支持下，完成金牛湖景区、巴布洛生态谷旅游大数据分析平台建设。开展第二批旅游交通指示牌规划设计。强化业务规范，围绕省星级乡村旅游点复核、创建，指导重点旅游街镇，完善乡村旅游点基础功能配套，增设旅游服务项目。推进旅游厕所革命，完成旅游厕所改扩建20座。争取省、市财政部门，旅游部门乡村旅游业发展专项资金225.5万元，改善乡村旅游环境。通过组织参加省、市组织的旅游管理和业务技能培训班，提升旅游执法队伍和旅游从业人员的管理水平和综合服务能力。

【“茉莉香”农庄评选】 11—12月，六合区旅游部门开展“茉莉香”农庄评选活动，以推动区休闲农业与乡村旅游业的发展，丰富和拓展“美食之乡”的内涵和外延，培育一批环境优美、特色鲜明、设施完备、具有发展潜力的休闲农庄。在自主申报、街镇推荐的基础上，15家休闲农庄入围。通过微信投票和现场评审分别计分、按照占比测算出总得分等环节，最终评选出10家“茉莉香”农庄。活动期间，评出10道“茉莉香”特色菜。（吕 齐）

综　述

【概　况】 2016年，六合区金融机构年末存款余额1067.2亿元，比年初增加139亿元，增长13%，其中城乡居民储蓄存款余额460.1亿元，增长14.8%。金融机构贷款余额749.5亿元，比年初增加140.2亿元，增长22.5%；其中短期贷款152.1亿元，比上年增长17.1%；中长期贷款294.2亿元，比上年增长93%。住户贷款309.4亿元，比上年增长87.06%。

【非金融企业存款增长高于住户存款】 2016年末，辖区金融机构各项存款余额1067.2亿元，其中，非金融企业存款余额401.24亿元，比年初增加96.04亿元，增长31.47%；住户存款余额460.11亿元，比年初增加22.89亿元，增长5.24%。增量存款中，非金融企业存款占69.07%。导致银行存款结构变化的主要原因企业投资意愿下滑，大量资金滞留银行。年固定资产投资下降21.6%，其中工业投入下降42.5%；商品房销售火爆，大量个人资金投向房地产。

【贷款投向偏重融资平台和个人】 2016年末，辖区银行业金融机构各项贷款749.5亿元，比年初增加140.2亿元，贷款总量位居南京4区第二。辖区银行业金融机构融资平台贷款余额178.83亿元，比年初增加34.38亿元，占全部贷款增量的24.52%；个人贷款余额278.46亿元，比年初增加133.85亿元，占全部贷款增量的95.46%。其中，个人住房按揭贷款余额236.90亿元，比年初增加123.66亿元，增幅1.09倍。企业贷款呈现下降势头。

【重点项目信贷需求保障】 2016年，区重点项目、重点企业资金需求在信贷投向中得到银行大力支持。南京六合新城建设发展有限公司、南京六合交通工程建设投资(集团)有限公司、南京化学工业园有限公司等区重点项目投融资平台均得到银行数亿元至十几亿元的贷款支持。一批生产经营正常、产品市场占有率高、科技含量高的中小企业获信贷资金大力支持。南京瑞祥服装有限公司、南京振宏标准件有限公司、南京宇蓝科技有限公司、江苏天源电缆有限公司、南京鑫业电动工具制造有限公司等一批优质企业不同程度获银行信贷支持。基础上，做好金融生态创建自评工作。

【金融生态区创建】 2016年，人行六合支行上年成功创建省级金融生态优秀区基础上，做好金融生态创建自评工作。针对辖区金融生态创建工作中存在的薄弱环节和问题进行分析，提出针对性政策建议。同时，根据《南京市平安金融创建评审管理办法》，组织对辖区取得平安金融达标、示范单位资格的银行机构开展现场“回头看”，要求银行机构继续加强组织领导，完善责任落实，切实开展平安金融创建各项活动，通过LED屏、宣传折页、宣传海报、宣传横幅等多种形式，提示市民远离高利诱惑，打击非法集资，形成群防群治的氛围。做好金融消费者权益保护工作，开展“3·15”金融消费维权广场宣传、金融知识普及月及送金融知识进乡村活动，妥善处理消费者维权投诉。

（徐正清）

2016年末六合区金融机构存贷款情况一览表

表8 单位:万元

机构名称	年末存款余额	比年初增(减)数	年末贷款余额	比年初增(减)数
工商银行六合支行	597517	2839	592164	108177
工商银行大厂支行	877354	55514	660134	20270
农业银行六合支行	1043872	88991	1060232	337094
中国银行六合支行	890881	46189	789694	210662
建设银行江北新区支行	1037177	131634	885964	304384
交通银行大厂支行	384689	109680	733401	188109
华夏银行大厂支行	91069	−23069	26326	5827
华夏银行六合支行	138917	9982	170843	−7181
浦发银行大厂支行	325645	−196481	213682	−72407
中信银行江北支行	260436	27136	183172	−12352
南京银行大厂支行	296902	85628	41963	−8769
南京银行六合支行	393785	251258	257443	123427
杭州银行六合支行	140905	38168	103420	45115
民生银行六合支行	146660	59478	76780	−5788
宁波银行六合支行	60548	60548	46811	46811
光大银行江北支行	188866	43792	257316	123184
兴业银行六合支行	364004	112786	228900	−24527
徽商银行六合支行	9814	9814	15127	15127
农业发展银行六合支行	59780	20954	117852	−4659
紫金农商行六合支行	962884	68246	525642	99897
紫金农商行江北园区支行	456632	71672	310068	35991
邮储银行六合支行	839342	89819	177360	37263
六合九银村镇银行	63866	14596	30902	3538

银　　行

【中国人民银行六合支行】 2016年，人行六合支行结合辖区实际主动贯彻执行稳健货币政策，通过专题报告及时向地方党委、政府宣传上级行货币政策调控意图，召开辖区银行业金融机构信贷负责人会议，引导辖区融资总量和贷款总量适度增长。年末，为抑制过快增长的个人住房商业贷款，召开专题会议传达上级行调控意图，引导辖区信贷资金更多流向“三农”和小微企业，支持实体经济发展。至12月末，辖区各项存款余额963.15亿元，比年初增加117.92亿元；各项贷款余额750.52亿元，比年初增加156.92亿元。

【政银企对接合作】 2016年，人行六合支行深入辖区金融机构开展调查研究，引导商业银行加大对实体经济的有效信贷投入，优化信贷结构，缓解辖区中小企业融资难、融资贵的难题。扩大新型农村新型农业融资渠道，先后联合区金融办、农业局等部门举办中小企业融洽会和新型农业发展银企对接暨产品推介会。推介会上，辖区19家农业龙头企业、农村经济合作组织、家庭农场、种养殖大户分别与4家涉农银行机构签订5300万元贷款协议。下半年,人行六合支行搭建沟通平台,拓展企业融资渠道,联合六合区政府组织辖区企业参加分行营管部组织的江北新区银政企战略合作对接会,辖区多家实体经济参与签约活动。

【“两权抵押”贷款】 3月,人行六合支行与区国土、农业等部门沟通协调,研究讨论如何加快推进农地“两权抵押”贷款工作,及时掌握农地确权工作进度,推进村镇银行落实2家农业经营企业农地抵押贷款业务落实。

【大学生村官普惠金融宣传】 5月,人行六合支行联合六合团区委举办大学生村官创业富民座谈会,现场讲解人民银行及相关银行普惠金融政策举措、小微企业信贷政策、小微金融特色产品等相关知识,并就大学生村官创业遇到的金融问题与困惑现场进行沟通交流。

【社会信用体系建设】 2016年,人行六合支行配合区政府相关部门做好辖区社会信用体系建设工作,根据与区经信局签订的备忘录要求,及时向区信用办提供相关企业金融信用信息。加强与区信用办的沟通与协调,将贯标企业名录信息及时传递给辖区银行机构,鼓励银行机构优先支持贯标企业。年内,南京宇森数码相纸有限公司、南京六合煤矿机械有限责任公司、南京京联混凝土有限公司等多家贯标企业获银行新增贷款支持。

【互联网金融融资监测】 2016年,人行六合支行开展集中整治非法集资专项行动和互联网金融整治行动。及时了解辖区农民资金专业合作社运行状况,加强对辖区互联网金融的监测。对区市场监督管理局提供的互联网金融企业进行全面摸排走访,建立监测台账。加强与区金融办等互联网金融管理部门的沟通,协助地方政府开展互联网金融整治行动。

【存款保险保费收缴】 2016年,人行六合支行完成对六合九银村镇银行2015年下半年和2016年上半年存款保险保费的测算和收缴工作,确保九银村镇银行足额、按时缴纳保费。做好辖区法人金融机构存款保险评级工作,及时收集九银村镇银行相关数据资料,确保评级工作客观公正,为存款保险差别保费的及时足额收缴奠定基础。

【银行机构综合评价管理】 2016年,人行六合支行不断完善辖区银行机构综合评价工作机制和日常管理综合评价标准,加强综合评价台账记录,对上年辖区银行业金融机构执行人民银行政策情况进行综合评价汇总及通报。

【企业个人诚信查询】 2016年,人行六合支行继续开展企业征信、个人征信查询工作和机构信用代码证发放工作。为满足市民日益增长的信用报告查询需求,人行六合支行在紫金农商银行六合支行营业厅增设一台自助查询机,信用报告查询服务更加便捷、高效。至年末,企业信用报告查询653笔;办理个人征信查询4.7万人次;发放机构信用代码证3555份,分别比上年同期增长39.23%、238.91%、2.78%。

【国库资金安全监管】 2016年,人行六合支行全面加强国库内控内管与外部监管,继续完善国库对账工作长效机制,开展上门对账、突击对账,构建国库与区财政、税务等相关部门的有效协调与制约机制。严格柜面监督,强化国库制度执行力,重点加大对关键业务、关键时点、关键步骤的再审核力度,确保资金无风险。规范商业银行经收业务、拨款、退库及集中支付业务的审核,严格控制金额较大、非预算单位及通过大额支付系统办理的拨款业务而产生的资金风险。

【农村金融服务站建设】 2016年,人行六合支行在上年年底实现农村金融综合服务站无银行网点行政村全覆盖的基础上,对部分服务站开展现场调研走访,督促指导银行机构坚持业务拓展与风险防范并重,选择部分站点提档升级,丰富服务站服务功能,打造精品站点;探索建立服务站退出机制,提高建站质量,切实防范风险。至年底,全区有农村金融综合服务站69家,全年累计办理取现、转账、消费、缴费、残损币兑换等各类业务9.8万余笔、金额3360.93万元。

【反洗钱工作】 2016年,人行六合支行组织对江苏银行浦口支行账户管理及九银村镇银行同业存放和存放同业情况开展现场检查,对检查中发现的问题依法依规进行处罚通报。完成上年度辖区金融机构反洗钱档案建档工作,召开辖区证券、保险及部分银行业金融机构反洗钱联席会议,建立反洗钱长效工作机制。

【反假货币工作推进】 2016年，人行六合支行通过《今日六合》“金融在线”专版向社会广泛宣传《人民币图样使用管理办法》和人民币发行知识及反假人民币常识。联合区市场监督部门开展仿制人民币图样制售冥币专项整治，切实维护人民币的权威性，净化人民币流通环境。发挥反假货币工作联席会议的组织协调作用，将辖区银行业金融机构反假货币工作纳入年度社会治安综合治理考核。强化新版人民币和小面额纸币货币防伪知识和反假宣传，提升宣传效果。

【外汇改革政策落实】 2016年，外管局六合支局制订《国家外汇管理局六合支局2016年度“防风险、控流出、扩流入”工作方案》，通过日常监测、现场检查、重点约谈走访、部门协作等多种方式，重点加强政策监管和资金异常流出风险防控。开展大额购付汇监测和异常购付汇约谈，提高监管针对性。开展外汇指定银行外汇业务专项检查，重点围绕“控流出”中心任务，以银行为主体，结合大额购付汇监测和异常购付汇约谈发现的线索，采取有针对性、短平快的检查。加大资本项目系统数据清理工作，依托资本项目信息系统、跨境资金流动监测与分析平台等多个系统，开展非现场核查14笔。通过开展数据核查工作，加强对贸易信贷调查企业报送数据质量的管理，有效组织辖内国际收支统计申报现场核查工作等，全面做好国际收支统计申报工作。 （徐正清）

【农业发展银行六合支行】 2016年末，农业发展银行六合支行各项贷款余额11.79亿元，各项存款余额8.13亿元，日均存款余额7.85亿元。发放各项贷款7.09亿元，其中发放粮食收储贷款1.59亿元，中长期项目贷款5.5亿元。支持企业收储粮食0.6亿千克。中间业务收入107万元，各项财务收入6262元，各项财务支出2642万元，实现账面利润3620万元。筹措担保基金1000万元，提高支行抗风险能力，保护农民利益。全年实现安全无事故。年累计发放夏、秋两季粮食收储贷款1.59亿元。

【新农村建设项目投入】 2016年，农发行六合支行发挥农业政策性银行潜能，加大对区交通、水利、农民集中居住等基础设施投入。年获批项目2个，投放农业农村基础设施贷款5.5亿元，同比多投放5000万元。支持建设农民集中住房25.89万平方米，安置拆迁农户850户，新建农村道路31.98千米，修缮疏浚河道沟渠7.8千米。 （李家富 胡 军）

【中国工商银行南京六合支行】 2016年末，工商银行六合支行人民币存款余额60.18亿元，其中对公存款时点余额23.7亿元、储蓄存款时点余额36.48亿元。外币对公存款时点余额392万美元。人民币贷款余额64.02亿元，表外项目融资22.15亿元，其中公司类贷款余额33.03亿元，个人类贷款余额15.37亿元。流动资金贷款余额6.73亿元，项目贷款余额13.9亿元，房地产开发贷款余额12.4亿元，个人住房贷款14.6亿元。公司类业务投放贷款12.4亿元。重点项目表外融资取得3亿元的新增投放。个人类业务全年累计投放7.6亿元，新增2.55亿元。加强市场拓展，努力完成个金指标。开展各类社会公益事业活动，包含金融消费者权益宣传、防范电信诈骗宣传、公益事业宣传、献爱心向灾区捐款、反洗钱宣传、交通行业反假人民币宣传、金融知识普及、新版人民币主题宣传等活动。 （杨 恺）

【建设银行南京江北新区支行】 截至2016年末，建行江北新区支行一般性存款日均余额203.3亿元，较上年同期增加22.38亿元。其中，企业存款100.86亿元、储蓄存款102.44亿元。各项贷款时点余额154.98亿元，其中个人贷款余额85.26亿元，新增45.68亿元；公司贷款余额69.72亿元。实现税前利润5.36亿元，比上年增加0.74亿元。年内，支行推动手机银行业务，为客户提供一站式手机金融服务平台。在做深做透网点客户资源的同时，走进校园、企业、机关单位，联合产业各方，探讨各种可行的合作方案，推出手机银行缴纳党费、学费等满足客户多元化需求的金融服务产品。支行全年安全无事故。 （王 姝）

【中国农业银行南京六合支行】 2016年，农行六合支行主体指标发展良好，综合绩效考核排名全市第一。至年底，本外币存款比年初增加12.09亿元，本外币贷款余额比年初增加32.34亿元，全面完成信贷管理指标及涉农贷款、小微企业信贷投放及结构调整任务，不良贷款实现“双降”，资产质量进一步优化。客户基础不断夯实，重点客户及创新产品方面取得突破。全行资产质量总体稳定，未发生重大违规和风险事件。内部管理水平稳步提高，外部形象进一步改善。信贷“三化二无”,运营新增总行级“三铁”单位1个、省行级“三铁”单位1个,“三铁三化”率100%,连续4年被评为总行运营先进单位；省行安全管理“三化三达标”单位支行1个、网点11个、分控中心1个,“三化三达标”考评为优秀,堵截各类诈骗141起,涉案金额318万元。内控评价等级为一类行，为市平安金融示范单位,社会形象逐步提高,取得市及区文明单位、江苏省银行业金融机构优秀青年干部赴县级团委挂职工作先进单位、江苏省分行优秀志愿服务队、南京市学会区科协先进学会等荣誉。

【“3·15”金融消费者权益宣传】 3月15日上午，农行六合支行牵头配合人行六合支行组织辖内邮储银行、紫金农商行,到革命老区冶山东王长寿街农行设立的农村金融综合服务站前,开展“3·15”消费者金融权益宣传活动。活动通过散发宣传单、现场开展咨询、回答群众询问，引导群众合理合法维护自身金融消费权益。4家银行累计发放各类宣传折页3000余份,回答种类咨询200余人次,取得较好宣传效果。

【金融知识普及】 9月26日,农行六合支行与人行六合支行到革命老区冶山东王联合开展“金融知识普及月”和“金融知识进万家”活动。现场金融工作人员面对面向群众普及反假币、防诈骗、保护个人信息安全等知识,发放宣传材料340余份,接待群众各类咨询110人次,推动金融知识普及工作,进一步提高老区群众金融素养。

【农行分理处获评江苏银行业五星级网点】 10月10日，江苏省银行业协会下发《关于命名江苏银行业普惠金融文明规范服务五星级、四星级及三星级营业网点的决定》(苏银协〔2016〕43号),全省金融机构28家网点被评定为五星级营业网点,农行六合竹镇分理处名列第七位。在内外测评中,农行六合支行多次获好成绩,2016年二季度，服务水平测评排名全省第五,全市第一。 (马齐晔)

5月12日,六合区领导彭家龙(右一)在农行六合支行摊位前开展金融知识科普宣传工作调研 农行六合支行 供稿

【中国银行南京六合支行】 12月末，中行南京六合支行本外币时点存款余额93.35亿元，本外币日均存款余额92.7亿元,本外币贷款余额83.84亿元。支行公司条线制造业贷款余额21.49亿元，占支行公司贷款余额的42.7%；中小企业贷款余额4.35亿元，占支行公司贷款余额的8.64%,有效支持地方实体经济的转型发展。支行个金条线紧抓六合区房地产发展、不限购等政策利好，大力续做个人住房贷款业务,零售贷款跨越式发展,较年初实现翻番，个金资产规模迈上新台阶。 (崔 婷)

【邮储银行六合支行】 2016年末,邮储银行六合支行完成业务收入5825.31万元,完成全年计划的95.98%；实现利润3076.42万元，利润完成率96.14%。个人存款余额8.7亿元；销售保险2829.8万元、基金311.11万元、国债1273.92万元、理财9675万元;信用卡发卡1433件；电子银行1.45万户。公司余额16.13亿元,全年存款日均余额15.34亿元,完成年日均计划103%。小企业法人贷款余额9390万元,较年初增加2380万元,共计新增授信10笔,其中9户为新客户。小额贷款净增145.39万元，结余2723.51万元；商务贷款净增2901.8万元，结余1.74亿元；二手房贷款净增3.05亿元,结余6.87亿元;非房消费贷款净增1281.33万元，结余2089.01万元。全年网点无安全事故发生,无重大差错发生。

【新六城投固定资产贷款】 8月5日，邮储银行南京市分行发放南京新六城市建设投资有限公司(以下简称“新六城投”)3.5亿元固定资产贷款，用于“六合区化肥厂周边地块危旧房改造项目”建设，该笔业务属于低风险业务，由北京银行出具“借款保函”。借款人南京新六城市建设投资有限公司为南京市六合区国有资产经营(控股)有限公司子公司，隶属于六合区住建局，实际控制人为六合区政府。该笔业务为支行与区政府合作的第一笔公司贷款业务。8月，新六城投支用贷款1亿元，同时带给银行6000万元对公贷款沉淀。

【金浦锦湖银票质押贷款放款】 2016年，邮储银行六合支行与金浦锦湖达成合作意向，于8月发放银票质押小企业贷款2000万元，该业务是南京行首笔银票质押小企业贷款业务。贷款金额2000万元，贷款利率4.35%，年产生贷款利息收入28.28亿元，同时银票到期托收进保证金账户带来2000万元对公存款沉淀。银票质押小企业贷款以借款企业持有的银票作为质押担保方式，属于“低信用风险、高操作风险”的业务。 (曹萍萍)

【紫金农商银行六合支行】 至2016年末，紫金农商银行六合支行各项存款余额102.63亿元，较年初增长12.44亿元，增幅13.7%，全区占比排名第一；各项贷款余额56.06亿元，较年初增长13.49亿元，增幅31.6%。年实现收入3.33亿元，同比增长0.78亿元，其中中间业务收入1170万元；年实现净利润0.82亿元，同比增长0.55亿元；模拟利润贡献值3.54亿元，同比增长0.56亿元。至年末，五级分类余额为9564万元，较年初下降428万元。

【金陵惠农贷产品推广】 2016年，紫金农商行六合支行将金陵惠农贷客户群体纳入客户群批量营销方案，加大对家庭农场、专业合作社和农业龙头企业的信贷支持力度。对上级下发的最新名单进行新一轮走访，确保走访率100%，通过走访调查，宣传金陵惠农贷，挖掘新型农业主体需求。截至12月31日，支行获金陵惠农贷授信153笔，金额6734万元；用信132户，金额5927万元。

【支付绿色通道构建】 至2016年末，紫金农商银行六合支行设立紫金快付通118户，实现涉农乡镇全面覆盖。年紫金快付通累计交易笔数(含消费、取现、转账)13万笔，累计金额超过1亿元。紫金快付通在取现、消费、转账业务基础上，实现水费、电费、电话费等代扣代缴。(王 萌)

保 险

【中国人民财产保险股份有限公司六合支公司】 2016年，人保财险六合支公司实现保费15153万元，同比增长26.34%，净保费增加3160万元，完成年度计划167.5%。其中：非车险保费收入4961万元，同比增长50%；车险保费收入8175万元，同比增长15.4%；农险保费收入2018万元，同比增长25.2%。年支付赔款9490万元，其中非车险3765万元、车险4856万元、农险868万元，综合赔付率62.6%。年实现利润851万元，其中非车险-104万元、车险523万元、农险432万元。 (徐卫红)

【中国人寿保险公司六合支公司】 2016年，中国人寿保险六合支公司实现长期险首年期交保费4477万元，完成目标82.68%，同比增长12.8 %，其中10年期及以上首年期交保费2068万元，完成目标78.04 %，同比增长37.22%；长期险首年标准保费1745万元，完成目标77.83 %；短险保费1583.59万元，完成目标79.9%。

个险实现首年期交保费2902万元，与上年同期相当，其中10年期保费1733元，同比增长15%；长险首年标准保费完成1462.67万元，短险保费436.24万元，同比增长30%。银保实现首年期交保费1533万元，完成目标116.7%，同比增长46.7%，其中10年期保费完成320.84万元，完成目标213.9%，同比增长805.6%，长期险首年标准保费287.15万元，完成目标110.4%，短险保费50.31万元，完成目标91.5%，同比增长35.9%。银保四项核心业务指标同比均实现较大幅度增长。首年期交保费目标达成率同比增长近50%，达成率全辖排名第一，10年期业务实现历史突破，达成320万元，达成率超200%，同比增长幅度超800%。团险实现短险保费1097.04万元，完成目标75.7 %，其中，意外险保费798.75万元。年度长险保费实现41.5万元，达成率118.57%，其中10年期完成14.5万元。年简单赔付率51.96%，扣除分保后的财务赔付率为40.47%，赔付率较上年上升12个百分点，经营效益有所下降。 (杨宇玲)

经济管理与监督

经济发展与调控

【概　况】 2016年，六合区实现地区生产总值804.5亿元，同比增长8%；一般公共预算收入98.6亿元，增长18.9%；完成全社会固定资产投资485.9亿元；社会消费品零售总额381.5亿元，同比增长10.1%；全体居民人居可支配收入3.4万元，城乡居民人均可支配收入4.61万元、2.06万元。

【十三五规划编制】 2016年，六合区发改部门将《六合区“十三五”规划纲要（草案）》提请区三届人大五次会议审议通过，形成纲要正式文本，并做好纲要宣传推介工作；跟踪协调“十三五”专项规划编制，加快推进各专项规划编制步伐，支撑总体规划落实。

【综合考核目标管理】 2016年，六合区发改部门按照《南京市2016年市对区综合考核目标分解方案》（宁委办发〔2016〕45号文）以及区委、区政府明确的全年重点工作目标，结合各街镇、园区工作实际，形成《六合区2016年街镇、区属园区经济和社会发展工作目标考核办法》，明确街镇、园区的各项年度工作任务以及考核要求，以考核为倒逼全力督促各项目标任务完成。统筹建立“经济发展、民生工作、生态文明”三类指标数据库，完善全区经济形势分析指标统计，精析研判全区经济情况及发展走势，针对出现的新情况、新问题及时向区委区政府提出对策与建议，为领导科学决策提供依据，当好参谋助手。

【体制改革】 2016年，六合区发改部门根据《南京市委全面深化改革领导小组2016年工作要点》明确的改革工作任务，排定全区经济体制和生态文明体制改革年度重点任务；细化“六合区深化经济体制和生态文明体制改革任务年度推进计划表”，将工作要点中明确的15个改革任务具体细化为84项具体改革举措，逐月推进。起草《六合区基本建设项目模拟审批试行办法》，缩短审批流程；依托政务平台，建立涉及行政审批中介机构数据库，有序推进中介机构数据库和中介机构超市建立，规范行政审批中介服务。依据市委市政府“1+5+3+3”系列文件，结合全区实际，制订出台《六合区关于加快推进供给侧结构性改革的实施意见》，明确“三去一降一补”任务目标，加快落后产能淘汰、僵尸企业退出，不断补齐区域各项短板。

【重点项目分解落实】 2016年，六合区发改部门编排全区年度重点项目计划，精选重点项目124个；做好项目进度分解，将124个项目全年推进计划逐一分解到月，明确分管区领导及项目单位责任人，有序推进项目实施；加强项目协调，召开重点项目推进会11场，与各街镇和园区及区规划、国土、住建等相关部门有效对接，协调解决项目推进中存在的问题，一系列涉及区规划、用地、环保、消防等部门的问题得以有效解决，推动联河讯光电、金牛湖—冶山旅游度假区、蒋湾二期保障房等项目提前开工。

【现代服务业】 2016年，六合区实现服务业增加值321.3亿元，同比增长9.8%，分别高于同期二产增加值增幅和地区生产总值增幅2.2个百分点、1.8个百分点，占GDP比重39.9%，较上年年末提高2个百分点。金牛湖服务业集聚区加快推进金牛湖AAAA级景区创建提升项目，猴园搬迁完成；全区电商示范镇村建设加快推进，马鞍现代服务业集聚区招商力度不断加大。

【民生实事工程】 2016年，六合区发改部门制定出台《2016年六合区十项民生实事工程》，明确全年民生工作的重点和主攻方向；以实施“十项民生实事工程”为主要抓手，加强保障改善民生十大体系建设，协调解决项目推进过程中的困难，统筹推进全区民生幸福工程建设。突出项目建设对民生事业发展的支撑作用，建立涵盖区教育、医疗卫生、文化体育、旅游、社会保障、公共安全、公共交通、住房保障、养老、人口服务等方面的民生社会事业项目库，梳理“十三五”重大民生项目30个。

2016年六合区十项“民生实事工程”一览表

表9

类别	工作要点	主要责任单位
推动教育公平均衡发展	建成“江苏省社区教育示范区”	区教育局
	建成“六合区教师发展中心”	
	全力推进六合中专校创建“江苏省高水平现代化职业学校”	
	创建省优质园2—3所、市优质园1—2所	
	加快推进金牛湖第二小学工程建设	
	加快推进龙池中心幼儿园建设	
	加快推进方州小学工程建设	
	完成城西幼儿园等15所幼儿园建设	
	进一步完善助学体系和保障范围，扩大非义务教育阶段助学覆盖面	
	规范执行家庭经济困难学生资助标准，确保九类家庭经济困难学生享受政府助学，做到应补尽补	
	长城中学异地新建	化工园区 社会事业局
	南化四小改扩建工程	
	葛塘中心小学改扩建二期工程	
推进就业创业，坚持就业优先	坚持把高校毕业生就业工作放在首位，继续推进劳务品牌创建，完善城乡就业援助制度，解决好就业困难人员、退役军人、零就业家庭就业问题，实现困难家庭高校毕业生100%就业	区人社局 化工园区 人社局
	全区新增城镇就业13500人，实现再就业4550人，新增城镇就业中大学以上学历占比提高3个百分点	
	城镇登记失业率控制在4%以内，培育自主创业者500人，其中扶持青年大学生创业220人，创业带动就业3000人	
	落实创业扶持资金管理办法，加大小额担保贷款扶持创业工作力度，大力扶持高校毕业生、退役军人和农民工返乡创业工作	
	提升集体协商规范率和集体合同履约率。着力提高基层工会协商能力，促进职工收入逐步提升。健全面向全体劳动者的职业技能培训制度，完善城乡统一的职业技能培训政策	
	积极构建区培训中心、街镇培训基地、民办培训机构、区外高校“四位一体”的培训网络	
	组织开展各类职业培训35430人次，转移农村劳动力1800人	
	坚持居民收入增长和经济增长同步、劳动报酬提高和劳动生产率提高同步。	区发改局、化工园区经发局
	农村居民人均可支配收入增速高于城镇居民人均可支配收入增速1个百分点左右	区委农工委、区发改局、区统计局、化工园区经发局

续表 9

类别	工作要点	主要责任单位
稳步提升社会保障水平	明确广覆盖、保增长的奋斗目标,努力挖掘新的扩面资源,着力稳定费源	区人社局 化工园区 人社局
	全面落实城镇职工医疗保险市级统筹	
	积极稳妥做好被征地农民参加社会保险工作。确保城乡居民基本养老保险、基本医疗保险和城镇职工失业保险覆盖率稳定在98%以上	
	企业退休人员周期免费体检人数达34000人	
	完善社会救助体系,全面实施支出型贫困救助,社会救助覆盖面由户籍人口向常住人口扩展	区民政局
	完善困难残疾人生活补贴和重度残疾人护理补贴制度,适时提标扩面,实现城乡一体化	区残联
	推进安置残疾人就业工作,新增残疾人就业100名,完成就业培训100名	
完善养老服务体系,提升养老服务能力	新建市AAA级居家养老服务中心5家,AA级中心达到70家	区民政局 化工园区 社会事业局
	积极做好社区40%服务用房与专业养老服务组织对接工作,引入专业社会组织入驻15家社区、村居家养老服务中心	
	加大老年助餐点建设力度,30%社区、村居家养老服务中心建有老年助餐点	
	政府购买居家养老服务应保尽保率达100%	
	全面启动区康复中心运营准备工作,年内投入使用	区卫计局、区残联
打造安全有序畅通高效出行环境	完成农路提档升级及县道路面改善158千米、乡村道路(等外路)改造176公里	区交运局
	进一步提升农村公路的建养质量,探索和完善市场化养护管理模式	
	积极发展公共自行车,围绕轨道交通站点、公交枢纽、居民小区,新增公共自行车租赁点94个、投放车辆4300辆	
	加强停车秩序管理。新增机动车停车泊位1200个	区城管局
深化医疗体制改革,提升医疗卫生服务水平	积极支持区内医疗机构与市鼓楼医院、中大医院和省中医院等共建医联体	区卫计局
	年内达到市卫生局要求的每家一级医疗机构均与省市三级及区内二级医疗机构建立医联体的工作要求	
	引进优质医疗资源,提升基层医疗服务能力,促进分级诊疗,推动建立"基层首诊、双向转诊、上下联动、急慢分治"的诊疗模式	
	完成区中医院异地搬迁	
	启动建设区脑科医院	
	启动区妇幼保健所转型建设妇幼保健院工程	
	继续开展卫生信息化建设,完善区域信息化平台建设	
	人均基本公共卫生服务经费提高到72元,比上年提高20%	
	人口和家庭公共服务体系建设覆盖率98%	区人计局
	全面推进免费孕前优生健康检查项目,目标人群覆盖率90%以上	
	实施流动人口卫生计生服务均等化工程,服务率90%	
大力改善公共环境	继续完善雄州主城污水主次干管网建设,实施龙海小区、护城河两岸截污等雨污水管网改造,主城污水集中处理率95%以上	区住建局
	加强农村饮用水水质监测管理,保障农村居民集中饮用水安全	区计生局
	建成竹镇镇侯桥、横梁街道方山村杨组等村庄污水处理设施3座	区住建局
	加大新建项目节能评估审查力度,从严控制增量,对高能耗、高污染、燃煤项目(国家鼓励的燃煤热电联产项目除外)一律不予审批	区经信局、区发改局、化工园区招商局
	强化重点用能企业动态监控,全年煤炭消费总量控制在1652万吨以内	区经信局、区发改局、化工园区经发局

续表 9

类别	工　作　要　点	主要责任单位
推进公共安全建设	文明城市创建测评综合得分达到 80 分以上	区委宣传部
	公众安全感达 92%以上，法治建设满意度 91%	区委政法委(综治办) 六合公安分局、化工园区综治办
	完善食药基层监管网络建设，实现无缝监管。建立街镇分管领导定点联系制度，健全食品药品安全网格队伍，开展食品药品安全知识和岗位履职培训	区市场监督管理局
	通过网格化基层监管，加大对“三小”行业和企业食堂等重点难点的监管力度，实现事后监管向事前防范转变、滞后监管向主动履职转变，努力构建多层次、全方位的食品药品安全社会共治格局。	
	全年完成食品检测样本量(不含快检)2 份/千人，完成 140 批药品、医疗器械、保健食品、化妆品的抽检，其中地产基本药物抽样覆盖率 100%	
	开展食品生产加工小作坊提档升级帮扶专项工作，2016 年试点发放小作坊登记许可证 20 家	
	创建国家食品安全城市	
丰富人民群众文体生活	加快完善基层公共文化设施，建设 12 个标准化文化室，6 个三星级以上农家书屋，建成 10 个“通借通还一卡通”社区分馆	区文广局
	做好文化城图书馆文化新馆功能定位、开放运营、服务管理等工作	
	积极开展百场公益广场演出，全年举办各类群众性文化活动不少于 1000 场	
	全年组织“舞台车巡演”“文艺走基层”活动不少于 70 场。完成送演出 100 场，送图书 10000 册，送电影 800 场任务	
	进一步推进体育场馆免费和低收费开放。广泛开展全民健身活动，全年举办各类群众性体育活动 500 场次	区体育局
加大保障性住房建设	做好二棉厂地块、四坝地块、古棠中学、复兴桥连接线等项目的安置工作	区征收办
	推进深井泵厂地块、双客厂地块等安置房工程进度，加快启动金水湾二期、人民商场等地块安置房建设工程	区住建局
	全年开工建设保障性住房 100 万平方米，续建 70 万平方米，竣工 60 万平方米	
	基本建成公共租赁住房 150 套，新增低收入住房保障家庭租赁补贴 5 户	
	城镇、农村家庭住房成套比例分别达 95%、87%	
	重点推进列入 2016 年省市棚户区改造计划的物华公司西侧、龙池路以西	
	实施棚户区改造安置住房新开工 1000 套	
	完成全区 10 个街镇 105 户的农村危房改造任务	

【农业保险】 2016 年，六合区发改部门分解下达各涉农街镇主要种植业、高效农业保险全年目标任务，将农业保险完成情况纳入全区综合考核。针对极端天气造成的小麦受灾面积广、程度严重的状况，开展主要种植业和高效设施农业受灾情况的核实、定损，推进相关理赔和定损，及时拨付保险赔款，支持受灾农户和专业合作社恢复生产；农险理赔金额 1735.7 万元，比上年增加 49.2%，其中，主要种植业理赔 656.1 万元；高效设施农业理赔 1079.68 万元。

【循环经济】 2016 年，六合区发改部门牵头完成“十三五”循环经济规划编制，坚持以禁黏创建为抓手，以执法检查为手段，强化行政区新墙材管理，加强新墙材推广应用，年墙材总产量 1.61 亿块(折标砖)。加强散装水泥发散，年度散装水泥销量 30 万吨，年发散率 87%以上，预拌砂浆年产量 25 万吨，完成龙袍、金牛湖两街道省“发散”示范乡镇创建。引导区内混凝土、预拌砂浆、新墙体材料生产企业产品使用三废资源，提升一般固废利用成效，年度粉煤灰累计利用量 12.6 万吨。(杨中胜)

【固定资产投资】 2016 年，六合区全社会固定资产投资完成额 485.9 亿元，比上年下降 21.6%。其中：固定资产投资额 350.7 亿元，比上年下降33.69%；房地产开发投资额135.2亿元，比上年增长48.8%。

从产业结构看，第一产业完成投资5.86亿元，比上年增长69.8%；第二产业完成投资211.6亿元，比上年下降42.9%，其中：工业投入完成207.6亿元，比上年下降42.5%；第三产业完成投资268.4亿元，比上年增长16.9%。

从增速上看，房地产投资发展速度保持快速增长态势。商品房销售面积125.5万平方米，同比下降7.8%，商品房销售额95.9亿元，同比增长9.3%。自10月起，房地产投资、商品房销售面积和销售额增速均在攀升，由于双限政策对六合影响较小，商品房供应量不能满足市场需求，房价持续上涨。 （区统计局）

国土资源管理

【概　况】 2016年，六合区国土资源管理工作围绕“保护资源、节约集约、维护权益、改革创新”总要求，完成各项工作目标任务。耕地保护责任落实到位，区级以上重大项目用地基本得到保障，通过土地利用总体规划调整完善，化解多年来中心城区规划空间供需不足的难题，实现国土资源管理工作“十三五”良好开局。六合国土分局连续获南京市国土局年度工作先进单位称号，被评为六合区“六五”普法先进集体。

【土地规划计划】 2016年，六合区国土部门完成土地规划调整完善方案编制上报工作，该次调整完善以2014年末地类现状为基础，下达的规划指标执行年限为2015—2020年。调整后，耕地保有量核减至6.24万公顷，比原规划耕地保有量下降886.67公顷；基本农田保护任务核减至5.55万公顷，比原规划保护任务核减0.65万公顷。至2020年，建设用地总规模为3.81万公顷，较2014年年末建设用地总量增加993.33公顷，获流量指标1106.67公顷，调整预留666.67公顷的设施农业规划布点。至年底，结余在手国家计划74.33公顷，其中当年下达计划25.34公顷、占补平衡交易奖励计划16.67公顷、与化工园区置换计划26.67公顷、往年结余计划5.67公顷。

【耕地保护与土地整治】 2016年，六合区国土部门组织区与街镇、村组与农户签订耕地保护责任书。完成城市周边永久基本农田核查举证，划定永久基本农田5.55万公顷。以占补平衡项目为载体，建设高标准农田2506.67公顷。发放2016年度耕地保护补贴资金1.77亿元，涉及面积3.94万公顷，惠及农户13万户。审核并完成设施农业项目备案20宗总规模973.33公顷。在冶山、程桥、马鞍、竹镇等街镇美丽乡村示范区、农业主导街镇范围内，组织实施2016年度14个总规模2653.33公顷土地综合整治项目，其中10个占补平衡项目2246.67公顷通过验收，新增耕地200.2公顷。

【土地征收与供应】 2016年，六合区国土部门完成7个单独选址、6个批次54个项目的组卷上报，上报征地面积551.07公顷，同时取得6个单独选址和6个批次58个项目218.6公顷用地的征地批复。衔接江苏省政府93号令，出台《六合区关于贯彻和落实〈江苏省征地补偿和征地农民社会保障办法〉的通知》衔接政策，完成38个项目586.2公顷征地项目新老政策衔接。上年获批62个760公顷征地项目，完成57个项目726.67公顷，批后实施完成率95%，批后人员进保率100%。供应各类土地86宗400公顷，出让金收入38.36亿元。其中，供应工业用地10宗37.47公顷、经营性住宅用地7宗28.44公顷。

【土地节约集约利用】 2016年，六合区国土部门完成“十二五”期间土地利用现状调查和产业用地调查。研究出台建设用地全程跟踪管理实施意见。根据南京市政府批而未供和闲置土地处置盘活工作方案，对全区221.07公顷批而未供土地组织整改，完成批而未供整改供地114.53公顷。综合运用行政、市场、司法等手段，以收回、开工方式，处置完成列入国土部督察清单闲置土地5宗38.8公顷，化解竹镇镇大泉湖、龙袍街道奶山等地块历史遗留问题。推进年度城镇低效用地再开发计划实施，金盛工业改商业地块13.27公顷再开发方案，经区政府审议批准。

【土地执法监察】 2016年，六合区国土部门制定执法巡查工作考核办法和标准，层层落实和强化日常执法监管责任。2016年度卫片违法图斑209个39.47公顷，同比下降13%。区政府多次召开专题会议，推动卫片违法用地整改，上年度卫片违法用地整改到位率80.6%，实现“零约谈、零问责”目标。开展联合执法行动40多次,打击各类矿产资源偷盗采行为,清拖偷盗采机械、车辆30多辆,立案查处13起,向区公安部门移送矿产资源偷盗采案件3起。

【地质灾害防治与地质遗迹保护】2016年,六合区国土部门制订并下发《2016年度地质灾害防治方案》,落实14个地灾隐患点责任人和监测人,开展汛前排查、汛中巡查、汛后核查,先后投入3000多万元,完成金牛湖景区环湖路地质灾害、瓜埠山地质灾害治理和冶山铁石岗矿区突发地质灾害应急消险,实现突发地质灾害零伤亡目标。实施灵岩山景区雨花石组剖面地质遗迹保护工程,完成偃月崖地质遗迹揭露工程,建立地质遗迹保护标志、配套等设施。年内,六合国家地质公园涉及的所有地质遗迹保护项目全部完成并通过验收。

【不动产权登记】2016年上半年,六合区国土部门继续推进机构整合、人员划转、窗口设置等工作。6月28日,同步全市实现城镇不动产统一登记发证目标,至年底制发证和证明3.79万本。横梁街道黄中社区宅基地和农房统一登记试点工作,集中受理登记申请1420宗,制发证1220本,试点案例入选市级优秀改革案例,基于村民自治模式形成的“三级确认、司法调解”试点经验被国土部、江苏省国土厅总结宣传。4个宅基地和农房统一登记扩大试点村居,完成外业调查、数据建库、出台相关问题处理政策等准备工作,即将进入登记受理审核发证阶段。(陈子伟)

6月28日,六合区首批城镇不动产权证书在区政务大厅颁发

区国土分局 供稿

财政管理

【概 况】2016年,六合区财政收入完成254.4亿元,比上年增长12.12%;其中:国税收入完成186.8亿元,比上年增长14%;地税收入完成56.8亿元,比上年增长6.6%。财政部门完成13.7亿元,比上年增长8%。公共财政预算收入完成98.6亿元,比上年增长18.9%。年公共财政预算支出84.5亿元,比上年增长15%;其中:教育支出18.4亿元,比上年增长12.9%;医疗卫生支出4.8亿元,比上年增长14.5%;社会保障和就业支出8.2亿元,和上年持平略增;城乡社区支出16.8亿元,比上年增长11.7%。年基金预算支出32.6亿元,比上年下降7.4%。

一般公共预算收入完成98.57亿元,增长18.9%,完成调整预算的100.3%。其中,原六合一般公共预算收入完成31.13亿元,增长2.9%,完成调整预算的100.3%;化工园区一般公共预算收入完成67.44亿元,增长28.1%,完成调整预算的100.3%。

【加大收入组织力度】2016年,六合区财政部门发挥好财政部门组织收入的牵头作用,主动协调好区国税、地税等部门,分析形势,查找问题,研究对策。注重与各街镇(园区)上下联动,精细测算,确保财政收入增长达到预期目标。全力推进“营改增”改革。跟踪财税改革动态,推进全面实施“营改增”各项工作,研究财税体制改革对地方财政收入带来的影响,积极应对,主动作为。加强部门配合,充分发挥综合治税平台作用,整合多部门数据资源,对容易发生征管漏洞的行业、环节配合税务部门完善征管机制,加强风险防范,严格做到依法征收、应收尽收,防止税收转移流失。

【提高财政资金效益】2016年,六合区财政部门落实供给侧改革,促进产业转型升级,设立专项资金扶持新材料、节能环保、高端装备、生物医药四大类新兴产业。

【推进财政改革】 2016年，六合区财政部门完善4本预算管理体系，根据新预算法要求，安排预算稳定调节基金1.98亿元；对区教育局、财政局等10家单位预算进行“参与式”审核，促进预算安排的公平、公开；试编区水务、卫生计生两个部门2016—2018年滚动预算，建立部门预算滚动项目库，构建以3年滚动规划为指引的项目预算管理体系。组织区级所有预算单位2015年部门决算和2016年部门预算、“三公”经费预算以及涉及民生的重大专项资金进行公开，并对“三公”经费增减情况作出说明。试点推进区属国企转型发展，组建新城建设集团。印发《关于做好六合区区属国有企业分类工作的通知》，开展区属国有企业分类管理，突出“管资本”的监管理念。对国有企业出资人的监管边界、国有资产的监管内容开展梳理，建立监管事项清单。起草《深化区管企业负责人薪酬制度改革实施意见》，推进区管国有企业负责人薪酬规范化管理。举办六合区中小企业融洽会，推介“小微创业贷”等8个金融产品；推动企业资本市场融资，全区有10家企业在新三板成功挂牌；开展防范和打击非法集资宣传，进行全区互联网金融风险专项排查工作，切实维护地方良好金融生态。

【强化财政绩效引领】 2016年，六合区财政部门对财政资金安全、非税收入执行等23个项目进行财政监督检查，提出整改意见59条。对区级预算单位预决算信息公开情况进行专项检查；不断完善政府采购监管，实现从总额管理向项目管理转变，街镇国有资产信息一体化管理实现全覆盖。制定区级预算绩效目标暂行办法，建立预算绩效目标管理工作机制，推进预算绩效目标管理和预算编制管理的有机融合；开展财政重点项目绩效评价；规范政府债务举借、使用和偿还，通过设立产业基金、运用PPP方式等降低债务规模。采用政府债券置换、提前还本、降低执行利率、直接融资等方式降低政府建设平台融资成本。开展会计人员继续教育网络化学习，组织安排会计专业技术资格和从业资格考试。

(孙　鑫)

【化工园区财政概况】 2016年，化工园区完成财政总收入203.3亿元，完成年度目标任务191.6亿元的106%；同比增收23.1亿元，增长12.8%。年完成公共财政预算收入67.4亿元，完成年度目标任务54.5亿元的124%；同比增收14.8亿元，增长28%，实现“十三五”良好开局。

【优先保障民生所需】 2016年，化工园区本级安排公共财政预算支出34.7亿元（不含省市专项补助3亿元），同比增长18.8%，足额保障园区教育、卫生、社会保障等民生支出及增人增资等刚性支出。

【融资渠道管理】 2016年，化工园区财政部门创新直接融资和股权基金融资方式，抢抓国家政策性银行融资机遇，年完成融资总量149亿元，偿还各类到期贷款95亿元，融资增量54亿元。

【财政管理改革】 2016年，化工园区财政部门在全市率先启动财政国库集中支付电子凭证建设，全面实施财政预决算信息公开工作，组织完成上年度权责发生制综合财务报告编制工作。开展棚改项目政府与社会资本（PPP）合作方式试点，深入推进园区教育、卫生、生态保护、市政养护等重点项目财政绩效评价工作。

【规范财政基础管理】 2016年，化工园区财政部门结合园区实际，先后制定并印发加强行政事业单位财务管理工作通知、行政事业单位资产配置标准和使用年限标准、机关差旅费管理办法、2016年政府购买服务目录、财政局内部控制制度工作方案、人才专项资金管理办法、财政资金对账制度等财政财务管理办法。

【提高财政服务经济社会发展质效】 2016年，化工园区财政部门组织开展防范和打击非法集资集中宣传活动。稳妥推进互联网金融和非法集资专项整治工作。统筹做好加强电子交易场所、小贷公司和担保公司监管。积极组织中小企业互助基金转贷、企业上市补贴核拨等金融服务工作。

(包轩畅)

税务管理

·国家税务·

【六合区国税】 2016年，六合区国税部门组织各类税收收入24.78亿元，同比增收5.75亿元，增长30.2%，其中组织公共财政预算收入10.24亿元，首次突破10亿元大关，同比增收3.92亿元，增长62.04%，完成年度计划的145.92%。收入总量和公共财政预算收入再创历史新高，实现总量、增量和质量“三量齐升”，“金税三期”正式上线运行。区国税局被评为2013—2015年度市、区级文明单位，“2015年度六合区级机关作风建设人民满意单位”“2015年度全区依法行政先进集体”，“城乡共建税联花”服务品牌获南京市文明单位首批活动品牌二等奖。

【营改增试点全面推开】 5月1日起，建筑业、房地产业、金融业、生活服务业被纳入营业税改征增值税试点范围。六合区国税部门在1个月内，完成营改增税户确认、税控发行、发票发售等一系列前期准备工作，税控发行率100%，接收营改增纳税人6620户，认定增值税一般纳税人859户。营改增试点在六合区全面推开，新旧税制实现顺利转换。

【获中华全国总工会模范称号】 7月，六合区国税部门工会获中华全国总工会授予“模范职工之家”称号。多年来，区局工会按照《工会法》《中国工会章程》等法律法规的要求，紧扣“依法、创优、维权、素质、服务、强身”6个关键词，抓好“建家”工作，通过做“娘家人”，办贴心事，举大家力，全面调动会员积极性，全力服务区局中心工作，在“营改增”等重点工作中发挥重要作用。

【省国税系统法治税务示范基地创建】 8月，六合区国税部门被江苏省国税局命名为“全省国税系统法治税务示范基地”。2016年，六合区国税部门以“主辅分离、明权确责、循序渐进”为基本原则，以“优化纳税服务、提升征管质效、降低执法风险”为主要目标，探索执法主辅制，做到高站位启动、高标准要求、高质量推进，征管档案资料问题率由26%降为3%，成效明显。

【入选市国税系统稽查优秀案例】 2016年，六合区国税部门立案检查案件46件，查补稽查收入2570万元。其中，某建材公司少列收入、多抵进项税金的案件查处，被评为南京市国税“稽查优秀案例”。 （王　尼）

【“金税三期”上线运行】 2016年，六合区、化工园区国地税系统先后开展“金税三期”大双轨运行、人海压力测试、上线数据补录、委托代征系统上线部署、“金税三期”单轨运行应急演练等一系列工作。国庆节期间，化工园区国税部门对发票、票证、注销、行政处罚等1600余户3000余条数据进行补录。六合区地税部门建对143个项目开展测试5680户次，总体试运行通过率95.35%。精心组织压力测试，3次人海仿真测试，开展2021户次测试，其中包括电子税务局专项测试358户次，业务场景联动测试180户次。

（王善良　李海燕）

链接：金税三期

金税三期系统是首个全国统一的国地税征管应用系统，也是国内税收管理信息系统工程的总称，围绕“一个平台、两级处理、三个覆盖、四个系统”的总体目标而建立。一个平台，指包含网络硬件和基础软件的统一的技术基础平台；两级处理，指依托统一的技术基础平台，逐步实现数据信息在总局和省局集中处理；三个覆盖，指应用内容逐步覆盖所有税种，覆盖所有工作环节，覆盖国地税局并与相关部门如工商、海关联网；四个系统，指通过业务重组、优化和规范，逐步形成一个以征管业务系统为主，包括行政管理、

3月18日，国税干部参加南京人民广播电台FM106.9“国税在线”节目直播

化工园区国税部门　供稿

外部信息和决策支持在内的四大应用系统软件。

【化工园区国税】 2016年，化工园区国税部门认真落实各项改革措施，在打好“营改增”“双打”“金税三期”三大攻坚战基础上，不断深化税收改革、强化依法治税、优化纳税服务、创新队伍建设。年组织各项税收收入161.94亿元，同比增长11.86%；完成地方公共财政预算收入37.79亿元，同比增长48.6%。

【“双打”工作有序开展】 7月，省、市国税局下发高风险纳税人清册。化工园区国税部门各项任务指标均位列全市前五名，成为系统“双打”工作重点区域。在“双打”实施过程中，抓好“防、控、打”3个环节。自主拟定部分风险指标，筛选出高风险纳税人346户，采取控票、停止网上申报和升级版开票措施。加强与地方政府沟通，引导地方政府规范招商引资，力求源头控制。至9月15日，除41户无法联系纳税人外，其余全部做到法人实名采集、约谈、控票等，提前半个月完成“双打”阶段任务，有效遏制虚开发票现象蔓延。

【“营改增”试点工作落实到位】 2016年，“营改增”工作是国税部门的重点工作之一，化工园区国税部门成立青年突击队，实行中层干部轮流值班制度，先后新增6个办税窗口、8名工作人员，配置8排座椅、4台自助服务设施，增设申报预审等5个专区，有效应对“营改增”带来的挑战。4月，园区局完成5864户“营改增”纳税人接管、1198户税控发行、716户税银协议签订，实现税户确认率100%、税控发行率100%、税银协议签订率100%。5月，局办税大厅工作量陡增，日均800多户前来办理各项事宜，最高时1300多户。6月，局完成964户“营改增”一般纳税人申报工作，申报率100%。7月，局完成2664户“营改增”小规模纳税人申报工作，申报率97.33%，一般纳税人申报率继续保持100%。局“营改增”工作的经验和做法在《南京国税简报》第26期发表。

【电子税务局全面上线运行】 2016年，化工园区国税部门作为全市唯一的电子税务局试点单位，通过统筹部署、全员参与、分步实施，有序推进电子税务局试运行，助力全面营改增、“金三”系统上线、“双打”等中心工作，局以纳税人需求为导向，在二楼设立电子税务局体验辅导区和自助开票区，配置10余台电脑和两部针式打印机，切实提高用户体验。全年局所辖纳税人通过电子税务局办理申报21.83户次，开展涉税申请1.83万户次。 (王善良)

·地方税务·

【六合地方税务】 2016年，六合区地税部门坚持改革创新，强化协同发展，努力实现组织收入稳定增长、税收征管提质增效、税收执法规范透明、纳税服务便捷普惠、队伍建设廉洁高效，较好地完成全年各项工作任务，获“全国职工书屋”“省级文明单位”、南京地税系统“税务文化建设精品示范单位”、南京市“法治文化宣传教育基地”“职工优秀阅读组织”等称号；1人获南京市“五一劳动奖章”；连续11年获“区人民满意单位”称号，连续8年被评为南京市地税系统先进单位。

【组织收入32亿元】 2016年，六合区地税部门组织各项收入32.65亿元，同比增长-3.86%。其中，税收收入21.88亿元，减收1.8亿元，同比增长-7.6%。公共预算收入15.95亿元，减收3.01亿元，同比增长-15.9%。征收社保基金费等非税收入10.77亿元，同比增长6.3%。其中，社保费9.32亿元，增收0.56亿元，同比增长6.3%。征收工会经费694.45万元，同比增长11.09%；征收残保金777.63万元，同比增长5.39%。

【“营改增”推进】 2016年，六合区地税部门会同区财政局、街道园区举办“营业税税源清理工作辅导会”，累计清理入库税款4.47亿元，其中营业税3.36亿元。做好二手房、租赁、建工窗口原地税发票缴销。做好国税委托代征二手房和私房出租增值税工作，保证征收工作平稳有序运转。跟踪地税发票过渡使用情况，协调做好与国税发票衔接。《后营业税时代如何做好地税工作》论文，被江苏省地税局《决策与参考》刊用。协同区财政、国税共同制定全区建筑业税收征管办法，成立联合建管办，构建新的建筑业税收征管机制。

【税收法治建设】 2016年，六合区地税部门与区人社、工商、公安等20多个部门建立欠薪欠费预警联动机制，与区人民法院协调，1社保欠税户首次被受理、立案，进行强制执行。强化优惠政策落实，办理土地使用税困难性减免8户，审批同意5户。为三类特殊人群上门办理个人所得税退税手续，办理残疾人减免9户。强化税种管理，自主开发“房土税管理信息化平台”，实现房土税源日常动态化管理。加强机关事业单位个税征管，开辟3个绿色窗口办理机关事业单位申报纳税。强化督察内审工作，突出年度重点和专项税收执法督察，实行评价工作数字化。逐步运行执法业务检查两级分层模式，采取区局检查和部门自查双轨运行。

【个体户“两证整合”】 2016年，六合区地税部门利用办税服务厅、微信公众号、税务网站等媒介平台，全方位、多渠道宣传解读“两证整合”登记制度改革内容。在办税服务厅设立政策咨询点，方便纳税人进行实时咨询，组织政策宣传服务队，为创业基地、孵化器进行上门服务，提高政策社会公众知晓度。加强与区工商、区国税等部门的沟通与配合，建立联席会议制度，明确各自工作职责，定期召开工作会议，及时反馈工作进度。区国地税对一次申请事项限时办理，开通办理绿色通道、精简报送材料，有效降低行政成本。组织相关人员参加“两证整合”业务培训，确保业务操作人员熟练掌握机内流程。进行模拟验证，做好新旧登记模式衔接，确保登记信息能够实时共享，实时解决个体工商户“两证整合”操作当中存在的问题。

【督察内审模式创新】 2016年，六合区地税部门执法督察补税11.5万元，退税0.3万元，核实疑点税户150余户，疑点数据280余条，补缴税款30万元，征收滞纳金5万元。评价结果数字化，采用直接计分法与反向计分法两种方法，实现各个部门执法业务工作质量和执法督察工作质量进行数字化评价，严格责任追究，批评教育17人次，D级绩效考核扣分17人次，经济惩戒500元。

【地税风险管理】 2016年，六合区地税部门自主税源风险应对户64户，占总应对户数8.8%，入库税款3884.07万元，占风险应对收入61.18%。提高数据服务能力，推进数据分析风险管理系统二期项目开发，对第三方数据采集、数据匹配、税户比对等流程进行功能的整合与优化，为自主选案提供参考信息。获取区住建局、国土分局、财政局、供水公司、供电公司等26家单位第三方数据，打破辖区各单位数据壁垒。

【“三微一Q”纳税服务】 2016年，六合区地税部门通过“三微一Q”（微博、微信、涉税微簿，QQ）平台及时推送相关信息给纳税人。同时，在线进行政策咨询、服务预约，为纳税人提供个性化、便捷化的纳税服务。至年底，六合区地税微博累计发布微博1600余条，微信公众号关注人数500人以上，满足纳税人入群咨询问政的需求。收集新办纳税人最感兴趣提醒事项，结合新政内容，编印新版“涉税微簿”1500余册，免费发放给纳税人，使纳税人“一簿在手，办税无忧”。

【税银合作】 2016年，六合区地税部门将网上办税平台延伸到合作银行的工作大厅，纳税人可以选择到地税局办税服务厅或就近的银行网点进行自助式纳税申报工作。建立点对点联络机制，随时交流遇到的问题和获取的经验，缩短解决业务办理问题时间。制作宣传卡板、展架等宣传器材，摆放在办税服务厅、银行网点，详细介绍“税银合作”手段、方法。

【税务志愿者服务】 2016年，六合区地税部门动员社会力量，建设高素质志愿者队伍。依托南京志愿服务的平台，广泛征集社会资源，优先关注在校学生以及具有相关资格认定的个人，15名志愿者通过考核和筛选，进入六合地税办税服务厅和政务中心进行志愿服务。完善志愿者培训制度，促进志愿者知识更新。通过税务工作人员的现场指导、邀请志愿者参与税务机关业务培训等方式，提升志愿者能力层级，实现志愿者增长知识与实践经验、税务机关税务指导减负、纳税人获得更加优质纳税服务的“三赢”局面。

【股权转让交易税收监管】 2016年，六合区地税部门定期与同区工商、商务、住建、国税局等部门进行信息交流、数据交换，同时加强与金融机构等企业的密切联系，及时掌握股权转让前后股东的资金流向，堵塞股权转让个人所得税征管漏洞。重点核查被转让股权企业资产、负债真实性和准确性，关注股权转让前资产是否异常减少，可疑负债后续监管。建立股权转让所得个人所得税电子台账，对所辖企业个人股东逐户登记，实施动态管理。落实征、管、查各部门责任，建立严密的配合机制，从源头防止个人所得税税源流失。年推送转让信息267户次，完成核定80户次，核定面29.96%，入库税款849.3万元，核定率远超市局考核指标。1户自然人股权转让案例参加系统视频会议上交流发言。

【"三联机制"税源管理】 2016年,六合区地税部门"内外联动",建立税源管理联动机制。推进国、地税合作,在资源共享、服务联合、征管互助、执法协同上进行有效探索。与区内相关部门共同建立欠薪欠费预警联动机制,促进社保费和基金规费的及时入库。协同区街道、公安等部门,对3户欠费企业采取有关行政措施。"信息联合"提升税源管理信息联合水平。强化信息管税,加强第三方信息的有效利用,强化信息采集和涉税信息对比,优化税收征管手段,清理国、地税纳税人名称,识别号,法人,状态不一致户3503户,国税有登记户地税无登记户86户。"个性联制"打造税源管理个性联制方案。实行分类管理,优化个性化纳税服务。建立税企联络制度,借助"税企E线通"、微信、微博提供政策咨询、业务交流等服务,提高企业税法遵从度。

【税收数据管理】 2016年,六合区地税部门网上受理减免税申请93户次,手续费结报487户次,外经证开具439人次,落实"两个减负"的工作要求。建立大数据信息管理系统,通过数据建模将企业所得税、个人所得税和其他地方各税的比对稽核关系交由计算机处理,实现风险信息的快速、准确推送,增强税务机关管理服务水平。年复核修改纳税人信用等级1700余户,添加补评企业11户,保障辖区内领导走访企业、重点税源企业纳税信用等级100%正确。

【服务农村电商】 2016年,六合区地税部门拓宽"创客"税收政策知晓通道,由点及面宣传支持电商企业发展的税收政策,实现沟通答疑"零距离"。通过后台数据分析,主动电话提醒纳税人注意申报享受税收优惠,对符合条件的企业落实小微企业所得税减免政策,兑现高新技术企业税收优惠。对纳税人实行即来即办、预约服务等多项便民措施,从税务登记到发票领购以及申报缴税全流程帮办辅导,切实提高办税效率,利用"互联网+"办税功能提升纳税服务水平。加强电商企业风险预警管理,跟踪提醒异常指标和可能存在的涉税问题,对电商企业生产经营过程中存在的涉税风险定期开展摸底调查,并适时将可能存在的问题告诉企业,提醒纳税人自我修正、化解风险。

【国地税合作】 2016年,六合区地税部门成立"国、地税合作工作领导小组",建立"国、地税联席会议制度",实现区国税、地税、纳税人三方共赢。联合开展对纳税人辅导培训,对1200户重点税源户和20家中介机构进行专项培训。建办税服务厅,互设窗口,共驻政务服务中心等方式,联合为纳税人提供办税服务。提供个性化定制及咨询服务,增强纳税人办税便捷度及满意度。携手在"线下"通过纳税人之家、政策宣讲会等形式面对面宣传最新政策。"线上"通过微信公众号、微博,互相分享、推送税收发展热点信息,做好政策宣传工作。

化工园区建立点对点联系、定期召开联席会议的合作机制,制订《南京化学工业园区国地税合作章程》,通过联席会议制度、常态合作机制,明确责任机构,创新宣传机制。制定"金税三期"上线纳税人操作联合培训预案,分门别类开展"金税三期"上线操作培训;开展新办户联合培训,每月末由国、地税的培训人员共同为纳税讲解办税流程、新政新规、疑难杂症。互派业务骨干进行学习交流,实现人员互派挂职锻炼"零"的突破。(王 税 吕 璐)

【化工园区地方税务】 2016年,化工园区地税部门组织入库税收收入35.7亿元,同比增长24.39%,其中,市局计划口径公共预算税收收入22.78亿元,同比增长9.7%。组织入库三费收入7.9亿元,同比增长21.58%。"金税三期"平稳过渡,"信息管税"广泛运用基层一线;国、地税合作不断深入,落实宣传"同声"、服务"同力"、数据"同步"、共识"同心"的"四同计划",通过互派干部、互助培训、互办业务,实现税收管理深度融合。利用"互联网+",实现二维码新政速递、公众号直播答疑、营改增"预约通道"、大数据按需宣传,上半年纳税服务现场检测全市排名第二。加强纳税服务规范化,推进办税服务标准化和品牌化建设,加强办税礼仪培训,在简化流程的基础上,做到服务指引一站式、办税流程一体化。

【全国税务系统创意点子奖创新项目入选】 2016年,化工园区地税部门实践"互联网+税务"和"大数据治税"理念,参与的"基于大数据框架下的服务策略系统"创新项目,被江苏省地税局推荐入选全国税务系统创意点子奖,入围全市改革创新优秀案例，并获系统优秀创新项目一等奖。

【中韩学生税收文化交流活动】 2016年，中韩姐妹城市学生交流团一行60名师生到南京税收博物馆参观学习，参观之旅用税收串联起中国历史文化的发展历程，从税收找寻中韩经济文化交流的历史传统，增强中韩学生彼此的了解和友谊。来自韩国大田广域的中学生们和南京旭东中学的小伙伴们一起体验中国税收历史文化之旅。

【园区税源管理】 2016年，化工园区地税部门全面完成营改增，抓好营业税存量税源清理，做好发票衔接、委托代征等各项业务工作；加强分级分类税源管理，强化区域重点税源监控，优化收入分析预测，收入预测准确率全市排名前5名；强化非正常税户管理机制，非正常户清理率超过11%，对非正常户多头注册清理100%；实施欠税联管机制，采取以票控欠、以欠抵退等多种方式实施追缴，年清理陈欠入库169.74万元，往年陈欠清理率50.19%，新欠发生率低至0.14%。加强税源征管指标监控。对当月15个A类指标和35个B类指标进行跟踪和规范管理，"科所联动"，对各所在征管质量监控上的困难及时解答和协助解决。

【应用"掌上办税"APP实现移动报税】 2016年，化工园区地税部门拓展"互联网+税务"服务举措，依托掌上办税APP，推广二维码政策查询、掌上申报、支付宝缴税、催报催缴查询等服务。拓展网络平台应用，利用分局博客、微博、税收志愿者QQ群等服务平台，为纳税人提供纳税服务规范查询、提醒服务等服务的基础上，着力研究开发高新地税微信平台，打造集税务通知、政策查询、纳税人学校等功能为一体的服务新模式。

【市级"法治税务"示范基地创建】 2016年，化工园区地税部门成功创建市级法治税务示范基地；全面完成营改增各项工作，确保业务平稳过渡；加深资本交易税收管理服务，年入库股权转让个人所得税4685.83万元；立足化工园区特点，参与国务院环保费改税项目组调查研究。加强法治宣传教育，编制《新政速递》，开展"涉税案例讲评会"，发布并执行区局常态化督察内审工作制度，开展内控机制建设。开展风险应对质量检查，检查整改问题户15户次，补税17余万元；严格逐项开展分局自查及市局互查，通过执法督察补征税款80余万元。

【小微企业全部享受优惠】 2016年，化工园区地税局部门实各项税收优惠政策，推动"营改增"、小微企业和困难企业减免等各项税收优惠政策落地，年办理减免税备案和核准户987户次，小微企业优惠享受面100%。

【财产行为税管理】 2016年，化工园区深化国、地税税种管理合作，加强增值税委托代征工作，确保城建税、教育费附加及时入库；对契税、房产税、土地使用税实施"以证控税、以地控税"；开展土地增值税清算，做好对3个房地产项目的清算申报审核；立足化工园区特点，参与国务院环保费改税项目组调查研究。夯实社保基金费征管基础，坚持税费统管、全面征收、公平负担的原则，突出对非税收入分析比对，做好征收管理、催报催缴、强化考核等措施，力保年度任务完成。

【"省级职工书屋示范点"创建】 2016年，化工园区地税部门建立职工书屋内部网站，形成藏书12万册电子书库。开通中国知网和中国税务报电子版，实现书屋在线扩容。与区图书馆的"掌上书馆"联通，实现扫码下载阅读。实施数字化管理，采用专业图书管理软件和大数据分析，确定职工喜好、购书方向。利用内部教学平台，拥有13类1000门学习培训课程。搭建读书交流微平台，依托微信公众号，实现移动互联随时随地阅读。 （傅 斌）

市场监督管理

【概 况】 2016年，六合区新发展各类企业5712家，新增注册资本264.09亿元，分别同比增长26.57%、28.51%。新发展外资企业31家，新增注册资本15191.09万美元；新发展农民专业合作社81家，新增成员出资总额2.07亿元，新发展个体工商户6657家。为47家企业进行动产抵押登记，抵押物总值44.58亿元，担保融资28.19亿元，其中办理亿元动产抵押6件；办理股权出质80家，出质股权数9.68亿元，担保标的数额45.22亿元。

2016年六合区个体工商户基本情况一览表

表10

项　　目	年末户数(户)	从业人员(人)	资金数额(万元)
合计	47929	89803	321622
农、林、牧、渔业	1351	3769	37557
采矿业	12	55	361
制造业	2927	8924	26497
建筑业	361	1067	4835
交通运输、仓储和邮政业	1972	2640	17896
信息传输、软件和信息技术服务业	80	140	404
批发和零售业	27252	44642	146746
住宿和餐饮业	4763	11595	36151
其他行业	9211	16971	51175

2016年六合区私营企业基本情况一览表

表11

项　　目	末户数(户)	从业人员(人)	注册资本(万元)
合计	31063	201312	19614282
农、林、牧、渔业	430	2409	546685
采矿业	15	1179	116986
制造业	2520	41833	3997184
建筑业	3225	25373	2868522
交通运输、仓储和邮政业	1187	8740	496919
信息传输、软件和信息技术服务业	1118	4893	296728
批发和零售业	10146	45581	3057749
住宿和餐饮业	269	2874	69844
其他行业	12153	68430	8163665

2016年六合区内资企业登记管理基本情况一览表

表12

<table>
<tr><th colspan="2" rowspan="3">项　　目</th><th colspan="3">2016年末企业户数(户)</th><th rowspan="3">注册资本(万元)</th></tr>
<tr><th rowspan="2">小　计</th><th colspan="2">其　中</th></tr>
<tr><th>法　人</th><th>非法人</th></tr>
<tr><td colspan="2">合　　计</td><td>2137</td><td>1040</td><td>1097</td><td>3499570.09</td></tr>
<tr><td rowspan="3">按经济类型分</td><td>国有企业</td><td>184</td><td>85</td><td>99</td><td>490154.90</td></tr>
<tr><td>集体企业</td><td>211</td><td>146</td><td>65</td><td>35817.84</td></tr>
<tr><td>联营及其它企业</td><td>3</td><td>2</td><td>1</td><td>190.10</td></tr>
</table>

续表 12

项目		2016年末企业户数(户)			注册资本(万元)
		小计	其中		
			法人	非法人	
按行业分	农、林、牧、渔业	49	45	4	264320.40
	采矿业	2	0	2	3.40
	制造业	141	96	45	108871.25
	电力、热力、燃气及水生产和供应业	47	12	35	7535.80
	建筑业	177	66	111	1026268.69
	交通运输、仓储和邮政业	87	29	58	25581.30
	批发和零售业	394	185	209	157207.98
	住宿和餐饮业	13	7	6	2013.54
	金融业	134	6	128	489104
	房地产业	91	37	54	174640
	教育	12	4	8	780
	科学研究和技术服务业	146	96	50	556862.18
	文化、体育和娱乐业	16	12	4	15361.80
	其他	430	212	218	144856.91

【企业信息公示】 至6月30日，六合区5.46万户市场主体完成年报，年报率80.1%，在全市11个区中排名第四。对未及时参加年报的4399户企业列入异常经营名录，根据企业申请，对728户已完成年报补报的企业进行审核，按规定移出异常名录。区市场监督管理局做好各类企业信息抽查工作，开展4次市场主体抽查，检查各类企业450户，将120户查无下落企业列入经营异常名录。

3月12日，六合区在紫荆广场举办"3·15"消费者权益保护日宣传活动

区市场监督管理局 供稿

【商事制度改革推进】 2016年，六合区市场监督管理部门推进商事制度改革，实行企业营业执照"多证合一、一照一码"改革，推行个体工商户"两证整合"营业执照换发工作；引导企业使用名称自主选择系统，减少预核时间，提高申请效率，年内3410家企业自主选择名称，发放电子营业执照3500张。

【质量强区商标兴企战略实施】 2016年，六合区市场监督管理部门实施"质量强区"战略，被评为南京市"质量强市"工作优秀区，组织第一届区长质量奖申报和评选工作；实施名牌战略，申报江苏省质量信用AA级以上企业2家、江苏省名牌产品8家、南京市名牌产品28家。加大商标培育力度，新增注册商标140余件，培育申请驰名商标1件、江苏省著名商标9件、南京市著名商标17件，被认定江苏省著名商标4件，首次申请农业集体商标19件，实现区农业集体商标申请零突破。引导企业用好商标扶持保障措施，96件农产品商标、1件农产品商标、3件江苏省著名商标领取奖励资金99.6万元。

【食品药品安全保障】 2016年，六合区市场监督管理部门结合国家食品安全城市创建工作，指导帮扶35家食品生产加工小作坊完成提档升级，学校食堂、部分社会餐饮实现“明厨亮灶”；帮助14家企业建立实施食品安全电子追溯系统，实现产品全程追溯。开展各类食品专项检查十余次，完成区两会换届、竹镇马拉松、中高考等多次重大活动保障工作；完成市下达的2088个批次食品抽样任务，其中16个批次不合格，均依法调查处理。年受理药品零售行政许可事项122件，对新开办单体药店进行GSP现场验收1家，对开办满2年的企业进行GSP跟踪检查7家；上报药品不良反应307例；开展疫苗流通领域、医疗器械、体外诊断试剂等多个专项检查，抽检“三品一械”273个批次，加强对不合格产品的查处力度，维护安心用药环境。全年未发生一起重大食品药品安全事故。

【特种设备安全监管】 2016年，六合区市场监督管理部门根据企业不同类别实施不同监管模式，保障电梯、气瓶、锅炉、场内机动车等区内各类特种设备安全运行。出动执法人员490人次，检查特种设备使用单位170家，特种设备560余台，发现安全隐患92处，其中重大隐患16处，全部整改到位。聚焦群众关心的热点问题，帮助德邑花园小区19台电梯、复兴园小区27台电梯完成改造，保障居民出行安全。开展两次特种设备应急救援演练，提高企业主体责任意识，提升区特种设备安全管理水平和应急处置能力。

10月20日，区市场监督管理局组织特种设备事故应急救援演练

区市场监督管理局 供稿

【公平交易执法】 2016年，六合区市场监督管理部门在重视传统执法监管领域的同时，逐步向互联网领域拓展转型，查处南京谷拓泵阀有限公司擅自使用知名网站域名、名称、标志的不正当竞争案，被评为南京市2016年网络交易十大典型案件。开展公用企业限制竞争和垄断行为专项整治工作，对南京永元物业发展有限公司、中国石化集团南京化学工业有限公司进行调查处理。年查处各类违法案件231起，罚没款495.3万元。

【消费者合法权益维护】 2016年，六合区市场监督管理部门整合“12345”“12315”“12331”“12365”热线，畅通投诉渠道，受理投诉举报3944件，为消费者挽回经济损失360余万元；成立消协公益律师团，为消费者诉讼提供法律支持和法律援助，定期点评不平等格式条款，参与群体性消费纠纷的调处，针对社会热点发布消费提示，提供更有力的维权保障；举办放心消费大讲堂和进社区、进学校、进军营活动，打造特色维权品牌。 (乔丽文)

【首张电子营业执照颁发】 4月11日，六合区市场监督管理部门综合窗口向新设立企业——南京德静网络科技有限公司颁发全区首张电子营业执照。电子营业执照操作方便、便于携带和管理，能够有效提高企业信息的安全性。

(杨 玲)

安全生产监督管理

【概 况】 2016年，六合区安全生产监督管理部门狠抓安全生产责任落实，加大监管力度、提升安全保障，实现“双降”“一控”“一杜绝”(事故起数、死亡人数双下降，各类事故死亡人数控制在市政府下达的指标以内，杜绝较大以上等级生产安全事故和有重大影响的事故）。围绕强基层、夯基础，加强基层监管队伍建设，把基层安全生产监管队伍建设作为重要工作来抓，区安全生产监察大队顺利通过江苏省安监局规范化建设验收。推进企业安全生产标准化、企业安全生产总监、生产经营单位“一表清一本明”安全生产监管体系建设工作并纳入年度安全生产目标考核指标。全区安全生产形势保持总体稳定态势。六合区获南京市安全生产优秀单位称号。

【安全生产监管】 2016 年，六合区安全生产监督管理部门围绕保安全、促发展，制订《区安监局2016 年工作要点》，编制《六合区安监局 2016 年安全生产监管执法工作计划》，采用暗访暗查、巡查巡视等检查方式，提高执法检查效果。探索引入“第三方”机构检查模式，通过购买安全生产技术服务的方式，委托有资质机构参与安全检查工作，发挥专业机构的技术力量辅助安全监管工作。

【安全生产专项检查】 2016 年，六合区安全生产监督管理部门加强重点时段、重大节日、重要活动期间的安全生产专项检查，先后组织开展“两节、两会”、夏季高温和汛期、“中秋、国庆”等 6 次全区性安全生产专项检查，全面深入地进行安全生产专项检查，严查安全隐患，堵塞监管漏洞。

【安全专项整治和打非治违】 2016 年，六合区安全生产监督管理部门围绕突出重点、集中整治，以查责任、查隐患、查源头、查制度、查措施、反“三违”为主题的“五查一反”活动，组织开展危化品、非煤矿山、建筑工程施工、道路交通、消防、特种设备、农用机械、燃气、民用爆炸品等行业领域为重点，全面深化安全生产专项整治和“打非治违”工作，保持重点行业领域安全生产监管的高压态势。

【职业健康监管】 2016 年，六合区安全生产监督管理部门围绕建制度、立规范，开展尘毒危害治理示范创建工作，10 家涉及化工、冶金铸造、水泥制造、木制家具制造等重点示范创建工作取得显著效果。深入开展职业病危害专项治理，督促企业在严重职业病危害场所设置明显标志，标明风险内容、危险程度、安全距离、防控办法和应急措施等。开展企业职业危害申报、职业危害因素场所检测、职业健康体检工作。

【安全宣传教育培训】 2016 年，六合区安全生产监督管理部门围绕强化观念、提升素质，开展《安全生产法》《江苏省安全生产条例》宣贯，普及安全生产法律法规，组织开展“安全生产月”“安康杯”竞赛等群众性宣传教育活动。抓好企业负责人、特殊工种的安全培训，全力推进企业班组长、高危企业全员培训，强化安全警示教育，把好新进职工安全教育培训关。

【安全生产信息化建设】 2016 年，六合区安全生产监督管理部门加强安全生产信息化建设，完成安全生产视频监管系统、企业安全隐患自查自报信息系统、烟花爆竹监管信息系统、重大危险源监控系统、职业危害申报系统、应急预案备案系统进行整合。

（李义祥）

价格管理

【概　况】 2016 年，六合区物价部门深入推进价格体制改革，强化责任和担当意识，在稳定价格、治乱减负、服务供给侧结构改革等方面发挥作用。全年，区物价局取

6 月 16 日，六合区举办 2016 年“安全生产月”广场宣传咨询活动　区安监局　供稿

消收费项目22项,暂停收费项目10项,对小微企业免征收费项目42项,降低收费标准5项。扩大18项行政事业收费免征范围等。

【稳定民生价格】 2016年,六合区物价部门规范自来水价格管理,统一调整自来水价格构成中的污水处理费标准,城市区域内到户价格实现同网同价;实行民用管道天然气阶梯价格和销售价格联动机制;组织召开出租车调价听证会,出台并实施调价方案;落实房地产市场调控政策,稳定区商品房价格。区城乡普通商品房明码标价申报48批次,申报面积116万平方米,平均申报价格10145元/平方米;审核安置房价格6批次,审批面积34万平方米。

【年度收费情况报告】 2016年,六合区物价部门开展年度收费单位收费情况报告和统计工作。全区有收费单位221家,录入全国收费动态监管系统83家单位,年审率100%。上年度行政事业性收费总额1.69亿元,同比增长12.99%;政府定价的经营服务性收费项目,收费总额1.63亿元。

【服务社会经济】 2016年,六合区物价部门在新浪六合网站、六合价格监测微博、《今日六合》专刊、六合电视台发布"今日菜价""价比三家"等价格信息200余条;组织价格服务进社区活动5次;受理区公安系统涉案物品价格认定75件,标的额4.26亿元。

【平价商品惠民让利】 2016年,六合区建立平价商店11家,销售平价蔬菜152.94万千克,销售金额1003.89万元,低于市场平均价格28.4%,惠民让利426.37万元。

【价格普法宣传】 2016年,六合区物价部门按照"七五"普法要求,开展价格法律法规宣传、广场宣传活动4次,接受消费者价格咨询、投诉300余人次,发放宣传资料2000余份;在各类媒体报道6个版面,刊登新闻12篇;专题培训6场,培训670人次。

【价格行政执法】 2016年,六合区物价部门受理"12345"工单360件、"12358"价格举报投诉90件,调解价格争议3起,处理网络问政5件,价格投诉回复率、办结率100%,查处价格违法行为46起,涉嫌价格违法金额200多万元。

【改革医药价格】 2016年,六合区物价部门根据南京市物价局、卫计委、人社局、财政局的文件要求,完成区一级公立医院医药价格综合改革。医疗服务价格、医保支付方式等政策调整到位,全面实现药品销售零差率,各医疗机构平稳运营。 (李 朋)

六合区开展市场检查 区物价局 供稿

审计管理

【概 况】 2016年,六合区审计部门发挥审计监督作用,实施各类审计项目54个(含工程跟踪审计28项),查处违规及管理不规范问题金额27.8亿元,审计信息被审计署、江苏省审计厅、南京市审计局网站等采用90余篇次,移送案件线索、疑点4起。获得荣誉表彰:通过江苏省AAAAA级数字档案室测评验收、2015年全市审计机关综合考核表扬单位、2016年全市审计通联工作先进单位、2013—2015年度区文明单位、2011—2015年全区法治宣传教育先进集体、2015年度区级机关先进基层党组织、2016年度全区模范职工之家。

【财政预算执行审计】 2016年,六合区审计部门关注存量资金,促进资金盘活与绩效提高;关注“三公”经费,助力节约型政府建设;关注稳增长等政策实施,推动简政放权、减税降负等改革举措落实;关注专项资金管理与使用。重点对城镇保障性安居工程、农田水利专项资金、等外公路建设资金和公共自行车建设专项资金进行审计。实施大数据审计。全区53家一级预算单位和120余家二级预算单位2015年度预算执行审计全覆盖。审计查出各类问题金额17.95亿元。

【固定资产投资审计】 2016年,六合区审计部门持续开展区内重点工程建设跟踪审计项目28个,年完成固投审计项目5个,送审价15.8亿元,核减3.5亿元,核减率22.15%。

【协调推进经审、内审】 2016年,六合区审计部门完成经济责任审计项目10个,审计查出违规资金8078.52万元,管理不规范资金9556.09万元。局会同区委组织部等部门对9名正职进行任前告知,督查9家单位离任交接,使有关领导知悉应履行的经济责任。组织指导全区内审机构完成审计项目231个。其中,财务收支情况审计114个,领导干部任期经济责任审计84个,基本建设审计2个,专项资金使用情况审计30个,其他审计1个。提出并被采纳的审计建议195条,建议给予行政处分的3人。通过常态化跟踪督查,促推全区有19家单位成立领导小组或联席会议,区教育局、公安六合分局等部门实现逢离必审。局对全区9个街镇自2012年以来村级组织主要负责人经责审计开展情况进行调研。

【促推惠民政策落实】 2016年,六合区审计部门助推生态建设。完成全区污水处理厂的运营情况审计调查等。开展校车运营情况审计调查,核减费用736.45万元。关注民生资金。对农村改厕资金管理使用情况进行审计,查出被违规挪用、截留、套取农村改厕资金530.43万元,跟踪政策落实。完成对稳增长、促改革等政策的贯彻情况,盐城龙卷风冰雹特别重大灾害救灾款物实施跟踪审计。

【审计技术手段升级】 2016年,六合区审计部门推动信息系统审计持续开展。以区人民医院为对象开展独立型信息系统审计,该项目审查数据量100G以上,审计涉及有关电子数据1亿条。查找出医院在挂号、收费、医嘱、药品及卫生材料管理、内控等方面存在的一系列问题,问题金额4亿元以上。推动大数据审计走向深入。在“同级审”中,聘请专业计算机外包服务公司,实现对全区170余家预算单位全覆盖。

【省AAAAA级数字化档案室创建】 2016年,六合区审计部门开展省AAAAA级数字化档案室创建,通过省级考评验收。局完成室藏文书档案、审计档案、照片档案、实物档案、声像档案2748卷(件)的全文数字化工作。补充完善目录数据库,完成室藏全部档案目录数据库建设,建立健全涵盖局各类公文文书的全文数据库以及音频视频档案数据库、照片档案数据库、实物档案数据库,重点开发荣誉、人事任免与表彰、文明单位创建材料和党建材料等专题数据库。审计文书网上运转实质化。局内部产生的所有文书均通过OA进行流转,实现范围和过程全覆盖。

【社会中介机构审计履责跟踪督查】 2016年,六合区审计部门召开中介机构问题通报会,促推各中介机构认真履职尽责。同时,试点复审工作。对沿河花园安置房跟踪审计项目进行复审,送审金额6.3亿元,跟踪审计核定金额5.03亿元,复审再次核减5550万余元,复审核减率11%。

【审计结果公告】 2016年,六合区审计部门通过互联网再次向社会公开审计结果公告6件,分别为区本级预算执行、全区污水处理厂运营情况、校车运营情况、公共自行车建设专项资金、锦绣家园工程审计、盐城龙卷风冰雹特别重大灾害救灾款物跟踪审计结果,总体上做到财政、民生审计项目全公开。 (徐 献)

综　述

【概　况】2016年，六合区生态环境保护工作以提升环境质量为目标，以大气、水和土壤污染防治工作为重点，以中央环保督察环境信访问题为契机，着力在治污攻坚和执法严管上下功夫，全力推进年初确定的各项生态环保目标任务，生态环境保护取得新的进展和成效。

推进水污染防治工作。以《六合区水污染防治行动计划》为载体，将年度任务细化分解成八大类41项，并逐项落实到各责任单位，开展全区水污染防治工作。制定《六合区排污口摸底调查工作方案》，对全区主要河道入河排污口设置数量、分布及污水来源情况开展调查，对部分水质超标情况进行分析并提出整改要求。全面推进工业集中区污水管网建设，大力提升园区及周边生态环境，推进环境友好型园区发展。对辖区范围内"十大"行业和"十小"企业进行排查，对检查发现问题提出明确治理措施和治理期限。对城镇污水处理厂进行全面排查，在实现第三方运营管理基础上，摸清全区城镇污水处理厂生产运行情况，落实环境监管责任。

推动大气污染防治。制定《六合区大气污染防治行动计划2016年重点任务》(六政办〔2016〕26号)，认真落实大气污染专项整治。工业污染防治成效突出。开展大气治理项目专项检查，对近两年完成治理的56家企业大气污染防治重点工程进行"回头看"。完成南京迪威尔高端机械制造有限公司煤气发生炉煤改气工程，完成南京欧立德混凝土有限公司、南京程桥同力混凝土有限公司等企业堆场无组织粉尘治理，南京劲松机械铸造有限公司冲天炉停用。开展印刷、汽修行业挥发性有机物污染治理。黄标车淘汰有力推进。加强机动车污染控制，推进黄标车淘汰工作，完成1490辆黄标车淘汰任务。重污染预警应急及时有效。按照南京市政府统一部署，根据《六合区重污染天气应急预案》，及时启动应急响应，组织落实工业企业限产、停产，机动车严管限行，工地停工等严厉管控措施，切实缓解大气污染影响。G20峰会期间，根据国家及省市决策部署，制定《六合区保障G20峰会空气质量工作方案》和《六合区保障G20峰会环境空气质量管控强化方案》，强化大气污染防治日常管理和会期临时管控措施，切实强化工业、机动车、建筑工地、秸秆禁烧等污染源管控要求，保障会期区域空气环境质量优良。严格落实冬春季节空气质量管控方案，强化联防联控机制，加强重污染天气应急处置。

狠抓主要污染物减排工作。贯彻落实污染物总量减排要求，紧盯南京市下达的年度目标任务，加大力度，扎实推进。推进雄州污水处理厂等污水处理厂规范运行。推进各污水处理厂管网建设，提高污水进水浓度，落实工程减排。完成3家规模化养殖场、养殖小区污染治理工程，对禁养区内20家养殖企业实行关闭搬迁，实现农业减排。推行农村生活垃圾处置和河道疏浚工程，加大农村环境综合整治，实现减排。

深入推进生态文明建设。围绕建设美丽新六合目标，协调推进生态文明建设，完善工作机制。加强农村环境保护，抓好农村环境连片整治，深入推进农村生活污水、生活垃圾有效收集和处理。强化畜禽养殖污染治理，在抓好禁养区养殖企业关闭搬迁基础上，推进限养区清理整治。深化重点行业整治提升，推进工业集中区废水接管整治。推进污染场地整治与修复，对全区2011—2014年，“三高两低”整治工作中关闭工业企业场地利用现状进行调查，提高污染场地环境风险管控率。

落实“十三五”环境保护与生态文明建设规划。由区环保局牵头，委托中国科学院南京地理与湖泊研究所团队、区发改局、工信局、国土分局、规划分局等18个部门参与《南京市六合区“十三五”环境保护与生态文明建设规划》编制，排出包括大气污染防治、水污染防治、土壤污染防治、生态建设与生态安全、环境监管能力建设5类41个“十三五”期间全区环境保护与生态文明建设重点工程项目，总投资271.71亿元。提出与区全面建成高水平小康相适应的环境质量奋斗目标，体现深化改革、依法治国和经济新常态，以环境质量改善为核心，建立环境质量改善和污染排放总量双重体系，综合反映治污减排、风险防范、空间优化、绿色产业、制度建设，注重在重点区域、重点行业精准管控，重点解决水体、大气、固废污染3个方面环境问题。

【环保督察工作任务完成】 中央第三环保督察组于7月14日进驻江苏，对江苏省开展为期1个多月的环保督察，督察工作于8月20日基本结束。督察期间，全区收到不规范15件中央环保督察组交办单，其中饮用水安全2件、垃圾焚烧发电2件、化工气味扰民2件、农村环境卫生1件、餐饮油烟1件、工业企业类6件，噪声1件。协办件分别涉及噪声1件、化工气味扰民1件。区各单位积极承办，依法依规查处，着力立行立改，15件交办单全部回复南京市协调联络组。

【违法违规项目清理】 2016年，六合区环保部门对各街镇(园区)新增的环保违法违规项目，以妥善解决历史遗留问题为目标，全区排查出各类环保违法违规建设项目406个，并按照规范程序落实整顿。2016年，全区在全国环保执法大练兵活动中被评为南京市先进集体，并被市推荐报省表彰。区环保局打击环境违法行为，查处各类环境违法案件67起，处罚金额197万元。实施查封扣押22起，限产停产6起，按日计罚1起，移送公安建议行政拘留4起。

【排污权有偿使用和交易机制】 2016年，六合区环保部门实行排污权有偿使用和交易制度，通过调查辖区内各企业实际生产情况、排污特点，结合环评及批复、竣工验收情况、排污许可证、行业整治验收等多方面资料，对资料涉及数据进行分析、校核、整理，初步核定企业排污初始排放量，梳理53家单位开展初始核定工作，并将企业初始排污权核算材料报市环保局审核。 (陶　冶)

环境质量

【概　况】 2016年，六合区环境质量总体稳定。环境空气质量与上年相比无明显变化。滁河六合段水质有所好转，综合污染指数较上年有所下降。滁河干流及支流年均值均达到功能区划要求。集中式饮用水源地水质优良。区域环境噪声较上年有所上升。功能区噪声除混合区夜间噪声有所上升外，其他均持平或略有下降，交通噪声与上年基本持平。

【空气环境】 2016年，按照《环境空气质量标准》(GB3095-2012)评价，六合区空气优良276天，较上年减少8天，其中优秀95天、良好181天；空气质量超标90天，其中轻度污染76天、中重度污染14天。空气优良率75.4%，下降2.4个百分点。首要污染物为PM2.5。

环境空气中二氧化硫、二氧化氮、一氧化碳、臭氧年均值均达到《大气环境质量标准》二级标准。PM10、PM2.5(细颗粒物)未达到国家二级标准。

降尘年均浓度为4.39吨/平方千米·月，下降24.2%，低于国家《环境质量报告书编写技术规范》规定标准。

酸雨频率41.0%，较上年下降2.1个百分点。年获雨水样品61个，降水pH(酸碱度)年均值5.29，其中pH＜5.6呈酸性样品25个，酸雨pH范围为4.39—5.56，平均值4.87。

【水环境】 2016年，地表水水质有所好转，滁河六合段综合污染指数较上年有所下降。干流4个监测断面年均值均达到功能区划要求。滁河支流均达到相应功能区标准要求，其中中黄河水质较好。5座水库水质均达到功能区标准，马汊河水质偏差，新桥、东线桥、乙烯桥

2016年六合区环境空气主要污染物状况一览表

表 13

污染物指标	浓度值（毫克/标立方米）	同比2015年	国家二级标准（毫克/标立方米）
二氧化硫	0.018	0	0.06
二氧化氮	0.024	↑83.3%	0.04
一氧化碳	1.009	↑6.42%	4
臭　氧	0.077	↓5.35%	0.160
可吸入颗粒物	0.078	↓3.7%	0.070
可吸入颗粒物	0.054	↓6.47%	0.035

2016年滁河六合段水质主要污染物状况一览表

表 14

断　面	重铬酸盐指数	高温酸锌指数	五日生化需氧量	氨氮	石油类	总磷
三汊湾	25	1.9	3.8	0.226	0.02	0.13
酒厂上游	26	4.1	3.1	0.668	0.01	0.06
六合大桥墩桥	23	4.6	3.5	0.930	0.03	0.09
滁河闸	21	5.0	4.1	0.996	0.03	0.09
评价标准Ⅳ类	30	10	6	1.5	0.5	0.3

断面水质(除粪大肠菌群,东线桥总磷未达指标)均达到Ⅴ类标准,饮用水及地下水水质较好。

三汊湾、原酒厂上游100米、滁河闸、六合大桥均达到GB3838-2002Ⅳ类标准。滁河支流新禹河、耿跳河、中黄河、新篁河、划子口河、向阳河、八百河水质均达到Ⅳ类标准。中黄河水质达到功能区划Ⅲ类水质的要求。

【声环境】 2016年,区道路交通噪声平均等效声级67.5分贝,较上年上升0.1分贝;区域环境噪声均值56.6分贝,增加6.9分贝;功能区噪声中,混合区昼间噪声等效声级46.4分贝,与上年持平。夜间噪声等效声级39.0分贝,上升1.4分贝;交通干线两侧昼间噪声等效声级58.5分贝,昼间下降1.5分贝,夜间噪声等效声级52.3分贝,夜间噪声等效声级较上年同期下降0.6分贝。

PM2.5平均浓度为54微克/立方米,下降6.6%。 (陶　冶)

污染减排

【概　况】 2016年,全区主要水污染物化学需氧量、氨氮削减比例均为2.4%,总氮、总磷削减比例均为1.6%。即:化学需氧量、氨氮、总氮、总磷分别削减447吨、48吨、59吨、5吨。主要大气污染物二氧化硫、氮氧化物削减比例分别为6%、4%。实施主要污染物减排措施:落实工程减排。重点加强污水处理厂及管网配套建设,严格落实“十必接”,提高污水收集率、提升进水浓度;紧盯雄州等污水处理厂稳定运行;着力完善污水处理厂生化污泥的安全处置。整治城市黑臭水体。全面排查建成区内水体水质,制订年度杨西河和护城河东段整治计划和实施方案,明确整治责任和时限。采取截污、清淤、活水、生态修复等措施,推进杨西河和护城河东段整治工作,建立长效管理机制。落实结构减排。调整工业产业结构,促进产业结构向节能型转变,做好南钢集团冶山矿业有限公司关闭工作。强化项目减排。强化污染减排设施监管,督促企业全面提升环保管理水平,提高减排设施运行效率。推进农业减排。推进畜禽养殖专业户向规模化聚集,做好3个规模化养殖场、养殖小区污染治理,提高农业污染治理效率。区环保部门完成市环保局下发《关于进一步做好重金属污染防治年度工作任务的通知》,排定年度重金属污染防治项目，淘汰南京天翔机电有限公司表面处理工艺。

【工业污染防治】 2016年，六合区环保部门继续强化工业污染防治,贯彻落实大气、水污染防治工作要求,按照省、市、区部署,推进VOCs污染治理,部署8家印刷企业专项整治;落实农药、医药等8家企业开展环保核查，强化工业污染防治工作；推进突出环境问题集中整治，完成南京万鑫炉料有限公司等5家单位实施关闭、整改工作；推进工业集中区污水管网建设，提升园区及周边的生态环境。

【清洁生产审核】 2016年，六合区完成6家重点企业的清洁生产审核工作,并通过验收。总投入资金518万元,产生经济效益62万元,减少废水排放1.26万吨、化学需氧量1.07吨、粉尘0.13吨。

(陶 冶)

环境综合整治

【冬春季大气污染防控】 2016年，六合区环保部门落实冬春季节空气质量管控方案，突出强化节能减排、黄标车淘汰、扬尘污染控制、秸秆禁烧等重点工作,强化联防联控机制，加强重污染天气应急处置，降低不利气象条件影响,整体降低PM2.5浓度,重污染天气天数有所减少，污染过程频次和持续时间有所减少，污染程度和范围有所减轻。南京马拉松和国家公祭日期间，严格落实二级管控措施，有效保障六合区空气环境质量优良。

【挥发性有机物污染整治】 2016年，六合区环保部门完成区内印刷和汽修企业摸底调查工作,建立印刷、汽修企业清单。制定挥发性有机物污染专项整治工作方案,与区文广、交通等部门联合组织街镇和企业召开专题推进会议。完成5家印刷企业整治,完成3家一类汽修企业实施挥发性有机物整治工作。

【机动车污染防治】 2016年,六合区加强机动车污染控制，推进黄标车淘汰,完成1490辆黄标车淘汰任务。自2013年6月全面启动淘汰黄标车工作以来，区淘黄工作做法受到上级表扬。

【扬尘污染防治】 2016年，六合区扬尘办年初制定下发《2016年六合区扬尘污染治理工作实施方案》和《2016年六合区扬尘污染防治考核细则》，对全区2016年扬尘防控工作做出部署，以市城治办“五达标一公示”为标准,按“日巡查周通报月考核”的工作模式开展扬尘防控工作，不定期组织区住建、城管、公安、环保等职能部门成立联合执法组，对主城区施工工地和所有从事渣土运输的车辆进行专项整治。

全年重点加强易扬尘污染源管控。年出动检查人员1617人次,检查在建工地461家次,道路58条，现场下达限期整改通知书134份，督查函49份，立案查处29件,处罚金额55万元。在全市综合排名为郊区第一、全市第四,获市扬尘污染防治工作先进集体和两个先进个人称号。(陶 冶)

化工园区环境保护

【化工园区环境质量】 2016年,化工园区PM2.5浓度、空气达标天数、降尘量等指标均达到目标,PM2.5浓度均值比上年均值下降12.6微克/立方米;空气质量达标天数比上年增加15天;重污染天数减少5天。小康断面(乙烯桥)年平均浓度达标，达标率100%。市考断面(马汊河乙烯桥、岳子河闸)达到IV类标准。2个功能区噪声和26个点位的区域环境噪声达标。

【化工园区源头控制】 2016年,化工园区办理环评审批84项,验收51项,否决项目2项。环评执行率100%、三同时合格率100%。对生态红线内物流企业开展专项检查，检查23家次物流企业,并按照“登记一批、整治一批、关停一批”原则推进其他工业项目关闭。实施总量减排,累计减排化学需氧量83.2吨、氨氮15.6吨、二氧化硫761.4吨、氮氧化物775.7吨。完成147家化工企业初始排污权核定。

【化工园区生态治理】 2016年,化工园区67家企业废水排口安装在线监测设备,并在园区应急中心设置在线平台。按照地表水V类标准,完成115家企业雨排口在线化学需氧量监测设备的安装和联网。完成化工园热电4#机组和南热1#机组超低排放改造任务。完成100家企业检漏和在线安装。严格控制扬尘污染,禁烧秸秆,实施重污染天气应急响应,完成G20峰会、国家公祭日等重大活动保障。

推进新奥一期项目建设,9家危废经营单位焚烧处置能力6.9万吨、填埋能力9600吨、综合利用能力20.5万吨,危险废弃物抽查合格率90%以上,安全处置率100%,一般固废综合利用率99.8%。

【化工园区环境监管】 2016年,化工园区完成中央环保督察迎查工作,25件交办事项均按时办结。开展建设项目大排查,完成75家违法违规建设项目清理。对16家企业实施强制清洁生产。开展重金属污染防治、农药医药环保核查、突出环境问题整治、重点排污单位信息公开、十小企业取缔、十大企业整治、VOCs专项整治、汽修、印刷、加油站等10项专项行动。投资300万元建成大气预警监测站并投入运行。开展广场宣传活动,组织环保进街道、进学校、进企业活动,并在园区门户网站设立污染源环境监管信息公开专栏。 (甘 琦)

生态建设

【概 况】 2016年,六合区深化生态建设并取得成效:按省市序时进度完成覆盖拉网式农村环境综合整治工作。完成上年度市级生态红线监督管理考核工作,启动辖区内生态红线区域问题梳理及整治工作。完成全年秸秆禁烧工作,全区未发生一起卫星遥感火点,未发生省市巡查火点,未发生因秸秆焚烧引起的人员伤亡和财产损失事件。

【覆盖拉网式农村环境综合整治】 2月,六合区通过江苏省环保厅和财政厅对2013—2014年度覆盖拉网式农村环境综合整治项目验收考核。上年度综合整治项目于12月初完成区级自验工作,各街镇根据区级验收组提出的相关整改要求进行完善和整改。完成2016年度覆盖拉网式农村环境综合整治实施方案的编制,并通过省厅函审备案。实施方案中,整治项目涉及街镇14个行政村,各相关街镇按省市要求推进实施。

【生态文明示范引领】 2016年,竹镇、雄州、龙池等镇街先后编制完成生态文明建设规划并经区政府同意实施,龙袍、程桥街道生态文明建设规划编制完成,生态文明示范街镇稳步推进。

【生态红线监管】 2016年,六合区环保部门全面推动六合区经济绿色转型、构建生态安全格局,促进社会经济和资源环境可持续发展。全区严格执行《南京市生态红线区域保护规划》,根据江苏省环境保护厅、省财政厅《关于开展2015年度生态红线区域监督管理现场核查的通知》(苏环办〔2016〕124号)文件精神,完成六合区生态红线区域监督管理现场检查重点关注事项材料收集整理,开展第三方生态红线评估现场核查工作。全面启动辖区内生态红线区域问题梳理、整治工作。生态红线保护区域面积稳定,生态环境质量持续得到改善。

【秸秆禁烧】 2016年,六合区强化区、街(镇)、村、组四级秸秆禁烧责任,层层签订禁烧目标管理责任状。建立167支3960人的巡查队伍。发布秸秆禁烧预警信息和巡查结果,通过短信平台发送禁烧短信超过2170条次。在区电视台播放秸秆禁烧与综合利用公益动画和滚动字幕,《今日六合》开设秸秆禁烧专版,通过悬挂横幅、制作红袖标、配备流动宣传车、发放雨衣、草帽等禁烧宣传用品,广泛宣传焚烧秸秆危害。及时将市秸秆禁烧补助资金221.17万元发放到各街镇。全区夏、秋两季均未发现卫星火点和省市级巡查火点,未出现因本地焚烧秸秆造成的污染天。开展“蓝天卫士”秸秆禁烧在线监控系统建设,利用移动公司基站铁塔资源,架设高清视频摄像头,实现对铁塔周边5千米范围的全方位、全天候监控,执法人员通过互联网和手机客户端,实现远程视频监控秸秆焚烧情况。智能监控平台可定时对摄像画面进行自动截图、自动保存。年内,全区39个高清视频监控摄像头运转正常,在部分重点区域、重点路段实现零死角、全覆盖,实现秸秆禁烧工作由“人防”向“技防”转变。 (陶 冶)

【水生态文明建设】 2016年,六合区水务部门持续推进区最严格水资源管理制度,完成7家节水型学校、2家工业节水技改项目、1家节水型企业和1家省级节水教育基地的创建工作。持续推进大泉社区、金牛湖社区、石柱林村“美丽库区、幸福家园”示范点建设,启动泥桥村、竹墩社区项目建设,创建马鞍泥桥人家东头组、金牛湖茉莉花社区官塘赫、横梁山东社区沟徐组3个市级“水美乡村”。全区集中式饮用水源地水质达标率100%,水功能区水质达标率90%。金牛湖国家级水利风景区高分通过水利部复核评价。在全市各区县率先印发《六合区水利风

景区生态补偿机制实施意见》(六政办〔2016〕79号)。 (陈名生)

环境执法监管

【概 况】 2016年，六合区环保部门结合"双随机"抽查制度，全面启用移动执法平台，严格现场执法，出动监察人员2427人次，完成污染源现场监察1149家次，立案查处环境违法行为62件。应用其中4个配套办法查处典型案例31件，其中查封扣押23件、限产停产6件、按日计罚2件。

根据区行业特性及特殊时段开展各项专项执法检查，主要开展春节期间工业企业环境安全专项检查、空气污染防治行动实施情况专项检查、印刷行业专项检查、排污口摸底调查、水污染防治工作、"十大行业"和"十小企业专"项治理、夏季高温及汛期环境安全专项检查、中秋与国庆期间环境安全专项检查、规模畜禽养殖业环保专项执法检查、重点行业环保专项执法检查、打击涉危险废物环境违法犯罪行为专项行动、化工园区及环境问题突出各类企业专项执法检查等。做好"6·5"世界环境日、中央环保督察组迎查、G20峰会、大练兵等时段性重要环境保障工作。

持续推进网格化环境监管体系。区建成区、街镇(园区)、社区(村)三级环境监管网格，区政府为一级网格、9街1镇3园区97人为二级网格(26个相关局为职能部门)、110个社区(村)629人为三级网格的三级环境监管网格系统〔在此基础上向下延伸1106个片(组)3399人为四级网格〕。各街镇园区均按要求完成网格化年度计划及污染源名单上报工作、环保机构单设或挂牌工作，单设置专职管理员及协管员。

【环保执法大练兵】 2016年，六合区环保部门根据环保部、江苏省环保厅和南京市环保局统一部署，开展环境执法大练兵活动。坚持进行"每周一课"视频培训学习。通过采取日常监察和专项执法检查、"双随机"检查相结合的方法，应用查封扣押、移送公安等手段，严厉打击各类环境违法行为。环保执法大练兵中，出动监察人员619人次，检查企业306家次，查处4个配套办法典型案例31件，查封扣押23件，限产停产6件，按日计罚2件，移送司法1件。在全省案件评比过程中，区成为唯一1个完成所有类型案件查处的区县，2人被评为大练兵先进个人。

【环境信访】 2016年，"12369"环保热线受理各类环境投诉646件次，上升18%。"12345"考核全区排名第一，"12369"办理情况群众满意率90%以上。涉气投诉342件，占比52.9%，下降8个百分点；涉声投诉248件，占比38.4%，上升9个百分点；涉水投诉31件，占比4.8%，下降5个百分点；涉固废投诉15件，占比2.3%，与上年基本持平。

【环境污染强制责任保险】 2016年，六合区参保环境污染强制责任保险企业30家，占全区风险源企业81.1%。根据《南京市开展环境无人强制责任保险实施办法》要求，全区对饮用水源地一、二级保护区内企业，工业集中污水处理厂，危险废物处理企业，危险化学品生产、运输、储存企业，化工、造纸、印染等行业的排污重点企业和使用放射源物质企事业单位六大类企业实行环境污染强制责任保险。

【环境宣传教育】 2016年，六合区围绕生态文明建设开展系列主题宣传。区环保部门依据"6·5"世界环境日主题在六合主城区及各街镇(园区)开展宣传周活动。开展"低碳生活、绿色骑行"活动并发出绿色倡议，为"生态行动、助力六合"加油助威。发挥新闻媒体的社会宣传效益，推进落实"两减六治三提升"专项行动，在六合电视台、《今日六合》专刊、《金陵瞭望》、江苏法制网、龙虎网等媒体不定期发布新闻及工作动态。完善"六合环保"微博运营，实施多种形式互动，年阅读量20余万人次。开展"环保五进"活动，深入切实企业、社区、学校、乡镇和机关开展生态文明建设宣传活动，年组织环保专题培训20场，1000余人次。强化民间环保志愿者组织建设，与区内高校开展环保志愿活动。成功创建省级绿色学校、绿色社区各1所。 (陶 冶)

城镇建设与管理

城镇规划

【概　况】 2016年，六合区规划部门完成江北新区NJJBa010-060共6个单元控制性详细规划的上报工作，编制完成金牛湖单元控制性详细规划，高标准启动龙袍新城总体规划、西坝港区总体规划的编制工作，推进规划编制工作开展。

推进竹镇镇新市镇总体规划、镇区控制性详细规划修编工作；继续推进横梁街道新市镇总体规划及镇区控制性详细规划编制，完成竹镇镇新市镇规划专家评审并向社会公众征询意见。

启动六合老城区城市设计，形成规划中间成果，将对未来统筹老城平面和立体空间、融合城市文化和生态景观起到关键作用；按照历史文化名城保护规划的相关要求，完成六合文庙历史风貌区及周边地区保护规划及城市设计。

完成全区地理国情普查工作，做好大比例尺地形图数据标准转换工作，全力做好测量标志维护管理，建立测量标志档案和动态巡查制度，对发现问题及时上报、尽早解决。

【城市专项规划管理】 2016年，六合区规划部门开展江北新区雄州中心区河东片城市地下空间、竖向与排水等专项规划的编制，推进国道328快速化选址、安置房供电外线接入以及鲁宁输油管线改线、仪长输油管线规划的服务工作。建立管线数据更新机制，强化地下管线规范管理和竣工测量成果汇交管理，加强对地下管线施工的巡查，为江北大道、国道328改造工程等一批项目提供12平方千米、1600千米地下管线数字化成果。

【行政审批服务】 2016年，六合区规划部门发放建设用地规划许可证48件，总用地面积181万平方米；发放建设工程规划许可证121件，总建筑面积388.27万平方米；出具建设项目选址意见书24份；建设项目规划条件81份；建设方案审定意见29份；建设项目规划验收合格书41份，为全区各类项目落地、建设发展提供支持和保障。

【重大项目服务】 2016年，六合区规划部门结合区重大项目推进会要求，根据江北新区规划，对全区90个重大项目逐一梳理，挂图作战，为江苏省防汛抢险训练场、“地球之窗”、通用航空机场、程桥粮库等项目提供高效规划服务，完成14个危旧房改造片区调查分析、指标核对及2016年度第一期遥感监测图斑核查等工作。

（魏　伟）

城镇建设

【概　况】 2016年，六合区住建部门推进城乡一体化建设，住房开发、市政园林、河滨景观、生态整治和“美丽乡村”建设等重点工作均取得显著成效。常住人口城镇化率60.03%。全年保障性住房开工119.42万平方米，竣工128.41万平方米，建成拆迁安置房1.26万套、公共租赁住房150套，发放租赁补贴479户206.16万元；河畔家园、锦绣家园安置房工程竣工并交付使用，先期2323户预约安置工作全部完成。

实施棚户区改造项目2个，拆迁1281户面积21.8万平方米，其中新城河东核心区完成协议搬迁963户19.4万平方米，扬平公司西侧地块完成318户2.4万平方米。房地产开发进程加快，全年核发商品房预售许可证53件，新批上市面积148.8万平方米，商品房合同鉴证面积189.13万平方米，商品房办证面积112.46万平方米，拆迁安置房办证面积40.25万平方米，各类产权登记7.8万件。

【重点城建项目】 2016年，六合区住建部门承建区级亿元以上重大项目8个（含市级大项目），年投资13.9亿元。深井泵厂地块安置房完成交付；双客厂地块一期工程外墙粉饰、附属施工，二期工程基坑支护；原煤机厂周边、原化肥厂周边两幅地块完成征收577户，尚剩11户（含3家工企单位）；扬平公司西侧地块改造项目完成征收318户，剩余2户住宅和3家企业；龙池路以西地块改造项目(集体土地)完成项目前期手续；人民商场地块完成拆迁，衔接土地挂牌上市工作；金水湾二期桩基施工。

【市政园林工程】 2016年，六合区住建部门完成护城河东段延安桥至迎秀桥泵站段全长1.2千米河道、直排护城河全长1.1千米泰山沟暗涵整治，项目总投资1200万元。完成龙池路东侧吴塘、旭光沟环境整治，铺设180米DN1000排水管道、清理水塘垃圾等，总投资80万元。新增绿地60公顷，其中新增公共绿地15公顷，公园绿地服务半径覆盖率90%，城镇绿化覆盖率45%。

【城建民生项目】 2016年，六合区住建部门完成四中教师公寓、计生宿舍、二中宿舍楼、电信局房改房的环境综合整治工程，整治面积1.34万平方米，总投资685万元，通过整治重点提升小区的道路、路灯、燃气、安防等基础设施和设备。加大农村危房改造力度，通过规范程序、公开操作，105户农村危房改造任务全部完成。铺设燃气中低压管网45.94千米，完成居民用户安装1.97万户。

【河滨环境整治】 2016年，六合区滁河河滨六期道路工程完成基层水稳和人行道灰土施工；河滨十二期景观一标段景观工程基本完成；招兵河左岸整治工程在实施剩余拆迁段工程，完成道路水稳层铺设、堤顶平整等内容；八百河右岸整治道路、景观工程除拆迁段基本完成。滁河河滨六期道路工程程道路全长800米，宽20米，完成道路水稳层铺设，进行人行道施工，当年完成投资1100万元。滁河河滨十二期一标段景观工程长500米，宽30米的堤防绿化，当年完成投资520万元，工程基本完成。

【八百河环境整治工程】 2016年年末道路、景观工程除拆迁段基本完成。工程南起冶浦桥，北至仕金桥，全长1千米，主要建设内容为堤防及泵站改造、滨河道路、景观绿化及照明工程等。工程于2014年年初开工。

【护城河东段整治工程】 该工程主要建设内容为梳理主次干管系统，完善污水收集体系，清淤疏浚，引水补水。控源截污、清淤疏浚、河床平整、两岸景观绿化提升和人行道出新、生态修复等工作全部完成，2016年完成投资1200万元。

【招兵河左岸环境整治工程】 该工程位于招兵桥—赵营桥左岸，全长2千米，主要建设内容为堤防、景观、道路、供电和泵站等项目。该工程为2014年结转项目，2016年实施剩余拆迁段工程，年内完成道路水稳层铺设、堤顶平整等内容。 （冯国荣）

·六合新城建设·

【概　况】 2016年，六合区新城建设指挥部门完成新城一期续建项目扫尾工作，做好新城二期开发建设前期工作。区中医院、莉湖畔地块经适房幼儿园交付使用，雨花庭综合服务体项目竣工验收。文化城项目完成幕墙工程，对文化城各馆进行优化设计，进行后续工程施工。龙池路跨滁河大桥完成沥青摊铺、大桥栏杆、亮化及桥面人行道铺装等附属工程，完成初验。完成19条道路、内河水系、滁河右岸（新城段）环境综合整治等景观绿化工程扫尾工作。

【新城建设规划】 2016年，六合区新城建设部门完善雄州中心区开发建设和商业发展策划研究工作。开发建设策划项目明确新城二期发展思路、阶段性目标、主要任务、实施重点和行动计划，策划单位深化策划方案工作。与区产业推进工作组共同推进商业策划项目，包括新城一期、二期7.58平方千米的范围，确定策划单位开展相关工作。完成《江北新区雄州中心区城市地下空间、竖向与排水规划》《南京江北新区 NJJBa050 单元防洪排涝专项规划》,完成供电、供水、燃气专项规划。根据城市建设最新要求,新城二期有序推进海绵城市建设。开展滁河左岸(新城段)环境综合整治工程、龙池路(雄州大桥—金江公路段)及其综合管廊工程和高压杆线迁移工程。其中,滁河左岸(新城段)环境综合整治工程分水利和景观两部分内容,长 3.2 千米,开展设计工作;完成龙池路(雄州大桥—金江公路段)及其综合管廊工程西起雄州大桥东端点、东至金江公路,长 1.8 千米,规划道路宽 45 米方案设计工作;制定杆线迁移方案,保证新城二期范围内 11 条高压杆线迁移。

【新城项目建设】 2016 年,区中医院易地新建项目占地面积 3.71 万平方米,建筑面积 5.13 万平方米,建设规模 400 个床位,投资 2.5 亿元,完成竣工验收工作,交付区卫生局,于 7 月试运行。

雨花庭综合服务体项目　占地面积 2.79 万平方米,建筑面积 8.2 万平方米,投资 5.22 亿元,包括商业综合楼、办公及社区综合服务楼、地下室。包括一栋 19 层办公综合楼、一栋 3—5 层商业综合楼和一层地下室,完成全部施工工作及竣工验收。

莉湖畔地块经济适用房幼儿园项目　位于莉湖花园小区东南角,新城二期安置房配套公共建筑工程,占地面积 4413 平方米,建筑面积 3450 平方米,设计规划 4 轨 12 班。完成竣工验收备案工作,交付区机关幼儿园投入使用。

龙池路跨滁河大桥及连接线　西起金穗大道、东至西陈路,长 1100 米,投资 2.34 亿元,道路规划宽度 40 米,主桥为双跨单塔预应力斜拉桥,完成全部施工工作。

【道路绿化及景观】 2016 年,新城道路绿化总面积 32 万平方米,总投资 8000 万元。新城办完成全部绿化景观工程并完成结算审计工作。滁河右岸景观全长 2400 米,总面积 36 万平方米,总投资 1.4 亿元。完成全部景观工程及结算审计工作。

【新城二期拆迁】 新城二期征收范围内涉及土地面积 225.2 公顷,其中国有土地 50.1 公顷,集体土地 175.1 公顷,房屋面积 52.6 万平方米,其中国有土地 23.6 万平方米。2016 年,新城办配合区征收办和雄州街道完成新城二期拆迁工作,拨付拆迁资金 12.71 亿元,落实集体土地征收安置房源 2143 套,国有土地征收安置房源 362 套。6 月,配合集体土地征拆实施单位雄州街道进场征拆,按集体住宅、工企单位分两期拆迁,第一期住宅 669 户,已拆 632 户,完成 94.47%,并做好第二期土地征收、拆迁前期准备工作。7 月,配合国有土地征收实施单位区城管局所属拆迁公司进场征收,按住宅、工企单位、省属企业分三期进行,第一期已确权 361 户全部完成,第二期启动并进行现场调查。

【泵站维护和管理】 2016 年,新城接管三所泵站维护和管理工作,其中,立交泵站面积 396.54 平方米,渡口泵站面积 310.96 平方米,桥西泵站面积 310.96 平方米。年内,新城办确定泵站养护单位,完成对泵站维护管理运行、检修及整改等情况采取汛期(4—9 月)、非汛期固定于季度底(3 月、12 月)分别考核工作。

六合新城文石公园一角　　区新城公司　供稿

【市政道路及管网】 2016年，新城建设部门确定市政道路保洁和路灯养护单位，保洁面积（含分隔带绿岛、人行道）79.64万平方米，完成新城一期范围内所有道路保洁、降尘洒水、道路清洗以及垃圾清扫、运输、信息上报等工作，完成新城范围内市政道路两侧的路灯及照明配电箱管养工作。

【投融资模式管理】 2016年，新城建设部门通过下属新城、新区等平台公司融资79.9亿元，推进新城二期河东片区东扩拆迁工作，启动滁河左岸（六合新城段）环境综合整治工程，龙池路（雄州大桥——金江公路段）道路工程，西陈路、汇康路道路工程前期及设计工作；与多家银行等金融机构构成融资合作，为新城二期开发筹措资金。

【商业地产项目】 石林中心城 占地面积11.07万平方米，建筑占35.6万平方米，总投资16.8亿元，完成竣工备案与实测报告。

莉湖春晓 6号地块占地面积4.41万平方米，建筑占13.58万平方米，项目总投资6.8亿元，15—24号楼全部交房。7号地块占地面积6.96万平方米，建筑占24.8万平方米，项目总投资11.09万元。完成1、2、3、7、8、10、12号楼交房，莉湖春晓东苑4、5、6、9、11、13、14号楼交房。

新都雅苑 总投资金额20.3亿元，5号地占地面积6.31万平方米，总建筑占15.91万平方米，完成二期主体验收、落架。6号地占地面积6.7万平方米，总建筑占16.6万平方米，完成一期交付。

花语城 一期占地面积5.5万平方米，建筑占15.64万平方米，项目投资7.8亿元，完成单体竣工。二期占地面积4.85万平方米，建筑占12.83万平方米，项目投资6.5亿元，完成主体验收。三期占地面积5.3万平方米，建筑占13.35万平方米，项目投资9.3亿元，完成主体验收。

锦绣观邸 占地面积3.02万平方米，建筑占7.3万平方米，项目投资3.95亿元，完成单体竣工。

华城名府 占地面积7.9万平方米，建筑占20万平方米，项目投资12亿元，其中住宅17.85万平方米，全部售罄。完成一期交付，二期主楼及裙房、地下室及室外管网均施工完成。

荣盛华府 占地面积32.45万平方米，建筑占15.64万平方米，项目投资15亿元，一期单体竣工，二期主体施工，三期土方开挖。

（李 颖）

·化工园区城市建设·

【概 况】 2016年，化工园区建设部门围绕园区发展战略和工作思路，紧扣服务产业发展和民生改善，完成一批重点项目，园区产业承载能力、综合服务功能、人居环境品质显著提升。完成中旗桥、炼兴新材料桥和洛克曼地块桥梁建设，完成松杨路、团结大道、东三路(北四路至普莱克斯)、普洛斯地块道路（除拆迁影响段）建设，完成杨新路（杨庄转盘至凤南路）、平顶山路、杨庄南村路等中小型修护工程，开工建设仁景苑配套市政等道路。

防汛工程完成通江集泵站下游护砌、长丰河西路排水系统修复等工程。排查出城区和产业区的易积淹水点15个，落实除险措施和消险责任人。

城市环境提升工程完成葛关路污水泵站电器及污水节制闸修复、育英路山体滑坡整治、旭东路与育英路交叉口山体滑坡治理、道路中小型维修及路灯更换等工程，完成杜圩生态湿地公园建设方案设计。

【产业配套设施建设】 2016年，化工园区城管部门完成3E-4地块、金陵亨斯迈地块、普洛斯地块、玉带片区尾水排江等给排水管网建设，完成玉带生活水加压泵站、疏港大道管廊加层、大纬东路管廊东延华创段、管廊防撞护栏、丰华路至岳子河管廊巡检通道等工程建设，开工建设园区内河水污染应急设施工程。

【公共出行立体网络建设】 2016年，化工园区范围内新辟4条公交线路，均与轨道交通衔接；调整优化13条公交线路，规范88个公交站点名称；投放新能源公交车105辆，充电配套设施13座；建成公共自行车二期站点42个，投放公共自行车2400辆。

【保障房建设】 2016年，化工园区城管部门续建晓山路南侧地块一期、二期、三期，山潘二村，永恒家园二期，杜圩景河苑一期，雄州二期7个9165套125万平方米安置房项目；竣工永恒家园二期、山潘二村、晓山路南侧地块一期、雄州二期4个5013套63万平方米安置房项目；新开工建设葛塘西片区5、6号地块一期，雄州三期，雄州四期3个2230套30万平方米安置房项目。

【棚户区改造】 2016年，化工园区城管部门实施棚户区改造项目14个，完成凤南路—宋家庄一期

(淹水点消险项目)、南化四小周边、陆营社区、新犁村(龙翔罐区周边)、通江集村二期(西坝散货)5个棚户区改造项目;成功落实包括国开行25年期4亿元园区棚改二期项目贷款、15年期20亿元大厂生态防护林项目贷款、农发行15年期10亿元景河苑农民集中居住项目贷款等34亿元政策性长期限棚改项目贷款;王山头棚户区改造PPP项目与社会资本方签订PPP项目合同,启动杜圩生态湿地公园PPP项目。

【交通行业监管】 2016年,化工园区运管部门出动执法人员928人次,对园区27家危运企业入户现场检查167人次,组织联合执法80余次,检查企业209家,发现隐患46处,整改46处,打击非法违法、治理纠正违规违章行为452起;园区公路站抓好超限超载运输治理工作,加强管辖路面治超力度,查处超限运输车辆中必须卸驳载车辆65件,驳载吨位数1118吨,必须卸驳载车辆达到100%;园区维管(驾培)所检查维修企业154家次,立案查处20起,检测车辆5674辆次,二级维护竣工车辆1124辆,技术等级评定检测为3505辆次,质量检测53辆次,新车核查525辆,技维476辆次。检查驾校37家次,现场抽查教练车75辆次,教练员58人次,取缔违规设立的招生报名点1处。

【建筑市场监管】 2016年,化工园区城管部门监管在建项目92个,开展安全及文明施工巡查212次,下发整改通知书17份,停工通知书14份。开展工程质量巡查202次,下发质量整改通知书11份,质量监督停工通知书3份,与园区环保部门、城管部门联合进行扬尘检查12次。

【城市设施养护】 2016年,化工园区城管部门养护车行道3.92万平方米、人行道2.15万平方米、路牙沿5120米;绞拉干管428千米,疏通支管368千米,清捞窨井2.18万座、雨水井3.11万座。

【绿化养护管理】 2016年,化工园区城管部门完成园区内绿化修剪面积220多万平方米,修剪行道树等各类乔木5万株;完成各类乔木补植7万余株,麦冬草、百慕大等地被补植3500平方米;对新华路、毕洼路、园东路、新华西路、太子山路等无法栽植覆绿的树池进行鹅卵石覆盖1000处。完成园区20万余株大、小乔木刷白工作;完成秋季播种黑麦草草籽5307千克;完成对太子山公园二期、范旭东广场、晓山市民广场等广场、绿地内树穴松土、做树围5万株。

【低收入家庭住房保障】 2016年,化工园区城管部门发放低保户家庭和低收入家庭的租房租赁补贴318户637人次,发放保障金额145.12万元,解决低收入家庭的实际困难;办理17家单位45人次的购房货币补贴,补贴金额211.7万元。

【房产交易登记及公房管理修缮】 2016年,化工园区城管部门完成房产交易登记各类案件3.16万件,其中商品房契约鉴证2874件,商品房买卖2938件,二手房交易7221件,房地产抵押8588件;代征契税、增值税15618万元。加强对公房的管理修缮工作,完成化粪池清理24座;维修屋面6515平方米;更换落水管250米;防治白蚁7户;其他小修养护400余处,提高公房住户的满意率。

【安全生产和维稳】 2016年,化工园区建设部门加强日常安全检查,突出专项检查,排查出安全隐患453条,其中一般事故隐患430项,重大事故隐患23项,全部整改到位,系统安全态势平稳;主要假日期间安全发送旅客2.5万人次,组织节假日加班车626班次;妥善处理"12345"工单、群众上访等反映事项1100余件(次),办理省、市、区各级领导信箱、批示件170余件;妥善处理清欠案件35起,涉案民工600人,涉及金额1.1亿元。 (钱大磊)

城市管理

【概　况】 2016年,六合区城市管理各项目标任务完成。立案查处各类违法案件762件,拆除违法建设0.97万平方米,新增停车泊位1207个,完成474个标准化建设单元的市级验收,垃圾分类示范小区累计受益人口2.61万,环卫保洁机械率85.6%。区城管局被评为南京市城市治理标准化建设先进集体、环卫工作先进单位。

【环卫保洁】 2016年,六合区城管部门持续加大环卫保洁力度。城区主次干道实施每日"一冲、二扫、三洒"的作业模式,机扫面积144.19万平方米,机扫率85.6%。改造垃圾中转站1座、公厕8座,采购果壳箱100只、购置垃圾桶清洗车1台，建设环卫职工安康驿站2座。

【停车秩序管理】 2016年，六合区城管部门挖掘停车资源。新建3个临时停车场和划设道路停车泊位，新增停车泊位1207个，划设非机动车停放区域850米，建成10条停车管理示范路，启动3条道路POS机智能收费管理，张贴违停罚单1161张。

【流动摊点管理】 2016年，六合区城管部门秉持"教育为主、处罚为辅，以人为本、疏堵结合"管理理念，对紫晶广场、金宁广场、仁和商场、长江路、泰山路、招商市场等商业广场，窗口区域，校园周边实行早、中、晚定岗错时管理，落实主次干道巡查处置机制，对流动摊点及时教育和劝离。年内，设置28个流动摊点群99个摊位。

【渣土运输管理】 2016年，六合区城管部门严格渣土运输市场准入机制，全区审批渣土运输企业16家、渣土运输车334辆。规定渣土运输时间和线路，确保净车出场、密闭运输。同时，联合区公安交警部门、环保部门定期开展联合执法，年处罚渣土运输违法案件47件。

【违法建设拆除】 2016年，六合区城管部门明确街镇、园区、部门违法建设管理责任制，建立和完善网格化巡查机制，加大新增违法建设拆除力度。对领导批示、上级转办、"12345"举报、来信来访、媒体曝光5类违建重点盯防，力求对新增违建第一时间发现、第一时间制止、第一时间拆除。年拆除违法建设134处9700平方米。

【门前三包】 2016年，六合区城管部门深入开展社会实践活动，多次组织在校大学生给龙津路等重点路段及窗口地区的商家、住户发放"一封信"千余封，帮助店家纠正门前三包管理责任落实不到位等违章行为，提高群众对"门前三包"的认知度，增强群众对"门前三包"政策参与度，建立"门前三包"自治联盟7个。年查处"门前三包"案件73起，处罚金额1.08万元。

【垃圾分类】 2016年，六合区城管部门坚持"公司运作，政府补贴，累计积分，垃圾换物"原则，实施垃圾分类市场化运作小区16个，新增受益人口1.53万，累计受益人口2.61万。垃圾分类工作列全市郊区组第一名。年回收废旧报纸等可回收物72.13吨，回收玻璃等低附加值资源39.02吨，回收厨余垃圾241.06吨，回收废旧电池等有毒有害垃圾53千克。兑换给居民食盐3925袋、蔬菜9650千克、香皂182块、大米5250千克、食用油348桶（1.8L）、鸡蛋3603.5千克、洗洁精2489瓶，为群众免费换纱窗487扇、免费磨刀314把。

【村庄环境卫生】 2016年，六合区城管部门开展农村环卫设施提档升级工作，完成38座公厕升级改造，新改建4座垃圾中转站，购置垃圾运输车2台、小垃圾收运车10辆、配备移动垃圾箱体100个。加大农村公共服务运行维护机制建设考核力度，开展月村庄环境卫生检查专项考核。年检查9个街镇、95个行政村（社区）、796个自然组，专题检查各街镇、行政村台账1次，下发菜单2708个，整改2627个，整改率97%。

【城市治理】 2016年，六合区城管部门完成474个标准化建设单元的市级验收。印制《2016年六合区城市治理标准化工作意见》《六合区数字化城管工作实施意见》《数字化城管指挥手册》，建立内部考核管理制度，完善系统功能建设，将9个街镇及11个部门和单位纳入数字化城管二级平台，龙池、雄州、金牛湖3个街道二级平台通过市级验收。每月编发考核通报，全年区数字化城管平台派遣案件2.18万件，按期处置数1.94万件，按期处置率89.18%。

【街巷整治】 2016年，六合区城管部门总结推广"拆、清、修、整、绿、划、设、亮、特、管"十步工作法抓整治，建立精细化管理责任制度，实行巷长管理责任制和社区干部、城管队员、保洁员"三包一"责任体系，每条街巷落实1名巷长、1名执法队员、1名社区干部和1名环卫工人，并公布责任人、监督人电话号码。年出动人员2676人，车辆362台次，开展集中整治43次，拆除乱搭建21处192平方米、违法广告灯箱39处201.7平方米，清除乱张贴广告1300余处，清理卫生死角119处、积存垃圾190余吨，铺设草坪1000平方米，栽植云南天竹300余株。全区整治背街支巷65条。

【城管行政执法】 2016年，六合区城管部门招录执法队员16名，组织4次执法业务培训。年查处各类案件762件，其中，一般程序案件645件、简易程序117件，处罚金额580.99万元。涉及行政复议案件4起、行政诉讼案件6起。

【城管宣传普法】 2016年，六合区城管部门完成《城管行》节目策划、协助录播8期;省级媒体发稿3篇,市级以上媒体发稿33篇;网络媒体113篇；发表微博2185篇,“南京六合城管微博”被评为“2016年度南京市城管优秀政务微博”。创新普法方式,通过建立“城管+商家”微信群,发挥自治联盟作用,全方位、多角度、深层次与店家互动,突出服务功能,围绕占道经营、倚门出摊、广告审批等门前三包问题答疑解惑，同时提供法律指导、线上审批、实时举报受理等多项服务。

【空间立面管理】 2016年，六合区城管部门重点突出主次干道街景容貌和公共服务功能品质提升,密切联系区公安、市政、园林、街道等部门和单位,协调作战,整治出新文化墙5960.7平方米，创作水墨画131幅564平方米。成功创建环龙池路为市级示范道路，紫霞、龙津社区为市级示范社区。

【路灯设施养护】 6月,原住建部门城区路灯管理工作职能划入区城管部门。年维修路灯各类光源3706只、镇流器763只、触发器496只,维修检查线路76段2035米，统一张贴3500余座路灯铭牌。配合推进区内S328快速路改造、龙津桥重建工程、机场片区道路工程等重点项目建设。

【垃圾无害化处理】 2016年,按照六合区生活垃圾“村收集、镇运转、区处理”的处理模式,区生活废弃物处置中心加强生产运行管理,落实单元作业,摊铺推平、分层压实、消杀除臭、雨污分流等措施,全面规范作业流程。加强垃圾源头管控,杜绝车容不洁、抛洒滴漏问题。6月完成渗滤液设备提档升级工程,MBR生化预处理系统投入使用,出水水质达到《生活垃圾填埋场污染控制标准》要求。年无害化处理生活垃圾12.83万吨，垃圾渗滤液2万余吨。（陈　实）

·化工园区城市管理·

【概　况】 2016年，化工园区城管部门以创卫迎复审和精细化管理三年行动为契机，依托数字城管平台和网格化管理，着力推进市容景观提档升级、停车秩序明显改观、环卫保洁高标创优、队伍建设规范务实。城市治理考核成绩在全市开发园区中位列第二,环卫考核全市综合排名第二,开发园区中排名第一。

【网格化管理和数字城管】 2016年，化工园区城管部门在长芦街道推行城管工作站模式，建成白玉社区、滨江村、小摆渡村三大片区城管工作站，在大厂街道实行网格长负责制和主要道路包干负责制。数字城管平台采集信息9333条,处置率99.24%,结案率99.67%。“12345”和“12319”热线工单办理在全市开发园区中综合排名第一。

【环境卫生整治】 2016年，化工园区城管部门结合“爱国卫生月”等活动,组织动员街道社区、系统单位、管理对象等百余家单位,重点针对铁道沿线、背街小巷、城郊结合部等开展义务劳动；指导协调葛塘街道、扬子景观公司等对6座老旧公厕进行改造；结合农村环境卫生整治，砸除敞开式垃圾池104个，设置垃圾收集移动箱体40个，投放垃圾桶500个,清理卫生死角206处，清运存量垃圾1500余吨；结合背街小巷整治,清洗地面油污55处、窨井盖口油污90余处，取缔街巷内摊群、店面前自设垃圾桶23个,增设果壳箱162个，推行定时上门收集垃圾制度。

【市容秩序整治】 2016年，化工园区城管部门开展违建、广告店招、立面景观、“三乱”、占道经营、渣土、违规菜地7项市容秩序整治,拆除违建94处2472平方米,拆除违规广告、店招202处,出新、清洗楼宇17处,出新围墙15段,清理三乱8771处,纠正沿街店家倚门出摊9297处次,教育驱赶占道摊点4584处次,设置卡点对渣土运输车辆和大型散装货运车辆进行检查，组织清理污染路面61处次,清理占用公共场地菜地4100平方米。

【园区停车管理】 2016年，化工园区城管部门牵头拟订出台《化工园区停车秩序整治工作方案》,1月起道路停车收费全部启用POS机；年增设道路停车泊位360个，合理利用公共场地划设停车泊位180个,撤销23个存在交通安全隐患泊位;建成欣乐、阿卡B座商业楼、南京中宇3个经营性停车场,共计230个泊位;在12条主要道路人行道口设置630个物理隔离桩，有效控制人为占用人行道、盲道乱停放现象;划设非机动车停车区域线3714米,非机动车标志252个，禁停黄线1005米。

【门前三包治理】 2016年，化工园区城管部门分业态类别组织门面房产权单位、商场超市、宾馆饭店、银行邮政等分别进行座谈培训，宣传部署推进“门前三包”工作。组织城市治理宣讲团进校园、进社区、进企业，年开展宣讲活动20余场次，参与受众人数1万余人。组织开展志愿者活动9次，志愿者队伍4000余人。引导长冲商业街、阿卡商业楼、葛关路商业群、长芦润玉路等建立10个“门前三包”自治联盟。5月，南京市城管局两次到化工园区参观调研“门前三包”管理的先进经验和做法；6月15日，南京市城管局组织全市城管行政执法监督员到化工园区进行观摩学习。

【环卫管理】 2016年，化工园区城管部门对16条保洁范围街巷道路及8条大企业生活区街巷道路实施机械化作业，机械化作业率90%。启动环卫基础设施3年改造计划，制定公厕管养流程，改进操作规程。与扬子、南钢等大企业建立联席联动机制，定期邀请大企业及其生活区物业管理单位召开联席会议。南京绿环环境服务有限公司承接葛塘街道3个社区和10条道路保洁业务，8月起陆续承接芳庭潘园、太子阁、百悦家小区的垃圾分类市场化运作业务，在全市环卫考核中综合排名第三，开发园区中排名第一。

【园区垃圾分类】 2016年，化工园区城管部门申报创建垃圾分类示范小区9个，开展积分兑换活动82场，在已开展垃圾分类小区新布设一组5个红色有害垃圾桶，开展主次干道果皮箱垃圾分类收集工作，在大厂、长芦、葛塘3个街道23个小区设置大件垃圾收集服务点。

社区居民用垃圾分类积分兑换蔬菜和生活用品　　化工园区城管局　供稿

【城管队伍建设】 2016年，化工园区城管部门官方微博先进经验被市城管局在全市进行推广。自主创作拍摄的微电影《大城小爱》被南京市城管总队评为优秀微电影奖。8月份，新组建的化工园区城管大队党总支党员“两学一做”先进典型在全区进行交流发言。南京绿环环境服务有限公司通过区、市、省级文明单位审核。

(谢忠平)

公用事业

·供　水·

【概　况】 2016年，南京远古水业股份有限公司(简称远古水业)实现工业产值4.46亿元，其中完成水费收入1.04亿元，工程收入3.42亿元，上缴税收8500万元；供应源水1.23亿吨，自来水7482万吨；新增DN100以上管线122千米，用户2.26万户；水质综合合格率100%，管网抢修及时率100%，平均漏损率28%(六合片区32%、大厂片区25%)；未发生一起安全生产事故。

【供水服务】 2016年，远古水业多举措做好供水服务。1月下旬，超级寒潮对区造成破坏，远古水业迅速组建21支抢修队伍，临时安装供水点32处，受理报修电话1.7万个，派出工单1.12万件，抢修水表、阀门、管道等1.09万处。年举行漏氯、消防、爆管等应急预案、演练45次295人次；对六合服务中心大厅进行扩大改造，增加营业窗口、叫号机、座椅等设施；在旭日学府、南京信息大学公寓及部分大客户中推广远程抄表技术，对香溢紫郡小区高层长期水压低的问题深入调研，一次性改造成功；在银行代扣、自动缴费、网上缴费基础上，上半年陆续开通微信、支付宝、京东、苏宁易购等平台缴费系统。 (张金勇)

·供　电·

【概　况】 2016年，六合区供电客户数43.39万户。全年六合地区全社会用电量151.9亿千瓦时（含自备电厂)，同比增长1.6%。完成售电量95.12亿千瓦时，同比增长1.33%；新增报装容量89.45万千伏安，同比上升17.04%；六合地区网供负荷最大值212.53万千瓦，与上年同比增长11.85%。六合地区公共电网建成变电站40座，其中，500千伏变电站1座，220千伏变电站8座、110千伏变电站18座。

【电网工程建设】 2016年，区供电公司新建220千伏槽坊变主变扩建工程、110千伏网架优化工程、110千伏竹镇风电工程、110千伏十村变等一批电网项目，完成动态投资3.5亿元。4月，六合网架优化工程竣工送电，由原六合变—洪将台变—马集变供电方式，改变为六合变新建两条110千伏线路直接供电马集、姚庄变，对六合北部地区的主网结构进行增强。6月，槽坊变2号主变扩建投运，增加化工园片区的供电能力。12月，110千伏十村变输变电工程竣工送电，为大厂北部地区的供电新增新的电源点，为将来大厂地区形成大厂、十村、汉河、晓山+葛塘变的“四角”供电模式奠定基础。同月，110千伏竹镇风电工程竣工送电。

【供电服务】 2016年，六合区供电营业部推广微信、支付宝、银行卡代扣等多种支付方式。加强企业与政府相关职能部门的沟通，与化工园区管委会建立共管机制，并与化工园区安监部门联合开展安全用电检查工作，并依据检查情况设立安全评级系统。汛期到来前主动联系区防指、水务部门，完成40余座农业泵站改造项目送电任务。汛期1100名电力员工全力做好汛期电力保障工作。完成南京供电公司8座城市快充站试送电工作。完成南京扬子公交客运有限公司5座城市公交快充站送电工作。营业部高度重视“12345”政府热线办理，修订《六合供电营业部“12345”服务热线工作质量管理及考核办法》，“12345”工单同比下降42.61%。

（王　惠）

2016年六合区全社会行业用电量一览表

表15

行业名称	2016年全年用电量(万千瓦时)	同比增长率(%)
全社会用电总计	1518983.59	1.60
A、全行业用电总计	1458741.54	0.93
第一产业	5062.01	42.27
第二产业	1400220.69	0.26
第三产业	53458.87	18.42
B、城乡居民生活用电量合计	60242.05	21.28
其中:城镇居民	27587.65	22.68
乡村居民	32654.39	20.12
全行业用电分类	1458741.54	0.93
一、农、林、牧、渔业	5062.01	42.27
二、工业	1394248.14	0.32
三、建筑业	5972.55	−13.15
四、交通运输、仓储和邮政业	13224.80	14.96
五、信息传输、计算机服务和软件业	3647.60	20.13
六、商业、住宿和餐饮业	11389.92	14.48
七、金融、房地产、商务及居民服务业	12399.73	29.14
八、公共事业及管理组织	12796.84	15.79

·供　气·

【概　况】 南京中燃城市燃气发展有限公司成立于2005年6月，是全国首家通过公开招投标获特许经营权的燃气企业。

至2016年12月，公司总资产为15亿元，建成投用天然气接收门站1座、高中压调压站4座，CNG加气站2座，燃气管网1409.56千米（其中，次高压管道42千米，中压管道481千米，庭院管网886千米）；实现安装民用户49万户，陆续实现金桐化工、南汽名爵、兰精化纤等85家工业用户、2675家商福用户以及33万户居民点火通气，年供气总量1.64亿立方米。

【中燃工程建设】 2016年，六合区实际完成中低压管网45.94千米，用户安装1.97万户，完成投资2153.26万元。完成百合园小区两气转换项目。化工园玉带片区天然气管道贯通，建设13.5千米玉带专线项目，为化工园二期玉带片区提供管输气源。新集镇管输天然气贯通，南京中燃建设8千米新集专线，年初建成投运。利用祥润肉联厂自建卸气设施为横梁街道居民提供临时供气，春节前通气。马玉、程桥管道天然气专线全面建成。金牛湖管道天然气专线开工建设，年内完成5千米管道建设。（刘　真）

房地产开发管理

【概　况】 2016年，六合区资质内房地产企业新开工商品房面积267.5万平方米，商品房竣工面积114万平方米。年销售商品房面积125.5万平方米，商品房销售额95.9亿元，其中住宅销售11085套，面积114.4万平方米。

六合区住建部门以改善住房民生为重点，推进住房保障工作；以房屋征收安置管理为切入点，致力服务全区项目建设；以强化房地产市场管理为着力点，促进房地产业健康发展；以规范物业管理为抓手，提升物业管理水平，各项工作取得成效，六合区房地产市场总体发展平稳有序，呈“量价双稳”的局面。

【保障房项目开工】 2016年，六合区新开工经济适用房（拆迁安置房）项目8个，建筑面积119.42万平方米。项目分别为：机场安置房七里片区一期BD地块30万平方米，蒋湾片区二期24万平方米，中山科技园经适房三期（复建房四期）10.36万平方米，山潘二村9.1万平方米，晓山路南侧二期18.76万平方米，晓山路南侧三期11.4万平方米，景河苑拆迁安置房项目一期工程10.2万平方米，葛塘西片区5、6号地块一期工程5.6万平方米。

【保障房项目竣工】 2016年，六合区保障房竣工8个项目，建筑面积128.41万平方米。项目分别为：机场家属区安置房40.54万平方米，锦绣家园9.2万平方米，山潘二村9.1万平方米，雄州经济适用房一期15万平方米，雄州经济适用房二期14.8万平方米，永恒家园二期13.2万平方米，晓山路南侧一期25万平方米，方水雅域人才公寓1.57万平方米。

【公共租赁住房建设】 2016年，六合区建成公共租赁住房项目1个，项目是方水雅域人才公寓，建筑面积1.57万平方米，房源150套。该公寓位于化工园区入口处，宁六公路与方水路交叉路口。

【租赁补贴发放】 2016年，六合区新增租赁补贴申请户32户。全区在保租赁补贴的低收入住房困难家庭共有479户，发放补贴206.16万元。

【住房保障申请】 至2016年底，六合区新增经济适用房申购户5户，新增廉租住房租赁补贴申请户32户（其中，六合地区1户、化工园地区31户）。

【经济适用住房上市】 2016年，六合区办理经济适用住房上市70户，确认上市差价收益金额190万元。区住建部门按照政策规定的程序、时限对申请户材料进行审批、查档，做到政策阳光、办事高效、程序公开的规范要求。

【房改工作情况】 2016年，六合区发放房改住房补贴650人988万元，全年无房改公房出售。至年底，在区房改部门备案已享受房改人员数据为：房改公房出售7657套45.94万平方米；老职工住房补贴发放1.03万人1.51亿元。

【商品房开发管理】 2016年，六合区住建部门加大市场检查力度，狠抓交易秩序。通过常规检查、随机抽查相结合的方式，对在售楼盘项目进行拉网式检查，新开盘项目一一进行现场指导规范销售行为；对老百姓投诉、媒体曝光项目及时跟踪，妥善解决化解矛盾。年开展房地产市场检查17次,发出整改通知书11份,有效维护区房地产市场正常秩序。

加强预售款资金监管，保障购房人合法权益。通过合同备案、监管账户进账、资金使用、账户注销等环节严控预售款资金使用，实行动态监管，发现异常及时检查。监管项目40个,监管总面积148万平方米19.2亿元；预售资金动态监管月报1160件，确保“专款专户、专款专用”。

【产权市场管理】 2016年，六合区住建部门核发商品房预售许可证53个,批准上市面积148.8万平方米。完成商品房合同鉴证及预告登记2万件，鉴证面积189.13万平方米，交易金额158.94亿元;商品房办证2万件,办证面积112.46万平方米;存量房办证1.54万件，成交额93.87亿元;拆迁安置房办证(已归档)4272件，办证面积40.25万平方米；完成抵押登记1.18万件,担保价值148.28亿元；注销登记1.44万件；商品房初始登记160件，登记面积159.21万平方米，开具家庭唯一住房证明、银行贷款证明及户口迁移房产证明等各类证明5.27万件,协助法院办理查封冻结1052件,扫描上架档案1.3万件,全年实现各类经济收入1950万元。

【房产档案管理】 2016年，六合区住建部门完成档案扫描上架1.3万件;受理查封冻结1052起,为企事业单位、个人提供档案查询5.27万件。

【资质审查及项目手册备案】 2016年，六合区住建部门对重点房地产开发项目进行跟踪督查，加大重点开发项目进度的督查力度。全区有50多家开发企业,有在售楼盘的开发企业20多家,每年开发资质需要年检30多家,其中三级开发资质的开发企业10家，二级开发资质企业20多家。按照《中华人民共和国城市房地产管理法》《房地产开发企业资质管理规定》等法律规定,年完成38家开发企业开发资质延期、变更、升级等的材料审核工作。全区在建的20多家企业,全部参加项目手册备案。

【物业管理】 至2016年末,六合区内注册物管企业86家，其中一级资质企业3家,二级资质企业3家,三级资质和三级暂定企业80家,托管项目(原六合区)79个758.91万平方米;年度申报南京市物业管理示范项目1个。深化物业管理体制改革,指导各街道社区成立“两站一中心”。开展创优达标工作,新建住宅小区物业管理率100%。严格执行基金使用审核制度,年末,归集物业维修基金9.12亿元。实施老旧小区环境综合整治,全年完成四中教师公寓、计生宿舍、二中宿舍楼、电信局房改房的环境综合整治工程,通过整治重点提升小区的道路、路灯、燃气、安防等基础设施和设备。

【租赁市场管理】 2016年，六合区住建部门完成房屋在册登记备案3382户37.83万平方米，租赁代征税728万元，流动人口房屋租赁登记备案3224件。新增房地产经纪机构登记备案12家,退出1家,备案75家,房产经纪市场运行健康良好。

【房屋征收】 2016年，六合区住建部门完成机场片区,二棉厂,5、6号地块，浮桥连接线等12个地块3500户、7000套安置房安置工作。完善《六合区房屋征收操作手册》,同时出台《工业企业征收补偿补充意见》。启动新城河东核心地块、扬平公司西侧、招兵河二期3个项目征收工作。完成征收面积10万平方米，涉及被征收户700余户。

【房屋测绘管理】 2016年，六合区住建部门完成房屋面积测绘693万平方米，其中商品房测绘428万平方共538幢,自建房测绘265万平方米2.86万件，房产平面图修补测90万平方米。完成荣盛华府、荣城中苑、冠城大通、御龙湾、紫晶未来城等24个六合商住建设项目的测绘工作，总测绘面积112万平方米；完成河畔家园BC区、民族小区等7个拆迁安置房和经济适用房测绘60万平方米;完成化工园区、南钢、扬子等区属重点服务对象面积测绘32万平方米;完成扬子医院、鹏程国际幼儿园等公益设施测绘5万平方米。

【白蚁防治及房屋安全】 2016年，六合区住建部门完成新建白蚁预防面积220万平方米，回访竣工项目150万平方米，年收入550万元(包括符合政策减免)。签订新建白蚁预防合同90份,完成新建白蚁预防面积452.3万平方米，减免99.4万平方米；总收入914.4万元，符合政策减免金额228.7万元。灭治205户1.35万平方米。为直管公房及特困户白蚁免费灭治服务，白蚁灭治接电话投诉6起，全部办结。外出现场

424次，重点处理好龙庭世家门面房下挖地坪事件及大厂宁馨家园装修拆改承重墙事件。险房消险10幢，对未消除的水上新村、清真街、建筑新村等定期巡查并做好过渡事宜。 （冯国荣）

住房公积金管理

【概　况】 至2016年底，六合区有2228个单位，11万名职工建立住房公积金制度；归集住房公积金137.54亿元，归集余额47.97亿元；职工提取住房公积金89.57亿元；发放住房公积金贷款43771笔，106.2亿元。

【年度公积金业务发展】 至2016年12月31日，六合区累计归集额16.53亿元，同比增长8.61%。单位开户132户（5人以上），新增缴存职工9277人；个人公积金贷款方面发放7539笔贷款，金额24.91亿元。逾期率0.23‰。年公积金支取35.66万笔，金额13.78亿元，公积金支取占全年归集额83.36%。

【住房公积金使用政策完善】 2016年，六合分中心延长租房提取办理时间。将提取住房公积金支付房租业务办理时间由每年的6月、12月延长至每年的6月至12月，方便职工提取。推出增设电梯提取业务。贯彻落实《市政府关于印发南京市既有住宅增设电梯实施办法的通知》(宁政规字〔2016〕11号)有关住房公积金提取的规定，支持出资增设电梯业主中缴存住房公积金的职工，提取其夫妻双方住房公积金用于支付增设电梯个人分摊费用，扩大使用渠道。推进信息联网共享。开展与各部门信息共享利用：与区民政部门建立查询机制，对租房提取的单身证明每周通过电子信息交互进行查证；与区公安部门建立外地户籍查询机制；与税务部门开展增值税发票查询，有效防范外地购房提取违规行为。突出扩面建制重点。加大对重点人群和困难企业的公积金权益保障力度，协调区城管、公安等部门，推进保安、环卫工人和劳务派遣人员的公积金建制缴存工作，完成对区内384名环卫工人公积金建制缴存工作；完成市保安服务总公司大厂分公司全员缴存，新进缴存职工675人。

【骗提公积金行为查处】 2016年，六合分中心查处33起职工提供假材料意图骗提公积金的行为，涉及资金100余万元。发现4名职工违规骗提公积金并展开追讨，计退回资金33.48万元。全年六合分中心收到由市政府转发“12345”工单，市长信箱区委书记信箱来信23件，全部完成，投诉人满意率100%。

【年度住房公积金缴存基数限额调整】 2016年，六合区住房公积金缴存基数为2015年度职工个人月平均工资，最高不超过市统计局公布的2015年在岗职工月人均工资的3倍（2.02万元），最低不低于南京市2015年职工最低工资标准(1770元)。（王　伟）

2016年六合区新批上市项目汇总一览表

表16

上市项目数	上市总面积(万平方米)	其中别墅(万平方米)	普通住宅(万平方米)	办公用房(万平方米)	商业用房(万平方米)	车库(车位)(万平方米)	其　他(万平方米)
53	148.8	/	119.93	4.12	13.23	10.16	1.08

2016年六合区商品房合同登记汇总一览表

表17

功　能		件数	面积(平方米)	金额(亿元)
别　墅		/	/	/
普通住宅	多层	516	54410.4	2.59
	小高层	584	70411.38	5.72
	高层	16585	1643964.6	1.36

续表 17

功　能	件数	面积(平方米)	金额(亿元)
办　公	512	31913.46	3.01
商业用房	1492	80287.78	10.84
车库(车位)	281	5234.64	0.20
其　他	4	5094.68	0.43
合　计	19974	1891316.94	1.58

2016 年六合区商品房交易汇总一览表

表 18

功　能		件数	面积(平方米)	金额(亿元)
别　墅				
普通住宅	多层	642	77096.16	3.23
	小高层	773	75687.57	3.80
	高层	9085	840835.66	49.10
办　公		449	46858.5	2.37
商业用房		793	80386.45	6.44
车库(车位)		155	2273.51	0.10
其　他		98	1534.85	0.04
合　计		11995	1124672.70	65.08

2016 年六合区二手房交易汇总一览表

表 19

功　能		件数	面积(平方米)	金额(亿元)
别　墅				
普通住宅	多层	7562	608714.48	40.83
	小高层	2130	186400.12	13.52
	高层	5069	467540.40	33.70
办　公		129	16536.98	0.50
商业用房		250	50927.34	2.47
车库(车位)		92	1451.93	0.05
其　他		157	119823.55	2.79
合　计		15389	1451394.80	93.87

(冯国荣)

教　育

·综　述·

【六合区教育】 2016年，六合区(原六合县范围)有独立学校和幼儿园127所。其中小学32所、教学点2个，初级中学15所，九年制学校7所，普通高中3所，中等专业学校1所，教师发展中心1所，特殊教育学校1所，幼儿园67所。在编教职工4948人，离退休教职工3059人。全区在校生总数6.47万人。其中高中5682人，初级中学1.24万人，小学2.83万人，中专2695人，幼儿园1.55万人，特殊教育学校123人。

教育质量　2016年普通高考本科上线776人，本科总上线率51.49%。六合中专校对口单招本科上线126人，4名学生分列获4个专业南京市榜首；技能大赛获国赛1金1银、省赛3金9银9铜成绩。瓜埠小学学生作品“虹吸底排易清污鱼缸”获省政府青少年科技创新“培源奖”。

办学条件　机关幼儿园莉湖分园等7所幼儿园建成开园，南师附小方州小学等6所小学加快推进。投入8360万元实施16个中小学校安工程项目，投入1000万元实施36个中小学小型维修项目，投入1070万元完成37所中小学厕所改造，投入650万元完成马集初级中学、仕金学校学生宿舍改善。投入装备经费3810.23万元，完成3所新建学校的装备项目，重点新建或改造各街镇中小学实验室37间、音乐美术教室43间、网络教室20间、合班教室及会议室20个，为8所学校添置校园网络及广播系统设备，装备17所学校的图书室及校内公共阅览区域。51所中小学校建设标准化无线网，覆盖率91%，32所中小学装备录播教室，实现街镇初中和中心小学全覆盖。建成“六合区教学质量监测平台”，开展活动52场次，参与教师1000人次。

队伍建设　开展“教师志愿者联盟”、教师阅读活动，推行“党员政治生日制度”，丰富马鞍中心小学“乡村流动课堂”“社区公益讲堂”项目内容。2人被评为江苏省特级教师，1名教师被评为“江苏省优秀教育工作者”，8名教师被评为南京市学科带头人，8名教师被评为“南京市德育工作带头人”，3所学校被评为“江苏省教育先进集体”，程桥高中殷小波获“江苏省班主任基本功竞赛”一等奖。成立9个区名师工作室，安排250名小学英语教师参加江苏省教育厅2016年“名师送培”项目；与玄武区教师发展中心合作，组织110名教师参加江苏省“乡村骨干教师培育站”。熊立军获主题班会方案设计市一等奖，金陵中学龙湖分校数学学科获全国网络团队教研竞赛一等奖和全国中小学信息技术创新与实践大赛大奖(一等奖第一名)，棠城学校生物学科获全国二等奖。

内涵发展　成立学前教育管理中心，199名教师参与2016年度交流，27名校长参与交流，通过OA平台进行义务教育阶段学校办学水平评估。举办6场“读好书”等学校现场展示活动，棠城学校《棠城之声》、程桥高级中学《农村高中心理健康教育》、龙袍初级中学《英语悦读》获南京市中学校本精品课程一等奖；六合高级中学《雨花石·地理》课程入选江苏省课程基地项目，六合实验高级中学《阳光体育》

课程入选市课程基地项目。8项省市"十二五"规划课题及13项南京市教育学会课题结题,第九期个人课题市级立项194项。

达标创建 六合区获全国"2015年全民终身学习活动周成功组织奖",成功创建"江苏省社区教育示范区",区教育局获"南京市学前教育改革制度创新奖"。马鞍幼儿园、冶山实验幼儿园成功创建为江苏省优质幼儿园,六合中等专业学校创建成为"江苏省高水平现代化职业学校",金牛湖街道、雄州街道获"2016年江苏省社区教育实践创新工作项目案例"优秀奖,东沟初中通过省级质量提升工程课程项目验收,金牛湖中心小学等22所中小学创建成为"南京市依法治校示范学校"。六合高级中学获"市级文明单位标兵"称号,六合区双语小学、六合区实验小学被授予"市级文明单位"称号。8所学校确定为区中小学"德育示范基地学校",马鞍中心小学被评为"南京市德育示范基地学校",程桥高级中学被评为"南京市心理教育特色学校",实验小学被评为"江苏省书香校园建设示范点",双语小学成为全区第五所国家级足球特色学校。

教育公平 出台《关于在部分学校实施集团化办学试点的意见(试行)》,完善特殊教育体系,学前阶段向中班推进,启动特殊教育向高中阶段延伸,开办特殊教育职业中专。区教育局被江苏省政府授予"江苏省促进义务教育均衡发展先进单位"称号。

服务保障 实施"大众创业"培训工程,完成各类职技培训8.1万人,居民参与社区教育活动21.1万人次。对全区民办教育机构进行年度督导评估,停办1家、不合格1家、下发"整改通知书"4家。启动第一批视频监控探头1055个招标工作,开展防溺水专题教育;投入1000多万元保持校车稳定运行,稳妥推进小学生上放学交通公交化,13辆中巴车退出校车序列;第一批104名校(园)专职保安员配备到位。投入470万元资助"九类贫困生"3328名(同比增长107%);投入17.7万元实施"春暖计划",慰问系统困难教职工132人。全区所有公办校(园)食堂全部达到"明厨亮灶"标准,食堂经费纳入局食堂会计核算中心账户集中管理。

六合区教育督学聘任仪式　　区教育局　供稿

【化工园区教育】 化工园区有中小学18所,其中高中2所、初中5所、小学10所、民办九年一贯制学校1所。2所高中均为江苏省四星级普通高中。5所初中,其中省级示范初中3所、市推进素质教育示范初中4所。10所小学,其中省级实验小学6所、市级实验小学2所、市现代化示范小学1所、市示范小学1所。幼儿园20所,100%为省合格园,其中省优质园11所。另有教师发展中心1所、少年宫1所、社区学院1所、街道社区教育中心3所。

2016年,园区强力推进长城中学易地新建等重点工程,建构实施五级金字塔教师培养体系,教育教学质量不断提升,中高考再创佳绩。在教育现代化监测评估工作中得分连续3年位列全市前四,在全市率先通过创建省平安校园建设示范区验收,成功创建省社区教育示范区和省中小学责任督学挂牌督导创新区。

教育质量 推进学前教育优质普惠发展。大厂实验幼儿园杨庄和兰亭苑分部、葛塘中心幼儿园芳庭分园、九村幼教总园文承苑分部顺利开园,赛贝梧桐幼儿园、扬子一幼新园等建成投入使用,新增加公办和普惠学位900个。完善园区社区教育办学体系。组建园区社区教育委员会,与南京科技职业学院合作成立园区社区学院,完善社区教育三级办学体系。长芦街道社区教育中心创建成为省级标准化社区教育中心。提升葛塘片区教育供给能力。长城中学易地新建工程开工,葛塘中心小学翻建二期主体工程完工,芳庭幼儿园、赛贝梧桐幼儿园投入使用。引进区内区外优质教育资源，实施南化实验小学与葛塘中心小学一体化办学模式，与南京师范大学、江苏第二师范学院等接洽合作办学工作。

办学条件　加快推进教育重点建设工程，调整和优化教育布局，改善办学条件。续建项目进展顺利。葛塘中心小学翻建二期主体工程年底完成，新学期投入使用；南化二中翻建二期工程封顶，秋季开学投入使用。新建项目如期开工。长城中学易地新建工程、南化四小改扩建工程启动，信大附小、扬子四小、九龙小学等校安工程开工。小型维修加快实施。推进2所高中提升工程，完成1所园林式校园创建工作，实施3所学校食堂提升工程。技装水平不断提升。投入技装经费2100余万元，建成8所学校的标准化监控系统和全区学校监控管理系统，完成3所幼儿园和2所学校的装备配置等工作。

教师队伍　改革创新培养体系。构建"五级金字塔"教师培养工程。加大培训工作力度。选派10名教师出国参加培训，领航名师培班、名师工作室、研训员工作坊等按计划组织培训，全体教师参加各级各类培训，参训率100%。调整优化队伍结构。推进教师交流，义务教育学校116名教师参加流动；严格规范程序，新招聘教师58名。史献计通过正高级教师省级评审，余建国、胡红被评为江苏省第14批特级教师，陈世锦、赵小兵被评为江苏省先进工作者、先进教育工作者；胡福如获南京市行知奖，4人被评为南京市学科带头人，3人当选南京市首届德育工作带头人。

教育品质　以项目为引领，推进内涵发展。信大附小"云心气象"立项为省级特色文化建设项目，南化实小、信大附小成为市级特色文化示范学校，葛塘中心小学前瞻性教学改革培育项目参加省级评选。在南京市校本精品课程评选中，九龙中学和扬子一中均获一等奖。在南京市新优质初中年度考核中，九龙中学获综合发展奖二等奖及学科质量推进奖，社会事业局获质量建设推进奖。扬子中学、大厂高中申报全市高中333工程，分别被列为书香校园、科技校园创建学校。南京市小学重点内涵发展项目——区域促进学生个性化发展的校园纪录秀实践研究顺利通过预评估，南化实小当选全市首批德育示范基地学校，大厂高中、信大附小建成南京市示范中小学心理健康教育中心，扬子中学创建成为南京心理健康特色学校。加强协调管理，促进质量提升。重视教学流程管理，组织开展教学流程管理制度评比。围绕"队伍，让学校发展可持续"主题，举办第九届学校发展论坛。加强对小学发展联盟的考核指导，促进小学教育质量整体提升。园区中考均分521.82分，超南京市均分4分。在全市区域初中教育发展性评估中获教育公平奖和队伍建设奖。高考本二以上达线人数559人，其中两所高中文化类本二达线总人数465人，比上年多119人，超额完成南京市教育局下达预控指标。在全市高中发展水平评估中，扬子中学获教学质量优秀奖、教学管理奖和综合奖，大厂高中获教学质量优秀奖、教学优秀管理奖，社会事业局获区高中教学管理奖。深化素质教育，促进全面发展。组织参加"市长杯"足球联赛，6支代表队获一等奖，扬子二小获亚军；组队参加市校园阳光系列比赛，获多个一等奖；参加市第21届运动会，获32.5枚金牌，获全市"群众体育工作先进集体"称号。5所学校创建省健康促进银奖学校，教师代表队参加全市师生应急救护技能大赛获团体二等奖。完成中小学艺术素质测评试点工作，启动区级艺术教育特色学校、艺术团学校创建工作。组织园区师生参加科技等比赛，获全省科技创新大赛一等奖、江苏省中小学生科技作品发明展示会一等奖等多项大奖，信大附小创建"全国青少年科技创新实践教育示范基地"。

校园管理　全面落实校园安全管理责任制，实施视频监控达标改造，建成区域校园视频监控平台，安全教育馆投入使用，成为"全国安全教育实验区"，在全市率先通过江苏省平安校园建设示范区考核验收。加强和改善督学队伍，形成挂牌督导新常态，完成有偿补课、校园欺凌等专项督导，完成江苏省中小学责任督学挂牌督导创新区创建工作，为创建国家级督导创新区作准备。开展依法治教工作，6所学校创建市级依法治校示范校。研制完善综合考核方案，开展首次千分考核工作。启动绩效工资总量控制工作，完善绩效工资考评方案。强化经费保障机制，及时调整生均公用经费，解决聘用老师人员经费问题。加强宣传信息工作，创新宣传方式扩大宣传效果，做好"12345"群众诉求办理和信访维稳等工作，为教育发展营造良好的舆论氛围和社会环境。（许有飞　陈　佳）

·基础教育·

【概　况】　原六合县范围有独立中小学59所。其中小学32所、教学点2个，初级中学15所，九年制学校7所，普通高中3所。化工园区有中小学18所，其中高中2所、初中5所、小学10所、民办九年一贯制学校1所。

【中小学生科技活动实践】 2016年，六合区建有科技活动小阵地127个，发展科技辅导员538人，组织开展科普、科教、科技夏令营等各类活动410场次，参加活动3.6万人次。在全市举办的“智慧南京·我的科技梦”第八届社区“四个一”作品竞赛中，区选送参赛作品718件，173件获奖。区关工委获优秀组织奖。在全省举办的中小学生航海模型锦标赛中，区分别获单项团体3个第一名、5个第二名，个人3个一等奖、14个二等奖。

【扬巴奖学金设立】 1月15日，“扬巴”奖学金设立暨首届“扬巴奖学金”颁奖仪式在扬子中学报告厅举行。奖学金分“优秀奖学金”“特别奖学金”和“发展奖学金”三类，目的在于激励学生立志成才、全面发展，增强学生的社会责任感，激发学生的创新意识和培养学生的个性特长。

【园区教育工作创建】 3月25日，以江苏省公安厅内保总队副总队长刘建华为组长的省平安校园建设示范区创建考核专家组一行4人，对化工园区创建省平安校园建设示范区工作进行现场考察。11月10日，以江苏省成人教育协会常务副会长马良生为组长的专家组，对化工园区创建省社区教育示范区工作进行现场考核验收。专家组观看园区社区教育专题片，听取创建工作专题汇报，实地考察园区社区学院、山潘中心社区居民学校、南化老年大学，查阅台账资料，并召开由街道领导、部门领导、社区学院领导、社区教育教师代表、居民学校代表、市民代表等人参加的座谈会。12月21日，由江苏省督学施正洲带领的省督导组一行，对化工园区创建“江苏省责任督学挂牌督导创新区”情况进行督导检查。

【亚什兰捐赠仪式】 4月7日，“亚什兰‘爱心助学·科创圆梦’捐赠仪式”在扬子第一中学报告厅举行。亚什兰(南京)化学有限公司捐赠爱心助学基金10万元，为扬子一中捐建1间科技创新教室。园区工委副书记楚琢玉，社会事业局，亚什兰(南京)化学有限公司负责人及扬子一中师生代表出席仪式。仪式上，扬子一中师生就学校科技创新课程开展及科技创新课学习作介绍，“亚什兰创新教室”揭牌。

【名师高级研修班开班】 4月10日，化工园区“五级金字塔·领航名师”高级研修班开班仪式在南京信息工程大学附属实验小学举行。江苏省第二师范学院及省教师培训中心负责人，园区各学校校(园)长、分管教学校(园)长，教师发展中心及“领航名师”高级研修班全体学员出席开班仪式。

【家长学校总校成立】 4月25日，化工园区社会事业部门在长城小学召开家长学校总校成立大会暨家长学校工作推进会。会上，社会事业局负责人要求各校高度重视家长学校工作，从“基本规范”“队伍建设”“经验梳理”等方面提升办学质量，家长做好价值观引领，落实家长学校的管理机制、经费机制、宣传机制、评估机制，推动学校、家庭、社会教育相结合，切实提高育人的综合效果。

【园区师生获全国奖项】 4月27日，在第六届全国智慧课堂教学研讨会上，信大附小教师徐婷婷应用“焦点智慧教室”系统上“恐龙”展示课，获一等奖。9月18日，在湖北武汉市举办的国家网络安全宣传周网络安全知识竞赛电视总决赛上，扬子中学学生张天尧代表省参赛获全国亚军，并应邀参加国家网络安全宣传周开幕式。11月27日，信大附小管乐团在第四届“青春乐章”全国青少年优秀管乐队展演活动中，获“金号角管乐队”称号和优秀组织奖。

【高中生辩论赛】 4月，六合区教育部门面向全区普通高中举办第二届高中生“五四”辩论赛活动。经过校内初赛、区级预赛，六合高级中学获区一等奖，并代表六合区参加市赛。区教育局获南京市优秀组织奖。

【园区创办德研新品牌】 5月10日，由化工园区社会事业部门牵头创办的德育研讨新品牌——《今日“育”见》在扬子三小首次开讲。第一期《今日“育”见》由扬子三小和扬子二小携手承办。园区开创德研活动已3年余，该机制为园区内班主任提供开设区级主题班会课、心育活动课、德育讲座的平台，为园区德育工作者提供研讨学生管理、班级建设等德育话题的载体，为园区班主任提升专业素养、体验职业幸福开辟一条有效路径。创办《今日“育”见》德研新品牌，主要目的是围绕‘小切口’的德育主题，开展系列化的开放式争辩，让更多的一线班主任关注、思考班主任工作中存在的重难点问题，在思辨中深化认识，在争鸣中优化能力，在碰撞中生成创新。

【教育部校园足球督察组调研】 5月18日上午，教育部加快发展青少年校园足球重点督察工作专家组到化工园区进行调研指导。专家组成员由国家督学、韶关学院院长廖益等组成。江苏省教育厅体卫艺处副主任科员常治国，南京市教育局副局长张利明，化工园区社会事业部门主要负责人等陪同调研。专家组一行在葛塘中心小学和九龙中学两所学校进行检查调研，听取两所学校办学情况、办学特色的介绍以及学校校园足球工作的开展情况，了解相关的校园足球文化，观摩足球大课间和足球社团活动。专家组成员邓世俊指导学生们掌握足球技巧。

【市乡村小学教学改革联盟启动】 5月23日，南京市乡村小学教学改革联盟启动仪式在信大附小举行。江苏教育报刊总社社长沈本领、江苏省教师培训中心办公室主任孙胜和、乡村联盟委员会主任应良明出席仪式。江宁区、栖霞区、高淳区、溧水区、雨花台区、浦口区、六合区、化工园区19所小学160多名教师参加活动。启动结束以后，围绕“观照乡村儿童立场促进学习力自然生长”活动主题，9所学校的老师分别介绍各自学校课堂改革新理念、新举措。会上，对首批19所联盟学校进行授牌。

化工园区迎接国家教育部青少年校园足球督察组调研指导

化工园区社会事业局 供稿

【园区第32个教师节大会】 9月10日上午，化工园区在南化实验小学报告厅举行庆祝第32个教师节大会。园区管委会常务副主任诸渊深、工委副书记楚琢玉出席会议并讲话。诸渊深代表园区工委、管委会向园区全体教育工作者致以节日的问候和亲切的慰问，楚琢玉代表园区作教育工作报告。会上，播放教师节专题片，进行4位先进教师的事迹演讲，58名新教师在省特级教师胡红带领下进行宣誓，诸渊深和楚琢玉为获奖单位及个人颁奖。

【南化实小承办市小学语文教学论坛】 9月18日，由南化实验小学承办的“南京市第四届小学语文教学研究高端论坛”活动在该校举行。南京语言学会领导、晓庄学院教授、市语文教研员、特级教师等专家和300多名来自南京市的小学语文教师齐聚一堂，共同探讨“文本特质呈现与核心教学价值取向”主题。活动使参会教师明确语文教学要在课堂教学主渠道上下功夫，根据文本的特质建构符合素质教育要求的课堂教学新模式。

【高中教学奖项】 10月，在南京市普通高中教学工作会议上，六合高级中学获2015—2016学年度市普通高中发展性评估综合奖、教学质量优秀奖、教学质量突出奖和学校教学管理奖；程桥高级中学获2015—2016学年度南京市高中发展性评估综合奖、教学质量优秀奖、特色建设奖和学校教学管理奖，实验高级中学获2015—2016学年度南京市高中发展性评估综合奖、教学质量优秀奖。区教育局获2015—2016学年度南京市高中区级教学管理奖，连续4年获该荣誉。

【中小学校长赴沪跟岗培训】 10月24日，化工园区社会事业部门组织21名校长，赴上海进行为期11天的跟岗学习活动，以促进园区校长的专业化发展，提升学校管理水平和领导能力，加快学校办学思想的形成。跟岗培训基地学校有上海市黄浦学校、格致初级中学、敬业中学等8所中小学，均是建校历史悠久、文化底蕴深厚、教育教学质量一流的优质学校。

【园区啦啦操队在市联赛中获佳绩】 11月12日，在南京市中华中学落幕的“2016年南京市青少年阳光体育节校园啦啦操联赛”中，化工园区中小学啦啦操队伍获佳绩。团体赛小学组比赛中，育英二外、信大附小啦啦队操获一等奖；单项赛小学组比赛中，南化实小、育英二外小学啦啦队操获一等奖、信大附小啦啦队操获二等奖；单项赛初中组比赛中，育英二外中学啦啦队操获一等奖、扬子一中啦啦队操获二等奖；单项赛高中组比赛中，扬子二中啦啦队操获一等奖、大厂高中啦啦队操获二等奖。

【日本青少年交流团到区访问】 11月12日，日本福冈县筑上町青少年交流团到区竹镇中日友好希望小学交流访问。江苏省人大常委会外事委领导郭敏文、区人大常委会主任彭家龙陪同。中日交流双方相互表达文化交流学习的希望和愿意促进中日情谊长存的心愿，并进行各具特色的精彩表演。日本交流团成员向希望小学学生学习踩高跷和抖空竹技巧，并表达对中国民俗技艺的赞叹。

【初中教育发展性评估】 11月，在南京市区域初中教育发展性评估中，六合区教育部门获教育公平奖、队伍建设奖、改革创新奖。在南京市“新优质初中”创建学校2015—2016年度考核评估中，新篁初中获市一等奖，东沟初中、金牛湖初中、城西初中、程桥初中获市二等奖。

【中小学生校园足球比赛】 12月4日，历时20天的化工园区中小学生校园足球比赛在大厂高级中学足球场落下帷幕。全区18所中小学、31支代表队、388名运动员参赛。经过71场比赛的角逐，扬子二小男足和九龙小学女足分获小学男子组和女子组冠军；扬子一中的男足和女足，均获初中组冠军；扬子中学获得高中男子组冠军。6位运动员分别被评为各组别的“最佳射手”。

【青少年安全教育馆开馆】 12月14日，化工园区投资200多万元的青少年安全教育馆，对园区学生开放。园区社会事业局在大厂青少年宫开展安全教育馆开馆仪式，南京市教育局、园区安监局、公安分局、消防大队、交警十大队领导以及中小学幼儿园安全、德育分管领导和部分师生代表200人参加开馆仪式。

【学生社团活动】 2016年，全区中小学开展优秀社团展示评选活动。108个社团参加区级评选，10个社团经推荐参加市级展评，金陵中学龙湖分校“龙湖笛韵”直笛社团被评为南京市十佳学生社团，并获最佳人气奖；玉带初级中学“关爱留守学生青少年之家”美术社团被评为南京市优秀社团，并获最佳人气奖。

(许有飞　陈　佳　卢立才)

·特殊教育·

【概　况】 六合区特殊教育学校(简称特校)于1986年创办，是区内唯一一所集听障、智障教育为一体，实施九年义务教育的全日制特殊教育学校。学校占地面积1.09万平方米，建筑面积2816平方米。现有教职工34人，专任教师32人；中高级职称19人；区学科带头人3人，区优青4人。本科学历22人，大专9人，学历达标率100%。全校13个班，学生136人，其中智障教育10个班、听障教育1个班、学期教育和职业中专各1个班。学校先后获南京市三项康复先进集体、南京市规范化学校、江苏省特殊教育现代化示范学校、南京市平安校园、南京市模范职工之家、区级文明单位等多项荣誉。

【特校夜间疏散演练】 4月21日晚8时30分，特校开展夜间疏散演练活动，增强特殊学生避险意识，帮助其学习和掌握逃生、自救、自护的技能。整个演练秩序井然，一分钟后，全体住校生疏散到操场安全地带。演练具有极强实战性，使全体住宿生熟悉夜间紧急疏散的程序和线路，掌握应急防护技能，同时培养学生团结互助的品德，提高突发状况下应急反应能力和自救互救能力。

【特校教研活动】 10月27日，六合、鼓楼、浦口特校联合在鼓楼特校开展以“主题背景下有效课堂教学策略的研究”为活动主题的教研活动。3位年轻教师围绕“我的家”主题，从特殊儿童的特殊需要出发，选择适宜的教学内容，创设生活情境，分层设计，使IEP与集体教学有机结合。专家组成员围绕主题开设微型讲座，并现场进行对话互动。　(许有飞)

·中等职业教育·

【六合中等专业学校】 南京市六合中等专业学校现有教职工200

多人,专任教师181人,国家级名师2人,特级教师1人,正高级教师1人,省级名师8人。市、区学科带头人,优秀青年教师27人;"双师型"教师79人,实习指导教师38人。年内,在江苏省教育厅、财政厅组织的省高水平现代化职业学校网评中,六合中等专业学校以第一名成绩高分通过,成功创建为江苏省高水平现代化职业学校。

【技能创新大赛】 2016年,江苏省职业学校技能大赛中,六合中等专业学校获3金9银9铜,两组选手进军国赛,并获1金1银的佳绩。9名夺金牌学生被保送就读本科。在第七届江苏省职业教育创新大赛中,学校获二等奖1个、三等奖1个、入围奖2个、科技论文二等奖1个。

【对口高考】 2016年,六合中等专业学校392人参加普通高校对口高考中,本科录取125人,本科上线率为32.14%,本科上线率和录取率双双名列市职业学校第一名。4名学生分获市建筑、机械、机电和电子电工专业状元。

【素质教育成果】 2016年,在江苏省第七届"文明风采"大赛评选活动中,六合中专校获一等奖5件、二等奖6件、三等奖9件、优秀奖10件;参加"问津杯"中华诗影书画艺术作品大赛,学校获最佳组织奖;全国青少年桌式足球公开赛,获男子组第一名、女子组第二名、贡献奖以及体育道德风尚奖。琢美雨花石雕刻社团被评为江苏省职业学校优秀学生社团。

【高中职衔接】 2016年,六合中专校首届与南京信息职业技术学院、南京工业职业技术学院、南京科技职业学院联办3个"3+3"中高职衔接班128名学生参加转段考试,125名学生通过并取得入学录取通知书,通过率98%,列南京市第一位。恢复5年高职办学层次,新办表演艺术(幼师方向),实际招生49人,超额完成招生任务。

【校园建设】 2016年,六合中专校建筑面积1万平方米的综合实训中心楼以及建筑面积5500平方米的男生公寓楼竣工并通过验收。年内,立项建设第二个男生公寓楼,完成学校电增容工程,教师办公室室内出新及办公设备更新、150米围墙拆除新建、报告厅和职业中专楼外楼出新。 (许有飞)

11月17日,江苏省德育现场会在六合中等专业学校举行 区教育局 供稿

·社会教育·

【概 况】 2016年,六合区教育部门完成南京市教育局年初下达社会教育各项目标任务。以区社区学院、街镇社区教育中心、社区居民学校为主阵地,统筹各类教育资源,组织实施"大众创业"培训工程,重点开展创业知识、农村劳动力转移和农业实用技术培训。全区各类职技培训13.51万人次,居民参与社区各类教育活动43万人次。南京市农科教讲师团送教,培训15场次,受训1200人。六合区通过"江苏省社区教育示范区"创建工作验收。马鞍街道、龙池街道、竹镇镇通过"江苏省标准化社区教育中心"创建工作验收。竹镇镇通过江苏省教育服务"三农"高水平示范基地创建工作验收。金牛湖街道"茉莉花文化教育"获南京市"2016年百姓喜爱的终身学习活动品牌"称号。

【省社区教育示范区创建】 9月5日,六合区召开创建江苏省社区教育示范区工作动员会,副区长焦晓英,区相关部门负责人、联络员,各街镇分管负责人、社区教育中心负责人参加会议。11月11日上午,以江苏省成协副会长马良生为组长的省级专家组一行6人对区省级社区教育示范区创建工作进行现场考核检查。

【全民终身学习活动周开幕】 10月31日,由六合区政府主办,区委宣传部、区教育局和雄州街道办事处联合承办,区社区学院、六合中专校协办的2016年六合区暨雄州街道全民终身学习活动周开幕仪式在六合高级中学举行。

【社区学院揭牌】 4月29日,化工园区社区学院揭牌仪式在南京科技职业学院行政楼报告厅内举行。江苏省教育厅副巡视员尹伟民,南京市教育局副局长潘东标,化工园区工委副书记楚琢玉,南京科技职业学院院长何学军等省、市、区、院校领导等出席揭牌仪式。化工园区依托南京科技职业学院组建“南京化学工业园区社区学院”,成为省内首个高校参与的区级社区学院。园区以菜单式、项目化方式委托社区学院开展社区教育培训、教育科研、数字化服务平台建设、社区教育志愿服务等工作。社区学院是园区社区教育三级办学网络的龙头,成为园区市民终身学习的工作指导、教学科研、资源管理和咨询服务中心。

【农科校特色办学】 2016年,六合区各农业科技校配合有关部门举办资本运作、经营管理、市场营销及电子商务等各类培训班156期,参加培训1.5万人次。创建青年农民创业示范基地54个,帮扶青年农民创办专业合作社121家,评选青年农民创业之星37名,带动6万多人就业和1万多农民脱贫致富。9月,省市关工委分别对区“三扶两创一促进”活动进行专题调研;10月,六合在全省“讲理想、学科技、达小康、奔现代化”工作交流会上作大会交流发言;11月,南京市关工委到区召开全市“三扶两创一促进”工作推进会,学习交流六合区的经验做法。

(许有飞 陈 佳 卢立才)

4月29日,化工园区成立江苏省内首家高校社区学院

化工园区社会事业局 供稿

·高等教育·

【南京化工技师学院】 1961年由化工部批准开办,现为江苏省唯一专职培养化工高级技术工人的国家重点技工学校。学院是国家级石油化工基地化工园培训中心、国家级高技能人才培训基地、南京市化学化工公共实训基地、江苏省高技能人才培养示范基地。多年来,学院为国家支柱产业石油化工企业培养2万多名高技能人才。2016年,学校在校学历教育人数3800人,企业职工年培训1.2万人次。

【两专业在省内领先】 2016年,南京化工技师学院在实施“国家级高技能人才培训基地”过程中,以示范专业和精品课程建设为抓手,持续开展“创示范专业、讲精品课程、做名牌教师”活动。根据江苏省人力资源和社会保障厅苏人社函〔2016〕323号〕《关于公布2016年全省高技能人才重点建设项目评审结果的通知》文件,学院“化工工艺专业”成为学校获得的第一个省级示范专业;“石化工业电气控制技术”课程获省级精品课程,是成为学校获得的第三个省级精品课程。

【新专业开设】 2016年,南京化工技师学院开设包括机器人、无人机、新能源汽车和电子商务与物联网等多个社会经济发展急需的职业技能新型专业,拓宽学院职业技能教育专业设置空间。适应国家经济转型升级对技能人才的需求,学院深化教育教学改革,积极开拓职业教育新专业。

【企业安全培训】 2016年,南京化工技师学院为化工园区企业培训“三项岗位人员”2521人次,其中企业负责人214人次,安全管理人员1641人次,特种作业人员666人次。年考试总合格率97.59%,在南京市培训规模达千人以上的16家培训机构中名列第一。南京化工技师学院是江苏省安全生产监督管理局批准的安全培训机构。主要承办企业安全生产管理人员、危化品作业人员及各类特种作业人员的安全培训工作。

10 月 19 日，化工园区举办首届危化企业职工安全应急处置技能竞赛
南京化工技师学院 供稿

【危化企业应急处置技能竞赛】 10 月 19—20 日，由化工园区管委会主办，园区总工会、园区安监局、南京化工技师学院(化工园培训中心)承办的首届危化企业岗位操作职工安全应急处置技能竞赛在南京化工技师学院举办，化工园区 102 家危化品企业 192 名选手参加竞赛。江苏省安监局应急响应中心主任武奇，南京市安监局副局长李广庆，南京市总工会副主席陈慧男，化工园区工委副书记、总工会主席楚琢玉，园区安监局负责人等领导参加开幕式并现场观看竞赛。技能竞赛设置理论考试、消防灭火、个人防护、医疗救护、综合处置 5 个科目，具有科学性和针对性。竞赛为园区培养一大批优秀的应急处置人才，为企业安全生产提供保障。

【与麦子学院合作办学签约揭牌】 8 月，南京化工技师学院与麦子学院联合办学签约揭牌仪式在学院举行，双方联合打造“互联网人才在线培养基地”，首开南京互联网人才培养之先河。双方联合办学得到人社部、市人力资源和社会保障局的支持。麦子学院“IT 在线学习中心”正式在南京化工技师学院落户，体现出职业教育模式的传统与现代相结合、线上与线下相融通、就业与创业相促进的新型合作模式。 (张冬宝)

科　技

【概　况】 2016 年，六合区科技部门围绕全区中心工作，发挥职能部门作用，狠抓高新技术企业培育、科技创新平台搭建、知识产权管理、科技成果转化、民生科技发展，为全区经济又好又快发展，社会和谐稳定做出贡献。2016 年获南京市知识产权工作先进单位称号。

【高新技术产业发展】 2016 年，六合区科技部门与南京银行等 10 家科技银行合作大力开展科技银行贷款业务，为江苏中铁奥莱特新材料股份有限公司等 97 家企业办理申请科技贷款相关手续。南京国轩电池有限公司等 33 家企业获批为高新技术企业。南京博纳能源环保科技有限公司等 16 家企业获江苏省民营科技型企业称号，10 家企业获江苏省科技型中小企业称号，搭建高新技术企业培育发展梯队，获批 18 项省高新技术产品。

【科技创新载体建设】 2016 年，六合区内企业成功申报省级工程技术研究中心 2 家、市级工程技术研究中心 13 家，4 家省级工程技术研究中心通过相关验收工作。蓝深集团股份有限公司申报的省重点研发机构通过绩效考核，获建设补助经费 80 万元。全区 8 个项目入选年度省市科技进步奖。

2 月 24 日，副区长陈涛(左二)带领区科技局班子成员赴江苏省产业技术研究院考察学习
区科技局 供稿

【产学研持续合作】 2016年,六合区开展校地合作,发挥科技镇长团资源优势,与南京工业大学、南京理工大学、中国药科大学、东南大学等高校共商合作。新增校企联盟10家,开展产学研专题对接活动5次,签订产学研合作项目62项。

【知识产权战略实施】 2016年,六合区专利申请2898件,其中发明专利申请1387件;专利授权1166件,其中发明专利授权269件。区获市级以上项目1项,获资金支持20万元。4家企业参加国家和省级知识产权贯标工作。区知识产权局组织中小学生参加科技小发明展,10件作品获优胜奖,局获优秀组织奖;组织50名企业人员参加南京市局高研班、内审员培训班、专利初中级实战班、知识产权工程师班培训;组织9家企业参加知识产权"贯标"工作;组织召开全区规模以上企业负责人培训会议,参训企业130家,发放培训资料260份,其中规模以上企业负责人及科研人员参加面授97家,现场发放宣传册、光盘194份;南京市知识产权局和区知识产权局组成联合执法检查组,在紫金广场商业街区开展专利执法检查活动;参加南京市暨六合区文化科技卫生"三下乡"及区"18"法律广场、法治南京建设走基层系列活动,提高全民知识产权保护意识;完成"十三五"人才与科技创新发展规划科技部分知识产权内容的编制工作,组织实施八项关键工程中的知识产权推进工程。

【科技人才培育】 2016年,六合区科技部门组织11家科技型企业申报2016年度南京市创新型企业家培育计划,其中4家最终入选(含化工园)。年内,区入选的10名科技创业家创办企业销售收入较上年度均实现增长,年完成销售4.47万元,其中突破1亿元的企业1家;实现税收2696.62万元。制定出台《印发〈关于深入贯彻"创业南京"人才计划建设"创业六合"的实施办法〉的通知》(六委发〔2016〕33号)。联合区财政局和金融办出台《关于印发六合区创新型企业家贷款贴息申请流程的通知》(六科〔2016〕14号),对贷款贴息流程予以规范,对有关条件予以简化。

【民生领域科技发展】 2016年,南京绿航农业公司承建的经济林果产业六合分店和南京天上人间生态农业发展公司承建的经济林果产业冶山和石柱林两个便利店获省科技厅认定。六合区科技部门组织南京绿航、天上人间、瑞谷安隆3家农业企业参加"江苏省农业科技新成果新产品嘉年华活动"。区人民医院申报的2个医疗卫生项目获南京市科委立项支持。

【提高全民素质科学普及】 2016年,南京秦邦吉品农业开发有限公司成功申报为南京市级科普示范基地。六合区科技部门参与区第十四届科普活动周、全国科普日等重点科普活动。以"创新引领、共享发展"为主题,配合区科协组织全区科普周活动;完成上年度科普统计工作;参加南京市暨六合区文化科技卫生"三下乡"活动,到竹镇镇永鸿·巴布洛生态园开展送科技下乡活动,送新农村实用科技书籍120余册,参与区"18"法律广场和法治南京建设走基层系列活动。 (张明珠)

·防震减灾·

【概况】 2016年,六合区监测预报工作安全连续运行,完成冶山体应变观测手段恢复项目的仪器定制采购工作,配备太阳能电源、无线路由发射等装备。地震台测震手段运行稳定,仪器运行率和数据连续率均完成98%以上的目标。全年值班工作保持正常,未发生重大人为监测断记事故。新增宁创科技公司为地震宏观观测点。区地震办公室机构性质明确为参照公务员管理事业单位,防震减灾经费得到保障。年内,地震办完成行政权力事项清单和办事指南录入工作。"三网一员"组织、培训工作有序推进,开展地震灾情速报员培训。

【防震减灾科普】 2016年,六合区申报成功省级地震科普示范学校1个(金陵中学龙湖分校)。组织开展六合区社区地震科普宣讲员大赛和小学生手抄报大赛,并获市级优秀组织奖。新建龙湖广场为地震应急疏散场所。组织开展多次科普宣传活动,在龙湖中学举办为期1周的防震减灾宣传周,联合区民政、消防、医疗、人防等多部门开展大型地震应急疏散演练。联合区政协开展防震减灾工作调研活动。在马集小学、方州社区、横梁街道、竹镇镇开展地震科普活动多次。年发放各类宣传资料4000余份,受众人数5000人次。 (张明珠)

【中国科协海智特色产业基地设立】 2016年,南京市科学技术协会《关于设立第五批中国科协海智计划江苏(南京)特色基地的通知》(宁科协〔2016〕26号)精神,化工园区设立中国科协海智计划江苏(南京)化工新材料产业基地。

【国家级科技企业孵化器入选】 2016年,根据国家科技部《关于公布2015年度国家级科技企业孵化器的通知》(国科发火〔2016〕90号),南京化工技术学院中山科技创业园入选国家级科技企业孵化器。南京化工技术学院中山科技创业园由园区管委会与南京科技职业学院合作共建,孵化面积3.5万平方米。至年末,在孵企业95家,毕业企业28家。

【"一启创吧"获国家级众创空间认定】 2016年,根据科技部《关于公布第三批众创空间的通知》(国科发火〔2016〕292号),化工园区"一启创吧"获国家级众创空间备案。"一启创吧"成立于2015年4月,拥有开放式工位及办公区面积700平方米。

【获批国家火炬特色产业基地】 2016年,根据科技部《关于公布2016年度国家火炬特色产业基地复核结果的通知》(国科火字〔2016〕112号),化工园区获批"国家火炬南京化工新材料特色产业基地"。 (甘 琦)

·气 象·

【概 况】 2016年,六合区气象工作"地面气象测报质量"无错情,基础得分全市排名第一位,无扣分项目;新型自动站观测资料新长Z文件上传率100%,区域站资料上传率99.93%;MDOS疑误信息按时反馈;土壤观测数据上传率99.84%。年发布预警信号74个,重要天气报告42期,启动应急响应6次(台风3次,高温、梅雨暴雨、寒潮各1次)。发布春耕春播5期、夏收夏种5期、秋收秋种7期、赤霉病防治等级预报2期、森林火险24期、土壤监测报告11期、冶山矿业重要天气专报13期、水上中心气象服务通报6期、竹镇马拉松气象服务通报6期、特色服务材料4期。1项课题入选2016年度省气象局青年基金项目,3篇论文发表、获奖。

【气象业务质量提升】 2016年,六合区气象部门与南京信息大学合作开发TITAN短临预报系统,面向区县气象台站预报、预警、服务需求,开展0—3小时短临预报、区域自动预警关键技术研究,提高突发性和灾害性天气的短临预警、预报能力和精细化服务水平,使灾害性天气的预警时效提高到30分钟以上。该系统在市气象系统和空军机场得到推广应用。

【重大天气预报服务】 2016年,六合区气象部门与周边地区气象局建立灾害性天气联防机制,出现重大天气时及时通知可能影响的下游地区,对灾害性天气的预报更加精准。汛期持续为冶山矿业公司发生地面塌陷地质灾害的铁石岗矿区提供重要天气专报服务,对矿区修复工作以及预防次生地质灾害发生起到重要作用。2016年竹镇国际半程马拉松赛服务期间,区气象局在持续阴雨天气过程的预报服务中,结合冷空气可能带来的降温影响,做出精细、精准预报,保障赛事顺利举办。

【公共气象服务】 2016年,六合区气象部门坚持公共气象服务放在首位,通过研发精细化业务平台,使预报、预警和服务水平明显提高,并通过电视、报纸、微博、微信、网站、"96121"电话平台进行及时发布。及时发布各类预警信息,强对流天气预报基本可以细化到街镇。完善《六合气象服务产品指南》,覆盖公共气象、决策气象、农业气象、交通气象、旅游气象、化工气象六大类46种,并优化业务及服务流程,开展精细化气象服务,满足各行业及单位的需求。

【农业气象服务】 2016年,六合区气象部门利用与气象协理员、信息员的联动机制,使预警信息传播和灾害防御更加及时有效;及时更新气象灾害预警短信用户资料,确保预警信息有效发布;开展大气污染防控,适时开展人工抗旱、消霾、增雨作业,待命8次,作业2次。开展防灾应急演练1次,各类科普宣传11次。做好传统农作物生长、发育期气象服务,做好关键农事农时服务,保障粮食安全。为农业合作社、农企和种养殖大户开展"直通式"服务,主动对接做好乡村旅游气象服务,寻求为农服务增长点。为受灾农户开具气象证明,保障其在农业政策保险中的应得利益。

【防雷安全监管】 2016年,六合区气象部门重点加强对危化企业检查,年对376家企业进行674次的防雷(静电)安全检查,涉及危化企业245家。对辖区内621份危化企业防雷检测报告和现场情况进行重点核查过程中,发现隐患518条,签发整改通知单107份,限期督促整改,及时复测排除隐患。联合区安委会印发《全区防雷安全专项检查工作方案》,明确防雷安全政府领导责任、单位主体责任、部门监管责任、中介技术服务单位技术责任。联合区有关部门、街道对辖区内重点文物单位的文物建筑、与程桥街道联合对辖区服装企业、冶山矿区企业进行防雷安全检查,扫除防雷安全隐患。 (张语眉)

文　化

公共文化

【概　况】 2016年，六合区文化广电部门以“创文化强区、塑精彩六合”为总体目标，完成对区内文物、非物质文化遗产、文艺团队、文化品牌节目、文化人才队伍的梳理，建立完善文化档案库。编制《“十三五”文化事业发展规划》，年举办群众文化活动1150余场，新增公共文化设施面积8590平方米，送演出110余场，送展览57场，送图书4.17万册，送电影1094场。5项非遗正式列入省级名录，推荐申报36名市级非遗传承人，非遗文化“走出国门”交流展出。

群众文化活动　以“六合同春”为主题开展文化惠民服务，举办流动舞台车巡演、文艺走基层、非遗进校园、公益电影展映等惠民专项活动，超额完成“为民办实事”目标。举办首届书法、美术、篆刻大赛，首届“书香六合·经典诵读”大赛，文广系统新春联欢会，庆“八一”军民联欢文艺演出等文化活动27场。组织流动舞台车巡演9场，开展百场公益演出6场，区县交流演出2场。结合节日、纪念日，举办小型文艺演出、展览等活动91场。

【文化建设】 2016年，六合区委宣传部门组织编制《区文化建设“十三五”发展规划》，全区实现文化产业增加值45.9亿元，占GDP比重5.7%以上，在全市文化及相关产业绩效考核中跃居第四位，获南京市二等奖。挖掘推介地方特色文化资源，组织雨花石、农民画展等特色展览十余场次，“六合农民画”“留左吹打乐（留左大鼓）”分别赴加拿大和欧洲多国展出，“雨花石鉴赏习俗”等5项非遗入选江苏省非遗名录代表项目。组织承办全市暨六合区文化科技卫生“三下乡”、解放军军乐团到区采风等活动，开展首届“书香六合，经典诵读”比赛等活动，《菜篮子》《小尾巴》《合唱——你的名字叫力量》获南京市“美在乡村”农村群众文化原创作品二、三等奖。评选表彰区第三届原创优秀文艺作品48件，2人入选省市青年文化人才。引导文化产业跨界融合，跟踪推进26个市、区“七个一批”重点文化项目，组织企业参加第八届南京文交会、全市文化人才专场招聘会等活动，培育企业入选“南京市文化企业30强培育计划”，21家企业获文化银行1亿元贷款，江苏大众书局图书有限公司获南京市文化产业专项资金扶持。推进公共文化设施建设，万人拥有公共文化设施面积1680平方米。

【雨花石“红色”主题展】 6月，南京市委宣传部与六合区委在南京图书馆和区万寿宫联合举办“光辉的历程——纪念中国共产党成立95周年雨花石红色主题展”。展览由“开天辟地”“峥嵘岁月”“伟大胜利”“美丽中国”四部分组成，通过300多枚文字石、画面石、人物石等精品雨花石，生动形象地展示中国共产党成立95年来的伟大历程，在南京乃至江苏首创用雨花石打造“红色”主题的观赏石展。（王泽威）

【全民阅读】 2016年，在“书香南京”带动下，六合区推进全民阅读，新成立阅读组织7个，开展各类读书活动160余场。1月，成立全区阅读促进会。4月，举办首届“文化六合，读我风采”诵读比赛。

10月,举办区“书香六合,经典诵读”大赛。全区部门街镇、企业团体举办形式各异的阅读活动。5个家庭被南京市妇联、市阅读办评为“书香家庭”,雄州街道被推荐为南京市“书香街道”,竹镇镇金磁社区、雄州街道山北村被推荐为南京市“书香社区”。推进“书香军营”建设,为驻六航空兵某部捐建军营图书室,捐赠图书3000余册。

【公共文化场馆建设】 9月,六合区第二文化馆新综合楼正式开放使用,形成覆盖大厂地区的新文化中心。推进数字化网络建设,新建35个社区(村)“通借通还”一卡通分馆,全区社区(村)“一卡通”覆盖率36%。完成冶山街道省级公共文化服务体系示范街镇建设,冶山农民画艺术中心正式挂牌农民画美术馆。建成30个社区(村)综合文化服务中心,建成星级示范农家书屋五星级1个、四星级2个、三星级3个,实施省级农家书屋试点提升先进区创建。

【“书香六合·经典诵读”大赛】 9月28日,首届“书香六合·经典诵读”大赛在区政府报告厅举办。活动由区全民阅读办公室和文化广电局主办,89家单位和社会团体及个人报名参加大赛,通过预赛、决赛两个阶段进行竞赛。决赛邀请江苏省全民阅读办公室、南京市全民阅读领导小组相关领导担任评委,区四套班子领导及区委组织部、宣传部领导全程观看晋级决赛14个经典诵读节目。该活动在全区掀起全民阅读的氛围,对全民阅读工作深入推广具有重要意义。 (王 鹏)

文学艺术

【概 况】 2016年,六合区文联整合全区文艺资源,通过主办、联办、协办等形式开展培训及采风活动,促进交流提高。组织各协会参观市以上赛事活动,做好“纪念建党95周年市基层书法篆刻作品展巡展”和市“四郊区书画联展”组稿选送工作。鼓励文艺创作,奖励优秀作品。把“出精品、出人才”作为文联重要工作,对55件在2015年市级以上文联系统发表(入展)获奖的优秀文艺作品予以奖励,对获全国奖的文艺作品和作者予以重奖,力争推出一批具有六合特色,贴近实际、贴近生活、贴近群众的优秀文艺作品。带领各协会围绕中心,服务大局,服务社会,开展丰富多彩的文艺活动。加强文艺创作基地建设,提供交流、学习、展示的平台。协助市音协做好金牛湖音乐创作基地工作。区文联获2016年“金陵五月风”第十届南京文学艺术节“最具活力组织奖”。

【摄影家协会】 2016年,六合区摄影家协会组织的影赛、影展水平不断提高。主办或联办2016年“荣之旅杯”寻找六合花海摄影网络赛、2016年“邮储银行杯”六合文物建筑摄影大赛、六合首届文物建筑摄影展、“多彩竹镇·发现你的美”摄影大赛、“发展中六合”国庆摄影展、“金猴献瑞”迎新春摄影展、“留左大鼓”赴欧交流演出摄影展、馆藏摄影作品展。6月,组织化工园区40余名艺术家赴皖南采风;9月9日,举办“魅力皖南”采风创作展。参加南京市级机关工委、市文联举办的“忆征程·看

六合新城文化馆 成 功 摄

协会组织摄影讲课　　王秀龙　摄

发展”全市机关庆祝建党95周年书画摄影大赛并获奖。举办“影者无疆”网站开通10周年庆典和六合摄影“金像奖”评比和颁奖活动。

【美术家协会】 2016年，六合区美术家协会组织会员送春联送画下乡活动两场。举办“迎春画展”、纪念建党95周年书画作品展和纪念红军长征胜利80周年书画展，组织区首届“雨花石”美术、书法、篆刻大赛，并出版作品集。

【书法家协会】 2016年，六合区作家协会组织协会理事及骨干会员赴社区为村民写春联，为老干部送“福”字；举办多场书法家笔会；参加南京市纪念建党95周年基层书法篆刻作品展巡展；举办兰亭会艺术馆江北馆成立书法展；组织参加省市举办的书法展览和比赛并获奖。

【音乐舞蹈家协会】 2016年，六合区音乐舞蹈家协会组织会员参加省、市、区各类文艺演出活动，邀请江苏省文联主席章剑华为文艺爱好者授课。举办“金陵五月风”第十届南京市文学艺术节系列活动“文艺走基层”文化惠民演出、“一起来保护”文物建筑摄影展览、“一起来传承”非物质文化遗产展演活动开展文艺培训活动。会员在市以上赛事中多次获奖。

【作家协会】 2016年，六合区作家协会开展作家采风创作活动，组织区20多名作协会员赴竹镇市抗日民主政府旧址、李元龙纪念馆、大泉湖、巴布洛生态谷、金牛湖风景区、桂子山国家地质公园、池杉湖湿地公园、峦山坝上草原、龙袍湿地等地采风创作。

【长篇小说《白河逝水》出版发行】 5月，六合区回族作家穆达创作的长篇小说《白河逝水》由光明日报出版社出版发行。全书第一版首次印刷5000册，282千字。小说以清末民初至上世纪八十年代中国社会为背景，以韩伯之和二秃父子不同人生命运为主线，描述底层民众在风云激荡的社会变迁中的生存状态，展现一幅宏大的中国乡村生活的历史画卷，别具思想和审美意义。小说中的“白河镇”是一个回族聚居的群落。该部小说是继《穆斯林的葬礼》(霍达著)之后，又一部大篇幅描绘回族穆斯林历史和生活的长篇作品。该小说在新华书店和当当、京东、亚马逊等网上书店销售。

【第三届原创优秀文艺作品评选】 7月，六合区委宣传部组织第三届区原创优秀文艺作品评选工作。收到各类原创文学作品78件。经资格初审和专家评审，48件作品受到表彰。其中农民画《抢收抢种》、摄影作品《致公祭》《意林居》诗歌集3件作品获一等奖，《夜色多么好》小说集等7件作品获二等奖，歌词《别浪费时间》等10件作品获三等奖，《十个为什么》图书等28件作品获优秀奖。

(张　强　王泽威)

2016年六合区第三届原创优秀文艺作品获奖情况一览表

表20

作品名称	作品类别	作者(申报单位)
一等奖(3件)		
《抢收抢种》农民画	美术类	丁广华

续表 20

作品名称	作品类别	作者(申报单位)
《致公祭》	摄影类	田 鸣
《意林居》诗歌集	文学类	杨 骥
二等奖(7 件)		
《夜色多么好》小说集	文学类	满 震
《对联》	书法类	陶卫国
《闻鸡起舞》农民画	美术类	胡 斌
《幸福生活呱呱叫》农民画	美术类	何广才
《旧时码头》油画	美术类	杨玉贵
《亲故乡》声乐	音乐类	六合区第二文化馆
《菜篮子》	舞蹈类	六合区第二文化馆
三等奖(10 件)		
《别浪费时间》歌词	文学类	唐付林
《夕阳红》农民画	美术类	王金凤
《六合农民画图说核心价值观 12 个词系列(12 幅)》农民画	美术类	胡 斌、张国良、缪华俊、王金凤、丁广华
《红色的记忆》声乐	音乐类	六合区第一文化馆
《妹打号子哥等待》器乐	音乐类	六合区第一文化馆
《雨涧春潮》	舞蹈类	六合区第二文化馆
《一碗馄饨》小品	曲艺类	六合区第二文化馆
《渴求》	摄影类	刘 谦
《吸引》	摄影类	李 寅
《小小摄影家》	摄影类	王 平
优秀奖(28 件)		
《十个为什么》	文学类	王 邦、王福邦
《生命的守望》小说集	文学类	陈民生
《南歌子·东北农村掠影》词	文学类	刘 津
《听雨》篆刻	书法类	谢长征
篆刻	书法类	李宝东
《菜园》农民画	美术类	张国良
《妞妞上学去》农民画	美术类	王国琴
《七夕乞巧》农民画	美术类	施玉英
《生活像花儿一样》农民画	美术类	缪华俊
《亲子游》农民画	美术类	胡朝雨
《山水》国画	美术类	董尚静
《云壑清音》国画	美术类	郭登云
《鱼乐图》国画	美术类	王冰芝

续表 20

作品名称	作品类别	作者(申报单位)
《雄鹰图》国画	美术类	王 魁
《和平》国画	美术类	杨家良
《山水》国画	美术类	赵 强
《冬蕴》	舞蹈类	六合区第一文化馆
《寡妇门前喜事多》	曲艺类	六合区第一文化馆
《四姑娘山》	摄影类	陈增福
《江北明珠六合龙池湖》	摄影类	成 功
《我家乡的河》	摄影类	于赣生
《云梯》	摄影类	王秀龙
《花海异域情》	摄影类	李爱霞
《春满山寨》	摄影类	周建雄
《采红菱》	摄影类	徐宏昌
《春到草原》	摄影类	张敢琴
《乡村巴士》	摄影类	周 梅
《合影》	摄影类	张 敏

新闻传媒

【广播电视台】 2016年，六合区广电部门发挥新闻宣传主阵地作用，围绕区委、区政府中心工作，立足“三贴近”办好节目，新闻报道更加贴近市民生活、专题节目更加富有六合特色、管理服务更加注重规范化，有线电视实现全区数字化。成立区广播电视台安全播出领导小组，完善广播电视制作播出流程和监听监看制度，明确安全操作规程，加强网络维护安全管理；节目制作、播出、传输、监看各个环节既相对独立分开又在程序上环环相扣，实现全区广播电视安全优质播出目标。

【电视节目改版】 2016年，六合区广电部门抓节目改版，形成《六合新闻》《社会视点》《法治随行》《古棠人家》等多档风格各异、定位分明的自办节目体系。陆续推出《践行社会主义核心价值观》《关注两会》《劳模风采》《六合四季》《关爱留守儿童》《清洗农贸市场，环境不再邋遢》等专栏、报道，自办节目内容不断丰富。年播出《六合新闻》286期、《社会视点》52期、《法治随行》52期、《古棠人家》49期。

【直通“12345”专栏】 6月起，六合区广电部门和区政务中心合作，推出全新大型民生服务专栏《直通“12345”》，节目由《“12345”在追踪》《“12345”包打听》《“12345”全关注》等子板块构成，注重关注市民身边看得见的民生诉求，如乡村道路改造、路边随意停车、垃圾分类处理、校园意外伤害等，通过报道区政府各级部门服务群众、服务基层的各类举措，正面宣传鼓劲，共筑和谐六合。至年底，播出《直通“12345”》43期。

【有线电视数字化】 2016年，六合区广电部门加大广播电视网络建设力度，推进网络双向化建设，采用FTTH光纤入户方式进行农网改造，发展高清互动、宽带等增值业务；深挖网络发展潜力，多措并举减少用户流失，通过加大政策激励、精细化管理和服务，巩固已有广播电视用户。年内，区数字电视实现100%全覆盖，数字电视用户总数14.9万户。

【广告经营】 2016年，六合区广电部门整合全台资源，引入竞争机制，在全系统内实行双向选择，以“公平、竞争、择优”方式产生新广告经营团队。新广告部陆续承办或参与举办“未来星主播”主持人选拔大赛、“舞动棠城”广场舞大赛、“书香六合·经典诵读”大赛等大型活动，打造广电文化品牌，实现广告经营工作快速、健康发展。（郭礼明）

【年度十佳新闻宣传工作者评选】10月，六合区委宣传部门组织年度“十佳新闻宣传工作者”评选，经初审、媒体公示、专家评审等环节，雄州街道王久庆、葛塘街道蔡鑫、龙袍街道张丹丹、“六合发布”工作室张小超、区公安分局张龙俊、区城管局赵元龙、团区委侯少康、区广播电视台冯国勇、《今日六合》专刊汤永国和朱承超10人获六合区年度“十佳新闻宣传工作者”称号，刘文蓉等10人获“十佳新闻宣传工作者提名奖”。（王泽威）

【《今日六合》】2016年，《今日六合》围绕提高新闻采编质量和宣传服务水平，为全区经济社会发展和建设“强富美高”新六合营造良好舆论氛围和社会环境。至年底，报纸正式出版561期，发行量2万份，基本覆盖全区（含化工园区）；全年经营收入730余万元，实现收支平衡，报纸成为六合地区发行量最大、覆盖面最广主流权威平面媒体。报社被评为区“六五”普法先进集体，2名记者被评为区年度“十佳”新闻宣传工作者。

《今日六合》坚持党管媒体原则，坚持弘扬主旋律、传递正能量，引导社会舆论，发挥区内新闻宣传主阵地作用，把党和政府的声音传播好、社会进步的主流展示好、人民群众心声反映好。开设要闻、综合、经济、民生、社会、法治等新闻版面，年出版报纸146期，为区委、区政府提供1000多个新闻版面的宣传服务，为区政府网站提供990条宣传报道信息，2篇被中央级媒体采用。聚焦全区经济社会发展和党建民生工作的生动实践和成效，加强策划组织，提高宣传质量。策划组织人员首次采用图解方式对区党代会报告进行全文解读；采用无人机航拍竹镇国际半程马拉松赛事并进行网络直播。开辟专栏专版深入报道区扶贫脱贫、城乡居民创业致富、农业供给侧结构性改革等工作新举措新成效。宣传区开展“两学一做”学习教育、党建创新、党风廉政建设的经验做法和务实成效，取得良好宣传效果。

基层宣传服务　继续主动与街镇部门合作，展现基层一线精神风貌。新开辟“生态马鞍”“和美龙池”“锦绣龙袍”等专版专栏，实现与全区所有街镇的宣传合作。组织记者采用现场直击、人物特写、综合报道等形式，宣传街镇和部门发展经济、服务民生、强化党建的生动实践，展现基层干部群众创业创新时代风采，扩大报纸影响，提升宣传服务水平。在城市精细化管理等热点问题报道中，将镜头聚焦城管对商贩关怀帮助服务上，讲述大事件背后的温情小故事；在平安创建宣传中，通过一个个普通民警、社区志愿者“平安故事”，让“平安在我身边”成为群众热点话题。继续开展“最美六合人”宣传，以第一手资料和生动事实，弘扬主旋律，传递积极向上的时代风貌。（袁　帆）

历史文化遗产

【概　况】2016年，六合区文广部门完成全国第一次可移动文物普查工作；对竹镇镇周何黄村宋代钱币窖藏进行清理发掘，发现唐、宋钱币150千克；完成长芦寺维修工作；六合文庙围墙、万寿宫维修工程完成工程招投标。举办2016年“邮储银行杯”六合文物建筑摄影大赛、“文博之夏”夏令营、留守儿童参观文博馆等文化遗产宣传保护活动。设立“走近六合文物，感知棠邑古城”报刊专栏，保护六合历史文化遗存，设立“老地名标志碑”。

【非物质文化遗产保护】2016年，六合区“六合民歌”“雨花石鉴赏习俗”等5项非物质文化遗产正式列入江苏省四批非遗名录。完善冶山农民画艺术中心非遗保护基地建设，“六合区农民画美术馆”挂牌成立。解放军军乐团到区采风“六合民歌”传统曲目。“留左大鼓”“六合农民画”赴欧洲、美洲开展文化交流。完成第三批市级代表性传承人申报工作，整理完善和推荐申报36名传承人资料。结合传统节日和非遗保护日，开展“正月十五方巷人走北”广场文艺演出、“6·10”全区非遗展演、首届雨花石精品展等宣传展示活动6场。

【非遗文化“走出”国门】6月25日，六合“留左大鼓”表演团赴欧洲交流首场演出在比利时列日皇家美术学院举行。该团先后赴比利时那慕尔、荷兰海牙、德国莱比锡等城市开展演出交流，开创区

7月,六合农民画在加拿大蒙特利尔市魁北克工艺艺术博物馆办展

区文广局 供稿

代表性非遗文化走出国门先河。7月7日至8月28日,“六合农民画”应中加艺术文化交流协会邀请,赴加拿大蒙特利尔市魁北克工艺艺术博物馆举办展览,并获成功。 (王 鹏)

档 案

【概 况】 2016年,六合区档案部门深化对中办、国办、省、市两办《关于加强和改进新形势下档案工作实施意见》贯彻落实,努力把区档案馆建成具有“五位一体”服务功能的档案馆。强化档案资源建设,推行档案“双套制”进馆要求,完成区人社局247卷档案接收任务;以档案信息化建设为着力点,推进区档案馆数字化建设;强化业务指导,突出重点,加强对区农村土地确权档案、宗教档案、家庭档案建设,推动新社会组织、新经济组织和民营企业档案建档指导服务工作,创新“菜单式”业务培训服务,提高档案工作人员业务素质和档案管理水平;加强档案行政执法检查活动,完成32家区级机关和街道档案法执行情况检查活动,提升区档案管理水平;继续加大档案宣传力度,增强社会档案意识和档案影响力。

【档案馆服务功能建设】 2016年,针对六合档案馆面积不足、功能不完善问题,区政府原则同意在区文化城博物馆中筹建区爱国主义教育基地、中小学生社会实践基地和电子档案查阅窗口。区爱国主义教育基地建设,以宣传六合深厚的文化底蕴为主线,展览内容以图、文、实物和音像资料放映等形式展示六合历史发展脉络,让居民直观了解六合历史发展进程。中小学生社会实践基地建设,以现场制作六合农民画,聆听六合历史文化讲座等形式开展活动,丰富中小学生课余生活,提升中小学生的文化素养。在六合区博物馆中预留未来的电子档案查阅窗口,待局馆藏档案数字化完成后,有序推进实施,进一步方便社会和群众对档案的利用需求。

【档案服务利用】 2016年,六合区档案部门以服务民生为重点,加大满30年馆藏档案划控、开放工作。依法向社会公布58个全宗2025卷馆藏档案开放目录,满足社会和群众对档案的利用需求。为社会和群众提供利用档案3000卷(件),接待档案利用人数1978人次,主要涉及婚姻证明、经济纠纷、房屋买卖、社会保障和工龄等问题。

【档案数字化】 2016年,六合区档案部门以档案信息化为着力点,推进区数字化档案馆建设。完成馆藏档案全文数字化二期加工项目(200万页),总计完成360万页档案数字化加工工作,占馆藏档案总量70%;第三期数字化加工项目(100万页)开始实施,三期档案数字化加工完成后,馆藏档案数字化率90%,为全面实现馆藏存量档案全部数

字化奠定基础。数字档案室建设。区审计局AAAAA级数字档案室创建工作通过验收,区检察院AAAAA级数字档案室创建工作基本完成。“基层综合档案馆数字化档案异质异地备份”课题调研项目有序推进。档案数据库建设。继续进行馆藏档案案卷级条目录入工作,完成录入干部任免档案4807条、文书档案案卷级目录5481条、卷内文件级目录20余万条、归档文件目录4930条、婚姻档案目录11152条。加强民生档案数据库建设,建立并完善实物档案、照片档案、光盘档案等各类数据库。

【农村土地确权档案】　2016年,六合区档案部门配合区委农村工作部门做好全区农村土地承包经营权确权登记颁证工作。到街镇进社区(村)了解确权档案资料形成、收集的情况,对应归档的档案资料质量提出具体要求,确保归档资料齐全完整准确真实;举办2次确权档案业务培训,并组织各街镇农经办主任到泰州、扬中等参观学习,提高具体工作人员业务水平;严格对照标准,组织确权档案验收。至年底,全区11个确权街道、90个确权村(居)、11.6万余户确权农户中,建立“一户一档”确权档案11.36万卷,完成率98%。其中,62个村(居)确权档案通过区级验收。

【宗教档案建设】　2016年,六合区档案部门为全区民族统战工作服务,开展宗教团体场所规范化建档工作。至年底,全区58个宗教团体场所档案工作全部达到“六有”标准。其中达省三星1个,达省二星12个,达省一星3个。

【家庭档案建设】　2016年,六合区档案部门营造浓厚氛围,引领居民不断提升档案意识,推进城乡家庭档案建设。通过部门推荐、走访了解、实地考察等形式,培育第一批开展家庭档案建设3个典型家庭。其间,局档案业务骨干多次上门服务指导,以3个典型家庭为模板,引导其他家庭开展好档案建设工作,年完成100户家庭建档工作。为大力推进家庭档案建设进度,利用“6·9”国际档案日契机,邀请南京市档案局业务专家于6月7日和14日深入泰山、凤凰等社区,就如何做好家庭档案建设工作举办多场专题讲座,让居民群众感受到档案与工作生活息息相关,得到市民一致好评。讲座现场发放档案用品100余份。

【“菜单式”档案业务培训】　2016年,六合区档案部门面对档案工作的新形势、新发展,拓展服务渠道,创新工作方法,强化档案业务监督指导力度。在区城管局、区民政局和区审计局进行菜单式培训试点工作,主要针对各单位档案专业业务和档案管理基本知识进行业务培训,组织培训5次,100余人次参加。

【档案法治建设】　2016年,六合区档案部门继续深入贯彻落实国家档案局8号令、9号令和宁委办发〔2015〕8号文件精神,坚持把执法检查作为加强档案行政管理的抓手,完成32家区级机关和街道档案法执行情况检查。针对存在问题,局及时制定整改措施,下发整改通知书,反馈整改建议160余条,并对整改情况进行“回头看”。对档案行政许可、行政处罚、行政强制等10项行政权力清单进行梳理,梳理出行政权力事项14项,办事指南22条,并上传到政务事项管理平台。

【档案宣传】　2016年,六合区档案部门做好“6·9”国际档案日宣传活动,围绕“档案与民生”活动主题,与《今日六合》专刊媒体合作,开辟专栏,刊登“档案利用事例”和民生档案知识,让更多群众了解档案、认识档案;宣传档案管理违法违纪行为处分规定,提高全社会档案意识;围绕国际档案日宣传主题,介绍档案工作与民生密切关系以及档案服务民生新思路与新举措。通过网站、QQ群、微信、电子屏等媒介方式,开展形式多样的档案公益宣传。

【档案进社区】　2016年,六合区档案部门联合街道、社区开展档案法律法规广场咨询活动,活动以悬挂横幅、张贴档案知识宣传挂图、设立咨询台及发放档案宣传资料等方式,现场宣传档案法律、档案知识、档案保管利用等知识。活动发放档案宣传资料300余份,参与群众150余人。进一步提升全社会档案意识。

(郭长琪)

地方志

【概　况】　2016年,六合区地方志工作部门强化年鉴编纂,推进资料长编编写,加快部门志和街镇志编纂工作。举办全区各部门、单位和街镇撰稿人员培训,103家承编单位派人参加。全区近百家资料长编承编单位按照目录大纲要求搜集资料,并对收集到的资料进行审阅修改,整理归类。年内,7家承编单位形成初稿。《六合伊斯兰教志》进入审稿程序,《横梁镇志》资料收集工作基本完成,《六合交通志》资料收集工作稳步推进。

【《六合县志》获评市地方志优秀成果】 11月8日,南京市地方志编纂委员会发文表彰南京市“十二五”地方志优秀成果名单,由区地方志编纂委员会承编的《六合县志(1988—2002)》被评为“志书类”地方志优秀成果。该志于2013年12月由方志出版社出版发行,为1991年版《六合县志》的续志,上限为前志下限的次年(1988年),下限断至2002年4月六合建区。总字数204.4万字。

【《六合年鉴(2016)》出版】 10月,由区政府主办、区地方志编纂委员会办公室编纂的《六合年鉴(2016)》由方志出版社出版。该鉴主要载录2015年全区经济社会发展的基本资料,设有22个类目。全鉴68万字,收录公益宣传彩页22页、形象宣传彩页75页、地图1面、表格(图)94个。该鉴面向区级机关部门、街镇免费发行,电子版在六合官网同步发布。

(张　洁)

党　史

【概　况】 2016年,六合区委党史工作部门围绕党史人物、党史史实,利用实地走访、发放征集资料函、在媒体上刊登信息等方式,面向社会广泛征集个人留存的党史资料、革命文物、回忆和口述资料,发掘原始史料,积累历史资源。编写《中共六合地方史》第三卷本(改革开放时期六合党史),参加上级主管部门组织的业务培训,主动接受工作指导,及时反映编写过程中遇到的问题,明确三卷本编写新要求、新规定,加强与区内相关部门沟通联系,征集编写资料,丰富编写内容。

10月18日,六合区举办中国共产党成立95周年暨红军长征胜利80周年诗词征集活动表彰大会　　张一飞　摄

【党史宣传教育】 2016年,六合区委党史工作部门重视党史宣传教育工作,多措并举扩大党史工作影响力。利用重大历史事件和人物的纪念活动,开展形式多样的党史进学校、进社区、进企业、进机关等宣教活动,让党史更加贴近基层群众和青少年。联合有关部门共同组织开展建党95周年知识竞赛活动,在全区党员和共青团员中营造良好氛围。与江苏省委党史办对接,接待雨花英烈何宝珍后人到六合寻根问祖,重温雨花精神。

【建党95周年诗词征集】 2016年,六合区委党史工作部门联合区教育局、区委老干部局、区委组织部及区老年大学、诗词协会等单位,精准聚焦老干部、青少年学生、诗词爱好者等相关群体,举办“信仰之歌——纪念中国共产党成立95周年暨弘扬雨花英烈精神诗词征集”活动,提升党史部门社会影响力。厉文康的诗词《凤凰涅槃》获市级三等奖,陈志明、李永明、苏平权、刘献江、唐付林、汤惠民、李炜等获市级优秀作品奖。

【党史理论研究】 2016年,六合区委党史工作部门参加省市委党史办组织的各类征文、研讨活动,霍德明撰写的《巧借红色资源,助推命老区竹镇“绿色”发展》征文,区委党校孙卉樱撰写的《发掘本地红色资源,提升党性教育实效——以南京市六合区为例》理论文章,获市级优秀成果奖。

(崔益艳)

卫生·体育

卫　生

【概　况】 2016年末，六合区卫生机构数292个，其中医院12个；共有床位数3327张，卫生技术人员5619人，其中执业医师1691人、执业助理医师383人、注册护士2238人；区街诊所103个，从业人员202人；村卫生室121个，农村社区卫生服务站16个，医生数325人。

全区109家卫生室达省级建设标准，5家村卫生室达标建设通过区级验收。竹镇卫生院被国家卫计委评为“2015—2016年度群众满意乡镇卫生院”。瓜埠、马集卫生院被评为“省级示范乡镇卫生院”，6家卫生室被评为“省级示范卫生室”。冶山卫生院王祝林获“全国乡镇卫生院优秀院长”称号，金牛湖卫生院李臣山获“南京市优秀院长”称号。

【公立医院综合改革】 2016年，六合区推进公立医院服务体系、管理体制、监管机制等综合改革。深化人事分配制度改革，区二级医院建立以预算为导向的奖励性绩效工资总额控制制度，通过信息化手段加强量化考核和效果考核，合理拉开收入差距，调动医务人员积极性。7月1日起，区二级医院全面停止门诊输注抗菌药物。

【医疗机构基础建设】 6月30日异地新建的六合区中医院正式对外服务。该建筑面积5.18万平方米，总投资3亿元，设置床位400张。至年底，马鞍、冶山、横梁3家社区卫生服务中心维修改造工程完成施工，维修改造面积1.3万平方米，项目投资138.2万元。

【公共卫生服务】 2016年，六合区卫计部门抓好12大类45项基本公共卫生服务项目、重大传染病防控和四项妇幼重大公共卫生工作。基本公共卫生服务项目补助资金人均72元，提高20%。建立居民健康档案57.3万份，建档率84.97%，合格率94.12%，动态管理率94.78%。健康管理60岁及以上老年人10.34万人，管理率78.6%，其中65岁以上老人7.3万人，管理率84.27%。

【医药价格综合改革】 2016年，化工园区按照南京市医改办相关文件要求，结合园区实际，推进区域内一级及未定级公立医疗机构医药价格综合改革，辖区应该参加医药价格综合改革的一级及其他类公立医疗机构均按上级部署及时改革到位，实现区域内公立医疗机构取消药品加成和医疗服务价格调整全覆盖。

【医疗机构医养融合】 2016年，化工园区鼓励社会办医，放宽办医准入，鼓励具备条件的养老机构增设医疗职能，对社会资本举办康复、医养结合、护理院等资源短缺专业健康服务机构，放宽规划限制，鼓励社会资本举办医疗机构。辖区扬子医院在大厂社会福利院开办南京扬子护理院，开放床位60张。

【化工园区卫生系统科研项目】 2016年，化工园区卫生系统获批市科研项目8项，科研总经费31.7万元。其中南京市科委科研项目2项10万元，南京市卫生局科研项目3项20万元，江苏省药学会、南京市药学会项目各1

项,江苏省卫生计生委项目1项,填补园区卫生系统该项空白。

【基层医疗卫生机构技能竞赛】 2016年,南京市卫生计生部门组织以“竞技练兵,展我风采”为主题的岗位练兵和技能竞赛活动,化工园区代表队参加南京市基层卫生岗位练兵和技能竞赛,获全科团队组第一名。

【卫生机构改革】 3月9日,原六合区卫生局和六合区人计局机构改革,合并成为六合区卫生和计划生育局,(以下简称卫计局)设12个科室。科室设置和人员定岗工作8月下旬完成,办公地点设在气象路8号。

【基本药物制度实施】 7月18日,六合区政府发文成立公立医院管理委员会(医政办〔2016〕65号),落实政府办医职责。全年基层医疗单位采购基本药物网上订单8413.43万元,实际配送8204.61万元,销售8329.74万元(含市代采目录)。区属二级医院采购基本药物3285.45万元,配送3150.26万元。

【医联体建设】 3月9日,南京鼓楼医院与六合区人民医院、16家社区卫生服务中心负责人签订医疗联合体协议,完成区内每家社区卫生服务中心均与省市三级医疗机构建立医联体目标。南京江北人民医院与六合区中医院、竹镇镇社区卫生服务中心建立医联体。鼓楼医院通过派遣专家坐诊、支持重点专科建设、教学查房、专题讲座、疑难病例讨论、远程影像诊断等技术指导活动,构建分级诊疗就医新模式。家庭医生签约19.7万人,签约率76.65%,个性化签约服务居民5775人。

化工园区以现有中大医院江北院区、南京江北人民医院两个三级医院作为区域核心医院成立两个医联体,其他二级综合医院、社区卫生服务机构为协作单位,采取“点对面”模式,自愿结对选择一所三级医院加入医联体,所有社区卫生服务机构在4月底前签约加入一个医联体。

【公立医院“120”急救分站运行】 1月23日,南京市急救中心中大医院江北院区急救分站成立运行,形成“120”、急救、影像、麻醉、外科及重症医学科等多学科救治体系。分站开通长途转运、机械通气转运服务,成为江北新区综合类应急救援基地。在2016年度南京市“120”急救分站第三方满意度调查评比及质量控制评比中获第一名。

【中大医院江北院区通过“三甲”复查】 5月19日,江北院区同步中大医院本部参加江苏省等级医院复核评审工作,经过专家组实地检验,院区通过等级医院复核检查,坐实“三级甲等医院”称号。该评审是江北院区开诊以来第一次参加评审。成立江北地区首家“三甲”介入导管室,使心、脑血管介入手术以及消化道内镜手术等一批国内领先的微创、高难度手术在江北院区成功开展,填补江北区域医学技术空白。

(陈 娟 陈 佳)

·农村卫生·

【概 况】 2016年,六合区新农合人均基金标准提高到850元,其中个人缴纳230元。参合人数44.71万人,2万名低保、“五保”、民政优抚及重度残疾人员无障碍免费参保,筹资3.8亿元。新型合作医疗基金总支出4.02亿元,获万元以上补偿7093人次,单人累计住院补偿最高31.26万元。区、镇两级政策范围内补偿比80.37%,住院实际补偿比60.78%,高出南京市平均水平5个百分点。大病补充保险补偿8108人次3794.52万元,大病患者实际补偿比66.1%,受益人次占住院人次的14.7%。重大疾病病种补偿比例由

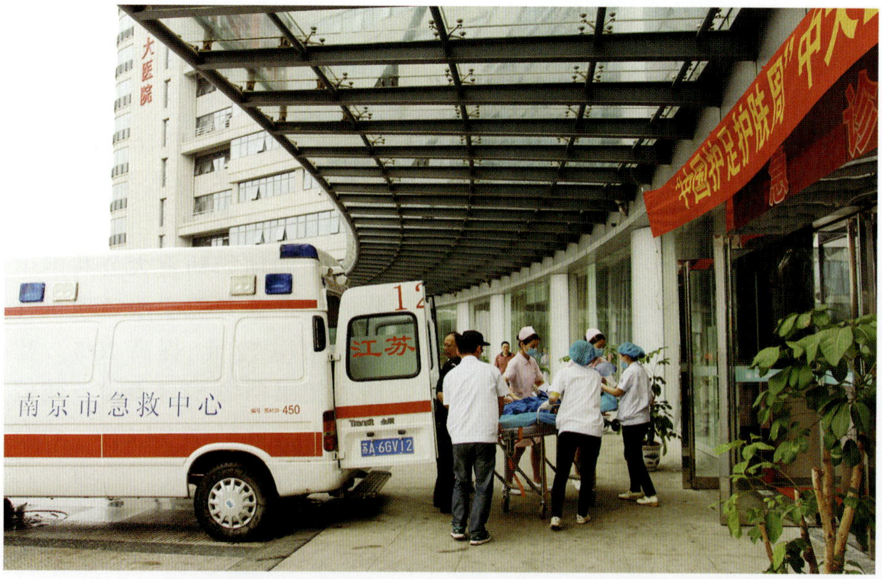

江北院区120急救分站　　化工园区社会事业局 供稿

70%提高到75%，适当提高手术类病种结算标准。定点救治各类重大疾病患者1444人,发生医药费用2707.55万元，总补偿2378.89万元，实际补偿比例87.9%。完善意外伤害患者住院期间第三方调查，实行出院现场结报。提供区合管办登记办理现场免费制作发放合作医疗卡便捷服务。继续实行住院补偿资金银行代发到账免费短信通知。及时开展合作医疗信息系统与省平台开发对接工作,通过省项目组验收。实现在东南大学附属中大医院和长征医院南京分院联网现场结报。

【医疗保障体系】 10月，六合区卫计部门出台《南京市六合区城乡居民重特大疾病医疗保障办法》,继基本医保补偿、大病补充保险、民政医疗救助后,为新型合作医疗参保居民新构筑第四道医疗保障防线。开展部分手术病种免费治疗。对选定的10个手术治疗类病种在社区卫生服务中心实行全免费治疗并适当提高病种价格，全年免费手术804例，增长80%。 (陈 娟)

·疾病预防控制·

【概 况】 2016年，六合区恢复启用腹泻病门诊,至10月31日,腹泻病门诊累计接诊1770人次,O2送检877人次，占全部腹泻病门诊病人49.55%。16家社区卫生服务中心计划免疫数字化门诊建成投入使用。年一类疫苗接种11种常规疫苗13.6万针次，基础接种率98%以上。二类疫苗接种1.57万针次。年报告乙类传染病10种655例,发病率91.25/10万,较上年下降14.36%，死亡1例艾滋病病例和1例结核病病例。全区通过消除疟疾达标考核，区疾控中心被江苏省卫计委评为全省免疫规划先进集体，获南京市重大传染病技能竞赛团体二等奖。刘艳获南京市重大传染病防控技能竞赛个人二等奖。

【疾病防治】 2016年，六合区查螺4003.76万平方米，药物灭螺901万平方米,通过南京市药物灭螺质量考核。开展血吸虫病免疫学检查6535人次,血防门诊检测2469人。加大艾滋病防控力度,对重点人群开展艾滋病防治知识宣传教育，累计行为干预2398人次，完成艾滋病病毒抗体检测2.74万人次。全面落实结核病防制措施，非定点医院发现疑似病例368例,确诊病例217例,其中阳性病人87例。各种慢病患者建档7.52万人。高血压患者5.64万人,健康管理率41.47%。糖尿病患者1.89万人，健康管理率36.02%,随访管理率98%。管理重性精神疾病患者1935人,同意管理率87.3%。建立区精神病院与社区卫生服务机构重性精神疾病管理点对点技术支持工作。

【公共卫生事件应急处置】 2016年，六合区出动救护车36台次、医务人员156人次，完成6次区内大型活动医疗保障任务。被南京市推荐创建省级卫生应急工作规范区。12月1日,江苏省卫计委对区创建省级卫生应急工作规范区建设考核评估,12月19日被江苏省卫计委命名“省级卫生应急工作规范县(市、区)”。做好人感染H7N9禽流感、中东呼吸综合征、寨卡病毒病等防控工作。

【人感染禽流感防控知识培训】 2016年,化工园区在人感染H7N9禽流感防治工作专项督查通报基础上，对辖区一级及以上医疗机构分管领导、医务科主任或医疗组长、门急诊预检分诊人员、发热门诊（诊室）医生进行人感染H7N9禽流感防治知识培训。

(陈 娟 陈 佳)

·妇幼保健·

【概 况】 2016年，六合区卫生系统登记产妇数5907人,住院分娩率100%，孕产妇系统管理率95.8%,无孕产妇死亡,产后访视率97.8%。7岁以下儿童保健覆盖率98.8%，新生儿死亡率1.89‰，婴儿死亡率3.34‰,5岁以下儿童死亡率4.5‰。新生儿出生缺陷发生率4.87‰。完成免费婚前医学检查9348人,婚检率92%。

【妇幼卫生服务】 2016年，六合区补助农村住院分娩孕产妇4258人，发放补助资金225.78万元。3265名适龄妇女增补叶酸，叶酸服用依从率100%,随访率100%。完成35—64岁农村妇女“两癌”普查2.27万人,检出乳腺癌4例、宫颈癌7例、宫颈癌癌前病变70例；对8140名孕妇和3934名产妇进行艾滋病、梅毒和乙肝检测,检出梅毒感染孕妇14人,进行转诊、治疗和随访。乙肝表面抗原阳性孕妇306人、产妇131人,对阳性产妇分娩的131名新生儿均进行阻断预防。

【化工园区妇幼卫生】 2016年，国家全面放开二胎政策。辖区爱婴医院活产数5438人,较上年增加50.89%。辖区孕产妇3143人,住院分娩率100%,孕产妇死亡率为零，婴儿死亡率和出生缺陷发生率分别为2.2‰、3.14‰。

(陈 娟 陈 佳)

·医政管理·

【概 况】 2016年，六合区医疗机构门急诊人次543.97万人次，出院总人次10.62万人次,手术总人次3.15万人次。南京市医疗质量控制委员会对区人民医院、中医院各进行一次医疗质量检查。区卫计局对一级医疗机构完成4次医疗质量检查，抽查病历300份、处方8000张、X光片300份，其中住院病历甲级率70%。根据《医疗机构管理条例》及医疗机构设置规划,设置2个口腔门诊部、3个诊所、1个养老院医务室、1家门诊部提档升级为一级综合医院。举办医务人员三基考试及诊疗规范考核。针对临床医师和药师举办1期临床抗菌药物应用原则培训,有345名医务人员参加。邀请市区三级医院专家举办10次临床专业业务学习讲座，各医疗机构的临床医务人员2000人次参与学习。

【推进智慧医疗】 自上年3月，六合区开始实施建设二期区域卫生信息化软件项目，建设区域卫生数据中心。2016年,形成五大业务应用于一体的区域卫生信息平台,在全区16家社区卫生服务中心、126家村卫生室全覆盖运用。开通社区预约挂号平台,缓解“看病难”问题。成立医学影像会诊中心,实现远程会诊病例2529例。区域卫生信息化软件项目通过江苏省卫计委专家组验收评估。区卫计局在全市率先开展“中国疾病预防控制系统数据交换测试工作”,得到江苏省卫计委相关领导肯定并向全国推广。借助广电数字电视打造“健康六合”平台,开启全国在有线电视上向居民开放健康档案的先例，在8月召开的中国卫生信息技术交流大会暨软件产品与设备展览会上,区卫计局演示“健康六合”云媒体平台功能运用,得到与会代表肯定。

(陈 娟)

·社区卫生·

【概 况】 2016年，六合区基本公共卫生服务项目经费人均72元,比上年提高20%。推进家庭医生制度与医养融合工作，重点人群家庭医生签约率76.65%。医联体成立后接诊患者1.5万人次,开展妇产科、外科手术94例,学术活动6期,参加管理培训班2期。瓜埠社区卫生服务中心获南京市技能竞赛全科团队一等奖；雄州社区卫生服务中心获南京市技能竞赛农村全科医疗组三等奖;竹镇镇社区卫生服务中心获南京市技能竞赛社区护士组三等奖。

【对口帮扶】 2016年，六合区4家三级医院及3家二级医疗机构对区15家基层医疗机构进行帮扶,153名医师到各个基层机构做门诊或手术，累计开展诊疗人次6017次,开展手术103例,为基层举办讲座25次，开展业务培训1869人次。

【社区卫生服务机构标准化建设】 2016年，化工园区完成大厂社区卫生服务中心,葛塘街道长城、官塘河社区卫生服务站，大厂街道湖滨、新庄社区卫生服务站5家机构省级标准化建设达标改造，园区社区卫生服务中心、社区卫生服务站达标率分别为100%、91.67%。

【家庭医生签约服务】 2016年，化工园区做好家庭医生签约服务工作,印制《家庭医生服务手册》5万本，以家庭为单位向广大居民免费发放,宣传家庭医生签约服务政策及服务内容,新一轮家庭医生签约服务重点人群签约率70.2%。

(陈 娟 陈 佳)

家庭医生签约服务 化工园区社会事业局 供稿

·爱国卫生·

【概　况】 2016年，六合区结合各种卫生主题宣传日，完成173次广场宣传，发放4期1.72万份健康教育折页，更换三期26块版面健康教育宣传橱窗、健康教育材料66.25万份，播放健康教育宣传影像4490次。印发工作简报18期，开展宣传活动101次，健康教育讲座98场，宣传报道36条。制作健康教育宣传折页43.5万份、横幅242条、宣传画3720张、宣传展板230块、禁烟标志2600张。区迎复审8个专业督导组对农贸市场、城中村、“六小行业”、居民小区、公共旱厕重点突出问题进行重点整治19轮，下发整改菜单1346条，全部整改到位。病媒生物防制工作新建毒饵宅2321个，投放诱蝇笼1800个，消杀药水105升、鼠药702千克、缓蚀剂290千克。创建健康支持性环境建设单位16家，其中健康社区5家、健康单位4家通过市级验收。

【饮用水卫生】 2016年，六合区卫生监部门所对辖区内5家集中式供水单位、5家二次供水单位进行监督检查，出动车辆12台次、人员33余人次。区疾控中心对农村饮用水进行36项常规检测，提出整改建议，并向上级部门提交检测报告。全年采集水样130份，合格119份，水质合格率91.54%。

（陈　娟）

·卫生监督·

【概　况】 2016年，六合区加强“四小”行业监管力度，出动卫生计生监督人员798余人次、车辆267台次，检查“四小”行业5032户次，整改263家次。完成全区公共场所卫生质量监督抽检工作，卫生许可证持有率99%以上，健康证持有率98%以上。对41所中小学校开展专项检查，组织33名监督协管人员培训，各社区卫生监督协管员协助巡查810次，发现并报告线索13次。检查医疗机构96家，打击非法行医30户次，取缔非法行医9户次，行政处罚3件，结案3件，立案处罚金额4.5万元，执行到位4.5万元。没收药品40余件，处理相关投诉举报21件，回复率100%。完成食源性疾病监测哨点医院和食品安全风险监测区级中心建设工作，并通过南京市卫计委组织的考核验收。协助食品药品监督管理部门处理一起疑似食物中毒事件，分别流调61人，并对样品进行检测。完成小龙虾横纹肌溶解症疑似病例的监测培训工作。

【规范行政许可行为】 2016年，六合区卫计部门实行行政权力网上运行，完善限时办结、首问负责、服务承诺等制度，确保行政权力规范运行。受理许可644件，其中新发387户，复核、变更、注销、延续、校验257户，接受咨询800余人次。

【化工园区卫生监督】 6月12日，化工园区卫生监督部门根据《国务院关于整合调整餐饮服务场所的公共卫生许可和食品经营许可证的决定》，将4种公共场所的许可、监管职能移交六合区市场监督管理局。依托“南京市卫生监督所”网站建立“六合区卫生监督二所”子站，及时更新充实子站信息，加大信息公开力度。园区卫生监督所2016年获“工人先锋号”“先进基层党组织”称号。

（陈　娟　陈　佳）

体　育

【概　况】 2016年，六合区体育工作完善省级公共体育服务体系示范区建设，加大公共体育服务供给，切实转变竞技体育发展方式，大力推动体育产业繁荣发展，营造良好的体育改革发展氛围。承办或协办中国中学生跆拳道联赛华东分站赛，中国竹镇永鸿·巴布洛杯自行车邀请赛，中国竹镇迷你马拉

竹镇国际半程马拉松比赛　　区体育局　供稿

松比赛，竹镇国际马拉松邀请赛和南京市第二十一届运动会的举重、乒乓球、武术(散手)、排球分赛场比赛。年举办元旦健身长跑、全区体育大联赛等大型活动，会同区教育局、区工会、团区委、区级机关工委、区妇联、各单项体协等部门和单位组织开展各类群体活动100余项次，参加人数10万余人次。全区经常性参加体育锻炼人口占全区总人口的50%以上。采购72套全民健身路径、15套篮球架、20张室内乒乓球桌、20张室外乒乓球桌用于辖区范围内老旧器材更新。

开展国民体质监测　　　　区体育局　供稿

【迎新年万人元旦长跑】　1月1日上午8点30分，2016年南京市六合区第十三届“体彩杯”元旦健身长跑活动在六合大厦门前广场鸣枪起跑。来自全区机关部门、省市驻六合单位、厂矿企事业单位、主城区中学校、各系统个体协会及街道社区万名市民参加活动。市民从六合大厦门前广场出发，沿龙池湖环湖大道一圈，最后返回六合大厦，全程5千米。

【体育社团建设】　2016年，六合区体育部门对区内体育协会按期实行换届改选，年内所有注册协会分类创成AA级社团、AAA级社团。鼓励有条件的体育项目成立区级单项体育协会，加强街镇基层体育协会组织建设，发展体育俱乐部。

【社会体育指导员培训】　2016年，六合区举办武术社会体育指导员培训班，培训三级社会体育指导员150人。组织体育骨干进行再培训，区新增二级社会体育指导员30余人。

【群众体育大联赛】　2016年，六合区整合乒乓球、羽毛球、篮球、足球、武术等赛事资源，举办贯穿全年的六合区第二届“体彩杯”群众体育大联赛。参与人数2万人次。

【国民体质监测】　2016年，六合区体育部门完善区级国民体质监测中心工作，制订工作计划，加强监测队伍建设，开展相关业务培训，并做好器材的维护工作。年累计完成4000人的国民体质监测任务。

【参加市第二十一届运动会】　2—10月，南京市举办第二十一届运动会。六合区分别组团参加社会部和青少部比赛。社会部比赛中，300名运动员分别参加广场舞、负重接力、轮滑、自行车慢骑等项目，区代表团获综合奖一等奖、优秀组织奖，并被评为体育道德风尚奖代表团。青少部比赛中，400余名运动员参加乒乓球、击剑、篮球、排球、帆船、赛艇、羽毛球、散打、跆拳道等比赛，取得金牌58枚，银牌61枚、铜牌59枚。区代表团获综合奖一等奖、输送贡献奖一等奖，同时被评为优秀组织奖代表团。

【竞技体育】　5月，六合区代表团参加省县组田径比赛，取得金牌5枚、银牌3枚、铜牌3枚、2个第四名、5个第五名、1个第六名、1个第八名的成绩。

【校园足球推广】　6月，六合区举办全区中小学校园足球联赛，从中选拔高水平学校队伍参加市校园足球联赛。引进1名德国B级足球教练，在金陵中学龙湖分校和六合实验小学驻校开展带训。年内，分别为六合高级中学、金陵中学龙湖分校、六合实验小学、马鞍中心小学、龙池翠洲幼儿园引进在中国足协注册的足球教练员。

【市级体育产业引导资金获批】　2016年，六合区体育部门组织申报市级体育产业发展引导资金。经过严格审核，世必爱南京健身器材科技发展有限公司和江苏永鸿·巴布洛生态农业有限公司获批准，总计获40万元体育产业引导资金。市级体育产业引导资金主要支持符合市经济社会发展总体规划、体育产业发展规划及相关政策的体育产业项目。　(赵　伟)

社会生活

居民收入与支出

【概　况】 2016年，六合区居民人均可支配收入33999元，同比增加2887元，增长9.3%。其中，全区城镇居民人均可支配收入46174元，同比增加3556元，增长8.3%。农村居民人均可支配收入20623元，同比增加1616元，增长8.5%，增幅高于城镇居民0.2个百分点，城乡居民收入比为2.24:1。农村居民收入继续保持平稳增长，全体居民生活质量进一步提升。

【生活消费支出】 2016年，六合区居民人均生活消费支出23017元，同比增加1911元，增长9.1%。其中城镇居民人均生活消费支出29469元，同比增加1992元，增长7.3%。农村居民人均生活消费支出16214元，同比增加1827元，增长12.7%。全区居民八大类消费支出均呈现稳步增长态势。

(侯永韵　蒯彩云)

·居民收入结构·

【工资性收入】 2016年，六合区城镇居民人均工资性收入27663元，同比增加2191元，增长8.6%，占可支配收入的60%，对可支配收入增长贡献率为61.6%。经济总体平稳、就业情况稳定和企业最低工资标准上调等是促进工资性收入增长的主要因素。自1月起，最低职工工资标准由1630元增加到1770元，加强对低收入群体的保护，对城镇居民薪酬的整体水平的增长起到引导作用。农村居民人均工资性收入16703元，占农村居民总收入的81%，较上年同期增长8.5%。

【经营净收入】 2016年，六合区城镇居民人均经营净收入4949元，同比增加478元，增长10.7%，占可支配收入的10.7%。农村居民人均经营净收入1474元，占农村居民总收入的7.1%，较上年同期增长4.2%。区综合运用系列鼓励措施，扶持和加快私营、个体经济发展，就业创业环境不断优化，切实减轻经营者成本，有效稳定二三产经营净收入增长。

【财产净收入】 2016年，六合区城镇居民人均财产净收入3845元，同比增加266元，增长7.4%，占可支配收入的8.3%。城镇居民受楼市回暖影响，“由购转租”和“以租养贷”现象增多，房屋租赁市场保持稳步上涨态势；理财渠道的拓展助力财产性收入稳健增长，伴随着余额宝、理财通等网络理财产品的持续兴起，理财渠道不断拓展，为居民资产找到方便、快捷、高效的理财出路。农村居民人均财产净收入564元，占农村居民总收入的2.7%，较上年同期增长15.3%。

【转移净收入】 2016年，六合区城镇居民人均转移净收入9690元，同比增加621元，增长6.8%，占可支配收入的21%。社会保障体制不断完善，企业退休人员养老金、机关事业单位离退休人员离退休金以及居民基本养老金标准提高，使城镇居民转移净收入“水涨船高”。由于转移净收入大部分依赖于社会保障体制，其增长的速度受相关政策制约，相对平稳。农村居民人均转移净收入1882元，占农村居民总收入的9.1%，较上年同期增长10.4%。政策发力成为农村居民转移净收入快速增长的关键因素。1月，基础养老金由310元/人/月提高至345元/人/月；7月，城乡低保标准由700元/人/月提高到750元/人/月；1月，企业离退休金平均上调6.5%。多项惠民政策实施，拉动农村居民转移净收入增长。政策性惠民补贴对农村居民收入的增长产生部分影响，同时农村劳动力转移力度加大，外出打工收入不断提高，寄、带回收入随之显著增长。 (侯永韵 蒯彩云)

·居民消费结构·

【食品烟酒支出】 2016年，六合区城镇居民人均食品烟酒类支出7740元，同比增加463元，增长6.4%，恩格尔系数为26.3%。随着居民收入的不断增加，饮食结构更加合理，各种副食消费越来越丰富多彩，高蛋白、低脂肪食品受到青睐；烟酒消费是居民消费的重要方面，档次逐渐提升；随着消费能力增强，生活节奏加快，城镇居民愈加追求健康饮食服务，省时省力且方便快捷的在外餐饮和外卖服务受欢迎 。农村居民人均食品烟酒消费支出4861元，较去年同期增长11.9%，恩格尔系数为30.0%，较去年同期下降0.2个百分点。

【生活用品和服务衣着支出】 2016年，六合区城镇居民人均其他用品和服务、生活用品和服务及衣着支出分别为859元、2127元和2522元，分别增加54元、103元和54元，分别增长6.7%、5.1%和2.2%。其他用品及服务支出增长主要原因是随着生活水平的提高，城镇居民对生活质量的要求越来越高，金银首饰以及美容美发等各类物品和服务消费逐步增长；消费观念同步发生变化，居民对商品的耐用性需求逐步向品牌化、高档化以及节能环保型转变，加快耐用消费品的改善和更新换代步伐，家庭设备用品和服务消费支出不断提升；衣着消费不再是城镇居民消费的热点，在整体消费占比中呈现下降趋势。农村居民人均生活用品及服务消费支出799元，占农村居民总支出的4.9%，同比增长11.1%。农村居民人均其他用品和服务支出626元，占农村居民总支出3.9%，同比增长15.9%。农村居民人均衣着消费支出1714元，占农村居民总支出10.6%，同比增长13.3%，增幅高于城镇居民11.1个百分点。

【教育文化娱乐和医疗保健支出】 2016年，六合区城镇居民人均教育文化娱乐及医疗保健支出分别为6218元和1639元，分别增加487元和110元，分别增长8.5%和7.2%。教育投入保持较快增长，孩子的非义务教育支出是家庭教育支出的重头；消费需求趋势逐步向享受型需求、发展型需求转变，旅游休闲、健身活动、文化娱乐等方面的消费意识日趋增加；医疗保健支出不断提高，体现居民对养生保健的需求越加重视。农村居民人均医疗保健消费支出513元，占农村居民总支出的3.2%，同比增长7.8%。农村居民人均教育文化娱乐消费支出3259元，占农村居民总支出的20.1%，增长13.2%，增长迅速。其中，人均文化娱乐支出1987元，增长6.5%；人均教育支出1272元，增长25.7%。

【交通通信和居住支出】 2016年，六合区城镇居民人均交通通信支出和居住支出分别为4001元和4362元，分别增加383元和337元，分别增长10.6%和8.4%，呈现快速增长态势。城市道路交通的快速发展，带动交通支出快速增加；通信产品更新换代、家用电脑普及，特别是互联网、4G网络、WiFi快速发展，带动通讯产品和服务的不断提升，信息通讯消费持续增长；全区房价持续上涨导致房屋租赁价格快速增长，居民居住支出也相应增加。农村居民人均交通通信消费支出2359元，占农村居民总支出14.5%，较上年同期增长17.0%，增幅居八大类消费支出之首，超出总体消费支出水平4.3个百分点，增长迅速。农村居民人均居住消费支出2083元，占农村居民总支出12.8%，较上年同期增长9.7%。

(侯永韵 蒯彩云)

人力资源

【概 况】 2016年，六合区新增城镇就业16753人，实现再就业7842人，援助困难人员就业435人，完成124.29%；农村劳动力转移就业2285人，完成133.63%，扶持农村劳动力自主创业714人，

六合区与17所高校结成区校创业联盟，共同推进大学生就业创业

区人社局　供稿

完成285.6%；培育自主创业728人，完成145.6%；创业带动就业2950人，完成118%；大学生创业218人，完成121.11%；开展创业培训438人次，完成146%。创业小额担保贷款100笔，金额966万元；区人力资源市场全年举办“春风行动”暨“三区联动”招聘会，与相关部门联办的专题招聘会，以及每周四、五上午定期招聘会近百场，提供岗位近万个，与200多个单位建立长期合作关系。马鞍创业园被南京市促进就业委员会办公室认定为市级创业园。

化工园区人社局落实就业政策。年发放各项岗位、创业等补贴惠及2.1万人次，深入高校开展“高校毕业生就业政策宣传月”活动。深化公共服务。先后开展“春风行动”“困难人员就业援助月”专场招聘会等专项活动，年举办各类招聘会53场，提供就业岗位2.74万个，达成初步录用意向1.12万人次。推动创业工作。组织参加第四届“赢在南京”青年大学生创业大赛，园区申报参赛项目34个，7个大学生创业项目经评审进入复赛环节，两个项目进入决赛，分别获二等奖和三等奖。强化技能培训。年开设各类培训班43期，培训学员1.41万人；举办高技能人才现代化工生产分析检验技术研修班；建成并推广使用“高技能人才工作站”。

【高层次创业人才项目申报】 2016年，六合区级高层次创业人才项目申报59个，最终入选20个。当年是“创业南京”人才计划实施第一年，根据《关于贯彻“创业南京”人才计划，建设“创业六合”的实施办法》，区人社部门牵头制订《六合区高层次创业人才遴选办法(试行)》，组织高层次创业人才引进。市级高层次创业人才申报，六合区(不含化工园区)入选11个项目(其中农业项目1个)。

【大学生村官服务】 2016年，六合区在职大学生村官149名。区人社部门做好大学生村官服务工作，为大学生村官提供合同签订、续签和解除、工资发放、代交社会保险和住房公积金、人事代理、户籍代理和人事档案保管等服务。

【人事管理】 2016年，六合区人社部门为全区大中专毕业生报到、存档、落户4000余人次，年接收大中专毕业生档案2432份，其中研究生63人、本科1042人、大中专毕业生1327人。

【人才政策体系完善】 10月13日，六合区出台《关于深入贯彻“创业南京”人才计划建设“创业六合”的实施办法》《关于进一步调整优化人才工作运行机制的实施意见》等“一计划一机制”文件，配套出台《六合区高层次创业人才遴选办法(试行)》《六合区人才发展专项资金管理暂行办法》等一揽子人才工作文件，优化完善人才政策体系。全年集聚顶尖人才1名，入选江苏省“双创人才”2名，培养南京市创新型企业家4名，入选南京市高端人才团队3个，引进市级高层次创业人才16名。确定区级高层次创业人才40名。坚持人才工作联席会议制度，定期举办金融对接会，推动“首购订购”“创业训练营”“高层次人才俱乐部”等工作，营造良好创业氛围。

【化工园区人力资源】 2016年，化工园区人社部门城镇新增就业7668人，帮扶就业困难362人，培育自助创业241人，实现大学生创业86人；在职职工培训1.38万人次，城镇失业人员职业培训2395人次，政府补贴性职业培训3218人次；新增高技能人才441人；城镇失业率控制在3.49%以下；征收五项社会保险费11.30亿元，清理社会保险历年欠费358

“三区联动”招聘会　　区人社局　供稿

万元；劳动人事仲裁结案率98%以上。

(唐付林　刘　勇　徐　湛)

社会保障

【概　况】 2016年，六合区人社部门组织城镇失业人员职业培训1755人，完成目标任务(下同)的117%；城乡新成长劳动力培训204人，完成102%；农村劳动力职业培训7682人，完成139.67%；新增高技能人才838人，完成299.29%；职业技能鉴定取证9239人，完成271.74%。特色培训，邀请江苏省农科院和南京农业大学教授至马鞍街道、金牛湖街道、竹镇镇、龙袍街道针对地方特色分别开展花卉种植技术、葡萄种植技术、奶牛养殖技术、肉鸽养殖技术培训。企业职工基本养老保险净增缴费2180人，完成110.1%，社保中断缴费人员续保6442人，完成117.13%；五项社会保险征收总额15.91亿元，完成100.03%；清理社会保险历年欠费1273.92万元，完成127.39%。第四轮企业退休人员免费体检2.1万人，完成174.88%。元旦、春节期间，为全区的百岁老人、困难退休人员、工伤1–4级、器官移植人员等232名特殊群体送上节日问候，发放慰问金22.3万元。为4673名失业人员发放春节慰问金280.38万元，为6户特困家庭发放“送温暖”春节慰问7200元。城乡居民基本养老保险参保缴费14.6万人，完成103.6%；审查集体合同475份，完成100%；联动平台举报投诉录入率100%，联动平台举报投诉案件按期运行率100%，仲裁委立案处理结案率94%；劳动保障书面审查1878户，完成234.75%。区人社局党员干部多次深入马鞍街道尖山社区和龙袍街道孙赵社区贫困户家中，与贫困户结对帮扶，组织南京市人社局、市区三甲医院专家和药店开展义诊活动，免费赠送药物，开展免费就业培训，开拓就业岗位，让贫困户早日脱贫。

【企业退休人员基本养老金调整】 1月1日起实施调整。对象为六合区参加江苏省企业职工基本养老保险并在上年12月31日前办理退休、退职或领取定期生活费手续的人员。调整办法：1.普调。退休、退职或领取定期生活费人员每人每月增加45元；按本人缴费年限(含视同缴费年限，不含折算年限；尾数不足1年的，按1年计算)每满1年每月增加2.4元，月增加额不足36元的，按36元增加；按本人本次调整前的月基本养老金(生活费)乘以2.3%计算增加额，计算额见分进角。2.高龄退休人员倾斜和退休军转干保障。2015年12月31日前年满70周岁(年龄以办理退休手续时确定的出生年月为准)不足75周岁、年满75周岁不足80周岁以及年满80周岁以上的退休人员，每人每月分别增发30元、40元和50元；2015年12月31日前年满70周岁不足75周岁、年满75周岁不足80周岁以及年满80周岁以上的退职及领取定期生活费人员，每人每月分别增发20元、30元和40元；对基本养老金偏低的企业退休军转干部，继续按照中办发〔2003〕29号文件和苏办发电〔2003〕144号文件的有关规定执行。

【社会保险缴费基数调整】 7月1日起，六合区参保企业和职工(含个体工商户)及灵活就业人员月缴费基数上限为1.68万元，下限为2628元。参保企业和职工的医疗、失业、工伤、生育保险缴费基数的上下限按照上述规定执行。灵活就业人员2016年度参加医疗保险的月缴费标准为210元(其中含大病救助10元)，参加失业保险的月缴费标准为每人每月52元。

【工伤保险定期待遇调整】 见附表21。

2016年度工伤保险定期待遇调整情况一览表(2016年7月1日执行)

表21

类 型	等 级	增加标准(元/月)
伤残津贴	伤残一级	330
	伤残二级	296
	伤残三级	275
	伤残四级	254
供养亲属抚恤金	工亡职工配偶	134
	工亡职工其他供养亲属抚恤金	110

【最低工资标准调整】 自1月1日起，六合区最低工资标准调整为：全日制用工月最低工资标准为1770元/月；非全日制用工小时最低工资标准为15.5元/小时。企业支付给顶岗实习学生的实习报酬和勤工助学学生的劳动报酬按照小时计酬，并不得低于当地非全日制用工小时最低工资标准。

【城乡居民基本养老保险待遇调整】 自1月1日起，六合区城乡居民(包括城镇老年居民、城乡缴费人员、农村老年居民)基础养老金最低计发标准，统一提高至每人每月345元。建立统一城乡居民基本养老保险制度，实现缴费标准、缴费补贴和待遇水平城乡一体。

【征地保障待遇调整】 从1月1日起，六合区调整征地保障待遇。调整对象：2011年12月9日以后按区片价征地纳入基本生活保障人员（以下简称新政人员），2005年3月15日至2011年12月8日期间被征地纳入基本生活保障人员，老年生活困难补助转缴基本生活保障的人员，1983年8月1日至2005年3月14日期间征地纳入老年生活困难补助的人员(以下简称老年生活困难补助人员)。调整办法：1.新政人员。2013年6月30日前进保人员，保障金月计发标准由1095元增加至1202元，月增107元；2013年7月1日至2014年6月30日期间进保人员，保障金月计发标准由969元增加至1073元，月增104元；2014年7月1日至2015年6月30日期间进保人员，保障金月计发标准由851元增加至952元，月增101元；2015年7月1日至2015年12月31日期间进保人员，保障金月计发标准由720元增加至818元，月增98元；2016年1月1日至2016年6月30日进保人员，保障金首次月计发标准为720元，从2016年7月1日起保障金月计发标准由720元增加至818元，月增98元；2016年7月1日后进保人员，保障金首次月计发标准为810元。2.原基本生活保障人员，2015年12月31日前已按月领取基本生活保障待遇人员，按照本人本次调整前月保障金的10%增发；2016年1月1日起，达到养老年龄人员的保障金起付标准以2012年原劳动年龄人员选择的缴费档次所对应的基本生活保障金为准；2015年7月1日起参照本文相关规定调整保障金。3.老年生活困难补助费每人每月增发45元，由330~470元调整至375~515元。4.高龄补贴。(1)新政人员及原基本生活保障人员月计发标准：年满70周岁不满75周岁的调至40元，年满75周岁不满80周岁的调至60元，年满80周岁以上的调至80元；(2)老年生活困难补助人员月计发标准：年满70周岁不满75周岁的调至30元，年满75周岁不满80周岁的调至50元，年满80周岁以上的调至70元。

【社保覆盖面扩大】 2016年，化工园区人社部门推动社会保险扩面征缴。坚持“稳住存量、扩大增量”，以非公有制企业、餐饮商贸业、外来务工人员为扩面重点，开展“送政策、送服务”活动，提高用人单位和职工法律意识。加强与园区税务、财政、劳动监察等单位联动，对应保未保的重点单位，督促参保；对拒不参保的单位，采取强制处罚等措施；对未按时足额缴纳社保费用的单位，及时催缴，合力推动社会保险扩面征缴工作。开展退管活动。组织开展“四走访、五慰问、六服务”特色退管服务工作，对4040名高龄、困难、重病退休人员及已故退休人员家属及时予以走访慰问；组织“万名退休人员畅游南京、社保伴我行”“退休人员书画展”“夏送清凉” 第 30 个老人节等系列活动。

【劳动保障监察执法】 2016 年，化工园区人社部门加强劳动保障监察执法，开展农民工工资支付情况专项检查、清理整顿人力资源市场秩序专项行动、企业劳动用工和遵守社会保险法律法规专项行动、高温津贴发放专项检查，追回劳动报酬 1840 万元，涉及职工 845 人。加强劳动关系监测预警，化解企业劳资纠纷，全年受理举报投诉案件 189 起，书面审查用工单位 2649 家，涉及职工 6.36 万人；在产业区设立劳动人事争议巡回仲裁庭；协助金浦英萨、十四化建成立劳动争议调解委员会。推进工资集体协商政策落实，承办“春季要约”行动，对园区 59 家企业开展薪酬调查和最低工资政策实施效果专项调查，完成企业工资集体合同审查 210 份。6 月，承接南京市人社局工伤认定权限下放，至年底完成工伤认定 307 件。

(刘　勇　徐　湛)

开展劳动关系仲裁调解　　区人社局　供稿

人口家庭

【概　况】 2016 年，六合区计划生育工作围绕“全面两孩”生育政策和推进计生卫生部门整合，深化计划生育服务管理改革。完善计生目标管理考评。整合家庭发展、流动人口、计生基础三大块内容，确定 8 项考核指标，与各街镇分别签订考核任务。

【国际家庭日活动】 “5·15”国际家庭日期间，六合区卫计部门与区红十字会、大厂街道办事处，在化工园区联合举办关爱“失独”家庭、“留守儿童”家庭和计划生育困难家庭宣传服务活动。

【计划生育目标责任制管理】 12 月 22 日，南京市人口发展工作领导小组对六合区计划生育目标管理责任制完成情况进行考评检查。区人口和计划生育工作领导小组于 12 月 15—22 日对各街镇计划生育目标管理责任制完成情况开展考评检查。区实行计划生育“一票否决”制度，区卫计部门审核拟表彰或推荐单位 260 个次、个人 634 人次；否决单位 18 个、个人 10 人。

【计生家庭奖励】 2016 年，六合区农村部分计划生育家庭奖励扶助 7562 人，特别扶助 971 人；一次性奖励 3767 人；享受计划生育公益金 232 户。对 49—69 周岁计划生育特别扶助对象发放公交游园补贴，对计划生育死亡伤残家庭中秋、春节发放慰问金。发放各项计划生育奖励扶助资金 2803.18 万元。

【人口家庭公共服务】 2016 年，六合区卫计部门为符合生育政策计划怀孕夫妇免费进行孕前优生健康检查 3042 对，育龄妇女开展生殖健康检查和“两癌”筛查 2.27 万人次。新建 5 个社区 0—3 岁亲子活动室、1 个社区人口文化广场建成。建成省级“生育关怀”基地 1 个、市级“青春健康”教育基地 2 个。9 个家庭获“南京市幸福家庭”称号，冶山街道获“南京市幸福家庭建设示范街道”称号。

【流动人口管理】 2016 年，六合区卫计部门成立流动人口基本公共卫生计生服务均等化工作协调小组。新建流动人口“一会一站”1 个，被南京市卫计委评为示范站。完成国家卫计委在大厂、雄州、龙池、马鞍 4 个街道 8 个社区开展的流动人口动态监测点调查任务。流动人口计划生育均等化服务率在 95%以上，8 个监测点完成全国流动人口动态监测工作。

【“全面二孩”生育政策实施】 2016 年，六合区卫计部门对生育

一、二孩实行登记服务管理，办理一孩生育登记 3706 人、二孩生育登记 2742 人，出生 6935 人，比上年增加 1246 人，出生政策符合率 100%。生育三孩及以上实行再生育审批，审批再生育 86 例。

（陈　娟）

民　政

【概　况】 2016 年，六合区民政部门深入推进第二次全国地名普查，开设区第二次全国地名普查公众微信号。提前谋划应对婚姻登记高峰，提高人性化服务水平，全年办理婚姻登记 7832 对。精心组织清明祭扫，安排服务保障人员 3000 人次，为 95.2 万名清明祭扫群众提供各类服务。全面落实惠民殡葬制度，城乡惠民殡葬标准化统一提高到 1200 元/人，年办理惠民殡葬 521 户，免除基本丧葬服务费用 62.55 万元。（施　新）

【园区民政专项服务】 2016 年，化工园区做好葛塘安乐墓园整体搬迁和新生态墓园建设的前期准备工作，落实惠民殡葬政策。配合做好村民委员会和居民委员会换届选举工作、全国第二次地名普查工作。完成福彩销售 4031 万元，"中福在线" 销售厅完成装修做好试运营准备工作。健全流浪乞讨救助工作体系，救助流浪乞讨人员 15 人次。完善未成年人保护工作机制，成立工作小组，完成困境未成年人情况调查和留守儿童情况调查。

【园区殡葬服务管理】 2016 年，化工园区民政部门统计园区死亡人数 978 人，火化率和骨灰正确处理率均为 100%。惠民殡葬总人数 282 人，其中城乡困难重点优抚对象 85 人，不享受一次性丧葬费人员为 197 人。发放惠民殡葬总费用 34.48 万元，其中城乡困难重点优抚对象费用 12.64 万元，不享受一次性丧葬费用 21.84 万元。

大厂婚姻登记处办理婚姻登记　　化工园区社会事业局　供稿

【园区婚姻登记】 2016 年，大厂婚姻登记处办理各项工作 6004 件。其中结婚登记 2489 件，补结婚登记 498 件，离婚登记 1607 件，补离婚登记 72 件，出具无婚姻登记记录证明 1 件，对公核查 1337 件。（陈　佳）

·优抚安置·

【概　况】 2016 年，六合区民政部门结合空军等部队入驻区的契机，慰问驻区部队、基层军官家属 55.1 万元，对桂子山烈士陵园、竹镇镇烈士陵园等进行绿化改造，结合清明、建党 95 周年、"八一"建军、国家公祭日等节日，开展形式多样的烈士褒扬和爱国主义宣传。全面落实各项优待抚恤政策，年发放各类优抚对象资金 3226 万元。妥善接收退役士兵，发放入伍士兵家属优待金 3031.3 万元、大学生奖励金 141.63 万元、退役士兵经济补助金 2429.2 万元。宣传退役士兵安置新政策，实施"积分选岗"制度，引导退役士兵自谋职业，科学设置退役士兵技能培训科目，退役士兵培训率 96.6%，安置率 100%。建立退役士兵定向社工招聘制度，优化招录流程，实现退役士兵与社工流向"双拓展"。

【园区优抚安置政策落实】 2016 年，化工园区新增优抚对象 33 人。民政部门走访慰问驻园区部队、干休所及部分困难民政重点优抚对象，开展双拥活动。按规定发放慰问金、优待金和经济补助金等 960 余万元。落实军休工作新政策，保障军休干部的"两个待遇"。规范接收安置退役士兵，加大技能培训、复学优惠政策、工作安置等政策宣传工作力度，采取积分选岗、阳光安置的方式对符合条件的 4 名退役士兵进行安置，安置率 100%。

（施　新　陈　佳）

·阳光救助·

【概　况】 2016年，六合区民政部门按全市统一部署，将城乡低保标准统一提高到750元/月，同步提高“五保”、孤儿等各类群体救助标准，充分保障困难群体生活，发放各类救助金超过亿元。提高医疗救助比例，取消医疗救助封顶线，提升医疗救助实效，有效缓解困难群众“看病难”，年发放助医金13.3万人次1471.23万元。优化临时救助申报审批模式，下放小额临时救助审批权限，年发放临时救助953人349.66万元。搭建区、街(镇)、社区(村)三级救助体系，建立主动发现机制和救助信息共享机制，切实做到精准救助。动员社会力量参与救助体系建设，运作荣盛助医、荣盛助学、石林助学等品牌项目，针对困难对象具体情况实施综合性救助。大力推进“一门受理、协同办理”机制12个街镇全覆盖，方便群众办事。完善区防灾减灾应急预案，联合相关部门开展防灾减灾知识宣传和应急演练，提升综合减灾能力。

【国家级减灾示范社区创建】 2016年，六合区民政部门指导社区申报全国综合减灾示范社区，重点加强社区减灾工作制度建设、预案制订和演练、减灾设施和避难场所建设、减灾宣传教育活动等，不断提高社区防灾减灾能力。金牛湖街道八百桥社区和雄州街道方州社区成功创建全国综合减灾示范社区。

【城乡低保规范】 2016年，化工园区低保工作实现应保尽保。城乡低保标准从7月始由700元提高到750元，年向城市低保群体发放保障金1516万元，农村低保发放保障金439万元。实施各项救助工作。制定临时救助和医疗救助两个实施细则，成立考核督查小组，重大疾病救助发放1.19万人次542万元。临时救助救助534人次63万元。组织开展“慈善一日捐”活动，2015—2016年度募集善款139万元，春节慰问360万元，组织开展2016—2017年度的慈善捐助活动。

【城乡救助政策落实】 2016年底，化工园区城市低保在册1517户2246人，发放保障金1516.07万元。农村低保在册505户728人发放保障金438.62万元。年发放14名孤儿生活费17.15万元。贯彻落实《南京市医疗救助办法》，全面推进“医前、医中、医后”相结合的一站式医疗救助体系，年医疗救助11879人次542.19万元。贯彻落实《南京市临时救助办法》，及时解决低收入群众的突发性、临时性基本生活困难，年临时救助534人次63.4万元。年发放残疾人生活补贴1004人次138.23万元，护理补贴发放1074人次147.22万元。根据南京市民政局下发《关于加快推进自然灾害民生保险的通知》，园区实现“民生两险”户籍居民全覆盖，年投保金额65万元。

【慈善慰问】 2016年，六合区民政部门精心实施慈善品牌项目，广泛宣传慈善帮扶行为，组织区慈善总会换届选举工作。优化福彩市场管理员考核制度，开展各类促销活动，年福彩销量7380万元。制定《六合区福彩公益金管理办法》，规范福彩公益金管理和使用的全过程，探索福彩公益金投入基础设施建设、为民服务项目、公益创投项目的机制和模式，有效盘活福彩公益金，拓宽公共服务供给。化工园区民政部门春节期间发放慰问款360.1万元。资助对象主要是园区内最低生活保障对象、“五保户”、孤儿及孤老病残等社会弱势群体。根据南京市民政部门和市慈善总会的统一安排，在2015年11月20日至2016年1月20日两个月时间内，园区开展“慈善一日捐”活动，募集慈善款139.4万元。同时与中大医院合作，对低保户实行医疗救助，年发放慈善医疗救助券8万元。

(施　新　陈　佳)

·社会组织·

【概　况】 2016年，六合区民政部门深化社会组织综合改革，启动“三证合一”工作。加大社会组织培育力度，每万人拥有登记社会组织13个。利用社区人才和社区资源，鼓励社区社工带薪参与公益创投工作，成功申请市级公益创投项目4个。首次设立区级公益创投资金，投入80万元开发项目15个，拓宽志愿服务和社会服务供给。

【专业社会组织运营】 2016年，六合区民政部门通过政府采购，引入南京市益民社会服务中心入驻区社会组织发展服务中心运营，开展全区范围内的社会组织培育孵化工作。(施　新)

·社区建设·

【概　况】 2016年，六合区民政部门深入推进城乡和谐社区建设，对照建设标准，分解任务至社区，按序时进度推进，城乡省级和谐社区建设合格率达到94%和90%。指导社区使用市智慧社区，综合利用率100%。提升社区服务能力，加速区级社区服务中心建设装修进程，做好慈善超市、干休所、防灾减灾仓库等民政基础设施的设计和建设。新建横梁街道新篁中心社区和程桥街道竹程中心社区2个街镇社区级综合服务中心，并引入专业社会组织运营，更好地满足居民需求。建立健全为民专项服务资金使用管理方法，严把项目申报关，切实发挥专项资金作用，解决群众身边的急事难事。探索基层依法治村新路径，推广“双联双议”民主议事办法。加强社工队伍建设，通过购买服务举办社工师考前培训班，引导社工参加职业水平考试，全区每万人拥有持证社工超过5人。组织开展全科社工培训，试点设立“全科社工岗”。

【村委会和居委会换届选举】 9月，六合区启动第十一届村民委员会和第六届社区居委会换届选举工作，全区144个村居1人1票民主直选率在98%以上，居委会无候选人一次性直接投票选举（俗称“海选”）率33.33%，村委会海选率92.06%。（施　新）

未成年人保护

【概　况】 2016年，六合区民政部门搭建困境未成年人信息平台，建立未成年人社会保护联动机制，开展困境未成年人摸底排查，全面掌握困境未成年人基本情况，对符合规定的对象发放分类保障生活补贴并实施分类救助，开展爱心慰问、“大手牵小手”结对帮扶、“六一”大游园等多种形式的孤儿帮扶慰问活动，全力保障困境儿童的身心健康。

【农村留守儿童摸底排查】 2016年，六合区民政部门排查出0—16周岁因父母双方外出务工或一方外出务工另一方无监护能力、无法与父母正常共同生活的农村留守儿童617人，针对排查出的对象实施分类救助，全力保障留守儿童需求。

【“三留守”服务试点】 2016年，六合区民政部门在全区范围内试点开展“三留守”服务，紧扣农村留守儿童、留守老人、留守妇女需求，为三类群体提供公益服务。建成开展农村留守儿童社区服务点21个，开展活动1006次，服务农村留守儿童491人1.93万人次。区民政局被南京市民政部门确定为市级试点单位。

【留守儿童关爱】 2016年，六合区共青团组织打造21所青少年之家，全年开课1179次，服务2.2万人次。其中，雄州街道钱仓社区、竹镇镇送驾社区两所青少年之家成功创建省级示范平台。组织开展“心语阳光”项目，为802名留守儿童提供专业的心理普查和辅导，开展团体辅导6次、个体辅导10次。继续开展“你的小小心愿，我来帮你实现”活动，为贫困、留守儿童实现微心愿583个，《南京日报》连续3年进行专题报道。

【关工委获上级表彰】 2016年，六合区关工委获中国关工委授予“全国关心下一代宣传工作先进单位”称号，并在社会主义核心价值观主题教育、校外教育辅导站建设、农村政治科技学校“三扶两创”、青少年科技实践活动等多项工作上受到省市关工委表彰。

【“三爱一践行”教育】 2016年，六合区各级关工委紧扣培育和践行社会主义核心价值观主题，在青少年中深入开展“学史明志、爱党报国”和“三爱一践行”等教育实践活动。年内，各级关工委编写各类宣讲教材397篇，举办征文、演讲比赛138场次，组织开展“学史明志、爱党报国”系列教育活动568场次，受教育人数15万多人次。开展“三爱一践行”教育实践活动226场次，受教育人数5万多人次。开展思想道德、法律法规和革命传统教育活动198场次，受教育人数4.2万人次。

【校外教育辅导站建设】 2016年，六合区已建校外教育辅导站（点）149个，建立电子阅览室149人，配备电脑1445台。组织2401名“五老”辅导员和社会志愿者开展各类辅导教育活动1365场次，辅导中小学生8.9万人次。108个社区（村）与46所学校结成“校站结事”对子，544名在职教师担任校外教育辅导员，实行常态辅导。24个社区（村）被评为区首批校外教育辅导站示范点。

【参与社会治理】 2016年，六合区关工委系统会同有关部门募集助学助困资金263.6万元，受资助困难学生3012人、“孤残弃”青少年457人。全区成立帮教小组134个，关爱工作团（队）98个，参加帮教的“五老”428人，帮教对象193

人,转化191人,转化率98%。全区136个社区(村)中,有127个实现"预减"和"创零"目标。区关工委组织167名"五老"网吧义务监督员配合区文广部门,对全区71家网吧、21家游戏机室进行常态监督,较好地管控未成年人进入网吧和游戏机室。

(施 新 卢立才)

养老服务

【概 况】 2016年,六合区民政部门推进社区居家养老服务中心提档升级,全区AAA级居家养老服务中心20个。推进居家养老服务中心公建民营,20个中心引进专业社会组织运营。吸引社会力量兴办养老机构,年新增养老床位711张。投入2300万元实施公办养老机构消防改造,制定《六合区养老机构规范化管理标准》,联合区公安、消防等相关部门,组织养老机构安全大检查,提升养老机构内部管理和安全建设。持续做好为老服务,有序推进"安康关爱"工程,老人参保率41.4%。建成中心厨房7家,助餐服务老人超过14万人次。

【引导社会力量参与居家养老】 2016年,六合区民政部门制订出台《六合区居家养老服务补贴扶持实施意见》,扶持社区(村)养老服务设施建设,为从事居家养老服务专业社会组织发放补贴,引导社会力量参与居家养老服务体系建设。

【公建民营模式推进】 2016年,六合区民政部门深入推进公建民营模式,实施区级社会福利院公建民营,通过公开招标引入专业社会力量入驻运营社会福利院,打造区域养老机构标杆。 (施 新)

【大厂社会福利院实施公办民营】 1月26日,大厂社会福利院与南京扬子医院签约,对大厂社会福利院3、4号楼进行提档升级改造,挂牌成立南京扬子护理院,将政府供养的"三五"老人之外的服务对象全部交由南京扬子护理院实施民营化服务管理。公办民营后的大厂社会福利院(扬子护理院)着重以医养融模式面向社会开展养老服务。

【居家养老服务推进】 2016年,化工园区建成大厂悦心、周洼、长芦携才社区居家养老服务中心。年内,有3个AAA级居家养老服务中心、8个AA级居家养老服务中心、8个虚拟养老院化工园分院投入使用,4个中心厨房辐射园区10个助餐点。加大对养老服务社会组织扶持力度,指导两家民营养老机构新增床位100张。推进医养融合模式构建。以大厂街道四周社区、扬子二居为试点,探索开展医养融合养老服务有效途径。切实落实各项优待政策。办理老年人优待证2000多份,发放高龄津贴费530万元,为2.35万名高龄、独居、特困老人办理"安康关爱"意外伤害保险。

【园区老龄服务】 2016年,化工园区民政部门为园区内2.39万名75岁以上高龄老人以及60岁以上独居、困难老人办理"安康关爱行动"意外伤害保险,参保率占老年人总数的50%以上,为270位老人理赔34.1万元;为6000多名80岁以上老人发放"尊老金"530万余元。 (施 新 陈 佳)

·老年大学·

【概 况】 2016年,区老年大学开设时政、英语、唱歌、书法、摄影、山水画、花鸟画、诗词、旅游、保健、太极拳(剑)、民族舞、健身舞、电脑、电子琴、电钢琴、二胡、葫芦丝、京剧、门球、柔力球、夕阳爱乐、老年生活研讨、古文赏析、中华成语知识、中老年服饰等26门课程、31个教学班(其中唱歌、电脑、健身舞、二胡、电钢琴5门课分别开设初级班和提高班),在校学员1685人(次)。六合电视台

化工园区召开居家养老服务推进会　　化工园区社会事业局 供稿

在《古棠人家》栏目中对校教学情况作专题报道。年度,学校评选和表彰11位优秀教师、74位优秀学员、5个先进班级。开展"纪念中国共产党成立95周年主题征文"活动,收到34位师生的74件作品。学校召开专题诗文朗诵会,编辑《光辉历程,信念永恒》诗文纪念册。南京老年大学协会授予校优秀组织奖,1人获南京市一等奖、17人获学校奖励。老人节期间,学校为40多位70岁、80岁、90岁的寿星举办集体祝寿活动。

【设备更新】 2016年,区老年大学投入7万多元为电子琴班购置30台档次较高的雅玛哈电子琴,投入2万元,为书画班、二胡班、电钢琴班购置大屏幕电视机和高清晰度的监视设备。投入万余元为校部工作人员配备电脑设备,投入数千元为京剧班和爱乐乐队更新空调设备。

【教学科研】 2016年,区老年大学任课教师许万奎将自己多年的教学成果汇编成册,由中国艺术家出版社出版。声乐教师吴梅撰写《关于按需施教的几点思考》,被《实践与探索》刊物选用,入围中国老年大学学术委员会理论研讨会。旅游班教师张国平结合自己的生活积淀和教学实践,撰写《且行且吟》一书,成为全校第一套正规的自编教材,入选江苏省老年大学教材展览会。2篇校部工作人员撰写的论文被《实践与探索》刊物登载。学员李瑛被授予江苏省首届"国联人寿杯"优秀文化老人。年办校报、校刊2期,刊登学员、会员的作品千篇。

【校外活动】 2016年,区老年大学各个班级开展形式多样的课外活动,班级联欢会、期末班级总结会、教学成果展示、保健知识讲座、普法讲座、金融安全知识讲座、消防讲座、旅游采风等。老年书画研究会举办金牛湖笔会,镇江、扬州、南京等地书画家及校书画班师生100多人共同挥毫泼墨。夕阳乐队多次为"夕阳红大舞台"和雄州街道有关社区庆祝老人节、文明创建等活动,全年参加的比赛、表演、交流活动均在20场(次)以上。书法班师生现场为村民们书写百余条春联。 (徐家才)

2016年六合区百岁老人情况一览表

表22

姓　名	性别	年龄	家庭住址	姓　名	性别	年龄	家庭住址
鲍朱氏	女	103	程桥街道黄木桥社区下朱组	彭从楷	女	100	龙池街道新集社区严庄组
葛梁氏	女	102	程桥街道桂花村寺门组	芦老太	女	101	横梁街道雨花石村山南组
杨林氏	女	102	程桥街道长青社区厉营组	叶桂芳	女	100	横梁街道方山村毛庄组
周如珍	女	101	程桥街道长青编钟路	谷荣才	男	100	横梁街道四新村朱叶组
龙怀珍	女	100	程桥街道唐楼社区小营子组	蒋正兰	女	100	横梁街道王子庙社区沈庄组
周宝龙	男	105	龙袍街道东沟中心蔡庄组	谢兰英	女	108	竹镇镇乌石王冲组
田翠莲	女	102	龙袍街道龙袍新城许桥组	潘桂芳	女	100	竹镇镇送驾贾岗组
梁瑞娥	女	102	龙袍街道龙袍新城叶庄组	刘朱氏	女	104	雄州街道台园村马家大塘
马思芳	女	101	龙袍街道团结村土门金	钟其华	女	103	雄州街道红光村
戴月英	女	101	龙袍街道楼子陈庄组	耿桂芳	女	102	雄州街道山北村土桥叶
秦　杜	女	100	龙袍街道孙赵村赵营组	何立瑞	女	101	雄州街道聚龙花园
郝凤英	女	105	金牛湖街道峨嵋山下徐组	王名珍	女	101	雄州街道龙津长江新苑
吕秀英	女	104	金牛湖街道茉莉花村姜云组	竺秀芳	女	101	雄州街道钱仓村祝夏组
沈义华	女	101	金牛湖街道长山汪庄	管仲杰	男	101	雄州街道泰山路
穆登金	男	101	金牛湖街道八百桥一组	黄凤阁	男	101	雄州街道凤凰贤丰公寓
张素琴	女	101	马鞍街道马集社区南街	李元珍	男	100	雄州街道钱仓李二组
厉广福	女	101	马鞍街道巴山村楼西组	耿素华	女	100	雄州街道钱仓王庄组
顾周氏	女	100	马鞍街道平山村桂云组	李秀珊	女	100	雄州街道古棠兰荷苑

续表 22

姓　名	性别	年龄	家庭住址	姓　名	性别	年龄	家庭住址
袁俊兰	女	103	冶山街道东王戚庄组	李　敏	女	100	雄州街道凤凰南古公寓
毛珍林	女	103	冶山街道冶山社区上顾组	胡永义	男	100	雄州街道红光陈严组
洪宝兰	女	101	冶山街道四合墩街道	高秀兰	女	100	雄州街道台园陈庄组
杨伏英	女	100	冶山街道冶山社区朱庄	刘玉兰	女	100	雄州街道冶浦徐庄
朱世英	女	101	龙池街道朱营村蒋云组				

残疾人扶助

【概　况】 2016年，六合区残联组织紧紧围绕打赢残疾人全面小康和扶贫攻坚两大目标，推动就业增收、兜底保障两项重点任务，扩大保障覆盖面，全面做好残疾人康复、教育、就业、组织维权、宣传文体等重点工作。为有需求的350户残疾人家庭进行入户适配以及辅具发放，完成5家社区康复站康复器材适配及安装工作，投入5万元保障马鞍精神病社区康复站运行，完成对区特殊学校办学情况和全区68名未入学残疾儿童的调查摸底，选派4名选手参加全市残疾人职业技能选拔赛，1名选手入围参加全省残疾人职业技能比赛，获网页制作竞赛项目一等奖。组织2个节目参加全市残疾人文艺会演，其中1个节目获一等奖，并入选南京电视台现场录制。六合区获“2016年度全市残联工作先进区”称号。

【第26个“全国助残日”活动】 5月13日，六合区残联组织联合竹镇镇举行第26个“全国助残日”关爱残疾儿童捐赠活动，活动中向14户各街镇的残疾儿童家庭代表捐赠书籍、学习用品，同时送上慰问金。市、区领导上门慰问2户特困残疾儿童家庭。

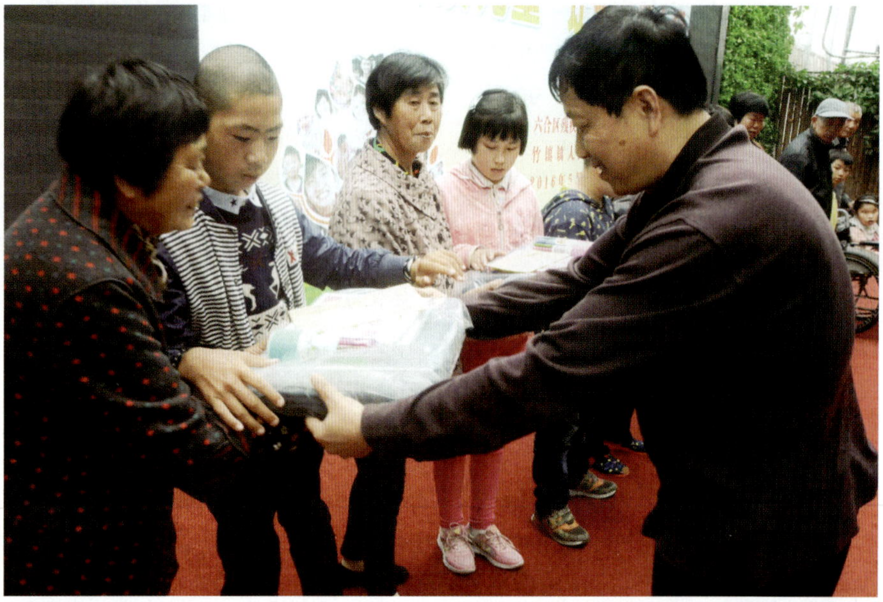

第26次全国助残日活动　　区残联　供稿

【残疾人康复服务】 2016年，六合区残联组织做好0—6岁残疾儿童抢救性康复、残疾人辅具适配“四进家庭”工作。完成白内障手术64例、假肢安装40例、发放轮椅100辆，完成50名低视力患者辅具适配，为91名精神残疾人办理免费服药救助卡。全年0—6岁残疾儿童新增18人，7—14岁残疾儿童新增1人，全区有在册登记116名残疾儿童在康复机构参加康复训练。

【残疾人培训就业】 2016年，六合区残联组织举办残疾人大棚蔬菜种植及病虫害防治培训班和菌菇栽培培训班两期，培训残疾人40名，并获证书；年组织残疾人专场招聘会4场，通过专场招聘会、订单式一对一就业推荐服务，年安置103名残疾人就业。

【残疾人工作宣传】 2016年，六合区残联组织不断创新宣传工作，推出“残疾人专职委员新闻写作五年提升计划”。年在各级媒体刊登残疾人新闻57篇。其中区级媒体22篇，市级媒体25篇，省级媒体6篇，国家级媒体4篇。

【残疾人需求数据动态更新调查】 2016年，六合区残联组织开展2016年全国残疾人基本服务状况和需求数据动态更新调查，调查残疾人1.08万人，其中入户调查1.02万人，见面调查64人，电话调查151人，已搬迁36人，外出92人，死亡263人，调查入户率98.55%，完成数据动态更新工作。

【残疾人信访维权】 2016年，六合区残联组织做好残疾人信访维权工作，年接待残疾人167人次，“12345”政府服务热线工单21个，区残联及时做好来访残疾人的信访接待工作，帮助残疾人的解决困难和问题。 （管成京）

【残疾人权益保障】 2016年，化工园区民政部门制定出台《园区残疾人基本社会保险补贴暂行办法》，以购买服务方式组建“六合区希望残疾人之家”新增残疾人实名就业和自大主创业39人，收残疾人保障金1014万元。发放困难残疾人生活补贴1004人，重度残疾人护理补贴1074人598万元；高中和高等教育阶段残疾学生教育专项补贴10人1.15万元，残疾学生助学奖励8人8500元、助学补助9人2.5万元；残疾人更新车主报废旧车残值37人6.22万元，更新残疾人机动轮椅车补贴0.2万元，残疾人车主燃油补贴104人2.7万元；拨付托养服务补贴7人5040元。

【残疾人两项补贴发放】 12月，六合区困难残疾人生活补贴和重度残疾人护理补贴发放工作正式由区民政部门承担。区民政部门严格按照政策规定，及时足额将补贴发放到位，年底为全区1.08万名残疾人发放补贴4029万元。 （施 新）

【残疾人康复行动】 2016年，化工园区民政部门开展残疾儿童康复、白内障无障碍助视行动、贫困精神残疾人免费服药、残疾人辅助器具适配以及家庭无障碍改造服务等重点康复项目。助听器发放7人；低视力康复服务10人辅助器具12件；成人假肢安装4人；精神病人免费服药135人；残疾儿童康复0—6岁在训儿童70人，7—14岁在训6人；辅具适配、家庭无障碍改造110人227件。整合资源，与园区新城康复中心合作实施康复四进家庭项目，协调和指导金鹏公司新建社区精神康复站，提高园区精神病人的防控能力。

【“全国助残日”范瑜绘画展】 5月17日是全国助残日。化工园区残联组织携手区第二图书馆举办“朴实无华真境界”——范瑜绘画精品展，画展为期45天。范瑜，听力一级残疾人，江苏省自强模范，省技术能手，河南省美术家协会会员，进修于天津美院中国画系，擅长工笔人物、花鸟、山水画。 （陈 佳）

红十字会救助

【概 况】 2016年，六合区红十字会组织获全国红十字防灾减灾知识竞赛三等奖，获南京市红会“救护培训工作、救助工作、捐献遗体（器官）工作、宣传工作”4个单项先进。区红会理事王萍获江苏省红会优秀志愿者、第十五届“南京好市民”“最美六合人”提名奖；区红会理事黄金昌获“最美六合人”称号；区红会理事李美娣、程桥街道红会专职干部叶玲莉获“最美六合人”提名奖。

【红十字宣传】 2016年，六合区红十字会组织通过报纸、电视、网站、微信微博、活页五大平台宣传，提升红十字会影响。在《今日六合》专刊刊登“红十字之窗”栏目30多期，2次作专版宣传。在区政府门户网站发布红会信息217条，位列44个街镇和部门第四位。在区电视台报道红会工作13次。在《中国红十字报》报道区红会工作12次，在系统外媒体报

5月14日，区红十字会在大厂街道举办大型红十字日广场文艺演出活动

区红十字会 供稿

道红会工作8次。开通“博爱六合”微信。举办纪念“世界红十字日”“3·5”学雷锋日、“5·12”防灾减灾日纪念活动、义诊、大型“三下乡”、应急演练、志愿服务等多场活动，发放宣传活页1.5万余份。区委副书记彭家龙，市红会党组书记、专职副会长张敏到红会调研。

【救护培训】 2016年，六合区红十字会组织开展救护培训“进街镇、进村居、进学校、进机关、进企业”活动。年举办应急救护培训115期，培训初级救护员1100人，普及性人员1.15万人。在六合中小学生实践基地对全区高一、初一新生7000人安排救护培训，并进行理论考核。首次将救护培训引入交通驾校、区级机关入党积极分子培训中。在部分小学和幼儿园开展“小手拉大手——应急救护进家庭”活动。在十四化建举办“2016年安全生产月应急救护技能比赛”。组建8支师生队参加南京市首届救护大赛。

【人道救助】 2016年，六合区红十字会组织继续实施“爱心桥”救助项目。与区妇联等8部门联合实施“爱心桥”项目，坚持常年及时救助大病儿童、“双癌”家庭及突发灾害家庭，在《今日六合》专刊“红十字之窗”栏目定期发布求助者信息12批54人，发放救助金36万元。试水微信众筹获初步成功，为2个大病宝宝筹得医疗费6万元。帮助94名大病患者申请南京金陵医疗救助金34.04万元。帮助10名献血大病患者申请救助金3.8万元。江苏元创投资控股集团继续为“六合区红十字元创博爱资金”捐资10万元，建立

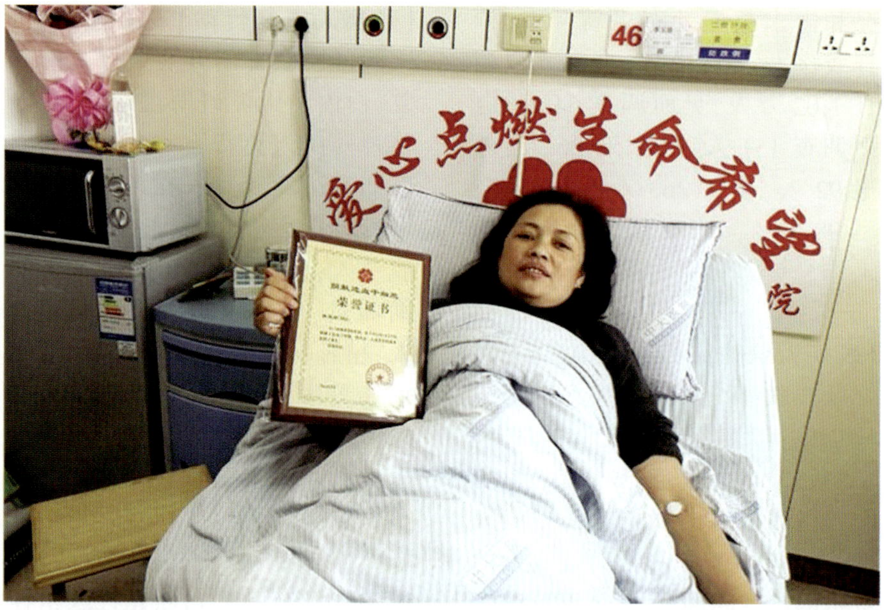

12月27日，志愿者李玉珍在南京中大医院进行造血干部细胞捐献
区红十字会 供稿

六合区红十字人民医院医疗救助博爱资金。2016年，该资金接受爱心企业捐款10万元，支持红十字人道救助。盐城阜宁风灾后，区红会开通“四个”捐款渠道，募款7.7万元，全部上缴市红会转送灾区。开展博爱送万家活动，争取区红十字会的救助纳入到区统筹，连同省、市红会支持的物资，年前救助504户困难群众，发放救助金40.64万元。爱心老人陈思舜第八次到区红会捐款2000元。年筹资110万元，救助658人。

【“三献”工作】 2016年，六合区红十字会组织开展“三献”宣传15次；召开志友成立20年年终总结会；组织志友与大学生结对谈心，开展感恩教育；关爱困难志友，组织年终大走访、大慰问；横梁街道红会率先在敬老院发展2名志友，街道红会领导专程到敬老院看望慰问；年新增志友61人，志友总数419人，实现捐献8人（新增和实现捐献为历年之最）。造血干细胞登记入库186人份。12月27日，李玉珍无偿捐献造血干细胞，挽救1名16岁重病少年的生命，实现全区第三例造血干细胞无偿捐献。1月28日，在区人民医院，林姓患者身后捐献肝脏和肾脏，成为全区第二例器官捐献者。

【红十字青少年】 2016年，六合区红十字会组织励志等8所学校6000名学生参加全国青少年防灾减灾知识竞赛，获总会一等奖1个、二等奖2个、三等奖6个。在12所学校和幼儿园开展“博爱校园行”活动。首次举办六合区第一届学校红十字电子报评比，有18所中小学选送参赛作品170幅，最终评出一等奖20名、二等奖35名、优秀组织单位9个，并召开表彰大会。首次在2个幼儿园开展“博爱小天使”微信投票评比，评出28位“博爱小天使”。与团区委等联合开展“安全知识进校园·我为孩子捐本书”活动，向3所小学捐书5400本，总价10万元。

【红十字基层组织建设】 2016年，六合区红十字会组织定期召开理事会、基层组织工作例会、项目推进会，推动基层红会工作走上轨道。年成立3所学校红会，有38所学校成立红会组织。援建博爱卫生院2个、学校1所。

【六合区红十字衣物捐赠中心】 2016年，区红十字衣物捐赠中心接收衣物5.2万件，其中区服装商会12名企业家集体捐赠新冬装1500余件，南京8所高校捐赠军训服5800多套，有效缓解捐赠中心新衣不足的难题。通过组织衣物认领微心愿、送衣下乡、进社区、进学校等30多场活动，发放衣物4.5万件(按50元1件计，相当于募款225万元)，惠及全区3000多户困难群众。市红十字会专职副会长张敏到捐赠中心考察指导。 (潘启兵)

民族宗教事务

【概　况】 2016年，区民宗部门继续开展和谐寺观教堂创建活动，引导宗教界加强内部管理。通过以会代训、举办培训班、送法进宗教活动场所等多种形式，开展民族宗教法规学习与宣传。通过“宗教慈善周”等活动，全区宗教界及宗教人士捐款捐物64.4万元，募捐款项全部用于帮助地方弱势群体、跟踪资助贫困学生及困难家庭等。继续开展星级宗教活动场所创建活动，全区3家宗教活动场所通过南京市四星级场所验收，3家通过南京市三星级场所验收。创新工作思路，促进民族镇发展，指导帮助竹镇镇及时申报和实施“少数民族发展项目”，争取发展项目3个，扶持资金110万元。落实民族政策，切实维护少数民族群众权益，做好全区124名少数民族考生民族成分的审核认定工作，组织落实全区回族等10个少数民族群众127.42万元牛羊肉补贴款发放工作。

【宗教政策法规培训】 3月16日，六合区民宗部门在基督教九连聚会点举办教职人员《宗教事务条例》法规培训班，60名宗教教职人员参加法规培训。

【领导考察调研民族宗教工作】 3月17日，六合区人大常委会副主任蒋锡林带领区人大民宗工委负责人、工委委员、民宗专业代表组成员考察宗教场所建设，先后到长芦崇福禅寺、中心教堂新址、南门清真寺等区内部分宗教活动场所，现场察看建设进展和设施环境等情况，听取相关情况汇报。5月16日，区长戴华杰带领区相关部门负责人到六合伊斯兰文化区专题调研伊斯兰文化区项目建设情况，听取区民宗部门关于项目推进及存在问题情况汇报。8月24日，区委书记朱志宏带领区相关部门负责人到灵岩禅寺调研，详细了解灵岩禅寺的历史沿革和相关建设情况。

【基督教金磁聚会点筹备设立】 3月20日，六合区民宗部门进行区基督教金磁聚会点场所设立登记。经市民宗部门批准，在竹镇镇金磁社区筹备设立“南京市六合区基督教金磁聚会点”。该场所位于竹镇镇金磁社区，场所类别为固定处所，场所管理组织负责人为张德山，场所有教职人员1名。

【省基督教“两会”到区按立教职人员】 12月18日，江苏省基督教“两会”主席张克运带领按立团到六合区基督教东沟聚会点为7名基督教传道人员按立长老圣职。 (毛玉桃)

灵岩禅寺　　成　功　摄

扶　贫

【概　况】 2016年，六合区“三会”(扶贫开发协会、老区开发促进会、扶贫基金会)实施联系村的整村推进工作取得新进展，9个联系村完成美丽乡村建设，实施农田水利建设、经济开发等项目43

项,总投资8262.07万元。其中,美丽乡村建设(含交通和民生项目)23项,投资2223.27万元;农业开发项目4项,投资4880万元;水利项目16项,投资1158.8万元。每个联系村都建成一批二星级、三星级的自然村庄,以及美丽乡村示范村。在整村推进中,9个联系村集体总收入1309万元,比上年增长14.2%,村民人均收入最高村达到2.38万元,最低村1.8万元。

【扶贫志愿者活动组织启动】 4月19日,六合区“三会”组织区会全体驻会人员、街镇及区工商联分会长等一行14人赴泰兴市参观学习扶贫志愿者组织和活动的情况和经验。6月22日,区“两会”在横梁街道方山村召开扶贫志愿者发证及村扶贫资金会成立现场会,全区街镇分会长参加会议。募集捐资扶贫资金11万元,为70名扶贫志愿者颁发荣誉证书。年底,全区9个联系村为412名扶贫志愿者颁发荣誉证书,收到捐资扶贫款56万元。

【区扶贫基金会成立】 11月17日,南京市六合区扶贫基金会成立,首期募集资金620万元,其中区财政出资400万元,区经济开发区捐资100万元,龙池街道扶贫资金会出资100万元,区“两会”出资20万元。扶贫基金会成立是全区“两会”工作一大突破。

【精准扶贫】 2016年,六合扶贫协会贴息扶贫。区“三会”筹贴息资金30.85万元,拉动贷款680万元,直接帮扶238户699人,人均增收1800元,83户实现脱贫。帮带扶贫。区“三会”争取省市扶贫周转金借款由80万元增加到120万元,扶持8家民营企业和2个专业合作社,由企业和合作社帮带贫困户,并捐款助学12名贫困学生。利用贴息资金2万元,帮扶5家专业合作社、帮带贫困户75户188人。助学扶贫。全区“三会”动员联系捐资助学,合计资助贫困学生302人,资助金额44.3万元。合用扶贫。区“三会”和街头道分会联系10个专业合作社,帮带贫困户141户355人。智力扶贫。全区“三会”参与协办农技培训班53期,参培人员5015人,技能培训班干18期,参培人员1282人。创业扶贫。把扶贫资金投向建立生产基地和项目,帮扶贫困户通过劳动,发展生产,达到长期增收的目的。就业扶贫。采取多种渠道,帮助贫困户劳力和辅助劳力就地转移就业或季节用工,对保洁员、保安员、养路员、护林员、治安巡逻员、秸秆禁烧检查员、环境整治督查员七大员的公益性岗位,优先安排贫困户家庭的劳力上岗,就地就业,增加收入。结对扶贫。发动机关企事业单位党员干部与贫困户实行“一对一”结对帮扶。

【调查研究成果】 2016年,南京市和六合区“三会”完成联合调研报告1篇,区“三会”独立调研报告12篇,各分会调研报告20篇。全区33篇调研报告在《江苏老区》刊登4篇,在南京市《扶贫开发与老区建设》上刊登13篇。老区开发促进会连续第十三年获国家老促会宣传工作三等奖。 (翁世仁)

·脱贫攻坚·

【概　况】 2016年,六合区委农村工作部门精准识别建档立卡低收入农户9507户、1.92万人,分别占全区总户数和总人口的6.6%和3.8%,其中低保户7138户、1.19万人,一般贫困户2369户、7263人。南京市确认20个经济薄弱村、32个欠发达村,区认定10个相对欠发达村,帮扶村62个。南京市确认竹镇镇、冶山街道和马鞍街道原马集片区为集中连片欠发达地区。

【脱贫攻坚促进增收】 2016年,六合区委农村工作部门促进低收入农户增收。锁定5179名有劳动能力者作为工作重点,面向52个南京市定帮扶村,筛选出2550名有劳动能力者,实施扶持就业、促进创业和帮助入股“三个靶向”帮扶试点。推进帮扶村转化。出台《六合区帮扶村村级发展能力提升项目实施方案》,新一轮帮扶采取街镇自主实施、区级统筹实施方式:金牛湖、马鞍2个街道21个帮扶村,集中帮扶资金自主建设标房、社区综合服务大楼和写字楼;冶山、横梁、龙袍、程桥、竹镇5个街镇41个帮扶村在六合新城统一购置南京六合新区建设发展有限公司名下商业用房。开展挂钩帮扶。动员和组织机关部门、企业及社会团体挂钩帮扶村、党员干部结对帮扶低收入农户活动,106个市、区部门、93个企业以及8000名党员干部与62个帮扶村以及4430户有劳动能力的低收入农户实现挂钩帮扶全覆盖。户脱贫人口4989人,转化率26%;市级经济薄弱村、欠发达村脱贫15个,转化率29%;区级相对欠发达村脱贫3个,转化率30%,超额完成20%的脱贫任务。《南京日报》12月21日整版进行专题宣传报道。

(毕轶峰)

街镇概况

大厂街道

【基本情况】 大厂街道地处六合区南部，东滨长江，南临浦口，西接江北大道，距南京主城18千米，街道地域面积36.1平方千米，辖山潘、南钢两个中心社区以及24个居民委员会，户籍人口16.62万人。辖区聚集扬子石化、南化公司、扬子—巴斯夫、南钢、华能电厂、南热发电公司、十四化建等大型企业。辖区金融服务业网点发达，学校、医院、机关企事业单位众多，城市功能较为完备。

【经济社会发展】 2016年，大厂街道财政总收入实现22.9亿元，占年计划的96.5%，同比增幅8.1%；年完成公共财政预算收入12.52亿元，占年计划的106.1%，同比增长42.59%；服务业增加值25.34亿元，占年计划的100.38%，同比增长12%。年新注册企业1433家，注册资本38.6亿元，其中注册资本达千万元以上的133家。

经济发展 推进十四化建综合楼、扬子影剧院“益智欢乐谷”主体部分项目；完成20家中小企业关停搬迁工作；推进企业改制，完成街属集体4家企业与南京康乐资产管理有限公司的整合。通过推进“孵化贷”融资、政策扶持、厂房场地租赁等措施，做好企业服务工作。全年配合南京海陆化工有限公司获市新兴产业引导资金，大厂创客空间完成市众创空间备案，南京天泽船务有限公司进行服务外包重点企业的登记入库，苏扬劳务公司获市商务系统服务外包专项奖励资金。南京科技职业技术学院获批国家级科技企业孵化器，完成省级创客空间备案，获南京市科委组织的科技企业孵化器绩效优秀的评估结果，获批南京市小企业创业基地。

城镇建设 完成卸甲甸办案点、南化四小扩建、宋家庄淹水点、生态防护林郑南和郑北组房屋征收工作；开展山潘街项目入户调查和稳评，分配油大线和山潘二村地块安置房，完成各拆迁地块超期过渡费测算和发放。年开展各类占道经营整治行动16次，处理一般执法案件323件；清理户外广告牌220余处，教育商家500余户；拆除各类违章建筑65处1485平方米；组织320次卫生清理活动，清理各类垃圾约1600车4885吨，多次开展农贸市场周边综合整治。推进数字城管运行，受理案件7456件，结案率99.81%。新增2处垃圾分类积分兑换点，创建8个示范小区；开展9场“城管进社区”“城管进学校”活动。完成欣乐北村、中扬新村、新庄东村小区出新；实施小型工程项目31个，为民服务项目28个，总计投入资金3000万元。

社会治理 组织平安志愿者6500人次开展驻守和巡逻，协同成员单位、派出所开展“百日专项行动”。全面完成“六五”普法任务。推进法律援助和服务工作，扩大“法律桥”影响；在24个社区设立法律服务室，引进15名法律顾问；接待群众来电、来访法律咨询1106人次；为困难群众提供优质法律援助诉讼案件6件。年受理“12345”工单3833件，办结率100%；接待群众1765批次3756人次，成功调处矛盾纠纷1595起，调处成功率100%。开展“九小场所”回头看行动；排查一般安全隐患915处，对存在安全生产隐患的单位开出现场检查整改通知书720份。全年辖区安全生产、消防、环境保护、食品安全形势基本平稳，未发生较大事故。

民生提升　建立街道便民服务中心。自5月投入运行，年办理业务2.7万件，咨询729件，满意率99.79%。推进居家养老建设，新建1家AAA级和5家居家养老服务中心、2个养老助餐点中心厨房。新增就业岗位4951个，其中失业人员再就业2812人，培育自主创业132人，大学生创业50人，再就业培训1700人，创业培训180人。年确立190名帮扶对象，153人实现就业，其中稳定就业32人。组织开展退休人员社会化活动11场，“邻帮邻”互助组织实现辖区全覆盖，对42名愿意接受帮扶的老人提供一对一帮扶。宣传两孩政策，推进免费孕检、随访服务、婴幼儿早教、“双百双送”“博爱送万家”“爱心桥定向救助”等工作。指导4家业委会完成换届选举、1家完成补选。成立物业纠纷调解委员会，协调处理18起矛盾纠纷。

纪念长征胜利80周年大合唱比赛　　　　大厂街道　供稿

2016年大厂街道经济社会发展主要指标一览表

表23

指标名称	计量单位	数量	比上年±%
地区生产总值	万元	419896	4.1
其中:第二产业	万元	166545	−5.3
第三产业	万元	253351	11.4
全社会固定资产投资	万元	202903	−28.9
其中:工业投入	万元	119897	−67.8
工业总产值	万元	813468	−6.2
规模以上工业总产值	万元	794299	−7.3
工业产品销售收入	万元	837263	−3.7
工业增加值	万元	146409	−6.0
工业利税	万元	−9467	109.2
社会消费品零售总额	万元	637449	10.1
三产增加值	万元	253351	11.4
财政收入	万元	229007	8.1
中小学校	所	14	0
在校学生数	人	27000	16.2
各类卫生机构	所	14	−17.6
城镇居民人均可支配收入	元	48691	8.3

2016年大厂街道社区居民委员会基本情况一览表

表24

社区名称	村居小组数	户数(户)	人口(人)	面积(公顷)	党委(总支书记)	居委会主任
新华六村社区	52	1672	3063	60	董　珂	董　珂
新华五村社区	56	2964	5288	17	李达富	李达富
扬子第一社区	105	4967	8463	27	吕　伟	吕　伟
扬子第二社区	99	3516	5856	46	赖荣玲	赖荣玲
扬子第三社区	66	3529	5681	11	刘　瑞	刘　瑞
扬子第四社区	74	3694	8084	27	朱为红	朱为红
太子山社区	99	3130	5396	62	毕宗平	毕宗平
新华一村社区	56	4053	6780	620	夏光玲	夏光玲
周洼新村社区	98	5165	10375	30	毛鹏海	毛鹏海
新华七村社区	86	5472	7848	338	牟文平	牟文平
新庄社区	85	5071	7840	42	吴晓洁	吴晓洁
晓山社区	127	4857	7296	51	费　昳	费　昳
化建社区	12	2519	4250	30	刘延明	刘延明
吴家洼社区	41	2409	6510	103	谢红梅	谢红梅
欣乐社区	8	4165	8547	90	李白龙	徐昌银
四周社区	7	3450	12175	37	汤爱娣	汤爱娣
和平社区	33	4271	6210	710	包成忠	包成忠
草芳社区	128	4002	8774	46	王素红	王素红
十村社区	96	3900	5862	73	童宝霞	童宝霞
南化九村社区	122	4043	6430	54	胡　敏	胡　敏
山潘新村社区	72	2493	5653	16	李松菊	李松菊
湖滨社区	148	5076	10799	45	陈小琴	陈小琴
九龙洼社区	103	5042	12111	43	刘传法	刘传法
旭东新城社区	103	2919	4199	43	潘宗顺	潘宗顺

2016年大厂街道年产值5000万元以上企业情况一览表

表25

企业名称	主要产品	年产值(万元)	年销售额(万元)	年利税(万元)	企业法人
中国石化集团南京化学工业有限公司	苯胺、合成氨、烧碱	424239	428769	-74832	王　宏
江苏南热发电有限责任公司	火力发电	238197	238197	46023	佟科学
华能国际电力股份有限公司南京电厂	火力发电	95627	95627	18123	刘保康
南京博大重型锻造有限公司	锻铸件生产加工	10779	10779	881	张瑞庆
南京禾诚石化装备工程有限公司	压力容器制作、化工检维修	7773	7773	644	李济明
南京钢铁集团江苏冶金机械有限公司	机械加工	5341	6073	752	王春玲

（沈宏娜）

长芦街道

【基本情况】 长芦街道位于六合区南部，行政区域面积102.3平方千米，辖5个社区居民委员会，5个社区村民委员会，户籍人口5.02万人。

【经济社会发展】 2016年，长芦街道完成规模以上工业产值74.9亿元，社会消费品零售总额18.84亿元，公共财政预算收入3.22亿元。新增注册企业477家，新增注册资本15.2亿元，招商企业完成税收1.96亿元。完成城镇居民收入4.36万元，农村居民收入2.10万元。

生态经济建设　跟踪服务精细化工公司碳九深加工、木林森活性炭江苏有限公司年产3.6万吨活性炭制品以及江苏环宝物流公司危化品仓储物流3个重大项目建设。关闭整治宏诚化工等5家被列入危化品整治名单企业。拆除中央环保督察组交办的皇厂河码头。完成黄标车淘汰整治26辆，强化秸秆禁烧禁抛及综合利用等工作。

留左大鼓赴欧洲交流演出　　长芦街道　供稿

社会民生　加强社会管理创新。配套完善便民服务中心软硬件设施建设，开设8个综合服务窗口，可办理综合业务67项。成立8家社区法律服务站，群众不出村即可享有法律咨询、矛盾调解等"一站式"服务。4家村级城管工作站相继挂牌。办好民生实事。完成农村土地承包经营权确权登记颁证工作，开展低收入农户的调查摸底、建档立卡及结对帮扶等工作。根据轻重缓急摸排环境综合整治三年行动计划，对背街小巷、乱堆乱放等顽固性难题进行整治。保障安全度汛，防汛期间，严格按照防汛预案落实防汛责任。成功处置通江集外江堤散浸渗漏等险情。

平安街镇建设　加强信访接待和矛盾排查化解工作。年接待群众来访278起（其中个访89起，群访189起），成功化解253起。有效化解部分因征地拆迁引发的矛盾；配合处理大圆银泰公司客户上访及木林森企业拖欠民工工资等事件；组建律师团队，积极应对与征地拆迁有关的诉讼案件28起。

2016年长芦街道经济社会发展主要指标一览表

表26

指标名称	计量单位	数量	比上年±%
地区生产总值	万元	284494	2.9
其中：第一产业	万元	28663	1.5
第二产业	万元	141118	-1.3
第三产业	万元	114713	9.0
公共财政预算收入	万元	32186	21.8
财政支出	万元	15116	-11.6
全社会固定资产投资	万元	4550	-90.6
社会消费品零售总额	万元	188434	4.3

续表 26

指标名称	计量单位	数量	比上年±%
农民人均纯收入	元	20955	8.4
城镇居民人均可支配收入	万元	43615	8.1
粮食总产	吨	14952	34.4
中小学校个数	个	3	0
中小学教师人数	人	124	-8.0
拥有医院(卫生院)个数	个	2	0
农民专业合作社个数	个	31	0
农民专业合作社成员数	户	4657	0

【征地拆迁平稳有序】 2016年，长芦街道完成陆营社区、长芦中心社区和通江集村、新犁村棚户区改造搬迁项目，玉带产业区一期改造项目（亨斯曼、欧德环保）、玉带产业区一期改造项目(催化剂二期)，长芦中心社区棚户区改造国有土地房屋征收项目和北六路西段一期等8个项目征拆工作，征迁面积28.96万平方米，征迁居民1769户、工企单位6家。按中央及省、市环保督察工作要求提前实施长芦中心社区沿街商户及企事业单位搬迁项目。完成长芦片2012年上半年拆迁地块470户510套安置房抽签分房工作。

【村、社区“两委”换届选举】 2016年，长芦街道按照市、区统一部署，开展村、社区“两委”班子换届选举工作。9月24—25日，各村、社区召开党员大会，采取间接选举方式选举产生新一届村、社区党组织班子;12月3日，各村、社区采取无候选人一次性直接投票选举的方式，选举产生村(居)委会班子。新一届村、社区“两委”班子成员86人，其中大专以上文化程度66人，平均年龄42岁。

2016年长芦街道社区村(居)民委员会基本情况一览表

表 27

村(社区)名称	组数(个)	户数(户)	人口(人)	人均纯收入(元)	集体净收入(万元)	党总支部书记	社区主任
长芦中心社区	4	684	1495	22308	516.13	魏立芳(第一书记) 胡德龙	郑国明
陆营社区	4	459	1388	21792	202.55	李学虎	卞传明
六甲社区	—	—	—	—	119.21	陈相龙(第一书记) 王家宝	葛德兵
普东社区	—	—	—	—	155.44	许金茂	葛卫亭
白玉社区	7	1312	4072	22597	321.03	洪　春	戴守东
玉带村	15	1164	5174	23074	232.99	陈　强	王世洲
小摆渡村	19	1275	3981	22051	171.16	陈士宽	谢康明
通江集村	15	1295	4377	22471	235.13	张金贵	谢承惠
新犁村	15	1589	4463	22133	377.46	王世忠	王世忠
滨江村	23	1682	6706	22480	231.32	刘宝金	刘　俊

注:1.2015年，六甲社区、普东社区全部拆迁;

2.2016年9月和12月，村、社区分别开展党总支及村(居)委员会换届选举

2016年长芦街道年产值7000万元以上工业企业情况一览表

表28

单位名称	主要产品	产值(万元)	主营业收入(万元)	利税(万元)	企业负责人
南京化学试剂有限公司	化学试剂	21874.0	19913.8	4561.1	张宪伟
南京扬子石化炼化有限责任公司	丁烯-1	85585.1	69563.5	6826.1	王　闽
南京春嘉工程塑料有限公司	初级塑料	21127.2	16839.3	164.5	李基瑞
南京玉带金属包装材料有限公司	金属制品	8831.2	8831.2	349.1	朱　文
沙索(中国)化学有限公司	表面活性剂	113725.0	118898.1	6708.2	申屠洪星
扬子石化百江能源有限公司	液化石油气	116573.5	116573.5	3272.6	张玉龙
南京扬子动力工程有限责任公司	机电设备	15742.3	15319.1	2177.1	华新生
江苏超伟石化有限公司	塑料母料	20550.6	20550.6	303.8	刘春水
南京扬子石化比欧西气体有限公司	氧气氮气	47492.9	47492.8	18732.7	张庆峰
南京扬子检修安装有限责任公司	化工设备	18106.4	23385.2	1649.1	姜卫忠
南京扬子精细化工有限责任公司	石油化工产品	23160.1	21263.9	1001.8	甘晓力
南京扬子塑料化工有限责任公司	塑料制品	18846.7	20603.2	1137.3	唐金钟
江苏钟山化工有限公司	聚醚多元醇	107493.0	106908.8	586.7	瞿正浩
南京金浦锦湖化工有限公司	烧碱	111594.7	108243.6	9047.2	朴点奎

(陈二梅)

雄州街道

【基本情况】 雄州街道是六合区政治、经济、科技、文化中心和江北新区副城中心。区域总面积112.9平方千米，户籍人口14.82万人,其中城市人口9.04万人,农村人口5.78万人;下辖17个社区居委会和4个村委会。

【经济社会发展】 2016年，雄州街道经济发展稳中提质。年实现公共财政预算收入8.05亿元,同比增长14.24%。年初列入区重大项目5个,完成4个,街道确定的四大类52个重点项目完成45个,新增入选“创业南京”高层次人才5人、“江苏省高层次创新创业人才引进计划”自主创业类1人,规模以上企业设立研发机构25家,建成校企联盟3家。城乡建设推进有力。一期拆迁涉及纯农户669户,631户签约并交房,占总任务数94.3%;二期马营商业街开展摸底调查等前期准备工作。城乡建管全面加强,高质高量完成“9322”、环境综合整治三年行动计划、国家卫生城市迎复审、城市文明指数测评以及城市长效综合治理考评等年度任务。生态效应逐步显

雄州街道开展全民终身学习周活动　　雄州街道　供稿

现,实施瓜埠老街、灵岩片区、钱仓中心街基础设施等环境提升工程,打造钱仓、台园美丽乡村示范村和特色村,节能减排、秸秆禁烧等工作取得良好成效,区域环境得到明显改善。民生福祉持续增进。拓展富民增收渠道,全年组织申报“一事一议”项目12个,争取财政奖补资金230.4万元;开展各类技能培训2600人次,提供就业岗位5000个,转移农村劳动力884人。健全社会保障体系,全面做好高余、冶浦征地拆迁进保工作,完成区下达的扩面征缴任务,实现城市社区居家养老服务中心全覆盖。推进民生实事工程,累计投入7320万元实施7个幼儿园升级翻建、2家卫生服务中心搬迁提升以及农村自来水管网和一批涵闸泵站、交通道路、危旧房改造等民生实事。社会治理成效显著。公共服务不断优化,年处置资产资源交易7宗,组织采购151次,实施小型工程发包项目70宗,实现资产增值8.5万元、节约资金594万元。平安建设深入推进,年接待群众来访27批(次)131人,化解稳控率96%以上;办理“12345”工单2188件,满意率92.6%;聘请第三方中介机构,检查企业318家,排查安全隐患814处。

2016年雄州街道经济社会发展主要指标一览表

表29

指标名称	计量单位	数量	比上年±%
地区生产总值	万元	1050062	9.8
其中:第一产业	万元	54928	7.2
第二产业	万元	562754	8.5
其中工业增加值	万元	467367	6.1
第三产业	万元	432380	11.9
固定资产投资完成额	万元	379872	−25.8
其中:工业投入	万元	167933	−26.6
社会消费品零售总额	万元	628447	10.2
财政收入	万元	80458	4.1
农作物播种面积	公顷	7114	−12.7
其中:粮食播种面积	公顷	3637	8.9
粮食总产量	吨	24449	−0.4
工业总产值	万元	2116917	8.3
其中:规模以上工业产值	万元	2047307	8.1
乡镇企业个数	个	1073	6.4
其中:工业企业	个	535	6.3
乡镇企业从业人员	人	55623	0.4
其中:工业企业	人	32516	0.2
实际利用外资	万美元	900	800.0
城镇居民人均可支配收入	元	46136	8.4
农民人均纯收入	元	21249	8.4
中小学校	所	17	0
在校学生数	人	19235	0
各类卫生机构	所	23	0

【防汛抗洪】 2016年，雄州街道强化落实各项措施,成立3个防汛防旱工作分指挥部，下设10个防区。自筹财政资金12万元更新添置各类防汛物资,成立6支计446人的应急抢险队伍，配置25辆重型机械,有效处置险情隐患19处。对汛期出现的险工险段登记造册，为汛后除险加固项目申报与立项奠定基础。把防汛做法和经验做成专题片。防汛工作获南京市政府2016年防汛抗洪有功集体三等功。

2016年雄州街道社区村(居)民委员会基本情况一览表

表30

村(社区)名称	村民小组(个)	户数(户)	人口(人)	耕地(公顷)	村集体经济总收入(万元)	人均纯收入(元)	党(总)支部书记	村(居)委会主任
灵岩社区	14	2759	8320	267	300	17508	吴久鑫	卢义政
龙津社区	—	2320	7425	—	—	—	杨振铎	杨振铎
观滁社区	—	3317	8703	—	—	—	陈　岚	陈　岚
天一社区	—	2706	8126	—	—	—	林爱霞	林爱霞
古棠社区	—	5733	16200	—	—	—	高春琴	高春琴
荷花社区	—	3331	10891	—	—	—	孙梅俊	孙梅俊
紫霞社区	—	3208	9218	—	—	—	李桂霞	李桂霞
方州社区	—	4610	14960	—	—	—	陈晓琦	陈晓琦
凤凰社区	—	3927	10279	—	—	—	吴　娟	吴　娟
泰山社区	—	3500	12500	—	—	—	林笃峰	林笃峰
冶浦社区	19	3130	9036	77	332	18972	王秀顺	林庆祥
桥西社区	—	1830	4542	—	—	—	徐国宝	徐国宝
白果社区	—	3485	10345	—	—	—	常正红	常正红
高余社区	27	2286	7856	65	420	23255	林宝云	潘月华
瓜埠中心社区	9	2100	7808	140	300	22000	余德才	余德才
台园社区	26	1910	6347	468	472	19500	孟常春	徐才全
砂子沟社区	27	2336	8578	937	300	16775	陈大忠	陈大忠
龙虎营社区村	42	1632	6480	400	510	21000	毕宗和	丁德云
山北社区村	26	1731	7120	363	430	17820	朱晓冬	叶和全
钱仓社区村	35	1836	8152	760	696	21000	朱　金	郑家兵
红光社区村	26	2165	7652	581	210	13100	周春云	仇大桂

2016年六合区雄州街道年产值5000万元以上企业情况一览表

表31

企业名称	企业性质	主要产品	年产值(万元)	年销售额(万元)	年利税(万元)	企业法人
南京蓝深制泵集团股份有限公司	私营	污水泵	35907	27860	2567	余必升
南京特种电机厂有限公司	私营	电动机制造	12094	12416	53	孙重远
南京六合煤矿机械有限责任公司	私营	矿用电动泵生产	8405	9991	1468	于家彬
南京海佳面粉有限公司	私营	面粉生产	30611	31192	636	李角强

续表 31

企业名称	企业性质	主要产品	年产值(万元)	年销售额(万元)	年利税(万元)	企业法人
美国钻采系统(南京)有限公司	外资	石油钻采设备制造	9283	9518	638	黄　河
南京瑞祥服装有限公司	外资	服装制造	7491	7491	-500	周瑞祥
南京长澳制药有限公司	私营	医药制造	8333	9849	-2278	宋　明
南京京联混凝土有限公司	私营	商品混凝土生产销售	13315	13315	102	柯　俊
南京鑫业电动工具制造有限公司	外资	电动工具生产	13683	13497	848	徐荣义
南京冶铸合浦锻压公司	私营	冶铸锻压	4722	5386	-135	胡守瑶
南京雄州水泥制造有限公司	私营	水泥制造	7529	7527	-161	吴和生
南京大量数控科技有限公司	私营	数控机床	24135	25470	3176	郑天芗
南京方州金属制品有限公司	私营	冲压件	9528	8279	240	金广云
南京凯思特玩具有限责任公司	私营	玩具生产	63616	63616	6960	林金平
南京捷森城机电有限公司	外资	加工机械产品电动工具	14405	13705	33	廖颖锦凤
南京金棠金属制品厂	私营	金属制品制造	61910	61910	6350	常谦诚
南京骏融电器实业有限公司	私营	电线生产	55202	55202	5760	周传喜
南京盛宇羽绒制品有限公司	私营	羽绒制品生产	66839	66839	6702	宋成元
美钻设备成套(南京)有限公司	外资	石油勘探开发设备制造	10277	10277	1120	黄　河
南京新洲印刷有限公司	私营	书刊印刷	22638	21874	729	缪庆堂
南京雄州印刷有限公司	私营	书刊印刷	5302	4528	181	董业凤
南京六合金牛门窗有限公司	私营	铝合金门窗	22253	22045	2211	邱成双
南京颖元科技有限公司	外资	数控机床	61866	61866	7320	吴启铭
南京南特精密机械有限公司	外资	大型龙门磨床	48729	48729	6025	张育玮
南京宝力管桩有限公司	私营	管桩	49010	49010	5761	耿静龙
南京新浙数控有限公司	私营	数控机床	15196	15196	877	张永灿
南京权标塑料制品有限公司	私营	塑料桶	6521	6521	575	王飞
德克米乐机床(南京)有限公司	外资	数控机床	13569	13569	1259	颜三川
颖德精密机械(南京)有限公司	外资	数控机床	9223	9223	1237	庄健圣
南京兰洁塑业有限公司	私营	塑料管	17557	17557	2963	郁宗云
南京霍尔调速控制有限公司	私营	调速器	51728	51728	6156	边晓健
南京博得制衣有限公司	私营	服装	59989	59989	6905	王建忠
南京久庆机械有限公司	外资	机械加工	8796	8796	279	陈庆权
南京瑞扬金属制品有限公司	私营	铁栅栏	52835	52835	6523	杨加治
南京嵘东机械有限公司	外资	数控机床	7799	7799	1034	庄健圣
南京浩宇玩具有限公司	私营	玩具	55590	55590	6245	谢文骞

(佘童龄)

葛塘街道

【基本情况】 葛塘街道辖区面积45平方千米,辖4个社区、3个行政村,总人口4.18万人,户籍人口3.17万人。年内,街道获南京市学前教育发展有功单位、江苏省一级村镇建设档案室称号。

【经济社会发展】 2016年,葛塘街道完成公共财政预算收入5.9亿元,同比增长16.08%;完成规模以上工业总产值87.56亿元,同比下降10.5%;实际利用外资76万美元,服务外包执行额3034万美元,文化产业增加值5.4亿元,文化产业重点项目2个,法治建设满意度、公众安全感、社会主义核心价值观宣传覆盖率等其他指标均完成。

社会事业 不断完善居民保障体系,新增城镇单位就业人数413人,完成失业人员再就业195人,农村劳动力转移培训200人,高技能人才培养120人,申报灵活就业人员补贴1175人次,补贴金额172.7万元。办理被征地人员纳入社会保障360人、被征地人员基本生活保障退保116人。按要求完成书面审查送达897家,签订流动人口劳动合同3948份。举办室内企业用工招聘会2场,135人与用人单位达成意向。开展退休人员心理健康保健知识讲座等活动6场。民政方面严格坚持低保工作动态管理原则,办理新增城市低保21户27人,退出14户26人,新增农村低保31户34人,退出62户77人。办理临时救助63人次3.42万元、低保户大病医疗救助146人次75.15万元。慈善“一日捐”募集慈善款25.7万元,办理惠民丧葬补贴65人9万元,完成第十一届村委会换届选举和第六届社区居委会换届选举工作。组织开展“助残日”聋人画展、卫生知识、健康生活讲座及残疾人棋牌活动。开展计划生育生殖健康检查6992人、B超2439人,查出各类疾病1075人、意外怀孕2人,转诊251人。孕前免费检查42人,发放避孕药具7000人次、宣传资料3500份。持证退休职工一次性奖励登记115人,单位转财政发放确认23家,独生子女父母奖励金和奖扶、特扶金足额发放到位。在永恒家园和芳庭潘园小区举办庆祝国际人口家庭日和协会会员活动日文艺演出2场。组织开展食品安全专项检查活动,对辖区内食品生产、加工企业进行不定期检查,5月开始对农村家宴进行上门指导,发放各类宣传材料300多份。完成新型农村合作医疗征收工作。在葛中路两边7个小区新建和购置毒饵站1300多个,挂防蝇笼780个。官塘河村、长城村两个卫生服务站建设进入验收阶段。葛塘幼儿园异地新建项目完成主体验收。开展食品药品安全知识大型咨询活动1场,在4个小区开展“健康进社区”活动,在葛塘小学开展防震知识讲座。

农村发展 抓好防汛准备工作,确保泵站机电设备维护保养到位、运行状况良好。科学调蓄圩内水位,泵站24小时驻站值班,根据水雨情随时开机排水,确保农业生产不受影响。滁河堤通过招投标,实行第三方管理。定期清除河道及两侧的杂树杂草,新建硬质化渠道650米,修建村级泵站2座。土地确权工作,依法规范完成4个村涉及35个村民小组2247户农户的土地承包确权颁证工作,涉及二轮承包面积736.93公顷,实测面积916.73公顷,上升率24.4%,地块数9542块。农业服务。开展新型职业农民(园艺)培训59人、农机安全培训大户51人、水产安全健康养殖培训40人,建立稻麦、园艺、水产、农机科技示范户125户。新申报接待寺社区、中山社区两家益农信息服务社。新注册成立家庭农场3家,533.3公顷无公害小麦产地产品通过无公害认定认证。乡村旅游。接待旅游10.98万人次,营业收入1.86亿元,加大培育芳果周末农场等特色休闲农业项目,宣传打造滁河、马汊河和井字河沿线风光。完成佳藕荷园项目的总体景观设计及建筑施工图方案设计,完成井字河改造一期工程(全长3千米)规划设计,完成《葛塘街道现代农业发展规划2016—2020年》文本编制及专家评审。农村产权交易。依托农村集体资产产权流转交易中心,实施交易小型工程177笔,金额2010万元;资产交易12笔,金额149万元;政府采购74笔,金额127万元。

城镇治理 基础设施建设。投入366万元完成长城片区王云组等9条“一事一议”全长8000多米的灰色化道路建设;投资154万余元对长城村成庄组等2930米农路进行改造,投资42万元对长城井子河(李坝至保桥及保桥至头桥)路灯进行安装维修;小区新民路北延、官塘河埂路道路照明工程完工并投入使用。投入18万元对长城街、浦淮路、老街公厕进行维修改造。投资19万元建设永恒家园和怡景佳园门前绿地。投入1.8万元对葛中路、葛中南路、晓山路等主次干道200余处

3000平方米的道路坑洞进行集中维修填补,保证路面平整、道路畅通。环境综合整治。出动1500余人次整治街巷4条,整治卫生死角500余处,清理乱张贴、乱披挂60余处,清理乱堆乱放32处、占道经营500余起,纠正倚门出摊634起、非机动车乱摆放200处。拆除违建19处2219平方米。垃圾分类。在芳庭社区开展垃圾分类工作,对小区内部垃圾分类桶重新设置摆放,撤销2个垃圾集中转运点,新增垃圾分类桶300余只。与绿环服务有限公司签订积分兑换合同,并在小区内宣传积分兑换活动,600户小区居民参与积分兑换。

征地拆迁 小汤片区旧城改造项目完成评估13家,其中签订协议拆除8家。完成朱庄、王东、王西、袁庄及园西路征地代劳,朱庄组农村集体土地房屋征收预签约48户,武庄、部庄组农村集体土地房屋征收预签约106户。完成永恒门面房、王东、王西、袁庄、杜圩等地块644套及轻轨车辆段地块402套安置房分房工作。

法治建设 法治宣传工作。组织开展"农民工学法活动周"等法律宣传活动9场。在梧桐世家、棠雅苑开展平安法治物管小区建设。做好81名刑满释放人员安置帮教、12名社区矫正人员矫正工作。启用江苏省司法行政一体化智能平台法治宣传管理系统,强化信息化建设。人民调解工作,组织开展第十四个"民调月"活动及"人民调解社区行"活动,规范基层调委会建设,6个村居达到规范化调委会标准并获"六合区规范化调委会"命名,芳庭社区初步建成社区调委会。组织开展专职调解员等级评定工作,为符合条件的3名公调室调解员申报等级评定,组织开展调解员技能培训。法律服务工作,提供法律咨询63人次,帮助3名群众取得诉讼法律援助,启用市"12348"司法行政公共服务平台系统。村居法律顾问覆盖率100%,司法行政服务站覆盖率、建成率100%。维稳工作,健全维护稳定工作机制,排查出重点矛盾8起,化解5起。组织开展集中排查治安重点地区、重点突出治安问题、确定接待寺社区长城新苑小区为治安重点地区列入整治计划开展治安整治,排查出突出治安问题2起,高危人群13名,全部落实责任单位、责任人、管控措施。防控体系建设,街道社

2016年葛塘街道经济社会发展主要指标一览表

表32

指标名称	计量单位	数量	比上年±%
国内生产总值	万元	604137	2.3
其中:第一产业	万元	17298	2.4
第二产业	万元	291685	−5.5
其中工业增加值	万元	272037	−6.8
第三产业	万元	295154	11.3
固定资产投资完成额	万元	180862	−41.7
社会消费品零售总额	万元	242058	11.8
财政收入	万元	59036	12.1
财政支出	万元	24400	13.0
农作物播种面积	公顷	1941	1.5
其中:粮食播种面积	公顷	929	5.7
粮食总产量	吨	6317	0.8
农民人均纯收入	元	21664	8.4
城镇居民人均可支配收入	元	45801	8.2
中小学校	所	4	15.0
在校学生数	人	3200	6.6
各类卫生机构	所	2	0

会面监控工程运行良好，投入30万元在重点地段、易发案部位增加28个监控探头。抓好专职队伍建设，对葛塘派出所保安巡防中队进行资源整合，组建特勤中队，提高整体防控能力。社会管理工作，强化流动人口服务管理，成立流动人口服务管理工作站，配备专职协管员24名，兼职协管员18名。加强对学校、幼儿园、医院、敬老院等重点单位安全防范工作检查督促和指导，开展安全隐患排查和专项检查，逐一登记备案。街道成立六合区平安志愿者协会分会，7个村居分别成立平安志愿者工作站，按照5%的比例招募平安志愿者，开展文明行为劝导、宣传治安常识等志愿活动。办理市长信箱等各类来信91件、"12345"政务服务热线群众诉求1897件，办结率100%。

【安全生产】 2016年，葛塘街道在6月"安全生产月"期间开展现场咨询活动，悬挂横幅25条，发放各类宣传资料200份，张贴宣传画200张。举办为期2天的安全生产管理资格证培训班1场，参加人员332人，组织100多人参加班组长培训。开展危险化学品安全专项整治、化工企业专项摸排登记、餐饮场所燃气安全专项整治等整治活动，不定期对重点企业进行检查，对发现的安全隐患及时提出整改意见，并督促整改落实到位。全年未发生重大安全生产事故。

【环境保护】 2016年，葛塘街道做好农村环境连片整治，大力实施扬尘管控，有序开展秸秆禁烧，全年未发现火点。继续推进黄标车淘汰扫尾，清理违规废旧塑料加工点6处。做好规模畜禽养殖禁养区拉网式排查工作，落实《中央环保督查工作南京市协调联络组工作制度》中涉及街道的具体工作。按照大厂地区产业结构布局调整要求，宣传发动企业启动征收程序。

【街道群团活动】 2016年，葛塘街道人大工委选出六合区第四届人民代表大会代表12名。街道妇联慰问困难女童、单亲母亲各20名，发放慰问金和慰问品3万余元，组织开展"三八"妇女节表彰、"六一"儿童节及少儿暑期活动。15个家庭获区妇联表彰的最美家庭、最美女性、最美孝心少年等"最美"称号，其中韦传荣家庭获南京市"最美家庭"称号。街道工会推动基层工会规范化建设，建设市级模范职工之家2家、区级5家，成立葛塘街道总工会，奥莱特工会被南京市总工会、南京新闻频道专门报道。至年底，有市级"职工书屋"2家、区级3家。8家企业班组获区总"工人先锋号"表彰、3家企业获区"职工科技创新企业"称号，南京江北同力混凝土有限公司被评为省级"安康杯竞赛优胜单位"。团工委新成立1个村居团支部(芳庭社区团支部)、3个非公企业团支部，新增团员30多人，举办以"创业、成长、成才"为主题的第三届村干部文青汇读书会，依托"七色阳光"公益组织开展暑期手拉手活动等多项关爱留守儿童活动。

【葛塘新城建设】 2016年，江北新区控详规划获批复，葛塘街道紫艺华府一期10栋10万平方米破土动工。荣盛盛泰置业以10.3亿元摘得，西片区一期4号地块年内完成土地开发协议及土地出让合同签订工作。团结大道、松杨路西延建设项目完成沥青铺设工程。

【精准扶贫】 2016年，葛塘街道严格落实新一轮扶贫工作政策，序时完成428户653名低收入农户建档立卡工作。制订"万名党员帮万家"挂钩帮扶活动方案，完成90户131人的低收入农户脱贫任务。发展"三大合作"(专业合作、土地合作、经济合作)，至年底有农民专业合社25家入社2566户、土地合作社10家入社1435户、经济股份合作社6家入社1.36万人，不断拓宽农民收入渠道。

【文体活动开展】 2016年，葛塘街道建成六合第二图书馆葛塘分馆，芳庭文化室达四星级标准。围绕红军长征胜利80周年、建党95周年两大主题，举办综合广场文艺演出。举办由街道团队包装的民俗文化、非遗项目进社区广场演出4场。街道10分钟健身圈体育设施基本建成。开展老年文体巡回演出16场、保健知识讲座活动11场。街道老年大学举办4个长班，开办各类短班16期，168人次参加；举办各类健康讲座6场，302人次参加；时事讲座12场，110人次参加。

2016 年葛塘街道社区村(居)民委员会基本情况一览表

表 33

村(社区)名称	面积(公顷)	小组(个)	农业户数(户)	农业人口(人)	人口(人)	集体经济总收入(万元)	农民人均纯收入(元)	党组织书记	村(社区)主任
中山社区	460	12	574	1104	8378	902	30256	倪春华	沈继文★
工农社区	422	14	560	1890	5548	824	29243	沈　军	卞朋兵★
接待寺社区	1470	19	1229	4249	35	177	23039	王长余	周晓翔★
芳庭社区	28	—	—	—	8352	—	—	王　超	王美玲★
前程村	670	14	1223	2846	4178	150	23110	韦传荣	李金东★
官塘河村	550	13	1311	3497	3519	151	22361	陈湧林	贺瑞生
长城村	900	14	802	2757	4973	140	22914	吴如山★	任　倫★

★吴如山于 9 月 26 日任命为长城村党总支书记(党总支换届选举选出);沈继文于 12 月 12 日任命为中山社区居委会主任、卞朋兵于 12 月 12 日任命为工农社区居委会主任、周晓翔于 12 月 12 日任命为接待寺社区居委会主任、王美玲于 12 月 12 日任命为芳庭社区居委会主任、李金东于 12 月 12 日任命为前程村委会主任、任倫于 12 月 12 日任命为长城村委会主任(居委会、村委会换届选举选出)

(王　玲)

龙池街道

【基本情况】 龙池街道位于六合区西南部,东与雄州街道接壤,西与安徽省来安县相邻,南接葛塘新城区,北与程桥街道隔滁河相望。东、西、北三面滁河环绕,流域33.7千米。宁启铁路、宁淮、宁连、雍六、宁洛高速公路、西气东输等重点交通枢纽和资源输送线穿境而过。街道在空间上以宁启铁路为界形成“一体两翼”的发展格局,东翼为六合经济开发区工商业发展板块,西翼为生态涵养区现代农业发展板块。区域总面积97平方千米,其中开发区规划面积30平方千米,基础设施覆盖面积25平方千米。辖3个村委会和5个社区居委会,户籍人口6.69万人。

【经济社会发展】 2016年,龙池街道实现公共财政预算收入1.1亿元,与上年基本持平,占开发区收入总和的10%;限额以上商贸企业零售额9.6亿元,同比增长34%;街道主动策应“以园带街”体制机制,坚持产城融合发展,大力发展现代服务业,加快推进大润发、清江冷链物流、沪江商贸城、金盛装饰城等特色专业市场建设,入驻商户1.3万家,实现营业额210亿元。

城乡建设　2016年,龙池街道完成老镇区控制性详细规划和城市设计修编,实施村庄建设规划、老镇区竖向规划、雨污分流规划、乡村道路网建设规划等专项规划编制,区重点项目龙池中心幼儿园建设前期工作基本就绪。年整治任务菜单1.09万条,完成农村公共服务维护菜单267条,建成等外村组道路23千米,完成朱山路、妯娌路、西部干线等10千米路灯亮化工程,拆除违建53处2257平方米,城市治理长效考核成绩位列全区第一。

农业农村工作　新增绿化造林面积20公顷,流转土地70公顷,申报市级标准化菜地等农业项目7个,争取资金2000余万元,投资1000万元的云厨1站农产品初级加工中心正式投入运营;推进水利工程建设,疏浚河道2条,改建新建村级泵站6座,建设硬质渠道5条、农桥7座,累计投资900余万元完成肖官渡泵站改建等水利基础工程;开展土地确权登记,原新集片区4个村居全部颁证到位;按照美丽乡村建设规划,建成示范村1个、宜居村2个;对照省、市精准扶贫的要求,完成低收入农户建档立卡工作,实施挂钩帮扶,完成20%年度脱贫目标。

社会治理　初步建成“智慧龙池”社会治理指挥平台,依托“大平台”“大网格”“大数据”,快速提升城市管理、社会治理服务菜单处置质效,实现工作方式和管理模式“大转变”。健全社会面平安监控体系,完善人民调解机制,建立调委会10个,配备调解员67人,群众安全感和满意度分别达到92%、90%,综治全年考核位于全区第一方阵;狠抓安全生产工作,检查各类企业302家次,排查整治各类隐患209项;加快

2016 年龙池街道经济社会发展主要指标一览表

表 34

指标名称	单位	数额	比上年(±%)	指标名称	单位	数额	比上年(±%)
地区生产总值	万元	829368	8.9	其中:粮食作物播种面积	公顷	4089	20.5
第一产业	万元	44351	2.6	粮食总产量	吨	29259	19.4
第二产业	万元	456726	7.5	城镇居民可支配收入	元	44857	8.5
其中:工业增加值	万元	431203	7.6	农民人均纯收入	元	20873	8.6
第三产业	万元	328291	11.9	新型农村社会养老参保人数	人	38540	15.8
固定资产投资完成额	万元	1071831	-26.0	学校总数	所	4	0
其中:工业投入	万元	426615	-56.7	在校学生总数	人	2987	-4.0
社会消费品零售总额	万元	229053	10.4	医疗卫生机构个数	所	10	0
公共财政预算收入	万元	115024	29.2	城镇居民可支配收入	元	44857	8.5
财政总支出	万元	70400	21.8	其中:粮食作物播种面积	公顷	4089	20.5
农作物播种面积	公顷	6765	2.2				

提升生态环境质量，完成路呙组环境连片整治、污水处理厂噪音治理等项目建设;办理“12345”工单、领导信箱、网络问政 2500 多件,回应群众诉求。

民生实事 全面完成新增城镇就业及农村劳动力转移就业任务，社会保险扩面征缴净增 915 人，完成率 152.5%，全区排名第一,城乡居民养老、医疗保险基本实现全覆盖;便民服务中心龙池分中心投入使用;完善社会救助及慈善救助体系,建成一个AAA 级、两个 AA 级社区居家养老服务中心;完成水务公司仓库建设及怡峰花园二期供水工程建设,新集卫生院病房综合楼工程项目等配套设施建设完工并投入使用;启动蒋湾小学、龙池小学新建项目前期工作,完成龙池实验幼儿园装修、龙池中心小学校舍加固等工程建设,街道社区教育中心成功创建江苏省标准化社区教育中心。

【开发区服务保障】 2016 年,龙池街道完成开发区西南片区部分地块拆迁工作,拆迁 450 户 10 万平方米,成立安置房分配工作组,完成 1828 套安置房分配工作,盘活部分老安置房小区剩余房屋闲置资产。参与沪江商贸城、金盛装饰城等开发区范围内大市场矛盾化解和安全监管等工作，完成取得批文新项目及遗留地块失地农民进保工作。自 2015 年起,完成南线厂、化工园区绿化带等征地项目剩余人员及 18 个取得批文项目征地进保，办理失地农民进保 1543 人。

【街道和社区体制改革】 2016 年,龙池街道启动“智慧龙池”建设,完成街道基础管理数据库和城市管理平台建设招投标工作,构建以网格化为基础、信息化为支撑,实现社会化服务的治理新模式。设立便民服务中心龙池分中心,构建“一站式”全科社工服务新模式,建立龙池

智慧龙池社会治理指挥中心　　龙池街道　供稿

2016 年龙池街道社区村(居)民委员会基本情况一览表

表 35

村(社区)名称	村民小组(个)	户数(户)	人口(人)	耕地(公顷)	村集体经济收入(万元)	人均纯收入(元)	党支部书记	村(社区)委会主任
龙池社区	25	2400	8200	175	676.26	23480	沈如标	张治田
四柳社区	30	2700	9700	407	1011.7	23490	卞梓财	刘孝顺
毛许社区	18	1500	5320	206	399.38	23490	范燕清	陈永明
李姚社区	18	1700	6050	366	431.8	23500	竺宗斌	宣修祥
新集社区	67	3500	9750	609	426.87	23480	朱世龙	林　坤
刘林村	28	1500	5560	493	316.69	23470	葛志栋	王云飞
朱营村	33	1062	4286	370	345.32	23470	游秀丽	李少发
头桥村	63	1705	7150	600	584.93	23460	谢传才	何国安

2016 年龙池街道产值 4000 万元以上企业情况一览表

表 36　　单位:万元

企业名称	企业性质	主要产品产量	年产值	年销售额	年利税	企业法人
南京同方制衣有限公司	私营有限责任公司	服装生产	5298	5298	29	徐进涛
江苏三六五网络股份有限公司	股份有限公司	网络信息服务	30492	30492	2856	章海林
南京扬鑫化工有限公司	私营有限责任公司	环氧乙烷销售	5516	5516	10	朱文发
江苏省苏舜金江汽车销售服务有限公司	其他责任有限公司	汽车零售	6020	6020	25	程　璟
江苏省房地产发展实业有限公司六合分公司	股份有限公司	房地产开发	103215	103215	191	景慧泉
南京六合荣盛物业管理有限公司	私营有限责任公司	物业管理服务	4867	4867	63	王永富

社区养老服务中心及亲子活动中心,将街道和社区工作重心下沉,更加贴近群众。加大社区改革力度,选好配强社区两委会成员,清退 114 名年龄大、能力弱人员。对社区办公用房进行全面清理与整顿,多余用房全部作为民服务、活动场所,规范社区挂牌。 (李志伟)

金牛湖街道

【基本情况】 金牛湖街道位于六合区东北部,街道面积 162.36 平方千米,户籍人口 6.98 万人,辖 5 个社区、5 个行政村。街道是全国和江苏省重点镇(街)、全国第三批发展改革试点小城镇、南京市重点打造的 10 个特色镇(街)和统筹城乡发展先导试点镇(街)之一、经典民歌《茉莉花》的发祥地,金牛湖新城是六合区重点规划建设的"一区三城"之一。境内南京金牛湖旅游度假区是国家 AAAA 级景区、省级旅游度假区、首家国家水利风景区。

年内,人社部办公厅授予八百桥社区"国家级充分就业社区"称号;金牛湖景区被全国旅游景区质量等级评定委员会授予"国家 AAAA 级旅游景区"称号,被江苏省水利厅水利风景区建设与管理工作领导小组办公室评为"首届江苏省十佳水利风景区",被南京市"平安景区"创建工作领导小组授予"2016 年度南京市'平安景区'示范单位"称号;街道被南京市精神文明建设指导委员会评为"2013—2015 年度南京市文明单位",被南京市学前教育联席会议、南京市托幼工作领导小组授予"十二五"南京市学前教育发展有功单位称号。

【经济社会发展】 2016 年,街道实现地区生产总值31.54 亿元,同比增长2.8%，服务业增加值12.41亿元，增长12.5%；工业总产值39.62亿元，减少7.4%，其中规模以上工业产值33.49亿元，减少7.4%。

重点项目建设　全力服务"地球之窗"+X主题公园项目建设，完成6个组261户6.5万平方米搬迁任务。实施南京天纬农业蔬菜基地建设和南京金牛北岸公司100公顷农业开发项目。投资1.2亿元的南京中德环保年产2万台污水处理设备、投资1亿元的南京速鸿模具年产1000万件注塑件等项目落地工业园区。启动茉莉花园二期商务酒店项目，完成项目前期手续办理。继续推进金牛湖AAAA级景区创建提升工程，完成观景步道、星级公厕、市政管网、猴园搬迁等设施建设，景区游乐项目经营权全部收回，统一规范管理。

城镇建设　深入推进全国发展改革试点城镇和江苏省新型城镇化试点工作，金牛湖地区控规通过市政府审查批复，总投资1.1亿元的金牛湖新市镇基础设施项目有序推进，2.6万平方米金牛湖新城安置房、1万平方米茉莉花小区安置房竣工交付，新城支十八路、二十七路开工建设，八百大道杆线入地、招贤东路污水管网铺设、金江公路路灯安装等重点工程实施完成。新城商品房开发项目全面启动，完成新城2号、3号和滨河路北侧地块8.2公顷经营性用地挂牌出让，其中2号地块开工建设。实施2.6万平方米金牛湖新城安置房和5000平方米茉莉花小区轻轨安置房建设。完成塘桥社区天宫寺路、新光新社区长项路改造工程。完成金牛湖新城纬二路建设工程。

美丽乡村建设　完成八百桥社区赵秦组、茉莉花村大后王组等省市级美丽乡村示范村创建和金牛湖社区11个组环境提升工程。成功创建茉莉花村大后王省级美丽乡村示范村，完成长山永丰、樊集西钱等1个示范村、1个特色村、4个宜居村建设，实施

2016年金牛湖街道经济社会发展主要指标一览表

表37

指标名称	计量单位	数额	比上年(±%)
地区生产总值	万元	315426	2.8
其中：第一产业	万元	51970	5.1
第二产业	万元	139433	−5.2
第三产业	万元	124023	12.5
固定资产投资完成额	万元	202294	−13.4
其中工业投入	万元	38658	−9.7
社会消费品零销总额	万元	306808	+11.9
公共财政预算收入	万元	10694	−20.0
农作物播种面积	公顷	12432	7.0
其中：粮食播种面积	公顷	8280	30.0
粮食总产量	吨	58140	21.0
企业个数	个	512	−6.1
其中：工业企业	个	168	11.0
企业从业人员	人	21238	2.5
城镇居民人均可支配收入	元	46114	8.5
农民人均纯收入	元	21153	8.5
集贸市场成交额	万元	55682	8.5
中小学校	所	6	−14.0
在校学生数	人	3380	−2.3
各类卫生机构	所	17	—

塘桥片区1333.33公顷土地整治项目。实施长山社区陈营、沈桥等组环境整治项目。完成投资1700万元的美丽库区幸福家园项目和投资1200万元移民库区及后扶项目。

社会事业建设 2016年完成农村劳动力培训650人，转移就业181人，新增城镇就业450人，扶持大学生创业21人，完成501个组1.67万户6268公顷农村土地确权登记发证工作，在全市率先试点成立茉莉花村农村社区股份合作社。新建金山等村庄灰色化道路28千米、等外道路27千米，实施樊集公交场站项目，解决群众出行难题。完成区农田水利重点片区整治任务，实施八百河铁路圩堤防加固工程，新建泵站16座、渠道整治15千米、堤防加固3千米。实现服务业增加值10.98亿元，新增服务业重点单位3个，新增限上商贸单位4家，离岸服务外包执行额400万美元，软件和信息服务业收入300万元，文化产业增加值3.2亿元。完成标准文化活动室建设1个，新增养老机构床位数50张，城市和谐社区建设达标率和农村和谐社区建设达标率分别达到98%和96%，基本养老、医疗、失业保险覆盖率在98%以上。启动总投资6000万元的金牛湖中科希望小学易地新建项目，完成金牛湖社区卫生院工程建设和总投资3000万元的长山、樊集幼儿园搬迁新建工程。年完成1.05万户农村自来水入户工程。完善依法决策机制和制度建设，把公众参与、专家论证、风险评估、合法性审查、集体讨论决定确定为重大行政决策法定程序，强化基层行政执法队伍建设，突出民生重点实施工程督查推进，建立社区联席会、社区议事会等协作治理平台，努力构建规范有序、公正高效的法治环境。被评为“2015年度法治南京建设先进单位”。

金牛湖大堤　　金牛湖街道　供稿

【获省养老保险知识竞赛二等奖】2016年，金牛湖街道代表南京市参加江苏省人社厅主办的全省城乡居民基本养老保险知识竞赛，在参赛的13个市级代表队中获全省团体二等奖，并获全省个人比赛第一名。在前期举办的市城乡居民基本养老保险知识竞赛中，街道代表队代表六合区参赛，获全市团体一等奖、个人比赛第一名。

【获评首届江苏省十佳水利风景区】 2016年，在“水秀江苏”小微视频网首届江苏省十佳水利风景区网络评选活动中，金牛湖水利风景区成功入围得票排行榜前20名。1月，被江苏省水利风景区建设与管理领导小组办公室授予首届“十佳水利风景区”称号，成为南京市首获该项称号的水利风景区。11月，景区通过水利部水利风景区复核。年内，同时获全国旅游景区质量等级评定委员会授予“国家AAAA级旅游景区”称号，被评为2016年度南京市“平安景区”示范单位。

2016年金牛湖街道社区(村)居民委员会基本情况一览表

表38

村(社区)名称	村民小组(个)	户数(户)	户籍人口(人)	耕地(公顷)	村居集体经济总收入(万元)	农民人均纯收入(元)	党总支部书记	村(居)委会主任
八百桥社区	31	929	6511	321.04	70.42	24238	周立顺	刘克领
长山社区	39	1854	8010	722.29	190.72	24759	张方友	张立山

续表 38

村(社区)名称	村民小组(个)	户数(户)	户籍人口(人)	耕地(公顷)	村居集体经济总收入(万元)	农民人均纯收入(元)	党总支部书记	村(居)委会主任
塘桥社区	48	1598	7013	392.20	93.69	23136	杨其军	杨其军
金牛湖社区	13	1424	5910	547.00	27.04	23354	李子山	宋时连
峨嵋山社区	53	1712	6743	675.26	121.98	23262	郝正昭	娄奎江
金山村	40	1838	7100	706.38	471.82	22092	杨　凌	庞拥军
马头山村	55	2370	9471	949.72	188.04	21578	王同喜	王同喜
茉莉花村	35	1251	5124	545.02	201.51	23782	吴庆明	陈本金
和仁村	51	1700	6799	835.48	326.78	21890	管成泉	秦礼标
樊集村	50	1793	7135	612.1	104.1	21692	靳昌明	靳昌明

2016 年金牛湖街道年产值 5000 万元以上企业情况一览表

表 39

企业名称	企业性质	主要产品产量	年产值(万元)	年销售收入(万元)	年利税(万元)	企业法人
南京金石磊交通工程材料有限公司	私营	玄武石	51602	46884	4344	刘祖建
南京汇益达机电制造有限公司	私营	机床附件制造	10302	9375	467	徐建新
中铁建工集团钢结构有限公司	国有	钢结构工程	11300	7842	664	祁宝忠
南京南蓝环保设备制造有限公司	私营	水泵制造	15301	13891	794	郑金林
南京银碧亮光学仪器有限公司	私营	光学仪器制造	6795	6118	545	李传松
鼎丰家庭用品(南京)有限公司	外商独资	厨房电器制品加工	8095	7305	358	连一琪
南京金喜装饰品有限公司	外商独资	美术工艺品生产	6381	6091	299	侯春虎
南京新光纸业有限公司	私营	机制纸及纸板制造	25838	23149	1099	卞从林
南京乐康工艺品有限公司	私营	玩具制造	85291	78545	5037	王思东
江苏同路物资有限公司	私营	玄武石开采	8203	7600	390	邹荣英
南京劳伦斯制衣有限公司	外商独资	服装加工	71084	66056	4395	曹建平
南京中德环保设备制造有限公司	私营	环保设备	7809	7206	363	卞付金
南京玉麒麟生活用品有限公司	私营	浴帘	9418	8621	545	梁红旗

(王　非)

程桥街道

【基本情况】 程桥街道位于六合区西部,与安徽来安县交界,地域面积 122.4 平方千米,户籍人口 4.6 万人,辖 2 个社区居委会、6 个社区村委会。按照南京市分类考核的要求,街道发展定位为先进制造业街道,是江苏省服装名镇。

【经济社会发展】 2016 年,程桥街道实现财政收入 1.26 亿元,其中公共财政预算收入 6817 万元。城镇居民人均可支配收入 4.51 万元、农村居民人均可支配收入 2.1 万元,分别增长 8.3%、8.5%。

产业建设　相继引进多家企业进驻工业园区并建成投产,引进扬州同力建设有限公司项目、江苏万博集团、艾斯利尔环保设备有限公司等新企业。在南京市金治会六合专场中，签约碧桂园生态旅游综合体项目和扬子国投现代农业发展项目。成立南京扬子原乡建设开发有限公司，具体负责街道现代农业片区及小城镇开发建设。

综合治理 围绕《六合区三年整治行动计划实施意见》任务清单，紧扣"建、养、管"并重原则，按照"多位一体"建网络、集中管理提效率、农村面貌换新颜要求扎实推进城乡环境综合整治，街道环境面貌显著改善。围绕"确实权、颁铁证"目标，街道9652户应确权户发证9522户，颁证率98.7%。农村公共资源交易规范运作，农村产权交易中心正式挂牌与农村公共资源交易站合署办公，窗口人员、设备、系统均配备安装到位并正式运作，各类工程建设、公益民生事业、农村集体"三资"处理均通过公共资源交易平台实行公开招投标机制。

农业综合开发 完成黄木桥社区866.7公顷土整工作，实施666.7公顷金庄一期和333.3公顷古墩片农业开发项目，实施80公顷竹程胥庄标准化菜地建设工作，完成600公顷唐楼片区高标准农田建设工作。坚持土地综合整治、农民集中点建设、农业"1115"工程、农田水利道路建设、村庄环境整治、村集体及农民增收"六位一体"统筹推进，加紧推进程桥现代农业产业园建设。

2016年程桥街道经济社会发展主要指标一览表

表40

指标名称	计量单位	数量	比上年±%
地区生产总值	万元	256174	3.2
其中：第一产业	万元	43572	3.6
第二产业	万元	144387	−0.1
其中：工业增加值	万元	103281	−8.2
第三产业	万元	68215	10.6
固定资产投资完成额	万元	88156	−46.3
其中：工业投入	万元	10563	−67.8
社会消费品零售总额	万元	224475	10.2
财政收入	万元	12605	−6.1
财政支出	万元	6259	−19.0
农作物播种面积	公顷	9614	12.5
粮食总产量	吨	50873	29.5
乡镇企业个数	个	462	3.0
其中：工业企业	个	70	−2.8
乡镇企业从业人员	人	12330	−0.9
其中：工业企业	人	10089	−9.1
乡镇企业营业收入总额	万元	402400	−3.9
农民人均可支配收入	元	21045	8.5
中小学校	所	5	0
在校学生数	人	4317	1.1
各类卫生机构	所	13	0

【美丽乡村建设】 2016年,程桥街道黄木桥社区小王营市级美丽乡村示范村，长青社区花园市级美丽乡村特色村,古墩砂子岗、金庄葛营、长青二倪市级美丽乡村宜居村等5个美丽乡村建设项目建成通过验收。

【水利建设提速】 2016年，程桥街道完成2016年重点县项目工程14座泵站翻建、3000米硬质渠、3条河道清淤整治，新建3座农桥；完成山湖灌区节水配套改造工程，翻建9座泵站，整治3000米山湖高干渠;完成山湖库区移民结余资金项目下倪组2千米水泥化道路工程、皂河黄大圩段1200米堤防整治工程、10座省级小农桥建设工程项目、长青社区毛庄组土地复垦工程、付湾水库2015年省级维修项目工程，完成胎圩、花园、时庄、下庄、后石5座涵洞翻建工程。

池杉湖湿地公园 程桥街道 供稿

【民生实事项目建设】 2016年，程桥街道完成程桥第二幼儿园、竹程幼儿园、竹程初级中学和程桥初级中学工程建设;投入100多万元对养老服务中心消防设施进行全面改造建设,完成3个南京市AAA级居家养老服务中心的建设、2个南京市AAA级提档和3个南京市AA级建设营运；古墩、唐楼、竹程卫生室建设工程完工并投入使用;实施危房改造15户。

【小城镇建设稳步推进】 2016年，程桥街道2万平方米香地美舍商品房项目主体工程建设完成。完成新河、竹程一级新社区规划及竖向、雨水、污水专项规划；完成金庄皂河片区大地景观设计及土地流转工作。17千米灰色化道路及30千米道路灰改黑工程动工建设，完成月独线一期建设工作。编钟路建设前期规划设计及杆线下地立项工作完成，竹程社区街道整治出新和道路灰改黑提档升级工程全面启动。

【扶贫脱困】 2016年，程桥街道经济薄弱村(欠发达村)挂钩领导、部门、党员干部入村对接工作全部到位,各社区(村)根据低收入农户现状“一户一策”制订措施。全年脱贫164户人口391人,占比22%;排定竹程、古墩、河南、桂花4个社区集体增收项目方案,桂花村实现年稳定性收入100万元以上,整村推进低收入农户项目区实施报备。

2016年程桥街道社区村(居)民委员会基本情况一览表

表41

村(社区)名称	村民小组(个)	户数(户)	人口(人)	耕地(公顷)	村集体经济(万元)	人均纯收入(元)	党(总)支部书记	村(居)委会主任
长青社区	20	1820	9716	618.5	698.1	25390	吴有田	李教春
竹程社区	25	1430	5012	496.7	211.3	23855	陈明柱	史玉松
黄木桥村	30	1891	9695	536.3	333.5	24161	薛　梦	朱德永
桂花村	18	1100	4050	494.0	374.5	21546	秦加胜	王自明
唐楼村	27	1426	6086	744.1	258.9	22005	金汉桃	韩正东
古墩村	22	1050	4048	198.3	290.7	21078	方进昌	侯立松
金庄村	22	1308	5048	517.4	245.7	22302	翁永宝	刘传保
河南村	22	1145	4350	402.4	404.3	21955	李　杰	李　勇

2016 年程桥街道年产值 5000 万元以上企业情况一览表

表 42

企业名称	企业性质	主要产品	年产值（万元）	年销售（万元）	年利税（万元）	企业法人
江苏赛发时装有限公司	私营	服装加工	12613	12584	1587	朱彦斐
南京程桥同力混凝土有限公司	私营	水泥制品生产	5303	5299	683	林　涛
南京金斯服装有限公司	中外合资	服装加工	9075	9452	978	冯春虎
南京丰远米业有限责任公司	私营	粮食加工、销售	18888	18828	2425	尹正丰
南京吉姆服饰有限公司	外资	服装加工	13851	13698	1564	李克勤
南京联璧制衣有限公司	外资	服装加工	16875	16755	1882	李德平
南京昊天制衣有限公司	中外合资	服装加工	66888	67156	6342	吴明君
南京奥威服装有限公司	外商投资	服装加工	22399	22521	2638	叶庆国
南京天之骄制衣有限公司	私营	服装加工	24934	25065	2938	刘传平
南京元泰服装有限公司	私营	服装加工	15024	15065	1870	程　晖
南京宇盛羽绒制品有限公司	私营	服装加工	25922	25620	3038	严邦盛
南京精鼎精密锻造有限公司	私营	铝合金锻件制造	12036	11996	1649	洪定义
南京昊天君临制衣有限公司	私营	服装加工	19500	19367	2527	吴明君
南京广华远通纤维制品有限公司	私营	纤维塑料制品生产	11763	11773	1631	施俊超
南京金立克制衣有限公司	私营	服装加工	6885	6866	875	潘　徐
南京永明机电有限公司	私营	离合器	6430	6303	853	徐永明
南京金昊家具有限公司	私营	钢琴、家具加工	6044	6004	832	赵立峰
江苏苏美达创星纺织品有限公司	国企	床上用品加工	19422	16600	629	何　隽

（钱　程）

横梁街道

【基本情况】 横梁街道位于六合区东部，东与仪征相连，宁通高速、绕越高速、江六高速、六合东部干线和宁启铁路穿境而过。区域面积 148 平方千米，辖 7 个行政村和 5 个社区，户籍人口 6.89 万，其中农业人口 6.04 万，是“中华一绝”雨花玛瑙石的故乡。

【经济社会发展】 2016 年，横梁街道实现公共财政预算收入 1.24 亿元，同比增长 15.99%；工业总产值 71.12 亿元，较上年下降 10.06%；规模以上工业产值 66.61 亿元，较上年下降 10.18%；城镇居民可支配收入 4.57 万元，较上年增长 8.3%；农民人均可支配收入 2.09 万元，较上年增长 8.5%。

经济发展　工业实施 7 个转换项目，累计工业投入 1.2 亿元。由企业承担农业项目 9 个，总投资 1675.94 万元，上级补助 765.43 万元。其中，省级农业产业化项目 3 个，市级设施农业项目 4 个，省级丘陵山区开发项目2 个；由街道农业服务中心承担 6 个项目，总投资918.37 万元，除中央财政优质稻米项目街道配套 50 万元，其他均为省、市财政投入。

旅游产业　横梁雨花石市场、六合茉莉花园·雨花石坊、国家地质森林公园方山景区、钟林农家乐专业村、隽卢小院、东方红农家乐等十多家农庄接待游客 22.58 万人次，同比增长 22.8%；实现旅游收入 3.02 亿元，同比增长 23.6%。江苏省三星级乡村旅游点“六合茉莉花园·雨花石坊”，建设水池假山等园林景观。国庆节期间举办第二届猕猴桃采摘节，提升景点的吸引力和竞争力，推动横梁旅游业持续发展。全年旅游零事故、零投诉。

城镇建设　完成街道总体规划、控制性详细规划编制，完善项目区周边基础设施建设。结合美丽乡村建设，对美丽乡村建设点予以倾斜,完成12个村居的边界划定工作及三友湖村柳塘、钟林村大营钟、山东社区郁厉3个新社区村庄建设规划，其中完成2个特色村(三友湖柳塘、钟林村西乐组),3个宜居村(山东社区郁厉组、王子庙杨角组、三友湖山根潘组),5个整治提升型村庄的建设,等待验收。与葛洲坝集团深入合作交流，加快农村房屋的租赁改造。参与完成雨花石小镇概念性规划和特色小镇申报工作。完成2014年重点县（横梁山东片)工程，投资1450万元，改建泵站4座(姚徐、任北、沟徐、河稍站),山东站1000米引水河清淤,渠道整治5300米,清淤塘坝5座,红土洼大塘除险加固,新建农桥一座、滚水坝4座。

社会事业　新增城镇就业人数536人，完成目标任务104%。新增城镇就业中大学以上人员占比提高率3%,城镇登记失业率小于4%，培育自主创业者人数58人,大学生创业人数21人,扶持农村劳动力自主创业人数35人,实现再就业人数124人，农村劳动力转移人数360人，实现困难家庭高校毕业生就业100%,扩面完成116%，帮扶弱势优抚群体,退出低保户42户,新增低保户50户，调整106户。发放低保资金468.5万元、“五保”供养资金278.5万元、优抚经费302.7万元、退役士兵家属优待金205.18万元、残疾人补助234.8万元。投入15万元实施两家敬老院房屋维修和路面改造。街道区域内所有深井全部回购,产权归街道所有。由水管办牵头横梁水务公司实施,将原有新篁片四新村、屈陈村、钟林村3000户深井水用户切换成远古自来水。至年底,街道区域范围内2.5万户可全部饮用远古自来水。

平安街镇建设　为期3个月的“百日专项”行动中,查处各类违法犯罪分子56人,其中刑事案件19起19人,治安案件17起17人,批准逮捕7起7人,提起公诉6起8人，治安处罚27起29人。

2016年横梁街道经济社会发展主要指标一览表

表43

指标名称	计量单位	数量	比上年±%
国内生产总值	万元	370457	5.0
其中:第一产业	万元	75154	6.2
第二产业	万元	186267	−6.7
其中工业增加值	万元	174299	−6.1
第三产业	万元	109036	11.0
固定资产投资完成额	万元	107510	−43.4
社会消费品零售总额	万元	342067	10.0
公共财政收入	万元	12437	−0.5
公共财政支出	万元	9193	−6.6
农作物播种面积	公顷	11006	1.1
其中:粮食播种面积	公顷	5337	7.9
粮食总产量	吨	38358	6.5
乡镇企业个数	个	502	−2.1
其中:工业企业	个	268	1.1
乡镇企业从业人员	人	18789	0.9
其中:工业企业	人	13625	0.5
农民人均纯收入	元	20853	8.5
中小学校	所	6	20
在校学生数	人	5143	−4.4
各类卫生机构	所	17	0

开展“扫毒”安宁行动，抓获涉毒人员25人，强戒9人，社区戒毒11人，社区康复1人。牵头启动一级巡防模式。投入资金将辖区内82个监控探头全部更新为高新探头，整合学校、企业内部探头828个。加大平安法治宣传力度，在街道办证大厅窗口等场所发放致居民一封信和环保宣传袋，发挥综治宣传月活动效果。制作张贴宣传标语、横幅100余条，发放“平安横梁”等宣传页1万余份；开展广场咨询活动3场次，向群众发放防范电信诈骗等宣传手册和资料，提高市民群众的防范意识，调动人民群众参与平安建设的积极性。利用报刊、电台、网格等媒体力量，加强对平安横梁的作用。

【社区股份制改革】 2016年，横梁街道委托中介审计公司启动农村集体资产清产核资工作；按照农村产权制度改革的要求，成立石庙社区股份合作社，量化股份120多万元。平稳推进农村土地承包经营权确权登记颁证工作，累计对12个村（社区）、518个村民小组、1.66万户、6093.3公顷土地开展确权。至年末，12个村(社区)基本完成目标任务，归户表和合同农户签字率99.2%，登记簿建立全部结束，证书发放率95%以上。调处矛盾纠纷40余起，未发生一起群体性上访事件。

【工业项目转换】 2016年，横梁街道围绕三大工业集中区低效行业和闲置厂房进行全面梳理，转换项目7个：南京大劲汽车配件有限公司、南京涌动汽车有限公司(装备生产)、南京裕荣机械有限公司、南京能耐福制品有限公司、南京森威特干燥设备有限公司、南京真雅园食品有限公司、南京旭蓝环保设备有限公司，两家企业实施技改：江苏苏美达创元针织有限公司无缝压胶项目、南京宝立食品有限公司烘干设备项目。年累计工业投入1.2亿元。年内，7个项目进入安装调试阶段，可增财政收入1100万元。

【横梁雨花石交易市场建成开业】 7月5日，南京横梁新雨花石市场建成开业。新市场经营面积4000平方米，有固定商铺26个、石农摊位区柜台或条桌100多张，经营雨花石及其工艺品、雨花石摄影、雨花石雕刻。市场内设置雨花石展示厅，专门用于雨花石展览。市场日均销售量10万元。

【黄中村“两证合一”工作试点】 横梁街道黄中村是江苏省政府在全省4个区县开展农村宅基地和农房统一试点村之一。该区域涉及29个自然村庄，53个村民小组，农户1716户。11月18日上午，江苏省国土资源厅厅长李侃桢向村民发出全市第一本不动产权证书。

雨花石研讨会　　横梁街道　供稿

2016年横梁街道社区村(居)民委员会基本情况一览表

表44

村(社区)名称	村民小组(个)	户数(户)	人口(人)	耕地(公顷)	村集体经济总收入(万元)	人均纯收入(元)	党(总)支部书记	村(居)委会主任
新篁中心社区	38	2696	10120	601.6	434.6	21930	祁开荣	祁开荣(主持工作)
石庙社区	14	861	3311	220.8	525.2	23487	孙瑞曹	尹　梅
钟林村	14	1046	3252	286.4	385.1	24552	张合印　王　旭	周建春
山东社区	32	1373	4686	385.7	274.9	21540	陈秀琴	王国忠

续表 44

村(社区)名称	村民小组(个)	户数(户)	人口(人)	耕地(公顷)	村集体经济总收入(万元)	人均纯收入(元)	党(总)支部书记	村(居)委会主任
横梁社区	25	3448	3145	324.7	388.8	21267	毕　欣	毕　欣(主持工作)
王子庙社区	31	1945	7094	493.8	420.4	21476	徐锦乡	朱家才
三友湖村	28	1520	5589	440.1	305.0	20138	双宝银	王大科
四新村	31	1735	6138	577.1	473.7	22506	陈家法	俞继勇(主持工作)
上马村	17	943	3296	305.3	279.7	20668	周旭东	钱守文
黄中村	29	1475	5179	453.5	284.1	20672	黄国友	屈华祥
方山村	24	1553	5596	355.0	257.7	22107	俞先锋	周宗山
雨花石村	18	1215	4381	286.3	304.4	22676	徐国海	王　军

2016 年横梁街道年产值 5000 万元以上企业情况一览表

表 45

企业名称	主要产品	年产值(万元)	年销售额(万元)	年利润(万元)	企业法人
南京东翔制衣有限公司	服装、玩具	11431	11142	498	张文山
南京苏美达长江(创元)制衣有限公司	服装	32019	31090	2390	杨永庆
南京永兴服饰有限公司	服装	8239	8118	423	陈加勇
南京雄州无线电有限公司	机电设备	21577	21192	1504	朱家平
南京宇森数码相纸有限公司	相纸	10351	10278	992	陈庭华
南京润煦门窗幕墙工程有限公司	金属门窗	7647	8781	184	刘丽敏
南京美蕾电子有限公司	电子包装材料	29391	28826	1292	金光男
南京龙海服饰有限公司	服装	11756	11995	907	周广生
南京精之源油脂有限公司	食用油	13053	12746	1077	朱　林
南京中环制泵厂	水泵	11665	11338	924	樊振银
南京拓创工贸实业有限公司	铝合金窗	15615	15510	1368	叶加喜
南京宁六石英滤料有限公司	雨花石加工	12448	12179	1115	胡其浩
南京鸿兴无纺制品有限公司	纤维无纺布	11608	11366	1062	郭和平
南京友诚塑业有限公司	塑料制品	20550	20098	1527	魏深武
南京华晨玩具有限公司	玩具	44913	43895	4004	杨兆华
南京蓝污水处理设备有限公司	污水泵	13502	13070	1052	张宝金
南京阿惠食品有限公司	鸭脖	22616	22651	4285	刘全胜
南京永弘制衣有限公司	服饰	48062	46460	3866	周瑞祥
南京久春电子有限公司	电子	23015	22545	1860	刘玉凤
南京双惠服饰有限公司	服饰	36713	35850	3178	王　凯
南京邦孚化学有限公司	化学添加剂	32909	32363	2808	林文健
南京尊龙化工有限公司	化学添加剂	57319	56417	4879	郝云青
南京上马工艺品有限公司	玩具	57401	56220	4641	沈长征

（黄亚东）

龙袍街道

【基本情况】 龙袍街道位于六合区东南部，西邻雄州、长芦街道，东与扬州仪征市接壤，南枕长江，北靠横梁街道，是长江和滁河交汇处。长江四桥、南京绕越、沿江高等级、东部干线以及规划建设中的七乡河、仙新路过江通道等交通道路穿境而过。街道面积125.5平方千米，户籍人口5.85万人，辖6个社区居委会和5个行政村。有市级农业园1个，核心面积133.3公顷；集体林场1家，林权面积333.3公顷；渔业园1个，养殖面积133.3公顷；境内滨江湿地岸线全长16千米，面积20平方千米。被誉为“中国汤包美食文化之乡”“江苏省乳鸽之乡”、省级魅力乡村，是南京市重要蔬菜基地。规划中的龙袍新城是南京江北新区两个新城之一。

【经济社会发展】 2016年，龙袍街道实现公共财政预算收入4416万元，工业总产值12.81亿元，规模以上工业产值10.97亿元；城镇居民人均可支配收入4.41万元，农民人均可支配收入2.04万元；新增文化企业3家，完成增加值3.5亿元。

2016年龙袍街道经济社会发展主要指标一览表

表46

指标名称	计量单位	数量	比上年±%
地区生产总值	万元	252563	-1.3
第一产业	万元	78116	11.0
第二产业	万元	59404	-26.9
其中：工业增加值	万元	52042	-25.4
第三产业	万元	115042	10.3
固定资产投资完成额	万元	37559	-71.8
其中：工业投入	万元	12928	-67.8
社会消费品零售总额	万元	276887	10.0
财政总收入	万元	8033	-14.7
其中：公共财政预算收入	万元	4416	-41.8
农作物播种面积	公顷	10175	10.5
其中：粮食播种面积	公顷	7256	36.7
粮食总产量	吨	51866	44.8
乡镇企业个数	个	1343	0
其中：工业企业	个	63	-3.0
乡镇企业从业人员	人	15340	-0.5
其中：工业企业	人	8250	1.0
乡镇企业营业收入总额	万元	484652	-2.3
乡镇企业净利润总额	万元	30000	-2.5
乡镇企业实缴税金总额	万元	17865	-9.8
农民人均纯收入	元	20447	8.4
参加农村新型养老保险人数	人	17713	2.4
中小学校	所	7	0
在校学生数	人	2115	18.6
各类卫生机构	所	2	0

重点项目建设　省级菜篮子工程项目基本完成,完成8332钢架大棚、喷滴灌、工厂化菇房等建设。立项牛樟芝和瑞迪巴夫消防水泵项目。通用航空综合服务基地选址报告、航行服务研究报告编制及区环保、水利、国土、规划、供电、文广、交通等部门论证意见完成,通过中国民航华东地区管理局对机场的审查。通威省级精品渔业园40兆瓦渔光一体项目一期完成20兆瓦、1.6亿元投资建设。

美丽乡村建设　春季完成“锦绣龙袍”和“双龙戏珠”大地创意景观、长江渔村“四季花海”、知青文化系列场馆建设,建成渔乐园旅游接待中心、知青文化广场、知青花田、知青纪念家园、蟹黄汤包美食展览馆等项目,全年吸引游客人数100万人次。探索建立“公司+村居+合作社”的产业模式,以旅游公司为建设平台,负责项目建设;以村居为管护主体,负责环境长效维护;以合作社为经营平台,负责农家乐连续经营、民俗接待、农产品销售等业务,首次实现蟹黄汤包网络同步销售,带动农户增收,壮大村集体经营收益。长江渔村农家乐专业合作社年实现销售收入70万元,利润16万元,蟹黄汤包网上销售10万元,带动18户农家乐经营户和200户农户增收致富。8月,以汤包和乳鸽为亮点的龙袍农产品登陆央视七套“乡村大世界”栏目。

民生实事工程　完成东沟安置房一期搬迁户分房入驻工作,涉及拆迁安置户320户、安置房源449套;二期工程进入扫尾阶段。投入1100万元的龙袍中心幼儿园异地建设项目完成,改造危房8户,改建村级泵站4座,建成投入400万元的2千米农场中心河生态护坡、投入90万元东沟片垃圾中转站,启动投入4600万元杨庄河“黑色化”提档升级工程,启动龙袍便民服务中心和龙袍派出所业务用房建设。帮扶扩大社会就业。实现新增城镇就业人数540人,实现再就业人数132人,帮扶就业困难人数32人,扶持农村劳动力自主创业人数42人,创业带动就业人数227人,大学生创业人数21人。完成本地农村劳动力职业指导培训598人,创业培训30人,高技能人才培训32人,企业职工在职培训852人。完成3家市级社区综合文化活动中心建设,建成5家“通借通还”农家书屋,举办各类文体活动12场次。

社会稳定工作　强化社会治安防控体系建设,经过清理、调整、补装,125个街道监控探头在主要道口、重点部位全覆盖。街道年接处警1640起,其中刑事案件立案数87起,与上年同期相比下降6起,没有发生“八类”重大案件。结合“九小场所”整治,对辖区内单位不间断开展消防安全大检查,检查各类场所677家,发现隐患2180处。坚持对1172名流动人口(龙袍616人、东沟556人)进行清理核查。开展“述安”“评安”活动,社区民警进村入户开展警民恳谈会30多场,发放调查问卷1000余份。建成11个村(社区)微型消防站,有义务消防队11支55人。

【龙袍大地景观群落引爆媒体宣传】　2016年,龙袍街道为发展乡村旅游推出“龙袍”和“二龙戏珠”创意麦田设计,吸引众多媒体和游客关注。受到新华社、江苏电视台、《南京日报》《扬子晚报》《南京晨报》等10多家媒体记者的到场和关注,人民网、新华网、新浪、中新、网易、腾讯等知名网络媒体平台均作头版转发,在微博、微信朋友圈引发“田野种龙袍”热门话题,途牛旅游网和南京当地多家旅行社到街道咨询乡村景观旅游事宜。

【龙袍蟹黄汤包网络销售】　9月28日,第十六届中国·南京(分金亭杯)龙袍蟹黄汤包美食文化节在龙袍街道六八农庄开幕。龙袍蟹黄汤包首次实现网络同步销售,以现代生鲜冷链物流为依托,通过网络和移动销售端推向全国市场。产品销售到广东、四川、新疆等地,年实现网上销售额10万元。

二龙戏珠”麦田景观设计　　龙袍街道　供稿

2016 年龙袍街道社区村(居)民委员会基本情况一览表

表 47

村(社区)名称	村民小组(个)	户数(户)	人口(人)	耕地(公顷)	村集体经济收入(万元)	人均纯收入(元)	党支部书记	村(社区)委会主任
新城社区	13	2545	9083	426	68.5	19408	陈志彪	李　正
长江社区	6	746	2579	322	103.6	21219	杨　坤	李庭标
楼子社区	11	1482	5862	566	65.0	21870	马传胜	詹明飞
渔樵社区	13	1518	5064	500	75.0	21650	陈　思	李　军
新桥社区	19	1242	4981	579	82.0	20840	王晓萍	陈　武
东沟中心社区	19	1789	7132	420	166.4	21600	周　权	陶　忠
赵坝村	20	1526	5336	653	116.2	21100	杨吉平	张义琪
大河口村	35	2056	7196	566	70.0	20500	张红旗	徐　林
平原村	40	1653	6232	430	81.9	21500	石义海	丁有奎
孙赵村	15	1126	4890	239.1	85.0	19300	臧和明	夏德彰
团结村	13	1011	3804	3295	100.0	21500	陈仕伯	金永红

2016 年龙袍街道年产值 2000 万元以上企业情况一览表

表 48

企业名称	企业性质	主要产品产量	年产值(万元)	年销售额(万元)	年利税(万元)	企业法人
南京深宁磁电有限公司	私营	电子元件 43029 万只	29891	29891	597	李　行
南京海世达包装有限公司	私营	包装材料	3503	3503	43	邓阔平
南京诺源医疗器械有限公司	私营	医疗器械	2993	2993	36	蔡惠明
南京天上龙服饰有限公司	私营	梭织服装 29.02 万件	10130	10130	250	张国和
南京大安铸造有限公司	私营	铸铁件 7851 吨	10355	10355	232	张　成
南京高税特起重机械有限公司	私营	电动葫芦	7107	7107		徐传本
南京苏美达天源制衣有限公司	私营	服装 19.92 万件	3988	3988	132	孟永功

(殷　燕)

【长江社区获省四星级乡村旅游区称号】 2016 年,龙袍街道茉莉花园·长江渔村通过江苏省专家组检查验收,获“2016 年度江苏省四星级乡村旅游区”称号。20 世纪 60 年代,2600 余名知青曾在这里开垦,是典型的滨江渔村。先后被评为“南京市首批农家乐旅游专业村”“江苏省生态村”。巨型麦田景观即位于该社区。

马鞍街道

【基本情况】 马鞍街道系涉农街道,辖 12 个社区村民委员会、3 个社区居民委员会,区域面积 256.8 平方千米,户籍人口 9.34 万人。街道党工委下辖党(总)支部 44 个,党员 2778 名。

【经济社会发展】 2016 年,马鞍街道完成财政收入 2.3 亿元,同比增长 10.5%。公共财政预算收入 1.37 亿元,同比增长 6.5%;完成规模以上工业产值 23.77 亿元,同比下降9.1%。限上商贸企业零售额 6.59 亿元,同比增长 14%。在全市分类考核中排名第九,在市级园区考评中列 B 类第一名。

现代农业　新增设施农业

340公顷、设施渔业100公顷,新增高标准农田400公顷,农产品三品认证、生物农业销售等均超过序时进度。建成鑫森20公顷玫瑰园喷滴灌设施,建成8000平方米宁晨花卉连栋温室,现代农业园区公共管理平台和智能物联网示范基地建设有序推进。有效落实农机惠农补贴政策,组织申报农机项目12个,新增插秧机46标准台,落实机插秧面积2666.7公顷;新增秸秆还田及粉碎机39台,落实秸秆机械化还田5466.7公顷;新增大中型拖拉机38台、联合收割机13台、烘干机14台。争取和自筹资金7000万元,全力推进泥桥小流域、泥桥水库环湖路、水利重点县项目、机场营区排水永久水系、农场撤洪河清淤等涉水工程,完成5座村级泵站改建和朝阳水库生态清淤、北龙潭水库消险、葛桥河和山沟李引水河消险等水利项目,在汛期发挥重要作用。打造“水美芹香”小镇,河王湖省级水利风景区规划中期成果编制完成,马鞍农耕文化园国庆期间对外开放,社会反响良好。完成土地确权588个生产组2.1万户、二轮承包面积6266.7公顷,90%以上确权办证。

现代服务业　以马鞍创业园为依托,发展现代服务业,形成新支柱产业。以转变农村发展方式和农民增收为目标,推动电子商务创新创业的跨越发展,通过互联网+模式,形成电子商务产业链,培育新经济增长点,全年实现服务业总产值14亿元,占全街国内生产总值的39.51%,超过一、二产业的占比。全年引进注册企业98家,创业园入园企业体量不断扩大。

工业经济　加大工业集中区基础设施维护投入,完成矿业机电产业园区道路、排水、绿化、亮化等配套设施建设。引导和鼓励企业加强新产品研发,帮助企业转型发展,完成6家企业研发机构建设、新培育科技龙头企业1家、科技型企业4家,完成产学研项目2个,专利申请授权量不断攀升,南京鑫森生态农业有限公司被命名为南京市名牌企业。利用街道园区平台,整合释放存量

2016年马鞍街道经济社会发展主要指标一览表

表49

指标名称	计量单位	数量	比上年±%
地区生产总值	万元	354340	5.5
第一产业	万元	109922	11.4
第二产业	万元	104434	−0.06
第三产业	万元	139984	11.1
固定资产投资完成额	万元	268924	−22.5
其中:工业投入	万元	40764	−68.7
社会消费品零售总额	万元	354542	10.6
财政收入	万元	13738	6.5
农作物播种面积	公顷	16154	1.4
其中:粮食播种面积	公顷	9985	36.1
粮食总产量	吨	66615	31.0
乡镇企业个数	个	860	76.2
其中:工业企业	个	189	45.4
乡镇企业从业人员	人	28185	120
其中:工业企业	人	15121	132.6
城镇居民可支配收入	元	44085	8.4
农民人均纯收入	元	20689	8.7
中小学校	所	8	0
在校学生数	人	5378	−1.6

资源,引进实体企业入驻园区,培植新税源,引进落户企业16家。

重大项目推进　火车站城市综合体、鹭岛荣府商品房、郦湖美墅房产开发3个项目进展顺利。盛棠国际广场项目办理前期规划。机场噪音区协议户505户搬迁,征地进保工作完成。023基地建设项目施工。

城乡环境　完成尖山村赵南、赵北、北马3个宜居村建设,完成河王湖村李庄、勤丰村西曹2个特色村建设。开展市容秩序、环卫保洁集中整治26次,垃圾分类市场化正式运营。完成汇集路、人民路和汤营疏导点等市"9322"整治项目。实施工业集中区污水管网建设,黄岗污水处理厂投入运行,生活污水处理率72%以上。年拆除违建15处。农村环境卫生管理获得市二等奖。植树造林33.3公顷,对泥桥、任洼、朝阳水库等水环境进行整治,淘汰黄标车47辆。

维护社会稳定　开展安全生产隐患排查整治,排查出一般安全事故隐患136个,全部整改到位。加大社会治安综合治理力度,建立治安巡防手持终端系统,街道主要路段和重点场所更新安装高清红外视频监控探头117个,实现辖区内主要进出路口视频监控全覆盖。加大社会矛盾排查化解力度,街道、村居人民调解组织排查调处各类矛盾纠纷234件,

市委常委、常务副市长刘以安(左一)赴马鞍街道勤丰村开展"四解四促"调研

马鞍街道　供稿

调处率98%以上。督查室办理各类信箱121件、网络问政162件,及时办结率100%。"12345"工单全年办理2620件。

民生实事　城乡居民养老、医疗、失业保险覆盖率和续保率98%以上。加强社会保险费清欠工作,清欠历年欠费26万余元。开展各类技能培训1840余人次,城镇就业、再就业、农村劳动力转移、大学生创业等成效凸显。完成等外公路37.04千米,自建农路24.26千米,配合黄岗线、前环线、八马线、马葛线等4条公路开工建设。投入200余万元完成泥桥和河王湖2个村45个组1641户的自来水改造。创新扶贫开发工作思路,制订新一轮精准扶贫4年计划,完成南京市确定的4个经济薄弱村、7个欠发达村和区确定的2个经济薄弱村未来5年的规划制订,通过扶持创业、劳动力培训等形式加大城乡劳动力转移力度。加大政策扶持力度,实施产业帮扶、挂钩扶持、脱贫转化等强村战略。

【"视果乐"项目获市农村电商创业三等奖】 12月27日,由南京市人社局主办,市职业技术培训指导中心承办的2016年南京市农村电商创业创新大赛决赛落下帷幕。马鞍街道大学生村干部金小清、杨忠伟、赵金斌联合组建的南京市金忠赵农业发展有限公司团队,以"视果乐——您家一年四季的果园"项目获计划组三等奖。

2016年马鞍街道社区村(居)民委员会基本情况一览表

表50

村(社区)名称	村民小组(个)	户数(户)	人口(人)	耕地(公顷)	村集体经济总收入(万元)	人均纯收入(元)	党支部书记	村(居)委会主任
中心社区	33	1513	7851	295.76	859	20791	杨　国	赵宝良
黄赵社区村	38	1859	7147	633.15	476	20563	顾正东	邱成孝
平山社区村	35	2214	9113	690.93	322	20865	范加忠	王道胜

续表 50

村(社区)名称	村民小组(个)	户数(户)	人口(人)	耕地(公顷)	村集体经济总收入(万元)	人均纯收入(元)	党支部书记	村(居)委会主任
勤丰社区村	36	1064	4403	415.48	94	21219	陈名忠	蒋学海
郭营社区村	18	1275	5243	220.55	185	20589	孙长春	张立宝
大营社区村	32	1070	4523	250.76	94	20663	曹　亮	钱大胜
城西社区	22	1470	6825	281.3	303	20748	常　春	平志勇
马集社区	13	520	2250	100.35	110	20659	李为民	马恩怀
大圣社区村	58	1577	6322	507.95	378	20846	陈　红	陈宗玖
泥桥社区村	38	1158	4987	435.88	69	20850	印征波	刘德高
玉王社区村	44	1230	6252	523.78	119	20888	王国文	谈才荣
巴山社区村	34	1057	4736	390.79	117	21128	郭其中	柏文清
黄岗社区村	47	1606	7244	580.51	145	20566	黄世宽	朱法荣

2016 年马鞍街道年产值 5000 万元以上企业情况一览表

表 51

企业名称	企业性质	主要产品产量	年产值(万元)	年销售额(万元)	年利税(万元)	企业法人
南京金海宁新型建材科技有限公司	私营	砼结构构件制造	13342	15750	−202	庞小志
南京创盛服饰有限公司	私营	机织服装制造	16726	18253	401	施丽君
南京壬洋服装有限公司	私营	机织服装制造	11568	13534	442	王向东
南京美华羽绒制品有限公司	私营	玩具制造	22350	26149	1168	乔素珍
南京伟业机械有限公司	私营	石油钻采专用设备制造	6060	6952	388	孙　乾
南京双京电器集团有限公司	私营	矿山机械制造	31550	36633	3514	陈国辉
南京桃园制衣有限公司	私营	机织服装制造	14500	16614	1298	陶金龙
南京美华羽绒制品有限公司羽绒制品厂	私营	床上用品制造	50236	58309	2256	乔素珍
南京嘉瑞保健食品有限公司	私营	营养食品制造	6429	7483	242	李晓栋
南京良永化工机械有限公司	私营	日用化工专用设备制造	7578	9664	141	张永奇
南京名润服饰有限公司	私营	机织服装制造	10225	11963	309	王传祥
南京圣凯冷拉型钢有限公司	私营	钢压延加工	10572	12369	939	方　俊
南京伯泰服装有限公司	私营	机织服装制造	12336	12365	805	张肖谦

(徐万明)

冶山街道

【基本情况】 冶山街道地处苏皖两省交界,位于六合区东北部,距六合城区 22 千米,东、北接壤安徽省天长市,南毗金牛湖街道,西临马鞍街道。镇域面积107.04 平方千米,辖 5 个社区居民委员会、3 个社区村民委员会,户籍人口 4.37 万人。

【经济社会发展】 2016 年,冶山街道实现公共财政预算收入 3284 万元,同比下降 36.4%;工业总产值 5.64 亿元,规模以上工业产值 3.98 亿元;限额以上商贸企业零售额 5.95 亿元,同比增长10.2%;城镇居民人均可支配收入 4.34 万元,同比增长 8.2%;农村居民人均纯收入突破 2.03 万元,同比增长

16.4%。

现代农业　聚焦农业园区产业布局调整。服务黄山岛生态园、金五谷有机稻米基地、荆楚循环农业园、七贤水产养殖等农业项目发展，促进南京青藤科技申报科技型人才创业扶持项目，推动尚品源递、苏蔬源递等农业电商发展，提升冶山现代农业竞争力；扶持“枫彩”“上品”“青藤”等农业品牌。加大农田基础设施建设。实施瓜娄同心片、南阳片等6个总面积1000公顷的土地整治，启动瓜娄村彭庄片区、胡庄片区，冶山社区施西片666.7公顷土地整治前期工作；实施黄山水库冲心河改造等6个水利基础设施配套工程，稳定粮食生产，增加农民收入。推进生态茶文化园建设。实施茶园(二期)建设，扩种4公顷茶园，研发特色红茶新品种，进一步拓宽茶叶销售渠道；注重茶叶品质提升，改良加工工艺，提升纯度和口感，“冶牌”茶叶在南京市雨花茶评比中获金奖。

生态旅游　服务“地球之窗+X”项目建设，提前完成项目区3个村居8个组436户房屋搬迁工作；谋划推进枫彩集团黄山岛片区旅游度假项目和石柱林景区纳入“地球之窗+X”项目协同发展。以申报“矿山特色小镇”为发展契机，推进冶山铁矿转型升级，支持亚东集团战略重组，组织申报市级矿山特色小镇项目，整合铁矿遗存、红色文化、科普教育等独特资源、放大省际交界人、财、物的集聚效应，打造经济增长新引擎，培育未来3—5年投资创业新热

2016年冶山街道经济社会发展主要指标一览表

表52

指标名称	计量单位	数量	比上年±%
地区生产总值	万元	135386	9.7
第一产业	万元	53437	42.9
第二产业	万元	19046	−35.6
第三产业	万元	62903	11.4
固定资产投资完成额	万元	79100	−25.2
其中:工业投入	万元	4600	−58.6
社会消费品零售总额	万元	133512	10.0
财政收入	万元	3284	26.9
农作物播种面积	公顷	7740	−0.9
其中:粮食播种面积	公顷	5436	56.5
粮食总产量	吨	36127	39.7
乡镇企业个数	个	126	−33.0
其中:工业企业	个	126	−0.8
乡镇企业从业人员	人	8298	−6.5
其中:工业企业	人	8298	60.0
乡镇企业营业收入总额	万元	38200	−87.7
乡镇企业净利润总额	万元	8500	23.2
乡镇企业实交税金总额	万元	8700	592.7
农民人均纯收入	元	20340	16.4
参加社会保险人数	人	17609	−41.2
中小学校	所	4	0
在校学生数	人	1952	−2.3
各类卫生机构	所	11	0

土。以“六合农民画”为文化旅游品牌,做好“六合农民画”传承保护暨全国非物质文化遗产工作申报,受邀在加拿大蒙特利尔市举办“南京六合农民画展”,向世界展示六合新形象。

城乡建设 启动新一轮中心镇区建设。把握“地球之窗+X”项目区搬迁机遇,在黄山苑东侧规划建设总面积10万平方米的宜居舒适型绿色生态小区,推动新一轮中心镇区建设提速城乡路网建设。建设总长1.2千米唐公山路、玉湖路2条市政道路和35条35.3千米农村等外路组组通(二期)工程,启动新长段提升工程前期筹备工作。加速“美丽乡村”建设。重点打造双墩村金庄组、冶山社区季西组两个美丽乡村示范点。完善公共配套。中心镇区主干道种植梧桐、红枫,对人行道进行全面绿化,环镇路架设路灯,在主要路口加装交通信号灯,规范交通秩序;敬老院(二期)工程竣工并投入使用。

民生改善 做细做实民生保障工作,实施中心学校和卫生服务中心改扩建工程;加大社会低保、扶贫救困力度,实现社会基本保险“全覆盖”。做好脱贫攻坚,充分利用市、区领导挂钩帮扶与派驻“第一书记”“万名党员帮万家”等机遇,积极争取帮扶政策,培育集体经济新增长点。实施集体资产收益分红、完善社会保障兜底,确保脱贫攻坚“五年任务,四年完成”。做精就业创业,搭建服务平台,开展技能培训,整顿市场环境,优化商业街功能布局和商业环境,引导和帮助万顷良田搬迁户、回乡大学生就业创业。做优便民服务,投入资金100万元建成200平方米的街道便民服务中心,全面出新“12348”司法所便民服务大厅。做实环境保护,杜绝秸秆焚烧和打谷晒场现象,开展垃圾分类,引导村居开展环境综合整治对外招标等创新工作,严厉打击矿山盗采。

【冶山铁矿维稳】 2016年,冶山铁矿维稳取得阶段性成效,长期困扰街道发展的铁矿稳定难题得到妥善解决,确保铁矿重组有序推进、维护职工的根本利益。至年底,铁矿职工中259人内部退养,49人解除劳动关系,7人停薪留职。铁矿和区人社部门提供500个就业岗位。

【六合农民画入选省非遗名录】 1月14日,江苏省政府公布第四批省级非物质文化遗产代表性项目名录和省级非物质——文化遗产代表性项目名录扩展项目名录。六合农民画作为传统美术农民画入选其中。六合农民画是南京民俗绘画艺术,起源于冶山街道农民画。

【高标准良田建设项目启动】 3月18日,位于冶山街道东北部的瓜娄村200公顷高标准良田建设项目工程正式启动。该项目涵盖下营、老庄、瓜娄等10个村民小组的基本农田,投资额400万元,农田内部建设泵站6座、防渗渠5千米、水泥路3.5千米、田间路3.5千米、滚水坝2座以及其他配套设施等。项目建成以后,成为集中连片、设施完善、农电配套、生态良好、抗灾能力强的现代农业生产片区。

【“党在我心中”主题征文及演讲比赛】 4月29日,冶山街道党委组织举办“党在我心中”主题征文及演讲比赛,以纪念中国共产党建党95周年。征文活动收到作品51篇,经过评选,22篇征文获奖。19名选手参加演讲比赛,7人获奖。

【“冶牌”雨花茶获金奖】 5月10日,由冶山街道六冶茶叶专业合作社选送的“冶牌”雨花茶,在南京茶叶行业协会组织开展的2016年南京市雨花茶质量评比中获金奖。300家茶厂(场)经层层筛选、逐级推荐参与活动。省、市茶叶专家采用双密码和双百分制的评分方式,对参评茶样品的内在品质汤色、滋味、香气、叶底和外形等各项指标进行感官审评,最终评出奖项。

【冶山群众体育运动会】 5月25日,冶山街道2016年度群众体育运动会在街道文体中心健身广场举行。运动会以“推动全民健身运动开展,建设多彩画乡、幸福冶山”为主题,由街道办事处主办,街道文体中心承办,街道工会、团工委、妇联、人武部、教育中心校和8个村居协办。10支代表队300名运动员参赛,比赛设置欢乐呼啦圈、趣味保龄球、托球跑、定点投篮、太极拳、广场舞6个项目。

【六合农民画首赴加拿大展出】 7月15日,由南京市文广新局、中加艺术文化交流协会和魁北克工艺艺术博物馆共同主办的“南京六合农民画展”在位于蒙特利尔市的魁北克工艺艺术博物馆开幕。中国驻蒙特利尔总领事彭惊涛,蒙特利尔市魁北克工艺艺术博物馆馆长Pierre Wison,加拿大外交部长代表Jocelyn Decoste,魁北克国际关系厅厅长代表Martin Fecteau、Saint -Laurent,区议员Francesco Miele,Saint -Laurent区自由党主席Kelvin Mo,南京农民

荷兰代表团观摩农民画创作过程　　　　冶山街道　供稿

画文化代表团团长邹奕等嘉宾及各界人士200余人出席开幕式，总领事彭惊涛在开幕式上致辞。50幅六合农民画参展，出自六合区13位农民艺术家之手。画作色彩明亮，画风融合江南的秀丽与江北的豪放，体现民间艺术家独特的想象力和鲜明的时代气息。该展是加拿大首次将中国民俗文化引入专业艺术博物馆，展期自7月15日至8月28日。

【街道总工会成立】 9月28日，冶山街道召开街道总工会成立暨工会第一次会员代表大会。92名会员代表参加会议。大会采取无记名投票方式，按程序依法选举产生街道总工会第一届委员会委员13人、第一届经费审查委员会委员5人、第一届女职工委员会委员5人。

【冶山农民画博物馆首迎国外参观团】 10月11日，由荷兰精神博物馆副馆长杰西卡带领的荷兰参观团一行数人，到冶山街道农民画博物馆参观六合本土的原生艺术作品，欣赏农民画作品，并现场观摩农民画创作过程。冶山街道农民画博物馆于2011年建成，展厅面积1717平方米，馆藏作品4000幅，每年接待前来参观学习者1万人次。

【“地球之窗+X”项目区搬迁工作启动】 10月27日，地球之窗+X”冶山街道片区搬迁工作全面启动，搬迁涉及冶山社区毛云、靳新、沈营，石柱林社区赫庄、蒋南、蒋场、周营，四合墩社区田庄，计3个社区8个居民小组436个农户。“地球之窗+X”项目，主要是依托金牛湖山水资源，结合冶山地质文化和特有地形地貌，利用采石留下的宕口打造峡谷景观，展现世界地质奇观；把采矿矿坑变身蝴蝶谷；改造现有崖坡让其成为独具风貌的攀岩地。项目包含“地球之窗”主题公园、野生动物王国、海洋公园、茉莉谷·伊甸园、极限运动谷、童话小镇6个组团，突出科普教育、主题游乐、极限运动等旅游休闲功能。项目建设总历时4年时间，投资113亿元。

【街道人武部获评基层标兵单位】 12月20日，冶山街道人武部被南京市政府、南京警备区评为2016年度“基层建设标兵单位”。该奖项是依据南京市政府、南京警备区《表彰2016年度基层建设标兵单位和优秀专武干部标兵》的文件精神，通过逐级申报、严格考评、现场评定得出的结果。六合区仅有1家基层人武部获该荣誉。

【养老服务中心综合楼投入使用】 12月30日，冶山街道养老服务中心综合楼通过评审验收正式投入使用。综合楼建筑面积1120平方米，投入资金850万元，内设有办公室、老年活动室和食堂。建成后可改善老人活动空间，丰富活动内容。

2016年冶山街道社区村(居)民委员会基本情况一览表

表53

村(社区)名称	村民小组(个)	户数(户)	人口(人)	耕地(公顷)	村集体经济总收入(万元)	人均纯收入(元)	党(总)支部书记	村(居)委会主任
冶山社区居民委员会	23	1488	4822	564.73	145.97	23377	陈文永	许义昌
瓜埠社区村民委员会	19	813	2976	506.5	274.59	23368	杜　辉(兼)	杨家兵

续表 53

村(社区)名称	村民小组(个)	户数(户)	人口(人)	耕地(公顷)	村集体经济总收入(万元)	人均纯收入(元)	党(总)支部书记	村(居)委会主任
石柱林社区居民委员会	12	916	3299	358.33	102.31	23377	雍永乐	万明龙
双墩社区村民委员会	16	852	2842	416.88	114.02	23378	周爱琴	陈正义
岗陈社区村民委员会	17	960	3482	485.68	153.00	23376	时　建	徐君香
白云山社区居民委员会	20	1130	3876	619.71	280.60	23378	耿尤雷	王传松
东王社区居民委员会	55	2807	9114	1459.70	262.75	23389	王爱梅	杨金友
四合墩社区民委员会	11	782	2768	329.23	96.55	23382	黄义青	陶华文

2016 年冶山街道年产值 3000 万元以上企业情况一览表

表 54

企业名称	企业性质	主要产品产量	年产值(万元)	年销售额(万元)	年利税(万元)	企业法人
南京通达彩印有限公司	民营	多色多色印刷、单色印等	4620	4660	1098	张在健
群业家具有限公司	民营	编藤家具	3420	3420	240	李　阳
太极宠物用品有限公司	民营	玩具	31762	31762	2887	黄开君

(施必富)

竹　镇　镇

【基本情况】 竹镇镇于 2000 年由原竹镇镇、泉水乡、乌石乡合并而成，地处六合区西北部，与安徽省滁州市来安县、天长市接壤，是国家生态镇、江苏省特色景观旅游名镇、省百家名镇和南京市千年古镇，是省级现代农业产业园区、现代生态循环农业科技园区所在地。同时，也是南京市唯一的民族镇。全镇镇域面积 211 平方千米，辖11 个社区(村)、2 个林场，户籍人口 6.51 万人；有 17 个少数民族1.2 万人。

【经济社会发展】 2016 年，竹镇镇实现公共财政预算收入 9716 万元，增长 23.58%；城镇居民人均可支配收入4.34 万元，增长 8.3%；农村居民人均可支配收入 2.03 万元，增长8.7%。休闲旅游业接待人数和综合收入增长 15%，高效设施农业面积比重提高到 35%以上。

项目建设加快　总投资 37.85 亿元的 6 个区重大项目稳步推进。其中，华能风电完成征地手续和 25 台风机吊装等工作；四季枫彩园完成 80 公顷彩色景观生态园苗木栽植、基础设施配套等工程；永鸿·巴布洛生态谷完成房车营地、卡丁车、动物表演等旅游项目建设，打造体育休闲基地；完成现代农业发展成果展厅装饰布展，建成 3000 平方米玻璃温室及周边附属设施、景观建设。民生项目深入实施。完成民族小区二期和林场 35 万平方米安置房建设，完成 2.1 千米中心路建设及相关绿化、亮化等配套和 12.7 千米等外道路工程提升和改造工程建设，实施侯桥 466.7 公顷、乌石 333.3 公顷、石婆 333.3 公顷土地占补平衡等项目，完成朗诗和山河等经济林果农业园的沟、渠、路、桥、涵等配套建设。启动 1.7 千米竹叶路的立项、征地、拆迁前各项准备工作。

人居品质改善　美丽乡村项目推进。以点带面、统筹推进，建设美丽乡村示范区 12 千米，建成2 个农村综合整治示范片区；完成村庄环境整治 3 个，累计成片造林面积 53.3 公顷，超额完成区下达任务，森林覆盖率43%以上；完成大泉村大七里塘市级美丽乡村示范村创建工作。提升生态环境质量。实施西洋庄广场绿化及配套工程，优化北部干线沿线绿化环境；启动大侯垃圾中转站及竹镇垃圾中转站改造招投标工作；完成光华、乌石 2 个村 18 个生产组改水工程。竹镇镇被评为省级禁黏示范镇。彰显生态文明特色。完善智慧旅游系统、旅游标志、旅游景点等建设，建成“江北第一农村党支部”红色教育基地，推进历史文化街区、大泉湖—止马岭景区等项目及配套工程等建设；举办或承办半程国际马拉松、“中国旅游大会”“多彩竹镇

2016 年竹镇镇经济社会发展主要指标一览表

表 55

指标名称	计量单位	数量	比上年±%
地区生产总值	万元	210653	7.3
第一产业	万元	79996	11.1
第二产业	万元	32698	−10.3
其中:工业增加值	万元	25332	−12.0
第三产业	万元	97959	11.4
固定资产投资完成额	万元	124286	−36.5
社会消费品零售总额	万元	251102	10.0
农作物播种面积	公顷	12702	−2.7
其中:粮食播种面积	公顷	9913	51.0
粮食总产量	吨	71008	57.0
乡镇企业个数	个	164	−2.4
其中:工业企业	个	72	0
乡镇企业从业人数	人	7286	−0.3
其中:工业企业	人	5369	−0.02
乡镇企业营业收入总额	亿元	12.53	−17.6
乡镇企业净利润	亿元	0.93	−14.7
乡镇企业实交税金总额	亿元	0.35	−16.0
农村居民人均可支配收入	元	20306	8.7
参加社会保险人数	人	47489	−20.1
中小学校数	所	5	0
在校学生数	人	2925	−0.1
各类卫生机构	所	16	0

公路自行车赛”“2016 年中国南京热气球嘉年华空中婚礼”，以及第四届“多彩竹镇公路自行车赛”、第六届“桃花岛乡村文化旅游节”、第七届“多彩竹镇·天天乐”、巴布洛年货大集等文化旅游活动。

【南京六合竹镇国际半程马拉松赛】 10 月 30 日上午 9 时 30 分，2016 年南京六合竹镇国际半程马拉松赛在竹镇镇巴布洛生态谷鸣枪开跑。赛事由六合区政府主办，江苏省国际体育交流中心、区体育局、竹镇镇政府承办，江苏省户外和登山协会、江苏永鸿·巴布洛生态农业有限公司、南京金万方实业有限公司协办。江苏省体育局局长陈刚、六合区长戴华杰出席开幕式并为赛事鸣枪，南京市体育局等相关单位负责人参加活动。副区长李长征主持开幕式。埃塞俄比亚 TELL EDEO MAMO 和肯尼亚 CHEGEN MEKEDES FEKEDE 分获男子组、女子组半程马拉松赛第一名。

【“巴布洛杯”江苏竹镇少数民族传统体育运动会】 9 月 24—25 日，“巴布洛杯”江苏竹镇少数民族传统体育运动会在巴布洛生态谷举行，少数民族传统体育运动员们在竞赛场上一展身手，板鞋

竹镇少数民族传统体育运动会开幕式表演　　竹镇镇　供稿

竞速、高脚竞速、蹴球、射弩、押加等竞技类少数民族传统体育项目逐一亮相，让现场市民近距离感受少数民族传统体育项目的魅力。运动会上还展示高跷舞龙，民族手狮、少儿手狮舞，民族舞蹈等项目，友邻高邮菱塘乡代表队参与演出。

【南京多彩公路自行车赛在竹镇举行】 5月8日，江苏南京多彩竹镇公路自行车公开赛暨环太湖国际公路自行车业余俱乐部巡回赛在竹镇巴布洛生态谷举行。活动由区政府、环太湖国际公路自行车赛组委会、江苏省自行车运动协会主办，区体育局、竹镇镇政府、江苏永鸿·巴布洛生态农业有限公司承办，南京骑酷体育文化推广有限公司协会。来自黑龙江、河南、河北、浙江、上海、江苏的选手600名自行车运动爱好者参加角逐。比赛分公路赛(全程60千米)和山地赛(全程10千米)两个组，每个组分设男子个人赛和女子个人赛两个项目。

2016年竹镇镇社区村(居)民委员会基本情况一览表

表56

村(社区)名称	村民小组(个)	户数(户)	人口(人)	耕地(公顷)	村集体经济总收入(万元)	人均纯收入	党支部书记	社区(村)主任
金磁村	24	1263	4581	391.67	786.28	23014	吴知梅	岳崇斌
烟墩村	36	1975	7986	899.33	482.01	22256	杨兴和	徐富军
竹墩社区	17	3678	9589	269.93	466.52	24910	俞　洋	汪向华
八里村	22	1221	5200	562.33	431.83	22441	耿礼珠	刘　飞
大侯村	10	958	3360	195.33	238.78	22348	刘金荣	秦家军
乌石村	16	1235	4671	489.33	390.8	22538	林长龙	马良才
石婆村	23	1448	5656	570.87	295.87	22039	吴文林	张传明
侯桥村	28	1715	7650	815.13	372.66	22054	许有宝	成乐松
大泉村	29	2309	8728	554	1013.5	23126	朱世潘	唐庆岭
光华村	23	1256	5586	519.93	474.29	22047	潘清正	潘清正
送驾村	21	1137	4995	380	804.94	24993	朱兆宇	程益贵
合　计	249	18195	68002	5647.87	5757.48	22824		

2016年度竹镇镇年产值2000万元以上企业情况一览表

表57

企业名称	企业性质	主要产品产量	年产值(万元)	年销售额(万元)	年利税(万元)	企业法人
南京双峰油泵油嘴有限公司	股份	油泵、油嘴、泵体(696万台)	6739	6966	692	许爱霞
南京民族塑胶厂(集团)	私营	塑料制品(582吨)	2600	3204	81	邹家翠
南京泉源工贸实业有限公司	私营	煤矿用输送带芯(52万平方米)	13292	13947	1025	凌振洲
宁顺集团有限公司	私营	阻燃输送带(64.5万平方米)	20728	20714	2177	凌振洲
南京金峰混凝土有限公司	私营	商品混凝土	6726	6006	160	李乐山
南京大泉工艺品有限公司	私营	玩具	3946	2556	125	曹成余
南京永鸿清真食品有限公司	私营	牛羊肉食品加工	4877	4689	144	胡鸿飞
南京新通塑胶有限公司	私营	塑料制品(538吨)	4032	3548	112	薛怀玉
南京景轩制衣有限公司	私营	服装	6238	5331	401	孙　珏
南京存林金属有限公司	私营	金属材料钢结构件	2137	2047	122	江存林

(罗永兵)

人物·先进集体

新任区级领导

戴华杰

2016 年 1 月 12 日任中共南京市六合区委委员、常委、副书记，同年 1 月 15 日当选为南京市六合区人民政府区长。

戴华杰，男，1968 年 3 月生，江苏南京人，汉族，1988 年 8 月参加工作，1992 年 5 月加入中国共产党，研究生学历。历任江宁县方山乡水利站技术员，杨村党支部书记、经济合作社社长，方山乡副乡长，团县委副书记、书记，麒麟镇党委副书记、镇长，麒麟镇党委书记、镇长，麒麟镇党委书记，江宁区发展计划与经济局局长、党委书记，区委常委、区发展计划与经济局（发展和改革局）局长，区委常委、区政府副区长，区委常委、区政府副区长、江宁经济技术开发区管委会副主任，区委常委、江宁经济技术开发区管委会副主任、工委副书记，区委常委、江宁经济技术开发区管委会常务副主任、工委副书记（正局），六合区委副书记、区政府区长、党组书记等职。

李长征

2016 年 4 月 26 日当选为南京市六合区人民政府副区长。

李长征，男，1969 年 1 月生，江苏南京人，汉族，1988 年 7 月参加工作，1998 年 1 月加入中国共产党，研究生学历。历任南京第三锁厂技术员、管理员、团支部书记，团县委工作人员、青农部副部长，团县委常委、基层工作部部长、青联秘书长，县委组织部组织科干事、副科长、青年干部科科长，干部科副科长、青年干部科科长，区委组织员，八百桥镇党委副书记、镇长，冶山镇党委书记、政协工委主任，竹镇镇党委书记、人大主席、政协工委主任、六合现代农业产业园区管委会主任、党组副书记，竹镇镇党委书记、六合现代农业产业园区管委会主任、党组副书记，六合现代农业产业园区工委（竹镇镇党委）书记，区政府副区长、党组成员等职。

朱志宏

2016 年 6 月 20 日任中共南京市六合区委委员、常委、书记，南京化学工业园区工委书记。

朱志宏，男，1962 年 4 月生，江苏扬州人，汉族，1979 年 9 月参加工作，1985 年 12 月加入中国共产党，研究生学历。历任栖霞区衡阳中学代课教师，区政府办公室秘书、区级机关团总支副书记，区政府办公室秘书科科长、副主任，尧化镇党委副书记，尧化镇党委副书记、镇长，尧化镇党委书记、镇长，尧化镇党委书记，区委办公室主任,白下区委常委、组织部部长,区委副书记、组织部部长、墨竹工卡县委书记,区委副书记、墨竹工卡县委书记,区委副书记(正局级),鼓楼区委常委、常务副区长(正局级),市人社局局长、鼓楼区委常委、常务副区长(正局级),市人社局局长、党组副书记,市人社局局长、党组书记,市人社局局长、党组书记、六合区委书记、南京化学工业园区工委书记,六合区委书记、南京化学工业园区工委书记等职。

周军强

2016年7月8日任中共南京市六合区委副书记。

周军强,男,1970年1月生,山东文登人,汉族,1994年8月参加工作,1993年4月加入中国共产党,研究生学历。历任江苏省煤田物探测量队党办秘书,市委组织部组织处科员、副主任科员,市委办公厅党群处干部、主任科员、副处长,市委组织部青年干部处副处长,市委办公厅常委秘书处副处长、处长,六合区委常委、组织部部长,区委副书记、区委组织部部长、区委党校校长等职。

姚瑞平

2016年7月8日任中共南京市六合区委委员、常委、区纪律检查委员会书记。

姚瑞平,男,1969年11月生,安徽和县人,汉族,1995年9月参

加工作,1993年6月加入中国共产党,研究生学历。历任江宁县卫生防疫站工作人员,县纪委秘书、办公室副主任,江宁区纪委办公室副主任,市纪委办公厅正科级秘书(其间在中纪委办公厅综合处帮助工作),监察综合室副主任、办公厅综合处处长[其间在中纪委(监察部)外事局亚非处、国家预防腐败局四处帮助工作],市纪委办公厅副主任、监察综合室副主任,市纪委(监察局)研究室副主任,纠风室主任,纪检监察五室主任,研究室主任,六合区委常委、纪委书记、南京化学工业园区纪工委书记、工委委员等职。

徐　健

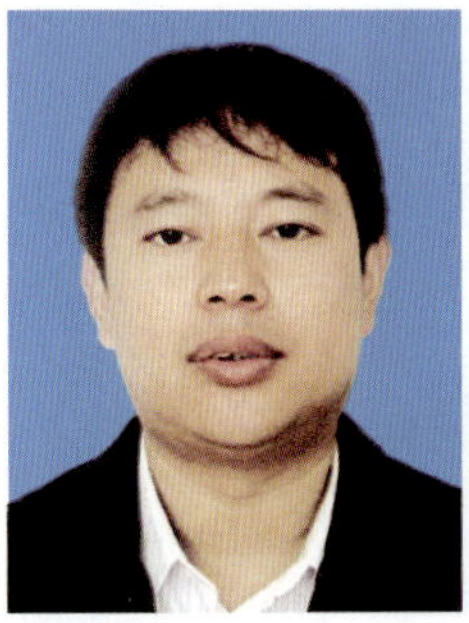

2016年7月8日任中共南京市六合区委委员、常委,同年7月29日任中共南京市六合区委政法委员会书记。

徐健,男,1969年10月生,江苏江都人,汉族,1991年8月参加工作,1993年12月加入中国共产党,研究生学历。历任南京机床电器厂技术员、生产经营科副科长、后方科科长,南京扬子制桶厂副书记、副厂长,南京汽车座椅附件厂副厂长,大厂区政府办公室秘书、副科长、副主任,沿江工业开发区办公室副主任,六合区西厂门街道工委副书记、办事处主任,区政府办公室副主任、六合大厦管理服务中心主任、西厂门街道工委副书记、沿江工业开发区管委会办公室副主任、中山科技园管委会副主任,区政府办公室副主任、六合大厦管理服务中心主任、西厂门街道工委副书记、沿江工业开发区管委会办公室主任、中山科技园管委会副主任,六合大厦管理服务中心主任、西厂门街道工委副书记、沿江工业开发区管委会办公室主任、中山科技园管委会副主任,西厂门街道工委副书记、沿江工业开发区管委会办公室主任、中山科技园管委会副主任,葛塘街道工委书记、中山科技园管委会副主任、主任,葛塘街道工委书记、政协工委主任、中山科技园管委会主任,葛塘街道工委书记、中山科技园管委会主任,区政府副区长、党组成员、葛塘街道工委书记、中山科技园管委会主任、南京紫金(六合中山)科技创业特别社区·葛塘新城管委会主任,区政府副区长、党组成员,区委常委、政法委书记、区政府党组成员,区委常委、政法委书记等职。

吕　璟

2016年7月25日任中共南京市六合区委委员、常委、区委统战部部长。

吕璟,男,1982年4月生,江苏宿迁人,汉族,2004年8月参加工作,2002年12月加入中国共产党,研究生学历。历任栖霞

区栖霞街道党政办公室干部、团工委书记，区委组织部组织科科员、副主任科员、副科长，区委组织员办公室副主任，栖霞街道办事处副主任、工委委员，秦淮团区委书记，南京团市委副书记、党组成员，六合区委常委、统战部部长等职。

孟凡有

2016年12月18日任中共南京市六合区委委员、常委，同年12月26日当选为南京市六合区人民政府副区长。

孟凡有，男，1972年4月生，山东邹城人，汉族，1995年8月参加工作，1995年5月加入中国共产党，大学学历，硕士学位。历任南京市玄武区陵卫镇政府科员，玄武区委组织部干部科科员，市政府办公厅科员、副主任科员、主任科员、外经科技处副处长，市长秘书处副处长、政务信息处处长，苏州市委副秘书长（正处级），南京市环境保护局副局长、党委委员等职。

王月兵

2016年12月26日当选为南京市六合区人民政府副区长。

王月兵，男，1967年10月生，江苏南京人，汉族，1988年8月参加工作，1993年12月加入中国共产党，大学学历。历任南京市公安局刑警支队四大队民警、科员，防暴支队科员、三大队一分队代理分队长、分队长，建邺区公安分局巡警大队分队长，防暴大队代分队长、副大队长，治安大队副大队长，兴隆派出所副所长、所长，下关区公安分局副局长，建邺区公安分局政委，市公安局教育训练处（训练学校）处长（校长），六合区公安分局局长、党委书记、督察长，区政府副区长、党组成员、区公安分局局长、党委书记、督察长等职。

（赵　忠）

先进人物

李大国

2016年6月被国务院国资委党委授予“中央企业优秀党务工作者”称号。

李大国，男，1958年3月生，汉族，中共党员，大学专科学历，湖北枣阳人，1978年2月入伍。1983年兵改工后，先后在中国化学工程第十四建设有限公司担任技术员、物资供应科副科长、现场指挥部设备材料科科长、分公司经理、公司副总经理、党委书记。现任中国化学工程第十四建设有限公司总经理、党委副书记。他始终坚持围绕中心抓党建、抓好党建促发展的思路，并带头身体力行，把党建工作融入生产经营，实现党建工作项目化管理。在国有企业改革发展的实践中，以高度的责任感和强烈的事业心，恪尽职守，辛勤工作，为公司党建工作和改革发展做出贡献。先后多次获全国优秀项目经理称号，2006年被中国化工施工企业协会评为“全国化工施工企业优秀经理（董事长）”；2010—2011年、2013—2014年两度被市住建系统评为优秀党员标兵；2015年被中国化学工程集团公司评为优秀党务工作者；2015年被中国建筑协会评为“鲁班奖工程项目经理”。

（郑　爽）

张玉仙

获2016年全国五一劳动奖章。

张玉仙，女，1971年8月生，江苏南京人，1989年2月参加工作，2005年6月加入中国共产党，大专学历。现任南京浩城环境工程有限公司工会主席、总经理助理。历任六合县六城镇清洁管理所垃圾装卸工，六城镇市建科办事员，区环卫所办事员、基建办主任、办公室主任，南京洁城环境工程有限公司工会主席、办公室主任、人事科长、总经理助理、工会主席等。先后从事过保洁员、垃圾装卸工、收费员等多个工种。2008年年底，南京创建全国文明城市时，她负责对全城65座公厕进行全面出新，3个多月时间内完成出新任务。2009年，对全城60多座旧公厕实施改造，从测量、拍照、规划设计到招标各类数据，她带领团队逐项完成。其间，虽然遭到市民刁难或谩骂，她和团队们都能坦然面对。为了工作，她对家人满怀歉疚。近年，她和团队成员每天要处理大量的“12345”和“12319”等投诉热线办理工作，办结率100%，满意率93%以上。2008年，获区“十佳环卫职工”称号，2011—2012年获南京市城管局“环卫管理先进个人”称号，2013年获江苏省五一劳动奖章。

（鲍晓军）

方兆椿

获2016年江苏省劳动模范称号。

方兆椿，男，1970年9月生，群众，高中学历，中国邮政集团公司南京市六合区分公司投递员。作为一名普通的投递员，他主要负责城区凤凰南苑、盛棠苑、东方苑等10个小区的报纸信件投递，日投递报刊1000多份，月度信件投递量超过2500件，每天骑车投递超过40千米。他在邮政转型期，学习新业务，参与宣传走访，先后成功做保险1500余万元，发展车险50单，协储600余万元。在2014年大收订期间，通过摆摊设点、晚间“洗楼”等方法，完成流转额16万元，收订都市报420份，完成收订任务。他十年如一日义务照顾1位孤寡老人。2009年、2012年、2013年三次获区公司先进个人称号；2014年获市公司先进个人称号；2015年获市劳动模范称号。

李道龙

获2016年江苏省劳动模范称号。

李道龙，男，1968年9月生，中共党员，本科学历，金牛湖街道马头山村驻村指导员。他以身作则，严抓党建。结合“三严三实”活动，带领全村党员干部学习党的理论知识，加强党的作风建设，争创优秀党组织。2015年，全村发展党员2名。他埋头苦干，发展民生。2015年，全村新建灰色化道路6千米；新通自来水1800户，入户率80%；借助专项资金，新建农桥4座；为解决双井片区高岗山地的灌溉问题，带头清淤6口水塘，土方4万立方米；全年处理“12345”工单135件，群众满意率88%。他关心弱势，心系百姓。经常拿出部分工资资助村里困难人员；2015年，通过友人引进投资100余万元，将26.67公顷荒地变成苗木基地，增加集体收入，让40余户农户在基地务工，有收入保障。曾多次获优秀党员称号及荣誉表彰。

刘传保

获2016年江苏省劳动模范称号。

刘传保，男，1968年5月生，中共党员，本科学历，六合区河北纯农金发种植专业合作社理事长。1985年，初中毕业后在山东、北京等地从事家庭装饰装修工作。到2002年年底积累资金10多万元。2003年春节后他放弃在大城市的发展机遇，回乡当起种植大户，从承包3.33公顷土地起步，到2011年承包土地规模达到33.33公顷。2012年，他牵头其他几个种植大户组建合作社，先后吸收368个农户入社。2014年投资30多万元新建500平方米机库。2015年，合作社经营面积233.33公顷，拥有价值200多万元各类农业机械42台套。合作社实现收入1395.9万元，分红85.61万元，入社成员比普通农户每年增收0.25万元。在其示范作用下，金庄社区及周边村涌现不少合作社、家庭农场及种植大户，新型农业经营体系焕发出强大生命力。

朱春华

获2016年江苏省劳动模范称号。

朱春华，男，1971年2月生，中共党员，大专学历，南京市六合区春华家庭农场农场主。他于2011年开始流转承包良田，流转土地19.67公顷，实现销售收入82.9万元，实现纯收入25万元以上。农场田块实施秸秆全量还田，由于精心管理，按技术要求实施秸秆还田，所还田田块的产量达到高产量，水稻亩产675千克，小麦亩产425千克，为全街道秸秆全量还田技术的推广提供模式。在致富同时，他没有忘记帮助乡亲们。2016年春节前，他拿出部分资金救济身边的困难户，受到群众赞扬。2014年，他成立的南京市六合区春华家庭农场获六合区唯一省级示范家庭农场称号。2015年4月，他被评为市劳动模范。

唐付林

获2016年江苏省先进工作者称号。

唐付林，1969年11月生，中共党员，本科学历，六合区劳动就业管理中心副主任。他在招聘会走进街镇活动中身先士卒，并推出“就业直通车”，服务求职者。在他努力下，中心成功打造茉莉江苏六合大学生创业园、南京慧康大学生创业园，并通过市认定；创业小贷工作累计贷款3095万元。打造劳务品牌，他前后打造“龙袍装卸”“茉莉花缝纫工”“雨花石加工”等5个市级劳务品牌，处在全市第一方队。他策划“智慧人社”价值观，被省市报纸杂志报道，提高区人社部门关注度。

（李云敖）

欧光文

获2016年江苏省劳动模范称号。

欧光文，男，1967年7月生，中共党员，大专学历，现任扬子石化公司芳烃厂重整联合装置班长。29年来，欧光文扎根生产一线，累计发现和处理装置各类隐患和突发事故600多起，避免重大经济损失，他总结出事故发生的“三大规律”和避免事故的“三大法宝”并传授给他人。所在班组被打造成“神探班”，多次获公司“标杆班组”、南京市“工人先锋号”班组称号。他参与装置标准化操作等多项规程修订、编写工作，通过“标准化操作”培训、导师带徒、个性化培训，为装置培养技术骨干数十名。劳模创新工作室提出合理化建议56条，完成攻关成果12项，其中重整生成油脱戊烷塔DA301在线水洗优化成果获中石化“技能创新成果”二等奖，年创效300多万元。他开设“劳模讲坛”，义务培训300多课时。2013年扬子石化“道德讲堂”举办欧光文职业道德宣讲专场。他先后获得公司标兵、市劳动模范称号和江苏省五一劳动奖章。2016年，当选为六合区人大代表。（李学军）

陈天强

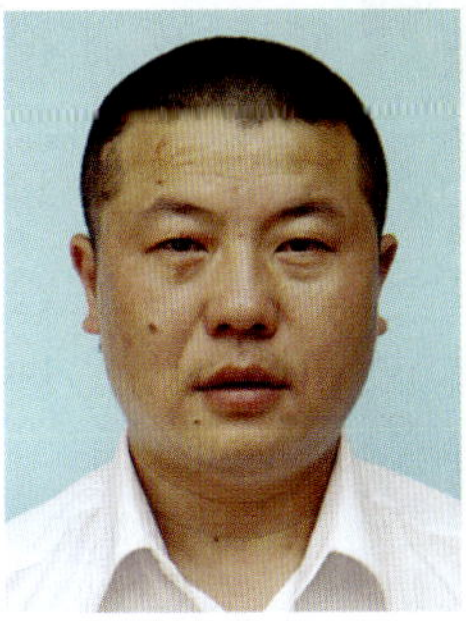

获2016年江苏省劳动模范称号。

陈天强，男，1968年9月生，南钢中板厂高级轧钢工。面对近年来严峻的钢铁市场形势，带领班组员工精细管理、创新突破，所在班组连续四个季度各项技术经济指标在中板厂排名第一，所在中板厂连续三年保持全国同行产线效能综合排名第一。他成功开发5毫米厚度钢板，并实现批量生产，填补中板厂投产30年来的品种空白。他积极参与超快冷的调试与运用，带头学习掌握钢种升级的工艺制度，严格检查督促班组超快冷岗位的工艺制度执行力。他所在班组的超快冷工艺达标率始终保持在100%，升级钢板型一次合格率在99%以上，成材率、性能合格率等重点技经指标均领先于国内同类型企业。2011—2016年，他提合理化建议20余条，其中“控制钢板表面麻坑缺陷和降低钢板瓢曲发生率”建议在提高一次合格率方面起到重要作用，创造经济效益500万元。

（吕宏禹）

吴长浩

获2016年江苏省劳动模范称号。

吴长浩，男，汉族，江苏南京人，1970年1月生，中共党员，大专文化，现为煤化工部浓硝装置工段长。他勤学能吃苦。2006年，投入10万吨/年硝酸镁浓硝装置建设，至产出合格产品，他一个多月只回两次家。2009年在新建12万吨/年硝镁法浓硝酸装置的工作中，他编写的一份《硝镁操作学习资料》，至今被众人学习。他勤思解难题。2011年，牵头组织降低稀镁含硝技术攻关获得成功，达到国内同行的先进水平。2012年他提出增加二次洗涤塔降低废水浓度和利用氧化氮压缩机将尾气送至稀硝装置的建议，实现环保清洁生产。2013年他参与“入龙”项目建设，为环保指标达标发挥不可替代的作用，当年浓硝产量刷新纪录，安全环保达标。他善管当表率。急难险重前他总是身先士卒、迎难而上,充分发挥班组长带头作用,带领班组在2015年的公司转型发展过程中实现装置环保、安全、人员、生产各方面稳定提优的目标。 (陈继宁)

张正宏

获2016年江苏省优秀党务工作者称号。

张正宏,男,1965年12月生,江苏南京人,1996年10月加入中国共产党,农艺师职称。历任六合县南门良种场技术员、副场长,县蔬菜开发公司经理,六合区农业局经济科副科长,瓜埠果园主任、支部书记,区农林局纪委副书记、绿委办副主任,竹镇镇大泉村党总支书记,竹镇镇副镇长、竹镇镇大泉村党委书记,六合现代农业管委会副主任、区竹镇镇党委委员、竹镇镇大泉村党委书记,六合现代农业管委会副主任、竹镇镇副镇长、竹镇镇大泉村党委书记。张正宏始终把一颗心扑在为民上、把全身力使在富民上、把满腔情系在惠民上。创新优化组织体系,争做强基固本铸魂的带头人。认真履行党建第一责任,切实强化基层组织政治功能和服务功能,构建"4+3"组织服务体系,通过村党委、8个党支部、21个党小组、26个党员中心户的四级架构,打造"支部+公司""支部+基地""支部+合作社"的新型组织建设模式。围绕美丽乡村建设,争做引领村级发展的开路人。大力开展美丽乡村建设,通过大力推进万顷良田工程建设高标准良田67.67公顷,实施村级发展"万千"工程,培育绿色产业。累计投入1000多万元,强化生态建设。组织带领全村塑造文明风尚,逐步形成尊老爱幼、邻里团结、崇尚科学、文明诚信的良好氛围。传承李元龙精神,争做联系服务群众的贴心人。构建民情收集网、民困帮扶网和民生保障网,为2170户农户建立家庭档案。全村每户他每年都要走访一次以上,写下厚厚的民情日记。2015年,帮助群众解决难事132件,形成"群众的家里常去、群众的难处多帮、群众的事情先办"的"李元龙式群众工作法"。2012年7月,被省委组织部表彰为"创先争优"优秀共产党员;2015年5月,被省委组织部、宣传部表彰为"吴仁宝式优秀村书记";同年7月,被市委表彰为"优秀党务工作者"。 (赵 雯)

苏恩本

获2016年省政府授予"江苏制造突出贡献奖技术创新领军人才先进个人"称号。

苏恩本,男,1966年3月生,江苏南京人,中共党员,博士研究生学历,博士学位,主任医师职称。历任省人民医院老年医学科临床医生、心内科临床医师、基蛋白生物科技股份有限公司董事长兼总经理。他带领公司团队立足于国际POCT市场,确立拥有知识产权的全自动免疫分析仪及配套试剂为发展重点,十年如一日,坚持创新,并以国内心血管、肾脏和炎症等空白领域为主线的发展思路,积累研发及管理经验,开拓海外市场,搭建国际创新与交流平台,引进先进技术、项目和人才,提高创新项目及产品的孵化能力。2012年,获"江苏省科技创业优秀民营企业家"称号;2013年12月,获"全国体外诊断行业先进个人"称号;2015年,获"南京市劳动模范"称号;2016年,获"第十五届南京好市民"称号。 (叶平生)

张 炎

获2016年南京市五一劳动奖章。

张炎,男,1982年12月生,中共党员,硕士研究生学历,现任扬子石化公司烯烃厂乙烯联合装置值班长。他是乙烯联合装置最年轻的值班长,也是扬子石化为数不多具有研究生学历的值班长。2015年,参加工作仅4年就获技师资格证书,他不仅能够熟练驾驭乙烯装置各岗位,而且带领轮班30多名员工,及时发现和正确处理上百项各类隐患,成功处理晃电等多起重大险情,并积极参与优化操作研究,提高岗位操作精细度,确保装置的安全稳定高效运行,为乙烯联合装置创造年度产量新纪录,为五项经济技术指标刷新历史最好水平做出贡献。他带领所在轮班获市"工人先锋号"称号,本人获市优秀团员、公司优秀员工等称号。2015年,他作为扬子公司班组长唯一代表,参加省总工会机冶石化系统班组长经验交流并获好评。

梁 愿

获 2016 年南京市五一劳动奖章。

梁愿，女，1978 年 1 月生，中共党员，本科学历，现任扬子石化公司质检中心材料化验室化验员。她于 2001 年毕业于南京师范大学金陵女子学院会计电算化专业，分配到扬子石化从事分析检验工作。她自学相关专业资料，刻苦钻研分析技术，只用半年时间就通过上岗考核，是质检中心出名的学习达人。她学以致用，提出改进熔融指数仪和红外光谱仪维护与操作法、优化中控检验流程等合理化建议，降低仪器故障发生率，年节约维修费用 10 万元，提高工作效率，节约人力成本 40 万元。2015 年，她参加中石化集团公司水质化验比赛获铜牌；参加南京化学分析工技能大比武，获得银牌；获 2015 年公司优秀员工称号。

汪 洋

获 2016 年南京市五一劳动奖章。

汪洋，男，1975 年 1 月生，中共党员，博士研究生学历，现任扬子石化公司南京研究院有机所主任师，教授级高工。他主要从事 PTA 工艺过程研究、芳烃技术研究、烟气脱硫技术等相关研究工作，努力通过科研工作提高为生产装置服务的能力，注重科技成果的工业应用。申请发明专利 20 项，授权 10 项，参与编著《芳烃技术》一书。在 PTA 工艺研究领域，开发的 TA 加氢精制工艺优化方法、醋酸甲酯回用方法等获得工业应用；开发的醋酸—水分离工艺、PTA 回用水优化工艺等拟进行工业应用。在芳烃技术领域，开发的裂解碳九及重芳烃综合利用工艺包具备工业应用的基础。参与开发改善航煤水分离指数技术研究，2015 年半年创效 1200 万元；参与开发 C8+汽油脱色技术，同年 3 个月创效 400 万元；参与开发正构烷烃工艺技术，于 2016 年工业应用，预期可创效 4500 万元/年。他围绕“大众创业、万众创新”的要求，以榜样的力量带领科研团队投身扬子石化的科技创新，紧贴生产，服务一线，创新创效，所在团队获公司工人先锋号称号，个人先后获中石化闵恩泽青年科技人才、公司标兵、十佳杰出青年岗位能手等荣誉。2016 年 4 月获南京市“大众创业，万众创新”立功竞赛创新先进个人称号。

（李学军）

代秀洋

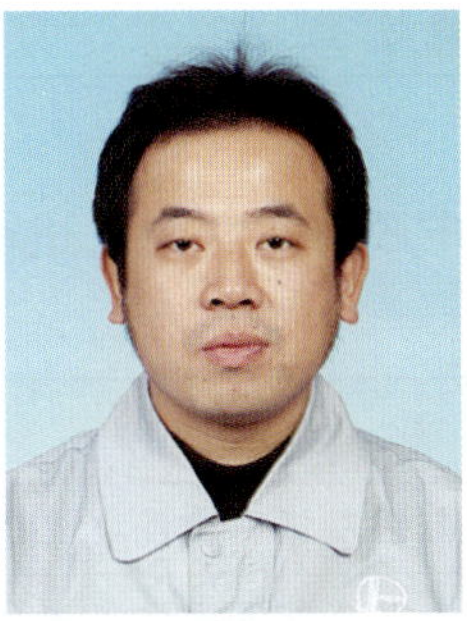

获 2016 年南京市五一劳动奖章。

代秀洋，男，1981 年生，汉族，安徽定远人，大学学历，中共党员，橡胶化学品部 TMQ 装置主任、高级工程师，2015 年南化公司模范党员。2004 年大学毕业后，他选择通过自己努力，和 TMQ 装置一起成长。在工作中兢兢业业，为装置稳定生产提供技术支撑；在生产上精益求精，不断探索优化措施；在技术上攻坚克难，带出一个作风和技能过硬的团队；在管理上以身作则，打造一支和谐团结的干部职工队伍。在他的带领下，装置规模由年产 6000 吨发展到 3 万吨，产量逐步提高，成本不断降低，质量、消耗在国内处于领先水平，产品市场占有率超 35%；2015 年创效 3800 多万元；连续 3 年被公司评为先进装置。他也逐步成长为一名优秀的基层管理干部，成为运行部的技术和管理骨干，先后获公司“十佳青年”“模范党员” 及中石化“青年岗位能手”等多项称号；装置被评为“南京市模范职工小家”；装置运行三班获“江苏省模范职工小家”称号。

赵 越

获 2016 年南京市五一劳动奖章。

赵越，男，1964 年生，汉族，高中学历，江苏南京人，中共党员，南化公司检维修部电修分部电试班班长。他长期从事化工生产装置的电气设备维护修理及调试工作，对 110 千伏总降主变保护、发电机保护、同步电动机励磁控制装置、电雾除尘控制装置、高压电气设备进行预防性试验以及其他电子设备控制装置的故障排查修理与调试工作有较丰富的工作经验。以他名字命名的创新工作室先后完成攻关课题20多项,发现各种电气故障隐患118起。其中"大化肥站区1#发电机保护装置改造与励磁装置检修""如何实现低压电动机抗晃电""五配高压综合保护装置WDZ400故障排查"等成果发表获上级好评,为化工稳定生产解决较大的难题数十件。2015年,他义务加班上百小时,带领班组完成420多项工作任务,被评为2015年南化公司模范党员,班组获过"南京市工人先锋号""江苏省工人先锋号""南京市五一劳动奖状"等称号。本人先后获中石化技术能手,南京市技术能手、创新能手等称号。

田先国

获2016年南京市五一劳动奖章。

田先国,男,1967年12月生,汉族,江苏丹徒人,大学学历,南化研究院催化剂研究所专题组组长,高级工程师。田先国等人完成的创新成果"NWS-1型湿法转化用钒催化剂"获评南京市第五届职工十大科技创新成果,被授予南京市五一劳动奖章。

李永贵

获2016年南京市五一劳动奖章。

李永贵,男,1964年7月生,汉族,湖北兴山人,大学学历,南化公司煤化工部安全总监。李永贵等人的"稀硝装置开停车过程中放空氨气回收"优化操作法被评为南京市第五届职工"十大操作法",被授予南京市五一劳动奖章。

(陈继宁)

先进个人

2016年六合区受到省部级表彰的先进个人一览表

表58

姓　名	工作单位	称　号	授予单位
王祝林	冶山卫生院	全国乡镇卫生院优秀院长	国家卫生和计划生育委员会
张正宏	竹镇镇大泉村	省优秀党务工作者	中共江苏省委
苏恩本	基蛋生物科技股份有限公司	省技术创新领导军人才	江苏省人民政府
欧光文	扬子石化	省劳动模范	中共江苏省委、江苏省人民政府
吴长浩	南化公司	省劳动模范	中共江苏省委、江苏省人民政府
陈天强	南钢公司	省劳动模范	中共江苏省委、江苏省人民政府
方兆椿	邮政六合分公司	省劳动模范	中共江苏省委、江苏省人民政府
朱春华	春华家庭农场	省劳动模范	中共江苏省委、江苏省人民政府
刘传宝	程桥河北纯农金发种植专业合作社	省劳动模范	中共江苏省委、江苏省人民政府
李道龙	金牛湖街道马头山村	省劳动模范	中共江苏省委、江苏省人民政府

2016年六合区受到市委、市政府表彰的先进个人一览表

表59

姓　名	工作单位	称　号	授予单位
戚厚春	六合公安分局	2015—2016年度南京市作风建设先进个人	中共南京市委、南京市人民政府
陈　刚	区委办公室	2015—2016年度南京市作风建设先进个人	中共南京市委、南京市人民政府

续表 59

姓　名	工作单位	称　　号	授予单位
吴杏冉	区政务办公室	2015-2016 年度南京市作风建设先进个人	中共南京市委、南京市人民政府
罗永萍	马鞍街道	2015-2016 年度南京市作风建设先进个人	中共南京市委、南京市人民政府
林　龙	雄州街道	2015-2016 年度南京市作风建设先进个人	中共南京市委、南京市人民政府
韩树龙	龙袍装卸搬运有限公司	优秀共产党员	中共南京市委
叶玲莉	程桥街道	优秀共产党员	中共南京市委
陈勇林	葛塘街道	优秀共产党员	中共南京市委
郑　武	马鞍街道	优秀党务工作者	中共南京市委
陶　孟	南京洁城环境工程有限公司	优秀党务工作者	中共南京市委
周春云	雄州街道	优秀党务工作者	中共南京市委
任清和	雄州街道红山窑村东小林 21 号	南京市见义勇为先进分子	南京市人民政府
龚福琴	马鞍街道黄赵村余窑组 22 号	南京市见义勇为先进分子	南京市人民政府

先进集体

2016 年六合区受到省部级表彰(命名)的先进集体一览表

表 60

单　位	称　　号	授予单位
竹镇镇	先进基层党组织	中共江苏省委
教育局	促进义务教育均衡发展先进单位	江苏省人民政府

2016 年六合区受到市委、市政府表彰(命名)的先进集体一览表

表 61

单　　位	称　　号	授予单位
六合区竹镇镇党委	先进基层党组织	中共南京市委
六合区马鞍中心小学党支部	先进基层党组织	中共南京市委
六合区农业技术推广中心党支部	先进基层党组织	中共南京市委
六合区长芦街道	2016 年度郊区街镇分类考核先进制造业主导型三等奖	中共南京市委,南京市人民政府
六合区竹镇镇	2016 年度郊区街镇分类考核发展奖,现代农业主导型一等奖	中共南京市委,南京市人民政府
六合区	2016 年度市对区经济社会发展目标考核三等次	中共南京市委,南京市人民政府

综　　合

2016 年六合区社会经济主要指标一览表

表 62

指　　标	2016 年实绩	比上年增长(%)
土地面积(平方千米)	1471.0	–
户籍总人口(人)	908897.0	0.6
地区生产总值(当年价)(亿元)	804.5	8.0
其中:第一产业(亿元)	61.8	2.1
第二产业(亿元)	421.4	7.6
其中:工业(亿元)	363.2	2.1
第三产业(亿元)	321.4	9.8
人均生产总值(评价口径)(元)	85626.0	6.0
全部工业总产值(当年价)(亿元)	1541.6	1.7
规模以上工业总产值(亿元)	1485.6	1.5
社会消费品零售额(亿元)	381.5	10.1
当年注册外资实际到账(万美元)	37378.0	80.4
接待旅游人数(万人次)	859.0	15.0
旅游总收入(亿元)	99.9	15.0
财政总收入(亿元)	254.4	12.1
公共财政预算收入(亿元)	98.6	18.9
公共财政预算支出(亿元)	86.5	15.0
从业人员平均年工资(元)	74864.0	10.3

续表 62

指　　标	2016 年实绩	比上年增长(%)
私营企业户数(户)	31063.0	29.7
私营企业注册资金(亿元)	1961.4	192.5
个体工商业户数(户)	47929.0	10.0
个体工商业注册资金(亿元)	32.2	18.7
城镇居民可支配收入(元)	46417.0	8.3
农民人均纯收入(元)	20623.0	8.5

工　业

2016 年六合区工业企业主要指标一览表

表 63

指　　标	企业数(个)	规模以上企业数(个)	工业总产值(当年价)(万元)	规模以上工业总产值(万元)
总　　计	3659	484	15415977	14855895
园区工业	407	91	3033550	2946306
街镇工业	2513	217	4146753	3840376
化学工业园	739	176	8235674	8069213

农　业

2016 年六合区农林牧渔业主要指标一览表

表 64

指　　标	2016 年实绩(万元)	比上年增长(%)
农林牧渔业总产值(现行价)	1060118	9.5
农业产值	711555	10.1
林业产值	55430	21.2
畜牧业产值	101670	−1.2
渔业产值	154903	11.2
农林牧渔服务业产值	36560	8.3

交通、邮政、电信、供电

2016年六合区交通、邮政、电信、供电主要指标一览表

表65

指　　标	单位	2016年实绩	比上年增长(%)
交通运输业务			
年末公路通车里程	千米	2689.6	0
公路客运量	万人次	4802.8	970.1
公路货运量	万吨	3125.0	-5.0
水上货运量	万吨	2794.0	16.5
内河港口货物吞吐量	万吨	35.0	0
邮政业务			
邮政业务量	万元	15327.0	-11.4
国内平常信函	万件	26.5	-94.9
国内包裹	万件	136.5	333.5
电信业务			
电话用户	万户	10.8	0
手机用户	万户	13.0	0
因特网注册用户	万户	9.2	0
供电业务			
全社会用电总计	万千瓦时	1518984.0	1.6
其中:居民生活用电	万千瓦时	60242.0	21.3
全行业用电	万千瓦时	1458743.0	0.9

国内商业

2016年六合区社会消费品零售总额一览表

表66　　单位:万元

指　　标	2016年实绩	比上年增长(%)
社会消费品零售总额(评价口径)	3634344	10.2
批发零售业	2962315	8.4
1.批发业	358257	14.8
2.零售业	2604057	7.6
住宿餐饮业	672030	18.8
1.住宿业	103912	38.0
2.餐饮业	568118	15.9

对外经济

2016年六合区全社会外向型经济主要指标一览表

表67

指　　标	计量单位	2016年实绩
当年协议注册外资	万美元	30280
当年注册实际到账外资	万美元	37378
当年进出口总额	亿元	122.5
当年全区外贸出口	亿元	72.2
服务外包执行额	万美元	35896
其中离岸外包执行额	万美元	18421
新批外资项目	个	35

财政、金融

2016年六合区财政、金融主要指标一览表

表68

计量单位:亿元

指　　标	2016年实绩	比上年增长(%)
财政收入	254.4	12.1
其中:国税收入	186.7	14.0
地税收入	54.0	6.8
公共财政预算收入	98.6	18.9
公共财政预算支出	86.5	15.0
年末金融机构存款余额	1067.2	15.0
其中:居民储蓄存款余额	460.1	5.2
年末金融机构贷款余额	749.5	23.0

教　　育

2016年六合区中小学基本情况一览表

表69

指　　标	学校(所)	在校学生(人)	教职工(人)
普通中学	25	18490	2602
小学	32	28332	1716

续表 69

指　　标	学校(所)	在校学生(人)	教职工(人)
幼儿园	67	15506	1789
特殊教育	1	123	31

文化、体育、卫生

2016 年六合区文化、体育事业基本情况一览表

表 70

指　　标	计量单位	2016 年实绩	比上年增长(%)
一、公用图书馆情况			
1.机构数	个	2	0
2.藏书	千册	380	-12.0
3.总流通人数	千人次	482.5	835.1
二、文化馆(站)情况			
1.机构数	个	2	0
2.组织文艺活动次数	次	136	28.3
3.举办展览次数	次	21	23.5
三、体育事业情况			
1.举办区级体育比赛	次	20	-20.0
2.参加各种体育比赛人数	万人	2.1	40.0
3.参加省市体育比赛获奖牌数	块	189	73.4
4.社会体育指导人数	人	3032	-5.7

2016 年六合区医疗卫生基本情况一览表

表 71

指　　标	计量单位	2016 年实绩	比上年增长(%)
机构数	个	292	-1.0
医院	个	12	9.1
其中:综合医院	个	8	0
中医医院	个	3	50.0
卫生服务中心	个	22	0
卫生机构床位数	张	3327	-6.9
其中:医院	张	2784	-7.6
卫生技术人员	人	5619	7.2
其中:执业医师及执业助理医师	人	2074	15.9

物价、人民生活

2016年六合区百户城镇居民家庭经济主要指标一览表

表72

指　　标	2016年实绩	指　　标	2016年实绩(元)	各项收入占居民收入比重(%)
平均每户家庭常住人口(人)	2.96	人均生活消费支出	29468	100
平均每户就业人员(人)	1.66	一、食品烟酒	7740	26.3
每就业者负担人口(包含本人)(人)	1.78	二、衣着	2522	8.6
人均消费性支出(元)	29468	三、居住	4362	14.8
人均住房建筑面积(平方米)	35.75	四、生活用品及服务	2127	7.2
人均全年可支配收入	46147	五、医疗保健	1639	5.6
其中：工资性收入(元)	27663	六、交通和通信	4001	13.6
		七、教育文化和娱乐活动	6218	21.1
		八、其他商品和服务	859	2.9

2016年六合区百户农村居民家庭经济主要指标一览表

表73

指　　标	2016年实绩	指　　标	2016年实绩(元)	各项收入占居民收入比重(%)
平均每户常住人口(人)	3.63	人均生活消费支出	16214	100
平均每个劳动力负担人口(人)	1.25	一、食品烟酒	4861	30
百户就业劳动力人数	290	二、衣着	1714	10.6
其中：男劳动力	132	三、居住	2083	12.8
整劳动力	134	四、生活用品及服务	799	4.9
人均住房建筑面积(平方米)	53.7	五、交通和通信	2359	14.5
人均全年可支配收入(元)	20623	六、教育文化娱乐	3259	20.1
		七、医疗保健	513	3.2
		八、其他用品和服务	626	3.9

晋升高级职称人员名录

2016年六合区晋升高级职称人员一览表

表 74

姓　名	性别	籍　贯	出生年月	毕业时间	毕业院校及学历	工作单位及职务	现职称
朱　莉	女	江苏南京	1973-01	2008-01	东南大学本科	六合区人民医院	主任医师
陈　河	男	江苏淮安	1969-07	2002-07	南京中医药大学本科	六合区中医院	主任中医师
李有林	男	江苏南京	1962-09	2008-06	南京中医药大学本科	六合区中医院	主任中药师
张　锋	男	江苏南京	1972-09	2008-01	南京医科大学本科	六合区龙袍街道东沟社区卫生服务中心	社区主任医师
沈兆才	男	江苏南京	1966-08	2008-12	中央党校本科	六合区雄州街道经济发展服务中心	高级经济师
徐惠玉	女	江苏南京	1976-09	2000-06	南京经济学院本科	南京市规划局六合分局	高级会计师
顾正森	男	江苏南京	1978-07	2008-07	南京大学本科	南京市六合区财政局	高级会计师
吴军华	女	江苏南京	1979-11	2003-06	东南大学本科	六合区人民医院	副研究员
韩兆华	女	江苏南京	1972-11	2013-07	徐州医学院本科	六合区马鞍街道社区卫生服务中心	副主任医师
鲍邦龙	男	江苏南京	1974-10	1997-07	皖南医学院本科	六合区人民医院	副主任医师
戴亚娟	女	江苏南京	1978-12	2002-06	东南大学本科	六合区人民医院	副主任医师
郭爱平	女	湖北黄冈	1978-09	2007-06	东南大学硕士研究生	六合区人民医院	副主任医师
金光喜	男	江苏南京	1979-12	2002-06	南通大学本科	六合区人民医院	副主任医师
李　枫	女	江苏南京	1981-11	2004-07	南京医科大学本科	六合区人民医院	副主任医师
刘文增	男	山东文登	1981-06	2007-06	苏州大学硕士研究生	六合区人民医院	副主任医师
孙树松	男	江苏南京	1974-05	2010-06	南通大学硕士研究生	六合区人民医院	副主任医师
汤虎成	男	江苏南通	1974-12	2003-07	南京医科大学本科	六合区人民医院	副主任医师
王　臻	男	江苏南京	1978-12	2013-06	南京医科大学硕士研究生	六合区人民医院	副主任医师
翁　伟	男	江苏南京	1978-02	2004-07	南京医科大学本科	六合区人民医院	副主任医师
张　斌	男	江苏南京	1976-03	2004-07	徐州医学院本科	六合区人民医院	副主任医师

续表 74

姓　名	性别	籍　贯	出生年月	毕业时间	毕业院校及学历	工作单位及职务	现职称
张建平	女	江苏盐城	1979-03	2003-06	扬州大学本科	六合区人民医院	副主任医师
曹艳春	女	江苏南京	1971-04	2011-01	南京医科大学本科	六合区中医院	副主任医师
经　者	女	江苏徐州	1981-01	2007-06	南京中医药大学硕士研究生	六合区人民医院	副主任中医师
杨新贵	男	江苏南京	1976-11	2009-01	南京中医药大学本科	六合区人民医院	副主任中医师
尤翠兰	女	江苏南通	1982-01	2008-06	扬州大学硕士	六合区人民医院	副主任中医师
吴亚靓	女	江苏南京	1976-03	2005-07	南京中医药大学本科	六合区中医院	副主任中医师
万志玉	男	江苏南通	1979-07	2008-01	南京医科大学本科	六合区程桥街道社区卫生服务中心	社区副主任技师
陈家军	男	江苏盐城	1975-12	2002-12	南京医科大学专科	六合区龙袍街道东沟社区卫生服务中心	社区副主任医师
陈安朝	男	江苏南京	1970-09	1998-07	白求恩医科大学专科	六合区马鞍街道马集社区卫生服务中心	社区副主任医师
钟科林	男	江苏南京	1970-11	2003-12	南京医科大学专科	六合区马鞍街道马集社区卫生服务中心	社区副主任医师
杜传国	男	江苏南京	1964-07	1996-07	江苏职工医科大学专科	六合区竹镇镇社区卫生服务中心	社区副主任医师
陈国庆	男	江苏南京	1977-08	2000-06	南京中医药大学专科	六合区马鞍街道马集社区卫生服务中心	社区副主任中医师
徐宝槽	男	江苏南京	1966-11	2000-12	南京中医药大学专科	六合区马鞍街道社区卫生服务中心	社区副主任中医师
叶强兵	男	江苏盐城	1975-10	2002-06	南京医科大学本科	六合区竹镇镇社区卫生服务中心	社区副主任中医师
杨　俊	女	江苏南京	1971-09	2012-01	中国药科大学本科	六合区人民医院	副主任中药师
刘学俊	男	江苏南京	1965-06	2012-01	南京中医药大学本科	六合区中医院	副主任中药师
俞学林	男	江苏南京	1974-01	2010-01	中国药科大学本科	六合区程桥街道社区卫生服务中心	社区副主任药师
苏　琴	女	江苏南京	1975-01	2014-07	北京中医药大学本科	六合区横梁街道新篁社区卫生服务中心	社区副主任药师
袁　军	男	江苏南京	1971-05	2008-01	中国药科大学专科	六合区金牛湖街道社区卫生服务中心	社区副主任药师
何凤红	女	江苏南京	1974-10	2012-03	扬州大学本科	六合区人民医院	副主任护师
邱明梅	女	江苏苏州	1981-11	2008-06	南京医科大学本科	六合区人民医院	副主任护师
万凤梅	女	江苏南京	1975-04	2006-12	南京医科大学本科	六合区人民医院	副主任护师
朱美玲	女	江苏南京	1976-02	2007-06	南京医科大学本科	六合区程桥街道社区卫生服务中心	社区副主任护师
戴　霞	女	江苏南京	1977-09	2013-07	扬州大学本科	六合区马鞍街道社区卫生服务中心	社区副主任护师
田玉霞	女	江苏南京	1978-11	2009-01	江苏职工医科大学专科	六合区冶山街道社区卫生服务中心	社区副主任护师
王桂平	男	江苏南京	1977-09	2001-08	南京晓庄学院本科	六合区棠城学校	高级教师
黄宗明	女	江苏南京	1979-05	2001-08	南京师范大学本科	六合区实验高级中学	高级教师
董　永	男	江苏南京	1977-07	1999-12	南京师范大学本科	江苏省六合高级中学	高级教师
秦家松	男	江苏南京	1970-01	2003-06	江苏教育学院本科	江苏省六合高级中学	高级教师
唐晓琴	女	江苏南京	1970-11	2005-12	江苏教育学院本科	六合区实验高级中学	高级教师
戴家俊	男	江苏南京	1975-12	2002-07	扬州大学本科	六合区棠城学校	高级教师
周德祥	男	江苏南京	1970-12	2004-07	南京师范大学本科	江苏省六合高级中学	高级教师
孙　敏	女	江苏南京	1980-10	2003-06	淮阴师范学院本科	六合区棠城学校	高级教师
林瑞清	男	江苏南京	1972-03	2004-07	南京晓庄学院本科	六合区棠城学校	高级教师
陈　芳	男	江苏南京	1962-10	2009-12	东北师范大学本科	六合区实验高级中学	高级教师
邓　超	男	江苏南京	1976-01	2008-04	南京晓庄学院本科	六合区棠城学校	高级教师
曹　峰	男	江苏南京	1976-01	2004-07	南京晓庄学院本科	六合区双语小学雄州分校	高级教师

续表 74

姓　名	性别	籍　贯	出生年月	毕业时间	毕业院校及学历	工作单位及职务	现职称
黄美琴	男	江苏南京	1974-10	2004-06	南京师范大学本科	六合区六城中心幼儿园	高级教师
吴　芳	女	江苏南京	1976-10	2013-06	华中师范大学硕士研究生	六合区复兴路幼儿园	高级教师
汪素梅	女	江苏南京	1975-09	2009-06	南京师范大学本科	六合区龙池初级中学	高级教师
王新祥	男	江苏南京	1969-09	2009-04	南京晓庄学院本科	六合区竹程中学	高级教师
常谦国	男	江苏南京	1976-10	2006-06	江苏教育学院本科	六合区雄州初级中学	高级教师
柏文清	男	江苏南京	1969-10	2008-12	东北师范大学本科	南京市六合区马集初级中学	高级教师
张志诚	男	江苏南京	1977-11	2008-06	江苏教育学院本科	南京市六合区马鞍初级中学	高级教师
邹从平	男	江苏南京	1975-02	2013-06	南京师范大学硕士研究生	六合区程桥高级中学	高级教师
程继宏	男	江苏南京	1980-01	2002-08	南京晓庄学院本科	六合区龙袍初级中学	高级教师
陈　梅	男	江苏南京	1980-06	2002-08	南京晓庄学院本科	六合区横梁初级中学	高级教师
曹步兵	男	江苏南京	1973-03	2009-07	南京师范大学硕士研究生	六合区竹镇乌石中学	高级教师
张红梅	男	江苏南京	1968-02	1996-07	南京师范大学本科	六合区玉带初级中学	高级教师
余守红	女	江苏南京	1979-01	2007-01	南京师范大学本科	六合区雄州初级中学	高级教师
张金花	男	江苏南京	1978-03	2008-06	南京体育学院本科	六合区竹镇民族中学	高级教师
李　敏	女	江苏南京	1975-04	2009-04	南京晓庄学院本科	六合区程桥高级中学	高级教师
李光宏	女	江苏南京	1976-02	2007-06	南京师范大学本科	六合区瓜埠初级中学	高级教师
殷小波	女	江苏南京	1971-05	2004-06	南京师范大学本科	六合区程桥高级中学	高级教师
郑汉友	男	江苏南京	1973-09	2007-12	南京师范大学本科	六合区仕金学校	高级教师
李会明	女	江苏南京	1977-12	2007-10	江苏广播电视大学本科	六合区雄州初级中学	高级教师
马恩龙	男	江苏南京	1961-07	2009-06	东北师范大学本科	六合区马集初级中学	高级教师
任良俊	女	江苏南京	1973-04	2004-07	南京师范大学本科	六合区冶山初级中学	高级教师
肖东光	男	江苏南京	1978-06	2002-07	南京师范大学本科	六合区程桥高级中学	高级教师
许红霞	女	江苏南京	1967-12	1993-07	南京师范大学本科	六合区玉带初级中学	高级教师
薛　飞	男	江苏南京	1978-03	2001-07	扬州大学本科	六合区程桥高级中学	高级教师
张爱慧	女	江苏南京	1977-08	2000-12	江苏教育学院本科	六合区龙池小学	高级教师
郑雪锋	男	江苏南京	1978-09	2007-01	江苏广播电视大学本科	六合区横梁街道明德小学	高级教师
葛洪莽	男	江苏南京	1977-04	2008-04	南京晓庄学院本科	六合区程桥中心小学	高级教师
叶　军	男	江苏南京	1972-04	2010-01	南京晓庄学院本科	六合区灵岩小学	高级教师
梅　红	女	江苏南京	1980-11	2008-12	南京师范大学本科	六合区特殊教育学校	高级教师
欧先群	男	江苏南京	1965-03	2012-01	南京晓庄学院本科	六合区龙袍中心小学	高级教师
查玉国	男	江苏南京	1974-01	2008-04	南京晓庄学院本科	六合区竹镇镇泉水小学	高级教师
石玉萍	女	江苏南京	1977-01	2009-01	南京师范大学本科	六合区长山小学	高级教师
赵定喜	男	江苏南京	1971-02	2004-07	南京晓庄学院本科	六合区马鞍街道大圣小学	高级教师
于学涛	男	江苏南京	1963-09	2009-07	南京艺术学院本科	六合区竹镇镇民族小学	高级教师
李　萍	女	江苏南京	1962-08	2005-10	江苏广播电视大学本科	六合区马鞍中心幼儿园	高级教师
穆　俊	女	江苏南京	1973-07	2015-07	东北师范大学本科	六合区金牛湖中心幼儿园	高级教师
王　静	女	江苏南京	1979-05	2003-07	江苏理工学院本科	南京六合中等专业学校	高级讲师

续表 74

姓　名	性别	籍　　贯	出生年月	毕业时间	毕业院校及学历	工作单位及职务	现职称
李翠楠	女	江苏南京	1967–09	2010–12	扬州大学硕士研究生	南京六合中等专业学校	高级讲师
张　琪	男	江苏南京	1978–05	2011–06	南京师范大学硕士研究生	南京六合中等专业学校	高级讲师
黄　健	男	江苏南京	1980–07	2003–07	江苏理工学院本科	南京六合中等专业学校	高级讲师
谢晓海	男	江苏南京	1976–01	1987–07	南京师范大学硕士研究生	南京市六合区教师发展中心	高级讲师
叶玉霞	女	江苏南京	1976–07	2015–01	南京农业大学本科	六合区马鞍街道农业服务中心	高级农艺师
陈晓梅	女	江苏南京	1978–03	2014–02	四川农业大学本科	六合区农业技术推广中心	高级农艺师
强雪峰	男	江苏南京	1966–03	1999–06	扬州大学专科	六合区马鞍街道农业服务中心	高级农艺师
滕　清	男	江苏南京	1979–11	2015–02	四川农业大学本科	六合区农业科学研究所	高级农艺师
杨步银	男	江苏南京	1975–02	2015–02	四川农业大学本科	六合区农业技术推广中心	高级农艺师
孙保权	男	江苏南京	1969–01	1992–07	南京农业大学本科	六合区第二畜牧兽医站	高级兽医师
谷修萍	女	江苏南京	1972–02	2006–07	江苏畜牧兽医职业技术学院本科	六合区第二畜牧兽医站	高级兽医师
吴　磊	男	江苏淮安	1981–05	2005–07	中国传媒大学本科	六合区广播电视网络传输服务中心	高级工程师
侯宏江	男	江苏南京	1976–12	1998–07	南京农业专科学校专科	六合区凤凰山公园	高级工程师
叶家春	男	江苏南京	1963–04	1992–07	东南大学专科	六合区农机总站	高级工程师

2016 年南京化学工业园区晋升高级职称人员一览表

表 75

姓　名	性别	出生年月	毕业时间	毕业院校及学历	工作单位	现职称
杨明勇	男	1969–11	2007–01	南京师范大学	南京市九龙小学	高级教师
黄德俊	男	1978–07	2010–04	南京晓庄学院	南京市扬子第三小学	高级教师
翟丽华	女	1972–10	2008–01	南京晓庄学院	南京市扬子第四小学	高级教师
余东兰	女	1972–09	1995–07	新疆喀什师范学院	南京南化第二中学	高级教师
羌锋建	男	1974–07	2001–06	南京师范大学	南京市扬子第一中学	高级教师
孙　剑	男	1976–11	2000–07	南京师范大学	南京市旭东中学	高级教师
马伟远	男	1980–06	2003–07	陕西师范大学	南京市旭东中学	高级教师
文　敏	女	1977–09	2000–07	四川师范学院	南京市大厂高级中学	高级教师
程冬梅	女	1977–01	2000–06	四川师范学院	南京市大厂高级中学	高级教师
倪良丽	女	1978–11	2000–06	南京气象学院	南京师范大学附属扬子中学	高级教师
陈　云	女	1979–04	2003–07	徐州师范学院	南京师范大学附属扬子中学	高级教师
唐振刚	男	1981–01	2007–03	南京晓庄学院	南京民办育英第二外国语学校	高级教师
刘学俊	男	1979–12	2015–01	华中师范大学	南京民办育英第二外国语学校	高级教师
王红艳	女	1975–12	1998–07	河南师范大学	南京民办育英第二外国语学校	高级教师
许　俊	女	1978–03	2005–06	南京师范大学	南京民办育英第二外国语学校	高级教师
田晓燕	女	1972–08	2010–01	中央广播电视大学	南京市大厂实验幼儿园	高级教师
丁宇清	女	1972–01	2009–04	南京晓庄学院	扬子幼教科第六幼儿园	高级教师

续表 75

姓　名	性别	出生年月	毕业时间	毕业院校及学历	工作单位	现职称
周宏成	男	1971—10	2009—01	华中师范大学	南京市长城中学	高级教师
彭香红	女	1966—09	2009—01	东南大学预防医学	南京市六合区疾病预防控制分中心	主任医师
陈　燕	女	1975—12	2011—01	江苏大学	南京市大厂医院	副主任技师
史红梅	女	1974—01	2014—07	北京中医药大学	南京市大厂医院	副主任护师
王巧英	女	1968—12	2013—07	扬州大学	南京市大厂医院	副主任护师
张红梅	女	1969—07	2013—07	扬州大学	南京市大厂医院	副主任护师
徐金翔	男	1970—07	2011—01	南京医科大学	南京市大厂医院	副主任医师
朱伟宏	女	1977—02	2008—01	南京医科大学	南京市大厂医院	副主任医师
严贵其	男	1959—11	2013—07	徐州医学院	南京市六合区疾病预防控制分中心	副主任医师
强惟涛	男	1972—09	2012—07	南京医科大学	南京南钢医院	副主任医师
谢学芹	女	1977—04	2006—12	南京医科大学	南京市六合区长芦街道社区卫生服务中心	社区副主任护师
章桂娟	女	1970—10	2010—06	南京医科大学	南京市六合区大厂街道大厂社区卫生服务中心	社区副主任护师
谢莲娟	女	1973—10	2013—07	东南大学	南京市六合区大厂街道大厂社区卫生服务中心	社区副主任医师
呙明蓉	女	1974—12	2012—07	上海交通大学	南京市六合区大厂街道大厂社区卫生服务中心	社区副主任护师
沈朝霞	女	1972—06	2010—01	东南大学	南京市六合区大厂街道大厂社区卫生服务中心	社区副主任护师
葛玉霞	女	1971—07	2012—01	厦门大学	南京市六合区大厂街道大厂社区卫生服务中心	社区副主任护师
余锡军	男	1973—06	2010—01	南京医科大学	南京市六合区葛塘街道社区卫生服务中心	社区副主任医师

2016 年南京化工技师学院晋升高级职称一览表

表 76

姓　名	性别	籍　　贯	出生年月	毕业时间	毕业何校何专业	工作单位	行政职务	现职称
孙继胜	男	江苏南京	1956.12	1982—02	南京工学院/电子技术	南京化工技师学院	教师	高级讲师

主要文件目录

2016 年中共六合区委主要文件目录一览表

表 77

文号	发文日期	标　　题
1	1 月 5 日	关于制定六合区国民经济和社会发展第十三个五年规划的建议
2	占	关于印发《六合区 2016 年经济社会发展目标》的通知
3	5 月 25 日	关于印发《六合区 2016 年街镇、区属园区经济和社会发展工作目标考核办法》的通知
4	1 月 15 日	关于印发《六合区深化文化体制改革实施方案》的通知
5	2 月 5 日	关于印发《中共南京市六合区委常委会 2016 年工作要点》的通知
6	2 月 14 日	关于印发《2016 年六合区十项民生实事工程》的通知
7	2 月 22 日	关于表彰 2015 年度区级机关作风建设人民满意单位、先进单位和争先进位的决定
8	2 月 23 日	关于印发《南京市六合区政府职能转变和机构改革实施意见》的通知
10	3 月 14 日	关于印发《六合区 2016 年政治建设工作目标》的通知

续表 77

文号	发文日期	标　　题
11	3月14日	关于印发《六合区2016年生态文明建设工作目标》的通知
12	3月18日	关于印发《六合区2016年文化建设工作目标》的通知
13	3月18日	关于印发《六合区2016年社会建设工作目标》的通知
14	4月22日	印发《区委落实党风廉政建设主体责任项目清单》和《区纪委落实党风廉政建设监督责任项目清单》的通知
16	5月17日	关于落实发展新理念加快农业现代化进程,建设"强富美高"新农村的实施意见
17	5月18日	印发《关于进一步加强"三重一大"事项决策和监管的实施办法》的通知
18	5月18日	印发《关于区领导进一步改进工作作风、密切联系群众的有关规定》的通知
19	5月25日	关于表彰2015年度完成全区经济社会发展目标先进单位的决定
20	6月14日	关于表彰2015年度区12345政务热线群众诉求办理工作先进单位、先进个人的决定
21	6月21日	关于贯彻落实供给侧结构性改革的实施意见
22	6月29日	关于表彰优秀共产党员、优秀党务工作者和先进基层党组织的决定
24	7月8日	关于促进六合区"十三五"期间社区教育发展的实施意见
25	7月20日	关于印发《六合区落实党风廉政建设责任制检查考核办发(试行)》的通知
26	8月11日	关于印发《中共南京市六合区委员会工作规则》的通知
27	8月11日	关于印发《中共南京市六合区委常委会议事决策规则》的通知
28	9月1日	关于做好全区村、社区党组织换届工作的实施意见
30	9月7日	转发《中共南京市六合区人大常委会党组关于做好我区区镇两级人民代表大会换届选举工作的意见》的通知
31	9月23日	转发《区委宣传部、区司法局关于在全区公民中开展法治宣传教育的第七个五年规划(2016-2020年)》的通知
32	12月8日	关于印发《关于加快我区特色小镇建设的实施意见》的通知
33	10月13日	印发《关于深入贯彻"创业南京"人才计划建设"创业六合"的实施办法》的通知
34	10月13日	印发《关于进一步调整优化人才工作运行机制的实施意见》的通知
35	10月14日	关于开展巡察工作的实施意见(试行)
36	10月15日	批转区委统战部、区委组织部《关于政协南京市六合区第四届委员会人事安排的意见》的通知
37	10月15日	关于完善拥军政策、增强军人荣誉感的实施意见
39	12月2日	关于印发《中共南京市六合区委关于贯彻〈中国共产党党组工作条例(试行)〉的实施细则》的通知
40	12月2日	关于印发《六合区街镇党(工)委议事决策规则指导意见》的通知
41	12月2日	关于印发《六合区设立党(工)委的区级机关部门领导班子议事决策规则指导意见》的通知
42	12月25日	关于加强和改进新形势下党校工作的实施意见
43	12月30日	关于批转区人大党组《关于召开六合区第四届人民代表大会第一次会议的请示》的通知
44	12月30日	关于批转区政协党组《关于召开政协六合区第四届委员会第一次会议的请示》的通知
45	12月31日	关于进一步加强和改进新形势下工商联工作的实施意见

2016年六合区政府主要文件目录一览表

表78

文号	日　期	标　　题
1	2月4日	关于下发2016年全区经济和社会发展工作目标任务分解的通知
4	1月4日	关于贯彻落实《江苏省征地补偿和被征地农民社会保障办法》的通知
9	1月22日	关于印发《六合区国民经济和社会发展第十三个五年规划纲要》的通知
10	1月27日	关于深入推进依法行政加快建设法治政府自查情况的报告

续表 78

文号	日　期	标　　题
14	2月1日	关于贯彻落实《国务院办公厅加强环境监管执法的通知》的实施意见
18	2月23日	关于切实做好第三次全国农业普查工作的通知
22	3月8日	关于六合区政府债务整改方案的报告
25	3月18日	六合区基本建设项目模拟审批试行办法
27	3月19日	关于印发《六合区河道与水利工程管理范围划定实施方案》的通知
32	4月5日	关于成立创建“无小耳朵社区”活动领导小组的通知
35	4月7日	关于印发《2016年六合区城市治理标准化工作意见》的通知
43	5月3日	关于成立六合区未成年人保护委员会的通知
44	5月6日	关于成立六合区养犬管理工作领导小组的通知
45	5月7日	关于印发《六合区2016年度区长生态环境保护工作目标任务分工》的通知
46	5月7日	关于批转区国土分局《六合区农村宅基地和农房统一调查登记发证扩大试点工作实施方案》的通知
49	5月10日	关于六合区2015年地方政府置换债券自查和核查情况整改的报告
51	5月10日	关于印发六合区水污染防治行动计划2016年度实施方案的通知
55	5月14日	关于兑现2014年度六合区工业经济和软件信息业扶持项目资金奖励政策的通知
59	5月18日	关于下达2016年度全区安全生产控制考核指标的通知
61	5月21日	关于成立区棚户区改造和老旧小区整治工作领导小组的通知
63	5月26日	关于成立六合区基本建设项目模拟审批工作领导小组的通知
75	6月23日	关于深化行政审批制度改革加强事中事后监管实施意见
76	7月1日	关于成立区公共资源交易管理委员会的通知
77	7月1日	关于印发《六合区开放型经济绩效考核办法》的通知
84	7月29日	关于成立区畜禽屠宰管理领导小组的通知
85	7月29日	关于成立六合区农产品质量安全工作领导小组的通知
87	7月28日	关于加强烟花爆竹禁放管理的通告
94	8月30日	关于成立区国有林场改革领导小组的通知
97	8月30日	关于苏皖线六合来安段行政区域界线联合检查的报告
109	9月23日	关于六合区与栖霞区行政划界线联合检查的报告
110	9月29日	区政府印发《关于推进六合区住房保障体系转型实施意见》的通知
112	9月28日	关于成立六合区特色小镇建设工作领导小组的通知
117	10月13日	关于印发《南京市六合区城乡居民重特大疾病医疗保障办法(试行)》的通知
122	10月25日	关于成立六合区深化国有企业负责人薪酬制度改革工作领导小组的通知
130	11月15日	关于南京市六合区2013—2017年棚户区(危旧房)改造三期项目采取政府购买服务模式授权的通知
131	11月15日	关于在全区公共服务领域推广政府和社会资本合作模式的实施意见
132	11月15日	关于成立六合区推广政府和社会资本合作模式工作领导小组的通知
133	11月17日	关于全面贯彻落实粮食安全责任制的实施意见
136	11月30日	关于公布区级农业产业化龙头企业名单的通知
138	12月1日	关于印发《六合区“十三五”食品药品安全规划》的通知
142	12月13日	关于成立六合区交通秩序治理三年行动计划领导小组的通知
145	12月22日	关于印发《关于深化质量强区建设的实施意见》的通知
146	12月26日	关于2016年度法治政府建设情况的报告
147	12月27日	关于恒大南京六合项目有关情况的报告
149	12月28日	关于印发六合区安全生产“十三五”专项规划的通知
150	12月28日	关于印发《六合区“十三五”现代农业发展规划》的通知

重要文件选录

中共南京市六合区委　南京市六合区人民政府 转发《区委宣传部、区司法局关于在全区公民中开展法治宣传教育的第七个五年规划(2016—2020 年)》的通知

六委发〔2016〕31 号

各街道党工委和办事处，竹镇镇党委和人民政府，区级机关各部门，区各直属单位：

区委、区政府同意《区委宣传部、区司法局关于在全区公民中开展法治宣传教育的第七个五年规划(2016—2020 年)》(以下简称“七五”普法规划)，现转发给你们，请结合实际认真贯彻执行。

法治宣传教育是全面落实依法治国基本方略、深入推进法治六合建设的一项基础性、先导性工程，也是我区顺利实施“十三五”规划，加快建设经济强、百姓富、环境美、社会文明程度高的新六合的重要保障。各级各部门要把法治宣传教育纳入全区经济社会发展规划，纳入精神文明创建、法治建设、平安建设内容，切实加强领导，统一部署、统筹推进，确保“七五”普法规划各项目标任务落到实处。全区党员、公务员特别是各级领导干部要带头尊法、学法、守法、用法，善于运用法治思维和法治方式推动工作。要坚持法治宣传教育与法治实践相结合，全面提高社会法治化治理水平。要健全法治宣传教育机制，落实国家机关“谁执法谁普法”的普法责任制，健全媒体公益普法制度，推进法治宣传教育工作创新，不断增强法治宣传教育实效。要通过深入开展法治宣传教育，大力推进法治宣传教育全覆盖，传播法律知识，弘扬法治精神，培育法治文化，推进法治实践，形成全民尊法、学法、守法、用法的社会风尚，使法治成为六合核心竞争力的重要标志，为顺利实施我区“十三五”规划、加快建设“强富美高”新六合营造良好的法治环境。

中共南京市六合区委
南京市六合区人民政府
2016 年 9 月 23 日

区委宣传部　区司法局 关于在全区公民中开展法治宣传教育的第七个五年规划(2016—2020 年)

在区委、区政府的正确领导下，全区“六五”普法规划(2011 年—2015 年)顺利实施完成，法治宣传教育工作取得显著成效。全区以法治惠民为核心，以法治文化建设为引领，以机制创新为动力，努力实现法治宣传教育全覆盖，广大公民的法治意识进一步增强，各级领导干部、国家公职人员依法决策、依法行政、依法管理的能力进一步提升，公正司法水平不断提高，法治政府建设步伐明显加快，市场主体依法诚信经营和社会管理法治化水平不断提高，法治精神日益深入人心，为推进法治六合建设、服务经济社会发展、促进保障民生、维护社会和谐稳定发挥了重要作用。

党的十八大以来，以习近平为总书记的党中央对全面依法治国作出了系列重要部署，对法治宣传教育提出了新的更高要求，明确了法治宣传教育的基本定位、重大任务和重要措施。十八届三中全会要求“健全社会普法教育机制”；十八届四中全会要求“坚持把全民普法和守法作为依法治国的长期基础性工作，深入开展法治宣传教育”；十八届五中全会要求“弘扬社会主义法治精神，增强全社会特别是公职人员尊法学法守法用法观念，在全社会形成良好法治氛围和法治习惯”。省委十二届八次全会要求“切实提高法治宣传教育质效，坚持把全民普法和守法作为依法治省的长期基础性工作”。市委十三届九次全会提出“深化法治宣传教育工作，健全普法宣传教育推进机制，按照‘谁执

法谁普法'的要求,制定和落实国家机关普法责任制及工作督查机制”。区委三届六次全会通过的《法治六合建设行动计划》明确要求“加强法治宣传教育和法治文化建设”。深入开展法治宣传教育,对于服务保障全区“十三五”规划和法治六合建设顺利实施,加快建设经济强、百姓富、环境美、社会文明程度高的新六合,具有十分重要的意义。根据国家和省市“七五”普法规划要求,以及省、市、区关于加强普法工作的各项决策部署,结合我区实际,制定本规划。

一、指导思想、主要目标和工作原则

(一)指导思想

高举中国特色社会主义伟大旗帜,全面贯彻党的十八大和十八届三中、四中、五中全会精神,以马克思列宁主义、毛泽东思想和中国特色社会主义理论体系为指导,深入贯彻落实习近平总书记系列重要讲话精神,坚持协调推进“四个全面”战略布局,坚持创新、协调、绿色、开放、共享的发展理念,深入开展法治宣传教育,大力推进法治宣传教育全覆盖,弘扬社会主义法治精神,建设社会主义法治文化,推进法治宣传教育与法治实践相结合,健全普法工作机制,推动法治实践和工作创新,充分发挥法治宣传教育在全面依法治区中的基础作用,推动全社会树立法治意识,形成全民尊法、学法、守法、用法的社会风尚,使法治成为六合核心竞争力的重要标志,为顺利实施我区国民经济和社会发展“十三五”规划纲要,加快“强富美高”新六合建设营造良好的法治环境。

(二)主要目标

——普法体系更加完善。互动型服务型创新型普法模式有效运行,“五位一体”的法治宣传教育体系逐步完善,实现队伍规范化、方法实效化、平台立体化、要求标准化、机制长效化的目标。区级建成区法治宣传教育中心,各街镇、村(社区)法治文化阵地建成率分别达100%和85%,每个街镇拥有1个以上普法社会组织,法治宣传教育全覆盖工作体系进一步完善。

——法治素养普遍提升。公民知晓宪法、法律、地方性法规和社会主义核心价值观的基本内容,普遍了解法律救济的途径和程序,法治意识普遍增强,公民获得法治宣传教育的渠道充分、畅通、便捷,法治宣传教育的知晓率、满意率分别达到90%以上。

——法治能力切实增强。领导干部学法制度和任前法律知识考试制度进一步完善,在国家工作人员各类培训课程中融入法治教育内容,法治课程不少于总课程的20%,领导干部、公务员每年学法时间不低于40学时。行政机关负责人行政诉讼出庭率达90%。领导干部敬畏法律、尊崇法治、捍卫法治,运用法治思维和法治方式深化改革、推动发展、化解矛盾、维护稳定的能力切实增强。

——法治信仰逐步确立。广大公民自觉拥护和真诚信仰法律,自觉维护宪法法律权威,自觉做到办事依法、遇事找法、解决问题用法、化解矛盾靠法。全社会厉行法治的积极性和主动性明显提高,初步形成守法光荣、违法可耻的社会氛围。

(三)工作原则

——坚持围绕中心、服务大局。紧紧围绕全区“十三五”时期经济社会发展的目标任务,把法治作为六合核心竞争力的重要标志,把法治宣传教育工作融入经济社会发展各领域,渗透到法治建设各环节,助推六合经济社会发展迈上新台阶。

——坚持需求导向、服务群众。以满足群众需求为法治宣传教育工作的出发点和落脚点,紧贴人民群众的生产生活实际,以群众喜闻乐见、易于接受的方式开展法治宣传教育,增强全社会尊法学法守法用法意识,使国家法律和党内法规为党员群众所掌握、所遵守、所运用。

——坚持学用结合、普治并举。坚持法治宣传教育与依法治理有机结合,把法治宣传教育融入执法、司法、法律服务和党内法规建设实践活动中,引导广大党员、群众在法治实践中自觉学习、运用国家法律和党内法规,接受法治熏陶、提升法治素养。

——坚持分类指导、突出重点。围绕各类社会群体不同的法律需求,根据不同部门、行业及不同对象的实际和特点,实施精准普法,突出抓好重点对象普法,带动和促进全民普法。

——坚持融合发展、多元共治。落实“谁执法谁普法、谁主管谁负责”的普法责任,发挥部门行业的主体作用,调动各类社会组织参与法治宣传教育的积极性,有效整合各方面资源,形成政府主导、包容合作、互动共治的大普法工作格局。

——坚持创新发展、注重实效。把握新时期法治宣传教育工作的规律和特点,创新理念,丰富内容,改进手段,完善机制,不断提高法治宣传教育的针对性和实效性,推动法治宣传教育从单向灌输向双向互动转变,从普及法律知识向培养法治信仰转变,不断增强其吸引力、感染力、渗透力。

二、对象和要求

法治宣传教育的对象是一切有接受教育能力的

公民。重点是领导干部、青少年、司法和行政执法人员、企业经营管理人员和农村留守人员，领导干部和青少年是重中之重。广大公民要结合工作、生产和生活实际，自觉学习法律，掌握必备法律知识，树立现代公民理念，培育良好的法律素养，提高自身法律素质，养成尊法、学法、用法、护法的思维习惯和行为习惯。

突出各级领导干部带头学法用法。领导干部自觉在全面推进依法治国中发挥“关键少数”作用，牢固树立宪法法律至上、法律面前人人平等的观念，带头尊崇法治、敬畏法律，做尊法的模范；系统学习宪法和中国特色社会主义法律体系，熟练掌握与本职工作相关的法律法规，认真学习党章和党内法规，做学法的模范；牢记法律底线不可逾越，违纪红线不可触碰，带头遵纪守法，捍卫法治，做守法的模范；坚持依法用权，牢记法定职权必须为、法无授权不可为，运用法治思维和法治方式深化改革、推动发展、化解矛盾、维护稳定，带头厉行法治、依法办事，做用法的模范。

大力培养青少年法治意识。把青少年学法守法用法作为“源头工程”来抓，根据青少年的身心特点和接受能力，引导青少年学习掌握法律知识、树立法治意识、养成法治行为习惯。小学阶段，着重普及宪法常识，养成守法意识和行为习惯，让学生感知生活中的法、身边的法，培育学生的国家观念、规则意识、诚信观念和遵纪守法的行为习惯。初中阶段，使学生初步了解个人成长和参与社会生活必备的基本法律常识，进一步强化守法意识、公民意识、权利与义务相统一观念、程序思维，初步建立宪法法律至上、民主法治等理念，初步具备运用法律知识辨别是非的能力，初步具备依法维护自身合法权益、参与社会生活的能力。高中教育阶段，使学生较为全面地了解中国特色社会主义法律体系的基本框架、基本制度以及法律常识，强化守法意识，增强法治观念，牢固树立有权利就有义务的观念，初步具备参与法治实践、正确维护自身权利的能力。广泛组织青少年法治宣传教育实践活动，形成青少年法治教育课堂教学与社会实践的良性互动；加强政府部门、学校、社会、家庭之间的协调配合，形成校内校外、课内课外、网上网下相结合的教育合力，切实维护青少年的合法权益，预防和减少青少年违法犯罪。

提升司法和行政执法人员法治素养。加强法治宣传和职业道德教育，切实提高司法和行政执法人员（含执法辅助人员）的法律素质，坚持严格规范公正文明执法，确保法律法规规章得到严格实施、各类违法行为得到及时查处，切实保障公民、法人和其他组织的合法权益；在司法、执法实践活动过程中，通过“以案释法”等形式提升司法和行政执法人员的法治能力和水平。

培育和增强企业法治理念。企业经营管理人员坚持学法经常化、制度化，掌握与企业运行有关的法律知识，熟知与劳动保障、工会及民主管理相关的法律法规，强化依法经营管理、依法决策的意识，培育和增强企业法治理念，不断提高依法经营、诚信经营、依法办事和防范法律风险的能力。企业主体及区相关监管部门认真贯彻《江苏省企业学法用法评考办法（试行）》，把企业经营管理人员的学法用法与企业法治实践、依法治企有机结合，推动企业将生产经营、管理决策等环节纳入法治轨道。鼓励各类企业实行公司法律顾问制度。

推动农村留守人员学法用法。坚持对农村及涉农社区留守老年人、妇女、儿童以及离退休人员实施精准普法，结合送法下乡、村居民代表会议、党员干部走访慰问、志愿者上门服务等，广泛宣传《婚姻家庭法》《反家庭暴力法》《继承法》《妇女儿童权益保障法》《老年人权益保障法》《未成年人保护法》以及预防通讯网络诈骗等方面的法律法规知识，提高他们维护自身合法权益、抵制非法侵害的能力。

各街镇根据实际需要，从不同群体的特点出发，确定普法重点对象，有针对性地开展法治宣传教育。司法机关、行政执法机关、各单位及人民团体，积极落实“谁执法谁普法、谁主管谁负责”的普法责任制，结合自身职能和特点，确定普法重点对象，制定普法任务清单和时序进度并抓好实施。

三、主要任务

（一）深入学习宣传习近平总书记关于全面依法治国的重要论述。学习宣传以习近平为总书记的党中央关于全面依法治国的重要部署，宣传科学立法、严格执法、公正司法、全民守法和党内法规建设的生动实践，使全社会了解和掌握全面依法治国的重大意义和总体要求，更好地发挥法治的引领和规范作用。

（二）突出学习宣传宪法。在全社会普遍开展宪法教育，弘扬宪法精神，树立宪法权威。深入宣传宪法至上、依法治国首先要坚持依宪治国，依法执政首先要坚持依宪执政的理念；宣传党的领导是宪法实施的最根本保证，宣传宪法确立的国家根本制度、根本任务和我国的国体、政体，宣传公民的基本权利和义务等宪法基本内容；落实宪法宣誓制度，切实增强人大任命人员的国家意识、宪法意识；深入开展“12·4”国家宪法日及“宪法进万家”等系列主题宣传活动，推动宪法家喻户晓、深入人心。

(三)加强促进六合经济社会发展方面法律法规的宣传。围绕六合“十三五”经济社会发展目标任务，紧贴创新驱动、改革引领、全域统筹、绿色生态、开放合作、民生共享等六大发展战略和“迈上新台阶、建设新六合”的总目标，广泛宣传涉及全区经济社会发展、服务保障民生、改革稳定发展等领域法律法规。围绕政治建设，大力宣传保障社会主义民主政治和公民基本权利的法律法规，推动全社会树立尊重和保障人权的意识，促进公民权利保障法治化。大力宣传政府信息公开和依法行政领域的法律法规，推动各级各部门依法行政、依法用权，促进法治政府建设。围绕经济建设，大力宣传维护社会主义市场经济秩序、保障供给侧结构性改革、促进区域和城乡协调发展、保护知识产权等方面的法律法规，推动全社会树立保护产权、平等交换、公平竞争、诚实信用等意识。围绕社会建设，大力宣传教育、就业、收入分配、社会保障、医疗卫生、食品安全、消费者权益保护、扶贫慈善、社会救助和妇女儿童、老年人、残疾人合法权益保护等方面法律法规，促进保障和改善民生。大力宣传国家安全、公共安全、突发事件应急处置、消防、禁毒、反邪教、预防通讯网络诈骗等方面的法律法规，提高全民国防观念、安全意识、风险意识和预防能力。大力宣传诉讼、行政复议、仲裁、调解、信访等方面的法律法规，引导群众依法表达诉求、维护权利，促进社会和谐稳定。围绕文化建设，大力加强社会主义核心价值观的教育实践活动，大力宣传文化交流、文化娱乐、文化市场、文化产业等方面的法律法规。围绕生态建设，大力宣传生态环境保护、农业经营体制、农田水利建设、资源能源节约利用、生态补偿、农业科技创新等方面的法律法规，促进农业现代化，推动美丽六合建设。

(四)深入学习宣传党内法规体系。适应全面从严治党、依规治党新形势新要求，切实加大党内法规宣传力度。以党员领导干部和公务员为重点，在全区广大党员队伍中，大力宣传《中国共产党章程》《中国共产党廉洁自律准则》《中国共产党纪律处分条例》《中国共产党问责条例》等各项党内法规，注重党内法规宣传与国家法律宣传的衔接和协调，坚持纪在法前、纪严于法，把纪律和规矩挺在前面，教育引导广大党员做党章党规党纪和国家法律的自觉尊崇者、模范遵守者、坚定捍卫者。

(五)推进社会主义法治文化建设。以宣传法律知识、弘扬法治精神、推动法治实践为主旨，积极推进社会主义法治文化建设，充分发挥法治文化在法治建设中的教育、熏陶、示范、引导作用，使人民内心拥护和真诚信仰法律。把法治文化建设纳入全区法治建设绩效考评体系，与经济社会发展同部署、同规划、同建设。把法治文化建设纳入现代公共文化服务体系，推动法治文化与历史文化、地方特色文化、行业文化、企业文化融合发展。加强法治文化阵地建设，把法治元素纳入城乡建设规划设计并逐步向社区、小区延伸，因地制宜建设法治文化中心、法治广场、法治公园等法治宣传阵地；大力开展法治文化建设示范点创建活动，坚持对现有法治文化阵地进行不断维护和提档升级，逐步完善基层法治文化公共设施体系。加大对法治文化作品创作推广和法治文化产品供给的扶持力度，组织开展法治文艺、法治故事、法治农民画(漫画)及法治书法、摄影等作品创作评选，不断增强法治文化作品的渗透力，培育法治文化精品，满足人民日益增长的法治文化需求。开展经常性的法治文化传播活动，利用重大纪念日、民族传统节日、送文化下乡、广场宣传活动等契机，组织开展法治文艺汇演、法治书画巡展、法治文艺演出下基层等活动。对六合法治农民画普法品牌实行项目化管理，探索发挥行业协会、专业社会组织的作用，增强法治农民画可持续发展的能力，使六合法治农民画成为在省市乃至全国具有重要影响力的法治文化精品。

四、工作措施

(一)深化“法律六进”活动。坚持法治文化与优秀传统文化、法治教育与道德教育、法治建设与精神文明创建、法治实践与社会公益服务的“四个结合”，进一步深化和拓展“法律六进”活动内涵，根据基层单位的不同实际、不同需求，形成各具特色的“普法路线图”，不断增强“法律六进”活动实效。依托法治讲堂等阵地，机关、行政村、社区、学校、企业、单位每季度至少集中开展一次法治宣讲活动。结合重大任务、重要节点、热点事件和传统节日开展普法，推动法治宣传教育向社会各层面拓展、向基层延伸。区级每年举办12场大型“18”法律广场宣传活动，各街镇每月开展不少于1场次的免费法律咨询服务活动。加强社区服刑人员、刑满释放人员等特殊人群的法治宣传和法律服务，促使他们学法守法，更好地回归社会。

(二)实行国家机关“谁执法谁普法”责任制。贯彻落实《六合区国家机关“谁执法谁普法”责任制实施细则》，建立各级各类国家机关的普法任务清单制度、定期工作报告制度以及责任落实季度通报制度，坚持把法治宣传教育融入管理、服务全过程，推广窗口单位法治宣传全覆盖活动，强化服务窗口的法治宣传教育功能。加强系统内全员法治教育，组织开展系统内工作人员学法培训。认真贯彻《关于建立法官、检察官、行政执法人员、律师、公证员等以案释法制度的意见》，落实以案释法主体责任，推动法官、检察官、行政执法人员、律师、公证员、基层法律服务工作者等在司法执法和法律服务中进行法治宣传教育，推动网络直播庭审、群众旁听庭审、案件宣讲等法治宣传教育活动形成长效机制。加强司法执法案例整理编辑、公开发布和宣传解读工作。落实“谁主管谁负责”要求，推动各街镇、各部门、各单位履行普法属地管理与部门管理责任。

（三）*落实国家工作人员学法用法制度*。完善党委（党组）中心组学法、政府常务会议学法、重大决策前先行学法、法治报告会（讲座）等学法制度。各级党政主要领导干部，在涉及经济发展、社会稳定和人民群众切身利益等重大问题决策时，应先行学习相关法律法规；各级各部门分管负责人要重点学习与履行岗位职责密切相关的法律法规。组织、人事部门把法治教育纳入干部教育培训计划，把宪法法律列为党校参训学员的必修课，纳入国家工作人员初任培训、任职培训的必训内容。积极推进政府法律顾问制度，推动各级党政机关和人民团体普遍设立公职律师，区、街道（镇）各级政府及各部门普遍聘请法律顾问。推广应用完善国家工作人员网络在线学法考试系统，定期组织开展国家工作人员法律考试，全面实施领导干部任前法律知识考试制度，严格实行行政执法人员持证上岗和资格管理制度。把学法用法情况列入公务员年度考核重要内容，领导班子和领导干部在年度考核述职述廉中进行述法。

（四）*健全落实媒体公益法治宣传制度*。公益法治宣传是大众媒体的重要社会责任。党委宣传、文广部门要制定政策措施，指导监督各类媒体把法治宣传作为日常形势宣传、成就宣传、主题宣传、典型宣传、热点引导和舆论监督的重要内容，开设专栏专题，提高法治宣传的频率和质量。各类广告发布媒介要加大法治宣传公益广告宣传力度，在重要频道、重要版面、重要时段制作刊播法治宣传公益广告，全年不少于全部公益广告时间（版面）的20%。建立普法公益广告刊播的监测、抽查、公布机制。文广、区内媒体等单位要把法律素养作为媒体从业人员考评重要内容，组织开展法治培训，提高法治舆论引导能力。实施“法治宣传全屏计划”，实现公共场所显示屏、移动电视、移动终端、宣传栏等载体全覆盖。

（五）*把法治教育纳入国民教育体系*。贯彻落实教育部颁发的《青少年法治教育大纲》，在中小学设置专门法治课程，并完善相关教材体系，配发相应的辅助读本。将法治教育内容纳入教师培训的重要内容，组织开展法治课教师、法治副校长、法治辅导员培训。政府有关部门、各街镇要依托村和社区等基层组织，充分利用第二课堂和社会实践，开展“法治夏令营”、“法律人在行动”、“小手拉大手”、法治故事征文、法律知识竞赛等青少年法治教育活动，教育部门要在入学、入队、成人礼仪式中规范设置专门法治教育环节，中小学校要充分发挥“家庭教育宣讲团”的作用，加强对学生家长的法治教育，努力形成政府、学校、家庭、社会共同参与的青少年法治宣传教育格局。积极构建互动型创新型实践型青少年法治宣传教育模式，建成区青少年法治宣传教育基地，深化“法治故事校车行”系列活动，不断将青少年法治教育融入社会实践活动、融入国民教育体系。教育行政部门将学生法治教育纳入教育督导范围，探索建立青少年学生法治教育考核评价体系。教育、综治等部门要推动法制副校长进校工作制度的落实；坚持开展依法治校示范校创建活动。

（六）*把法治教育纳入精神文明创建内容*。坚持依法治国和以德治国相结合的原则，将公民尊法守法用法情况作为精神文明创建的重要指标，加大法治宣传教育在精神文明创建测评系统中的权重。在道德模范评选、“五好文明家庭”评选、文明先进单位评选等各类精神文明建设工作和表彰创建活动中，有机融入法治宣传教育内容，强化规则意识，倡导契约精神，弘扬公序良俗，促进实现法律和道德相辅相成、法治和德治相得益彰。发挥法治在解决道德领域突出问题中的作用，健全公民和组织守法信用记录，完善守法诚信褒奖机制和违法失信行为惩戒机制，在全社会树立守法光荣、违法可耻的社会风尚。

（七）*推进“互联网+法治宣传”行动*。扩展新媒体新技术在普法中的运用，积极打造微信、微博、客户端等新媒体普法平台，推动传统媒体与新媒体的互联互融，构建网络化、智能化、协同化的“网络普法联盟”，提高互联网法治宣传能力。有针对性地建立专题视频（动漫）资料库，制作法律法规案例汇编、图画故事集等，通过传统媒体和新媒体平台强化重点对象学法用法。配合省市建设全省法治宣传教育云平台和法治宣传产品数据库,提升普法工作的信息化管理水平。加大“六合智慧普法”微信公众号、“六合司法”普法微博、“六合智慧普法”网等新媒体宣传力度,推动法治宣传教育公共数据资源开发共享、便民惠民。

(八)推进多层次多领域依法治理。坚持法治宣传教育与法治实践相结合,把法律条文变成引导、保障经济社会发展的基本规则,深化基层组织和部门、行业的依法治理,深化法治区、法治街镇等法治创建活动,提高社会治理法治化水平。深入开展民主法治示范村(社区)创建,全面推行“一村(社区)一法律顾问”制度,教育引导基层群众自我约束、自我管理,不断提高基层民主法治建设质量和整体水平。把法治宣传教育工作与基层党的建设、群团组织建设和社会组织建设有机结合起来,将法治元素直接导入市民公约、乡规民约、行业规章、团体章程等社会规范中,不断提升法治社会建设水平。

(九)构建普法社会化服务体系。发展壮大各类法治宣传教育社会力量,区级和各街镇分别建立统一的法治宣传志愿者大队和普法志愿者分队,加强法治宣传讲师团建设,重点培育和优先发展法治宣传教育类社会组织,到2020年,全区拥有不少于5个法治宣传教育类社会组织。探索政府购买服务的市场化运作方式,共享共用优秀法治歌曲、故事、漫画、农民画、微电影等资源,通过网上服务平台、网络即时通讯工具,开展经常性的业务指导服务,为普法志愿者和法治宣传教育类社会组织开展活动提供基本条件。依托法庭、调解中心、信访接待、“一委一居一站一办”社区管理服务体系、心理健康辅导站、劳动就业介绍指导站等平台,借助各类司法执法服务窗口等社会资源,利用“12348”等公共服务热线,为各类社会力量参与法治宣传教育提供基本平台。

五、工作步骤和安排

法治宣传教育第七个五年规划从2016年开始实施,到2020年结束。共分三个阶段:

(一)宣传发动阶段。2016年,召开全区法治宣传教育工作会议,进行动员部署;各街镇、各部门、各单位根据本规划研究制定本单位的五年规划,做好宣传、发动工作,营造浓厚的社会氛围。各街镇、各部门、各单位制定的“七五”普法规划,报六合区法治宣传教育工作领导小组办公室备案。

(二)组织实施阶段。2016年下半年至2020年,依据本规划确定的目标、任务和要求,结合实际,全区分年度落实“七五”普法规划,制定法治宣传教育年度工作计划,下发年度重点目标任务分解书,年末发布年度法治宣传教育工作报告。对规划实施情况进行年度考核、阶段性检查和专项督查,确保“七五”普法规划全面贯彻落实。2018年开展中期督导检查和总结表彰。

(三)总结验收阶段。2020年下半年,在区委、区政府的统一领导下,组织对“七五”普法规划实施情况进行总结验收,表彰先进集体和先进个人。

六、组织领导和保障

(一)加强组织领导。进一步发挥区委领导、人大监督、政府实施领导体制的优势,各级党委政府将法治宣传教育工作纳入经济社会发展规划,统一部署,统筹推进;区、街道(镇)人大要加强对法治宣传教育工作的日常监督和专项检查,定期听取政府及其有关部门的工作汇报,组织人大代表进行视察,推进地区法治宣传教育的深入开展。区政协要通过视察、建议等参政议政途径,支持法治宣传教育工作。各街镇、各部门、各单位主要领导要切实履行法治建设第一责任人责任,每年定期听取法治宣传教育工作汇报,及时研究解决重大问题。

(二)明确工作职责。党委宣传部门、政府司法行政部门和领导小组办公室负责组织、协调、指导和检查法治宣传教育工作。区司法行政机关要切实履行法治宣传教育工作领导小组办公室职责,推动“谁执法谁普法,谁主管谁负责”责任落实。区委宣传部、区委组织部、区教育局、区文化局等部门,区总工会、团区委、区妇联等人民团体和社会组织要积极发挥作用,将法治宣传教育列入工作计划,确定相应的机构和人员负责组织实施。各街镇、各部门、各单位要结合实际加强法治宣传教育工作组织机构建设,配齐配强工作人员,加强工作队伍建设,加大指导、协调、督查的力度,确保各项工作任务落到实处。

(三)落实经费保障。区财政要按照常住人口数量确定法治宣传教育经费标准(1.5元/人),纳入本级财政预算,足额拨付到位,实行专款专用,并建立动态增长机制。根据需求,加大对法治文化建设经费的投入,推进法治文化阵地和载体建设。各街镇、各部门、各单位要结合年度工作任务,落实相关工作经费,保证法治宣传教育工作顺利开展。鼓励社会团体、企事业单位对法治宣传工作的公益性投入。

(四)加强考核评估。出台全区第七个五年法治宣传教育规划实施情况考核验收办法,完善指标体系,细化考核内容,建立系统、实用、科学的考核评估机制,对规划实施情况进行年度考核、阶段性检查和专项督察。区、街镇要将法治宣传教育纳入党政综合目标考核体系,各部门要将其纳入年度绩效考核内容。要把法治宣传教育纳入精神文明创建、法治建设、平安建设内容,进一步加大考核权重。健全激励机制,认真开展"七五"普法规划中期评估和期末总结验收,对法治宣传教育先进集体、先进个人进行表彰。健全法治宣传教育工作动态评价机制,加强评估结果的发布和运用。

南京化学工业园区的第七个五年法治宣传教育工作,根据本规划要求进行安排部署。

中共南京市六合区委办公室

2016 年 9 月 26 日

南京市六合区人民政府
关于印发《南京市六合区城乡居民重特大疾病医疗保障办法(试行)》的通知

六政发〔2016〕117 号

各街道办事处、竹镇镇人民政府,区政府各部门、各单位,区管各园区:

现将《南京市六合区城乡居民重特大疾病医疗保障办法(试行)》印发给你们,请遵照执行。

南京市六合区人民政府

2016 年 10 月 13 日

南京市六合区城乡居民重特大疾病医疗保障办法(试行)

根据国务院办公厅转发民政部等部门《关于进一步完善医疗救助制度全面开展重特大疾病医疗救助工作意见》、《省政府办公厅关于进一步完善医疗救助制度的实施意见》(苏政办发〔2015〕135 号),为解决患重特大疾病居民医疗难问题,缓解因病陷入困境群众的"不能承受之重",结合我区实际,制定本实施办法。

一、指导思想

以"三个代表"重要思想和科学发展观为指导,着眼于经济社会协调发展,立足于惠民便民、促进和谐,在现有新型合作医疗制度、大病补充保险、民政救助基础上,建立重特大疾病保障办法,实行精准定位,统筹解决重特大疾病人员高额医疗费用,进一步减轻人民群众大病医疗费用负担,缓解"因病致贫、因病返贫"现象。

二、基本原则

(一)坚持政府主导,统筹协调的原则;

(二)坚持保障适度,持续发展的原则;

(三)坚持公开、公平、公正,科学管理、民主监督的原则。

三、实施内容

(一)资金来源。重特大疾病保障资金由六合区和化工园区按原财政渠道安排。

(二)保障对象。南京市六合区新型合作医疗当年度参合居民。保障对象必须是本区户籍。

(三)保障范围。保障范围与六合区新型合作医疗大病补充保险范围一致。

(四)保障标准。对六合区新型合作医疗参合居民发生的大病保险合规医药费用经合作医疗统筹补偿、大病补充保险、民政救助后年度累计自付超过规定额度以上的部分再分段按比例实施重特大疾病保障。结合民政救助政策对普通和特困群体实行分类保障。特困群体为民政部门确认的低保、五保(特困供养人员)、孤儿三类;其他各类人员均为普通群体。年度累计自付超过 3 万元以上的部分按以下比例分段累计实施重特大疾病保障:

体类别	年度累计大病合规范围内自付费用分段保障比例(%)				年度累计最高保障金额(万元)
	3万元以下	3万—5万元(含)	5万以上—10万元(含)	10万元以上	
特困群体	0	50	70	90	20
普通群体	0	40	60	80	20

四、实施要求

(一)高度重视,积极引导。建立重特大疾病医疗保障是政府执政为民的具体体现,是进一步体现互助共济,促进社会公平正义的重要举措。各部门要加大对重特大疾病医疗保障的宣传引导力度,增强全社会保险责任意识,使这项惠民政策家喻户晓,深入人心,为重特大疾病医疗保障顺利实施营造良好的社会环境。

(二)强化宣传,营造氛围。加强对重特大疾病医疗保障政策的宣传和解读,及时做好解疑释惑工作,密切跟踪分析舆情,合理引导社会预期。坚持正确的舆论导向,积极宣传重特大疾病医疗保障工作进展与成效,使这项工作深入人心,得到广大群众和社会各界的理解和支持,为重特大疾病医疗保障实施营造良好的舆论氛围。

(三)拓宽筹资,统筹协调。根据测算的资金需求合理安排本级财政医疗保障资金,并纳入年度预算。积极争取上级财政补助,支持、引导社会力量通过捐赠资金、物资,积极参与重特大疾病医疗保障,形成对医疗保障体系的有效补充。财政、卫计、民政等部门要加强协作配合,共同做好重特大疾病保障与基本医疗保险、城乡居民大病保险、疾病应急救助、商业保险的有效衔接,实现政策对接、信息共享、业务协作、统筹管理、整体推进,不断提高医疗保障水平。对于救助政策难以解决的个案问题,充分发挥社会救助协调工作机制,专题研究解决措施,避免冲击社会道德和心理底线的事件发生。

本办法自2016年1月1日开始试行。(南京化工园区城镇居民医保参保人员重特大疾病医疗保障办法参照本通知执行,由化工园区负责)。

本办法由区卫生和计划生育局负责最终解释。

南京市六合区人民政府办公室

2016年10月13日

调研课题

六合区域形象塑造和提升路径的调研与思考

区域形象是指一个区域内外公众对该区域的政治、经济、科技、文化、生态、人文等各方面的整体印象和综合评价,是区域社会进步与经济发展的重要标志。近几年来,经过对六合经济社会发展、历史文化资源、山水旅游资源等多方面的集中宣传和大力推广,六合区域形象和对外知名度得到了大幅度提升:在外界,六合不再仅仅是重化工基地、制造业基地、偏远贫穷的郊区等传统形象认识,提到六合,他们往往会想到风景秀丽的金牛湖、龙池湖、大泉湖—止马岭、桃花岛、巴布洛、坝上草原……会想到独具特色的六合蟹黄汤包、猪头肉、盐水鹅、盆牛脯、活珠子……还会想到六合民歌《茉莉花》、雨花石、农民画……这说明,外界对六合的传统区域形象定式在不断改变,广大群众对家乡发展变化的认知认同也在不断深化。但随着江北新区规划建设的启动以及公众对六合经济社会发展的新期盼新要求,六合区域形象塑造和提升面临着诸多压力和挑战,迫切需要重新审视研究和推进。

一、六合区域形象塑造和提升的"四个需要"

(一)打造特色品牌、彰显文化自信的需要。六合有着2500多年的建城史,比南京最早的越城还早87年,悠久的历史孕育了六合文庙、清真寺、万寿宫、《茉莉花》、雨花石、农民画等丰富的文化积淀，也孕育了六合人民坚韧勤劳、淳朴诚信、热情好客的独特人文风格。区域形象塑造和提升有利于把六合厚重的文化底蕴以特有的方式展现出来，让公众和外界深入领略六合文化的独特魅力，增强公众的强烈文化自豪感和文化自信心。

（二）对内凝聚人心、激发内生动力的需要。建设一个经济强、百姓富、环境美、社会文明程度高的新六合，既需要党委政府坚强有力的领导，也离不开广大干部群众的思想统一、行动一致。生态优美的山水资源、儒雅厚重的历史文化、良政善治的政务环境、整洁有序的城市环境、崇善向德的精神风貌等共同构建形成的良好区域形象，不仅可以有效增强公众对该区域的整体认知和价值认同，而且还可以激发他们的家乡自豪感和干事责任心，引导他们以更大的热情和激情投身到六合经济社会发展中。

（三）对外展示形象、扩大区域影响的需要。区域形象是一个地区对外的观念表达、联系纽带和合作基础，富有魅力的区域形象无疑可以吸引外界更多的注意力，让外界公众产生“一见倾心”的喜欢和信任感。近几年，虽然六合区城乡面貌日新月异、生态环境不断改善、市民素养大幅提升……但外界对六合形象往往还停留在“化工基地”、“制造业基地”、“农业大区”、“南京偏远的郊区”等上面，亟待需要我们采取措施、创新形式，去扭转外界的这种形象定式。通过区域形象塑造和提升，可以把六合的发展成就、特色文化、优势资源等集中展示出来、宣传出去，吸引外界的关注，增强外界的了解，进而扩大六合的区域影响力、提升六合的对外美誉度。

（四）助推经济发展、增强综合实力的需要。全国各地的发展经验表明，区域形象与区域经济社会发展相辅相成、密切相关，品牌、形象、信誉等无形资产日益已经成为一个区域经济社会发展的“软实力”和“硬道理”。良好的区域形象不仅可以提升该区域的整体品质和内涵，而且还会迸发出更大的溢出效益，转化为一个地区吸引投资、聚合资本、吸纳人才的战略要素资源，成为推动区域整体竞争力和综合实力提升的重要手段。

二、六合区域形象塑造和提升的“四个不足”

（一）区域形象塑造和推广存在“重推广轻塑造”现象。近几年来，我们在对外对内宣传和推广的形式、载体及机制等方面进行了一定的创新和探索，与南京报业集团合作开设了《南京日报·今日六合》专版、创办了《今日六合》专刊等，组建了“六合发布”政务微博、“今日六合”政务微信等新兴媒体矩阵，强化了重大宣传活动的策划和组织，在一定程度了宣传了六合、推介了六合。但区域形象塑造和推广绝不仅仅是对内对外的宣传推广，更重要的是区域内在形象的塑造，在这方面六合无论是产业发展、城乡建设，还是美丽乡村打造、历史文化传承等，可以说是任重而道远。目前，六合缺乏能够代表区域形象的品牌企业、品牌产品、城市建筑，城市道路、广场、公园等缺少地方特色及历史文化元素融入，古遗址、古建筑、古镇古村等保护开发明显滞后等等。

（二）区域形象塑造和推广存在“重表象轻内涵”现象。“春城”昆明、“冰城”哈尔滨、“日光城”拉萨以及“石头城” 南京……这些城市的别称曾一度成为区域或城市形象的“代言”。但随着经济社会的快速发展，一个地区的区域形象紧紧依靠这些表象的具体的“代言式宣传”难以实现差别化和品牌化推广目标，因此，很多地区正在将这些具体化形象称谓向能包容更多精神内涵的抽象化“精神标签”转变，如大连的“浪漫之都”、杭州的“品质杭州”、苏州的“家在苏州”以及浦口的“养在浦口”、高淳的“闲静高淳”、溧水的“天生溧水”等等。在六合的区域形象塑造和推广中，尚没有建立起一套完整的区域形象标志系统，缺少明确的代表六合区域形象的标志符号、统一的对外宣传推广语、综合性的对外形象宣传片，缺少具有六合区域特色和文化特色统一的对外宣传产品（手提袋、明信片、信封、名片等）。

（三）区域形象塑造和推广存在“重局部轻整合”现象。区域形象是一个地区的内在品质、发展水平和文明程度的综合反映，包括了一个区域的自然环境、经济发展、城乡面貌、社会发展、文化建设、风俗习惯、居民素养等各个方面。长期以来，我们的区域形象塑造和推广往往是分散在每一个点上、集中在某一个部门上，联动性和整合性不强，缺乏整体的思维、融合的理念和通盘的考量，比如我们旅游部门侧重在旅游形象上、农业部门侧重农业发展形象、住建部门侧重城乡建设形象上……既没有形成区域形象塑造和推广的整体合力，也没有达到整体提升和推广六合形象的目的，需要我们整合资源、强化联动、整体推进。

（四）区域形象塑造和推广存在“重灌输轻营销”现象。一直以来，我们普遍把区域形象塑造和推广理解为宣传部门的正面宣传及舆论引导,而忽视了区域形象塑造和推广的营销理念、营销模式等方面运用,导致工作重心往往集中对内对外宣传上面,而对区域形象塑造和推广的营销方法、营销手段等关注及应用明显不够。同时,我们的宣传内容和形式还停留在“直来直去”、“简单灌输式”的“硬宣传”阶段,“讲故事式”、“植入式”的“柔宣传”运用的不够,无论是当地民众还是外界对六合的整体认知度和认可度有待进一步提升。

三、六合区域形象塑造和提升的“四个关系”

(一)必须处理好局部和整体的关系。区域形象塑造和提升是一项综合性工作、系统性工程,不仅涵盖区域经济、政治、文化、社会生活和生态环境等各个方面,而且也涉及区域内的政府形象、企业形象、产品形象、公众形象等诸多方面,需要宣传、住建、交通、规划、旅游、文化、经信及各街镇园区等多个单位的共同参与和积极配合,也需要区域内企业、公众、政府部门等共同努力,更需要区委区政府出台相应的政策加以推进实施,做到上下联动、合力推进。

(二)必须处理好硬件与软件的关系。区域形象具有极强的渗透性和持久性,能够以无形的意识和观念,深刻影响着有形的存在和现实,它是一个区域经济社会发展的灵魂所在,也是一个区域“硬实力”和“软实力”的重要组成部分。区域形象塑造和提升是一个增量和变量的过程,有“实功”,也有“虚功”,必须要从战略层面予以重视、作出规划,既需要我们在城乡规划建设、区域产业发展等“硬”的方面下功夫,也需要我们在市民的文明素质、群众文化活动等“软”的方面求突破,做到软硬并举、虚功实做。

(三)必须处理好对内和对外的关系。区域形象塑造和提升对内可以激发活力、增强凝聚力,对外可以展示形象、增强吸引力。如果一个区域的居民对该区域的经济发展、城市建设、历史文化、民俗风情、人文特质等不了解或了解不深,那么他们的家乡自豪感和责任感就会大打折扣;如果外界对一个区域的经济社会发展、历史文化资源等缺乏必要的了解,那么就不可能对该地区产生鲜明的印象,其他一切也无从谈起,因此区域形象塑造和提升必须要做到内外兼修、内外并进。

(四)必须处理好投入与产出的关系。区域形象塑造和提升中不仅城乡规划建设等“硬件”方面需要区委区政府加大投入,而且在对内对外宣传经费等方面也需要增加投入,虽然这种投入所发挥的作用不是立竿见影,但需要的是假以时日的坚持,一个区域的品牌形象一旦形成,那么这个地区的整体竞争力和对外知名度就逐渐增强,这个地区的经济社会发展就一定会焕发出蓬勃生机和活力,其产生的作用和价值不可小觑。“好客山东”品牌在前期塑造和推广中投入巨大,但后期产生的效益也非常惊人,据测算,目前“好客山东”品牌价值已突破200亿元。

四、六合区域形象塑造和提升的“四点建议”

(一)要构建“两个系统”,进一步增强六合认知认同

一是要构建塑造和提升工作推进系统。要成立专门的推进机构,要广泛动员和组织多个部门参与其中、协同推进,同时要邀请专家学者、市民代表参与相关方案的制订、活动的实施等。要强化各类资源的整合,要借鉴“好客山东”捆绑式营销、集群化推广模式,将区电视台、报纸、网站、新媒体等媒体资源及全区的宾馆酒店、景区、购物场所、高速公路、车站码头等载体资源,有效整合其中,采取统一标志、集中管理、捆绑经营,打好组合拳,避免各自为战、步调不一、事过功半。要加强与专业机构合作,无论是“好客山东”品牌的打响,还是“欢乐之都”深圳模式的成功……其背后都是一个个专业公司在运作、在推动,要建立与中视、高校院所等专业公司、专业机构的战略合作关系,借助外力,依靠外脑,找准“切入点”和“视觉点”。

二是要打造六合区域形象的标志系统。实践证明,无论是浦口的“养在浦口、返璞归真”、高淳的“国际慢城、闲静高淳”、溧水的“天生溧水、自然无想”还是江北新区的“江北新区、最近的未来”等宣传口号,对宣传推广他们的区域形象、区域资源等起到了“四两拨千斤”的重要推进作用。六合区域形象塑造和提升过程中,要通过面向社会征集、委托专业机构策划或专业人员创作等形式,提炼总结出一个耳熟能详、朗朗上口的六合对外宣传口号,设计制作出一个具有六合区域特色、文化特质的六合形象标识符号(LOGO),谱写一首展示六合新形象、弘扬主旋律的六合形象歌曲,拍摄一部展现六合发展成就、生态环境、人文风貌的六合形象宣传片,开发一批代表六合区域形象、彰显六合文化内涵、形成产业链条的外宣产品,让公众及外界通过一个口号、一个符号、一首歌曲、一部宣传片、一件物品,感知六合、记住六合、念叨六合。

（二）要打好"三个品牌"，进一步扩大六合对外影响

一是要打好山水生态牌。60多座山丘、56座中小型水库（湖泊）、60多条大小河流，构成了六合山中有水、水中有山的秀丽景色。在六合区域塑造和提升中，要重点打好山和水两张生态环境牌，在保护好这些生态环境资源的同时，要突出对金牛湖风景区、平山森林公园、大泉湖止马岭、龙袍滨江湿地和池杉湖湿地等景区景点打造和形象提升，向外界彰显六合依山傍水、山灵水秀的优美生态环境。

二是要打好历史文化牌。无论是比南京最早的越城还早87年的建城史、始建于唐懿宗咸通年间六合文庙……还是早于欧洲1800多年的生铁冶炼技术、堪称世界音乐奇迹的东周编钟……六合的历史文化资源无疑在南京历史上都是浓墨重彩的一笔。在六合区域塑造和提升中，要加强对古遗址、古建筑等文物古迹的保护利用，加大历史典故、历史名人等挖掘整理，加快推进文庙历史风貌区、瓜埠老街历史文化风情街区建设，让六合历史文化焕发出勃勃生机，向外界展现六合历史文化的无限魅力。

三是要打好四乡文化牌。"中国民歌之乡"、"中国观赏石之乡"、"中国现代民间绘画画乡"、"中国美食文化之乡"是六合引以骄傲和自豪的地方特色文化名片。在六合区域塑造和提升中，要做好一歌一石一画一美"四篇"文章，要策划制作一系列以《茉莉花》、雨花石、农民画、六合美食等为主要内容的纪录片，要开发以《茉莉花》、雨花石、农民画、六合美食等为主要内容的文化旅游产品，要命名以《茉莉花》、雨花石、农民画为主题的道路、广场、公园等，加快推进雨花石博物馆建设，强化公众对"四乡"文化认知，扩大"四乡"文化影响。

（三）要做实"四个支撑"，进一步彰显区域良好形象

一是产业发展支撑。区域形象塑造和提升有利于推动区域综合实力的发展和提升，同时区域综合实力的发展和提升也为区域形象塑造和提升提供了必要支撑，海尔、海信、青岛啤酒等产品成为了青岛形象的重要代言，洋河系列白酒则扩大了宿迁的名气，"天目湖啤酒"、"天目湖温泉" 等让天目湖的知名度随之大增。因此在区域形象塑造和提升中，必须要把提升区域经济实力形象和发展形象一项重要任务，加大对区域重点企业、名牌产品的支持力度，培育一批能代表六合区域形象的品牌企业、品牌产业、品牌产品，通过这些品牌企业、品牌产业、品牌产品提升和扩大六合的区域形象。

二是城乡建设支撑。一个区域城乡面貌和风格特征，是一个区域直观外部形象的体现，区域内城乡建筑在空间布局、风格特色上必须最大限度体现该区域的文化特色、地方特色，小到道路两边的公交站台、指示牌和垃圾桶、路灯、路牙和隔离桩……大到市民广场、道路桥梁、街头雕塑……在规划建设之初，要充分考虑地方特色文化元素的融入，一体规划、同步设计、同步施工，做到高品位、高品质，让外地人一进入六合就感受到浓浓的文化气息和独特的区域内涵。同时，市容市貌、环境绿化等也要力求最佳效果和风貌呈现，营造繁华有序、整洁靓丽的城乡整体环境。

三是公众素养支撑。区域内的公众不仅是区域形象生动具体的载体，也是区域形象塑造的积极能动的主体，区域内的社会成员的"群体形象"一旦形成，往往就会产生"形象评价固化效应"，对一个区域的整体形象塑造和提升影响较大。在区域形象塑造和提升中，要加强公众的"群众形象"的塑造，持之以恒地抓好精神文明创建活动，坚持不懈地推进社会主义核心价值观培育和践行，推动公众综合文明素养和城乡文明程度的进一步提升，努力塑造健康文明、积极向上、崇德向善的良好公众形象；要提升公众的文化艺术素养，要依托"棠城大讲堂""家庭教育大讲堂"、"群文大课堂"等系列讲坛，组织区内外文化名人，围绕六合文化、人文、历史等内容开展讲堂讲授、村居巡讲等系列讲座活动，吸引更多市民走进讲坛、走进六合历史和文化，增强公众对六合历史文化及其价值的认知认同；要加强公众的区域形象意识教育，引导和鼓励公众无论身在何地、从事什么样的职业、在什么样的岗位上都要当好六合区域形象的"代言人"和"推广员"，努力为六合形象增色添彩。

四是政府形象支撑。无论区域形象的规划、建设还是运行管理，都离不开区域区政府强有力的引导，同时政府形象在区域形象塑造中也占有重要位置，它是区域形象的重要组成部分，在区域形象塑造和提升中起到示范引领作用。因此，各级党委政府都要围绕依法履职、勤政高效、廉洁奉公、公开透明、诚实守信的目标，加强政府形象塑造，政府工作人员尤其是党员领导干部必须要以身作则树形象、率先垂范当代言；同时还要加快提升各级领导干部的新闻素养，做

好重大突发事件的政府形象危机公关,通过有效干预和正确引导,把危机公关转变为宣传六合、推介六合的重要契机。

(四)要创新“五个载体”,进一步讲好讲活六合故事

一是要用活传统媒体。不可否认,电视、报纸、宣传栏、宣传牌、户外大屏等传统媒介在区域形象推广和传播过程中仍然吸纳了较大比例的受众,其影响力和宣传效果仍然较大。在六合区域形象塑造和推广中,区电视台、区政府门户网站、《今日六合》报等区内媒体要重点在扩大覆盖面、扩大影响力和增强感染力上下功夫,要努力使我们的宣传让公众喜欢听、愿意看、记得住;要借力区外网站、报纸、电视等传统媒体平台,不间断推出旨在宣传六合区域形象的新闻稿件和重点文章,也可邀请中央电视台《经济半小时》、《致富经》、《走遍全国》、《地理中国》、《乡村大世界》等栏目及江苏省电视台相关专题栏目到六合开展活动、拍摄专题,提高六合在省级以上媒体的曝光率;要在南京的地铁、高铁车站、汽车站、大型商场、宾馆酒店、公交站台等人流密集的公共场所,采取户外显示屏、移动电视等形式,发布一批以六合区域形象为主题的宣传画、宣传片,提升六合对外美誉度。

二是要用好新兴媒体。以微博、微信、网络论坛和贴吧等为主要内容的新兴媒体,无论是信息容量、内容形式、传播迅速,还是影响力、传播力、公众适应性等方面,发挥的作用日益明显。在六合区域形象塑造和推广中,要加强“六合发布”官方微博、“今日六合”官方微信、“六合旅游”官方微博微信及各单位的微博微信平台建设,打造新媒体宣传矩阵,强化宣传内容和形式策划,及时、准确、系统地将代表六合区域形象的内容信息传播出去,形成六合区域形象推广的“涟漪效应”;要加强与传统媒体转型过程中打造的APP、微信、微博等新媒体平台合作,利用他们粉丝的影响力,强化“点对点”的信息推送,提升对外宣传效果;要采取购买项目、购买服务等形式,委托专业公司有目的地制作一批以展示六合区域形象为主要内容的微视频、微电影,通过手机、网络广泛传播发送,增强传播感染力。

三是要搭建外宣平台。要搭建相对稳定的多区域交流平台,以多地区联办、多条口联动等形式不定期举办文化交流、座谈研讨等活动,把六合经济社会变化、地方优势资源、地域生态环境等集中宣传推介出去,增强外界对六合的认知和了解;要发挥《茉莉花》史料馆、农民画艺术中心、凤凰山艺术馆、各类雨花石展馆等区内平台载体的作用,广泛开展对外文化交流活动,既要让六合文化走出去,也要让外来文化引进来;要策划组织各类专业采风活动,邀请省内外知名摄影家、作家、书画家等艺术家到六合开展采风活动,通过他们的镜头、笔端和表演,发现和展示六合之美。

四是要办好节庆活动。美国的南瓜节、西班牙的斗牛节、法国的葡萄节……江宁的横溪西瓜节、高淳的螃蟹节、溧水的草莓节……这些大大小小的节庆活动,无不成为推广地方区域形象和招商引资的重要载体。在六合区域形象塑造和推广中,必须要重视和利用节庆活动“吸引眼球、聚合资源”的载体作用,创新办节形式,拓展办节渠道,进一步提升多彩竹镇乡村旅游节、龙袍蟹黄汤包节等节庆活动质效,让其成为六合闪亮的对外宣传平台、引人关注的形象广告,让六合区域形象搭载“重大节庆活动”走向全国、绽放光彩。

五是要依附实体产品。一个区域、一个城市被认知的关键在于是否存在记忆点,是否能让人过目不忘,而记忆点的载体和形式往往表现在产品上,“好客山东”形象定位下不仅打造全国连锁“鲁菜馆”、“山东客栈”等实体项目,还落在了宾馆酒店的一个牙签、一双筷子等上面,甚至深化到了手提袋、明信片、信封、名片上。在六合区域形象塑造和提升中,要采取“产品化”思维模式,将六合区域形象标识符号融入到交通、酒店、建筑等硬件中,融入到居民文化素养、社会文明风尚等软件中,融入到地方农产品、工业产品等特色产品中,研发一批以六合历史文化和“四乡”文化为主要内容的文创产品,开发一批休闲性、大众化的六合地方特色休闲食品,培育出一批代表六合区域形象的地方企业产品,让人们购买、欣赏或使用产品的过程成为感知六合区域形象和魅力的过程、成为认识认知六合的过程。

(罗广涛)

说 明

一、索引采用主题分析索引方法，依据首字汉语拼音字母顺序排列，同音字按声调，同音同调按笔画顺序排列。首字相同即以次字汉语拼音字母顺序排列。

二、类目用黑体字。数字表示内容所在页码或参见页码，数字后的字母表示从左至右内容所在栏别。

条目索引

A

B

C

H

J

M

N

O

P

T

V

W

X

Y

Z

表格索引

B

C

D

E

G

H

J

中共南京市六合区纪律检查委员会

ZHONG GONG NAN JING SHI LIU HE QU JI LU JIAN CHA WEI YUAN HUI

南京市纪委到六合区纪委调研信访工作

中共六合区第四届纪律检查委员会第一次全体会议

2016 年，六合区纪委深入贯彻党的十八届六中全会以及中央、省、市纪委全会和区党代会精神，全面履行党章赋予的职责，围绕中心、服务大局，勇于担当、奋力作为，不断深化党风廉政建设和反腐败工作，为全区经济和社会事业发展提供有力保障。

全区纪检监察负责干部会议

强化纪律约束 始终把纪律建设摆在突出位置，努力营造守纪律、讲规矩的氛围。紧扣干部成长、工作落实、重大节日、专题教育等重要节点，推行“提醒＋警醒”教育模式，提升廉政教育的及时性和实效性。组织开展党政“一把手”上廉政课 40 多场次，近 3000 名党员干部受到教育。组织“庭审警示，反思启示”活动 4 场次，寄送廉政公开信 3000 余封，编发案例剖析材料千余册，为基层党组织开展警示教育提供鲜活素材。

推进责任落实 推行“项目化、菜单式”管理，细化主体责任 10 类 50 项、监督责任 8 类 30 项清单，逐月排定工作项目菜单，下发街镇、部门，做好示范引领。开展第二轮党风廉政建设驻点巡查，对 4 家被巡查单位实施全方位“廉政体检”，共发现问题 92 个，违规违纪线索 17 条，监督的及时性、有效性明显提升，获得省委巡视办好评。扎实开展党风廉政建设责任制检查和区纪委委员评议街镇“一把手”履行主体责任活动，对廉政风险点较多的单位、部门，实行点题考核，促其对标找差、反思整改。认真贯彻落实中央和省、市、区委最新改革部署，4 大项 16 条纪检体制改革任务顺利完成。

持续正风肃纪 聚焦干部群众反映强烈的“四风”突出问题，扎实开展专项治理，切实巩固办公用房清理和“整治会所中的歪风”成果，继续围绕公款吃喝、公款旅游、公车私用等方面内容开展常态化和节点式监督检查。实施“四风”问题线索分级督办，督促相关责任单位处理到位，先后办理市区两级挂牌督办件 10 件，给予党政纪处分 12 人，组织处理 2 人，对 3 起违反中央八项规定精神的典型案例予以通报曝光，形成持续震慑。

坚持重拳惩腐 区纪委机关共受理信访举报 407 件，同比下降 18.8%。全区各级纪检监察机关共立案 208 件，同比上升 66.4%。全年处分 208 人，其中轻处分 163 人，占 78.4%，重处分 45 人，移送司法机关 2 人。

打造过硬铁军 聚焦干部综合素质和能力提升，从专业化、职业化角度实施业务大练兵，先后安排 8 批次 69 人次参加上级调训，选派 0 人到中央纪委、省委巡视办和市纪委跟班锻炼，邀请 10 名省市纪委领导、业务骨干专题授课，抽调 24 名基层纪检监察干部到委局机关业务室实战轮训。在委局机关推行目标绩效管理，以岗定责、以绩定优，激发干部队伍活力。坚决落实“打铁还需自身硬”的要求，处置反映纪检监察干部的信访件 5 件，切实防止“灯下黑”。

区纪委务虚会

街镇案件推进会

南京家规巡展

新晋升领导干部集体谈话

六合区纪委、化工园区纪工委“两学一做”学习教育动员部署会

中共南京市六合区委组织部
ZHONG GONG NAN JING SHI LIU HE QU WEI ZU ZHI BU

时任省委常委、市委书记黄莉新到区慰问老党员和困难党员

区委书记朱志宏调研村社区党组织换届工作

区委书记朱志宏慰问老党员和生活困难党员

2016年，全区组织系统紧紧围绕经济社会发展大局，牢牢把握全面从严治党主线，聚焦主业、精准施策，改革创新、狠抓落实，各项工作取得新的成绩。

学习教育深入开展。"两学一做"学习教育覆盖全区1670个基层党组织、32700多名党员，举办支部书记专题培训班17场、轮训2165人次，制定一把手、党支部、普通党员、督导工作4个任务清单，建立并示范推进35个市区两级监测点的学习教育工作。充分利用"六合智慧党建"平台"移动学"，组建讲师团"送学"，各级书记专题党课"讲学"，党员政治生日"促学"以及"群众工作团"进社区报到服务"践学"，推动广大党员将先进性纯洁性要求内化于心、外化于行。制定干事创业状态"四个不相适应问题"查摆整改清单，开展聚力攻坚突破"十百千万"行动，充分发挥广大党员先锋模范作用，推进精准扶贫、推动新六合建设。

区镇村换届圆满完成。严把村社区书记人选关，调整23名经济薄弱村和欠发达村书记，换届后，在62个经济薄弱村和欠发达村书记中，45岁以下39人，大专以上学历53人，街镇下派机关干部和大学生村官29人，队伍结构明显优化。精心组织区委换届大会选举，全程跟踪指导竹镇镇党委换届、村社区党组织换届，圆满完成各项任务，实现了组织意图与党员、党代表意愿高度一致。严肃换届纪律，建立巡回督查、快速查核和信息员三支队伍，完善"舆情监控、电话举报、信访举报、督查巡查"四位一体工作网络，确保了换届风清气正。

干部管理从严规范。严格执行干部选拔任用"1+10"操作办法，实施干部调整173人次，其中提拔重用干部35名。探索实施干部教育培训"4+X"办学模式，先后组织浙大产业推进专题培训、井冈山党性教育培训等主体班次8期，开展领导干部进高校466人次，完成干部调训30人次。加强年轻干部培养，选派44名优秀年轻干部到"四个一线"培养锻炼，其中，择优选派8名区管正职干部担任村(社区)党组织第一书记。开展区管后备干部专题调研，综合分析研判，择优比选建库，提拔9名年轻干部进入区管领导班子。充分用好日常提醒、函询诫勉等手段，实行分片联系谈话，坚持干部档案定期审查，开展个人有关事项报告核查304人次，函询47人次，开展为官不为整治11人次。

基层党建务实创新。实施基层党建"书记项目"29个，冶山街道"农民画"党性教育体验馆等一批"书记项目"取得初步成效。建立党员"政治生日"制度，先后为5000多名党员过了"政治生日"，党员的身份意识明显增强。认真开展党员组织关系排查、党代表和党员违纪违法排查清理等工作，发展预备党员250名，发放老党员和困难党员慰问金17.87万元。不断完善"六合智慧党建"平台功能，打造"家乡美""第一书记在六合""看看别人家的党员活动日"等特色栏目14个，截至年底，共上线党员9300余名，阅读评论总量超20万次。

人才政策优化完善。出台"十三五"人才规划、"创业六合"实施办法和优化人才工作机制，制定《六合区高层次创业人才遴选办法》，凝聚各方合力，提升工作质效。精心组织申报人才重点工程，全年集聚顶尖人才1名，入选省"双创人才"2名，培养市创新型企业家4名，入选市高端人才团队3个，引进市级高层次创业人才16名，确定区级高层次创业人才40名。坚持人才工作联席会议制度，定

全区"四个一线"培养锻炼干部集中送岗

区党代表培训暨换届风气监督专题培训

部分年轻干部座谈会

	②	⑤
①	③	⑥
	④	⑦

① “六合智慧党建”网站、APP、微信公众号

② 全区村社区书记“全面从严治党”专题培训班

③ 全区庆祝中国共产党成立 95 周年大会

④ “两优一先”表彰

⑤ “两学一做”学习教育专题党课

⑥ 六盘水市委组织部到区学习交流“智慧党建”工作

⑦ 全区“两学一做”学习教育工作座谈会

期举办金融对接会，积极推动“首购订购”“创业训练营”“高层次人才俱乐部”等工作，努力营造良好创业氛围。

自身建设有效加强。持续深化“五抓一促”主题活动，不断提升组织工作科学化水平，集中保障好区镇村三级换届、纪念建党 95 周年活动、“两代表一委员”考察等全区重点任务。规范开展部机关党支部、工会换届，调整优化党小组设置，定期编印支部《学习资料》，常态坚持“三会一课”制度，初步建立高效有序快捷运转的组织工作体系。2013—2016 年，区委组织部连续四年被区委、区政府授予“人民满意单位”称号。

全区人才工作培训、外出学习调研活动

部党支部“两学一做”学习教育动员部署会、知识竞赛活动

人才工作联席会议、科技镇长团会议、人才规划专家评审会

部机关党员集中收听收看习近平总书记重要讲话

部机关“好书推荐”和“五抓一促”活动成果展示

全区党务干部党性修养培训班

全区产业发展专题培训班（赴浙大）

全区领导干部财务审计专题培训班

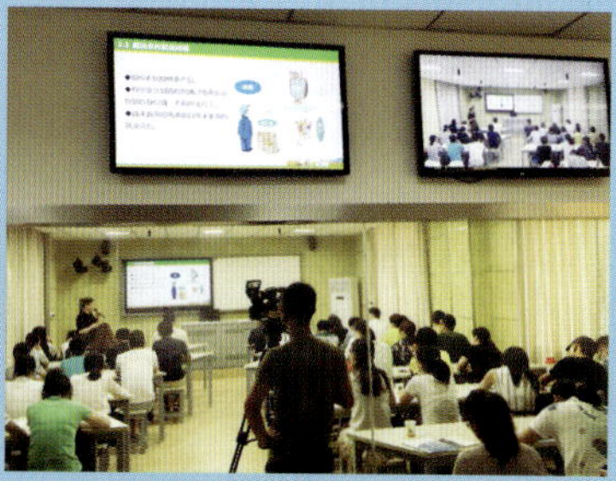

大学生村干部电子商务专项培训班

南京六合经济开发区

6月29日，区委书记朱志宏（左二）到南京国轩电池有限公司考察

2月17日，区长戴华杰（左三）到南京国轩电池有限公司调研

南京六合经济开发区是1993年11月经江苏省政府批准的省级经济开发区，批准规划面积4.8平方千米，原址在六合县城北部，2000年迁至现址，2001年年底起步开发建设。2005年4月开发区通过国土资源部审核确定规划面积为10平方千米，其中龙池片区6.5平方千米，雄州工业园片区3.5平方千米（雄州街道负责规划管理）。后经几轮行政区划调整，2008年开发区社会事务职能划归龙池街道统一负责，实行园区带街镇管理模式。2012年9月开发区实施扩容，与中山科技园、雄州工业园、程桥服装工业园、横梁食品工业园、四桥产业园整合，扩容后的开发区代管龙池街道、程桥街道，形成"一区五园带两街"发展构架。

开发区是区委、区政府派出机构，实行党工委领导管委会管理体制，内设10个部门，5个直属企事业单位。开发区（龙池片区）已编法定控详规划面积25平方公里，其中产业用地面积6.1平方千米，完成基础设施覆盖面积22平方千米，功能布局为北部生活区，中部、南部工业区，沿江北大道两侧商贸服务区。园区主导产业为高端装备制造、节能环保及现代服务业。

2016年，开发区围绕区委、区政府各项决策部署，凝心聚力、攻坚克难，统筹推进项目建设、产业结构调整、环境提升、党建文明建设等重点工作，全面加

9月8日，重点项目暨国轩电池二期项目开工奠基仪式举行

快园区各项事业发展。全年实现规模工业产值 232.8 亿元，完成全年目标的 100.4%；实现固定资产投资 107 亿元，其中工业投资 43 亿元；实现财政收入 19.36 亿元，比 2015 年增长 26%，其中，公共财政预算收入 11.5 亿元，比 2015 年增长 12.4%；实现外贸出口 7200 万美元，实现实际利用外资 1.08 亿美元。

12 月底，环龙池湖路道路面层沥青热再生工程完工

招商引资 以国家重点发展的新兴战略产业为导向，对标江北新区“4+2”产业体系（“4”指智能制造、生命健康、新材料、高端交通装备；“2”指现代物流、科技服务），以节能环保和高端装备制造为重点，加快产业发展集聚，深入实施“大企业”战略和“产业链”战略。2016 年，引进建康新能源整车、中燃集团华东大区结算中心、南钢中欧国际产业园、中能建装备制造基地、国家电网特高压装备研发生产等 13 个产业类项目，总投资 60 亿元。

项目建设 园区列入区重大项目库项目 19 个，总投资 126.3 亿元，当年计划投资 39 亿元，其中产业类项目 11 个，园区针对项目推进的各个时间节点，按照周例会、月推进、季督察等方式强化催办。围绕国轩新能源电池产业的龙头带动效应，洽谈新能源上下游产业链项目，努力实现新能源产业集聚，为园区经济发展培育新的增长点。

园区环境 以打造宜居、宜商美丽的园区为目标，全面改造提升园区市政配套水平。全年新建和改造道路 3.5 千米，新建道路污水管网 3.5 千米，新建（提升）道路绿化面积 11 万平方米，完成对杨西河的黑臭河整治工程。挂牌出让龙腾路以南 1 号地块 9.7 万平方米，土地出让金 20.5 亿元。续建七里花园、新建蒋湾二期两个安置房片区，总建筑面积 80 万平方米。

科技创新 坚持以人才引进为手段，以科技创新为驱动，以项目转化为支撑，助推产业提档升级。全年开展校企洽谈 60 余次，新增市级工程技术研究中心 4 家，校企联盟 2 个，企业专利申报 108 件，新增高新技术企业 8 家，新增省级民营科技型企业 3 家；培养省 333 人才第三层次 3 人，省双创人才申报 1 人，入选“创业六合”高层次创业人才 4 人。

园区管理 做好企业日常服务管理工作，对重点企业、重点项目严格实行首问负责制，持续做好企业调研走访工作；编制和完善园区突发情况应急预案，全面强化企业安全生产和环境保护监督检查落实工作，全年累积进行各项安全检查 1400 多次，发现各类安全隐患 1100 多处，整改率达到 98%，园区 2016 年未发生一起重大安全事故。

党建工作 扎实开展“两学一做”各类学教活动，继续严格执行中央“八项规定”和省、市、区各项作风建设的要求。采取多种形式的岗位廉政教育和警示教育活动，突出源头防范，实行“一岗双责”制度，强化党风廉政建设党委主体责任、纪工委监督责任的落实，营造了清正廉洁的发展环境。坚持中心组学习制度，采取全员培训、部门内训、岗位自学等形式，重点突出经济形势、产业发展、金融财务、城市规划、安全环保、科技创新等方面有利于党员干部员工成长的专题培训，全年开展各类学习培训 12 批次。

6 月 30 日，六合经济开发区、龙池街道举办庆祝建党 95 周年暨七一表彰大会

10 月 19 日，开发区联合南京国轩电池有限公司举办 2016 年消防演练活动

南京市六合区住房和城乡建设局（一）

NAN JING SHI LIU HE QU ZHU FANG HE CHENG XIANG JIAN SHE JU

雄州主城已建成最大安置房小区——河畔家园

2016年，区住建局紧紧围绕全区城乡建设计划目标，积极抢抓江北新区建设有利契机，奋力推进城乡一体化建设进程，城乡建设取得了较快发展。一年来，全区常住人口城镇化率60.03%，保障性住房开工119.42万平方米，竣工128.41万平方米，建成拆迁安置房12638套、公共租赁住房150套，发放租赁补贴479户206.16万元；河畔家园、锦绣家园安置房工程竣工并交付使用，先期2323户预约安置工作全部完成。实施棚户区改造项目2个，拆迁1281户面积21.8万平方米。完成护城河东段（延安桥至迎秀桥泵站）全长1.2千米河道、1.1千米泰山沟直排暗涵整治和龙池路东侧吴塘、旭光沟环境整治；滁河河滨环境整治和"新三河"建设全面加快，河滨六期道路、十二期景观以及招兵河左岸、八百河右岸基本完成时序进度。新增绿地60公顷，公园绿地服务半径覆盖

环境整治后的八百河右岸

环境整治后的招兵河左岸

鸟瞰滁河城区段

凤凰山公园新貌

护城河东门桥段整治前后

率 90%，城镇绿化覆盖率 45%；小区出新、天然气入户、农村危房改造等一批民生重点工程任务基本完成。“美丽乡村”建设完成道路综合整治工程等特色镇基础设施建设项目 5 个、集镇环境整治项目 8 个，金牛湖街道茉莉花村大后王通过“省级美丽乡村示范村”验收。

省级美丽乡村金牛湖
街道茉莉花村

龙袍长江社区
知青文化广场

龙袍长江社区
渔乐园小景

竹镇镇皂河、耿跳河
双桥段生态工程整治

河滨六期及古棠桥

南京市 六合区住房和城乡建设局（二）

NAN JING SHI LIU HE QU ZHU FANG HE CHENG XIANG JIAN SHE JU

2016年，区住建局全力抓好建筑业发展指导、质量安全监管、市场规范管理、行业人才培育，建筑行业呈现稳步发展态势。一年来，全区建筑业产值完成307.2亿元，入库税收实现9.02亿元，施工企业218家（其中一级资质企业9家，二级资质企业60家），涉及房屋建筑、市政公用、钢结构、道路桥梁、矿山等35个门类。共完成项目发包650个标段，总建筑面积232.2万平方米。共受监工程211个标段，面积912.21万平方米，创建省文明工地20个，市文明工地27个，“金陵杯”18个，市优质结构69个，委托受检构件批次6.6万多次。

六合区建设工程安全生产暨平安工地创建现场观摩会

六合区建筑业协会举办建筑业‘营改增’专题讲座

区住建、国土、规划等部门共商全区建筑产业现代化工作

六合区建设工程应急救援现场演练

区领导部署2016年全区建设领域清欠工作

2月24日，副区长陈涛带领区科技局班子成员赴江苏省产业技术研究院考察学习

9月2日，盱眙县人大常委会各专委以及科技局相关负责同志到六合考察交流科技创新工作

南京市六合区科技局

NAN JING SHI LIU HE QU KE JI JU

2016年，区科技局大力开展科技银行贷款业务，为97家企业办理科技贷款申请的相关手续。33家企业获批为高新技术企业。16家企业获江苏省民营科技型企业称号，10家企业获江苏省科技型中小企业称号，同时获批18项江苏省高新技术产品。

科技创新载体建设稳步推进 企业成功申报省级工程技术研究中心2家，市级工程技术研究中心13家，组织4家省级工程技术研究中心通过相关验收工作。蓝深集团股份有限公司获建设补助经费80万元。全区8个项目入选2016年度省、市科技进步奖。

产学研合作持续深入 积极开展校地合作，新增校企联盟10家，开展产学研专题对接活动5次，签订产学研合作项目62项。

4月8日，六合区召开校企产学研对接交流会

知识产权战略深入实施 2016年获南京市知识产权工作先进单位称号。获市级以上项目1项，获资金支持20万元。全年专利申请2898件，其中发明专利申请1387件；专利授权1166件，其中发明专利授权269件。4家企业参加国家和省级级知识产权贯标工作。组织9家企业参加知识产权“贯标”工作；在紫金广场商业街区开展专利执法检查活动。

科技人才 4个科技型企业入选2016年度南京市创新型企业家培育计划。全区入选的10名科技创业家创办企业全年完成销售44661.93万元，实现税收2696.62万元。制定“创业六合”的实施办法，对六合区创新型企业家贷款贴息流程予以规范。

民生领域科技加快发展 南京绿航农业公司承建的经济林果产业六合分店和南京天上人间生态农业发展公司承建的经济林果产业冶山和石柱林两个便利店获得江苏省科技厅认定。组织3家农业企业参加“江苏省农业科技新成果新产品嘉年华活动”。区人民医院申报的2个医疗卫生项目获南京市科委立项支持。

科学普及提高全民素质 南京秦邦吉品农业开发有限公司成功申报2016年南京市市级科普示范基地。积极参与区第十四届科普活动周、全国科普日等重点科普活动，配合区科协组织全区科普周活动；开展送科技下乡活动、区“18法律”广场等系列活动。

防震减灾 监测预报工作全年安全连续运行，地震台测震手段运行稳定，仪器运行率和数据连续率均完成98%以上的目标。新增宁创科技公司为地震宏观观测点一处。申报成功1个省级地震科普示范学校，新建1个地震应急疏散场所。开展地震科普活动多次。

8月18日，市蔬菜所科技服务基地授牌仪式在马鞍街道鑫森农业园举行

5月12日，全区第八个“防灾减灾日”宣传周启动仪式及大型广场宣传主题活动在金陵中学龙湖分校开幕

7月26日，六合区选手在第二届社区地震科普宣讲比赛中获第三名，地震办获优秀组织奖

区委书记朱志宏到六合高级中学调研

区人大常委会主任彭家龙(右一)六一儿童节到幼儿园走访慰问

南京市六合区教育局

NAN JING SHI LIU HE QU JIAO YU JU

2015 年度区教育现代化监测水平比 2014 年度又上升一个位次；2016 年 11 月通过“江苏省社区教育示范区”创建评估；区教育局被江苏省政府授予“江苏省促进义务教育均衡发展先进单位”，并获“南京市学前教育改革制度创新奖”；在 2015—2016 学年度南京市高中教育发展性评估中，区教育局荣获“教学管理奖”；六合中专校获得职业学校技能大赛国赛 1 金 1 银、省赛 3 金 9 银 9 铜；2 名教师被评为江苏省特级教师；1 名老师获班主任基本功竞赛省一等奖和长三角地区二等奖；机关幼儿园莉湖分园等 7 所幼儿园建成开园，南师附小方州小学等 6 所小学加快推进。

督学聘任仪式

全民终身学习周启动仪式

读书节启动仪式

区依法治国演讲比赛

日本筑上町青少年交流团来访

六合区足球联赛

啦啦操比赛

足球外教

江苏省社区教育示范区现场考核

常州跟岗汇报会

教师节表彰

名师工作室交流研讨会

暑期学习会

家庭教育公益讲堂表彰会

全省德育现场会

小学生集体舞大赛

开展主题演讲比赛

南京市六合区人力资源和社会保障局

NAN JING SHI LIU HE QU REN LI ZI YUAN HE SHE HUI BAO ZHANG JU

2016 年区人社局围绕“六有”开展系列工作，细数民生，不忘初心，砥砺前行。

创业富民有行动

大学生创业园

一是创业政策护航。为 99 人办理小额担保贷款，发放创业贷款 956 万元，为 52 家企业提供社保补贴和岗位补贴 121.5 万元。二是创业活动引领。4 月联合团区委启动“六合帮青年创客训练营”活动，5 月协助区政府举办创业联盟签约活动，用“区校创业联盟”活动来签约创业。三是创业典型带路。在各类报刊媒体中展示徐善金、杨忠伟、杨宗坤等一批青年大学生创业事迹。

创业明星徐善金

创业明星杨忠伟

区校联盟

就业惠民有举措

一是就业政策同城同策。落实扶持农村劳动力就业的各项政策，实现区城乡劳动者就业同城同策，完善城乡就业失业登记制度。二是就业服务多管齐下。整合城乡公共就业服务资源，实现区劳动保障服务平台就业信息三级联网。三是就业援助城乡统筹。实行城乡统一的就业困难人员认定制度、就业援助制度，把握标准，严格程序，对就业困难人员的认定做到精准无误。

“三区联动”招聘会

走进园区招聘会

培训亲民有创意

一是培训进街道、进社区。在各街镇劳动保障所及社区劳动保障站设立定点培训报名窗口，方便劳动者就近报名。二是培训重技术、重特色。邀

网络培训

培训五送

请专家、教授来各街(镇)，开展花卉种植、葡萄种植、奶牛养殖、肉鸽养殖等技术特色培训。三是培训抓技能、抓大赛。开展企业在职技能培训 2983 人次，举办中式面点师、客房服务员两个工种的技能竞赛活动。

文化活动

保障利民有良策

一是扩面抓节点。有针对性地开展扩面征缴工作，成立联席会议制度，扩面制度化、常态化。二是规范看重点。对 2015 年度管理服务情况进行考核，开展区内定点零售药店日常稽核，成立联合检查小组，对协议管理后首批申请联网结算的 76 家定点单位开展实地核查。三是服务聚焦点。为全区的百岁老人、困难退休人员等特殊群体送上节日问候，推行企业退休人员零费用的社会化服务。四是创建出亮点。做到“不出村、零成本、无风险”，把经办服务送到居民身边。11 月份，人社部农保司率各省、直辖市人社厅分管负责人到区考察，并对区工作给予充分肯定。五是推进找支点。对被征地人员实现 “即征即保，应保尽保”，解决失地人员后续保障工作。

业务交流

人才为民有智慧

一是筑巢引凤，凤舞棠城。用独特资源吸引人才，重点发展生物医药、电商物流、节能环保、高端装备制造和现代服务业，用便利交流和完善配套设施吸引人才。二是留学四海，创业六合。用“六合区专场”邀请到 41 名高层次人才到区经济开发区和中山紫金特区参观考察，基蛋生物科技等 6 家企业面向海内外招揽高层次人才。三是精准服务，聚焦蓝图。完善重才惜才的政策环境，优化爱才助才的服务体系，打造引才用才的创新载体，营造亲才留才的人文环境，利用市级资源提供专业化、精准化服务。

人才交流

维权安民有方略

监察维权

仲裁调解

一是提高认识重调解。不断提高调解质量，减少双方当事人的对立情绪，用基层劳动所调解中心、“三方驻会”、巡回法庭全程同步参与调解。二是创新机制出成果。建立期限提醒制度和超过期间的催办制度，将责任落实到个人，通过摆事实、析法条、辩法理，达到定纷止争，让胜者称快，让败者心服。三是常态执法保稳定。充分发挥一、二级监察网格作用，开展农民工工资支付、社会保险扩面征缴等专项检查活动，主动监察，强化日常监管。四是预警联动促和谐。做好跟踪督促和风险防范工作，对拖欠工资风险企业及时介入调查，并进行立案查处，处置 36 家拖欠工资重大隐患企业，累计为 7371 名职工追发工资 2621.3 万元。

民生有追求，服务无止境。区人社部门将整装待发，朝着更高目标迈进。

南京市国土资源局六合分局

NAN JING SHI GUO TU ZI YUAN JU LIU HE FEN JU

4月22日，市人大常委会副主任林克勤（右四）等考察矿山环境综合整治项目，现场了解代表建议提案办理成效

6月28日，分局在区政务大厅颁发首批城镇不动产权证书，同步市级实现“发新停旧”任务

6月23日，分局在横梁黄中村召开农房宅基地统一登记扩大试点工作动员会

2016年，六合国土分局实现国土资源管理工作“十三五”良好开局。连续获南京市国土资源局年度工作先进单位称号，被评为六合区“六五”普法先进集体。

保护国土资源 划定永久基本农田5.55万公顷。建设高标准农田2506.67公顷。发放2016年度耕地保护补贴资金1.77亿元，惠及农户13万户。组织实施2016年度14个总规模2653.33公顷土地综合整治项目。卫片违法用地面积同比下降13%。2015年度卫片违法用地整改到位率80.6%。严厉打击各类矿产资源偷盗采行为，组织联合执法行动40多次。

保障经济发展 冶山、金牛湖街道规划修改方案通过江苏省国土资源厅批准实施，促进“地球之窗”、野生动物王国等区以上重大项目的落地实施。围绕基础设施、民生项目和新城建设需求，完成7个单独选址、6个批次54个项目的组卷上报，上报征地面积551.07公顷，供应各类土地86宗400公顷，出让金收入38.36亿元，其中工业用地10宗37.47公顷，经营性住宅用地7宗28.44公顷。

节约集约用地 对全区221.07公顷批而未供土地进行梳理分析，完成整改供地114.53公顷。以收回、开工方式处置完成竹镇大泉湖、龙袍奶山等列入部督察清单的闲置土地5宗38.8公顷。推进落实2016年度城镇低效用地再开发计划实施。

深化改革试点 年内制发城镇不动产证和证明37937本。横梁黄中社区开展的农房统一登记试点工作入选市级优秀改革案例，被部、省宣传推广。4个农房统一登记扩大试点村居，完成了外业调查、数据建库、政策出台等前期工作，即将进入登记受理和发证阶段。

民生权益维护 完成38个项目586.2公顷征地项目新老政策衔接。2015年获批征地项目，完成57个项目726.67公顷，批后实施完成率95%，批后人员进保率100%。制定并下发《2016年度地质灾害防治方案》，完成金牛湖景区环湖路等地质灾害消险，连续多年实现突发地质灾害零伤亡目标。国家地质公园涉及的所有地质遗迹保护项目全部完成。

夯实基础业务 完成2015年度土地利用现状变更调查，保质保量完成9.2平方千米地形修补测任务。依法依规办理涉土行政复议、诉讼案件39件，受理群众来信来访及12345工单共586件，主动公开包含土地征收、登记发证等涉土民生信息318条，办理申请类政府信息公开22件。高质量办结人大建议、政协提案23件，获区政府提案办理先进集体称号。

3月2日，分局召开国土资源工作暨党风廉政建设会议

6月23日，分局召开机关委员会换届选举大会

4月22日，分局在仁和广场举办“4·22地球日”宣传活动

6月25日，分局在金宁广场举办“6·25”土地日宣传活动

12月2日，“南京农业大学实践教学基地”在分局揭牌成立

南京市六合区物价局

NAN JING SHI LIU HE QU WU JIA JU

全区价格工作会议

2016 年，区物价局深入推进价格体制改革，强化责任和担当意识，在稳定价格、治乱减负、服务供给侧结构改革等方面发挥积极作用。

稳定民生价格 规范自来水价格管理，城市区域内到户价格实现同网同价；实行民用管道天然气阶梯价格和销售价格联动机制；组织召开出租车调价听证会，出台并实施调价方案；落实房地产市场调控政策，稳定区商品房价格。完成全区一级公立医院医药价格综合改革，全面实现药品销售零差率，各医疗机构平稳运营。

落实治乱减负 取消收费项目 22 项，暂停收费项目 10 项，对小微企业免征收费项目 42 项，降低收费标准 5 项。扩大 18 项行政事业收费免征范围等

完成收费报告 开展年度收费单位收费情况报告和统计工作。全区共有收费单位 221 家，录入全国收费动态监管系统 83 家单位，年审率 100%。上年度行政事业性收费总额为 1.69 亿元，同比增长 12.99%；政府定价的经营服务性收费项目，收费总额为 1.63 亿元。

开展价格培训

服务社会经济 在新浪六合网站、六合价格监测微博、《今日六合》、六合电视台发布“今日菜价”“价比三家”等价格信息 200 余条；组织“价格服务进社区”活动 5 次；受理公安系统涉案物品价格认定 75 件，标的额 4.26 亿元。

完善平价商品 全区建立平价商店 11 家，累计销售平价蔬菜 152.94 万千克，销售金额 1003.89 万元，低于市场平均价格 28.4%，惠民让利 426.37 万元。

价格普法宣传 开展价格法律法规宣传，广场宣传活动 4 次，接受消费者价格咨询、投诉 300 余人次，发放宣传资料 2000 余份；各类媒体报道 6 个版面，刊登新闻 12 篇，专题培训 0 场，培训 070 人次。

价格行政执法 受理“12345”工单 360 件、“12358”价格举报投诉 90 件，调解价格争议 3 起，处理网络问政 5 件，价格投诉回复率、办结率 100%，查处价格违法行为 46 起，涉嫌价格违法金额 200 多万元。

专题 A

六合区召开全区价格工作会议

安排部署2016年
全区稳定价格和治乱减负工作

精准发力 推动价格工作新发展

实施市场检查

价格宣传

价格公示

平价店建设

价格检查

六合年鉴

LIUHEALMANAC 2017

南京市六合区环境保护局

NAN JING SHI LIU HE QU HUAN JING BAO HU JU

区长戴华杰（左前二）深入企业调研环保工作

环境监管不断加强

环境宣传进企业

2016年，全区生态环境保护工作以提升环境质量为目标，以大气、水和土壤污染防治工作为重点，以中央环保督查环境信访问题为契机，着力在治污攻坚和执法严管上下功夫，全力推进年初确定的各项生态环保目标任务，生态环境保护取得新的进展和成效。

扎实推进水污染防治工作 以《六合区水污染防治行动计划》为载体，将年度任务细化分解成8大类41项，并逐项落实到各责任单位，扎实开展全区水污染防治工作。对区主要河道入河排污口设置数量、分布及污水来源情况开展调查，对部分水质超标情况进行分析并提出整改要求。全面推进工业集中区污水管网建设，大力提升园区及周边的生态环境，推进环境友好型园区的发展。对辖区范围内“十大”行业和“十小”企业进行排查，对检查发现的问题提出明确治理措施和治理期限。对城镇污水处理厂进行全面排查，在实现第三方运营管理的基础上，摸清全区城镇污水处理厂生产运行情况，落实环境监管责任。

积极推动大气污染防治 工业污染防治成效突出。开展大气治理项目专项检查，对近两年完成治理的56家企业大气污染防治重点工程进行“回头看”。开展印刷、汽修行业挥发性有机物污染治理。二是黄标车淘汰有力推进。加强机动车污染控制，推进黄标车淘汰，完成1490辆黄标车淘汰任务。三是重污染预警应急及时有效。按照南京市政府统一部署，根据《六合区重污染天气应急预案》，及时启动应急响应，组织落实工业企业限、停产，机动车严管限行，工地停工等严厉管控措施，切实缓解大气污染影响。严格落实冬春季节空气质量管控方案，强化联防联控机制，加强重污染天气应急处置。

狠抓主要污染物减排工作 进一步推进雄州污水处理厂等污水处理厂规范运行。强力推进各污水处理厂管网建设，提高污水进水浓度，落实工程减排。完成3家规模化养殖场、养殖小区污染治理工程，同时对禁养区内20家养殖企业实行关闭搬迁，实现农业减排。推行农村生活垃圾处置和河道疏浚工程，进一步加大农村环境综合整治，实现减排。

深入推进生态文明建设 围绕建设美丽新六合目标，积极协调推进生态文明建设，完善工作机制。加强农村环境保护，抓好农村环境连片整治，深入推进农村生活污水、生活垃圾有效收集和处理。强化畜禽养殖污染治理，在抓好禁养区养殖企业关闭搬迁的基础上，推进限养区清理整治。深化重点行业整治提升，推进工业集中区废水接管整治。推进污染场地整治与修复，对2011—2014年以来，“三高两低”整治工作中已关闭工业企业场地利用现状进行调查，提高污染场地环境风险管控率。

黑臭河道水体环境治理工程成效显著

护城河环境整治后水清岸绿

龙池湖成为市民休闲场所

开展纪念世界环境日活动，宣传环保法律法规

区环保志愿者队伍建设不断增强，成为义务宣传生态文明的有生力量

开展绿色社区创建工作，推进生态文明建设

编制环境保护与生态文明建设规划 委托中国科学院南京地理与湖泊研究所团队、区发改局、区工信局、区国土分局、区规划分局等18个部门参与《南京市六合区"十三五"环境保护与生态文明建设规划》编制，排出包括大气污染防治、水污染防治、土壤污染防治、生态建设与生态安全、环境监管能力建设五类41个"十三五"期间全区环境保护与生态文明建设重点工程项目，总投资271.71亿元。

完成环保督察交办工作 中央第三环保督察组于7月14日进驻江苏开展为期一个多月的环保督察。督察期间，区收到15件中央环保督察组交办单，涉及饮用水安全、垃圾焚烧发电、化工气味扰民、农村环境卫生、餐饮油烟、工业企业类及噪声等。协办件分别涉及噪声、化工气味扰民。区各单位积极承办，依法依规查处，着力立行立改，15件交办单全部回复市协调联络组。

开展违法违规项目清理工作 排查出各类环保违法违规建设项目406个，并按照规范程序落实整顿。

查处各类环境违法行为 查处各类环境违法案件67件，处罚金额197万元。实施查封扣押22件，限产停产6件、按日计罚1件，移送公安建议行政拘留4件。在全国环保执法大练兵活动，区被评为市先进集体，并被推荐报省表彰。

环保宣传进社区

环保法规现场咨询服务

静静的龙池湖畔

南京市六合区城市管理局

NAN JING SHI LIU HE QU CHENG SHI GUAN LI JU

第三期暑假社会实践

六合区数字化指挥中心

2016年，区城市管理各项目标任务圆满完成。全年立案查处各类违法案件762件，拆除违法建设0.97万平方米，新增停车泊位1207个，完成474个标准化建设单元的市级验收，垃圾分类示范小区累计受益人口2.61万人，环卫保洁机械率85.6%。区城管局被评为南京市城市治理标准化建设先进集体、环卫工作先进单位。

环卫保洁 城区主次干道实施每日“一冲、二扫、三洒”的作业模式，机扫面积144.192万平方米，机扫率达到85.6%。改造垃圾中转站1座、公厕8座，采购果壳箱100只、购置垃圾桶清洗车1台，建设环卫职工安康驿站2座。

停车秩序整顿 新建3个临时停车场和划设道路停车泊位，新增停车泊位1207个，划设非机动车停放区域850米，建成10条停车管理示范路，启动3条道路POS机智能收费管理，累计张贴违停罚单1161张。

流动摊点管理 实行早中晚定岗错时管理，落实主次干道巡查处置机制，对流动摊点及时教育和劝离，设置28个流动摊点群合计99个摊位。

渣土运输管理 严格渣土运输市场准入机制，累计审批渣土运输企业16家、渣土运输车334辆。规定渣土运输时间和线路，确保净车出场、密闭运输。联合区公安交警部门、环保部门定期开展联合执法，全年累计处罚渣土运输违法案件47件。

行政执法 招录执法队员16名，组织4次执法业务培训。全年查处各类案件762件，其中：一般程序案件645件，简易程序117件，处罚金额580.99万元。涉及行政复议案件4起、行政诉讼案件6起。全年累计拆除违法建设134处9700平方米，查处“门前三包”案件73起，处罚金额1.08万元。

垃圾分类与无害化处理 实施垃圾分类市场化运作小区16个，新增受益人口1.53万人，累计受益人口2.61万人。垃圾分类工作列全市郊区组第一名。区生活废弃物处置中心加强垃圾源头的管控，杜绝车容不洁、抛洒滴漏问题。完成渗滤液设备提档升级工程，6月MBR生化预处理系统投入使用，出水水质达到《生活垃圾填埋场污染控制标准》要求。全年累计无害化处理生活垃圾12.83万吨，垃圾渗滤液2万余吨。

村庄环境卫生整治 开展农村环卫设施提档升级工作，完成38座公厕升级改造，新改建4座垃圾中转站，购置垃圾运输车2台、小垃圾收运车10辆、配备移动垃圾箱体100个。开展月村庄环境卫生检查专项考核。全年累计检查9个街镇、95个行政村（社区）、796个自然组。

城市治理 完成474个标准化建设单元的市级验收。建立内部考核管理制度，完善系统功能建设，将全区9个街镇及11个部门和单位纳入数字化城管二级平台，3个街道二级平台通过市级验收。全年区数字化城管平台累计派遣案件2.17万件，按期处置数1.94万件，按期处置率89.18%。

街巷整治 建立精细化管理责任制度，实行巷长管理责任制和社区干部、城管队员、保洁员“三包一”责任体系。全区整治背街支巷65条。

宣传普法 完成《城管行》节目策划、协助录播8期；省级媒体发稿3篇，市级以上媒体发稿33篇；网络媒体113篇；发表微博2185篇，“南京六合城管微博”被评为“2016年度南京市城管优秀政务微博”。

空间立面管理 突出主次干道街景容貌和公共服务功能品质提升，密切联系区公安、市政、园林、街道等部门和单位，整治出新文化墙5960.7平方米，创作水墨画131幅564平方米。成功创建环龙池路为南京市市级示范道路，紫霞龙津社区为南京市市级示范社区。

军事化训练

公厕改造

路灯维修

垃圾分类

少先队员参与城市管理

环卫精细化管理——清洗道路污渍

渣土管理

为民办实事

精细化管理

机械化清扫

南京市六合区水务局

NAN JING SHI LIU HE QU SHUI WU JU

时任南京市委书记黄莉新(右三)检查水利工程建设

江苏省水利厅副厅长陶长生(右二)检查新禹河闸建设

南京市人大副主任臧正金(左三)调研水利工程

区长戴华杰(右前四)检查水利工程建设

在2016年工作中,六合水务系统以全面深化水务改革为动力,在防洪防旱、工程建设、水资源管理、水生态保护、依法治水、城市水务等方面积极开拓创新,年度目标任务全面完成,在全市水务工作考核中荣获优胜单位。完成的主要工作有:

水务改革 水务一体化改革、水利站改革和小型水利工程管理体制改革三项工作任务按年度计划全部完成,其中小型水利工程管理体制改革在全省同期开展的71个区县中第四个率先完成省、市验收。

防汛防旱 通过不懈努力,在市局指导和区委、区政府领导下,战胜滁河历史第二高水位流域性洪水。区水务局荣获市委、市政府“三等功”表彰;在大汛之后大旱,取得两个多月高温少雨天气抗旱工作胜利。

工程建设 实施了新禹河闸除险加固、八百河铁路圩段堤防加固重点水利工程,省、市、区18处防汛消险工程,山湖灌区、重点县、重点片区、重点泵站等农田水利工程,以及农村河塘疏浚、水库生态清淤、重点塘坝整治、小流域治理、小翻水线改造等一批民生水利工程,累计完成水利土方304万立方米,改造泵站116座,整治沟渠63.2千米,配套建筑物422座。其中新禹河闸除险加固工程多次接受省水利厅专项稽察,与八百河铁路圩段堤防加固工程共同代表南京市接受省水利厅质量工作考核,考核等次为A级;在全市水利质量工作考核中得分第一;新禹河闸除险加固被评为省水利优质工程;新禹河闸除险加固、八百河铁路圩段堤防加固工程被评为市水利工程建设文明工地。重点县2015年度项目在省财政厅、水利厅绩效考评中获得优秀等级,2016年度项目代表南京市作为省水利厅服务“双百工程”行动联系点。

涉水管理 一是水利工程管理,金牛山水库国家级水利风景区高分通过复核,河王坝、山湖、大河桥水库,南王等小水库完成省管单位复核;二是水资源管理,认真落实最严格水资源管理制度,5月份配合省、市完成国家考核组对江苏省最严格水资源管理制度考核工作;三是水库移民项目管理,“美丽库区幸福家园”项目全力推进,受到当地村民拥护,代表江苏省接受水利部移民局水库移民后期扶持政策实施情况稽察受到领导、专家的高度评价,盱眙县水利局等兄弟单位到区学习交流;四是水行政执法管理,规范涉水项目审批、服务及监管,大力开展执法检查,认真做好执法清障,维护全区良好的水事秩序。

南京市水务局张孝科局长(右三)检查八百河堤防建设

水利部对红山窑管理处申报国家级水管单位复核

水利部稽查区水库移民后期扶持政策

新禹河闸水利枢纽工程简介

新禹河闸位于六合区新禹河入滁河口1.1千米处，主要功能是排洪、引水和蓄水灌溉。始建于1988年，设施经多年运行老化，已无法满足工作需要。为消除隐患，江苏省发改委于2015年8月批复对新禹河闸进行拆除重建，批复投资6145万元。工程于2015年10月开工建设，2016年6月投入试运行，2017年1月通过竣工验收。

工程主要建设内容为拆建新禹河闸及新建新禹河补水泵站。新建新禹河闸为中型水闸，主要建筑物级别为2级，设计行洪标准为20年一遇。新禹河闸设计流量403立方米/秒，闸室分3孔，单孔净宽8.0米。下游侧布置总宽6.0米交通桥，设计荷载等级为公路Ⅱ级。新建补水泵站设计流量为10立方米/秒，泵室位于闸室左侧，采用钢筋混凝土整体湿室型结构，总宽14.5米、4孔，单孔净宽2.7米。泵站选用4台套900ZQB-100D型潜水轴流泵，配套电机功率160千瓦，总装机容量640千瓦。

新禹河枢纽

八百河铁路圩段堤防加固工程简介

八百河是滁河下游主要支流之一，起于金牛山水库溢洪道，至雄州街道冶浦桥处入滁河，流经雄州、马鞍、金牛湖3个街道，河道全长20.96千米，两岸堤防尚未全面达标整治。该项目为2013年度省水利区域治理竞争性立项项目，拟对八百河铁路圩段堤防进行达标加固，省发展改委于2015年4月批复工程可研，市发改委于2015年11月批复工程初步设计。初步概算投资4064万元。工程于2016年1月开工，12月完工。

八百河铁路圩段堤防工程，上起金牛湖街道西阳河口，下至雄州街道接中小河流项目已治理段。主要建设内容为堤防加固总长6.17千米（其中金牛湖段3.0千米，雄州段3.17千米），迎水坡坡面高程6.5—8.5米间新建砼护坡，堤顶宽6米，堤后10米管理范围内填塘固基；拆建高西涵、汪庄涵、大塘涵及汤西涵4座低涵，新建高西、汪庄及汤西3座灌溉出水管涵；新建堤顶沥青防汛道路6.17千米，宽度4.5米；新建砼上堤坡道11条，总长2.78千米，路面净宽3米。

八百河铁路圩

龙袍农场中心河

农水2016年重点县项目九联站

水库移民项目（大泉）

横梁东方红水库

南京市六合区文化广电局

NAN JING SHI LIU HE QU WEN HUA GUANG DIAN JU

留左大鼓赴欧洲交流演出

庆八一演出

六合农民画在加拿大蒙特利尔市魁北克工艺艺术博物馆办展

公共文化服务体系不断完善。2016年区第二文化馆新馆正式对外开放，建成通借通还"一卡通"分馆60家，冶山街道完成创建江苏省第三批公共文化服务体系示范街镇，30个社区（村）建成标准化综合文化服务中心，建成6个星级示范农家书屋，全区每万人拥有公共文化设施面积达到1680平方米。各项建设目标全部完成。

群众公共文化活动不断丰富。以"六合同春"为文化主题，开展区办品牌活动27场，百场公益演出6场；举办公益展览57次，完成送演出110余场，送图书4.17万册，送电影1094场，全部超额完成目标任务。

全民阅读工作稳步推进。成立"书香城市"读书促进会，举办各类阅读活动150余场。获评市级书香家庭、书香街道、书香社区、书香企业、书香校园等表彰10项。

文化遗产保护不断推进。《六合民歌》等5项非物质文化遗产列入省四批名录。参与解放军军乐团"民歌采风"活动、中原古韵——中国（淮阳）非物质文化遗产展演，举办非遗展示宣传活动6场。留左吹打乐、六合农民画先后应邀赴欧洲、加拿大展出交流。完成第三批市级代表性传承人申报。

文物保护、宣传力度加大。全面完成全国第一次可移动文物普查工作，完成长芦寺的维修工作，完成六合文庙围墙、万寿宫维修工程的招投标工作。举办文物建筑摄影大赛、"文博之夏"夏令营等活动，加强历史文化宣传，设立老地名标志碑。

推进依法行政，净化文化市场。加强文化管理服务规范化，提高依法行政水平，整理修订依法行政工作手册，规范和完善行政审批工作制度，严格执行对社会公布的审批办理条件，全年办理审批歌舞娱乐场所7家、游艺娱乐场所9家、文艺表演团体3家、演出场所经营单位备案1家、营业性演出2家、互联网上网服务营业场所经营单位12家。开展文化市场联合执法行动，全年查处违规网吧26家次、印刷企业4家次、出版物经营单位8家次；收缴违法出版物368余册、盗版光盘6000余盘；取缔盗版音像制品流动摊点14家，确保全区文化市场的健康有序。

广电事业发展提速、规范。推进数字电视双向化改造，新发展有线、数字电视用户3049户，数字电视用户总数18.74万户，新增双向网覆盖用户6.4万户，双向覆盖总数19.7万户。加强广播电视节目的监听、监看，确保重大节庆日、重要时期及日常播出安全；积极推进创建省"无小耳朵"社区工作，开展卫星管理专项整治、非法电台清查治理等工作。

"方巷人走北"非遗展演

"乡村大舞台"百场公益演出走进茉莉花村

"书香六合"经典诵读

非遗日广场演出

南京市六合区政务服务管理办公室

NAN JING SHI LIU HE QU ZHENG WU FU WU GUAN LI BAN GONG SHI

2016 年度 12345 政务热线表彰暨工作推进会

专家评标现场高清音频视频监控

六合区政务服务管理办公室作为区政府派出机构，主要职能为协调、管理进驻政务中心的行政审批、行政许可、行政服务事项，推进行政审批制度改革；负责全区“12345”政府服务呼叫中心建设、管理和运行；负责区公共资源交易中心的组织实施工作。

2016 年度，区政务办紧紧依靠区委、区政府的坚强领导，以打造一流审批服务窗口、高效民生热线、规范公共资源交易平台为目标，认真践行“宁可自己麻烦百次、不让群众多跑一回”的工作宗旨，努力打造亲民便民服务品牌，大力拓展政府服务功能，切实为群众办实事，做好事，解难事，较好地履行了各项工作职能，被授予省、市、区“文明单位”“巾帼文明示范岗”等多项荣誉称号。

全年累计办理行政审批事项 131442 件，综合满意率 99.97%，综合考评位居全市郊区组第一；“12345”政府服务热线年办件逾 37255 件，主要考核指标为办结提速率 85.74%、作风满意率 92.71%、结果满意率 88.11%；公共资源交易中心六合分中心完成采购任务 996 项，其中：公开招标 88 项，竞争性谈判 36 项，竞争性磋商 9 项，单一来源采购 7 项，协议供货 856 项；预算资金 21189.26 万元，中标 / 成交金额 17006.35 万元，节约资金 4182.91 万元，节约率 19.74%。建筑工程类交易量 654 项，交易金额 567862.32 万元。

安排保安人员专门负责引导大厅办事群众，解答部分咨询诉求

大厅前台工作人员耐心细致地为群众提供咨询服务

政务大厅指标示标牌清晰明了，电子屏幕滚动部分窗口办件流程

开评标监控室全程音频视频监控，保障政府采购工作公开透明

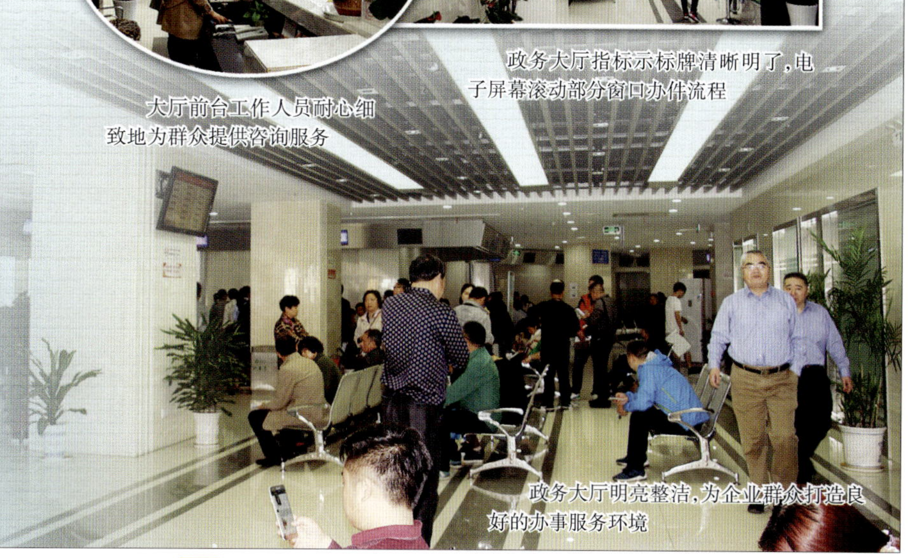

政务大厅明亮整洁，为企业群众打造良好的办事服务环境

南京市六合区体育局

NAN JING SHI LIU HE QU TI YU JU

太极拳表演

老年人体育节开幕式

2016 年是“十三五”发展规划的起始之年。全区体育工作坚持以党的十八大和十八届五中、六中全会精神为指导，深入贯彻落实习近平总书记重要讲话精神和对体育工作重要批示指示精神，以“创新、协调、绿色、开放、共享”五大发展理念为宗旨，进一步完善省级公共体育服务体系示范区建设，加大公共体育服务供给，切实转变竞技体育发展方式，大力推动体育产业繁荣发展，营造良好的体育改革发展氛围，各项工作均取得较好成效。

深入贯彻落实《全民健身条例》，广泛开展全民健身活动，进一步建设和完善公共体育服务体系。全年举办元旦长跑、“舞动棠城”广场舞大赛、江苏・南京多彩竹镇公路自行车公开赛、群众体育展演、武术邀请赛、青年杯、建安杯篮球联赛等赛事活动。会同区教育局、工会、共青团、机关工委、妇联、各单项体协等部门和单位组织开展各类群体活动 100 余项次，参加人数 10 万余人次，全区经常性参加体育锻炼人口占全区总人口的 50% 以上。全年培养三级社会体育指导员 200 人，二级社会体育指导员 30 人。加强体育社团建设，对已有体育协会按期实行换届改选，年内所有已注册协会分类创成“AA 级社团”、“AAA 级社团”。开展国民体质监测工作，累计完成 4000 人的国民体质监测任务。组队参加南京市第二十一届运动会社会部比赛，运动员 300 名，参加广场舞、负重接力、轮滑、自行车慢骑等项目，荣获综合奖一等奖、优秀组织奖代表团、体育道德风尚奖代表团。

围绕参加南京市第二十一届运动会，竞技体育综合实力进一步增强。组队参加

六合青年公益迷你马拉松

竹镇马拉松

“舞动棠城”大型集体舞表演

武术比赛

金牛湖水上比赛

室内篮球赛

南京市第二十一届运动会青少部比赛，运动员600余名，参加击剑、篮球、排球、帆船、赛艇、羽毛球、散打、跆拳等21个项目的比赛，共取得58块金牌、61块银牌、59块铜牌。六合区代表团参加江苏省县组田径比赛取得金牌5枚、银牌3枚、铜牌3枚、2个第四、5个第五、1个第六、1个第八。积极举办2016年中国中学生跆拳道联赛华东分站赛，2016年中国竹镇永鸿．巴布洛杯自行车邀请赛，2016年中国竹镇迷你马拉松比赛，2016年竹镇国际半程马拉松，2016年南京市第二十一届运动会举重、乒乓球、武术(散手)、排球比赛。

加强体育场馆设施建设，为市民提供优质的体育健身服务。建成六合区体育健身广场，项目位于延安路80号，田径场东侧地块，面积4200平方米，建设内容包括2片笼式灯光篮球场，按照儿童、成人、老年人活动特点分区域布设室外健身路径及室外乒乓球活动区，免费对市民开放。

元旦长跑

掼蛋精英大赛

门球联赛

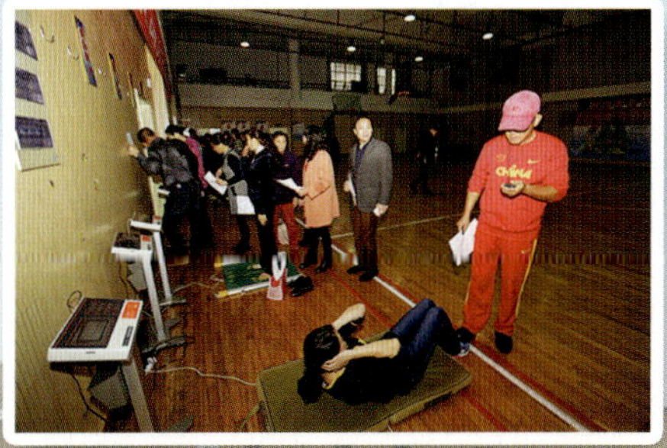

国民体质监测

南京市六合区总工会

NAN JING SHI LIU HE QU ZONG GONG HUI

区总工会代表团参观武进区职工服务中心

区总工会举办企业工会主席培训班

2016 年，全区新建基层工会组织 80 家，新增会员 5517 人。全区现有工会组织 1093 个，涵盖法人单位 3218 家，工会会员 188417 名。

工会法宣传

职工创业创新　开展“大众创业、万众创新”竞赛，评选先进单位市级 2 家、区级 5 家和区级先进个人 6 人。联合区商务局举办中式面点师、客服服务员等职工技能竞赛，69 名职工踊跃参赛；组织职工积极参加“南京工匠”选树活动，推荐钳工、焊工、叉车工、花卉园艺等 7 个工种 13 名技术能手参加市级比武，组织 5 名职工参加全市女职工信息应用技能大赛，提升职工技能水平和创新能力。

职工文化建设　新创建职工书屋示范点国家级 1 家、省级 1 家、市级 4 家和区级 6 家，南京市书香企业 1 家。开展送电影下基层慰问职工活动，举办各类文体活动。组团参加市第 21 届运动会暨第 15 届工人运动会五大项目的比赛，连续被评为市群众体育工作先进单位。

弘扬劳模精神　举办庆五一表彰暨劳模事迹宣讲大会，表彰区模范职工之家 15 家、区模范职工小家 14 家、区工人先锋号 19 家和区优秀工会工作者 58 人。推荐江苏省劳动模范和江苏省先进工作者 6 人，评选出全国五一劳动奖章 1 人、南京市五一劳动奖章 2 人及南京市五一劳动奖状 1 家，选树南京市文明职工 2 人，弘扬时代主旋律。

直属工会建设　全区 10 个街镇全部成立总工会，并配齐工会社职干部。鼓励街镇、园区和系统等区总工会直属工会创建模范职工之家，增强区总工会直属工会服务基层服务职工的能力。开展心理健康、信息宣传等业务培训，组织企业工会干部赴上市公司润和软件公司参观交流，对非公企业工会主席进行考核补助。

工会精准帮扶　慰问困难职工和工会干部 34.3 万元，慰问劳模 23.1 万元；发放特困职工生活补贴 21.6 万元；发放低收入困难劳模补助金 22.1 万元；金秋助学发放助学款 13.8 万元；建立市、区困难职工档案 321 份。

职工普惠服务　采集会员数据 5 万多条；为 4500 名女职工开展免费体检；举办“春风行动”专场招聘会，78 家招工单位提供就业岗位 1600 多个；互助互济参保额 30 余万元，惠及职工 5067 人；发放职工小额贷款 290 万元；组织 40 名会员参加职工疗休养活动。开展法制宣传咨询活动，开通“57612351”职工维权服务热线，办理援助案件 20 件。开展职工权益纠纷排查化解，上报职工权益纠纷 33 起，妥善调处 16 起，清欠社保费和工资 98 万元。

全区工会系统信息宣传工作培训

劳动法律监督　深化“安康杯”竞赛活动，新增参赛企业 24 家，全区参赛职工 5 万余人。组织 40 名新上岗工会干部参加全市工会劳动保护培训并获证书。

六合区总工会代表赴海安参观学习，与海安工会座谈交流

区总工会举办纪念建党 95 周年暨“两学一做”专题党课

区工会干部心理健康知识讲座

南京市六合区妇女联合会

NAN JING SHI LIU HE QU FU NU LIAN HE HUI

江苏省政府“十二五”妇女儿童发展规划评估验收

三届五次执委(扩大)会议

2016年，区妇联获区先进基层党组织、市委组织部“女大学生村官征文演讲比赛”组织奖、江苏省“三八”红旗集体称号。

促进妇女发展 举办初、中级育婴班，实施女性电商创业培训项目。建立巾帼示范基地省级4个、市级3个；10个区巾帼文明岗、4个市巾帼文明岗，选树20个区巾帼岗位明星和4个市巾帼岗位明星，推荐2个省巾帼文明岗获表彰。开展农村妇女“双学双比”活动，建立3个市级巾帼农业示范基地，3个省级巾帼农业示范基地和1个省级巾帼电商服务示范基地。

颂扬最美家风 邀请省、市党校专家专题讲解家庭家风建设，节选优秀的家风家训在六合报上刊登；组织共好培训学校建立家庭读书会，倡议全区妇联干部捐书。产生1户江苏最美家庭、12户南京最美家庭、十大六合最美家庭，1户江苏省文明家庭，1位“感动南京”人物。3个家庭获南京市“书香家庭”称号。

维护妇儿合法权益 开展“反家暴法”宣传活动，引导妇女理性维权、依法维权。全年接访调解婚姻家庭诉求和邻里纠纷56例；提供法律援助5例。成立婚姻家庭服务社会组织，维护妇女儿童在家庭和工作生活方面的合法权益。表彰一批区级平安家庭，选树省级平安家庭创建示范社区1个、平安家庭2户。

注重组织联络 夯实基层基础 全区村(社区)妇联组织全面换届。建立系列微信群，开展针对妇女和家庭的各项服务，组织线上学习交流互动。与区民政等部门开展军地单身青年联谊活动。

办好民生实事 制定实施“十三五”妇女儿童发展规划，在省、市儿基会和妇联组织帮助下，开办9个特困儿童春蕾班，资助区内102名特困学生，实施横梁留守儿童爱心小屋项目，全区100多名困境儿童实现“微心愿”；通过网络众筹方式为3名大病困难儿童筹集治疗费用9万余元。

走访慰问单亲贫困母亲

育婴师培训竹镇行

中青年女干部培训班

女性电商路演汇报

庆“三八”“暨”六合家事“系列典型表彰大会

六合家事—传递六合最美家风

我与妇女儿童共发展女大学生村官演讲比赛

农村妇女骨干培训班

周玉琴家庭被评为江苏省“最美家庭”

① 各村居女性进”两委“暨基层换届专题培训

② 家风家训葛塘行

③ 春蕾助学金牛湖行

④ 军地联谊会

南京市六合区红十字会

NAN JING SHI LIU HE QU HONG SHI ZI HUI

1月4日，时任区委副书记彭家龙（中）考察区红十字会

1月26日，南京市红会副会长张杰到雄州街道慰问困难户

2016年，区红会获全国红十字防灾减灾知识竞赛三等奖，获市红会“救护培训工作、救助工作、捐献遗体（器官）工作、宣传工作”四个单项先进。区红会理事王萍获省红会优秀志愿者、第十五届“南京好市民”“最美六合人”提名奖；区红会理事黄金昌获“最美六合人”称号；区红会理事李美娣、程桥街道红会专职干部叶玲莉获“最美六合人”提名奖。

红十字宣传 通过报纸、电视、网站、微信微博、活页五大平台宣传，提升红十字会影响。在《今日六合》刊登《红十字之窗》30多期，2次作专版宣传。在区政府门户网站发布红会信息217条，位列44个街镇和部门第四。在区电视台报道红会工作13次。在《中国红十字报》报道区红会工作12次，在系统外媒体报道红会工作8次。开通博爱六合微信。举办纪念“世界红十字日”、义诊、大型“三下乡”、应急演练、志愿服务等多场活动，发放宣传活页15000余份。

救护培训 开展救护培训“进街镇、进村居、进学校、进机关、进企业”活动。全年举办应急救护培训115期，培训初级救护员1100人，普及性人员11500人。在六合中小学生实践基地对全区高一、初一新生7000人安排救护培训，并进行理论考核。首次将救护培训引入交通驾校、机关入党积极分子培训中。在部分小学和幼儿园开展“小手拉大手—应急救护进家庭”活动。在十四化建举办“2016年安全生产月应急救护技能比赛”。组建8支师生队参加南京市首届救护大赛，取得佳绩。

人道救助 继续实施“爱心桥”救助项目。与区妇联等8部门联合实施“爱心桥”项目，坚持常年及时救助大病儿童、“双癌”家庭及突发灾害家庭，在《今日六合》红十字之窗栏目发布求助者信息12批54人，发放救助金36万元。试水微信众筹，获初步成功，为2个大病宝宝筹得医疗费近6万元。帮助94名大病患者申请南京金陵医疗救助金34.04万元。帮助10名献血大病患者申请救助金3.8万元。江苏元创投资控股集团继续为“六合区红十字元创博爱资金”捐资10万元。建立六合区红十字人民医院医疗救助博爱资金。2016年，该资金接受爱心企业捐款10万元，支持红十字人道救助。盐城阜宁风灾后，区红会募款7.7万元上缴市红会转送灾区。开展博爱送万家活动，争取区红十字会的救助纳入到区统筹，连同省市红会支持的物资，年前救助504户困难群众，发放救助金40.64万元。爱心老人陈思舜第八次到区红会捐款2000元。全年筹资110万元，救助658人。

“三献”工作 开展“三献”宣传15次；召开志友成立20年庆和年终总结会；组织志友与大学生结对谈心，开展感恩教育；关爱困难志友，组织

6月15日，区红会常务副会长孙德胜走访核查“爱心桥”人员

3月4日，竹镇镇泉水小学成立红十字会

6月27日，十四化建举办应急救护技能比赛

7月4日，六合区第一届学校红十字电子报评比表彰大会

4 月 26 日，区红会举办遗体（器官）捐献专题培训班

10 月 13 日，区红会举办第一期南京应急救援服务队六合分队复训班

11 月 29 日，民盟南京市委向区红十字衣物捐赠中心捐赠衣物 25 箱

年终大走访、大慰问；横梁街道红会率先在敬老院发展 2 名志友，街道红会领导专程到敬老院看望慰问；全年新增志友 61 人，志友总数 419 人，实现捐献 8 人（新增和实现捐献为历年之最）。造血干细胞登记入库 186 人份。

红十字青少年　区红会组织励志等 8 所学校 6000 名学生参加全国青少年防灾减灾知识竞赛，获总会一等奖 1 个，二等奖 2 个，三等奖 6 个。在 12 所学校和幼儿园开展博爱校园行活动。首次举办六合区第一届学校红十字电子报评比，18 所中小学选送参赛作品 170 幅，经专家评审、微信投票，最终评出一等奖 20 名，二等奖 35 名，优秀组织单位 9 个，并召开隆重表彰大会。首次在 2 个幼儿园开展博爱小天使微信投票评比，共评出 28 位“博爱小天使”。与团区委等联合开展《安全知识进校园 · 我为孩子捐本书》活动，向 3 所小学捐书 5400 本，总价 10 万元。

基层组织建设　开展“两学一做”学习教育活动，推进“万名党员帮万户”活动，支持挂钩帮扶的冶山双墩村 6.5 万元。定期召开理事会、基层组织工作例会，项目推进会，推动基层红会工作上轨道。全年成立 3 所学校红会，继续援建博爱卫生院 2 个、学校 1 个。

红十字衣物捐赠　六合区红十字衣物捐赠中心全年接收衣物 5.2 万件，其中区服装商会 12 名企业家集体捐赠新冬装 1500 余件，南京 8 所高校捐赠军训服 5800 多套，有效缓解捐赠中心新衣不足难题。通过组织衣物认领微心愿、送衣下乡、进社区、进学校等 30 多场活动，发放衣物 4.5 万件（按 50 元一件计，相当于募款 225 万元），惠及全区 3000 多户困难群众，深受困难群众欢迎和好评。

5 月 20 日，六合双语小学组织学生开展“爱心义卖”博爱校园行活动

11 月 3 日，区红会开展送衣下乡活动

5 月 18 日，六合棠城学校组织学生参加全国青少年防灾减灾知识竞赛活动

8 月，救护培训成为中小学生军训必修课

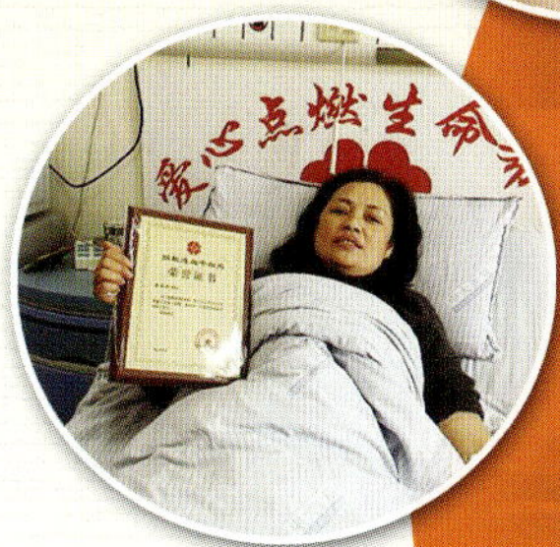

12 月 27 日，志愿者李玉珍在南京中大医院进行造血干细胞捐献

5 月 14 日，区红会在大厂街道举办大型“5 · 8”世界红十字日广场文艺演出活动

南京市六合区人民防空办公室

NAN JING SHI LIU HE QU REN MIN FANG KONG BAN GONG SHI

重要经济目标防护演习

2016年区人防办，紧紧围绕军事斗争人防准备工作这条主线，以党员“两学一做”专题活动为契机，抓作风，促发展，全力做好防空防灾应急准备，年度重点人防工作任务圆满完成。被江苏省民防局、江苏省人社厅表彰为“全省民防系统先进集体”。

警报通信 提升指挥通信能力和防空警报报知能力。积极推进机动指挥所建设；优化防空警报器布局，对现有警报器进行检测维护升级，主城区防空警报音响覆盖率保持100%。顺利完成“9·18”全省警报试鸣和“12·13”国家公祭日鸣放任务，提升应对随机突发事件保障能力。

指挥演练 以新大纲内容为训练目标，突出提升指挥通信保障能力。修订完善防空袭方案。在全区范围内开展各种资源数据的采集，完成区本级防空袭方案及区供电公司等重要经济目标的预案修订，为战时支前和平时开展防空防灾工作提供保障。加强人防队伍建设。根据新形势下人防专业队建设的新要求，围绕战时可能担负的抢险救灾工作，对各专业队进行适当调整，新组建心理防护专业队，确保编制合理，组织基础夯实。积极贯彻《人民防空训练与考核大纲》精神，按照分步细训、共同提高的原则，分别组织心理防护专业队和治安专业队进行集中训练，促进队伍专业能力提升；组织区人防办机关及各街镇人防干部，赴省民防训练基地进行为期2天的拓展训练，有效提高干部队伍综合素质；与鼓楼区共同组织城市防空袭人口临战疏散及接收安置演练，通过演练使各级干部熟悉组织指挥程序和方法，检验和完善城市人口疏散、接收预案，提高各有关部门、街镇和社区的防空、防灾组织能力，增强社区居民的人防意识，初步掌握应急疏散、接收基本知识和技能。

人防宣传 以人防“五进”工作为结合点，强调宣传教育经常性。加大学校宣传力度。为全区中小学生征订《民防知识读本》近万册，全年组织2000多名学生参观区人防教育馆，全区21名中小学教师参加市人

应急包发放摇号

心理防护专业队成立

警报器维护

人防工程标志牌

防办组织的专题培训；作为区人防教育馆的功能延伸，筹划利用区中小学生实训基地，分步建设区人防体验馆；推进社区民防教育。稳步推进人防进社区（村）工作，下拨社区（村）人防活动专项经费，以“完善提高、发挥作用”为导向，开展防空防灾宣传教育、技能培训，推进人防进社区（村）工作的常态化和制度化，提高居民对人防工作的知晓度和认同感。积极发挥宣传平台作用。全年依托《今日六合》《龙虎网》、市人防网等媒体发表文字、图片信息等共 40 多篇；编发、转发人防官方微博 330 多条；在《今日六合》开辟宣传专栏 52 期；制作专题宣传片，在六合电视台《法治随行》栏目中播放；租用壅六高速跨路天桥广告位宣传人防，积极向全社会展示人防建设成果，丰富人防宣传教育形式。做好专题宣传活动。结合“5·12”全国防灾减灾日、“9·18”防空警报试鸣日和“12·13”国家公祭日等节点，以“减少灾害风险 建设安全城市”和“居安思危 毋忘国耻”为主题，开展广场宣传活动；每个街镇至少安排 1 个社区（村）和 1 个学校开展以知识宣传、技能培训、疏散演练为重点的综合性人防宣传活动；完成发放 3200 个应急救援包的任务。

行政审批与执法 注重多部门联动，共同把好结建关，全年未发生一起人防工程漏建、漏收的情况。坚持亮证执法、文明执法，人防执法工作实现全年“零差错”。主动自加压力，规范审批程序，大幅度提高了审批效率。

人防宣传

治安分队训练

人口疏散演练

南京市六合区国税局

NAN JING SHI LIU HE QU GUO SHUI JU

江苏省国税局党组书记、局长胡道新(左三)一行到区国税局调研

六合区开出首张销售不动产增值税发票

2016年，区国税局工作取得新的突破。税收收入增幅明显，税收管理改革持续深化，税收法治建设深入推进，纳税服务质效持续提升，税务现代化建设全面推行。全年累计组织各类税收收入24.78亿元，同比增收5.75亿元，增长30.2%，其中组织公共财政预算收入10.24亿元，首次突破10亿元大关，同比增收3.92亿元，增长62.04%，完成年度计划的145.92%。收入总量和公共财政预算收入再创历史新高，实现了总量、增量和质量上的“三量齐升”。

全面推开营改增试点。自5月1日起，建筑业、房地产业、金融业、生活服务业被纳入营业税改征增值税试点范围。区国税局在一个月内，完成营改增税户确认、税控发行、发票发售等一系列前期准备工作，税控发行率100%，接收营改增纳税人6620户，认定增值税一般纳税人859户。营改增试点在六合区全面推开，新旧税制实现顺利转换。

区国税局工会获评中华全国总工会“模范职工之家”

区国税局被评为2013—2015年度市级文明单位、2013—2015年度区级文明单位、“2015年度六合区级机关作风建设人民满意单位”和“2015年度全区依法行政先进集体”；“城乡共建税联花”服务品牌获市文明单位首批活动品牌二等奖，1个案例被评为南京市国税系统“稽查优秀案例”；被江苏省国税局命名为“全省国税系统法治税务示范基地”；获评中华全国总工会“模范职工之家”荣誉称号。

区国税局干部为营改增纳税人讲解政策

区国税局金税三期系统顺利上线

区国税局工会组织会员前往高淳开展户外慢生活运动

中国电信股份有限公司南京六合区分公司

ZHONG GUO DIAN XIN GU FEN YOU XIAN GONG SI NAN JING LIU HE QU FEN GONG SI

2016年，中国电信股份有限公司南京六合区分公司（简称“中国电信六合分公司”）认真贯彻落实十八大六中全会以来关于信息通信发展的要求，响应深化改革号召，顺应互联网“大数据”时代潮流，发扬工匠精神，坚定不移地以提高企业核心竞争力为重点，加快推动地方经济社会信息化进程。全年完成业务收入1.8亿元，天翼净增3333户，宽带净增8464户，电信电视净增1.5万户。公司被评为2013—2015年度南京市、六合区两级文明单位；公司党总支被评为六合区先进基层党组织；渠道中心QC小组获“江苏省优秀质量管理小组”称号；组队参加中国电信南京分公司第八届职工运动会，夺得团体总分第二名，并获优秀组织奖。

小CEO应对近期市场竞争举措讨论会

强化党建统领 开展“学党章党规、学系列讲话，做合格党员”学习教育，在区委“两学一做”知识竞赛中获优秀组织奖。开展四个专项整治。选举区党代表、政协委员、人大代表。设立创业示范岗和先锋示范岗各1个。党总支、团总支分别完成换届改选，选举产生中共中国电信六合分公司第五届总支部委员会、共青团中国电信六合分公司第四届总支部委员会。

提升网络能力 持续推进“宽带中国·光网城市”建设，进一步巩固扩大城乡光纤覆盖范围，实现953个自然村FTTH全覆盖。2016年新开通4G基站289个，4G室分21套，室内AP 101台、室外AP 37台。通过对全区目标电缆占用情况进行分析，完成退铜59391线对千米，宽带DSLAM等102台设备退网。结合用户诉求，通过资源调配新开3G基站15处，满足3G信号覆盖的增量需求。

11月2日，六合互联网协会成立

履行社会责任 与南京电信共同开展“企业挂钩帮扶经济薄弱村”活动，结对共建六合区马鞍街道勤丰村“互联网＋社区”。牵头成立全省首个区县级互联网协会“南京市六合区互联网协会”。联合区交通局、政务中心，完成公共自行车二期工程建设、扬滁公路道路监控，龙池街道智慧社区建设被南京市政法委推荐为全市智慧社区建设典型。积极参加六合区“慈善一日捐 济困送温暖”活动，捐款8800元。开展员工无偿献血爱心公益行动，18名员工献血4500毫升。

参加南京电信第八届员工运动会

六合区 大厂街道

DA CHANG JIE DAO

人大换届选举工作推进会

2016 年大厂街道被评为“江苏省文明单位”“全省基层党员冬训工作示范街道”、连续三年被评为“区作风建设先进单位”，扬子二居、四周社区被评为“江苏省文明社区”。

经济发展平稳有序 全年财政总收入实现 22.9 亿元，完成公共财政预算收入 12.52 亿元，全社会固定资产投资 202903 万元，社会消费品零售总额 63.74 亿元，居民人均可支配收入 48691 元。全年新注册企业 1433 家，注册资本 38.6 亿元，其中注册资本达千万元以上的 133 家。

城市面貌不断改善 征迁涉及 22.33 万平方米，1475 户，完成油大线和山潘二村地块安置房分配工作。全年开展各类占道经营整治行动 16 次，处理一般执法案件 323 件，拆除各类违章建筑 65 处 1485 平方米。组织 320 次卫生清理活动，清理各类垃圾约 1600 车共计 4885 吨，多次开展农贸市场周边综合整治。扎实推进数字城管运行，共受理案件 7456 件，结案率 99.81%，新增 2 处垃圾分类积分兑换点，创建 8 个示范小区。完成 3 个小区出新；实施小型工程项目 31 个，为民服务项目 28 个，总计投入资金 3000 万元。

社会治理持续加强 排查梳理不稳定因素，组织 6500 人次平安志愿者开展驻守和巡逻，协同成员单位、派出所开展“百日专项行动”。完成“六五”普法任务，扩大“法律桥”影响，在 24 个社区设立法律服务室，引进 15 名法律顾问。累计接待群众来电、来访法律咨询 1106 人次，为困难群众提供优质法律援助诉讼案件 6 件。全年累计受理 12345 工单 3833 件，办结率 100%；接待群众 1765 批次，3756 人次，成功调处矛盾纠纷 1595 起，调处成功率 100%。全年排查一般安全隐患 915 处，对存在安全生产隐患的单位开出现场检查整改通知书 720 份，未发生较大以上事故，被评为全市“消防安全工作先进单位”。

大厂地区党建联席会

化工园区在大厂街道召开 2016 年度基层党建书记项目现场推进会，党员会客厅被选为化工园区书记项目在全区范围推广

大厂街道“践行四讲四有 争做合格党员”主题演讲

廉政书画展

大厂街道召开庆祝建党 95 周年表彰大会——新党员宣誓

“两学一做”工作座谈会

民生福祉稳步提升 建立街道便民服务中心，实行六个统一，推进全科服务，成立旭东新城社区居委会，落实城乡居民最低生活保障制度，做到应保尽保率 100%。规范街道社会救助中心建设，落实新临时救助和医疗救助政策。全面推进免费孕检、随访服务、婴幼儿早教等工作，推进“双百双送”等惠民政策落实。成立物业纠纷调解委员会，协调处理 18 起矛盾纠纷。开展“最美物业人”和“优秀项目经理”评选活动。推进辖区交通秩序整治工作，新增 300 个车位。

党建精神文明建设推进有力 实行党建工作项目化管理，强化主体责任和“一岗双责”。开展纪念建党 95 周年系列活动，抓好“两学一做”学习教育，开展“百名书记讲党课、千名党员写体会”以及“三比三争”“立家规正家风”等活动。新建 1 家社区党总支、3 家企业党支部。大力选拔 7 名新任社区书记，其中有 2 名大学生村干部，优化基层干部队伍结构，提升整体素质。推行党支部工作“8+x”制度体系，为 976 名党员开展“政治生日”活动。建立网上支部，完善流动党员双向管理、在职党员动态管理。与辖区大企业共同举办“弘扬长征精神、共建美好大厂”大合唱汇演。建立 23 个社区“党员会客厅”，配合市委政研室、龙虎网开展“互联网 + 改革”百名社区（街道）书记访谈活动。扎实开展培育和践行社会主义核心价值观行动，做好文明城市、文明单位、文明社区、文明家庭创建工作，规范志愿服务队伍建设。完成区党代表、人大代表、社区“两委”基层工会、妇联组织换届工作以及区政协委员的提名推荐工作。

文化活动丰富多彩 在大厂高级中学报告厅组织开展迎新春文艺汇演，参演人数 450 人，涉及辖区 27 个文体团队；组织开展迎新春干群联欢会；成立“大厂街道书香城市促进会领导小组”和“大厂街道扫黄打非暨文化市场管理领导小组”。免费开展社工师考试培训、家长学校教育；开展“心向党 梦飞扬”暑期教育实践活动，组织开展“聚力助学 爱心圆梦”大型捐资助学活动，资助 32 名困难学生，共计 7 万元。

① 捐资助学活动

② 纪念长征胜利 80 周年大合唱比赛

③ 迎新春文艺演出

学雷锋志愿活动

六合区 CHANG LU JIE DAO
长芦街道

农村土地承包经营权确权颁证

创建江苏省标准化社区教育中心

长芦街道位于六合区南部，行政区域面积102.3平方千米，辖5个社区居民委员会，5个社区村民委员会，户籍人口5.02万人。

生态经济建设　开展扬子精细化工公司碳九深加工、木林森活性炭江苏有限公司年产3.6万吨活性炭制品以及江苏环宝物流公司危化品仓储物流等3个重大项目建设跟踪服务；实施宏诚化工等5家被列入危化品整治名单企业的整治关闭工作；强力推进中央环保督察组交办的皇厂河码头拆除整治工作；完成黄标车淘汰整治任务及秸秆禁烧禁抛及综合利用等工作。

征地拆迁工作　完成陆营社区棚户区改造搬迁项目、长芦中心社区棚户区改造搬迁项目、通江集村棚户区改造搬迁项目、新犁村棚户区改造搬迁项目、玉带产业区一期改造项目(亨斯曼、欧德环保距离)、玉带产业区一期改造项目(催化剂二期)、长芦中心社区棚户区改造国有土地房屋征收项目和北六路西段一期等8个征拆项目，征迁面积28.96万平方米，征迁居民1769户、工企单位6家。完成长芦片2012年上半年拆迁

开展困难群众慰问

防汛抢险

街道开展防汛应急演练

街道开展“法在我心中”演讲比赛

白玉社区举办庆“七一”纳凉晚会

地块 470 户 510 套安置房抽签分房工作。

社会民生事业 一是加强社会管理创新。开设 8 个综合服务窗口，可办理综合业务 67 项；成立 8 家社区法律服务站，群众不出村即可享有法律咨询、矛盾调解等“一站式”服务；4 家村级城管工作站相继挂牌。二是办好民生实事。完成农村土地承包经营权确权登记颁证工作；开展低收入农户的调查摸底、建档立卡及结对帮扶等工作；根据轻重缓急摸排环境综合整治三年行动计划，对背街小巷、乱堆乱放等顽固性难题进行整治。三是确保安全度汛。防汛期间严格按照防汛预案落实防汛责任，全街上下众志成城，成功处置通江集外江堤散浸渗漏等险情，取得了防汛工作全面胜利。

平安街镇建设 加强信访接待和矛盾排查化解工作。全年接待群众来访 278 起（其中个访 89 起，群访 189 起），成功化解 253 起。有效化解部分因征地拆迁引发的矛盾；配合处理大圆银泰公司客户上访及木林森企业拖欠民工工资等事件；组建律师团队，积极应对征地拆迁等方面的诉讼案件 28 起。

党的建设工作 一是开展“两学一做”学习教育专题讨论 3 期，区管党员干部下沉到所挂钩的基层党组织，开展讲党课、走访调研等活动；开展知识竞赛、征文比赛等活动，巩固学习教育成果。二是开展中心组学习 12 期，举办专题培训班 8 期。三是以白玉社区为试点，实施“书记项目”——让“微服务”传递“大能量”。四是加强廉政教育，结合区党代表、人大代表换届及社区（村）“两委”换届选举工作，组织党员干部观看《镜鉴》《尺度》等廉政短片，以鲜活的案例强化教育效果。

“品味端午 与爱同行”文艺演出

留左大鼓吹打乐赴欧洲交流演出

区长戴华杰(左二)到街道深入企业开展调研

天一社区参加六合区第十五届“广电宽带杯”元旦健身长跑

六合区

雄州街道

XIONG ZHOU JIE DAO

2016年,雄州街道始终坚持“二产强街、三产兴街、生态立街、服务活街”的发展战略,紧扣全年目标,认真谋划、精心组织、统筹推进,全街经济社会各项事业态势良好。

经济发展稳中提质。全年实现公共财政预算收入8.05亿元、增长14.24%;固定资产投资37.99亿元、下降25.8%;消费品零售总额62.8亿元、增长10.2%;城镇居民人均可支配收入46136元、增长8.4%,农村居民人均可支配收入21249元、增长8.4%;年初列入区重大项目5个,已完成4个,街道确定的四大类52个重点项目完成45个,新增入选“创业南京”高层次人才5人、“江苏省高层次创新创业人才引进计划”自主创业类1人,规模以上企业设立研发机构25家,建成校企联盟3家。

城乡建设推进有力。新城动迁有序实施,一期拆迁涉及纯农户669户,已签约并交房631户,占总任务数的94.3%;二期马营商业街开展了摸底调查等前期准备工作。城乡建管全面加强,高质高量完成“9322”、环境综

紫霞社区为民服务获赠锦旗

雄州街道举办演讲比赛

雄州街道开展全民终身学习周活动

雄州街道文体中心组织参加区元旦迎新长跑

雄州街道开展视频电话会议

泰山社区举办“迎元旦同欢乐”掼蛋争霸赛

合整治三年行动计划、国家卫生城市迎复审、城市文明指数测评以及城市长效综合治理考评等年度任务。生态效应逐步显现，实施瓜埠老街、灵岩片区、钱仓中心街基础设施等环境提升工程，打造钱仓、台园美丽乡村示范村和特色村，同时节能减排、秸秆禁烧等工作都取得良好成效，区域环境得到明显改善。

民生福祉持续增进。 拓展富民增收渠道，全年组织申报“一事一议”项目12个，争取财政奖补资金230.4万元；开展各类技能培训2600人次，提供就业岗位5000个，转移农村劳动力884人。健全社会保障体系，全面做好高余、冶浦征地拆迁进保工作，圆满完成区下达的扩面征缴任务，实现城市社区居家养老服务中心全覆盖。推进民生实事工程，累计投入7320万元实施7个幼儿园升级翻建、2家卫生服务中心搬迁提升以及农村自来水管网和一批涵闸泵站、交通道路、危旧房改造等民生实事。

社会治理成效显著。 公共服务不断优化，全年处置资产资源交易7宗，组织采购151次，实施小型工程发包项目70宗，实现资产增值8.5万元、节约资金594万元。平安建设深入推进，全年接待群众来访27批(次)131人，化解稳控率96%以上；办理“12345”工单2188件，满意率92.6%；聘请第三方中介机构，检查企业318家，排查安全隐患814处。同时社会事业、计生、人武、群团、统计、审计、保密、老龄、民宗等各项事业都取得较好的成绩。

雄州街道组织开展2016年度无偿献血活动

紫霞社区开展烟花爆竹专项排查行动

幸福观滁人 欢欢喜喜迎新年

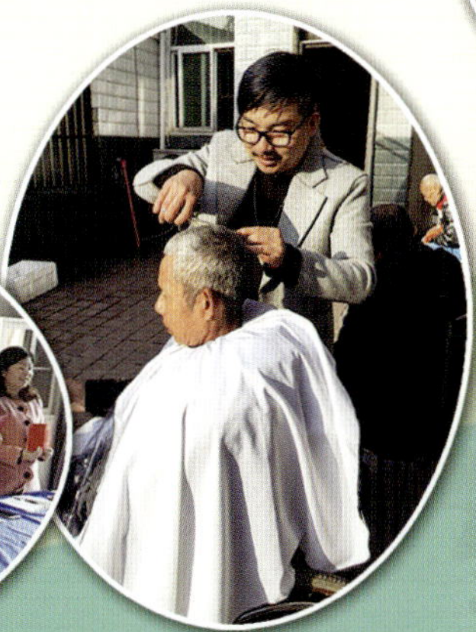

紫霞社区开展志愿服务

凤凰社区为新一届居委会成员颁发当选证书

2016年雄州街道开展春节联欢晚会

六合区 LONG CHI JIE DAO
龙池街道

基层党员干部春训班

"智慧龙池"社会治理指挥中心

2016 年，街道自身实现公共财政预算收入 1.1 亿元，与上年基本持平，占开发区收入总盘子 10%；社会消费品零售额 22.91 亿元，同比增长 10.4%；限上商贸企业零售额 9.6 亿元，同比增长 34%；城镇居民人均可支配收入 44857 元，同比增长 8.5%；农村居民人均可支配收入 20873 元，同比增长 8.6 %。街道主动策应"以园带街"体制机制，坚持产城融合发展，大力发展现代服务业，加快推进大润发、清江冷链物流、沪江商贸城、金盛装饰城等特色专业市场建设，入驻商户 13000 家，实现经营额 210 亿元。

服务保障开发区 完成开发区西南片区 10 万平方米部分地块拆迁，分配 1828 套安置房。参与大市场矛盾化解和安全监管等工作。完成取得批文新项目及遗留地块失地农民进保工作。

城乡建管 完成老镇区控详和城市设计修编，实施村庄建设规划、老镇区竖向规划、雨污分流规划、乡村道路网建设规划等专项规划编制；推进区重点项目龙池中心幼儿园建设；全年整治任务菜单 10870 条，完成农村公共服务维护菜单 267 条，建成等外村组道路 23 千米，完成 10 千米路灯亮化工程，城市治理长效考核成绩位列全区第一。

龙池街道便民服务中心

农业农村 新增绿化造林面积 20 公顷，流转土地 70 公顷，申报市级标准化菜地等农业项目 7 个，争取资金 2000 余万元，云厨 1 站农产品初级加工中心投入运营；推进水利工程建设，疏浚河道 2 条、改建新建村级泵站 6 座，建设硬质渠道 5 条、农桥 7 座，累计投资 900 余万元完成肖官渡泵站改建等水利基础工程；有序开展土地确权登记，原新集片区 4 个村居全部颁证到位；按照美丽乡村建设规划，建成示范村 1 个，宜居村 2 个；对照省、市精准扶贫的要求，完成低收入农户建档立卡工作，实施挂钩帮扶，顺利完成 20% 年度脱贫目标。

社会治理 初步建成"智慧龙池"社会治理指挥平台，快速提升城市管理、社会治理

龙池幼儿园

七一表彰大会

专项招聘会

服务菜单处置质效，实现工作方式和管理模式的“大转变”；健全社会面平安监控体系，完善人民调解机制，建立调委会 10 个，配备调解员 67 人，群众安全感和满意度分别达到 92%、90%，综治全年考核位于全区第一方阵；狠抓安全生产工作，检查各类企业 302 家次，排查整治各类隐患 209 项；加快提升生态环境质量，完成路凫组环境连片整治、污水处理厂噪音治理等项目建设；办理“12345”工单等 2500 多件。

民生实事　完成新增城镇就业及农村劳动力转移就业任务，社会保险扩面征缴净增 915 人，完成率 152.5%，全区排名第一，城乡居民养老、医疗保险基本实现全覆盖；便民服务中心龙池分中心投入使用；完善社会救助及慈善救助体系，建成一个 AAA 级、两个 AA 级社区居家养老服务中心；完成水务公司仓库建设及怡峰花园二期供水工程建设，新集卫生院病房综合楼工程项目等配套设施建设全面完工并投入使用；启动蒋湾小学、龙池小学新建项目前期工作，完成龙池实验幼儿园装修、龙池中心小学校舍加固等工程建设，街道社区教育中心成功创建为江苏省标准化社区教育中心。

街道和社区体制改革　启动“智慧龙池”建设，完成街道基础管理数据库和城市管理平台建设招投标工作。设立便民服务中心龙池分中心，构建“一站式”全科社工服务新模式，建立龙池社区养老服务中心及亲子活动中心。加大社区改革力度，选好配强社区两委会成员。对社区办公用房进行全面清理与整顿，规范社区挂牌。

龙池现代农业园

环境专项整治工作

龙池街道谢云美丽乡村

市人大常委会主任陈沼泽到金牛湖街道调研

六合区 JIN NIU HU JIE DAO 金牛湖街道

2016 年，街道紧紧围绕区委、区政府下达的目标任务，积极抢抓全国发展改革、省新型城镇化试点和江北新区开发建设等历史性发展机遇，全力推进产业项目、城乡建设、民生工程、社会事业等工作，全街经济社会平稳有序发展。

一是主要指标全面完成。全年实现地区生产总值 31.54 亿元，同比增长 2.8%，服务业增加值 12.41 亿元，增长 12.5%；公共财政预算收入 1.07 亿元，社会固定资产投资 20.23 亿元；消费品零售总额 30.68 亿元，增长 13%；规模以上工业产值 33.49 亿元；城镇居民人均可支配收 46114 元，增长 8.5%；农民人均可支配收入 21153 元，增长 18.5%。

长山幼儿园新园

二是产业项目有力推进。全力服务“金牛湖—冶山旅游综合度假区”一期项目建设，完成 6 个组、261 户、6.5 万平方米搬迁任务；实施完成南京天纬农业蔬菜基地建设和南京金牛北岸公司 100 公顷农业开发项目；跟踪落实投资 1.2 亿元的南京中德环保年产 2 万台污水处理设备、投资 1 亿元的南京速鸿模具年产 1000 万件注塑件等工业项目入园；加快启动茉莉花园二期商务酒店项目，推进项目前期手续办理；继续推进金牛湖 AAAA 级景区创建提升工程，完成观景步道、星级公厕、市政管网、猴园搬迁等设施建设，景区游乐项目经营权全部收回，统一规范管理。

三是城乡统筹深入开展。深入推进全国发展改革试点城镇和省新型城镇化试点工作，金牛湖地区控规通过市政府审查批复，总投资 1.1 亿元的金牛湖新市镇基础设施项目有序推进，2.6 万平方米金牛湖新城安置房、1 万平方米茉莉花小区安置房竣工交付，新城支十八路、二十七路开工建设，八百

樊集幼儿园新园

全国 op 帆船赛

南京市六合区人民政府金牛湖街道办事处：

在全市“十二五”学前教育发展中贡献突出，被授予“南京市学前教育发展有功单位”称号。特发此状。

二〇一六年五月二十七日

青山绿水金牛湖

新社区安置房

新城安置房

大道杆线入地、招贤东路污水管网铺设、金江公路路灯安装等重点工程实施完成。新城商品房开发项目全面启动，完成新城2号、3号和滨河路北侧地块8.2公顷经营性用地挂牌出让，其中2号地块已开工建设。美丽乡村建设加快推进，成功创建茉莉花村大后王省级美丽乡村示范村，完成长山永丰、樊集西钱等1个示范村、1个特色村、4个宜居村建设，实施塘桥片区1333.3公顷土地整治项目。

四是民生工程加快实施。实施富民增收工程。全年完成农村劳动力培训650人，转移就业181人，新增城镇就业450人，扶持大学生创业21人，完成501个组、16700多户、6268.3公顷农村土地确权登记发证工作，在全市试点成立茉莉花村农村社区股份合作社。优化教育资源配置。启动总投资6000万元的金牛湖中科希望小学易地新建项目，完成总投资3000万元的长山、樊集幼儿园搬迁新建工程。加大农村设施投入。新建金山、马头山等村庄灰色化道路28千米、等外道路27千米，实施樊集公交场站项目，有效解决群众出行难题；完成区农田水利重点片区整治任务，实施八百河铁路圩堤防加固工程，新建泵站16座、渠道整治15千米、堤防加固3千米，进一步改善农业生产条件。

五是社会事业全面发展。实现全体居民人均可支配收入增长8.5%，新增城镇就业人数580人，万元工业增加值能耗下降5%，生活垃圾分类收集覆盖率85%，街镇污水处理率70%，秸秆禁烧相关年度工作目标完成率100%，黄标车淘汰率100%。完成标准文化活动室建设1个，新增养老机构床位数50张，城市和谐社区建设达标率98%，农村和谐社区建设达标率96%，基本养老、医疗、失业保险覆盖率98%以上，公众安全感90.5%，“12345”综合办结率95%。

美丽乡村——安　薛

美丽乡村——西　钱

景区游人如织

六合区

程桥街道 CHENG QIAO JIE DAO

区长戴华杰（右二）参加程桥街道两套班子民主生活会

区长戴华杰（右三）到程桥街道华利达集团制衣生产车间开展大走访活动

程桥街道“两学一做”动员会

程桥街道农村土地承包经营权证颁证现场会

2016 年，全街实现财政收入 1.26 亿元，其中公共财政预算收入 6817 万元。完成全社会固定资产投资 8.82 亿元。完成消费品零售总额 22.45 亿元。城镇居民人均可支配收入 45056 元、农村居民人均可支配收入 21045 元，分别增长 8.3%、8.5%。

工业经济提档升级 2016 年相继引进了多家企业进驻园区并建成投产，引进扬州同力建设有限公司项目、江苏万博集团、艾斯利尔环保设备有限公司等新企业。在市金洽会六合专场中成功签约碧桂园生态旅游综合体项目和扬子国投现代农业发展项目。成立南京扬子原乡建设开发有限公司，具体负责街道现代农业片区及小城镇的开发建设。

农水建设有力推进 完成黄木桥社区 866.7 公顷土整工作；实施 666.7 公顷金庄一期和 333.3 公顷古墩片农业开发项目；实施 80 公顷竹程胥庄标准化菜地建设工作；完成 600 公顷唐楼片区高标准农田建设；完成 2016 年重点县项目工程的 14 座泵站翻建、3000 米硬质渠、3 条河道清淤整治，新建 3 座农桥；完成山湖灌区节水配套改造工程，翻建 9 座泵站，整治 3000 米山湖高干渠；完成山湖库区移民结余资金项目下倪组 2 千米水泥化道路工程；完成皂河黄大圩段 1200 米堤防整治工程；完成胎圩、花园、时庄、下庄、后石 5 座涵洞翻建工程；完成 10 座省级小农桥建设工程项目；完成长青社区毛庄组土地复垦工程；完成付湾水库 2015 年省级维修项目工程。

基础设施不断完善 完成 2 万平方米香地美舍商品房项目主体工程建设。完成新河、竹程一级新社区规划及竖向、雨水、污水专项规划；完成金庄皂河片区大地景观设计及土地流转工作。17 千米灰色化道路及 30 千米道路灰改黑工程已经动工建设，完成月独线一期

双百敬老院

程桥街道区人大代表换届选举工作布置会

入党宣誓

荷塘精灵－伍胥莲香

建设工作；完成编钟路建设前期规划设计及杆线下地立项工作。

民生实事全面完成 完成程桥第二幼儿园、竹程幼儿园、竹程初级中学和程桥初级中学工程建设；投入 100 多万元对养老服务中心消防设施进行全面的改造建设，完成 3 个市 AAA 级居家养老服务中心的建设、2 个市 AAA 级提档和 3 个市 AA 建设营运；完成古墩、唐楼、竹程卫生室建设工程并投入使用；完成危房改造 15 户；2016 年精准扶贫工作已排定 4 个社区竹程、古墩、河南、桂花的集体增收项目方案。

环境整治成效明显 围绕《六合区三年整治行动计划实施意见》任务清单，紧扣“建、养、管”并重原则，按照“多位一体”建网络、集中管理提效率、农村面貌换新颜要求扎实推进城乡环境综合整治，全街环境面貌显著改善。

社会保持和谐稳定 推进“五星级”村居创建力度，推进星级平安法治小区创建工作；做好社会治安防控网络建设，加大技防投入，大力推进农村、商铺技防入户，在主要路口、关键位置增加安装高清探头实现技防全覆盖，不断提高治安防范水平。

绿野牧歌———恋山坝上草原

长青农民住宅小区

苏美达创星公司

程桥服装工业园

南京高科程桥园林生态园

池杉湖湿地公园

六合区 横梁街道

HENG LIANG JIE DAO

时任省委常委、南京市委书记黄莉新(右二)到街道慰问困难户

时任省委副书记、南京市委书记吴政隆(左二)到秦邦吉品农业开发有限公司调研

2016年重点指标一着不让。全年街道完成公共预算收入1.24亿元,规模以上工业产值66.61亿元,固定资产投资10.75亿元,消费品零售额34.2亿元,城镇居民可支配收入45659元,农民人均可支配收入20853元。

重点项目跟踪到位 一是重大项目初见成效。8月24日,由区政府与葛洲坝集团签订省农业科技大市场、雨花石小镇、E田园三个项目框架性协议,总投资150亿元,通过PPP的模式运作。2017年1月17日项目方案经区政府常务会议研究通过,已纳入江苏省财政厅PPP示范项目库;二是常规项目序时推进。对于年初排定的涉及工业、农业、城建、民生、党建等方面60个项目,按照序时进度深入推进,其中工业上完成南京苏洋印务、江苏宝立食品、江苏先卓食品有限公司等企业产品扩容增量、技改升级。完成龙蟠电缆清洁能源生产企业1家,大唐电力服务工业重点项目1家,申报维泰科技、龙蟠电缆2家专精特企业,培育南京鸿景新材料有限公司、江苏宝立食品科技有限公司两家单位,力争2017年进入街道规上企业行列。农业上,重点抓好绿航、秦邦吉品、艾津公司、苏上园林、佳璟园林等一批农业龙头企业,促其提档升级。加快牡丹产业园,火龙果基地等特色农业项目建设,已架设生产用温室和连栋大棚,完成育苗栽种。城建上,完成锦绣紫荆园、骏府南苑主体建设,进行外围的环境打造和房体内部设施施工。民生上,第二中心幼儿园已基本完成,即将投入使用。三友湖和东方红湖环湖路已开工建设。党建上,9月底实行机关优化整合,建立"七部一中心"工作格局,进一步规范机关办事行为,提升为民服务效率。三是招商项目统筹跟进。采取腾笼换鸟的方式,吸引企业落户。先后引进南京裕荣机械设备有限公司、南京旭蓝环保有限公司、南京涌动汽车有限公司等7家投资过千万元企业入驻,全部进入生产设备安装调试阶段,为街道下步工业经济发展注入了新活力。

企退职工专场文艺宣传

街道规模企业

雨花石产业研讨会

重点工作常抓不懈 街道总规、控规修编工作经过多轮对接，已初步成形等待专家评审；扎实推进美丽乡村建设，在打造柳塘余、大营钟两个美丽乡村规划点，已顺利通过市、区验收。培树好三友湖曹队和黄中村小赵营两个示范点，力争出形象、出亮点。依托雨花韵小镇项目，着力建设雨花石特色小镇，正待审批。土地确权进入扫尾工程，等待区验收。农业普查工作经过前期的调查摸底，已进入上门登记阶段，2017 年 5 月份全部完成。完成黄中村、上马村“两证合一”工作。通过街村两级众志成城、严防死守，取得防汛和秸秆禁烧工作最终胜利。黄标车淘汰工作加大力度，完成任务 17 辆。完成区党代表、人大代表换届选举和村居党组织、村居委员会换届选举工作。深入开展党员干部“两学一做”学习教育活动，全街形成学党规党章、学系列讲话，做合格党员的浓厚氛围。

纪念建党 95 周年暨“一先双优”表彰

美丽乡村建设

纪念建党 95 周年雨花石“红色”主题展

大地景观“龙袍”

六合区 龍袍街道

LONG PAO JIE DAO

2016 年，龙袍街道按照“稳中求进、转中谋变、改中求好”的总体思路，以加快转变经济发展方式、推动转型创新跨越发展为主线，坚持“抓项目，促发展”“转思路、促转型”“调结构、惠民生”，举全街之力攻坚各项发展目标任务，奋力开创龙袍经济社会发展新局面。

全力推进重点项目促发展。龙袍街道跨滁河、临长江，具有丰富的特色水产资源，为充分挖掘这些特色资源，龙袍街道开工建设总投资 3.2 亿元的通威省级精品渔业园 40 兆瓦渔光一体项目。它是六合区首个“渔光一体”项目，占地 146.7 公顷，项目地位于龙袍街道赵坝村段江堤以内。产业园将水产养殖与太阳能光伏发电有机结合、立体开发、综合利用、全面发展。2016 年，龙袍街道与上海正阳通航机场有限公司正式签订投资协议，确定在龙袍建设通用航空综合服务基地、通航服务社区、通航产业园。龙袍将以此为契机，推进通航产业示范区建设，打造通航小镇，形成特色发展优势。已完成通用航空综合服务基地选址报告、航行服务研究报告的编制并通过中国民航华东地区管理局对机场的审查意见，军方核准程序正在审批之中。

全力提升旅游项目增质效。龙袍街道注重将美丽乡村建设同区位特点、经济条件、文化特色、产业基础和资源优势结合起来，着力加大对乡村历史和传统文化挖掘保护，以高起点、高标准的规划推动美丽乡村建设布局展开，有效将特色旅游项目和美丽乡村建设有机结合，以乡村旅游的发展带动美丽乡村的建设。2016 年，龙袍街道先后探索实施用油菜、麦田等农作物种出大地景观“锦绣龙袍”和“双龙戏珠”图案项目，盘活闲置废旧厂区，打造以渔家农水文化及工业生态转化为主题的渔乐园项目，同时对知青家园、知青花田、知青广场、知青步道等景点进行布局，形成应对需求多元化的接待中心区域，不断丰富美丽乡村建设的内涵。

全力构建富民平台惠民生。2016 年，龙袍街道在加强乡村环境优美、社区和谐建设的基础上，着重在“创业富民”方面做大文章，突出乡村旅游在推动美丽乡村建设中的作用，创新实施“旅游公司 + 社区 + 合作社”模式，主动引导企业、基层党组织、社会组织等多个主体参与到美丽乡村建设中来，形成旅游公司负责项目建设、社区承担维护管理、合作社侧重经营创收与股份分红“三位一体”的运行方式，打造观光、体验、休闲、度假、用餐一体化的乡村旅游服务，全面带动美丽乡村建设。同时，街道还以“合作联社 + 低收入农户”模式，加大对低收入农户的吸纳和扶持，实现低收入农户脱贫。

麦田艺术

蟹黄汤包节

水美乡村

工业风格的民宿

渔光一体项目

六合区 馬鞍街道

MA AN JIE DAO

市委常委、常务副市长刘以安（左一）到勤丰村开展“四解四促”调研

省、市关工委领导到马鞍街道开展调研活动

区委常委、统战部部长吕璟（右一）到马鞍街道调研

2016年，马鞍街道完成财政收入2.3亿元，同比增长10.5%；地方一般性财政收入预算收入1.37亿元，同比增长6.5%；实现地区生产总值35.43亿元，同比增长5.5%；全社会固定资产投资26.89亿元，同比下降22.5%；完成规模以上工业产值23.77亿元，同比下降9.1%；社会消费品零售额35.45亿元，同比增长10.6%，其中限上商贸企业零售额6.59亿元，同比增长14%；农民人均可支配收入完成增幅8.7%，城镇居民人均可支配收入完成增幅8.4%。2016年，在全市分类考核中排名第九，在市级园区考评中列B类第一名，荣获江苏省补充耕地快速培肥试验示范先进单位、南京市创建全国双拥模范城有功单位、南京市群众体育先进单位、南京市耕地质量管理与建设工作先进单位、南京市农村公共服务运行维护机制工作先进单位等荣誉称号。

召开纪念建党95周年暨“两优一先”表彰大会

农业文化产业可行性发展媒体见面会

关爱残疾人公益活动

春蕾助学行动

马鞍农耕文化园"十一"开园仪式

第一届职工运动会比赛现场

地方文化特色——洪山戏表演

马鞍农耕文化园内景

六合区 竹镇镇

ZHU ZHEN ZHEN

第七届“多彩竹镇天天乐”乡村文化旅游节暨2016“巴布洛”杯江苏少数民族传统体育运动会

近年来，竹镇镇持续推进现代农业转型升级，一、二、三产业结构比不断优化，其中高效设施农业面积比重提高到35%以上。2014—2016年连续3年分别荣获全市现代农业分类考核三等奖、二等奖、一等奖。2016年，竹镇现代农业园在全省93个省级园区评选中荣获优秀等级、在全市40个市级园区评选中进入第一方阵。

一、突出模式创新，提升基地带动力，全面推进现代农业园区建设

实现基地化生产，是实现现代农业规模化经营的重要特征。

一是循环养殖基地。拥有省农科院万头猪、羊、兔养殖场，133.3公顷无公害种植基地，建有沼气发酵装置与秸秆青、微贮设备，同时带动伊利、卫竹等畜禽养殖走生态循环模式。

二是经济林果基地。拥有江苏最大的鲜桃基地、2733公顷彩叶苗木、667公顷板栗、233公顷葡萄、200公顷果园、67公顷茶叶基地。

三是粮油蔬菜基地。建成267公顷钢架大棚蔬菜基地、2万平方米温室和八里、金磁两个蔬菜专业村，667公顷富硒大米基地、333.3公顷高标准良田。

四是农产品及电商基地。拥有润军粮油加工、永鸿清真食品、明天农牧等多家加工基地。整合电商资源，在淘宝中国的六合馆，借助邮政乐村淘等网络平台，线上销售鲜桃、黄玉梨、小磨麻油、草鸡蛋等特色农产品，建立11个集网络代购、农品销售、便民服务、物流配送为一体的村邮乐购站，正在建设区域农产品邮政电商运营中心。发挥巴布洛“云厨1站”的“前店后场”功能，带动农产品基地建设。

2016年南京六合竹镇国际半程马拉松赛

大泉人家农家乐

江苏省农业科学院六合基地

现代农业

五是生态旅游基地。形成巴布洛生态谷、桃花岛、彩叶苗木等多个农业特色景点，推动每年举办桃花缘·踏青交友、乡村旅游文化节、全国自行车公路邀请赛等文体活动，2016 年中国旅游大会、热气球“嘉年华”空中婚礼、国际半程马拉松赛顺利举行，竹镇已成为南京乃至全省重要的乡村旅游、农业旅游目的地。2016 年接待游客突破 170 万人次，巴布洛被评为四星级乡村旅游点。

农民安置小区——金磁家园

二、突出增收为本，提升市场牵引力，全面搭建现代农业发展营销平台

农业产业化是实现全面发展的必然选择，是适应市场竞争、提高农业综合效益的重要途径。

一是培育产业化经营主体。引进省农科院循环农业基地、巴布洛生态谷、伊利生态牧场、大展黄玉梨、福朝葡萄园、大泉湖—四季枫情园、南京新农园、远望富硒稻米、星驾彩叶苗木、淮安山河等 30 多家农业规模企业（其中上市公司投资 4 家，科研院所 2 家，国有公司 3 家，省级农业龙头企业 3 家，市级农业龙头企业 3 家，区级 8 家）。

二是培育产业化经营品牌。获得有机食品 4 个、绿色食品 7 个、无公害 41 个、三品认证产品产量 8 万吨。“红葫子”牌羊肉制品、“远望”牌富硒稻米、“止马岭”牌山芋、麻油、“三星湖”牌香脆桃等特色农产品远近知名。

四季风情园

三是培育产业化经营后劲。随着农业适度经营理念的发展，新增家庭农场 83 个，打造 133.3 公顷家庭农场示范片，培育了八里蔬菜、光华粮食、大泉农机烘干等多个专业合作社，农业适度规模经营比重 80%，形成“龙头企业 + 社会资本 + 科研院所 + 农民合作社 + 农户”的多元参与、市场主导机制，现代农业的规模效应、聚集效应、科技支撑效应凸显，农业由低产出向高效益迈进，农民由传统型向职业型转变。

三、突出深化改革，提升服务支撑力，全面构建现代农业发展服务体系

构建多元化农业公共服务体系，是确保现代农业建设成败的关键。

一是基础配套。充分利用省、市、区农业扶持政策，积极抢抓被列为南京市统筹城乡先导试点区、美丽乡村示范片、市农业重点园区等机遇，大力推进基础设施建设，先后完成六合北部干线、90 千米“绿色长廊”沥青道路、水利现代化重点片、73.33 公顷土地综合整治、150 公顷高标准农田、村庄环境提升、污水管网、旅游标识、道路两侧 50 米绿化带等系列工程，进一步完善基础配套，基本形成北部干线、绿色长廊为两翼的 V 字型现代农业展示带和金磁生态循环农业、大泉八里粮油蔬菜、大泉湖—止马岭经济林果 3 个核心片区。

二是技术推广。2014 年起投资 3000 万元，在核心区建设集成果展示、智能控制、企业孵化、政务办公、农品检测、电商运营为一体的 7000 平方米现代农业公共服务中心。推广省农科院、巴布洛生态谷等农业“新技术、新产品、新模式”展示基地建设，明天农牧2014年6月获评国家级农业科技自主创新集成示范基地。

三是企业服务。实行党政领导联系挂钩企业、农业企业定期交流等工作制度，建立农业企业、家庭农场服务平台。出台政策鼓励引导家庭农场、电子商务发展。发挥企业带动作用，全力服务农民增收、服务农民创业、服务农业转型升级。

巴布洛生态谷园景

蔬菜大棚

竹镇桃花岛

南京市六合区中醫院

NAN JING SHI LIU HE QU ZHONG YI YUAN

市发改委副主任赵成军、副区长焦晓英到区中医院推进公立医院改革工作

六合区委常委、统战部长吕璟（中）到区中医院调研建设发展情况

南京市六合区中医院是一所集医疗、教学、科研、预防、保健、康复为一体的二级甲等中医综合性医疗机构，位于六合区龙池街道新棠路 181 号，占地面积 3.7 公顷，总建筑面积 5 万余平方米，设置床位 400 张，现实际开放床位 307 张，设有妇产科、外科、肛肠科、骨伤科、眼科、耳鼻喉科、内科、康复科等病区。是南京中医药大学实习医院、南京市第一医院集团医院、江苏省中医院社区卫生服务基地以及南京市中医院、南京市口腔医院专家会诊中心，江苏省中医药学会高级专家会诊中心。医院现有 1 个国家中医药管理局农村中医特色专科建设项目，2 个南京市中医重点专科，1 个南京市中医重点专科建设单位。全院现有各级各类人员 437 人，其中卫技人员 365 人，管理人员 16 人，工勤人员 56 人。有南京市名老中医 2 人，

区中医院开展全员护理人员“三基”考试

区中医院召开全院医疗质量安全专项整顿活动工作会议

区中医院承办全区乡村医生中医适宜技术培训工作

六合区首届名中医 2 人。

医院先后参加江苏省中医院的南京都市圈中医发展联合体、南京市中医院的南京中医发展联盟，与南京市第一医院签订合作建设“六合区区域临床检验中心”协议、与南京医科大学第二附属医院签订“技术合作医院”协议、与江苏省中西结合医院签订战略合作协议。

医院拥有 16 排螺旋 CT、数字胃肠机、DR、血液透析(滤过)机、数字胃肠镜、三合一口腔 CT 等医疗设备，并拥有全区唯一一台数字乳腺机，能够更好地为居民提供医疗诊断、治疗、辅助检测等多种服务。

区中医院承办全区公立医院改革工作推进会

白求恩巡回医疗队下乡开展义诊活动

区中医院二级甲等中医医院评审工作顺利开展

区中医院召开第四届工会委员会改选暨职工代表大会

区中医院召开支部委员会换届选举大会